Verhandlungen

des

Sechsundzwanzigsten Deutschen Juristentages.

Herausgegeben

von

dem Schriftführer-Amt der ständigen Deputation.

Zweiter Band.

(Gutachten.)

Berlin 1902.

Commissions-Verlag von J. Guttentag, Verlagsbuchhandlung, G. m. b. H.

Inhaltsverzeichniß.

Druckfehler-Berichtigungen.

In dem Gutachten des Herrn Oberlandesgerichtsraths Dr. E. Neukamp in Cöln (Bd. I) sind folgende Verbesserungen vorzunehmen:

S 232 Anm. 9 Z. 2 muß es statt „noch" heißen: „nach".

S. 253 Z. 9 oben muß statt „§ 252" heißen: „§ 251".

S. 256 Z. 6 oben muß es statt „einer Woche vor" heißen: „einer Woche seit".

In dem Gutachten des Herrn Geheimen Raths Professor Dr. A. Wach in Leipzig (Bd. II) ist folgende Verbesserung vorzunehmen:

S. 31 unter b) No. 1 Zeile 2 ist zu streichen A. 2, 283.

Gutachten.

(Zweiter Band.)

X.

Gutachten des Herrn Geheimen Raths Professor Dr. A. Wach in Leipzig

über die Frage:

Abgrenzung von Richterrecht und Parteibetrieb im Zivilprozeß.

Die Begutachtung der obigen Frage ist durch mancherlei amtliche und außeramtliche Hemmnisse hinausgezögert worden. So ist es gekommen, daß ich zur Niederschrift meiner Gedanken erst gelangt bin, nachdem bereits der 1. Band der Gutachten für die Verhandlungen des 26. Deutschen Juristentages veröffentlicht worden ist. Ich habe die Thatsache nicht zu bedauern, denn ich bin dadurch in die Lage versetzt, mit dem Gutachten des Herrn Oberlandesgerichtsraths Dr. E. Neukamp in Cöln über die gleiche Frage rechnen, seine werthvollen statistischen Materialien benutzen und mich mit ihm auseinandersetzen zu können. In gewisser Beziehung gestaltet sich sonach meine Ausführung zu einer Art Korreferat. Es wird sich dabei herausstellen, daß es zwar nicht an Meinungsverschiedenheiten zwischen uns fehlt, wir aber in Hauptstücken übereinstimmen.

Formulirter Gesetzesvorschläge werde ich mich enthalten, da mir scheint, als ob die Aufgabe des Juristentages nur sein könne, den Gedanken einer Gesetzesmaßnahme zu bezeichnen, nicht ihr die Form zu geben.

I.

Das gestellte Thema bedarf der Erläuterung. Das Schwergewicht ruht bei der Antithese von „Richterrecht“ und „Parteibetrieb“ auf letzterem Wort. Die Meinung ist, zu erörtern, in welchem Maße der Parteiwille die Triebkraft, das Agens des Prozesses sei, also die an sich selbstverständliche richterliche Prozeßleitung, sofern nicht der Mechanismus des Gesetzes unmittelbar regulirt, durch den Parteiwillen ausgeschaltet werden kann und soll. Der Gegensatz ist also Offizial- oder Parteibetrieb. Dabei haben wir weiter im Auge zu behalten, daß die Frage nur vom Boden des geltenden Rechts aus de lege ferenda, also als Reformfrage verstanden werden darf. Denn abstrakte wissenschaftliche Deduktionen aprioristischer oder rein doktrinärer Natur liegen außerhalb des Bereiches der Vereinigung, für welche dieses Gutachten bestimmt ist. Damit ist bereits festgestellt, daß in eine allgemeine Untersuchung der Grundbegriffe des Zivilprozesses nicht einzutreten ist.[1]) Ich folge daher auch nicht den Bahnen des ersten Herrn Referenten, welcher in seinem ersten Abschnitt Seite 127 ff. mit einer Erörterung der allgemeinen theoretischen Grundlage für Abgrenzung von Richterrecht und Parteibetrieb beginnt. Aber ich darf angesichts derselben mit einigen Bemerkungen nicht zurückhalten. Es ist nicht Inhalt der juristischen Doktrin, daß der Prozeßbetrieb spezifisch Parteisache im Gegensatz zum Richterrecht sei. Ein sogenanntes „Prinzip des dominium litis“ in diesem Sinne ist nicht anerkannt.[2]) Es steht fest, daß der Prozeß staatliche Rechtspflege ist, dominirt durch das Staatsinteresse an ihrer Gerechtigkeit und Zweckmäßigkeit, daß das Prozeßleitungsamt des Richters nicht der Herrschaft der Parteien über die Streitsache entspringt, der Prozeß nicht Konventionalprozeß ist, die Parteien ihm nicht Form und Ordnung vorschreiben, wie sie das können

---

[1]) Ich wiederhole zur Kennzeichnung meines Standpunktes Worte meiner „Vorträge über die Reichs-Zivilprozeßordnung“, 2. Aufl. 1896 S. 56 ff.: „Wie ausgiebig von diesen (den Parteibetrieb statuirenden) Vorschriften Gebrauch gemacht wird, davon habe ich im ersten Vortrag gehandelt. Die Anwälte üben unbeschränkt (C.P.O. § 81) und maßlos diese Herrschaft über den Prozeßgang. Gewiß, der Staat drängt der Partei den Prozeß und seinen Fortgang nicht auf. Aber wir wissen, daß bei dem im größten Stile geübten Verschleppen der Parteiwille nicht mitspricht, und auch wenn dem so wäre, wäge alle Folgerichtigkeit und alle Doktrin federleicht gegenüber dem Schaden, der der Rechtspflege überhaupt durch das bisherige System zugefügt wird. Auch hier soll das Gericht nicht der Spielball der Parteilaunen sein: wer Termine erbittet, der soll sie wahren. Es ist unerträglich, wenn — wie es geschieht — das Gericht stundenlang der Parteien, richtiger gesagt, der Anwälte gewärtig unthätig verharrt, wie wohl gar unverrichteter Dinge von dannen zu gehen. Das ist Mißbrauch der Staatsthätigkeit. Hier muß energisch durchgegriffen werden zum Wohle des Staates und — wir dürfen es getrost hinzufügen — der Recht suchenden Parteien.“

[2]) Ich bedaure, protestiren zu müssen gegen die Art, in welcher der erste Herr Referent mich zu einem Anhänger seines von ihm bekämpften sog. „dominium litis“ der Parteien stempeln will, vergl. besonders S. 241 ff. In dem Citat aus meinen Vorträgen S. 47 f. werden wesentliche Worte ausgelassen und Neukamp konstruirt sich Gegensätze zu meinen Ausführungen, die nicht existiren. Es wird sich zeigen, wie nahe wir uns praktisch stehen.

im schiedsrichterlichen Verfahren, vielmehr die Rechtspflegethätigkeit des Staates aus seinem Willen originirt und durch ihn normirt wird gemäß ihrem hohen Ziel. Man darf nicht unsere Wissenschaft und allgemeine Rechtsüberzeugung und Rechtsbildung dadurch trüben, daß man ihnen Dinge andichtet, welche ihnen schlechterdings nicht eigen sind. Man soll den Bock nicht schwärzen, um nachträglich über ihn das „hic niger!“ zu rufen. Es ist nicht zuzugeben, daß erst heute die Zeit reif geworden sei — und zwar unter Führung der österreichischen Prozeßordnung — für die Erkenntnis des Prozesses als einer Wohlfahrtseinrichtung, und daß diese grundsätzliche Auffassung von der bisherigen juristischen Betrachtung abweiche.[3]) Diese Erkenntniß war der denkenden Menschheit schon lange nicht mehr verschlossen und sie hat instinktiv sicherlich — angepaßt an die staatlichen Grundanschauungen — im Kulturstaate stets, wenn auch in sehr verschiedenem Maße gewirkt. Es ist nicht richtig, daß die Frage, ob die Zivilprozeßordnung Richterrecht und Parteibetrieb grundsätzlich theoretisch richtig abgrenze, bisher überhaupt noch nicht aufgeworfen worden sei. Man hat sich mit dieser Frage von Anbeginn beschäftigt, man hat erkannt, daß es sich hier um Zweckmäßigkeit handelt und die privatrechtliche Natur des Streitgegenstandes nur insofern negativ bestimmend wirken müsse, als der Prozeß nicht wider den Willen der Parteien begonnen oder fortgesetzt, noch ihnen prozessuale oder materielle Vorteile aufgezwungen werden dürfen.[4]) Hierbei wird es bleiben, wie man auch die Reformfrage beantwortet. Der Offizialbetrieb des Prozesses wird niemals, wie stark man ihn auch betonen wolle, eine Klage von Amtswegen[5]), in diesem Sinn ein procedere ex officio judicis, nie eine aufgezwungene Fortsetzung des Rechtsstreites sein können, wenn die Parteien den Prozeß nicht fortführen wollen. Es dreht sich lediglich um die praktische Frage, ob der Parteibetrieb so, wie ihn unsere Zivilprozeßordnung gestaltet hat, wahrhaft zweckmäßig, d. h. der gesunden, prompten, dem berechtigten Rechtsschutzbedürfniß der Parteien genügenden, gerechten

---

[3]) F. Klein, Zeit- und Geistesströmungen im Prozesse. Dresden 1902. S. 31.

[4]) Ich gestatte mir die Bezugnahme auf meine eigenen Schriften; vergl. Kritische Vierteljahrsschrift, Bd. 14, S. 372 ff. („Nicht aus der Dispositionsbefugnis der Parteien über das Streitobjekt, sondern aus dem öffentlichen Interesse des Staates an einer geordneten Rechtspflege entspringt das richterliche Prozeßleitungsamt“.) Meine „Vorträge über die Reichszivilprozeßordnung“, 2. Auflage, Seite 52 ff., wo eingehend die aufgeworfene Frage grundsätzlich erörtert wird. Aber es giebt überhaupt keine umfassende Darstellung des Zivilprozesses, die diese Frage nicht berührt.

[5]) Von Ehesachen ist hier nicht die Rede.

Prozedur dienlich ist, oder ob wir besser thun, die richterliche Prozeßleitung stärker zu betonen, und in welcher Form das zu geschehen hat. Das ist ein **rein praktisches Problem**, keine **theoretische Grundfrage**; es kann mit keinem Theorem gelöst werden, ist nicht etwa aus der Antithese der Offizial- und Verhandlungsmaxime heraus zu fassen, wie auch die einschlagenden Bestimmungen der Zivilprozeßordnung nun und nimmer als logische Konsequenzen irgend welcher Prozeßprinzipien werden verteidigt werden[6]), wenn sie sich als unbrauchbar erweisen. Seit Jahren, man kann sagen, seit dem Inkrafttreten der Zivilprozeßordnung beschäftigt uns dieses Problem, und ihm war zum guten Theil meine im Jahre 1886 veranstaltete, im Jahre 1887 im 11. Band der Zeitschrift für Deutschen Zivilprozeß, Ergänzungsheft, der Oeffentlichkeit übergebene Enquête gewidmet.

Das Thema wird aber noch enger zu begrenzen sein, als der Gegensatz von richterlicher Prozeßleitung und Parteiaktion, Offizial- und Parteibetrieb bezeichnet. Denn der Ausdruck Parteibetrieb hat eine spezifische Bedeutung. Er ist durchaus hergebracht für die gesetzlich anerkannte Bewegungskraft der Parteien im Prozeß, für ihren maßgebenden Prozeßbetriebswillen im Sinne des Fortbewegungswillens. Soweit Parteibetrieb anerkannt ist, ist Richterbetrieb verneint, also richterliche Prozeßleitung ausgeschaltet. Der Gegensatz wird demnach nicht ausgedehnt auf die Ermittelung des Sachverhalts, die Beschaffung der Urtheilsgrundlage, den Beweis. Andererseits ergreift er über die mündliche Verhandlung hinaus den vorbereitenden Schriftenwechsel, überhaupt die essentiellen Handlungen im Verfahren vor dem Urtheil und in der Zwangsvollstreckung. Ich glaube nicht, daß in diesem Umfange die auf das Aequiliber von Richter- und Partei-Akt gerichtete Frage zu denken ist, wenn ich sie auch nicht so eng auffasse, wie es durch den ersten Herrn Gutachter geschieht. Er beschränkt sie lediglich auf die mündliche Verhandlung unter zutreffender Ausscheidung der Stoffsammlung, also in Anwendung auf die terminliche formelle Prozeßleitung. Auch ich glaube, den Vollstreckungsbetrieb bei Seite lassen zu sollen. Denn abgesehen

---

[6]) Wohl zu scheiden von der Frage: wie man sie als geltendes Recht logisch erklärt. — Daher sagen auch die Motive des ersten Entwurfes der C.P.O. (Berlin 1871, S. 231): „Die Frage, ob Prozeßbetrieb unter Vermittelung des Gerichts oder unmittelbarer Prozeßbetrieb durch die Parteien, steht mit der sogen. Verhandlungsmaxime in keinem Zusammenhange. Wie auch immer der Prozeßbetrieb gestaltet sein möge, immer wird ein **ausgedehntes und scharf durchgeführtes richterliches Prozeßleitungsamt** für die mündliche Verhandlung als erforderlich und gerechtfertigt sich ergeben."

von Angriffen auf die relativ selbständige Stellung des Gerichtsvollziehers, also auf die Organisation der Vollstreckungsthätigkeit, ist meines Wissens der Parteibetrieb in der Exekution ernstlich und beachtlich von keiner Seite beanstandet worden. Dagegen berührt das uns in ganz Deutschland beschäftigende betonte praktische Problem ebenso sehr das Verfahren außerhalb der mündlichen Verhandlung wie in derselben. Der erste Herr Gutachter glaubt jenes ausscheiden zu sollen, weil im Thema das Richterrecht besonders accentuirt werde, die außerterminliche Prozeßleitung aber, die nicht Parteibetrieb ist, sondern Offizialthätigkeit, auf Betriebsakte des Gerichtsschreibers hinauskäme. Ich habe schon oben bemerkt, daß ich das Schwergewicht der thematischen Antithese in dem Worte „Parteibetrieb" finde, dessen Gegensatz der Offizialbetrieb bildet. Daher sehe ich in dem Wortlaute kein Hinderniß, mich auch mit dem Parteibetrieb außerhalb der mündlichen Verhandlung zu beschäftigen. Dafür ist der letzte und eigentlich entscheidende Grund die praktische Spitze der ganzen Frage. Es handelt sich darum,

> ob unsere Zivilprozeßordnung durch die Abgrenzung der Offizial- und Parteithätigkeit zu Prozeßverschleppungen führt, die durch Aenderung des Gesetzes beseitigt werden müssen.

Das ist der Kern der Sache. Und das hängt ebenso sehr mit unserem Vertagungs- und Zustellungs-Wesen, wie mit der Prozeßleitung innerhalb der mündlichen Verhandlung zusammen.

II.

Die Klage über Prozeßverschleppung ist in Deutschland an der Tagesordnung. Das beweist an sich noch nicht viel; denn einmal könnte sie vermöge der epidemischen Natur, die in der heutigen Presse leicht derartige Querel annimmt, grundlos verallgemeinert sein. Ferner ist die Prozeßdauer, wie vieles andere, recht subjektiv und relativ; was heute langwierig erscheint bei der entwickelten Unrast der Gesellschaft, war noch vor kurzer Zeit rapid. Man will sich heute mit dem Tempo des schnellfahrenden Wagens nicht mehr begnügen, sondern strebt nach der Geschwindigkeit des Automobils. Demgegenüber gilt noch heute, was Briegleb in seiner Einleitung in die Theorie der summarischen Prozesse im Jahre 1859 sagte: „Man müsse der gedankenlosen Ungeduld des großen Haufens zum Trotz einsehen und offen bekennen, daß es Gebrechen der Rechtspflege — zumal in streitigen Sachen — gebe, die als unvermeidliche Begleiter jeder menschlichen Rechtsordnung durch keine menschliche Einrichtung und Thätigkeit zu beseitigen seien, die man in Geduld ertragen müsse, wenn man nicht auf die Wege des scharfsinnigen, edlen und tapferen Vernichters jeglicher Ungebühr und Beschwer aus La Mancha gerathen wolle, — daß aber auch an das wirklich erreichbare Ziel das mechanische Mittel der bloßen formellen Beschleunigung des Prozeßganges schlechterdings nicht führe." Und noch eines sei vorweg bemerkt: Ich halte es nicht für sonderlich rathsam und förderlich, Resultate fremder Gesetzgebungen insbesondere ausländische Statistik mit unseren eigenen Erfahrungen zu vergleichen und daraus bedeutsame Schlüsse ziehen zu wollen. Es spielen bei den hier in Betracht kommenden Erscheinungen die mannigfachsten Faktoren mit, der gesammte Prozeßmechanismus bis zu dem inkommensurablen Faktor des Volkscharakters. Und es bleibt immer noch die ernste Frage übrig, wie es mit dem Verhältniß der Richtigkeit zur Fixigkeit steht.

Ich wiederhole: Die Thatsache der Prozeßverschleppung gilt als allgemeine und als Folge der Struktur der Zivilprozeßordnung. Ich habe hierzu neuerdings selbständige Nachforschungen nicht angestellt, halte sie auch nicht für nöthig und sonderlich aussichtsvoll, es sei denn, daß man mit einer umfassenden Enquête vorgeht, die in ähnlicher, aber noch eindringenderer Weise, wie die früher von mir veranstaltete, Aufschlüsse verschafft. Ich fuße also auf dem gegebenen, allgemein zugänglichen Material, zu dessen Vervollständigung dankenswerteste Beiträge mein verehrter Herr Vorvotant auf Seite 153—221 geliefert hat. Dabei beschränke ich mich auf Deutschland und das wenige, was wir von Oesterreich wissen.

Die deutsche Justizstatistik, bearbeitet vom Reichsjustizamt, gibt die wesentlichen zahlenmäßigen Unterlagen auch für das, was der erste Herr Gutachter an deutschem Zahlenmaterial bringt. Doch fügt er mancherlei Tabellen hinzu, die er direkter Mittheilung des Reichsjustizamtes und des preußischen Justizministers verdankt. Ich möchte dazu bemerken, daß die unter III Nr. 5 Seite 180—205 gegebenen Tabellen, in welchen die einzelnen Landgerichte Preußens mit ihren Richterzahlen im Vergleich zu den durch kontradiktorische Urtheile erledigten und den sog. „kranken" Sachen[1]) für die Jahre 1897/1900 zusammengestellt werden, kritisch recht anfechtbar sind. Denn die Richterzahlen umfassen die Zivil- und Strafrichter (Zivil- und Strafkammern), gestatten also schlechterdings keine Folgerung auf etwaige ausreichende Richterkräfte,

[1]) Unter diesen versteht Herr Oberlandesgerichtsrath Neukamp überjährige Sachen.

Arbeitspensum und dergl. — Die Statistik ergibt nun zweifellos Folgendes:

1. Der Zunahme der Bevölkerung entspricht die Vermehrung des Richterpersonals nicht. Am 1. Dezember 1880 betrug die Bevölkerungszahl in Deutschland 45 234 065, am 1. Dez. 1900: 56 256 246. Die Richterzahl belief sich im Jahre 1883 (abgesehen von den beiden höchsten Gerichtshöfen) insgesammt auf 6955, am 1. Jan. 1901 auf 8072. Die Vermehrung beträgt bei den Oberlandesgerichten 13,5 %, bei den Landgerichten 20,2 %, bei den Amtsgerichten 14,2 %. Nur bei den Landgerichten hält sie mit der Progression der Bevölkerung annähernd Schritt. Vergleicht man aber die Zahl der ordentlichen Zivilprozesse der Jahre 1881 und 1899, so ergibt sich ein noch viel ungünstigeres Verhältniß. Diese erstinstanzlichen Sachen stiegen von 1 065 853 auf 1 750 123, vermehrten sich also um 64,2 %, und zwar um 65,5 % bei den Amtsgerichten und 53,4 % bei den Landgerichten. Dementsprechend hätte die Zahl der Zivilrichter mindestens um 50 % bei diesen Gerichten sich erhöhen müssen. Die Strafsachen haben sich in der gleichen Periode als Verbrechens- und Vergehensfälle um 24,03 %, als Privatklagesachen um 49,5 % gesteigert. Daß nun nicht etwa die eingetretene Vermehrung des Richterpersonals den Zivilsachen besonders zu Gute gekommen ist, läßt sich aus der Vergleichung der Zahl der früheren Straf- und Zivilkammern vermuthen. Anfang 1883 hatten wir 400 Zivilkammern und 80 Kammern für Handelssachen, dagegen 323 Strafkammern, im Jahre 1901 waren es 479 Zivilkammern, 122 Kammern für Handelssachen und 477 Strafkammern. Dabei erfordern letztere bekanntlich fünf und die Zivilkammern nur drei Richter. Lenkt man seine Aufmerksamkeit des näheren auf die einzelnen Oberlandesgerichtsbezirke, so ergibt sich das bedeutsame Resultat einer sehr verschiedenen Progression der Richterzahlen. In Augsburg, Bamberg, Cassel, Celle, Jena, Kiel, Königsberg, Marienwerder, Oldenburg, Posen, Rostock, Stuttgart ist die Vermehrung des Richterpersonals minimal. So hat Augsburg Ende 1882 13, am 1. Januar 1901 15 Richter am Oberlandesgericht, bei den Landgerichten in gleicher Zeit einen Zuwachs von 3, bei den Amtsgerichten einen solchen von 11 gegenüber der Anfangszahl 122. Bamberg steht noch ungünstiger; hier kommen in diesen 20 Jahren 7 Amtsrichter dazu, kein Oberlandesrichter, 2 Landrichter. In Cassel ergibt sich ein Plus von 2 Amtsrichter, ein Minus von 1 Landrichter und Stabilität beim Oberlandesgericht. In Celle finden wir statt 18 Mitglieder des Oberlandesgerichts 20, statt 99 Landrichter 100, statt 231 Amtsrichter 245, in Jena statt 67 Landrichter 70,

statt 172 Amtsrichter 174. Aehnlich ist es in den anderen genannten Oberlandesgerichtsbezirken. In Oldenburg ist die Zahl der Landrichter von 17 auf 16 gesunken, in Posen von 84 auf 83, während hier die 180 Amtsrichter einen Zugang von 2 haben. In Stuttgart haben sich die 140 Amtsrichter um 2 vermindert. Vergleicht man hiermit die Zahl der ordentlichen Prozesse bei den Amts- und Landgerichten, so zeigt sich in der Periode 1881—1899 in Augsburg eine Steigerung von 10 460 auf 15 804, in Bamberg von 20 624 auf 24 148, in Celle von 42 859 auf 79 111, in Jena von 24 466 auf 36 149, in Kiel von 18 594 auf 41 187, in Oldenburg von 7 619 auf 12 960, in Posen von 48 576 auf 58 798, in Rostock von 9 733 auf 17 732, in Stuttgart von 21 683 auf 36 602. Verhältnißmäßig geringfügig ist die Zunahme der Sachen in den Bezirken von Königsberg und Marienwerder. Gesunken ist ihre Zahl in Cassel von 28 852 auf 27 760. Aber auch dort, wo die Richterzahl sich bedeutend erhöhte, wie in Hamm, wo in den letzten 20 Jahren 22 Landrichter zu 102, 39 Amtsrichter zu 234 hinzugekommen sind, oder in Cöln, wo früher 178 Amtsrichter, jetzt 299 sind und zu den 114 Landrichtern 36 hinzutraten, hat dieses Wachsthum nicht Schritt gehalten mit der Progression der Sachen, denn in Cöln stehen den 80 851 ordentlichen Prozessen der Anfangsjahre 140 413 im Jahre 1899 gegenüber, in Hamm den 60 637 : 109 227. Es würde demnach nicht verwunderlich sein, wenn, ganz abgesehen von allen Mängeln der Zivilprozeßordnung im Lauf der Zeit sich die Prozesse ganz erheblich verlangsamt und die Reste vermehrt hätten, ja wenn hier und da eine Art Hemmung der Justiz eingetreten wäre. Denn es ist sonnenklar, daß bei unzureichenden Richterkräften durch Unmöglichkeit, die Eingänge zu bewältigen, allmählig eine Art „Justizbankerutt" resultiren muß.

2. Die Dauer der Zivilprozesse ist in den verschiedenen Oberlandesgerichtsbezirken sehr different. Wir können nach der deutschen Justizstatistik diese Thatsache nur mit Sicherheit betreffs der durch kontradiktorisches Endurtheil erledigten Prozesse feststellen. Dabei ist unter solchem kontradiktorischen Endurtheil jedes die Sache für die Instanz endgiltig erledigende Urtheil verstanden, welches nicht Versäumniß-, Verzichts-, Anerkenntnißurtheil und auch nicht eine Purificatoria ist, dagegen wohl das Eidesurtheil[8]). Für die Amtsgerichte ergibt

[8]) Ueber die zufolge Anerkenntniß, Verzicht und Unterbleiben des Urtheilsantrags dauernd schwebenden Prozesse ist keine Spezialstatistik vorhanden. Sie sind wohl einbegriffen in den nicht durch „kontradiktorisches Urtheil" erledigten.

sich folgendes Resultat: Bei ihnen insgesammt betrug die Dauer der Prozesse bis zu solchem Urtheil weniger als 3 Monate im Jahre 1888 in 68,7 % aller Fälle, im Jahre 1899 in 61,1 %, weniger als 6 Monate 1888 in 89,5 %, 1899 in 84,3 %, dagegen über 1 Jahr im Jahre 1888 in 2,1 %, 1899 in 3,6 %. Ueber ein Jahr waren in Zweibrücken 12,6 %, Cöln 8,1 %, Hamm 6 % der amtsgerichtlichen Sachen des Oberlandesgerichtsbezirks rechtshängig, wogegen Cassel nur 1,5 %, Colmar sogar nur 1,2 %, Dresden 1,9 %, Karlsruhe 1,1 %, Stuttgart 1,4 % solcher langwierigen Prozesse hatte. In weniger als 3 Monaten erledigte kontradiktorisch Colmar 74 %, Karlsruhe 71,2 %, Breslau, Cassel, Dresden über 69 %, dagegen Cöln nur 50,6 % und gar Hamm, Marienwerder, Zweibrücken nicht die Hälfte solcher Sachen. — Dabei konstatirt die Justizstatik fortdauernd ungünstige Verhältnisse in der Mehrzahl der preußischen Bezirke und eine stete Abnahme der kurzzeitigen Sachen in Cöln.

Bei den Landgerichten sind die Gegensätze noch schroffer. Da figuriren im Jahre 1899 Augsburg mit 25,3 %, Bamberg mit 30,2 %, Cöln mit 32 %, Darmstadt mit 32,3 %, Zweibrücken mit 60,1 % aller durch kontradiktorisches Endurtheil erledigten Sachen, die länger als 1 Jahr rechtshängig sind (überjährige Sachen). Demgegenüber hat Berlin 9,9 %, Celle 9,4 %, Dresden 8,2 %, Stuttgart 7,3 %, Karlsruhe sogar nur 5,7 %. — Die Berufungsinstanz in amtsgerichtlichen Sachen dauerte 1888 bis 3 Monate bei 41,6 %, bis 6 Monate bei 76,7 %, im Jahre 1899 bei 35,1 % bezw. 68,6 %. Ueberjährig wurden 1888: 6,7 %, 1899: 8,6 %. — Viel ungünstiger gestaltet sich das Verhältniß bei den Oberlandesgerichten; hier sind überjährig 1888: 15,5 %, 1899: 19,8 % und nahezu ein Drittel aller durch kontradiktorisches Urtheil erledigten Sachen dauerte 6 bis 12 Monate (29,9 bezw. 31 %). Es bestätigt das die ohnehin bekannte Thatsache, daß der Anwaltsprozeß durchschnittlich von längerer Dauer ist, als der Parteiprozeß. Aber gleich hier möchte ich zur Vermeidung von Mißverständnissen aussprechen, daß es an jeder Statistik über die Betheiligung der Anwaltschaft im amtsgerichtlichen Verfahren fehlt und daß die längere Dauer der landgerichtlichen Sachen ihrer größeren Bedeutung und der Struktur der C.P.O. entspricht. — Wie verschieden aber auch lokal in der Berufungsinstanz gearbeitet wird, ersehen wir aus folgenden Thatsachen. Weit unter dem landgerichtlichen Durchschnitt von 8,6 % überjähriger Sachen (1899) bleiben die Bezirke Karlsruhe (1,4), Berlin (2,5), Hamburg, Celle, Stuttgart (je 3,1), Dresden (3,2), Posen (3,8), Kiel, Rostock (je 4,8), Frankfurt, Naumburg (5,2),

Breslau (5,9). Ihm kommen nahe Cassel, Königsberg, Oldenburg, Stettin. Es überschreiten ihn ein weniges Hamm und Jena. Dagegen übersteigen ihn bedeutend Marienwerder (15,5), Bamberg (17), Augsburg (19), München (19,7), Nürnberg (20,8), Colmar (23,1), Cöln (26,3), Zweibrücken (55,5). In letzterem Bezirk sind nicht weniger als 26,6 % über zweijährig. — Bei den Oberlandesgerichten bleibt unter dem Jahresdurchschnitt (1899) überjähriger Sachen (19,8 %) am weitesten Stuttgart mit der glänzenden Ziffer von 1,6 %; zweijährige Sachen hat es nicht; es folgen Colmar (4,7), Hamburg (4,9), Kiel (6,7), Oldenburg (8), München (8,9), Zweibrücken (9), Marienwerder (10,4), Nürnberg (10,8), Cassel (11,2), Braunschweig (11,4), Rostock (12), Naumburg (12,6), Augsburg (14,5), Dresden (16,6), Breslau 18,8). Nur gering übersteigen den Durchschnitt Jena (20,2), Berlin (20,5), Hannover (22,5), Stettin und Celle (22,6); schon bedeutender Königsberg (25,3), Darmstadt (27,6), Posen (27,7), Frankfurt (27,9) und gewaltig Bamberg mit 47,2 % und Cöln mit 53,8 %. Dabei ist beachtenswerth, daß die bayerische landgerichtliche Berufungsinstanz verhältnißmäßig langsamer arbeitet als die oberlandesgerichtliche — Bamberg ausgenommen. Die gleiche seltsame Erscheinung ist in Colmar und Marienwerder zu beobachten, während in Oldenburg und Stuttgart der Verlauf beim Landgericht und Oberlandesgericht ziemlich gleich ist. Die Zustände in Cöln haben seitens des Herrn Oberlandesgerichtsrath Neukamp eine grelle Beleuchtung erfahren. Aus ihr geht bis zur Evidenz hervor, daß, was ohnedies durch Vorstehendes erwiesen wird, lokale, individuelle Verhältnisse, also keineswegs nur Mängel der Zivilprozeßordnung, wesentlich zur Verlangsamung der Prozesse und Vermehrung der Reste beitragen. Welche sind das [9])? Daß alte französische Gewöhnung des laisser aller mitspricht, habe ich schon in meiner Enquête festgestellt [10]) und wird durch den Herrn Vorgutachter bestätigt. [11])

3. Die Statistik der letzten Jahre beweist nicht eine fortwährende Zunahme der überjährigen, von Herrn Vorgutachter sog. „kranken Sachen". Denn bei den Amtsgerichten betrugen sie bereits im Jahre 1883 : 3,3 %, im Jahre 1894 : 3,4 % der durch

---

[9]) A. a. O. S. 25 ff. 31.

[10]) Wesentlich ist die sehr verschiedene Neigung zum Kontradiktorium. Auffallend ist diese bei den bayrischen Gerichten. Vgl. Justizstatistik S. 158.

[11]) Neukamp, S. 224.

kontradiktorisches Endurtheil erledigten Prozesse; 3,3 % haben wir aber auch im Jahre 1898 und nur 3,6 im darauffolgendem Jahr. Bei den Landgerichten war der Prozentsatz solcher erstinstanzlichen Sachen im Jahre 1893 : 16,7 %, 1895 : 18,2 %, 1898 : 16 %, 1899 : 16,7 %. Eine Vergleichung der Berufungssachen in den Jahren 1898 und 1899 zeigt, daß die überjährigen bei den Landgerichten etwas zugenommen haben — und zwar die 1—2 Jahre dauernden um 0,4 % —, dagegen die oberlandesgerichtlichen in Abnahme sind, von 21,4 % auf 19,8 % sanken.

4. Ebensowenig kann zugegeben werden, daß die Vermehrung der Richterzahl auf die Beschleunigung einflußlos wäre oder, wie es auch heißt, daß der Mangel an Richterpersonal schuldlos an den bemerkten Prozeßverzögerungen sei. Die interessante Tabelle, welche Herr Oberlandesgerichtsrath Dr. Neukamp unter III Nr. 7, beigebracht hat, scheint mir das Gegentheil zu beweisen, denn die aus ihr, Spalte 8, ersichtlichen Rückstände ergeben sich zweifellos aus der unzureichenden Richterzahl. Die 10 Urtheilsverfasser können im Jahr 1896 natürlich nicht die 3073 Sachen bewältigen, zumal sie schon einen erheblichen Rest überkommen haben. Ihre Reste wachsen mit steigenden Eingängen. Sobald aber im Jahre 1899 13 Urtheilsverfasser in Thätigkeit treten, geht die Progression der Reste entsprechend zurück. Im Jahre 1899 wurden 307 kontradiktorische Urtheile mehr erlassen, wie im Jahre 1898, und im Jahre 1900 sogar 436; das doch nur, weil eine größere Zahl von Kräften in Aktion ist. Selbstverständlich muß, wie betont, die unzulängliche Arbeitskraft zu Resten führen. Ihre Zulänglichkeit aber darf nicht gemessen werden nur an der Zahl der kontradiktorischen Urtheile und der Urtheilsverfasser. Nur darauf abgestellte Tabellen sind von sehr zweifelhaftem Werth. Es handelt sich zunächst um sämmtliche Eingänge. Jede Sache, die zur mündlichen Verhandlung kommt, beansprucht Zeit, — und oft beansprucht sie viel Zeit, mehrere Termine, ohne das Resultat kontradiktorischen Endurtheils, mag sie — wie es häufig geschieht — erst nach langwierigen Verfahren, Beweisaufnahmen u. s. w. verglichen werden, speziell mit Klagerücknahme oder Rücknahme des Rechtsmittels enden, oder zur Ruhe kommen, oder zum Versäumnißurtheil führen. Bei der Struktur unseres Verfahrens ist vor allen Dingen wichtig, wie viele Sachen allwöchentlich auf die Tagesordnung gesetzt werden können, und das hängt ab von der Richterzahl, der Zahl der Kammern und Senate, der dadurch ermöglichten Sitzungstage. Dafür aber trägt es nichts ab, ob etwa dem Kollegium ein überzähliger Richter angehört, sonach für die Urtheilsabfassung Erleichterung geschaffen

wird, wenn nicht eine Vermehrung der Sitzungen die Folge ist. Diese haben ihre natürlichen Grenzen an der physischen Leistungsfähigkeit der Personen und der Aufnahmefähigkeit betreffs der Tagesordnung. Der Terminstag des Amtsrichters läßt sich erfahrungsmäßig und naturgemäß stärker belasten, als der des Kollegiums, — und hier wiederum der des erstinstanzlichen Gerichts stärker als der des Berufungsgerichts. — So hat Sachsen neuestens für die Nothwendigkeit der Vermehrung der Richterkräfte Zeugniß abgelegt, indem es am Oberlandesgerichte, das durch stetes Wachsen der Zahl der Sachen ins Gedränge kam, einen neuen Senat errichtete. Allerdings hat die Personal-Vermehrung ebenfalls ihre Grenze — und wir dürften nicht weit von ihr entfernt sein. Da heißt es dann anders helfen. Damit beschäftige ich mich in dem weiteren Verlaufe des Gutachtens.

5. Vorher aber noch ein Wort über die uns vergleichsweise vorgehaltene österreichische Statistik. — Auf den ersten Blick erscheinen ihre Ergebnisse für die deutsche Rechtspflege recht beschämend, ja niederschmetternd. Aber sie ist für uns nicht genügend klar, um verwerthet werden zu können. Ich muß daher mit meinem Urtheile zurückhalten. Auf Folgendes weise ich zur Begründung hin. Von sachkundigster Seite wird uns mitgetheilt [12]):

„Im Jahre 1897 wurden vor den Amtsgerichten (Deutschlands) in erster Instanz 63,5 % der Prozesse, in Oesterreich dagegen bei den Bezirksgerichten — sehr ungünstig berechnet — 87,11 % in weniger als drei Monaten erledigt. Auf die Zeit zwischen 3 und 6 Monaten entfallen im Deutschen Reich 22,3 %, in Oesterreich nur mehr 9,9 % der Prozesse. Während endlich die Menge der Rechtssachen, die mehr als 6 Monate anhängig blieben, im Deutschen Reich 14,2 % beträgt, beläuft sie sich in Oesterreich für das bezirksgerichtliche Verfahren auf bloß 2,92 %."

Gleich hier sei bemerkt, daß die für Deutschland angegebenen Zahlen Prozente der durch kontradiktorisches Endurtheil erledigten Sachen darstellen; ob die österreichischen Angaben gleichfalls so zu denken sind, ist nicht erkennbar. Unser Gewährsmann fährt fort:

„Im Verfahren vor den Landgerichten wurden im Deutschen Reich 25,9 % der Prozesse in weniger als 3 Monaten, 29,7 % in der Zeit zwischen 3 und 6 Monaten erledigt, während 28,1 % zwischen 6 Monaten und 1 Jahr, 12,5 % zwischen 1 und 2 Jahren

[12]) Fr. Klein, a. a. O., Seite 32. Die österreichischen Zahlen beziehen sich auf das Jahr 1900.

und 3,8 % über 2 Jahre dauerten. Für das österreichische Verfahren stellen sich die Ergebnisse im Jahre 1900:

Arten des Verfahrens	wenig. als 3 Monate %	zwischen 3 u. 6 Mon. %	zw. 6 Mon. und 1 Jahr %	zwischen 1 u. 2 Jahr %	über 2 Jahre %
a) Wechselprozeß	90,84	6,45	2,27	0,41	0,3
b) Handels-, See- u. Bergrechtssachen	46,94	39,02	10,33	3,51	0,20
c) andere Prozesse	31,45	52	13,54	2,76	0,25

Es wurden demnach in weniger als 3 Monaten im Deutschen Reiche im Verfahren vor den Landgerichten 25,9 %, in Oesterreich 54,11 % der Prozesse, also etwas mehr als das doppelte in erster Instanz abgeurtheilt. Eine Dauer zwischen 3 und 6 Monaten entfällt im Deutschen Reiche auf 29,7 %, in Oesterreich auf 34,49 %, sodaß in Oesterreich nur 11,04 % der Gerichtshofprozesse gegenüber 44,4 % im Deutschen Reiche mehr als 6 Monate in erster Instanz anhängig waren."

Hier wiederholt sich der obige Zweifel, der sich jedoch nach der von Neukamp beigebrachten, aus dem österreichischen Justizministerium herrührenden Tabelle zu Gunsten des korrekten Parallelismus der deutschen und österreichischen Aufstellung zu lösen scheint. Dagegen hat man für die richtige Werthschätzung der Zahlen im Auge zu behalten, daß offenbar die erstinstanzlichen Landes- und Kreisgerichte Oesterreichs mit einer verhältnißmäßig viel stärkeren Richterzahl arbeiten als wir.[13]) Beispielsweise haben die 11 Gerichte des Oberlandesgerichtssprengels Wien im Jahre 1900 mit ihren 31 Senaten in „anderen Streitsachen" nur 957 kontradiktorische Urtheile abgesetzt, während 6286 Sachen anderweit erledigt wurden. Nimmt man beim Senat 2 Urtheilsverfasser, so kommen auf jeden etwas über 15 Urtheile. In ganz Oesterreich haben im Jahr 1900 169 Senate in allen erledigten Sachen (39 310) 8753 kontradiktorische Urtheile abgegeben, sodaß auf den einzelnen Richter nahezu 26 kontradiktorische Urtheile kommen. Eine solche

[13]) In Deutschland wurden erstinstanzlich anhängig im Jahre 1899 bei den Landgerichten: Ordentliche Prozesse: 176 915, Wechselprozesse: 63 542, andere Urkundenprozesse: 1783, Arreste und einstweilige Verfügungen: 17 578, insgesammt: 259 820 Sachen. In Oesterreich dagegen wurden anhängig in demselben Jahr bei den Landes- und Kreisgerichten in erster Instanz: Wechselsachen: 7662, Handelssachen: 4856, andere Streitsachen: 26 946, insgesammt: 39 464.

Minimalbelastung ist selbst bei Oberlandesgerichten in Deutschland unbekannt.[14]) Dazu kommt die sehr abweichende Struktur des österreichischen Verfahrens, auf die einzugehen hier nicht der Ort ist. — Wenn der Herr Vorgutachter auf Seite 222 f. auf die frappirende Thatsache hinweist, daß in Oesterreich im Jahre 1898 von 1418 erledigten Sachen nur 37 einschließlich der zweiten Instanz überjährig wurden, so kann sich diese Bemerkung ausweislich der Tabellen nur auf die oberlandesgerichtlichen Sachen, Seite 220 f., beziehen. Da aber ist zu bemerken, daß für die Jahre 1899 und 1900 sich das Verhältniß doch wesentlich anders stellt, indem in ihnen circa 10 % der erledigten Sachen überjährig waren.

Aus den vorstehenden Thatsachen hat sich die Bestätigung für die Klage der Prozeßverschleppung ergeben, wenn auch anerkannt werden muß, daß der Zustand landschaftlich und nach Art der Gerichte sehr verschieden ist. Es ist begreiflich, daß, wenn Mißstände hervortreten, wie wir sie für manche Oberlandesgerichtsbezirke feststellen mußten, man vor allem die Klage hört und diese die günstigen Berichte aus anderen Gebieten übertönt. Und gewiß, wenn ein Glied leidet, leidet das Ganze. Immerhin hat man sich vor Verallgemeinerung und Uebertreibung zu hüten. Daher sei zur Beruhigung darauf hingewiesen, wie doch im Großen und Ganzen unsere deutsche Rechtspflege prompt funktionirt. Stellt man nämlich die sämtlichen durch kontradiktorische

---

14) Ich muß noch einmal darauf hinweisen, daß die Neukamp'schen Tabellen III Nr. 5 S. 180 ff. als Basis für die Vergleichung nicht ohne weiteres benutzt werden können, da die Richterzahlen alle Richter, auch Strafrichter, sowie in Berufungssachen beschäftigte Richter umfassen. Ich exemplifizire. Für 1900 zählt Neukamp Berlin I mit 156 Richtern und 6 Hilfsrichtern; das Gericht hat am 1. Januar 1901 27 Zivilkammern, 16 Kammern für Handelssachen und 9 Strafkammern, besetzt mit 1 Präsidenten, 35 Direktoren und 120 Richtern. Von diesen können als Zivilurtheils-Verfasser nur in Betracht kommen bei jeder Zivilkammer 2, bei der Kammer für Handelssachen 1, in Summa 54 + 16 = 70 Richter. Sie bearbeiteten konktradiktorische Urtheile im Jahre 1900 : 7658 I. und 3173 II. Instanz = 10829, also pro Kopf 154 Urtheile, wenn nicht Hilfsrichter oder Herren aus den Strafkammern Erleichterung schufen. Berlin II hat 9 Zivilkammern, also 18 regelmäßige Urtheilsverfasser, die 1900 : 2737 kontradiktorische Urtheile absetzten, also 152 pro Kopf. Das Landgericht Glatz, bei Neukamp richtig mit 8 Richtern aufgeführt, hat 1 Zivilkammer und 3 Strafkammern, also nur 2 Zivil-Urtheilsverfasser. Die haben 1900 an 143 kontradiktorischen Urtheilen gearbeitet, von denen nur 5 überjährig waren. Aehnlich ist's in Hirschberg, wo Neukamp abermals 8 Richter zählt und 2 Zivilkammern neben 2 Strafkammern sind, also 4 Zivil-Urtheilsverfasser 210 kontradiktorische Urtheile fertigten, von denen 2 überjährige Sachen betrafen. Ich nehme dabei an, daß die Direktoren der Regel nach keine Urtheile arbeiten.

und andere Urtheile sowie durch Vergleiche erledigten Sachen zusammen, so erhellt, daß im Jahre 1899 bei den Amtsgerichten von je 629 Sachen nur 3,1 Sachen 1—2 Jahre, 0,5 über 2 Jahre gedauert haben, während von 277 landgerichtlichen erstinstanzlichen Sachen 16,7 überjährig wurden. Sollte das ein schreiender Mißstand sein?

Bevor ich nun dazu übergehe, die wünschenswerthen Reformen in der Abgrenzung von Offizial- und Parteibetrieb zu erörtern, möchte ich auf die gerichtsorganisatorische Seite der Prozeßbeschleunigungs-Frage einen, wenn auch nur flüchtigen Blick werfen.

Das amtsgerichtliche Verfahren verläuft schneller als das landgerichtliche, die landgerichtliche Berufungsinstanz schneller als die oberlandesgerichtliche. Man hat die Frage der Erweiterung der amtsgerichtlichen sachlichen Zuständigkeit bereits öfters erwogen. Angesichts der Gestaltung unserer Berufungsinstanz und der guten Erfahrungen, die wir mit den Gewerbegerichten und Kammern für Handelssachen gemacht haben, bei denen doch auch die ganze juristische Belastung auf dem Vorsitzenden zu ruhen pflegt, dürfte diese Maßregel ohne große Bedenken sein, — wennschon man nicht so weit gehen darf, wie es Oesterreich mit seiner bezirksgerichtlichen Kompetenz von 500 Gulden gethan hat. Rücken wir die Grenze bis 500 Mark hinauf, so würde dadurch ein sehr bedeutende Verringerung der kollegialgerichtlichen Sachen und eine erhebliche Beschleunigung des Rechtsganges erreicht werden. Dagegen empfiehlt sich nicht eine summa appellabilis. Durch sie würden wir im Hinblick auf die Endgültigkeit der inappellabeln Sentenzen zu einer wesentlichen Umgestaltung des erstinstanzlichen Verfahrens genöthigt werden.

III.

Die Zivilprozeßordnung überläßt den Prozeßbetrieb außerhalb der mündlichen Verhandlung im wesentlichen den Parteien. Ich denke dabei an die, dem französischen System angepaßte, Parteizustellung und -Ladung. Einer näheren Darstellung der Grundsätze des Gesetzes bedarf es nicht. Daß von vielen Seiten an ihnen Anstoß genommen ist und zahlreiche Verbesserungsvorschläge gemacht worden sind, ist genugsam bekannt. Sie bewegen sich in der Richtung des Offizialbetriebs. Die Novelle zur Zivilprozeßordnung hat mit ihrer Aenderung des Zustellungswesens, insbesondere mit der intensiveren Verwerthung der Zustellung von Amtswegen (§§ 208 ff.) und den Regeln über die erleichterte Wahrung der Nothfrist (C.P.O. §§ 152 und 207) für die Beschleunigung des Prozesses nichts Wesentliches geleistet. Es fragt sich, inwiefern der Offizialbetrieb hier Abhülfe zu schaffen vermag. Ich habe mich über den Punkt wiederholt schon früher ausgesprochen, zuletzt in der II. Auflage meiner Vorträge, Seite 65 ff.[15]) Die Sache bedarf jedoch einer eingehenderen Erwägung.

1. Der Parteibetrieb des geltenden Rechts wird wirksam durch Ladung überall da, wo es sich um terminliches Verhandeln zwecks Fortsetzung des Verfahrens dreht, durch Zustellung, wo die Wirksamkeit der Akte des Gerichts oder der Partei abhängig ist von dieser Form der Mittheilung. Im Grunde genommen kommt beides auf dasselbe hinaus, denn auch die Ladung muß zugestellt werden. Alle Erklärungen im Prozesse sind, auch soweit sie nicht im Termin geschehen, „empfangsbedürftig" und zwar empfangsbedürftig für den Gegner, wenn mit ihm bezw. gegen ihn gehandelt, Rechtswirkung hervorgebracht werden soll. Die Ladung aber ist empfangsbedürftige Willenserklärung der Partei, soweit sie eben Parteiladung ist. Und das ist sie nach dem System der Zivilprozeßordnung, falls der Gegner zur mündlichen Verhandlung geladen werden soll (§ 214). Sie stellt sich dann dar als Ausübung einer prozessualen Zwangsgewalt durch die Partei, ähnlich der römischen in ius vocatio, der germanischen mannitio. Diese Aehnlichkeit würde noch frappirender sein, wenn der Ladung die Terminsanberaumung nicht vorausginge, weil auf festen, ordentlichen Gerichtstag zu laden wäre. Bei unserem System erscheint sie zugleich als Insinuation des richterlichen Aktes, des Terminsdekretes. Völlig entbehrlich kann sie gemacht werden, wenn man das Rollensystem acceptirt in einer Form, nach dem die auf die Rolle gebrachte Sache mechanisch, automatisch am festen Gerichtstag gemäß des ordo iudiciorum, der Reihenfolge auf der Rolle einspringt. Mit einem solchen Rollensystem haben wir als möglichem Reformgedanken nicht zu rechnen. Daß es nichts weniger als beschleunigend wirkt, steht fest. Die Tendenz etwaiger Reform kann nicht Mechanisirung des Betriebs, sondern muß möglichste Entfesselung der richterlichen Energie sein. Darüber ist man einig.

Bleiben wir einstweilen bei der Ladung unseres geltenden Rechts stehen, so ist klar, daß ihr ein zwiefacher Mangel anhaftet. Sie stellt die Wirksamkeit der Terminsanberaumung in die Willkür des Extrahenten und spricht zu dem Geladenen ohne den Nachdruck und die Klarheit,

---

[15]) Seite 66: „Das Maaß, in welchem die C.P.O. den Betrieb des Prozesses der Partei überläßt, ist mit dessen Logik kaum vereinbar." — Seite 68: „Erst der geltende Parteibetrieb unterstellt — -- recht eigentlich den Rechtsgang der Allmacht der Partei, leistet der Saumsal und der Bequemlichkeit der Anwälte unzulässigen Vorschub."

welche wünschenswerth sind. Das Gericht kann Termine anberaumen, sie geduldig abwarten, und sie sind eitel aus dem einfachen Grunde, weil die Ladung nicht zugestellt wurde, demgemäß Niemand erscheint. Ist die Ladung enthalten in der Klageschrift oder einem Rechtsmittelschriftsatz, so ist ihr Unterlassen zugleich das der anderweiten wesentlichen Willenserklärung, daher, weil alles sich für den Richter unsichtbar hinter den Coulissen vollzieht, er beim Nichterscheinen der Parteien fortdauernd im Unklaren, ob überhaupt Klage erhoben, Rechtsmittel eingelegt, also die Instanz wahrhaft in Gang gesetzt ist. Wie im Versäumnißfall dieser Prozeßbetrieb zu lästigen und unsicheren Erhebungen über erfolgte Zustellung und Ladung führt und wie oft er wegen mangelhaften Nachweises das Versäumnißurtheil unmöglich macht, ist sattsam bekannt. — Wann die Ladung zugestellt werden wird, überläßt des ferneren das Gesetz der Willkür der betreibenden Partei. Diese ihre Wahl des Zeitpunktes ermöglicht ihr bei der Wahrung sog. Zwischenfristen (Einlassungs-Ladefristen) dem Gegner die Vorbereitung des Termins mehr oder weniger zu verschränken. Das wird dann praktisch, wenn der Termin nach der Geschäftslage des Gerichts nicht so knapp anberaumt werden kann, daß nur bei alsbaldiger Zustellung die Frist gewahrt wird. Mir ist nicht bekannt, ob man je aus einem Hinauszögern der Zustellung der Partei einen ernsten Vorwurf gemacht hat. Inwiefern durch Novelle § 261 Abs. 2 und die strikte Beobachtung dieser Vorschrift die betonte Parteiwahl des Zustellungsmomentes bei der Klagenerhebung wahrhaft eingeschränkt worden ist, darüber gibt uns die Statistik bisher keinen Aufschluß. — Die Stringenz der Ladung aber ist in ihrem Ausdruck schlechterdings nicht erkennbar. Schon Bähr hat diesen Mangel in seinen ersten Angriffen gegen die in Kraft getretene Prozeßordnung betont, und er ist offensichtlich. Die Bedeutung des Parteiwortes: „Ich lade den Gegner in den Termin" kann doch nur voll verstehen, wer die Prozeßordnung kennt oder die erforderliche Rechtsbelehrung erhält. Es ist schlechterdings nicht einzusehen, weshalb der Ladungsakt nicht verbunden sein soll mit der Mittheilung des den Säumigen treffenden Präjudizes, also der Kundgebung seiner wirklichen zwingenden Kraft. Die heutige Gestalt ist lediglich eine Folge der reinen Parteiladung, da im Munde der Partei sich die Androhung von Rechtsnachtheilen freilich seltsam ausnehmen würde.

Daß dieses ganze Ladungssystem prinzipiell höchst anfechtbar ist, darüber dürfte kein Zweifel möglich sein. In unserer Rechtspflegeordnung erscheint es archaistisch und inkoncinn, wenn man dem Privaten prozessualischen Zwangsakt in die Hand gibt. Dem altrömischen Prozesse und ebenso dem germanischen war natürlich, was uns bei der ausgeprägten obrigkeitlichen Natur des Verfahrens ganz fremdartig anmuthet. Wenn wir heute unter völligem Absehen von ordentlichen Gerichtstagen, „ungebotenen Dingen" und ebenso eines Rollensystems die Terminsanberaumung der freien Diskretion des Richters überlassen, also gerade davon ausgehen, daß er in richtiger Würdigung der Qualität der Sache, ihrer Dringlichkeit und Vorbereitungsbedürftigkeit, sowie seiner Geschäftslast die Tagfahrt bestimmen soll, dann dürfen wir die Existenz und Wirksamkeit des Terminsdekretes nicht der Laune des betreibenden Theiles anheimgeben. Das ist widersinnig. Konsequent ist der richterlichen Terminsanberaumung allein die Offizialzustellung. Die amtliche Ladung, wie wir sie bei Zeugen — und Sachverständigen haben, harmonirt allein mit der Gesammtstruktur des Prozesses als der obrigkeitlichen Bethätignng der Staatsgewalt, der staatlichen Gerichtsbarkeit. Und als natürlicher und heilsamer Bestandtheil des Ladungsaktes erscheint dann die Androhung des Präjudizes.

Entschließt man sich zu dieser wesentlichen Veränderung der Zivilprozeßordnung, eliminirt man also den Parteibetrieb als Parteiladung, und das sowohl beim reinen Ladungsschriftsatz, wie bei der mit der Ladung verbundenen Parteiwillenserklärung (Klage, Rechtsmittel und dgl.), so wird dadurch für die Sicherheit und Energie des Rechtsganges ein nicht unerheblicher Gewinn erzielt. Ich meine nicht vorwiegend im Sinne der Beweissicherheit, der Nachweisbarkeit erfolgter Zustellung. Denn solche läßt sich auch beim Parteibetrieb genugsam erreichen und ist im Wesentlichen vorhanden. Ich meine vielmehr im Sinne der Bewegungsenergie, des straffen, sicheren Fortschreitens des Prozesses. Schon das moralische Element, dieser hier keineswegs zu den Imponderabilien zu zählende Faktor, spricht wesentlich mit. Die Gesammtanschauung der Parteien und besonders der Rechtsanwälte wird eine andere, wenn für die Tagfahrten nicht mehr der Parteibetrieb, die Parteiladung, sondern der Richterakt das Agens ist. Der Eindruck, den der richterliche Erscheinungsbefehl auf den geladenen Theil hervorbringt, zumal wenn mit der Ladung Androhung des Präjudizes verbunden wird, ist nachdrücklicher, strenger und zwingender, als die oft unverstandene Parteiladung. Mit anderen Worten: der Offizialbetrieb wird eine erzieherische Kraft ausüben, während der Parteibetrieb der Disziplinlosigkeit Vorschub leistet. Und haben wir nicht die erzieherische Kraft der Rechtsinstitution laut und entschieden betont, als wir der Mündlichkeit das Wort redeten, von dem richtigen Gedanken aus, daß das Papier nicht errötet, und dem Richter in's Angesicht Unwahrheit und Chikane nicht leicht geübt werden wird? Also dürfte dem moralischen Element auch bei der beregten Frage Gewicht beigemessen werden. Ebenso wichtig aber ist, daß, sobald wir die Richterladung acceptiren, damit die ganze Position des Gerichts in der außerterminlichen Prozeßleitung sich modifizirt, der Richter die Zügel des Verfahrens in die Hand bekommt, die ihm jetzt völlig entglitten sind.

Nun wendet man nicht ohne Grund hiergegen ein, es ließe sich so etwas doch nur durchführen, wenn man überhaupt dem Richter eine materielle Kognition[16]) betreffs des zuzustellenden Schriftsatzes, der neben der Ladung Parteiwillenserklärung enthält, einräumt. Das würde ein Prüfungsrecht betr. der Essentialien des fraglichen Rechtsaktes und seiner gesetzlichen (Prozeß-, Instanz-) Voraussetzungen bedeuten, und diese Prüfung geübt außerhalb der mündlichen Verhandlung scheint die Zivilprozeßordnung in ihrem Fundament, in dem sog. Prinzip der Mündlichkeit zu bedrohen. Mir flößt das keinen Schrecken ein. Ich habe es von Anbeginn für einen Widersinn gehalten und auch litterarisch als solchen bezeichnet, den Richter mit verbundenen Augen zur Terminsanberaumung nöthigen, ihm also überhaupt die Kenntniß des Inhaltes des Schriftsatzes verschleiern und zugleich ihm gebieten zu wollen, er solle zeichnen auf ein Ding, was sich Klage, Berufung und dergl. nennt, ohne auch nur eine Spur von Aehnlichkeit damit zu haben. Wir wollen ja gerade in der Terminsbestimmung die richterliche Prozeßleitung wirksam machen. Der Richter soll mit Rücksicht auf den Inhalt des Akts den Termin näher oder weiter rücken, die Einlassungsfrist verkürzen, also muß er doch Kenntniß von ihm nehmen und mit Verstand Kenntniß nehmen. Ich würde also unbedenklich mit dem System des Gesetzes für vereinbar halten, daß der Richter vor der Terminsanberaumung kraft seines nobile officium die Partei auf offenbare Mängel ihres Aktes (z. B. Fehlen des Antrags) hinweist, ja ihr auch den Defekt einer prozessualischen Voraussetzung zu Erwägung giebt. Daraus folgt noch keineswegs die eventuelle Abweisung von der Schwelle des Gerichts, eine absolutio ab instantia ohne vorgängiges Gehör des Gegners. Denn solche würde freilich das System der Zivilprozeßordnung völlig erschüttern und zu einem unannehmbaren, rein einseitigen, sich durch die Instanzen fortsetzenden Verfahren führen. Ich finde also keinerlei durchschlagendes Bedenken in dem eben beregten Einwand gegen die Offizialladung mit obligater Androhung des Präjudizes. Sie befürworte ich. Zur Unterstützung verweise ich auf die Erfahrungen der Gewerbegerichte.

---

[16]) Vierhaus, Zeitschrift für deutschen Zivilproß, Bd. 15, S. 473.

2. Damit ist die Frage der Offizialzustellung nur teilweise erledigt. Man wird sie schwer von der Richterladung trennen können. Denn wir haben schon gesehen, daß überall, wo Ladung ist, auch Offizialzustellung Platz greifen soll. Es erübrigt demnach die Frage des Parteibetriebs im Zustellungswesen bezüglich aller der Akte, welche keine Ladung enthalten. Hier ist zu unterscheiden zwischen Partei- nnd Richterhandlungen. Unter den ersteren nehmen eine selbständige Stellung ein die sog. vorbereitenden Schriftsätze. Es steht Nichts im Wege, die Zustellung derselben, nach wie vor, den Parteien zu überlassen, insbesondere der beliebten Zustellung von Anwalt zu Anwalt. Allein von besonderem Werth ist das nicht. Sobald man sich dazu entschließen sollte, auch betreffs der vorbereitenden Schriftsätze im höheren Grade als bisher eine richterliche Prozeßleitung einzuführen, müßte die Kontrole des ausreichenden Schriftenwechsels sich zur Offizialinsinuation zuspitzen. Wir haben nach der Zivilprozeßordnung Anordnung und Ueberwachung des vorbereitenden Schriftenwechsels im Anwaltsprozeß (C.P.O. § 272 Abs. 3), freilich erst bei Vertagung der mündlichen Verhandlung; im Uebrigen soll der Gesetzesmechanismus selbstthätig wirken. Daß er das keineswegs ausreichend thut, steht fest. Entschließt man sich also zur Offizialladung im erörterten Sinn, so wird sich mit der Zustellung des essentiellen Schriftsatzes (Klage, Rechtsmittelschrift) auch ohne Schwierigkeit ein prozeßleitendes Dekret verbinden lassen, durch welches überall da, wo vorbereitende Schriftsätze gewechselt werden „sollen", Frist zur rechtzeitigen Beantwortung gesetzt wird. Ob sich damit geschickt die Androhung eines Präjudizes verbinden läßt, hängt mit der Struktur der mündlichen Verhandlung, dem Rechtsnachteile, den wir an verzögerliches Vorbringen anknüpfen wollen, zusammen. Darauf ist zurückzukommen. Daß die beregte prozeßleitende Behandlung des Schriftenwechsels keinesfalls dem Geiste und Inhalte der Zivilprozeßordnung widerstreitet, ist schon betont; daß gegen sie Belästigung des Richters nicht ins Feld geführt werden kann, bedarf keiner Begründung, und daß endlich die Praxis aus ihr den großen Gewinn sorgfältiger und prompterer Vorbereitung der mündlichen Verhandlung ziehen würde, liegt auf der Hand. Ich brauche diesbezüglich nur auf meine Enquete, und zwar auf das mit dem vorbereitenden Schriftenwechsel sich beschäftigende Stück derselben, Seite 12—45 zu verweisen. Dabei bleibt offen die Frage, wie sich der vorbereitende Schriftwechsel zu gestalten hat: ob nach dem bisherigen Muster oder unter Einführung eines Vortermins mit folgendem eingehenden Schriftenwechsel bei kontradiktorischer Sache.

Aber noch eines muß an dieser Stelle gesagt werden. Bekanntlich behandelt die Zivilprozeßordnung den Rechtsmittelakt, den wir gern als Berufungs-, Revisionsklage bezeichnen, ganz anders als die Klage, indem sie für wesentlich nur die Erklärung des Beschwerdewillens, die Einlegung des Rechtsmittels ansieht, weder Anträge, noch Begründung zu den Essentialien rechnet. Dadurch rückt das alles in das Gebiet des vorbereitenden Schriftsatzes. In der That erleben wir denn auch nur zu häufig, daß der Rechtsmittelakt sich, abgesehen von der Ladung auf das „appello", beschränkt und man den Antrag und die Begründung erst in der mündlichen Verhandlung erfährt. Das ist ein enormer Uebelstand, der zur Verzögerung der Berufungsverhandlungen auf das empfindlichste beiträgt. Hier muß geholfen werden, entweder so, daß man die erwähnten Stücke zu Essentialien des Rechtsmittelaktes macht, oder so, daß unter richterlicher Prozeßleitung für die alsbaldige Nachholung der Justifikation innerhalb anzuberaumender Frist Sorge getragen wird. Dabei dürfte zu erwägen sein, ob nicht das Unterlassen der Anträge die Verwerfung des Rechtsmittels als unzulässig nach sich ziehen sollte. Denn bei der Länge der Rechtsmittelfrist und dem Anwaltszwang ist schlechterdings nicht einzusehen, weshalb der Partei nicht eine exaktere und gründlichere Behandlung des Rechtsmittels von vornherein angesonnen werden darf. Zahlreiche leichtfertige Berufungen würden dadurch vermieden und der Rechtsanwalt von vornherein genöthigt, bevor er das Rechtsmittel einlegt, sich ernsthaft mit der Sache zu beschäftigen. Was im Anfang als Härte empfunden würde gegenüber dem eingebürgerten Schlendrian, wäre alsbald bei Gewöhnung an die Strenge des Gesetzes eine allseitig gepriesene Wohlthat. Denn auch für den beschwerten Theil ist es heilsam, wenn er vor übereilten Rechtsmitteln bewahrt und die Prozedur durch rechtzeitige Vorbereitung der mündlichen Verhandlung beschleunigt wird. Das Novenrecht darf dabei nicht verkümmert und von der essentiellen Natur der mündlichen Verhandlung nichts abgebrochen werden. Nach alledem empfehle ich:

> daß auch der vorbereitende Schriftenwechsel richterlicher Prozeßleitung unterstellt, durch prozeßleitende Dekrete geregelt und insbesondere in der Rechtsmittelinstanz durch eine ausreichende gesetzliche Fürsorge für Inhalt und Justifikation des Rechtsmittels verstärkt werde.

Ergibt sich hieraus Offizialinsinuation in dem präparatorischen Stadium, so dürfte es nur folgerichtig sein, auch die sonstigen ladungsfreien Parteiakte der amtlichen Zustellung zu überlassen. Welchen Werth hat es, daß beispielsweise eine Klagzurücknahme oder die Zurücknahme eines Rechtsmittels dem Parteibetrieb untersteht, man sonach amtlich darüber im Unklaren bleibt, ob sie auch wirklich effektuirt ist? Es resultiren hieraus ganz zwecklose Schwierigkeiten. Und ebenso soll es mit Interventionserklärung, Streitverkündigung und dergl. gehalten werden, alles um der Sicherheit des Rechtsganges willen. Mit der Beschleunigung hat das an sich nichts zu thun, wohl aber hängt mit ihr zusammen die Frage der Offizialinsinuation der Richterakte. Ich denke dabei an die richterlichen Urteile, deren Zustellung mit der Wirkung des Fristenlaufs und der Vollstreckbarkeit dem Parteibetrieb überlassen ist.

Nach dem geltenden Recht ist zwar das Dekret mit der Verkündung existent, aber die Rechtsmittel- bezw. Einspruchsfrist beginnt erst von der Zustellung, sonach ist der Eintritt der Rechtskraft bei dem noch anfechtbaren Dekret abhängig von der Parteiwillkür. Lassen die Parteien das Urtheil ohne Zustellung, so beschreitet es nie die Rechtskraft. Das Gericht weiß nichts davon, ob die von ihm publizirten Teil- und Zwischenurtheile zugestellt und rechtskräftig geworden sind, außer in besonderen Fällen. So können, abgesehen von Verwirrungen, die hierdurch entstehen, Prozeßverschleppungen aus mangelndem Parteibetrieb hervorgehen. Und doch erscheint es allein folgerichtig, daß das urtheilende Gericht auch für die Vollwirksamkeit seines Urtheils sorgt. Die Rechtsmittel- und Einspruchsfrist ist ausreichend bemessen, um auch bei der Offizialzustellung das Abwägen des Für und Wider zu ermöglichen. Jedenfalls ist nicht die Meinung des Gesetzes, daß der Parteibetrieb einer Verlängerung des Deliberationszeitraumes dienen solle. Ebensowenig aber kann er den Zweck haben, das Urtheil ad libitum der Parteien zu stellen. Also beseitige man ihre Willkür.[17]) Für das Vollstreckungsverfahren würde sich daraus nur die Folge ergeben, daß das gleichzeitige Zustellen des Vollstreckungstitels und des Beginns der Zwangsvollstreckung, die wir dem Parteibetrieb belassen wollen, unthunlich wird. Aber das ist kein Nachtheil. Die technischen Veränderungen, die hier aus der amtlichen Zustellung erwachsen, werden leicht zu überwinden sein. Auch bei der

---

[17]) Ob man soweit gehen soll, die Rechtsmittelfrist mit der Publikation beginnen zu lassen, mag hier unerörtert bleiben. Es ist das eine technisch keineswegs einfache Frage, deren Entscheidung abhängen muß von der Dauer der Frist, der Bedeutung, die man der Kenntniß der Partei vom Urtheilsinhalt (Thatbestand, Gründe) beimißt. Mir scheinen überwiegende Gründe gegen solchen Fristbeginn a die publicationis zu sprechen. Er würde zu schädlicher Vermehrung der in's Blaue hinein eingelegten Rechtsmittel führen. A. M. Neukamp S. 252.

Einlegung des Rechtsmittels wird die Gleichzeitigkeit mit der Urtheilszustellung unpraktisch, woran aber schwerlich Anstoß genommen werden wird. Daß die Offizialinsinuation den großen Gewinn der amtlichen Kenntniß vom Lauf und Ablauf der Rechtsmittel- und Einspruchsfrist mit sich bringt, und daher insbesondere beim Versäumnisverfahren eine große Erleichterung bedeutet, dient zur weiteren Empfehlung der befürworteten Reform.

IV.

Die Verzögerungen, welche der Prozeß in der mündlichen Verhandlung erleidet, haben sehr verschiedenartige Gründe. Sie sind theils persönlicher, theils sachlicher Natur, wobei ich unter dem persönlichen nicht das Subjektive, Individuelle: die Nachlässigkeit, das persönliche Ungeschick, die Chikane — damit beschäftige ich mich nicht —, sondern das in den Personalverhältnissen Liegende meine. Darunter ist begriffen die schon berührte Geschäftsüberlastung der Richter, der Mangel an richterlichem Personal. Hierher gehören aber auch die Verhältnisse des Anwaltstandes. Es ist in der Presse neuerdings entgegengetreten den Vorwürfen, durch die man ihn für die Mißstände der Rechtspflege verantwortlich zu machen suchte. Solche Anschuldigungen sind nicht minder zwecklos, als die Angriffe gegen den Richterstand, die hier und dort im Zusammenhang mit unserem Thema laut wurden. Wenn in der That der eine oder andere Stand nicht mehr auf der Höhe seiner Aufgabe wäre, so würde es sich ernstlich fragen, ob irgend welche prozeßgesetzliche Maßnahme solchem Uebel zu steuern stark genug sein könnte. Wir aber haben es nur mit dem Prozeßgesetze zu thun und dessen Angemessenheit zu prüfen. Das Gesetz hat sich gleichermaßen vor Optimismus wie vor Pessimismus zu hüten. Es soll mit den Durchschnittsmenschen rechnen. Greift es zu tief, so demoralisirt es; ist es zu optimistisch, so bringt es bittere Enttäuschungen. Die Zivilprozeßordnung hat in den nahezu 23 Jahren ihrer Geltung die Probe im allgemeinen gut bestanden — und das muß gerade heute, wo wir uns mit ihren Mängeln beschäftigen und auf Abhülfe sinnen, nachdrücklich betont werden. Diese Probe war das Wagniß des Uebergangs vom schriftlichen zum mündlichen Verfahren. Der kühne Schritt ist sicher und erfolgreich ausgeführt, und wir wollen uns auch heute nicht die Freude an seinem Gelingen verkümmern lassen. Wir wollen nicht unser Gesetzgebungswerk herabsetzen dadurch, daß wir ausländische, auf ihm ruhende Legislation, wie unser Musterbild hinstellen. Aber das Gesetz ist — und das haben wir schon dargelegt — in der Einschätzung der Bewegungskräfte ihrer Wirksamkeit und Heilsamkeit fehl gegangen. Es stellt das Gedeihen der Rechtspflege in hohem Grade auf die Loyalität und Gewissenhaftigkeit der Partei. „Und die Erfahrung lehrt, daß auch unabhängig von diesen Voraussetzungen das Leben dem mündlichen Verfahren Hemmnisse schafft, die vielen Anlaß zu schweren Anklagen — gegeben haben.[18])" Was den Anwaltstand anbetrifft, erkennen wir bereitwillig die Größe und Schwierigkeit seiner Aufgabe in der mündlichen Prozedur an. Sie wird übermenschlich, wenn dem Anwalt eine Art Ubiquität angesonnen wird, wenn er gleichzeitig vor verschiedenen Gerichten (Kammern, Amtsrichtern) verhandeln soll. Da muß eben durch Assoziation der Anwälte, Vertretung oder anderweit geholfen werden. Wir wissen auch, daß Verschleppungen der Prozesse, die in der Statistik recht übel aussehen mögen, häufig kein Uebel sind, einfach, weil es den Parteien so genehm ist. Nur ein Fanatiker der Geschwindigkeit und des Reglementirens wird auf den Gedanken verfallen, den Parteien par ordre de Moufti ein Weiterprozediren aufzuzwingen, wenn sie das Verfahren ruhen lassen wollen. Es kann ja dem Herrn Richter erwünscht sein, in seinen Geschäftsübersichten keine Reste zu haben. Aber den Parteien wird es sehr unerwünscht sein, wenn man sie, um dieses richterlichen Ruhmes willen, gegen ihr eigenes Interesse zum Weiterprozessiren zwingt. Cui bono? Die Frage wird uns noch beschäftigen. Ich wiederhole, für den Anwalt kann es die mannigfachsten Gründe geben, und recht gute, den Prozeß zu verlangsamen, ohne daß dadurch das beiderseitige Streitinteresse leidet. Aber die Aufgabe der Gesetzgebung wird immer nur sein, die beiderseitigen Parteiinteressen angemessen zu wahren, nicht das eine dem andern zu opfern und nicht den Rechtsgang in einer der zweckentsprechenden Thätigkeit des Gerichts hinderlichen Weise zu gestalten. Dazu gehört freilich, daß das Gesetz nicht einseitigen Verzögerungsgelüsten Vorzug leiste, daß es nicht den beiderseitigen Schlendrian begünstige, nicht den Richter zu zweckloser unnützer Arbeit und Zeitvergeudung nöthige, vielmehr solchem durch kräftige Impulse und soweit möglich durch automatisch (ipso iure) wirksame Vorschriften entgegentrete. Damit ist beides, der Mangel unseres Gesetzes und die Richtung der Reform bezeichnet.

Denn an der Geschlossenheit der mündlichen Verhandlung und an der Energie der richterlichen Prozeßleitung gebricht es. Daher die Verschleppung als naturgemäße Folge. Wie außerhalb der mündlichen Verhandlung ist in ihr selbst für größere Konzentration und nach-

---

[18]) Meine Vorträge S. 44.

drücklichere Handhabung der richterlichen Prozeßleitungsgewalt zu sorgen, dementsprechend der Parteibetrieb abzuschwächen.

1. Die grundsätzliche Bedeutung und Gestaltung der mündlichen Verhandlung werden wir nicht ändern; — auf sie ist auch unser Thema gar nicht abgestellt. Wir werden also dabei bleiben, daß die mündliche Verhandlung die essentielle Urtheilsgrundlage schafft und daß ihre Beweglichkeit gewahrt und weder durch Einschwärzen einer verhüllten Schriftlichkeit, noch durch künstliche formale Ordnungsprinzipien (präklusivische Abschnitte, Eventualmaxime) verdorben wird. Dagegen wird sich fragen, ob nicht doch eine gesetzliche Gliederung des Verfahrens angezeigt erscheint. Ich habe das von langer Hand her für den Anwaltsprozeß befürwortet in der Form des Vortermins, m. a. W. eines kurz anberaumten terminus ad litem contestandam, der Klarheit schaffen soll über die Prozeßvoraussetzungen und darüber, ob es zum Versäumnißurtheil, Anerkenntniß, zum Vergleich, zur Klagzurücknahme kommt. Ich habe ihn zuerst als obligatorischen mit allen Folgen der Versäumniß verknüpften Termin vor dem Prozeßgericht und mit Unterstellung unter den Anwaltszwang im Jahre 1886 empfohlen.[19]) Das vorzüglich zwecks Beschleunigung der nicht zum Streit führenden und zwecks Sammlung und Ordination der anderen Sachen. Dieser Gedanke ist in der österreichischen Zivilprozeßordnung in erfolgreicher Weise verwerthet worden. Unsere Novelle hatte ihn leider in verdorbener Gestalt gebracht. Es wäre der Mühe werth, ihn in annehmbarer Weise durchzuführen.[20])

2. Der Natürlichkeit und Anpassungsfähigkeit der mündlichen Verhandlung sind, wie schon angedeutet, die formale, mechanische Gliederung und präklusivische Abschnitte (Stadien der Behauptungen und Beweise) zum Opfer gefallen. Die Parteien sind frei in der Beschaffung ihrer Angriffs- und Vertheidigungsmittel bis zum Schluß der mündlichen Verhandlung. Aber gerade weil wir auf mechanische, automatische Ordnungsmittel Verzicht geleistet haben, müssen wir um so mehr die lebendige Ordnungskraft des Richters (prozeßleitende korrektionelle Gewalt) stärken. Daß sie zur Zeit der — oft bona mente erfolgenden — Verschleppung ziemlich ohnmächtig gegenübersteht, ist bekannt. Die in des

[19]) Mein Dekanatsprogramm vom 5. Februar 1886: Die Zivilprozeßordnung und die Praxis S. 37 ff.

[20]) Vgl. meine Enquête S. 41 ff.; meine Vorträge S. 45 ff.; meinen Artikel über die Novelle zur Zivilprozeßordnung in der Deutschen Juristen-Zeitung 1898 S. 67 f. Beachtenswerth die Regelung im Ungarischen Entw. der C.P.O. § 182 f.

Richters Hand gelegten Konzentrationsmittel sind unzureichend. Sie bestehen in dem was man seine „Souveränität" zu nennen beliebt, und in der Kostenpression durch Kostennachtheil und Kostenstrafe. Im ersten Stück ist alles unzulänglich, auch durch die Novelle nicht verbessert. Der Richter ist gegenüber dem Konniviren der Anwälte außer Stande, verzögerliches, nachträgliches Vorbringen zurückzuweisen. Das Gesetz gestattet es nur auf Antrag (§§ 279, 283 Abs. 2, 374, 402, 433) und nur unter den erschwerenden Umständen des groben Verschuldens. Beides ist zu viel der Rücksicht. Schon früher bin ich für die Offizialzurückweisung eingetreten[21]), — jetzt möchte ich auch die Prämisse des groben Verschuldens (Absicht des Verschleppens oder grobe Nachlässigkeit) auf die einfache Benutzbarkeit reduziren; also — entsprechend dem § 278 Abs. 2 — schon dann die Zurückweisung gestatten, wenn nach richterlicher Ueberzeugung die Partei in der Lage war, von dem fraglichen Behelfe rechtzeitig oder „zeitiger" Gebrauch zu machen. Abgesehen von der schwierigen Feststellung der schweren Verschuldung, ist thatsächlich der Fall zu selten gegeben; und sollte er feststellbar sein, scheut sich Gericht und Gegner, diesen Vorwurf auszusprechen. Ueberdies handelt es sich nicht um Deliktsfolge, sondern um ein Pressionsmittel. Mit anderen Worten: das Gesetz soll gebieten, daß relevante Angriffs- und Vertheidigungsmittel (einschließlich der Beweise) beizubringen sind, sobald man sie kennt; eventuell droht es den Ausschluß. So verliert die Vorschrift den odiösen Charakter und nimmt zugleich die wünschenswerthe Energie an. Dabei möchte ich nicht unterschieden wissen zwischen Angriffs- und Vertheidigungsmitteln; denn auch der Kläger soll nicht verschleppen. Die Schneidigkeit und Gefahr des Mittels aber wird wesentlich abgeschwächt durch seine Beschränkung auf die erste Instanz und die Zulassung der Nova in appellatorio. Auch hege ich nicht die Besorgniß, es werde hierdurch die Berufungsinstanz wesentlich stärker beschwert werden, als bisher. Denn hier droht der Partei im Falle des Sieges der Kostennachteil des § 97 Abs. 2.

3. Der an die Verschleppung geknüpfte Kostennachteil (§ 278 C.P.O. und § 48 G.K.G.) hat sich als ungenügend erwiesen. Auch hier wird man verschärfen können. Ich habe schon früher vorgeschlagen, bei Umgehung des Termins beiden Theilen gleichmäßig Kostennachtheil aufzuerlegen.[22]) Ob man ihn als besondere oder als regelmäßige Termins-

---

[21]) Meine Vorträge S. 35.

[22]) Meine Vorträge S. 47. Dieser Gedanke ist neuerdings von Moeller. Reform der Zivilprozeßordnung 1902 S. 1 ff., 15 eigenartig fortentwickelt.

gebühr konstruiren soll, ist eine andere Frage. Die letztere Form würde eine Abänderung unseres ganzen Kostensystems erfordern.[23]) Auch das Verschleppen seitens einer Partei wird durch Kostennachtheil kräftiger bekämpft werden können, als es durch § 278 und § 48 des G.K.G. geschieht. Zunächst dadurch, daß man das „kann" durch ein Gebot ersetzt.[24]) Sodann aber durch Extragebühr des Antragstellers für Vertagungen und besonders für wiederholtes Beweisverfahren.

Unbedenklich können die Bestimmungen fallen, die den Parteien das Recht einräumen, Termine vereinbarungsweise aufzuheben[25]) und Vertagung zu erzwingen. Der § 227 Abs. 1 ist offenbar unlogisch, soweit er sich auf Beweisaufnahmetermine bezieht. Denn die Beweisaufnahme ist wesentlich Richterakt und für diesen kann die Partei nicht die Zeit bestimmen. Es ist unerträglich, wenn beispielsweise Zeugen geladen sind und die Parteien heben nachträglich den Termin auf, weil es ihnen nicht paßt, in ihm zu erscheinen. Nicht minder widerspruchsvoll ist die Aufhebung des Termins zur mündlichen Verhandlung durch Parteiwille. Ist die Anberaumung Richterakt, so muß es auch der contrarius actus sein. Nicht-Erscheinen im Termin ist nicht Aufheben des Termins. — Aber auch die Vertagung sollte nicht durch die Willkür der Partei erzwungen werden können, ebensowenig, wie es bei der Verlegung des Termins statthaft ist (§§ 227 Abs. 2, 224 Abs. 2). Und in welchem Maße geschieht es! Das Landläufige ist, daß im Versäumnißfall Vertagung beantragt wird, die anstandslos gewährt werden muß, abgesehen von den Vertagungen auf beiderseitigen Antrag vor Beginn der mündlichen Verhandlung oder während derselben ohne weitere Motivirung. Da halten sich die Gerichte durch das Gesetz gebunden (vgl. C.P.O. § 335). Ueberdies vertagen sie häufig genug wegen ungenügender Vorbereitung oder sonstiger wenig zwingender Gründe auf Antrag eines Theiles oder auch von Amtswegen bereitwilligst ohne jeden Kostennachtheil für den verschleppenden Theil. Das muß anders werden. Die Vertagung muß schlechthin der richterlichen Kognition unterstehen und ist statthaft nur aus rechtfertigendem Grund — auch im Versäumnißfall. Der erschienene Theil soll, wenn die Voraussetzungen des Versäumnißurtheils vorliegen (§ 335 Nr. 1—3), nur die Wahl haben, es zu beantragen oder nicht zu verhandeln — mit den auch ihn folgeweise treffenden Nachtheilen — oder

---

[23]) Beseitigt man die Pauschalgebühr zu Gunsten einer Terminsgebühr, dann ändert sich sofort das Bild.

[24]) Wie es auch Neukamp S. 249 vorschlägt.

[25]) Die Erstreckbarkeit der Fristen durch Parteiwillen (§ 224) ist praktisch ziemlich bedeutungslos.

den Vertagungsantrag plausibel zu machen. Als Rechtfertigungsgrund kann der zu befürchtende Einspruch nicht gelten. Nur so ist der vielfach nur ungern gewährten, aber durch kollegiale Rücksicht aufgenöthigten Konnivenz des erschienenen Theils zu steuern. So strenge Haltung ist selbstverständlich nur statthaft, wenn auch die Offizialvertagung im Vertagungsbeschluß durch Angabe der Gründe gerechtfertigt wird.[26])

5. Aber man sucht noch schneidiger und zwar durch den Mechanismus des Verfahrens das sog. Zirkumduziren der Termine auszuschließen. Daß ein Verhandeln in absentia beider Theile undenkbar ist, bedarf keiner Darlegung. Auch eine Durchbrechung des Anwaltszwanges bei Erscheinen der einen oder beider Parteien in Person ist schlechterdings unannehmbar.[27]) Was nun? Der österreichische Entwurf hatte das Radikalmittel der Peremtion des Prozesses bezw. der Instanz, Fiktion der Klagerücknahme bezw. Zurücknahme des Rechtsmittels vorgeschlagen. Ich habe es „unglücklich" genannt und in Oesterreich ist es nicht Gesetz geworden. Der Herr Vorgutachter aber will den Vorschlag aufnehmen. Weshalb ist er „unglücklich"? Weil durch dieses Heilmittel der Arzt den Patienten tödtet; das ist eine Kur à la Doktor Eisenbart. Wie oft ist das Ausbleiben beider Theile ein unvermeidliches Ergebniß der Umstände. Und da sollte allemal der Prozeß mitsammt den Wirkungen der Rechtshängigkeit erlöschen mit dem Gesammtkostennachtheil für den Kläger? Cui bono? Damit die Geschäftsliste gereinigt wird? Und käme der Prozeß nicht wieder, wenn nicht Rechtskraft eingetreten? Zum mindesten müßte doch dieses barbarische Präjudiz durch Wiedereinsetzung beseitigt werden können. Nein, wir wollen nicht den Teufel durch Beelzebub austreiben. Wir werden gegenüber dem Ausbleiben der Parteien — abgesehen von Kostennachtheilen — auch fernerhin ziemlich wehrlos bleiben. Denn selbst die nach höchster Einschränkung strebende österreichische C.P.O. und der ihr folgende ungarische Entwurf haben sich mit der Folge des Ruhens des Verfahrens abfinden müssen — und suchen nur durch eine gesetzliche Hemmung des Fortgangs (von 3 Monaten) einen Druck auf die Parteien zu üben. Ich halte auch das nicht für opportun. Man würde dadurch das Uebel nur vergrößern. Aber wir dürfen uns zur Beruhigung sagen, daß die sog. Umgehungen der Termine nicht schlechthin ein Uebel sind und daß sie sich nur in unserem Gesammtsystem des laisser faire laisser aller, dieser Lähmung der richterlichen Prozeßleitung, allgemach zur üblen Sitte, zu wahrem Schlendrian entwickelt haben. Das würde jedenfalls anders, wenn man die proponirten Reformen durchführte.

---

[26]) Wie es Neukamp S. 250 zutreffend vorschlägt.

[27]) Ich habe mich darüber in meinen Vorträgen, S. 46 ff. ausgelassen.

Den Sistirungsvertrag der Parteien (C.P.O. § 251) zu bekämpfen, liegt gar kein Grund vor. Er gehört zu den Seltenheiten und wird allemal durch gute Gründe veranlaßt sein. Wie ließe es sich rechtfertigen, ihn durch Rechtsnachtheile so zu sagen zu bestrafen, während er dem Rechtspflegezwecke dient.

V.

Ich resumire:

Der Parteibetrieb des Zivilprozesses in seiner heutigen Gestalt ist eine schädliche Uebertreibung, welche wesentlich zur Verschleppung der Prozesse beiträgt. Daher ist er zu Gunsten des Offizialbetriebs einzuschränken.

Das hat zu geschehen vor allem:

a) indem dem Gerichte die Leitung des Prozesses außerhalb der mündlichen Verhandlung zu übertragen ist. Es muß Subjekt der Ladung und Zustellung werden. Damit kann sich verbinden prozeßleitende Regelung des Schriftenwechsels,

b) indem in der mündlichen Verhandlung die prozeßleitende Gewalt intensiver gestaltet wird. Dazu gehört
   1. die Unabhängigkeit der Präklusionsgewalt der Zivilprozeßordnung §§ 279, A. 2, 283 374, 402, 433 vom Antrag und dem Erfordernisse groben Verschuldens,
   2. die größere Energie der Kostenpression, insbesondere als normaler, beide Theile treffender Kostennachtheil bei Umgehung der Termine,
   3. die Befreiung des Richters von aller Disposition der Parteien über Termine und Vertagungen. Diese unterstehen allemal richterlicher Kognition und bedürfen genugsamer Rechtfertigung.

   Dagegen sind zurückzuweisen Präjudizien der Peremtion des Prozesses bezw. der Instanz oder der Dilation des Prozesses als Folge der Terminsumgehung.

c) Innerhalb der mündlichen Verhandlung empfiehlt sich im kollegialgerichtlichen Verfahren der als Einlassungstermin gedachte, der Erledigung der Sache durch Versäumnißurtheil oder Disposition (Vergleich, Verzicht, Anerkenntniß) und eventuell der Streiteinlassung und Ordination des Verfahrens dienende Vortermin.

XI.

Gutachten des Herrn Professors Dr. Edmund Bernatzik in Wien

über die Frage:

Die Rechtskraft der Entscheidungen der Verwaltungsbehörden.

Die ständige Deputation des Deutschen Juristentages hat mit ihrem Beschlusse, die Frage der Rechtskraft in der Verwaltung einer Diskussion zu unterziehen, in dankenswerther Weise ein Problem berührt, das in der Praxis eine sehr wichtige Rolle spielt und das theoretisch außerordentlich schwer zu behandeln ist, ein Problem, von dem ein Mann, der Theorie und Praxis des Verwaltungsrechtes in gleich ausgezeichneter Weise beherrscht, Lemayer, sagt, es sei „derzeit der schwierigste Punkt“ in der ganzen Materie der Verwaltungsgerichtsbarkeit. Dies erklärt sich damit, daß es in unlöslicher Weise mit dem Begriffe der Rechtsprechung und daher auch mit der Frage verknüpft ist, wie die Rechtsprechung innerhalb der Verwaltung zu begrenzen sei, eine Frage, welche das vorige Jahrhundert einer Erledigung nicht zuzuführen im Stande war.

Vor etwa 20 Jahren, als sich der Verfasser dieser Zeilen mit dem Probleme der Rechtskraft zu beschäftigen anfing, existirte dasselbe zwar als solches bereits in der Praxis, allein in der Litteratur war es kaum gestreift worden. Deshalb widmete er ihm die eingehende Monographie „Rechtsprechung und materielle Rechtskraft 1886“, in welcher die spärliche ältere Literatur behandelt ist. Seither ist die Sache wiederholt und so eingehend erörtert worden, insbesondere ausführlich von Otto Mayer, von Löning und neuestens von Tezner, daß sie nunmehr für die Gesetzgebung allgemach spruchreif geworden zu sein scheint. Referent, der seinen in dem früher citirten Buche niedergelegten Anschauungen nichts Wesentliches beizufügen hätte, erachtet es nicht für ersprießlich, an dieser Stelle das ganze Problem neuerlich theoretisch eingehend zu behandeln, zumal dies Schulzenstein in seinem für den Juristentag erstatteten Gutachten besorgt hat. Er hält es vielmehr für nützlicher, die zu Tage getretenen Meinungen in einer kurzen und übersichtlichen Gruppierung zu rekapituliren, um am Schlusse einen Vorschlag für die Kodifikation der Materie beizufügen. Es schien nämlich dem Referenten die hauptsächliche Aufgabe der Diskussion seitens des Juristentages zu sein, Material für die gesetzgeberische Lösung der Frage zu schaffen. So bedeutsam rein theoretische Auseinandersetzungen über dieselbe sind, so wäre doch das werthvollste Resultat der Verhandlungen, wenn es gelänge, eine für die Gesetzgebung brauchbare Formulirung der gewonnenen theoretischen Resultate zu finden. Unter diesem Gesichtspunkte wäre eine aktive Theilnahme von Praktikern an der Erörterung besonders dankenswerth.

I.

Bevor wir in die Erörterung der Sache selbst eingehen, eine Verständigung über den ihr zu Grunde liegenden Begriff. Das Wort Rechtskraft hat einen doppelten Sinn. Einmal als sogenannte „formelle Rechtskraft" bedeutet es, daß ein behördlicher Willensakt von den Parteien nicht mehr angefochten werden kann. „Materielle Rechtskraft" dagegen nennen wir den Inbegriff aller Willensdingungen, welche sich an einen behördlichen Akt knüpfen. Nur von letzterer ist hier die Rede. Ueberschauen wir nun die in unserer Frage aufgestellten Lehrmeinungen, so können wir sie ungefähr folgendermaßen zusammenfassen.

1. Die verbreitetste Ansicht unter den deutschen Autoren (dahin gehören E. Löning, Georg Meyer, Otto Mayer, Kopp, Jebens, Schulzenstein a. A.) geht dahin, daß die Frage der materiellen Rechtskraft in der Verwaltung erst mit Einführung von Verwaltungsgerichten lösbar geworden und mit ihr zugleich gelöst worden sei. Und zwar derart, daß die Urteile der Verwaltungsgerichte wie Urteile anderer Gerichte materielle Rechtskraft besitzen. Wie es scheint, theilen den Standpunkt dieser Autoren das württembergische Gesetz in Art. 72, sodann das badische Nachtragsgesetz vom 14. Juli 1884 in § 43; ausdrücklich sanktionirt ist er im neuen sächsischen Gesetz vom 19. Juli 1900 § 61. Die preußischen Gesetze enthalten jedoch nichts über die Sache, ebensowenig das bayrische, hessische, österreichische Gesetz. Trotzdem wird die hier erwähnte Ansicht auch für Preußen von den obigen Autoren vertheidigt.

Gegen diese Ansicht ist einzuwenden, daß sie dem Gesetzgeber eine Disposition in einer hochwichtigen Frage unterschiebt, die zu erlassen und nun gar durch Stillschweigen zu erlassen ihm sicherlich nicht beigefallen ist, zumal die bezüglichen Gesetze umfangreich und eingehend sind, ja einer wiederholten Redaktion, Änderung und Ergänzung unterzogen wurden. Diese Gesetze hatten den Zweck, die Rechtsstellung der Parteien gegenüber der vollziehenden Gewalt bei und vor dem Zustandekommen des Verwaltungsaktes zu verbessern. Was hinterher zu geschehen habe, das hat man in Preußen wie ursprünglich in Baden und anderwärts ungeregelt gelassen, entweder weil man diese Frage überhaupt nicht in den Bereich der Betrachtung zog oder, wenn es geschehen, sie schwerlich in der Weise beantwortete, welche die hier erwähnten Autoren den Gesetzgebern hinterher suggeriren möchten.

Wenn Jebens a. a. O. Seite 419 sagt: „Rechtsprechung und Rechtskraft seien dergestalt von Alters her mit einander verwachsen gewesen, daß einem Gesetzgeber, der das eine will, nicht nur imputirt werden darf, sondern auch imputirt werden muß, er habe damit auch das andere, die Rechtskraft, gewollt und nur in diesem Sinn sich jeder entsprechenden Äußerung enthalten," so scheint eine solche Argumentation e silentio wohl sehr bedenklich zu sein, zumal Gneist, der doch über die Intentionen zunächst der preußischen Gesetzgebung genauestens informirt war, die Rechtskraft der verwaltungsgerichtlichen Urtheile stets geleugnet hat (Rechtsstaat S. 274, R. Lexikon IV. S. 1122, Zur Verw.-Reform S. 19). Dazu kommt, daß in der Kommission des preußischen Abgeordnetenhauses ausdrücklich erklärt worden war, in Verwaltungsstreitsachen gebe es keine „eigentliche" Rechtskraft. (Löning, Verw.-Archiv VII, Seite 7.)

Gegenüber diesen Zeugnissen verblaßt auch vollkommen das andere, erheblichere und neuerdings von Schulzenstein gebrauchte Argument, daß man bei Einführung der Verwaltungsgerichte sich mit Mühe der Theorie Stein's und Bähr's erwehrt habe, welche dahin gegangen sei, bei allen Rechtsverletzungen die ordentlichen Gerichte zu berufen, so daß die Verwaltungsgerichte gewissermaßen als Stellvertreter der ordentlichen Gerichte gedacht gewesen seien, bei diesen die Rechtskraft aber nie bezweifelt worden sei.

Man kann sich im Gegentheile dem Eindrucke der Thatsache nicht verschließen, daß in jener Zeit, als man in Baden und Preußen an die Verwaltungsreform schritt, die Frage der administrativen Rechtskraft sehr wenig beachtet und, wo sie beachtet wurde, nur ganz im Vorbeigehen und höchst unklar beantwortet worden war. Sie kann daher in ihrer vollen Tragweite den Autoren jener Gesetze nicht vor Augen getreten sein. Dazu kommt, daß sie auch in jenem Lande, das einzig damals eine verwaltungsrechtliche Literatur besaß, nämlich in Frankreich, ganz ungenügend und oberflächlich behandelt ist. In Batbie's großem, 9 Bände starkem Werke wird sie beispielsweise überhaupt nicht erwähnt, die übrigen Autoren begnügen sich mit ein paar oberflächlichen oder konfusen Andeutungen, aus denen schwerlich Jemand Anderer als der gewandte Otto Mayer jenen scharfen Satz herauslesen könnte, welchen er nach seiner Theorie des französischen Verwaltungsrechtes S. 103 in der verwaltungsrechtlichen Literatur der Franzosen gefunden haben will.

Otto Mayer selbst sagt in seinem späteren Werke, dem Deutschen V.R. S. 196, daß es früher üblich gewesen sei, „sich darein zu ergeben, daß es mit der Rechtskraft in der Verwaltung eine unsichere Sache sei". Wenn dem so ist, — und es ist in der That so —, dann wird man sich doppelt wundern dürfen, daß so viele Autoren, vor Allem, daß er selbst in der Einführung der Verwaltungsgerichte eine indirekte Anerkennung der Rechtskraft erblicken können.

Das neueste Gesetz, durch welches Verwaltungsgerichte eingeführt wurden, das sächsische vom 19. Juli 1900 ist denn auch nicht mehr mit Stillschweigen über die Sache hinweggegangen, sondern hat sie ausdrücklich geregelt (§ 61 dieses Gesetzes).

Es soll indeß mit diesen Bemerkungen nicht etwa die Rechtskraft der verwaltungsgerichtlichen Urteile in Frage gestellt werden. Allein sie kann nicht aus der Thatsache abgeleitet werden, daß die umfassenden Gesetze, durch welche die Verwaltungs-Gerichte eingeführt wurden, darüber schweigen. Auch läßt sich die Rechtskraft nicht auf die verwaltungsgerichtlichen Urteile beschränken.

Ein österreichischer Autor, wie der Referent, muß hierzu schon dadurch unausweichlich gedrängt werden, daß es in Oesterreich instanzmäßig gegliederte und in der Sache selbst entscheidende Verwaltungsgerichte (mit einer hier nicht weiter zu erörternden Ausnahme) nicht giebt.

In Staaten, in denen solche bestehen, wie insbesondere in Preußen, mag ja die hier bekämpfte Ansicht immerhin erträgliche Zustände ermöglichen, obwohl es auch hier noch genug dem Beschlußverfahren vorbehaltene Parteisachen giebt und obwohl diese Ansicht selbst hier, wie der Aufsatz Zorn's beweist, auch in den Kreisen der Praktiker, zu denen ja Zorn mitgerechnet werden darf, keineswegs unbezweifelte Geltung besitzt.

Aber immerhin, nehmen wir an, daß sie in der preußischen Praxis die herrschende sei, so sind allerdings hier in den meisten und wichtigsten Fällen von der Art, die in Betracht kommen, die Verwaltungsgerichte kompetent, und so mag man denn in solchen Staaten mit dieser Ansicht sein Auskommen finden. Allein das ist für die anderen Staaten, in denen derlei Verwaltungsgerichte nicht existiren, ein schwacher Trost. Denn in ihnen käme man damit zu dem Schlusse, daß es eine Rechtskraft in der Verwaltung überhaupt nicht giebt, ein Resultat, dem heute, so viel ich sehe, außer Zorn, Niemand beistimmt. Aber auch solche Staaten würden mit dieser Ansicht schlecht fahren, in denen, wie in Bayern, nur ein Verwaltungsgericht als oberste Rechtskontrolinstanz eingeführt ist, während in den unteren Instanzen die Rechtsprechung den Verwaltungsbehörden, wenn auch etwa mit Modifikation des Verfahrens, verblieben ist.

In solchen Staaten gäbe es dann eine Rechtskraft nur in den Fällen, in welchen der Verwaltungsgerichtshof entschieden hat. Das ist aber ein so geringer Prozentsatz, daß er bei einer allgemeinen Würdigung des Rechtsinstituts gar nicht in Betracht kommt. Noch schlimmer stände es in jenen Staaten, welche Verwaltungsgerichtshöfe überhaupt nicht besitzen, wie dies in einer ganzen Anzahl deutscher Staaten und in den meisten außerdeutschen Staaten der Fall ist, nicht besser in Oesterreich, dessen Verwaltungsgerichtshof überdies nicht in der Sache selbst erkennt und nur bindende „Rechtsanschauungen" schafft[1]) und dessen Reichsgericht, wenigstens bei den Beschwerden wegen verletzter politischer Rechte, gar nur unverbindliche Monologe hält.

2. Andere Autoren beschränken daher die Rechtskraft nicht auf die Urteile der Verwaltungsgerichte, sondern schreiben sie auch den Akten von Verwaltungsbehörden zu. Aber welchen sollen sie zukommen? Das ist die schwierige Frage. Die französischen Autoren scheinen die Rechtskraft nur für Akte des „Contentieux", d. h. für solche Verwaltungsakte, welche unter Zuziehung der Parteien in einem bestimmt geregelten Verfahren erfolgen, anzunehmen. Allein in neuerer Zeit meint man dort, daß auch außerhalb des Contentieux „jugements" erfolgen können. Ueber die Abgrenzung, die dann notwendig würde, herrscht dort völlige Unklarheit. Immerhin ist die Grundidee erkennbar: Die prozeßähnliche Mitwirkung der Parteien sei der Faktor, welcher die Rechtskraft schafft. Und ganz in diesem Sinne hat Otto Mayer, der ja auch sonst in seinem „Deutschen" Verwaltungsrecht öfters französische Gedanken in deutschem Kostüme vorführt, die Rechtskraft begründet und begrenzt. So wenigstens früher: Theorie des franz. Verw.-R. S. 103, Deutsches V.R. I. S. 175, 176, 196 fl. Er sagt dort: Die Parteien schaffen

---

[1]) Daß diese „Rechtsanschauung" nicht mit „Rechtskraft" identisch ist, darüber siehe die Ausführungen in dem Buche des Referenten „Rechtsprechung 2c." S. 150.

die Rechtskraft. „Denn handelnd oder stillschweigend haben sie das Urteil rechtlich bedingt und mitgewirkt bei seiner Entstehung. Darum gehört es ihnen.“ Indeß, diesen Satz vorläufig zugegeben, fragen wir uns vergeblich, mit welchem Rechte Otto Mayer dann in jenen Staaten, welche Verwaltungsgerichte besitzen, die Rechtskraft auf deren Urtheile einschränken kann? (Verw.-Archiv V. S. 186 und Archiv f. öff. R. 1902 S. 147.) Denn eine solche Mitwirkung von Parteien ist doch nicht nur vor Verwaltungsgerichten möglich! Und umgekehrt, wenn er sie auf die Urtheile der Verwaltungsgerichte beschränkt, wie kann er dann für Frankreich die Rechtskraft annehmen, da es ja doch dort keine Verwaltungsgerichte giebt?

Davon ganz abgesehen, ist es in der That unbegreiflich, wie ein Autor vom Range Otto Mayer's einen Gedanken, der allenfalls auf dem Boden des Zivilrechtes, ich kann nicht sagen, berechtigt, aber doch immerhin entschuldbar sein mag, weil hier die Parteien domini litis sind, auf das öffentliche Recht zu übertragen im Stande ist. Uebrigens paßt dieser Gedanke auch nicht auf den Zivilprozeß. Löning hat ihn bereits im Verw.-Archiv VII. S. 12 fl. so schlagend widerlegt, daß es wirklich schade wäre, dem dort Gesagten noch etwas beizufügen. Es wäre übrigens nicht uninteressant, dem Ausgangspunkt des sonderbaren Irrweges Otto Mayer's nachzuforschen. Ich glaube, er liegt im römischen Recht. In diesem haben sich bekanntlich noch im klassischen Recht sehr erhebliche Spuren aus den Rechtseinrichtungen jener Urzeit erhalten, in welcher der staatliche Prozeß kaum begonnen hatte, die Selbsthilfe abzulösen. Der römische Prozeß war ursprünglich eine vertragsmäßige Regelung und zum Theil ein vertragsmäßiger Ausschluß der Selbsthilfe zu Gunsten des mit der Mission der Friedensstiftung betrauten Prätors. Der Ausdruck dieses alten Gedankens im klassischen Recht ist die litis contestatio. Sie ist noch nach Auffassung der klassischen Juristen ein Vertrag, ein „Quasi-Kontrakt“ freilich nur, aber immerhin ein „Kontrakt“, und aus diesem Vertrage haben die römischen Juristen die Wirkungen der Konsumtion und der Rechtskraft abgeleitet. Eine solche Auffassung ist jedoch für uns völlig unbrauchbar. Wir sind keine Römer und darum kleidet uns auch ihre Toga nicht. In unseren Staaten, in denen ein Jahrhunderte alter Absolutismus den Einzelnen die Lust zur Selbsthilfe gründlich aus den Knochen herausgeschlagen hat, in denen das „agere“ ersetzt ist durch das „klagen“, kann man, wie dies ganz unübertrefflich Bülow nachgewiesen, die Rechtskraft des Urtheils nur aus der staatlichen Gewalt erklären, die, wie im Gesetze, so im gerichtlichen Urtheile zum Ausdruck kommt.

Um so mehr natürlich in der Verwaltung, wenn wir uns materielle Rechtskraft an Verwaltungsakte geknüpft denken. Bei alle dem, jene Theorie mag in Frankreich zu leidlichen Resultaten führen, weil die dortige Praxis die Fälle des Contentieux, so unklar der Begriff ist, mit virtuoser altgewohnter Sicherheit handhabt. Die selteneren Grenzfälle bleiben eben im Dunklen.

Was sollten aber mit dieser Theorie jene Staaten beginnen, die weder Verwaltungsgerichte, wie die preußischen, noch das französische Contentieux besitzen, in denen also die Betheiligung der Parteien am Verwaltungsakte formlos und ungeregelt ist, und daher stets Zweifel entstehen müssen, ob ein der Rechtskraft fähiger Akt vorliegt oder nicht?

3. Diese Erwägungen haben den Referenten seiner Zeit bestimmt, das die Rechtskraft erzeugende Moment in inneren Merkmalen des Verwaltungsaktes zu suchen. Er fand sie in dem Begriff der Rechtsprechung. Die Mitwirkung der Parteien bei derselben schien auch ihm unentbehrlich zu sein, aber nur deshalb, weil erfahrungsgemäß ohne dieselbe in der Regel das Recht nicht gefunden, also auch nicht gesprochen werden kann.

Angesichts der Thatsache, daß in Folge der Einwirkung des Absolutismus auf die kontinentalen Staaten den Gerichten ein Theil der Rechtsprechung entzogen und auf die Verwaltungsbehörden übertragen wurde, fand er, daß die Trennung der vollziehenden Gewalt von der der richterlichen sich nicht nach inneren, sondern nach äußeren organisatorischen Merkmalen vollzogen habe. Ein Theil der Thätigkeit der Verwaltungsbehörden schien ihm Rechtsprechung geworden zu sein, wie umgekehrt die Gerichte Vieles besorgen, was nicht Rechtsprechung ist. Die Rechtsprechung, welche die Verwaltungsbehörden besorgen, ist allerdings damit in die Hände von Organen gelangt, welche für die Rechtsprechung weniger vollkommen organisirt sind, wie die Gerichte. Allein, welche Behörde nun immer damit betraut sein mag, ob Gericht oder Verwaltungsbehörde, Zweck der Rechtsprechung kann immer nur sein die Anwendung einer abstrakten Norm auf einen konkreten Fall Seitens der dazu berufenen staatlichen Autorität. Und darum muß sich nothwendig mit der Rechtsprechung die Rechtskraft verbinden. Letztere ist keine unbedingte und braucht es nicht zu sein. Daß sie aber für die Regel der Fälle der Zweck der Rechtsprechung sein muß, ergiebt sich daraus, daß die Rechtsprechung ein logischer Schluß ist. Es ist widersinnig, dort, wo die reine Logik Anwendung finden kann, einen Schluß mit dem Vorbehalte zu ziehen, ihn später abzuändern. Es ist jedoch nicht widersinnig, sondern vielmehr selbstverständlich, daß man dort, wo ein bestimmter äußerer

Zweck mit einer Handlung erreicht werden soll, heute so, morgen anders handelt, je nachdem dieser äußere Zweck besser so oder besser anders erreicht wird, wie das bei den staatlichen Verfügungen der Fall ist.

Derjenige Schluß, welcher von einer staatlichen Autorität in Form einer Entscheidung gezogen wird, darf jenen Abänderungsvorbehalt auch deshalb nicht enthalten, weil letzterer mit dem Begriff der Rechtsnorm im Widerspruch stände. Wer Recht spricht, darf nicht das Bewußtsein haben, daß etwas Anderes Rechtens sein könne, als was er jetzt als solches feststellt; er darf nicht sagen: „ich kann auch anders". Denn ein solcher Vorbehalt würde auf dem Satz beruhen: princeps legibus solutus. Soweit die vollziehende Gewalt legibus soluta sein darf, soweit kann sie nicht Recht sprechen, sondern insoweit ergreift sie Maßregeln zu anderen Zwecken, Abwendung von Gefahren, Aufrechthaltung der Ordnung u. s. w.

Daß sich beide Formen der staatlichen Thätigkeit nicht radikal ausschließen, läßt sich nicht bezweifeln. Auch hier ist man zu allerlei Kompromissen genöthigt, zumal der Zweck des Staates die Verwirklichung der Gesammtinteressen ist und nicht die Verwirklichung der Logik. Die Herstellung der Rechtsordnung ordnet sich den Gesammtzwecken unter. In welchem Maße, das hat das Gesetz zu bestimmen. Aber nur dieses.

Darum kann und soll im Gesetz ein Umkreis von Fällen bezeichnet werden, in denen die normale Unabänderlichkeit und bindende Wirkung aus höheren Gründen weichen muß. Dahin gehört einmal das Fehlen der sachlichen Zuständigkeit, sodann die Verletzung wesentlicher Formen des Verfahrens, endlich die Veränderung des Thatbestandes. Darüber hinaus mag das Gesetz der Rechtskraft noch weitere Schranken ziehen, nach Bedarf und je nach Beschaffenheit der Materie, wobei mannigfaltige Momente ins Spiel treten können, wie im Strafrechte der favor libertatis.

Dies waren die Grundgedanken, welche Referent in seinem oben zitirten Buche niedergelegt hat und an denen ihn eine mehrfach geübte, übrigens keineswegs immer unbefangene Kritik nicht irre gemacht hat.

Zu ganz ähnlichen Resultaten gelangte Max Seydel in seinem zu gleicher Zeit verfaßten bayerischen Staatsrechte.

Nach dieser Ansicht knüpft sich also die Rechtskraft an den Akt der Rechtsprechung (oder wie Max Seydel sagt: an die Verwaltungsrechtspflege) und Rechtsprechung ist: Feststellung konkreter Rechtsverhältnisse.

Damit kommen wir nun aber zu einer Schwierigkeit, die allerdings in Staaten, welche einen Theil der Verwaltung an Verwaltungsgerichte übertragen oder an besondere Formen geknüpft haben, nicht besteht, soweit dies geschehen ist. Diese Schwierigkeit besteht darin, daß sich für die Verwaltungsakte nicht oder nur zum Theile besondere Formen herausgebildet haben, wie sie das gerichtliche Urtheil zeigt. Mangels solcher Formen bleibt nichts übrig, als jeden einzelnen Verwaltungsakt in der Richtung zu interpretiren, ob eine Verfügung oder eine Entscheidung mit demselben beabsichtigt war[2]), eine Arbeit, die schon deshalb häufig nicht zu leisten ist, weil sich die Behörden oft selbst über die Tragweite ihres Vorgehens, insbesondere über das, was „nachher" geschieht, nicht klar gewesen sind. In dieser Lage befinden wir uns in Oesterreich und in allen Staaten ohne normale Verwaltungsgerichtsbarkeit oder Verwaltungsrechtspflege. Daß es da im Einzelnen nicht ohne vielfache, oft peinliche Zweifel und Unklarheiten abgeht, ist nicht zu verwundern. Diesen Uebelständen aber kann keine Theorie abhelfen, sondern nur ein Gesetz.

4. Ein fernerer Zwiespalt der Meinungen (und dies ist wohl der praktisch wichtigste Punkt) betrifft die Frage, welche Subjekte, oder wenn man lieber will, welche Interessen durch die Rechtskraft — diese angenommen — gebunden werden. Ob bloß die Parteien oder auch die Behörden. Mit anderen Worten, ob bloß die Interessen der Parteien durch die rechtskräftige Entscheidung festgestellt und begrenzt werden, oder auch die sogenannten „öffentlichen" Interessen.

Ersteres bestreitet überhaupt Niemand; sonst müßte man eben die Rechtskraft überhaupt aufgeben. Wohl aber letzteres. So Funke, F. F. Mayer, Wirth, Prazak, Pann, Sarwey, Rösler, Gneist, Zorn, Lemayer, Tezner. Dagegen sind die meisten übrigen Autoren der entgegengesetzten Ansicht, nämlich daß die Rechtskraft, wenn sie anzunehmen ist, auch die öffentlichen Interessen binde. So Kohler, Löning, Otto Mayer, Jebens, Schulzenstein, der Referent und Andere.

Hierzu sei vor allem bemerkt, daß ohne die Gebundenheit der öffentlichen Interessen die Annahme der Bindung der Privatinteressen wertlos ist, weil diese dann von dem diskretionären Ermessen jener Behörde abhängt, der die Wahrung der betreffenden öffentlichen Interessen zusteht, heiße sie dann Gericht oder sonstwie.

Darum hat Zorn von seinem Standpunkt aus Recht, wenn er die Idee der Rechtskraft im Verw.-Recht überhaupt als unanwendbar erklärt.

---

[2]) v. Stengel behauptet im Verw.-Archiv III S. 221, daß Referent in seinem Buche jede Konzession, jede Anstellung eines Beamten, jede Beurkundung, jede polizeiliche Verfügung als Akte der Rechtsprechung bezeichne. Wer das Buch des Referenten auch nur ganz oberflächlich liest, wird sich leicht überzeugen, daß diese Behauptung von Stengel's vollständig unrichtig ist.

„Es ist undenkbar", so sagt er, „daß die eingetretene Rechtskraft je ein Hinderniß bilden könnte, einen vom Gesichtspunkt der öffentlichen Ordnung aus fehlerhaften Zustand in einen fehlerfreien zu verwandeln".

Noch drastischer drückt diesen Gedanken Tezner aus, wenn er von jenen, die eine derlei Ansicht hegen, (Theorien S. 158) sagt, sie trieben „juristische Schildastücke" und derlei hieße „das Meer in Ketten legen" (das. S. 203). Er meint, solche Tyrannengelüste gebührten bloß dem Gesetzgeber und das Gesetz und dieses allein könnte ausnahmsweise die Fälle ausdrücklich bezeichnen, in denen die Verwaltungsbehörde durch eine rechtskräftige Entscheidung gebunden werden könne. Er will zu diesem Zwecke eine „förmliche Skala der öffentlichen Interessen" im Gesetze aufgestellt wissen (S. 200). Otto Mayer hat diesen Gedanken bereits kritisirt, indem er sich in seiner Weise über ihn lustig gemacht hat. Obwohl Referent nicht der Ansicht ist, daß man etwas widerlegt, indem man es verhöhnt, so kann er doch in sachlicher Beziehung die Bedenken Otto Mayers nur teilen. Auch Referent glaubt, daß die Rechtskraft einen Sinn und Werth nur hat, wenn sie auch den öffentlichen Interessen präjudizirt: genauer gesprochen (und das ist gerade hier wichtig): wenn sie den politischen Behörden d. h. der vollziehenden Gewalt gegenüber präjudizirt. Aus dem Begriffe der vollziehenden Gewalt glaubt Referent, gerade umgekehrt wie Tezner, den Schluß ziehen zu müssen, daß dieselbe an die Rechtskraft gebunden sein muß, wenn nicht ausdrücklich das Gesetz Ausnahmen gestattet. Das macht aber nicht nur theoretisch und prinzipiell sondern auch praktisch einen sehr großen Unterschied.

Zorn und Tezner übertreiben stark, wenn sie die Sache so schildern, als hinge an jedem „öffentlichen Interesse" gleich das Heil des Staates. Schon Lemayer hat (apol. St. S. 478) treffend hiergegen polemisirt. Man muß sich nur diese sogenannten „öffentlichen" Interessen genauer besehen. In zahlreichen Fällen ist es ein Spiel des Zufalls oder eine Konsequenz historischer Ereignisse, daß eine Materie von der Verwaltung erledigt wird. Im Nachbarstaat gehört sie vor die Gerichte und dann haben auch diese Autoren nichts dagegen einzuwenden, daß die öffentlichen Interessen gebunden werden, denn die gerichtlichen Urtheile thun dies unbestritten. Man wird auch oft genug die Interessen herrschender Klassen, Cliquen, Familien hinter diesen sogenannten öffentlichen Interessen finden. Natürlich nicht immer. Darum will ich auch auf diesen Punkt nicht weiter eingehen; die Erörterung würde sehr weit führen. Ich nehme vielmehr an, es liegen im einzelnen Fall unbestreitbare „öffentliche" Interessen vor. Aber auch die Erhaltung der Rechtssicherheit des Einzelnen liegt im öffentlichen Interesse, das ja schließlich aus dem aller einzelnen Individuen sich zusammensetzt. Die Deklaration der Menschenrechte erklärte in diesem Sinne, die „sûreté“ als ein Menschenrecht, wie die Freiheit und das Eigenthum. Es ist eine Frage der Praktikabilität, wie man beide Gebiete abgrenzt. Aber nach unserer Auffassung darf nur die Gesetzgebung dies thun. Aus militärischen, finanziellen, sozialpolitischen oder polizeilichen Gründen wird auch jetzt schon in manchen Gesetzen die Zurücknahme von Verwaltungsakten gestattet, wenngleich durch dieselben Rechte geschaffen wurden.

Allerdings, wenn man Verwaltungsakten eine solche die öffentlichen Interessen bindende Wirkung zuschreibt, so beruht dieselbe nicht, wie gegenüber den Parteien, auf dem staatlichen imperium. Sondern umgekehrt auf einer Beschränkung desselben. Auf jener Beschränkung nämlich, die in jedem subjektiven gegen die vollziehende Gewalt gerichteten Rechte gelegen ist.

Referent hat seiner Zeit diese Gebundenheit der Verw.-Behörden an ihre Entscheidungen als einen Bestandteil der „Rechtskraft“ bezeichnet, weil sie eben auch eine Bindung ist, welche sich an die Entscheidung knüpft. Seine Ansicht ist mehrfach bestritten worden. Otto Mayer hat zwar die gleiche Ansicht in der Sache, perhorreszirt aber für diese Bindung das Wort Rechtskraft. Von seinem Standpunkt ebenso begreiflich wie die entgegengesetzte Ansicht die Konsequenz der Auffassung des Referenten ist. Ist die Rechtskraft, wie Otto Mayer will, die That der Parteien, dann kann die Bindung öffentlicher Interessen nicht ihre Folge sein. Das glauben wir aber nicht. Nach unserer Ansicht ist sie die Wirkung der staatlichen Gewalt. Wie sich diese sonst selbst binden und beschränken kann, so auch dann, wenn sie in Entscheidungen von Verwaltungsbehörden zum Ausdruck kommt. Die staatliche vollziehende Gewalt kann daher mit den Entscheidungen der Verw.-Behörden den Parteien auch gegen sich „Rechte“ schaffen, ein Gedanke, den man früher mit der Formel wiedergab, rechtskräftige Entscheidungen bildeten einen „Privatrechtstitel“.

So ist es denn auch durchaus kein Widerspruch, wenn man den tiefen Unterschied zwischen der Stellung der zivilprozessualen Parteien und jener der Parteien im Verwaltungsverfahren erkennt und trotzdem die Rechtskraft an Verwaltungsakte knüpfen will.

Tezner will im geraden Gegensatze zu Otto Mayer das Wort Rechtskraft nicht bloß auf die bindende Wirkung von Entscheidungen, sondern auch von Verfügungen, ja von Verordnungen ausgedehnt wissen. Otto Mayer bemerkt (Archiv V, S. 186), daß darin eine in allen möglichen Gebieten „herumspukende“ Rechtskraft gelegen wäre. Ich theile zwar die Ansicht Tezner's nicht, finde aber in der Bemerkung Otto Mayer's, die ja an und für sich ein köstlicher Witz sein mag, keine Widerlegung.

Uebrigens ist das doch mehr eine terminologische Frage. Ueber Worte streiten wir nicht. Möge Otto Mayer für diese Gebundenheit der Behörden einen gleich charakteristischen und sich gleicher allgemeiner Verständlichkeit erfreuenden Ausdruck, wie „Rechtskraft“ erfinden und ich werde ihm folgen. Aber dann möge er seine Entdeckung nicht verschweigen. Oder sollen wir uns vielleicht des Ausdruckes X = Wirkungen bedienen, als Analogie zu den Röntgen'schen X-Strahlen?

Tezner hat mit großer Beredsamkeit die Gefahren ausgemalt, welche die Bindung der Verw.-Behörden an die Rechtskraft zum Nachtheile der öffentlichen Interessen nach sich ziehen würde. Seine Beispiele sind, wie sich denken läßt, gut ausgewählt. Er meint, es sei unerträglich, daß den öffentlichen Interessen durch eine offenbar falsche Entscheidung Abbruch geschähe. Dem öffentlichen Recht müßte dann durch Erlassung der richtigen Entscheidung zum Durchbruche verholfen werden. Ja, woher weiß man denn, daß gerade die zweite Entscheidung die „richtige“, die erste aber die falsche war? In der Tezner'schen Darstellung besteht freilich darüber nie ein Zweifel. Aber in der Praxis werden sich solche Zweifel einstellen. Nehmen wir einen Fall, der sich ereignet hat und den Tezner anführt, daß ein Betrieb „mit Unrecht“ von der Versicherungspflicht befreit wurde. Für Tezner ist es selbstverständlich, daß jetzt die „richtige“ Entscheidung erfolgen muß. Die erste war ein „Unsinn“. Aber woher weiß man, daß gerade die zweite die richtige ist? So gut sie das eine Mal geändert wurde, kann sie noch einmal, noch zwanzigmal geändert werden. Das ist es ja eben, daß es dann keine Grenze giebt! Den Parteien gegenüber muß der Satz gelten: Jura vigilantibus scripta!; dem Staat gegenüber aber der Satz: Wo man sein Vertrauen gelassen hat, dort muß man es suchen.

5. Unter den Autoren, welche die Bindung der Verwaltungs-Behörden durch die Rechtskraft auch hinsichtlich der öffentlichen Interessen überhaupt für möglich erachten, giebt es nun zwei Gruppen. Die einen nehmen diese Bindung nur bei verwaltungsgerichtlichen Urtheilen an; die anderen nehmen sie auch für verwaltungsbehördliche Entscheidungen in Anspruch. Zur ersteren Gruppe gehören Löning, Otto Mayer, Jebens, Schulzenstein, Weizel und Kopp (für Baden). Auch das neue sächsische Gesetz vom 19. Juli 1900 theilt diesen Standpunkt in seinem § 61. Zur letzteren Gruppe gehören Max Seydel

und der Referent. Letzterer will nicht leugnen, daß er unter den vielen Ansichten, die in dieser Materie geäußert wurden, die von der ersteren Gruppe vertretene Meinung am wenigsten begreifen kann. Er will die praktische Brauchbarkeit dieser Theorie in jenen Staaten, welche eigentliche Verwaltungsgerichte besitzen, nicht in Abrede stellen. Denn die schwierigste Frage der ganzen Materie, die Abgrenzungsfrage, löst sie, wie schon oben erwähnt, spielend, indem sie die Rechtskraft überhaupt und daher auch die damit verbundene Bindung der öffentlichen Interessen an ein leicht erkennbares formelles Merkmal knüpft, nämlich an ein Urtheil eines Verwaltungsgerichtes. Allein auch in solchen Staaten gehören nicht alle Parteisachen vor die Verwaltungsgerichte und die Staaten ohne Verwaltungsgerichte wissen, wie oben ausgeführt, mit einer solchen Anschauung gar nichts anzufangen.

Davon abgesehen leidet diese Anschauung an einem inneren Widerspruche, den übrigens auch Tezner wiederholt sehr gut nachgewiesen hat. Denn entweder nimmt man an, daß das öffentliche Interesse — oder was als solches von den Verwaltungsbehörden jeweils angesehen wird —, dem privaten Bedürfnisse nach Rechtssicherheit unbedingt vorgehen muß, weil eben jenes das allgemeine sei; oder man nimmt im Gegentheil an, daß, wo nicht gesetzliche Ermächtigungen an die vollziehende Gewalt vorliegen, die Bewahrung der Rechtssicherheit das Wichtigere sei. Eins von beiden. Tertium non datur. Aber die hier bekämpfte Ansicht hat dieses Tertium! Sie läßt die öffentlichen Interessen binden, wenn der Akt von einem Verwaltungsgericht ausgeht, sonst aber nicht. Als ob die Urtheile der Verwaltungsgerichte eine größere Gewähr dafür böten, daß sie die öffentlichen Interessen wahren, als die der Verwaltungsbehörden! Im Gegentheile, wenn hier schon ein Unterschied besteht, verhält es sich offenbar gerade umgekehrt, weil die Verwaltungs-Gerichte unabhängig sind, die Verwaltungs-Behörden nicht. Diese Erwägung hat den Ref. seiner Zeit bereits zu der Lehre genöthigt, daß die rechtlichen Wirkungen der Entscheidungen überhaupt, also auch hinsichtlich der Bindung der öffentlichen Interessen von der Organisation der Spruchbehörde unabhängig sein müssen.

Diese Ansicht ist freilich mehrfach bekämpft worden. Eine eingehende Widerlegung seiner Gegner kann Ref. an dieser Stelle nicht bieten. Aber er möchte doch auch hier betonen, daß seine Lehre vielfach Mißverständnissen ausgesetzt war. Er hat ein eigenes Kapitel dem Satze gewidmet, daß schon aus dem Begriffe der Rechtskraft folge, daß der Thatbestand der gleiche geblieben sein müsse. Daß dieses Postulat in manchen Materien, insbesondere im Polizeirecht, die Wirkungen der Rechtskraft stark einschränken wird, liegt auf der Hand und das ist ganz unvermeidlich. Referent steht keinen Augenblick an, den Verwaltungsbehörden das Recht zuzuschreiben, wenn beispielsweise eine aufrührerische Bewegung irgendwo entstanden ist, die Bewilligung zur Aufführung eines bedenklichen Theaterstückes (z. B. der Weber) zu verhindern, gleichviel ob die Bewilligung durch verwaltungsgerichtliche oder verwaltungsbehördliche Entscheidung gegeben wurde — so lange diese Bewegung eben andauert.[3]) Ebenso wäre die spätere Entdeckung, daß ein behördlich genehmigtes Verfahren gesundheitsschädlich sei, gleichfalls eine solche causa superveniens. Wenn Tezner dem Referenten für solche Fälle die entgegengesetzte Meinung unterschiebt, so ist das ebenso willkürlich, wie es übertrieben ist, im gegentheiligen Falle der Ansicht des Referenten jede praktische Bedeutung abzusprechen, als ob sich in allen Verwaltungssachen der Thatbestand fortwährend ändern würde.

Referent ging nicht so weit, wie Georg Meyer, der im Polizeirecht die Rechtskraft überhaupt ausschließen wollte. Aber seine Ausführungen beruhten allerdings auf dem gleichen Grundgedanken. Denn die Polizei hat ja öffentlichen Gefahren entgegen zu wirken. Referent meint nur, daß nicht jedwede Gefahr (und es giebt deren recht geringfügige im Polizeirecht) das Bedürfniß nach Rechtssicherheit aufwiegen sollen. Allerdings, wenn diese Gefahr jenes Maß erreicht, welches man als Nothstand zu bezeichnen pflegt, dann fiel es dem Referenten nie ein, die Privatinteressen als das Werthvollere anzusehen. Tezner verwirft die Brauchbarkeit des Nothstandsbegriffs im heutigen Verwaltungsrecht. Allein, wenn auch zuzugeben ist, daß die Gesetzgebung den Nothstandsbegriff mehr und mehr einschränken darf, kann und soll, so glaubt Referent doch, daß es alle Zeit unmöglich sein wird, ihn ganz entbehrlich zu machen, ebenso hier, wie im Privat- und Strafrecht.

Ihre praktische Bedeutung und ihren Werth kann die Rechtskraft in Verwaltungssachen nicht hinsichtlich solcher Materien äußern, welche einen leicht wechselnden Thatbestand zur Voraussetzung haben, wie dies im Polizeirechte der Fall ist, sondern dort, wo der Thatbestand gleich bleibt, aber die Rechtsfrage bestritten oder zweifelhaft ist. Und hier ist sie denn auch unentbehrlich.

Wenn wir die oben ad 1 besprochene Ansicht in Vergleich ziehen, nach welcher es den öffentlichen Interessen gegenüber eine Rechtskraft überhaupt nicht geben darf, gleichviel, ob die Entscheidung von

---

[3]) Dies wird auch für Sachsen trotz des § 61 des neuen Gesetzes behauptet werden dürfen.

einem Verwaltungs-Gerichte oder einer Verwaltungs-Behörde ausging, so erscheint dieselbe doch wenigstens als eine konsequente. Ueber sie läßt sich wohl reden. Es ließe sich sogar sehr viel über sie reden Und ob man sich für sie oder für das entgegengesetzte Extrem, nämlich die Ansicht des Referenten entscheidet, das hängt von der ganzen Staatsauffassung, von der Abwägung individueller und kollektiver Interessen und von der Ansicht ab, welche man von der Stellung der vollziehenden Gewalt im konstitutionellen Staate hegt. Hier stoßen zwei politische Grundauffassungen zusammen, zwischen denen die Theorie keine Verbindung schaffen kann. Die eine hat ihre Heimath bei den Romanen. Nach ihr überwiegt die raison d'État jedes individuelle Interesse. Bei den Germanen ist umgekehrt das Gemeinwesen bestimmt, zunächst die individuellen Interessen zu sichern und zu verwirklichen. Deshalb haben die Franzosen sich drei Gewalten konstruirt, die Engländer nur zwei. In dem Postulat der „Selbstständigkeit" der vollziehenden Gewalt steckt die romanische Idee der Staatsraison. England hat keine Doppelung der Gewalten innerhalb der Vollziehung. In England ist die vollziehende Gewalt das Gericht (erst in neuester Zeit beginnen dort Ansätze einer neuen selbstständigen Gewalt sich zu zeigen). Und auch in den deutschen Staaten ist diese Auffassung nur langsam durch den Absolutismus zurückgedrängt worden. Darum existirt unser Problem in England gar nicht, während man in den deutschen Staaten zwischen dem romanischen und dem englischen Prinzip noch immer hin- und herschwankt. Aber der Gang der Entwickelung ist wohl bei uns in dieser Frage, wie in manchen anderen, die Erhaltung oder Wiederbelebung des altgermanischen Prinzips.

Wenn man nun bedenkt, daß in England die Verwirklichung der öffentlichen Interessen beim Zusammenstoß derselben mit den individuellen stets in den Händen einer einheitlichen Gewalt, des Friedensrichters (und dieser ist nichts Anderes, als der judex des germanischen und kanonischen Rechtes), sich befand, daß die Friedensrichter in allen Materien in gleichen Formen prozediren, somit auch in dem, was **wir** auf dem Kontinent „öffentliches Recht" **nennen**, jene Grenze zwischen öffentlichen und Privatinteressen durch **gerichtliches** Urtheil feststellen, welches materielle Rechtskraft besitzt, und die Partеien ebenso bindet, wie sie das Maß der öffentlichen Interessen begrenzt und bestimmt, so wird man wohl über die Auslassungen **Zorn's** und **Tezner's** lächeln müssen.

Auch hier, wie sonst, wenn man auf englische Verhältnisse hinweist, würden wir wahrscheinlich die gewisse stereotype bequeme Antwort erhalten, daß die englischen Verhältnisse ganz andere seien, die dortigen Einrichtungen auf unsere Zustände nicht passen u. s. w. Schön. Aber

„undenkbar", wie Zorn sagt, kann das, was in England Rechtens ist, wohl nicht sein. Auch „Schildbürgerstreiche", als welche Tezner die Ansicht des Referenten und seiner Genossen bezeichnet, wird man sie angesichts dieser Thatsache schwerlich nennen dürfen. Wenigstens haben diese Schildbürgerstreiche den Engländern nicht schlecht angeschlagen.

II.

Wenn man aus dem Vorgehen des Königreichs Sachsen Schlüsse ziehen darf, und das darf man wohl, so scheint das Problem, das uns hier beschäftigt, nunmehr auch von der Gesetzgebung beachtet werden zu sollen.

Wenn dies geschehen soll, so kann es wohl nur in dem Sinne erfolgen, daß die Rechtskraft in der Verwaltung anerkannt wird. Andernfalls beläßt man es besser bei der gegenwärtigen Ungeregeltheit.

In diesem Sinne würde es sich vielleicht empfehlen, zunächst die Rechtskraft der verwaltungsgerichtlichen Urtheile, falls solche im Staate bestehen, anzuerkennen und diesen solche Entscheidungen gleichzustellen, welche in einem besonders geregelten Verfahren unter gesonderter Vertretung der öffentlichen Interessen in kommissarischer oder staatsanwaltlicher oder einer anderen ähnlichen Form erfolgen. Es wäre am besten, die Fälle, bei denen dies zutrifft, im Gesetze aufzuzählen.

Dieser Punkt macht, wenn man sich über das Prinzip klar ist, keine besonderen Anstände.

Anders steht es mit den übrigen Sachen, in denen die Verwaltungsbehörden formlos vorgehen. Vielleicht läßt sich doch auch hier ein Ausweg finden, der einerseits die öffentlichen Interessen nicht gefährdet, andererseits der in der Praxis herrschenden desolaten Unsicherheit ein Ende zu bereiten geeignet ist. Die Hauptschwierigkeit steckt hier in der Formlosigkeit, vermöge deren sich die Absicht der erkennenden Behörde oft schwer feststellen läßt. Referent schlägt vor, zur Beseitigung solcher Zweifel für die Zukunft festzusetzen, daß die Absicht der Behörde in einem Formalakt zum Ausdruck kommen müsse, wenn die Wirkungen der Rechtskraft sich mit ihr verbinden sollen. Wie man diesen Formalakt dann nennen mag, ist Nebensache. Referent schlägt vor, ihn „Entscheidung" zu nennen und selbstverständlich schriftliche Fixirung zu verlangen, so daß in Zukunft alle Verwaltungs-Akte, welche diesen Titel nicht führen, keine Judikatswirkungen haben sollen. Für die Akte der Vergangenheit lassen sich allerdings die Zweifel nicht aus der Welt schaffen; bezüglich ihrer muß alles beim Alten bleiben. Das Gesetz darf keine rückwirkende Kraft haben. Außerdem müßte als ein Formerforderniß verlangt werden, daß die Entscheidungsgründe beigefügt und äußerlich von dem Tenor der Entscheidung getrennt werden sollen, wie bei den Urteilen der Gerichte. Und zwar deshalb, weil diese äußerliche Trennung der Herausarbeitung des Tenors der Entscheidung außerordentlich förderlich, ja hier geradezu oft unerläßlich sein wird. Derlei Verwaltungsakte werden allerdings in höherem Maße, als es bisher vielfach der Fall ist, an den Tag zu legen haben, daß ihre Verfasser ausgebildete Juristen sind oder doch sein sollen.

Referent glaubt, daß damit die beiden Grundmotive der Rechtskraft: Die Oekonomie — von Seiten der Behörden — und das Bedürfnis nach Rechtssicherheit — von Seiten der Parteien — in die Lage versetzt werden, selbstthätig das Abgrenzungsproblem in der Weise zu regeln, wie es den beiderseitigen thatsächlichen Interessen entspricht. Denn man darf hoffen, daß in den schwierigeren und verwickelteren Fällen die Behörden ihrem Spruche die Form der Entscheidung geben werden, weil sie nur auf diese Weise erwarten dürfen, von neuerlicher Behelligung mit derselben Sache verschont zu bleiben. Wo die Behörden selbst ein Interesse dieser Art nicht haben, werden sehr häufig die Parteien das Bedürfniß empfinden, die Angelegenheit in Form einer Entscheidung erledigt zn sehen. Ihre Sache wird es dann sein, einen entsprechenden Antrag zu stellen. Wo weder das eine noch das andere der Fall ist, verbleibt es bei dem gewöhnlichen Verwaltungsakte, der vollstreckbar ist, aber das der Sache zu Grunde liegende Rechtsverhältniß nicht entscheidet.

Die Frage, wer zur Stellung eines solchen Antrages berechtigt ist, könnte in einem solchen Gesetze nicht entschieden werden. Zu ihrer Beantwortung müssen jene Gesetze, welche die Materie speziell regeln, eventuell die allgemeinen Rechtsgrundsätze herangezogen werden, nach denen man ja auch bisher schon festgestellt hat, wer in einer Verwaltungssache die legitimatio ad causam besitzt, also als Partei zu bezeichnen ist.

Dabei verstände es sich von selbst, daß die Behörde die Parteien nicht etwa mit einer solchen „Entscheidung“ überrumpeln dürfte, sondern es müßte gefordert werden, daß die Behörde vorher ihre Absicht den Parteien kund gebe.

Außerdem wäre zu bemerken, daß eine solche Entscheidung nur von der sachlich dazu berufenen, also der „zuständigen“ Behörde erfolgen kann, und daß daher in sehr vielen Fällen Behörden, welche einen Verwaltungs-Akt zu machen haben, nicht berechtigt sein werden, eine solche Entscheidung zu fällen. Es ist dann Sache der Parteien, sich an die zuständige Stelle zu wenden. So könnte, wenn eine Wahlbehörde die Liste anfertigt und

Heimathsrecht oder Staatsbürgerrecht streitig werden, die betroffene Partei sich nicht an die Wahlbehörde zur Entscheidung dieser Fragen wenden, sondern an die dafür zuständige politische Behörde.

Referent läßt es dahingestellt, ob das Verfahren, welches der Fällung der „Entscheidung" vorher zu gehen hat, über die erwähnten Punkte hinaus näher geregelt werden soll und in welcher Weise. Vielleicht wird sich ein Bedürfniß dieser Art herausstellen. Insbesondere liegt es nahe, nach französischem Vorgang, an die Einführung einer kontradiktorischen und mündlichen Verhandlung zu denken, den Instanzenzug besonders zu regeln, kollegiale Berathung zu fordern u. dgl. m. Aber nöthig ist dies gewiß nicht, und es mag je nach Umständen das Adm.-Verfahren auch behufs Fällung der „Entscheidung" in seiner bisherigen gemüthlichen Formlosigkeit verbleiben. Solchen formellen „Entscheidungen", aber nur ihnen, soll nun nach dem Vorschlag des Referenten die materielle Rechtskraft ausdrücklich zugesprochen werden, und so zwar, daß sowohl die Behörden als die Parteien an sie gebunden sein sollen.

Aber nur jene, die am Verfahren betheiligt waren. Vielleicht würde es sich empfehlen, Drittbetheiligten, welche zum Verfahren aus irgend einem Grunde nicht zugezogen wurden, obwohl sie es hätten werden sollen, ein besonderes Anfechtungsmittel in die Hand zu geben, ähnlich der tierce opposition des französischen Rechtes, und es wäre dann eine Fallfrist zur Anfechtung zu statuiren. Allein nöthig ist auch dies nicht. Unter diesem Gesichtspunkte würde sich auch die Stellung der Aufsichts- und Rekursinstanzen regeln. Während allen Verwaltungs-Akten gegenüber, die nicht Entscheidungen sind, weder an dem amtswegigen Einschreiten noch an dem Reformrechte der Aufsichtsbehörden, so, wie es derzeit besteht, irgend etwas geändert würde, könnten natürlich formelle „Entscheidungen" weder in pejus im Rekurszuge reformirt, noch von Amtswegen geändert oder kassirt werden. Gegen inkorrektes Einverständniß der Beamten mit den Parteien läßt sich leicht durch eine Bestimmung, wie sie sich in Baden findet, Abhülfe treffen („Erschlichene Entscheidungen sind nichtig"). Selbstverständlich müßte auch die Einhaltung der „wesentlichen" Formen des Verfahrens bei sonstiger Nichtigkeit gefordert werden. Vielleicht kann man sogar, wie dies in einem analogen Falle das österreichische Gesetz über den Verwaltungs-Gerichtshof thut, die Begrenzung des Begriffes der „Wesentlichkeit" der Praxis überlassen.

Ueber einen anderen wichtigen und schwierigen Punkt, nämlich wie die vorgeschlagene Reform auf das Aufsichtsrecht der staatlichen Verwaltung gegenüber der Selbstverwaltung zurückwirken soll, läßt sich angesichts der Verschiedenheit dieser Verhältnisse in den verschiedenen Staaten nichts Allgemeines sagen.

Wünschenswert wäre es, wenn im Gesetze ausdrücklich ausgesprochen würde, daß die bindenden Wirkungen der Entscheidungen durch die Gesetzgebung ganz oder zum Theile ausgeschlossen werden können, was übrigens selbstverständlich ist.

Daß ein nach Fällung der Entscheidung entstandener oder hervorgekommener Thatbestand die Wirkungen der Rechtskraft ausschließt, ist gleichfalls selbstverständlich. Es wäre aber wohl nützlich, dies ausdrücklich hervorzuheben. Eine Kasuistik wäre hier zu vermeiden, vielmehr der Praxis bei Interpretation dieses Satzes jener Spielraum zu gewähren, dessen sie gerade hier bedarf. Es werden sich allerdings Schwierigkeiten bei Gewährungen, Erlaubnissen, Konzessionen, insbesondere polizeilicher Art, ergeben, da unser Entwurf sich nicht damit begnügt, wie in Preußen, die Rechtsprechung nur behufs Anfechtung solcher Akte eintreten zu lassen, diese letzteren vielmehr im Entscheidungswege selbst gewährt werden können. Gegenstand der Entscheidung wäre dann beispielsweise, daß eine bestimmte Wasseranlage, ein Bau, eine gewerbliche Betriebsanlage zulässig sei, d. h. weder mit Privat- noch mit den öffentlichen Interessen im Widerspruche stehe. Wenn nun diese Anlage dennoch später Gefahren schafft, welche nicht vorausgesehen wurden, noch werden konnten, dann wird stets ein neuer Thatbestand vorliegen. Waren diese Gefahren vorhersehbar, aber wurden sie nicht vorgesehen, dann wird regelmäßig ein mangelhaftes oder unkorrektes Verfahren vorhanden sein. Eine dritte Möglichkeit besteht schwerlich. Sollte eine Materie so empfindliche öffentliche Interessen berühren, daß der Staat seinen Behörden darüber hinaus das Recht wahren will, ihre eigenen in der Entscheidung ausgesprochenen Ansichten über die Richtung der öffentlichen Interessen abzuändern, so steht dies ja der Gesetzgebung stets frei. Dergleichen könnte etwa in manchen militärischen, finanziellen, hauptsächlich aber polizeilichen Angelegenheiten der Fall sein.

Nichts stände auch im Wege, den Polizeibehörden bei Unglücksfällen oder Nothständen ausdrücklich das Recht zu reserviren, nach Ermessen Verfügungen zu treffen. Noch ängstlichere Gemüther endlich mögen im Gesetzeswege die Rechtskraft in Polizeisachen überhaupt ausschließen. Das wäre wohl über das Ziel geschossen. Allein selbst dann wäre noch nach Ansicht des Referenten ein Gesetz der Art, wie er es vorschlägt, ein erheblicher Fortschritt hinsichtlich aller übrigen Theile des Verwaltungsrechtes.

Gesetzes-Vorschlag.

§ 1. Von der Wirksamkeit dieses Gesetzes an haben, sofern gesetzlich nicht etwas anderes angeordnet ist, endgültige Entscheidungen der zuständigen Verwaltungsgerichte ....

(eventuell: .... Entscheidungen von Verwaltungsbehörden, bei deren Zustandekommen eine besondere Vertretung der öffentlichen Interessen stattzufinden hatte)

(eventuell wären diese Materien speziell anzuführen)

die Wirkung, daß die am Verfahren betheiligt gewesenen Behörden und die ihnen vorgesetzten Behörden, sowie dergleichen Parteien und deren Rechtsnachfolger, an sie gebunden sind, und zwar die Behörden dergestalt, daß sie gegen den Willen der Parteien nichts Abweichendes beschließen können.

§ 2. Von der Wirksamkeit dieses Gesetzes an haben andere Beschlüsse der zuständigen Verwaltungsbehörden — sofern nicht gesetzlich etwas Gegentheiliges bestimmt ist — diese Wirkung dann und nur dann, wenn der Beschluß schriftlich ausgefertigt ist, die Aufschrift „Entscheidung" trägt und, äußerlich von dieser getrennt, „Entscheidungsgründe" enthält.

§ 3. Jede Verwaltungsbehörde kann innerhalb ihrer Zuständigkeit von Amtswegen zur Fällung einer solchen Entscheidung schreiten. Aber auch Jedermann, der in der Sache als Partei aufzutreten berechtigt ist, hat das Recht, eine solche Entscheidung zu begehren.

§ 4. In beiden Fällen hat die Behörde ihre Absicht den Parteien vorher schriftlich zu eröffnen.

§ 5. Ein Parteibegehren dieser Art kann auch mit einem Rechtsmittel gegen eine Verfügung verbunden werden.

(Im Uebrigen richtet sich das Verfahren bei Fällung der Entscheidungen nach den für die betreffende Angelegenheit bestehenden Normen; eventuell wären hier besondere Normen über das Verfahren beizufügen.)

§ 6. Erschlichene Entscheidungen, dann solche, welche unter Außerachtlassung wesentlicher Formen des Verfahrens zu Stande kommen, sind nichtig.

§ 7. Die Rechtswirkungen einer Entscheidung endigen durch Erlassung einer neuen Entscheidung. Eine solche ist zu fällen, wenn von Amtswegen oder von Parteien erhebliche neue Umstände geltend gemacht werden, welche in dem früheren Verfahren nicht vorgekommen sind.

§ 8. Parteien, welche solche Umstände oder die Nichtigkeit des Verfahrens geltend machen wollen, müssen binnen einer Frist von 30 Tagen, nachdem ihnen die bezüglichen Umstände bekannt geworden sind, darum einschreiten.

Literatur.

Apelt, Kommentar zum sächs. Gesetz u. s. w. S. 59.
Bernatzik, Rechtsprechung und materielle Rechtskraft, 1886.
Bismark, B. v., Hartmann's Zeitschr. 1879, S. 578 f.
v. Exterde, Oesterr. Zeitschr. f. Verw. 1871, S. 35 f.
Friedrichs, Verw.-Archiv VI 1898, S. 531 f.
Fuisting, Verw.-Archiv IV 1896, S. 311.
Funke, Die Verw. in ihrem Verhältniß zur Justiz 1838, S. 67.
Gerber, Grundzüge d. D. Staatsrechtes S. 188.
Gneist, Rechtsstaat S. 274.
— Rechtslexikon IV S. 1122.
— Zur Verw.-Reform 1880, S. 19.
Grotefend, Preuß. Verw.-Recht I S. 368.
Halbey, Gem. Verf.-Recht I S. 366 f., 380 f., 391.
(Jebens), Preuß. Verw. Blatt XVIII 1897, S. 41 (auch verw.-rechtl. Aufsätze S. 183—208.
Kohler, J., Badische Zeitschrift für Verw. 1873, S. 41.
Kopp, Die Gesetze u. Verordnungen über die Organisation der inneren Verwaltung in Baden.
Lemayer, Frhr. v., Apologetische Studien u. s. w., Grünhut's Zeitschr. 1895, XXII, S. 476—484.
v. Löning, E., Deutsches Verw.-Recht 1884, S. 828.
— Verw.-Archiv VII S. 1—90.
Mayer, F. F., Grundsätze des Verw.-Rechts 1862, S. 34.
Mayer, Otto, Theorie des franz. Verw.-Rechts 1886, S. 103.
— Deutsches Verw.-Recht I 1895, S. 174, 196—210.
— Verw.-Archiv V 1897, S. 186.
— Archiv f. öff. Recht XVII 1902, S. 147.
Menzel, Ad., Oesterr. Staatswörterbuch II S. 1483.
— Arbeiterversicherung S. 177.
Meyer, Georg, Lehrb. d. D. Verw.-Rechts, 2. Aufl. 1893 I, S. 65 u. 80.
Müller, Otto, Die Begriffe der Verw.-Rechtspflege u. s. w. 1895, S. 189 f.
Parey, Handbuch des preuß. Verw.-Rechts I S. 231.
Rosin, Recht der Arbeiterversicherung I S. 779 f.
Rösler, Der österr. Verw.-Gerichtshof, Grünhut's Zeitschr. IV S. 282.
v. Sarwey, O., Das öff. Recht u. s. w. 1880, S. 76.
Schmitt, Grundlagen der Verw.-Rechtspflege. 1878, S. 5.
Schulzenstein, Verw.-Archiv IV, S. 87; VII, S. 267; IX, S. 99.
— Gutachten erstattet dem Juristentag 1902.

v. Seydel, Bayr. Staatsrecht II 1886, S. 42, 392, 504 f.
v. Stengel, Wörterbuch des Verw.-Rechts II S. 792 f.
— Verw.-Archiv II 1894, S. 124; III, 1895, S. 221 f.
— Organisation der preuß. Verw.-Rechtspflege S. 522 f.
Tezner, Handbuch des österr. Adm.-Verfahrens 1896, S. 295—368.
— Ueber Verw.-Rechtspflege mit Hinblick auf das neue sächs. Gesetz 1901, S. 30—37 (Jb. d. Gehe-Stiftung).
— Die deutschen Theorien der Verw.-Rechtspflege (Verwaltungsarchiv VIII, IX, auch im Separatabdruck 1901).
— Privatrechtstitel im öff. Recht, Archiv f. öff. Recht IX, S. 357 f.
Ulbrich, Oesterr. Staatsrecht S. 438, 449.
Weizel, Das badische Gesetz v. 5. Oktober 1863 u. s. w., 1864 S. 296 u. 299.
Wirth, Badische Zeitschr. für Verw. 1880, S. 2.
Zorn, Studien zur Verw.-Gerichtsbarkeit, Verw.-Archiv II 1894, S. 121—131.

Die französische, sehr dürftige Literatur ist citirt bei Otto Mayer, Theorie S. 103 und in dem oben erwähnten Buche des Referenten S. 94. Die Literatur der übrigen Staaten bietet, soweit dem Referenten bekannt ist, nichts.

Die Arbeit Tezner's in der österr. Gerichts-Zeitung von 1902 S. 7—9, die einen detaillirten Gesetzesvorschlag über das gesammte Administrativverfahren enthält und die Frage der Rechtskraft im Sinne der früheren Arbeiten dieses Autors löst, kam dem Referenten erst während des Druckes dieses Gutachtens zu und konnte daher nicht berücksichtigt werden.

XII.

Gutachten des Herrn Justizraths Dr. Harnier in Kassel

über die Frage:

Welchem der neuerdings veröffentlichten beiden Entwürfe eines Reichsgesetzes betr. die Sicherung der Bauforderungen gebührt der Vorzug?

Selten hat die Lösung einer Aufgabe, welche von der öffentlichen Meinung in weitesten Kreisen gefordert wird, der Gesetzgebung eine solche Schwierigkeit bereitet, wie die Schaffung einer Sicherung der Bauforderungen, welche einerseits den Betheiligten einen wirklich ausreichenden Schutz ihrer Interessen gewährt und andrerseits es vermeidet, in unbedingt schonungsbedürftige Interessen anderer Kreise schädigend einzugreifen. Darüber, daß und aus welchen Gründen der Erlaß eines solchen Gesetzes an sich für das Deutsche Reich wünschenswerth ist, braucht bei dem gegenwärtigen Stande der Sache nicht mehr gestritten zu werden. Grundsätzliche Gegner eines jeden Eingriffs in die völlige Verkehrsfreiheit würden auch durch eine Fortsetzung der bez. Erörterungen kaum bekehrt werden. — Für den bevorstehenden Juristentag insbesondere genügt der Hinweis darauf, daß bereits der 24. Juristentag in Posen 1898 „mit erheblicher Majorität" den Antrag:

> „Es empfiehlt sich, zum Schutze der Baugläubiger in Neubaubezirken die Bauerlaubniß von der Eintragung eines Bauvermerks in das Grundbuch abhängig zu machen, an den die Sicherung der Bauforderungen zu knüpfen ist"

angenommen hat. Damit ist die Wiederaufrollung der grundsätzlichen Frage, ob ein gesetzlicher Schutz der Bauforderungen überhaupt angestrebt werden soll, ausgeschlossen. Es handelt sich vielmehr jetzt nur noch darum, in welcher Form dieser Schutz einzuführen ist. Nur möge zunächst noch im Anschluß an die früheren Verhandlungen über die allgemeine Begründung der Nothwendigkeit eines Schutzes darauf verwiesen werden, daß die inzwischen veröffentlichten ausführlichen Untersuchungen von Salomonsohn (Solmsen[1]) in dessen gründlichem Werk: „Der gesetzliche Schutz der Baugläubiger in den Vereinigten Staaten von Nordamerika" (Berlin 1900) unzweifelhaft dargethan haben, daß dort den unsrigen ganz ähnliche wirthschaftliche Verhältnisse bestehen und daß die gleichen Mißstände, welche bei uns beklagt werden, dort schon seit mehr als 100 Jahren zu einem bis in die neuste Zeit immer weiter durchgebildeten gesetzlichen Schutz auf ähnlichen Grundlagen geführt haben, wie sie bei uns in's Auge gefaßt sind, sowie schließlich, daß der mit diesem Schutz verbundene Zwang trotz des gerade in den Vereinigten Staaten besonders raschen Aufblühens der Städte nirgends als unerträglich empfunden ist Solmsen bezeugt allerdings mit voller Objektivität, daß auch in den Vereinigten Staaten in Folge seiner Umfragen einzelne Stimmen den Werth der Schutzgesetzgebung in Zweifel gezogen haben, sowie daß der Versuch, an die Stelle der zahllosen einzelstaatlichen Schutzgesetze ein einheitliches Gesetz für die ganze Union zu setzen, gescheitert ist. Allein er weist überzeugend nach, daß die gegen diese sog. Lien-Gesetze erhobenen Stimmen eben durchaus vereinzelt sind, daß die weitaus überwiegende Mehrheit der maßgebenden Beurtheiler, darunter auch die Vertreter gerade der größten Banken, das Bestehen der Gesetze als durchaus nützlich und nothwendig und mit den Interessen auch des entwickeltsten Geldverkehrs vereinbar erklären, und er macht insbesondere mit Recht geltend, daß man in keinem einzigen Staate, der Union einen Versuch der Abschaffung der Lien-Gesetze gemacht, vielmehr umgekehrt dieselben nur immer sorgfältiger ausgebaut hat. — Gerade in diesen allgemeinen Beziehungen sind die Ausführungen des interessanten Buches, auf welche hier nur hingedeutet werden kann, äußerst lesenswerth und für die Nutzanwendung auf deutsche Verhältnisse wichtig (vgl. a. a. O. S. 408—459). —

Weiter mag auch noch einleitend darauf hingewiesen werden, daß der § 648 B.G.B. die gewünschte Abhilfe nicht gebracht hat. Es war vielfach das Verlangen ausgesprochen, daß man vor einer weiteren gesetzlichen Regelung erst die Wirkungen dieses Paragraphen abwarten möge. Die Praxis seit nun mehr als 2 Jahren hat ergeben, daß von demselben nur in seltenen Fällen Gebrauch gemacht wird und daß er auch nicht etwa durch sein bloßes Bestehen die allseitig beklagten Mißstände im Baugewerbe beseitigt oder wesentlich verringert hat.

---

[1]) Der Verfasser hat nach dem Erscheinen des Buches den Namen Solmsen angenommen, unter welchem er demgemäß im nachstehenden Aufsatz zitirt werden wird.

Das Kgl. Preußische Staatsministerium hat nun bekanntlich neuerdings zwei Entwürfe zur öffentlichen Kenntnis gebracht, welche von einer Kommission, bestehend aus Vertretern der betheiligten Preußischen Ministerien und der Reichsämter der Justiz und des Innern, aufgestellt sind. Durch diese Entwürfe ist vielen der Bedenken, welche gegen Bestimmungen des im Dezember 1897 veröffentlichten Entwurfs geäußert worden sind, Rechnung getragen worden. Die umfassende Zusammenstellung über die zu dem früheren Entwurf ergangenen Aeußerungen, welche der neuen Veröffentlichung beigefügt ist, spricht für die Gründlichkeit der vorgenommenen Prüfung, beweist aber auch den erheblichen Nutzen der stattgehabten öffentlichen Besprechung und zeigt die vielfachen großen Fortschritte der neuen Entwürfe gegenüber dem früheren. —

Wenn nun auch eine amtliche Stellungnahme der Reichsregierung so wenig zu den jetzigen Entwürfen wie zu dem früheren erfolgt ist, so ist es doch zweifellos, daß ein etwa den gesetzgebenden Faktoren des Reichs vorzulegender Entwurf sich auf den neuen Grundlagen aufbauen würde. Die betheiligten Kreise, also neben den Baugewerbetreibenden insbesondere die Juristen, werden sonach zu diesen neuen Grundlagen Stellung nehmen müssen. Dabei wird es aber nicht genügen, die Erörterung streng im Anschluß an die gestellte Frage lediglich darauf zu beschränken, welcher der beiden Entwürfe den Vorzug verdiene. Denn der 2. Entwurf (B) unterscheidet sich von dem 1. (A) lediglich durch 3 Zusätze, über deren Einfügung Einigkeit in der Kommission nicht erreicht werden konnte: Einbeziehung der Lieferanten und der Nachmänner und Sperrung eines Theils der Baugelder. Dem Wortlaute der Fragestellung würde also ein Gutachten bloß darüber entsprechen, ob diese 3 Punkte des Entwurfs B in das Gesetz aufzunehmen seien oder nicht. Der Entwurf A selbst aber ist in vieler Richtung auf durchaus neuen Grundlagen aufgebaut, so daß es sich empfehlen wird, die wesentlichsten Grundsätze desselben ebenfalls der Besprechung zu unterziehen.

Der Zweck derselben, eine Beschlußfassung des Juristentages vorzubereiten, bedingt es, daß ein Eingehen in sämmtliche Einzelheiten und namentlich in Fragen der Fassung des Gesetzestextes thunlichst vermieden und die Besprechung überwiegend auf die leitenden Gesichtspunkte selbst beschränkt wird. — Der Text der Gesetzentwürfe ist in der Anlage abgedruckt. Entwurf A ist mit gewöhnlichen Buchstaben, die Abweichungen des Entwurfs B sind mit fetten Buchstaben gedruckt. Die mit den Entwürfen veröffentlichte Denkschrift (Berlin 1901 bei R. v. Decker) wird nachstehend mit „D.“ zitirt. —

Von eingehenden kritischen Aeußerungen zu dem Entwurf ist mir seither bloß die Schrift von **Schneider**: „Die Gesetzentwürfe zur Sicherung der Bauhandwerker vom Jahr 1901" (Berlin bei Guttentag 1901) bekannt geworden; sie ist nachstehend, soweit erforderlich, berücksichtigt. —

§ 1.

Die Grundlagen des beabsichtigten Schutzes im Allgemeinen.

1. Schon der 1897er Entwurf war davon ausgegangen, daß der den Baugläubigern zu gewährende Schutz ein privatrechtlicher sein müsse. Er hatte damit den vom preußischen Abgeordnetenhaus gebilligten Grundgedanken des Antrags Wallbrecht, welcher durch Einsetzung von Bauschöffenämtern und Ertheilung der Bauerlaubniß nur an finanziell leistungsfähige Unternehmer Abhülfe schaffen wollte, zurückgewiesen. In der seitherigen öffentlichen Besprechung ist zwar theilweise auf ähnliche Vorschriften aus dem Gebiete des Gewerberechts oder des Strafrechts zurückgegriffen (s. D. S. 154 ff.). Der neue Entwurf hält jedoch den früheren Standpunkt fest. Der 24. Juristentag hat denselben im Anschluß an das Gutachten von **Thinius** (III. S. 55—64) und im Gegensatz zu dem entgegengesetzten Gutachten von **Eckels** (III. S. 111—116) gebilligt. Für die bevorstehende Erörterung scheiden also andere, als privatrechtliche Schutzmaßregeln aus. —

2. Ebenso besteht Einverständniß darüber, daß der Schutz erfolgen soll durch ein Reichsgesetz, welches jedoch nur für einzelne bestimmte Bezirke durch landesherrliche Verordnung in Kraft gesetzt werden soll. Man könnte ja allerdings sagen, daß der innere Grund für einen Schutz der Baugläubiger, die nützliche Verwendung in einen Bau, überall gleichmäßig zutrifft. Indessen empfiehlt es sich aus praktischen, auch vom 24. Juristentag gebilligten Gründen (IV. S. 75), es mit dem neuen Entwurf bei der Verhängung des „zivilrechtlichen Belagerungszustandes" über besonders zu bestimmende Bezirke zu belassen.

Dagegen nimmt der neue Entwurf insofern einen von dem früheren abweichenden Standpunkt ein, als er die Verhängung dieses Belagerungszustandes nur für einzelne Gemeinden, nicht mehr für Theile von solchen vorsieht. Die Bedenken, welche gegen den früheren Vorschlag von den verschiedensten Seiten geltend gemacht sind (D. S. 108 ff.) sind in der That überzeugend. Sie werden auch nicht widerlegt durch die Ausführungen von **Schneider** (a. a. O. 29), der wieder auf den früheren Vorschlag zurückgreift. Daß Theile einer Gemeinde von der Bauspekulation ergriffen werden, während in anderen Theilen noch ländlicher

Wirthschafts-Betrieb vorherrscht, wird selbst in Großstädten vorkommen, namentlich wenn solche, wie vielfach geschehen, nachbarliche Dorfgemeinden eingemeindet haben. Die Lage ist also für Nachbargemeinden nicht anders, als für die Großstadt selbst. Irgendwo muß der Schnitt gemacht werden, wenn man nicht ein allgemein giltiges Gesetz erlassen will, und dann ist es gewiß am besten, wenn der Schnitt mit der Gemeindegrenze zusammenfällt. — Daß die Entscheidung durch landesherrliche Verordnung getroffen werden soll, ist zwar auch von manchen Seiten als nicht genügend elastisch bemängelt (D. S. 110), doch hält der Entwurf mit Recht daran fest, zumal eine Aeußerung der betr. Gemeindebehörde wohl zweifellos vor Erlaß einer jeden derartigen Verordnung erfordert werden wird. —

3. Festgehalten wird sodann im Entwurf auch weiter daran, daß der Schutz gewährt werden soll nur für Neubauten, nicht für Umbauten oder Anbauten. Auch dieser Punkt hat in der öffentlichen Besprechung zu lebhafter Bekämpfung Anlaß gegeben (vgl. D. S. 112 ff.). Weiter aber hat inzwischen auch Solmsen eingehend dargelegt, daß wenigstens in einem Theil der Vereingten Staaten der dortige Lien-Schutz unterschiedlos auch für An- und Umbauten gewährt wird. Er ist der Ansicht, daß sich durch eine Beschränkung des Gesetzes auf Neubauten Schwierigkeiten in der Praxis für deren Abgrenzung gegen Umbauten ergeben würden, die er durch Beispiele aus der amerikanischen Rechtsprechung belegt, und will deshalb auch in einem deutschen Gesetze die An-, Um- und Ausbesserungsbauten mit berücksichtigt haben (a. a. O. S. 214 ff., S. 465 Anm. 7).

Ich glaube nicht, daß die von Solmsen befürchteten Zweifel angesichts der klaren Fassung des Begriffs des Neubaus im § 2 des Entwurfs und der dazu gegebenen Begründung (D. S. 25 ff.) besonders ins Gewicht fallen können. Umgekehrt aber ist es ganz zweifellos, daß die von dem Entwurf geplante Regelung jedenfalls in dieser Form mit der Ausdehnung auf Umbauten nicht vereinbar ist. Ist schon die Feststellung des Werthes einer Baustelle schwierig, so ist eine ausreichend zuverlässige Feststellung des Werthes eines Gebäudes selbst überhaupt kaum denkbar. Zudem ist von den verschiedensten Seiten nachdrücklich darauf hingewiesen, daß Umbauten im allgemeinen weit weniger Gegenstand schwindelhafter Unternehmungen sind als Neubauten. Wer ein Haus abreißen will, um es durch einen Neubau zu ersetzen, muß sich mit den Hypotheken-Gläubigern einigen und regelmäßig, um ihre Zustimmung zum Abbruch zu erlangen, Sicherheiten leisten. Ein mittelloser Unternehmer kann sich an ein solches Unternehmen überhaupt nicht wagen.

Wenn irgendwo, so gilt hier die Regel, daß das Bessere des Guten Feind ist. Die Bepackung des Gesetzes mit Umbauten würde m. E. die Gefahr mehren, daß das ohnehin schon schwer genug beladene Schiff zum Sinken käme. —

4. Endlich hält der neue Entwurf daran fest, daß der erstrebte Schutz erreicht werden soll durch Eintragung eines Bauvermerks in das Grundbuch vor Beginn des Baues und durch die den Baugläubigern gewährte Möglichkeit, demnächst nach Vollendung des Baues an der Stelle des Bauvermerks durch Anmeldung ihrer Forderung beim Grundbuchamt eine Hypothek und zwar zu gleichem Recht untereinander zu erwerben (§ 10 ff.). Diese Anmeldung muß, um „wirksam" zu sein, entweder mit schriftlicher Zustimmung des Eigenthümers oder auf Grund einer gegen ihn ergangenen einstweiligen Verfügung erfolgen, für welche Glaubhaftmachung der Forderung verlangt wird, wie dies ebenfalls in dem früheren Entwurf in gleicher Weise vorgesehen war. — Da der 24. Juristentag das dieser Regelung zu Grunde liegende Prinzip mit erheblicher Mehrheit angenommen hat, wird eine weitere Erörterung über diesen Punkt überflüssig sein.

Ich komme also zu dem Ergebnisse, daß der vorgeschlagene Weg: privatrechtlicher Schutz der Baugläubiger durch Reichsgesetz, welches für einzelne Gemeinden durch landesherrliche Verordnung in Geltung zu setzen ist, und zwar für Neubauten und durch Eintragung eines Bauvermerks mit nachfolgender Bauhypothek, durchaus zu billigen ist.

§ 2.

Das Verhältniß der Bauhypothek zu den Vorbelastungen. Differenzkaution.

In den seitherigen öffentlichen Erörterungen ist mehrfach ausgesprochen, daß zur Sicherung der Bauforderungen der bloße Eintrag eines Bauvermerks und der dadurch vorbereitete Erwerb einer Bauhypothek genügen, so z. B. von Hilse bei den Verhandlungen des 24. Juristentags (IV. S. 54). Auch das amerikanische Recht weicht von dem Grundsatz, daß die früher eingetragene Hypothek, mithin eventuell auch die Kaufgeld-Hypothek in unbeschränkter Höhe, unter allen Umständen den Vorrang vor dem Recht der Baugläubiger habe, nicht ab (vgl. Solmsen S. 287—307) und ebenso ist Solmsen selbst der Ansicht, daß an diesem Grundsatz auch bei dem zu erlassenden deutschen Gesetz festgehalten werden müsse (a. a. O. S. 474). Gleichwohl ist nicht zu verkennen, daß ein Schutz, welcher alle voreingetragenen Rechte völlig unberührt läßt, seinen Zweck nur sehr mangelhaft erfüllen würde. Gerade auf dem Eintrage schwindelhafter Vorhypotheken, insbesondere den wahren Werth weit übersteigender Kaufgelder, beruhen ja zum Theil die Mißstände, die man bekämpfen will. —

Deshalb hatte schon der frühere Entwurf einen Eingriff in die Rechte der Vorhypotheken vorgesehen, und zwar in der Weise, daß gleichzeitig mit dem Eintrage des Bauvermerks der durch eine landesrechtlich einzusetzende Behörde festgestellte Baustellenwerth in das Grundbuch eingetragen werden und daß die Bauhypothek vor dem den eingetragenen Baustellenwerth übersteigenden Theil der Vorhypotheken den Vorrang haben sollte. (§ 15 des früheren Entwurfes.) Diese Vorschrift, welche sich als ein erheblicher Eingriff in das System des Grundbuchrechts darstellte, war von vornherein Gegenstand lebhafter Angriffe. Auf dem 24. Juristentag wurde von Geh. Rath **Brunner** der vorher schon von Amtsgerichtsrath **Schneider** litterarisch vertretene Vorschlag begründet, statt dessen eine sog. Differenzkaution einzuführen, also eine Bestimmung zu treffen, daß, falls die vor dem Bauvermerk eingetragenen Belastungen den Baustellenwerth überstiegen, in Höhe der Differenz von dem Grundeigenthümer eine Kaution zur Sicherstellung der Bauforderungen geleistet werden solle. Dieser Vorschlag traf den damals versammelten Juristentag gleichsam unvorbereitet. Der Antrag auf Ablehnung desselben wurde von verschiedenen Rednern damit begründet, daß man sich über dessen Tragweite zur Zeit nicht klar sei. Die Ablehnung erfolgte, wie der Berichterstatter in der Plenarsitzung, Geh. Justizrath **Wilke**, feststellte, nur mit geringer Mehrheit und zwar nicht in Verwerfung des Prinzips des Antrages, sondern eben aus dem Grunde, weil der Antrag erst bei der Verhandlung gestellt war und deshalb nicht vollständig übersehbar erschien. (Bd. IV, S. 347.) —

Dieser damals abgelehnte Vorschlag ist nun von dem neuen Entwurf aufgegriffen und in § 1 desselben an die Spitze des jetzt vorgeschlagenen Gesetzes gestellt. Hat nach Obigem der 24. Juristentag diese Regelung gleichsam nur zur Zeit und angebrachtermaßen abgelehnt, so besteht nicht einmal formell irgend ein Bedenken dagegen, daß sich der bevorstehende Juristentag auf den entgegengesetzten Standpunkt stellt. —

In der That scheint dies dringend wünschenswerth, weil die Differenz-Kaution sich als das einzige Mittel zur Erreichung des Ziels darstellt, und weil eine wesentliche Belästigung durch dieselbe nicht zu befürchten ist. Auch **Schneider** befürwortet sie in seiner neueren oben angeführten Schrift, entsprechend seinem früheren Standpunkte, mit Entschiedenheit (a. a. O. S. 30.).

Es ist gewiß an und für sich richtig und dem Grundgedanken der ganzen beabsichtigten Gesetzgebung entsprechend, daß den Baugläubigern nur der vor ihrer Thätigkeit vorhandene Werth des Grundes und Bodens vorgehen, daß dagegen der durch sie geschaffene Mehrwerth für sie gesichert werden müsse. Deshalb ist es nicht unbillig, daß derjenige, welcher Andere durch den Abschluß von Bauverträgen in die Lage setzt, eine solche Werthorhöhung herbeizuführen, diesen auch dafür aufkommen muß, daß ihm in der That nur Belastungen bis zur Höhe des seither wirklich vorhandenen Werthes des Grundes und Bodens vorgehen. Das läßt sich ohne Eingriff in das formelle Hypothekenrecht nur auf dem vorgeschlagenen Weg erreichen. Zweifellos ist der hiermit verbundene Eingriff weit weniger scharf, als wenn man mit dem 1. Entwurf an die — doch immerhin nicht absolut sichere — Feststellung des Baustellenwerths einen Verlust des Vorrangs der voreingetragenen Hypotheken knüpft. Wenn schließlich der Grundeigenthümer einmal eine etwas zu hohe Sicherheit leisten muß, so ist das nicht schlimm, weil dadurch niemandem, auch ihm selbst nicht, ein materieller Schaden verursacht wird. Die zu erwartenden Wirkungen, insofern ein leichtfertiges Verkaufen zu schwindelhaften Preisen ohne Anzahlung verhindert wird, sind in der Begründung zu dem neuen Entwurf (D. S. 13) m. E. zutreffend geschildert. — Der solide Bauunternehmer wird durch diese Vorschrift überhaupt nicht beeinträchtigt. Er kauft eben nicht zu Schwindelpreisen ohne Anzahlung. Man wird ohne Weiteres annehmen können, daß bei einer einigermaßen entsprechenden Anzahlung eine Sicherheitsleistung durch Hinterlegung, selbst bei hohem Kaufpreise, wohl stets ausgeschlossen sein wird. Aber auch, wenn keine Anzahlnng geleistet worden ist, wird eine solche stets da ausgeschlossen sein, wo sich der Kaufpreis in den Grenzen des in der betreffenden Stadtgegend Ueblichen hält. Diese Grenzen werden sich ohne Schwierigkeit feststellen lassen. Will aber der Verkäufer durch seinen Verkauf einen ungewöhnlicheu Spekulationsgewinn machen, dann ist es gerechtfertigt, wenn er entweder mit diesem Mehrgewinne dem Bauvermerk nachsteht oder wenn er sich einen einigermaßen zahlungsfähigen Käufer aussuchen muß, der wenigstens so viel baare Mittel besitzt, als zur Deckung dieses unverhältnismäßigen Spekulationsgewinnes erforderlich sind. Diese Mittel mag der Käufer dann entweder anzahlen oder zur Sicherheitsleistung für die Baugläubiger verwenden — das praktische Resultat für dieselben ist in beiden Fällen das gleiche. —

Uebrigens sei noch in diesem Zusammenhang darauf verwiesen, daß es im Gegensatze zu dem von manchen Seiten, z. B. dem Bunde der deutschen Bodenreformer, vertretenen weitergehenden Standpunkt (D. S. 98) in der That durchaus der Billigkeit entspricht, daß die Baugläubiger den vollen Werth des Grundes und Bodens sich vorgehen lassen müssen, daß sich insbesondere auch eine verhältnismäßige Theilung des Zwangsversteigerungserlöses zwischen den Bodenwerth und den Bauwerth unter keinen Umständen empfiehlt. Zunächst wäre auch ein solcher Versuch der Lösung ohne einen schweren Eingriff in das formelle Hypothekenrecht nicht möglich. Allein auch abgesehen davon, wäre er materiell nicht billig. Denn er würde eine erhebliche Gefährdung der 1. Hypothek enthalten. Der Vorschlag selbst ist ja schon mehrfach gemacht, zuerst wohl von Baehr, dann auf dem 24. Juristentag von Wilke (Bd. IV, S. 47). Er ist aber bereits dort m. E. überzeugend aus der Praxis heraus von Baumert zurückgewiesen (das. S. 58). Auch die Ausführungen von Solmsen (vergl. S. 299, 303) zeigen, zu welch unhaltbaren Resultaten man auf dem angeführten Wege kommt. Es muß dabei stets in den Vordergrund gestellt werden, daß in dem Fall, in welchem allein, — abgesehen von der praktisch verhältnißmäßig unwichtigen Zwangsverwaltung — das Recht der Baugläubiger praktische Bedeutung gewinnt, in der Zwangsversteigerung, der Erlös fast niemals dem wahren Werth oder den Selbstkosten, welche ja häufig den wahren Werth noch übersteigen, entspricht. Ist ein dem wahren Werth entsprechender Kaufpreis zu erzielen, so läßt es der Eigenthümer ganz gewiß nicht zur Zwangsversteigerung kommen. Daß ein zur Zahlung des wahren Werths bereiter Kauflustiger erst in der Zwangsversteigerung auftaucht, kommt kaum je vor. Dritte Unbetheiligte geben erfahrungsgemäß nur Gebote ab, bei denen sie besonders billig zu kaufen denken. In der großen Mehrzahl der Fälle bestimmt sich das Meistgebot so, daß ein Gläubiger, welcher seine Forderung nicht verlieren will, die ihm vorgehenden Gläubiger ausbietet. Es würde also bei verhältnißmäßiger Theilung dieses hinter dem vollen Werth zurückbleibenden Erlöses keinenfalls der Baustellenwerth gedeckt. Nun kommt es aber gerade erst durch die Bebauung eines Grundstücks später leicht zur Zwangsversteigerung, während die 1. Hypothek ohne Bebauung desselben regelmäßig ruhig weiter bestanden hätte, ohne von der Gefahr des Erlöschens, welche die Zwangsversteigerung begründet, bedroht zu sein. Der 1. Hypotheken-Gläubiger müßte also regelmäßig allerdings, falls man den von uns bekämpften Weg einer verhältnißmäßigen Theilung des Erlöses einschlagen wollte, entweder den vollen Werth des bebauten Grundstücks seinerseits herausbieten oder einen Verlust an seiner Hypothek erleiden. Das darf ihm nicht zugemuthet werden. Vielmehr müssen die Baugläubiger die Gefahr eines Mindererlöses des von ihnen bebauten Grundstücks ihrerseits tragen, wenn dasselbe, bevor sie es bebauten, mit einer 1. Hypothek belastet war. Der neue Entwurf zieht, auch in seiner Begründung, die Möglichkeit einer solchen Regelung nicht in Betracht, hält sie also offenbar, und zwar durchaus mit Recht, für ausgeschlossen. —

Verdient sonach der Grundgedanke des Entwurfs, unbedingter Vorrang der voreingetragenen Hypotheken bei Leistung einer Differenz-Kaution für deren Mehrbetrag gegenüber dem Baustellenwerthe, volle Zustimmung, so scheint mir doch dessen Ausgestaltung im Einzelnen noch einiger Bemerkungen zu bedürfen.

Was die Festsetzung des Werthes der dem Bauvermerke vorgehenden Lasten betrifft (Entw. § 4 Nr. 1—4), so halte ich es nicht für nöthig, daß dabei, wie Schneider will (a. a. O. S. 47), auch Reallasten, die nicht in Geld bestehen, berücksichtigt werden. Solche werden in größeren Städten kaum vorkommen. Ebensowenig scheint mir die von Schneider gewollte besondere Regelung des etwa voreingetragenen Nießbrauchs erforderlich (a. a. O. S. 48). Die Bebauung eines mit einem Nießbrauche belasteten Grundstücks darf allerdings nicht gegen den Willen des Nießbrauchers erfolgen. Zum Schutze dieses Rechts wird es der besonderen Vorschrift, daß der Nießbraucher zum Eintrage des Bauvermerks seine Zustimmung ertheilen müsse, nicht bedürfen. Andererseits ist es aber m. E. auch nicht erforderlich, den Rücktritt des Nießbrauchs im Rang hinter den Bauvermerk vorzuschreiben. Das Bestehen eines eingetragenen Nießbrauchs setzt unter allen Umständen eine besondere Verhandlung und Verständigung mit dem Nießbraucher voraus, ohne welche wenigstens eine weitere Belastung des Grundstücks mit einer Baugeldhypothek praktisch ausgeschlossen ist. Es ist anzunehmen, daß dabei eine ausreichende Regelung der Verhältnisse im Vertragsweg erfolgt, ohne daß es einer besonderen gesetzlichen Vorschrift bedürfte. Gegen einen in betrüglicher Absicht, etwa zu Gunsten der Ehefrau oder sonstiger Verwandten, eingeschobenen Nießbrauch geben ohnehin die Anfechtungsgesetze genügenden Schutz (D. S. 29).

Dagegen weist Schneider (a. a. O. S. 31) m. E. mit Recht darauf hin, daß die Höhe der Differenz-Kaution nicht stets durch den Unterschied zwischen dem Bodenwerth und den eingetragenen Belastungen bestimmt werden darf, sondern daß dieselbe in den voraussichtlichen Baukosten ihre Grenze finden muß. Beispiele, wie das von ihm angeführte — Belastung des einer Aktiengesellschaft gehörigen großen Komplexes mit einer hohen Obligationsschuld, vielleicht von Millionen, während es sich um den Neubau eines einfachen Arbeiterwohnhauses auf einer einzelnen Parzelle handelt, — kommen oft vor und lassen sich leicht analog vermehren. Ein Zusatz in der von Schneider angedeuteten Richtung wird nöthig und unbedenklich sein.

Eine weitere besondere Vorschrift zu Gunsten der Baugelderhypothek wird in Zusammenhang mit dieser besprochen werden.

§ 3.

Das Verhältnis der Bauhypothek zu der Baugelderhypothek.

Der frühere Entwurf ging davon aus, daß die Baugelderhypothek regelmäßig vor dem Bauvermerk einzutragen sei. Entsprechend seiner Grundlage, nach welcher vorgehende Belastungen gegenüber dem Bauvermerke bezw. der Bauhypothek nur bis zum Baustellenwerth einen Vorrang genießen sollten, bestimmte er, daß sich der Baustellenwerth um den Betrag derjenigen Zahlungen erhöhen sollte, welche von dem Baugeldgeber in Anrechnung auf die Baugelder zum Zweck der Tilgung einer Bauforderung geleistet sind (§§ 15, 16 des 97er Entw.).

Der jetzige Entwurf geht von dem umgekehrten Verhältnisse, dem Eintrag der Baugelderhypothek hinter dem Bauvermerk, als der Regel aus. Mit Rücksicht auf diesen veränderten Standpunkt sucht er das gleiche Ergebniß durch die Bestimmung zu erreichen, daß eine als Baugelderhypothek bezeichnete Hypothek der Bauhypothek im Rang um den Betrag der Zahlungen vorgehen solle, welche in Anrechnung auf die Baugelder zum Zweck der Tilgung einer Bauforderung an einen Baugläubiger oder in Höhe einer vom Eigenthümer getilgten Bauforderung an diesen geleistet sind (§§ 20 ff.).

Die Nothwendigkeit, besondere Vorschriften zu Gunsten der Baugelderhypothek zu treffen, wird allseits anerkannt, weil ohne solche das Bauen überhaupt erschwert und vielfach verhindert würde. Fraglich ist nur, ob die vorgeschlagene Regelung den berechtigten Ansprüchen des Verkehrs weit genug entgegenkommt. Von den Hypothekenbanken und den ihnen nahestehenden Kreisen ist dies gegenüber dem früheren Entwurf lebhaft bestritten (D. S. 100—107, 144—150). Es ist nicht unmöglich, daß aus diesen Kreisen auch gegenüber den neuen Vorschlägen, welche allerdings in nicht unerheblichen Punkten den früheren Bedenken entgegenkommen und Abhilfe bringen, der gleiche ablehnende Standpunkt aufrecht erhalten wird. Um so sorgfältiger muß geprüft werden, ob die Bedenken wirklich begründet sind oder ob sie auf übertriebenen Befürchtungen und unrichtigen thatsächlichen Voraussetzungen beruhen. Das Eine muß jedoch unter allen Umständen festgehalten werden, daß ein Eingriff in die volle Bewegungsfreiheit der Baugeldgeber — mag es sich um Erwerb eines Vorrangs für eine hinter dem Bauvermerke stehende Hypothek oder um Beschränkung eines solchen für eine vor demselben stehende Hypothek handeln — unbedingt erforderlich ist. Wollte man ein unbeschränktes Vorrecht der Baugeldgeber zulassen, ohne daß eine Sicherheit dafür geschaffen würde, daß die Baugelder in den Bau verwandt werden, so würde das Gesetz zum Messer ohne Klinge. dem der Stiehl fehlt! —

Also eine Beschränkung müssen sich die Baugeldgeber gefallen lassen. Der Nachweis dafür, daß das an sich möglich und mit den Anforderungen eines hochentwickelten Verkehrs vereinbar ist, ist ein unzweifelhaftes großes Verdienst des Solmsen'schen Buches. Was in Amerika geht, geht auch in Deutschland, und in Amerika geht es! Zwar nicht ganz in der für Deutschland vorgeschlagenen Form — vielmehr tritt dort eine Beschränkung der Baugeldgeber nicht von vornherein, sondern erst mit der Anzeige einer Bauforderung durch den Baugläubiger an den Eigenthümer und den Geldgeber ein. Das ist aber in der Sache selbst ganz gleichgiltig. Denn sobald eine solche Anzeige erfolgt ist, ist die Rechtslage des Baugeldgebers ganz ähnlich der bei uns geplanten. — Allerdings fehlt es auch in den Vereinigten Staaten nicht ganz an Stimmen, welche den Werth der bez. gesetzlichen Vorschriften abfällig beurtheilen. Solmsen weist aber nach, daß diese Stimmen unzweifelhaft in einer verschwindenden Minderheit sind, daß umgekehrt die Vertreter gerade der größten, mit der Hergabe von Baugeldern befaßten Geldinstitute mit Bestimmtheit ausgesprochen haben, daß zwar der gesetzliche Schutz der Handwerker und Lieferanten eine gewisse Mehrarbeit beim Abschlusse von Baugeld-Darlehen veranlasse, daß jedoch dieses Mehrmaß von Arbeit und Sorgfalt nicht so groß sei, um in irgend welcher bemerkbaren Weise die Anlage von Kapitalien in Baugeld-Unternehmungen zu erschweren (a. a. O. S. 433). Es kommt hinzu, daß, wie die Ausführungen Solmsens zeigen, in den Vereinigten Staaten ein den unsrigen ähnliches Institut der Hypotheken-Banken noch nicht ausgebildet, sondern erst in der Entwicklung begriffen ist, daß aber diese Entwicklung, und zwar wesentlich nach dem Muster der Preußischen Central-Boden-Kredit-Gesellschaft, trotz der Herrschaft der Lien-Gesetze einen überraschenden Aufschwung genommen hat (a. a. O. S. 415—424). Seither sind Baugelder in den Vereinigten Staaten wesentlich von den großen Versicherungs-Gesellschaften gegeben, denen naturgemäß für diesen Geschäftszweig ein weniger durchgebildeter Verwaltungs-Apparat zur Verfügung steht, als einer gut organisirten Hypotheken-Bank. Wenn gleichwohl aus diesen Kreisen derartig günstige Urtheile abgegeben werden, so liegt es auf der Hand, daß unsere großen deutschen Hypotheken-Banken, soweit sie überhaupt Baugelder gewähren, bei einigem guten Willen das ihnen entstehende Maß von Mehrarbeit zweifellos noch viel leichter überwinden werden, als dies in Amerika geschieht. Beiläufig müssen dort die Banken gleichzeitig in einer Menge von Einzelstaaten mit durchgängig weit abweichenden Lien-Rechten arbeiten, und das Recht selbst kann nur mit fast unüberwindlichen Schwierigkeiten aus einem Wust von Gesetzen und Urtheilen herausgeschält werden. — Der dortige Rechtszustand ist also ein ganz ungemein verworrener und schwieriger und in keiner Weise mit dem zu vergleichen, welcher bei uns durch das geplante neue Recht geschaffen werden würde. —

Schon jetzt leisten eine ganze Anzahl von Baugeldgebern grundsätzlich ihre Zahlungen nicht an den Bauherren, sondern nach dessen Anweisung direkt an Baugläubiger. Für die meisten derselben dürfte es nicht schwer fallen, das, was seither freiwillig geschieht, in einer dem Gesetz entsprechenden Form zu organisiren, zumal ja doch selbst große Banken an entfernten Orten nur dann Baugelder geben, wenn sie dort eine geeignete Vertretung besitzen, mit deren Hülfe die Auszahlung der Baugelder leicht kontrollirt werden kann. — Eine zweckmäßige Erweiterung ist es übrigens, wenn der neue Entwurf, — im Gegensatz zu den von der Kritik (D. S. 146) bekämpften Bestimmungen des früheren Entwurfes, welcher nur die zur Tilgung einer Bauforderung geleisteten Zahlungen berücksichtigen wollte (§ 16 das.) — jetzt auch den an den Eigenthümer selbst in Höhe einer von ihm getilgten Bauforderung geleisteten Zahlungen das Vorrecht gewährt. Da nur böser Glaube oder g r o b e Fahrlässigkeit des zahlenden Baugeldgebers diesen Vorrang ausschließen, kann derselbe also unbedenklich an den Eigenthümer gegen Vorlage von Quittungen der Baugläubiger durch denselben Zahlungen in gleicher Höhe leisten. (D. S. 40.)

Um aber alle Bedenken zu zerstreuen, hat der neue Entwurf in § 22 weiter noch die Einrichtung eines auf Antrag des Baugeldgebers vom Gericht zu bestellenden Treuhänders vorgesehen mit der Wirkung, daß alle auf dessen Anweisung geleisteten Zahlungen den Vorrang vor der Bauhypothek begründen, sofern der Baugeldgeber durch Anschlag auf dem Bau bekannt gemacht hat, daß er durch Vermittelung des Treuhänders Zahlung leisten werde. Durch diese Vorschrift scheint den wirklich begründeten Bedenken der Hypotheken-Banken genügend Rechnung getragen und ein Boden geschaffen zu sein, auf dem auch ferner das solide Baugeldgeschäft sich ungestört entwickeln kann. Wenn das unsolide oder mindestens leichtfertige Geschäft dadurch beschränkt wird, so ist das gerade erwünscht. —

Allerdings sind aus den Kreisen der interessirten Baugläubiger theilweise noch weiter gehende Wünsche geäußert. Daß die Baugelder-Hypothek in voller Höhe der wirklichen Baukosten gegeben wird, kommt wohl kaum vor. Richtig ist also, daß dann, wenn an erster Stelle der Baustellenwerth, an zweiter Stelle die Baugelderhypothek kommt, der durch diese nicht gedeckte Theil der Baugläubiger allerdings in gewissem Sinne doch das Risiko des Baues trägt. Kann der Bauherr den Bau nicht halten und kommt es zur Zwangsversteigerung, so müssen die Inhaber der Bauhypothek in diesem Fall entweder alle vorgehenden Belastungen herausbieten und die Gefahr der späteren Weiterverwerthung des Grundstücks selbst tragen, oder sie müssen, — falls nicht der volle Werth des bebauten Grundstücks von dem in der Praxis leider unbekannten Dritten herausgeboten wird! — eben einen Verlust erleiden. Allein daraus folgt nichts gegen die vorgeschlagene Regelung. Ein Mittel, durch welches es ermöglicht würde, daß ein Mensch ohne einen Pfennig eigenes Geld Grundstücke kaufen und bebauen könnte und dennoch für die Baugläubiger die Gefahr eines Verlustes beseitigt würde, das gibt es eben nicht! — Vorsicht gegenüber mittellosen Unternehmern bleibt also stets geboten! Wollten die Baugewerbetreibenden aber das, was ihnen der jetzige Entwurf bietet, als ungenügend zurückweisen und auf dem Vorrechte der Bauhypothek vor der Baugelderhypothek bestehen, so würden sie sich in das eigene Fleisch schneiden. Abgesehen davon, daß nach den überzeugenden Ausführungen in der Begründung des früheren und des jetzigen Entwurfs an die Aufnahme einer solchen Bestimmung in das Gesetz überhaupt nicht zu denken ist, würde sie, wenn sie wirklich getroffen würde, durch die Zerstörung des Baugeldgeschäfts und die dadurch bedingte Verhinderung zahlreicher, auch durchaus solider Bauten den Baugewerbetreibenden mehr Schaden als Nutzen bringen. Wenn auf dem vorgeschlagenen Weg erreicht wird, daß die Baugelder unter allen Umständen in den Bau verwendet werden, so ist das ein großer Gewinn für die Interessenten, der vielleicht werthvoller ist, als die ihnen vom Gesetz gewährte Bauhypothek selbst.

Ich stehe sonach grundsätzlich auch der im Entwurf vorgeschlagenen Regelung der Baugelderhypothek zustimmend gegenüber. Indessen bedürfen auch hier noch einige Fragen der Besprechung.

Zunächst: ist es richtig, wenn der Entwurf voraussetzt, daß die Baugelderhypothek in Zukunft regelmäßig hinter dem Bauvermerk eingetragen wird? Die §§ 20, 21 sichern ihr einen möglichen Vorrang doch nur vor der Bauhypothek, nicht aber vor anderen, insbesondere nicht vor der Kaufgeldhypothek. Eine Anzahl von Baugeldgebern, die Hypothekenbanken, sind verpflichtet, Gelder nur an erster Stelle auszuleihen, andere, und gerade sehr solide Geldgeber halten ebenfalls an der Forderung des ersten Ranges ohne Verpflichtung fest. So pflegt der größere Kreditverein, in dessen Aufsichtsrath ich seit langen Jahren thätig bin, für die zahlreichen Baugelder, die er jahrein, jahraus bewilligt, stets den Vorrang vor dem Restkaufgelde zu beanspruchen, der ihm auch regelmäßig bereitwillig eingeräumt wird. Ich wüßte nicht, warum wir in Zukunft anders verfahren sollten. Wollte das Gesetz eine Wahl zwischen dem Eintrage der Baugelder-Hypothek vor oder nach dem Bauvermerk treffen, so würde ich meinerseits glauben, daß der im früheren Entwurf vorgesehene Eintrag vor dem Bauvermerke den Anschauungen und Anforderungen des Verkehrs mehr entsprochen hätte, als die jetzige Regelung. — Jedenfalls aber bin ich der Ueberzeugung, daß die Möglichkeit des Eintrags der Baugelder-Hypothek an erster Stelle vorgesehen und in ihren Folgen geregelt werden muß. —

Diese Rangstellung wird ja nun allerdings auch in Zukunft möglich sein — der neue Entwurf setzt sie nur nicht voraus, aber er verbietet sie doch nicht. Nur wird dann auch für die Baugelderhypothek gemäß § 4, der ja eine Ausnahme insoweit nicht macht, Sicherheit geleistet werden müssen. Und zwar würde dann, wenn die Kaufgeldhypothek nur hinter die an erster Stelle stehende Baugelderhypothek, nicht auch hinter den Bauvermerk zurücktritt, nach § 4 des Entwurfs der gesammte Betrag der Baugelder, dann, wenn die Kaufgeldhypothek auch noch hinter den Bauvermerk zurücktritt — was der Verkäufer häufig ablehnen wird — wenigstens das gesammte Baugeld abzüglich des Baustellenwerthes vor Ertheilung der Bauerlaubniß als Sicherheit hinterlegt werden müssen. — Daß dies die gewollte Folge des neuen Entwurfs ist, scheint mir nicht zweifelhaft. Insbesondere ist die Ausführung der Begründung, daß die Baugelderhypothek beim Vergleiche der voreingetragenen Hypotheken mit dem Baustellenwerth nicht in Betracht komme (D. S. 14), ganz klar nur auf den Fall bezogen, daß dieselbe eben hinter dem Bauvermerke steht. —

Zunächst dürfte es nun wohl aus praktischen Gründen kaum erforderlich sein, daß die Baugelderhypothek, falls sie dem Bauvermerke vorgeht, bei Berechnung der Differenz-Kaution mit in Berechnung kommt, sofern nur gesetzlich Vorsorge dafür getroffen wird, daß die Baugelder thatsächlich in den Bau verwendet werden. Geht die Baugelderhypothek dem Bauvermerke zunächst nach, so ist das praktische Resultat, falls nach den Vorschriften des Entwurfs verfahren wird, doch schließlich das, daß Baustellenwerth und Baugelder der Bauhypothek vorgehen, und zwar ohne daß insoweit Differenz=Kaution geleistet war. Es ist also ein innerer Grund, anders zu verfahren, falls die Baugelderhypothek von vornherein formell die Stelle hat, die sie sonst später materiell doch erhält, nicht vorhanden.

Abgesehen davon aber wollen beide Parteien doch Auszahlung der Baugelder nach Maßgabe des Fortschreitens des Baues. Wenn der ganze Betrag oder ein wesentlicher Theil der Baugelder schon vor Beginne des Baues als Sicherheit festgelegt werden soll, so würde dem Schuldner zum mindesten unnütz eine hohe Zinsenlast entstehen. Es ist aber sogar anzunehmen, daß der Baugeldgeber vielfach überhaupt nicht bereit sein wird, sein baares Geld, bevor ein Spatenstich gethan ist, und noch dazu als eine den künftigen Baugläubigern haftende Sicherheit, aus der Hand zu geben.

Ich bin also der Ansicht, daß der Fall des Eintrags der Baugelderhypothek vor dem Bauvermerk im Gesetz entsprechend berücksichtigt werden und insbesondere die Pflicht zur Sicherheitsleistung für diesen Fall wegfallen muß. — M. E. müßte zu diesem Zweck in § 4 unter Nr. 1 ein Zusatz etwa dahin gemacht werden:

— jedoch mit Ausnahme einer beim Eintrag als solcher bezeichneten Baugelderhypothek (s. § 20 —).

Weiter aber müßte dann im Anschluß an § 21 des jetzigen Entwurfs ein § 21a etwa folgenden Inhalts eingefügt werden:

Ist eine Baugelderhypothek vor dem Bauvermerk eingetragen, so kommt dieselbe an dieser Stelle nur mit den in § 21 bezeichneten Beträgen in Betracht. —

Man wird sagen: Da haben wir wieder den glücklich beseitigten Eingriff in das System des Grundbuchrechts. Ich erwidere: ein solcher Eingriff ist zweifellos auch in § 21 des Entwurfs enthalten und im Grunde ist es ganz gleich, ob ein Eingriff dadurch erfolgt, daß der Baugelderhypothek ein Vorrang eingeräumt oder genommen wird. Außerdem ist es ein großer Unterschied, ob ein solcher Eingriff zum Nachtheil bereits bestehender Hypotheken geschieht, wie es der frühere Entwurf wollte, oder ob nur das Verhältniß der durch den Bau selbst veranlaßten Hypotheken, der Bau= und der Baugelder=Hypothek, in einer von dem sonstigen Systeme des Grundbuchrechts abweichenden Art geregelt wird. Und jedenfalls sehe ich nicht, wie der erststelligen Baugelder-Hypothek überhaupt auf anderem Wege die unbedingt nöthige Hülfe gewährt werden kann! — Vielleicht würde der Eingriff äußerlich in annehmbarerer Gestalt erscheinen, wenn die Baugelderhypothek im Sinne des Entwurfs ausdrücklich als Sicherheitshypothek bezeichnet wird. Die rechtliche Besonderheit dieser besonderen Art der Sicherungshypothek bestände dann darin, daß sie, falls hinter dem Bauvermerk eingetragen, unter Umständen vorrückt, dagegen, falls vorher eingetragen, zwar nicht zur Leistung der Differenz-Kaution verpflichtet, dafür aber auch ihren formellen Vorrang nur nach den gleichen Vorschriften behaupten kann. —

Wollen die Parteien aber statt einer solchen Sicherungshypothek eine selbständige Hypothek oder Grundschuld eintragen lassen, so mögen sie die Differenz-Kaution leisten! —

Ein weiterer Punkt, welcher der Besprechung bedarf, ist die Frage, ob sich die Bestimmungen über das Vorrecht der Baugelderhypothek auch auf die Zinsen beziehen. Auch der erste Entwurf hatte darüber geschwiegen. In den öffentlichen Besprechungen desselben war von den verschiedensten Seiten auf die Nothwendigkeit einer Verbesserung desselben in dieser Richtung verwiesen. Der Bericht über diese Besprechungen (D. S. 148) beschränkt sich darauf, diese Thatsache festzustellen, ohne etwas darüber zu sagen, ob er die Forderung für begründet oder etwa für überflüssig hält, weil die Anwendung der Bestimmungen des Gesetzes auf Zinsen selbstverständlich sei. Nun schweigt aber auch der neue Entwurf wieder vollständig über die Zinsenfrage. Gleichwohl ist sie von der allergrößten Wichtigkeit, weil selbstverständlich ohne den gesicherten Vorrang auch für die Zinsen niemand Baugelder hergeben wird. Die bloße Hoffnung, das geliehene Baugeld selbst dereinst wieder zu bekommen, kann doch keinen verständigen Menschen bewegen, es fortzugeben.

Wird der Entwurf so Gesetz, ohne daß die Zinsen erwähnt werden, so wird die Rechtsprechung sie aller Voraussicht nach nicht zubilligen. Man wird deduziren: „In den Vorverhandlungen vor Erlaß des Gesetzes war von den verschiedensten Seiten betont, daß Zinsen, wenn sie von den Bestimmungen des Gesetzes mit umfaßt werden sollten, der ausdrücklichen Erwähnung bedürfen würden. Wenn gleichwohl der Gesetzgeber es unterließ, eine solche Bestimmung zu treffen, so kann nicht angenommen werden, daß dies deshalb geschehen sei, weil er das Recht auf Zinsen für selbstverständlich angesehen habe. Vielmehr muß daraus umgekehrt geschlossen werden, daß er die Zinsen von dem der Baugelderhypothek verliehenen Vorrecht bewußt habe ausschließen wollen.“ Reichsgerichtlich wird eine solche Frage sobald nicht entschieden werden. Inzwischen aber wird das Baugeldgeschäft zerstört sein. Ich halte also eine Erwähnung der Zinsen, und zwar schlechthin der zwischen Bauherrn und Baugeldgeber vereinbarten Zinsen, ohne ängstliche Beschränkung auf einen bestimmten Satz, für unbedingt erforderlich. Provisionen dagegen gehören m. E. nicht zu dem der Sicherung würdigen Theil der Forderung eines Baugeldgebers. Wer sich eine solche bedingt, mag sie sich baar bezahlen lassen oder jedenfalls nicht zum Nachtheil der Baugläubiger geltend machen. Daß sie in dem Umfange vereinbart würden, wie Thinius (24. Juristentag III. S. 96) behauptet — „bei soliden Geschäften niemals weniger als 1 pCt.“ — muß ich übrigens bestreiten. Der von mir erwähnte Kredit-Verein, der doch nicht einzig in der Welt dasteht, berechnet überhaupt keine Provision, und ebensowenig entsteht für dessen Baugelder-Darlehen eine Mäkler-Provision,

Dagegen halte ich eine von manchen Seiten geforderte Bestimmnng, daß die Abtretung oder Pfändung der Forderung des Bauherrn auf Auszahlung von Baugeldern ausgeschlossen sein solle, für überflüssig. Mit der Begründung des Entwurfs muß m. E. anerkannt werden, daß dem Baugeldgeber die Befugniß zur Auszahlung an Baugläubiger weder durch Abtretung, noch im Wege der Zwangsvollstreckung verkümmert, daß ihm vielmehr das Recht, durch alle Zahlungen auf die Baugelder den Rang seiner Hypothek zu verbessern — was ja nur durch Zahlung an Baugläubiger geschieht — nicht beeinträchtigt werden kann. (D. S. 41.)

Ueber die Frage einer gleichmäßigen Vertheilung der Baugelder unter alle Baugläubiger endlich wird unten in anderem Zusammenhang (§ 8) gesprochen werden. —

§ 4.

Die Anzeigepflicht bezüglich der Bauverträge.

Eine wesentliche Neuerung gegenüber dem früheren enthält der neue Entwurf in § 7 dadurch, daß er im Anschluß an Vorschriften des amerikanischen Rechts dem Eigenthümer die Verpflichtung auferlegen will, vor Beginn des Baues dem Grundbuchamt eine Erklärung einzureichen, aus welcher die Personen der als Baugläubiger anzusehenden Unternehmer des Bauvertrags oder einzelner Theile desselben, der Betrag der jedem Unternehmer zu zahlenden Vergütung und die Fristen, in denen die Vergütung zu zahlen ist, ersichtlich sein sollen. Ebenso sollen alle späteren Aenderungen und spätere Verträge der gleichen Anzeigepflicht unterliegen. — Daß abgesehen davon auch beim Eintrag einer Baugeldhypothek der Baugeldvertrag zu den Akten des Grundbuchamts eingereicht werden soll (§ 20 Abs. 2), mag in diesem Zusammenhang ebenfalls erwähnt werden Diese letztere Vorschrift erscheint unbedenklich, wenngleich irgend eine erhebliche Wirkung von ihr nicht zu erwarten ist. —

Dagegen können gegen die Anzeigepflicht bezüglich der Bauverträge die erheblichsten Bedenken nicht unterdrückt werden. —

Die Begründung entnimmt dieselbe, wie erwähnt, dem amerikanischen Recht. Solmsen hält im Anschluß an dasselbe analoge Bestimmungen für Deutschland für nötig (a. a. O. S. 463 ff.). Ich glaube, daß dieser Vorschlag in den Kreisen der Interessenten scharfen und m. E. wohlbegründeten Widerspruch hervorrufen wird und daß der dadurch erzielte Nutzen von höchst zweifelhaftem Werth ist. —

Zunächst ist es zweifellos eine starke Zumuthung, daß der Bauunternehmer gezwungen sein soll, sämtliche den Bau betreffende geschäftliche Beziehungen vor Jedermanns Augen offen zu legen. Bloß der Umstand, daß man in Amerika hieran gewöhnt ist, kann für uns nicht durchschlagen. Gerade über Fragen der Oeffentlichkeit gehen die Anschauungen in verschiedenen Ländern besonders weit auseinander. Hier handelt es sich in erster Linie nicht um die durch die Praxis zu beweisende Wirkung eines Rechtssatzes, sondern um eine Frage auf dem Gebiet der Sitte. Das Bestehen einer solchen ist die Voraussetzung dafür, daß der Rechtssatz in gewisser Weise gestaltet werden kann. Es würde m. E. bei uns als schwerer Eingriff empfunden werden, wollte man etwas im Rechtsweg erzwingen, woran man in Amerika keinen Anstoß nehmen mag, was aber unserer Sitte und Anschauung durchaus fremd ist. —

Auch Schneider (a. a. O. S. 32) erkennt das Ungewöhnliche und Bedenkliche des vorgeschlagenen Schrittes an, meint aber, daß man ihn trotzdem wagen könne. Ich könnte mich hierzu nur entschließen, wenn ich denselben für unbedingt erforderlich zu Erreichung des auf andere Weise nicht zu erreichenden Zieles ansehen müßte. Das ist aber keineswegs der Fall. Zuzugeben ist allerdings, daß diese Anzeigepflicht dann wünschenswerth ist, wenn man zu Bejahung der Frage kommen sollte, ob auch die Nachmänner in den Kreis der zu schätzenden Baugläubiger aufzunehmen seien. Abgesehen davon aber scheint mir die Offenlegung der Bauverträge von höchst zweifelhaftem praktischen Werth, und es ist zudem nicht einmal völlig klar, welche rechtlichen Folgen nach dem Entwurf eigentlich an dieselbe geknüpft sein sollen. —

Zunächst: was soll es nutzen, wenn der Bauherr die Verträge, die er mit allen Handwerkern schließt, bekannt geben muß? Solche Fälle kommen doch, — gerade bei sehr soliden Bauherren — häufig vor. Ich selbst war als Mitglied eines Aufsichtsraths kürzlich an dem Bau eines größeren Wohn- und Geschäftshauses betheiligt, bei welchem der Wunsch, möglichst viele Handwerker zu beschäftigen, zu weitgehender Vertheilung der Arbeiten nach einzelnen Stockwerken unter ca. 30 Handwerker geführt hatte und bei dem im Laufe der Ausführung erhebliche Abänderungen der Pläne und demgemäß der Verträge stattfanden. Den Inhalt all dieser Verträge und ihrer Abänderungen anzuzeigen, wäre m. E. eine sehr erhebliche und selbst dann, wenn den Handwerkern ein unsolider Bauherr gegenüber gestanden hätte, völlig nutzlose Belästigung gewesen.

Es ist kaum anzunehmen, daß die Offenlegungspflicht dahin führen wird, daß jeder Interessent in die Lage versetzt würde, sich die gesammte Bilanz des Baus, die Kosten und die verfügbaren Mittel, daraus klar zu machen. Es ist aber völlig ausgeschlossen, daß Baugewerbetreibende, welche seither so sorglos waren, daß sie nicht einmal vor ihren Abschlüssen das Grundbuch des Bauherrn einsahen, sich in Zukunft dem Studium all' dieser Verträge hingeben und von den Ergebnissen dieses Studiums ihre Entschließungen abhängig machen sollten! Die Voraussetzung eines praktischen Nutzens solcher Vorschriften würde gerade umgekehrt sein, daß in den betheiligten Kreisen ein starker Trieb zu energischer Selbsthilfe, sorgsamer Prüfung aller einschlagenden Verhältnisse herrschte, wie er von Solmsen für Amerika betont wird. Unser ganzes Gesetz geht von der entgegengesetzten Voraussetzung aus. So wünschenswert eine solche Erziehung zur Selbsthilfe sein mag, so würde doch dieser Versuch, wie die Verhältnisse bei uns nun einmal liegen, praktisch wirkungslos sein! —

Sodann: welche besonderen Rechtsfolgen knüpft denn der Entwurf an die Verletzung der Anzeigepflicht, deren Erfüllung ja nicht etwa durch Strafen ꝛc. erzwungen werden soll? Er macht den Bauherrn jedem Betheiligten gegenüber schadenersatzpflichtig und bezeichnet dies Recht der Betheiligten als eine Bauforderung. —

Daß auf Grund falscher Angaben für Jemand, der schon Baugläubiger ist, irgend ein Anspruch entstehen könnte, der ihm nicht ohnehin zustände, scheint mir ausgeschlossen. Der Baugläubiger kann eben stets nur Bezahlung seiner Bauforderung von dem Bauherrn verlangen. Ist er zum Abschluß des Bauvertrags durch falsche Angaben über den Inhalt der mit anderen Baugläubigern oder auch mit dem Baugeldgeber geschlossenen Verträge verleitet, so deckt sich sein hierdurch begründeter Schadenersatzanspruch mit dem Anspruch aus dem Vertrag selbst. Weitergehende Ansprüche, etwa ein Schadenersatzanspruch wegen Nichterfüllung bei Rücktritt des Baugläubigers, kommen als Bauforderungen deshalb nicht in Betracht, weil § 8 die Bauforderung ausdrücklich auf die in den Bau verwandten Leistungen beschränkt. — Es bliebe also eine praktisch erhebliche Rechtsfolge nur in dem Falle übrig, — immer nach Entwurf A den Schutz bloß der unmittelbaren Baugläubiger vorausgesetzt — daß Jemand, der an sich nicht Baugläubiger ist, weil er im Vertragsverhältniß nicht mit dem Bauherrn, sondern mit einem Baugläubiger steht, durch solche unrichtige Angaben getäuscht und dadurch berechtigt würde, Schadenersatz von dem Bauherrn zu fordern, gegen welchen ihm ein Anspruch aus dem Vertrag selbst nicht zustehen würde. Ein solcher Anspruch würde — nach der Stellung des § 7 in dem von den „Baugläubigern" handelnden 2. Abschnitt des Entwurfs — ebenfalls als Bauforderung erscheinen und der Vorrechte einer solchen theilhaftig sein. — Daß aber ein solcher Fall eine irgend erhebliche praktische Bedeutung gewinnen könnte, scheint die Begründung des Entwurfs, welche sich in diesem Punkt sehr vorsichtig, fast zaghaft ausdrückt (D. S. 32) selbst kaum anzunehmen. Sie meint, „es werde im einzelnen Fall nicht immer leicht sein, die Entstehung eines Schadens durch Verletzung der Anzeigepflicht nachzuweisen." Ich will nicht geradezu behaupten, daß es umgekehrt stets unmöglich sein wird. Aber jedenfalls beneide ich keinen Gläubiger und keinen Rechtsanwalt, der einen solchen Anspruch auf die Beine bringen soll, und ich halte es für ausgeschlossen, daß damit ein Ergebniß erzielt werden könnte, welches mit der Belästigung des Verkehrs auch nur entfernt im Verhältniß stände. —

Ich möchte sogar bezweifeln, daß die Offenlegungspflicht „unbedingt erforderlich ist, wenn man auch denjenigen Gläubigern, die nicht mit dem Eigenthümer selbst ihren Vertrag abgeschlossen haben, Rechte an der Bauhypothek einräumen will." (D. S. 16.) Erleichtert würde deren Stellung durch sie allerdings werden. Allein das für die Nachmänner in Aussicht genommene gesetzliche Pfandrecht an der Forderung ihres Vormanns würde auch ohne genaue Kenntniß des von diesem geschlossenen Vertrags verfolgt werden können. Bei Begründung der betreffenden Anträge könnte unbedenklich von der Annahme, daß dem Vormann eine angemessene Vergütung zustehe, ausgegangen werden. — Und daß die Nachmänner neben der durch die Bauforderung des Vormanns bedingten mittelbaren Bauforderung auch noch eine unmittelbare Bauforderung gegen den Bauherrn gewinnen könnten, wird so wenig praktische Bedeutung haben, wie im obigen Fall.

Ich komme also zu dem Ergebniß, daß § 7 bei Beschränkung des Baugläubiger-Schutzes auf die unmittelbaren Baugläubiger unbedingt fallen muß. Ich fürchte, daß anderenfalls der Entwurf neben dem Widerstand seiner grundsätzlichen Gegner auch den seiner Freunde aus den Interessentenkreisen hervorrufen und dann scheitern würde! — Will man mit dem Entwurfe B auch die mittelbaren Baugläubiger schützen, so mag man darüber streiten, ob man dann auch die Belästigung des § 7 noch mit in den Kauf nehmen will. Für mich entsteht diese Frage nicht, da ich bez. des Schutzes der mittelbaren Baugläubiger zu einem ablehnenden Ergebniß komme (s. unten § 7).

§ 5.

Sonstige gemeinsame Vorschriften beider Entwürfe.

Die in den vorigen §§ besprochenen Vorschriften enthalten die beiden Entwürfen gemeinsamen wesentlichen Grundlagen derselben. Abgesehen von den in Entwurf B vorgesehenen drei besonderen Vorschriften, welche demnächst in besonderen §§ zu besprechen sind, bleibt noch übrig, entsprechend dem Zwecke dieses Gutachtens, welcher ein Eingehen auf alle Einzelheiten ausschließt, einige Punkte herauszugreifen, zu denen sich besondere Bemerkungen ergaben. Es kommt hier noch Folgendes in Betracht:

1. Die Einzelheiten des Verfahrens, welches zum Eintrag der Bauhypothek führt, sowie deren rechtliche Gestaltung sind im neuen Entwurf mehrfach praktischer geregelt, als in dem früheren. —

Weggefallen ist die bedingte baupolizeiliche Erlaubniß, welche der frühere Entwurf als Voraussetzung des Eintrags des Bauvermerks vorsah. Jetzt soll die polizeiliche Erlaubniß überhaupt erst nach Eintrag des Bauvermerks, also gleich unbedingt, ertheilt werden. Wenn übrigens die Begründung ausführt, die bedingte Bauerlaubniß sei erforderlich gewesen, um den Eintrage der Baugelderhypothek an 1. Stelle zu ermöglichen (D. S. 28), so ist das vielleicht nicht ganz zutreffend. Auch in Zukunft würde nach meinen Ausführungen (oben § 3) die Möglichkeit des Eintrags der Baugelderhypothek an 1. Stelle wünschenswerth sein. Es dürfte aber unbedenklich sein, dieselbe gleichzeitig mit dem Bauvermerk (ev. also mit dem Rang vor diesem) eintragen zu lassen. Die Bauerlaubniß ist doch der Regel nach nur auf Einzelheiten des Projekts, nicht auf die Ausführung des Baus selbst von Einfluß. Abgesehen davon aber könnte eventuell eine Zusatzbestimmung dahin getroffen werden, daß die Baupolizeibehörde auf Antrag des Bauherrn diesem davon, ob sie die Ertheilung der Bauerlaubniß für wahrscheinlich erachtet (§ 10 Abs. 2 des Entw.), Nachricht zu geben hätte. Dadurch würde derselbe in die Lage versetzt, mit dem beabsichtigten Eintrage der Baugelder-Hypothek bis zum Eingang dieser Nachricht zu warten. —

Eine wesentliche Verbesserung ist die Verkürzung der Anmeldefrist für die Bauforderungen von 6 Monaten (§ 6 d. fr. Entw.) auf 3 Monate (§ 12). Die frühere Fristbestimmung war fast durchweg als zu lang bekämpft. (D. S. 123 fg.) Mehrfach war Herabsetzung auf noch kürzere Fristen (2 Monat, 6 Wochen, 1 Monat) gefordert. Doch dürfte die Frist von 3 Monaten zweckmäßig bemessen sein. —

Ferner ist es ein Fortschritt, daß der neue Entwurf (§ 12) für den Beginn der Frist eine öffentliche Bekanntmachung der Baupolizeibehörde, daß baupolizeiliche Bedenken gegen die Ingebrauchnahme des Baus nicht bestehen oder daß die Bauerlaubniß nach Beginn des Baus erloschen sei, vorschreibt. Der frühere Entwurf (§ 6) setzte seine Frist durch den Eingang der bezüglichen Mittheilung der Baupolizeibehörde beim Grundbuchamt in Lauf, ein Zeitpunkt, der sich naturgemäß der allgemeinen Kenntnißnahme entzieht. Auch dieser Mißstand war von der Kritik (Thinius, 24. Jur.-Tag III S. 91) mit Recht gerügt. —

Verbesserungen simd es ferner, daß der neue Entwurf die Löschung des Bauvermerks beim Ablaufe der Anmeldefrist (§§ 14, 15 Abs. 1), sowie den Eintrag der den einzelnen Baugläubigern zustehenden Theilbeträge der Bauhypothek (§ 15, Abs. 3) vorschreibt und ferner dieselbe der gewöhnlichen Sicherungshypothek rechtlich gleichstellt, mithin deren Umwandlung in eine Eigenthümer-Grundschuld vorsieht (§§ 17—19). Nach dem früheren Entwurfe sollte der Bauvermerk erst bei Löschung der Bauhypothek gelöscht (§ 13 das.) und nur der Gesammtbetrag der Bauhypothek eingetragen werden (§ 10 das.); auch sollte die Anwendung der Vorschriften über die Eigenthümer-Hypothek auf die Bauhypothek ausgeschlossen sein (§ 13 das.). Auch mit diesen Abänderungen ist den von der Kritik dem früheren Entwurfe gegenüber mehrfach geäußerten Bedenken (D. S. 135, 137—139) Rechnung getragen. — Ebenso sieht Schneider in seinem Gegenentwurfe (§ 30, 33, a. a. O. S. 20, 22, 58) die Umwandlung der Bauhypothek in eine gewöhnliche Hypothek bezw. Grundschuld vor. —

2. Die Wirkungen einer Zwangsversteigerung oder Zwangsverwaltung, welche vor dem Eintrage der Bauhypothek eingeleitet wird, waren in den §§ 17—20 des früheren Entwurfs grundsätzlich dahin geregelt, daß die Baugläubiger auf Grund des Bauvermerks Befriedigung aus dem Grundstücke sollten verlangen können. — Hiergegen waren verschiedentlich Bedenken geltend gemacht. Namentlich hat Heinitz (D. S. 150/1) ausgeführt, es erscheine danach zweifelhaft, ob die mit der Terminsbestimmung erfolgende Aufforderung zur Anmeldung der aus dem Grundbuch nicht ersichtlichen Rechte sich auch auf die Baugläubiger beziehe, welche aus dem Grundstücke Befriedigung verlangen, sowie ob bejahendenfalls eine bloße Anmeldung, ohne Glaubhaftmachung, genüge. Letztere sei nur auf Erfordern des betreibenden Gläubigers erforderlich; dieser werde, wenigstens wenn er dem Bauvermerke vorgehe, hieran kein

Interesse haben. Durch unbeschränkte Zulassung auch nicht glaubhaft gemachter Bauforderungen entstehe aber eine unerträgliche Unsicherheit für die Baugläubiger selbst und die anderen Betheiligten, da sie nicht beurtheilen könnten, ob ein abgegebenes Gebot ihre Forderungen decke. —

Der neue Entwurf hat die alten Bestimmungen in den §§ 23—26 wörtlich übernommen. Eine Verbesserung enthält er nur insofern, als nach der bereits erwähnten Bestimmung des § 12 die Anmeldefrist, bis nach deren Ablauf der Versteigerungstermin nach den näheren Vorschriften des Gesetzes eventuell hinauszuschieben ist, jetzt von 6 auf 3 Monate herabgesetzt, mithin der mögliche Eingriff in das Zwangsversteigerungsverfahren wesentlich verkürzt ist. — Die angeregten Bedenken widerlegt die Begründung des neuen Entwurfs, m. E. völlig zutreffend, durch den Hinweis, daß Rechte von Baugläubigern, welche noch nicht im Grundbuch eingetragen sind, allerdings ebenso wie alle anderen, aus dem Grundbuch nicht ersichtlichen Rechte, um in der Zwangsversteigerung berücksichtigt zu werden, bei dem Vollstreckungsgericht angemeldet werden müssen, sowie daß diese Anmeldung beim Widerspruch nicht nur des betreibenden Gläubigers, sondern eines *jeden* Betheiligten, glaubhaft gemacht werden muß. (D. S. 41.)

Ebenso unbegründet sind m. E. die Bedenken, durch welche neuerdings *Schneider* (a. a. O. S. 62 ff.) dazu gelangt, die Bestimmungen des Entwurfs für nicht ausreichend zu erklären und sie durch die weitergehenden Vorschriften der §§ 36—39 seines Gegenentwurfs zu ersetzen. Richtig ist, daß, solange als die Anmeldungsfrist noch nicht begonnen hat, eine Anmeldung beim Grundbuchamt noch nicht erfolgen kann. Die Vorschrift, daß die Baugläubiger auf Grund des Bauvermerks Befriedigung aus dem Grundstücke verlangen können, gibt ihnen aber für die Zwangsvollstreckung die Stellung von dinglichen Gläubigern, deren Rechte aus dem Grundbuche nicht ersichtlich sind, und eröffnet ihnen damit die Möglichkeit der Geltendmachung derselben im Zwangsvollstreckungsverfahren nach Maßgabe der für diese bestehenden Vorschriften. Es ist also m. E. kein Anlaß zu weitergehenden Vorschriften im Sinne *Schneiders* vorhanden.

3. Es entsteht die Frage, ob Vorschriften darüber in das Gesetz aufzunehmen sind, wie sich nach Beendigung des Baues und nach Eintrag der Bauhypothek deren Rangverhältniß zur Baugelderhypothek stellt. Sehen wir von der Hinterlegung einer Sicherheit ab, für deren Vertheilung die §§ 27—34 ein zweckmäßig geordnetes Vertheilungs-

Verfahren vorschreiben, so trifft der Entwurf über den Eintrag der Bauhypothek hinaus keinerlei Bestimmungen mehr. Damit ist die Frage nach dem endgültigen Vorrecht der Baugelderhypothek eine offene. Es liegt aber auf der Hand, daß der Baugeldgläubiger damit auf die Dauer nicht zufrieden sein kann. Steht er, wie es der Entwurf voraussetzt, hinter der Bauhypothek, so muß der Vorrang, den ihm das Gesetz materiell einräumt, auch im Grundbuche zum Ausdruck gebracht werden; steht er, gemäß meinen obigen Erörterungen, vor derselben, so muß sein Vorrang von dem der Baugelderhypothek als solcher anhaftenden Vorbehalte befreit werden. —

Der Entwurf steht offenbar auf dem Standpunkte, daß für diesen Zweck die allgemeinen Vorschriften über Berichtigung eines materiell unrichtigen Grundbucheintrags genügen. Schneider dagegen hält eine Regelung durch den Grundbuchrichter in einem ausdrücklich angeordneten Verfahren der freiwilligen Gerichtsbarkeit für erforderlich. Er erweitert deshalb das auch im Entwurf für den Fall der Hinterlegung einer Sicherheit vorgesehene Vertheilungs-Verfahren auf alle Fälle, auch auf die, in denen irgend eine zu vertheilende Masse nicht vorhanden ist, und weist ihm die Aufgabe zu, „die Rechte der Bauforderungen und des Vorrangs des Baugeldgebers zu regeln". Zu diesem Zwecke soll der Grundbuchrichter stets einen Termin anberaumen und einen Theilungsplan aufstellen, welcher u. a. auch anzugeben hat, in Höhe welcher Beträge die Baugelderhypothek den Vorrang vor der Bauhypothek haben soll. Ueber diesen Plan soll dann vor dem Grundbuchrichter verhandelt werden. Die Ausführung desselben soll nur insoweit erfolgen, als nicht ein Widerspruch erhoben ist; ein solcher ist demnächst im Prozeßweg zu verfolgen (a. a. O. S. 19—24, 44, 58—62).

Ich glaube, daß man das Eingreifen des Grundbuchrichters von Amtswegen entbehren und mit dem Entwurfe die Regelung lediglich den Betheiligten überlassen kann. Die Hoffnung, daß es dem verständigen Richter gelingen werde, durch die Verhandlung im Termin die Widersprüche auf das richtige Maß zu beschränken, scheint mir nicht ausreichend, um eine so weitgehende Belästigung der Gerichte und der Parteien zu rechtfertigen, zumal es sich ja durchweg nur um größere Städte handelt, in denen der unmittelbare Einfluß, den der Richter in kleinen Orten gerade in Grundbuchsachen übt, sehr gering ist und in denen er meistens noch dazu mit Geschäften so überlastet ist, daß er sich kaum Zeit zu solchen eindringenden Verständigungsversuchen nehmen kann. —

§ 6.

Die Ausdehnung des Baugläubiger-Schutzes auf Lieferungsverträge.

Entsprechend dem früheren Entwurf hat der Entwurf A daran festgehalten, daß als Baugläubiger nur zu schützen sind diejenigen, welche an der Herstellung des Bauwerks oder eines einzelnen Theils desselben auf Grund eines Werk- oder Dienstvertrags betheiligt sind, und zwar wegen ihrer Ansprüche auf die in Geld vereinbarte Vergütung, sofern die Verträge von dem Eigenthümer der Baustelle oder für dessen Rechnung geschlossen sind (§ 6 Abs. 1). Damit sind zunächst alle diejenigen von diesem Schutz ausgeschlossen, welche zur Herstellung des Bauwerks zu verwendende Sachen geliefert haben. Diese Bestimmung ist bei Besprechung des ersten Entwurfs lebhaft angefochten. Gebilligt ist sie, was einigermaßen charakteristisch ist, in erster Linie von dem „Bund deutscher Bodenreformer", von dessen Vorsitzenden Freese und von dem „Innungsverbande deutscher Baugewerkmeister"; außerdem aus der Zahl aller deutscher Handelskammern nur von der zu Villingen, sowie von Prof. Oertmann, von letzterem aber offenbar mit einer gewissen Zurückhaltung, indem er nur „nicht umhin kann, die für den Ausschluß vorgebrachten Gründe im Ganzen für durchschlagend zu erachten". (D. S. 130.)

Alle anderen Beurtheiler haben dem Ausschluß der Lieferanten als „ungerecht, unzweckmäßig und praktisch undurchführbar" widersprochen. (D. S. 130—132.)

Inzwischen ist in dem Buch von Solmsen nachgewiesen, daß der amerikanische Baugläubigerschutz dort ebenfalls die Lieferanten mit umfaßt (a. a. O. S. 187—191, 193, 198 ff.). Ebenso ist Solmsen der Ansicht, daß für das beabsichtigte deutsche Gesetz die Zulassung der Material-Lieferanten unumgänglich ist (a. a. O. S. 465).

Gleichwohl hält der Entwurf A an deren Ausschluß fest, ohne jedoch in der Begründung dieses Standpunkts wesentlich neue Gesichtspunkte geltend zu machen (D. S. 18—21). Im Mittelpunkte steht immer die Besorgniß, daß den Bauhandwerkern bei Zulassung der Lieferanten weniger geholfen würde, als bei deren Ausschluß, was unbestreitbar richtig ist, — und die Erwägung, „daß die ganze gesetzgeberische Aktion nur ins Werk gesetzt ist, um den kleineren Bauhandwerkern und Bauarbeitern, die durch die Manipulationen einer verwerflichen Bauspekulation in eine unhaltbare Position gedrängt sind, aufzuhelfen", (so Buchka in der Jur.-Ztg. von 1901 S. 539) — was meiner Auffassung nach falsch ist. Gerade dieser falsche Ausgangspunkt führt zu dem falschen Ergebniß. Der richtige Standpunkt ist meiner Ansicht nach der, daß man nicht einzelnen der durch die fraglichen Mißstände Geschädigten, sondern so weit möglich allen helfen, daß man deren Folgen nicht zu Gunsten bestimmter Kreise, sondern allgemein bekämpfen soll. Es ist doch einmal nicht zu leugnen, daß der durch den Bau geschaffene neue Werth des Gebäudes in gleicher Weise auf den Arbeiten der Handwerker, wie auf der Lieferung der in den Bau verwandten Materialien beruht. Die Einheitlichkeit des hierdurch geschaffenen neuen Werthes hat mit Recht dazu geführt, daß man allen Baugläubigern ein Recht von gleichem Range gegeben hat. Erst durch das Zusammenwirken aller Einzelner entsteht das Objekt, welches zur Befriedigung aller Einzelner dienen kann und soll. Es ist ganz willkürlich, aus dem Kreise der zur Schaffung dieses neuen Werthes Beitragenden eine Gruppe, die auf Grund von Werk- und Dienstverträgen Berechtigten, herauszugreifen und ihnen allein Rechte einzuräumen, die man allen anderen versagt. Man beschränkt sich aber nicht darauf, den Lieferanten bloß etwas vorzuenthalten, was man den Handwerkern gibt, man gestaltet ihre Stellung im Vergleiche zu der seitherigen — und das ist ganz besonders wichtig und wird von den Gegnern nicht genügend anerkannt! — wesentlich schlechter. Insofern hat Dove ganz Recht, wenn er sagt, daß man gleich dem Heiligen Crispin den Handwerkern Schuhe aus dem Leder der Lieferanten mache! Denn indem die Lieferanten aus dem Kreise der Baugläubiger ausgeschlossen werden, entzieht man ja dem Baugeldgeber die Möglichkeit, auf Anweisung des Bauherrn irgend welche Zahlung an sie zu leisten! Alle aus Baugeldverträgen für den Bau zu verwendenden Mittel sollen also bloß den Handwerkern zufließen, ihnen allein haftet die etwa nach § 1 des Entwurfs geleistete Sicherheit und für den gleichwohl etwa verbleibenden Rest ihrer Forderungen erhalten sie allein ihre Bauhypothek, während die Lieferanten in allen drei Richtungen leer ausgehen sollen! Damit ist, wie man zweifellos annehmen darf, die gesammte Gefahr des Baues lediglich auf die Schultern der Lieferanten abgewälzt! — Was will es demgegenüber heißen, wenn man sie darauf verweist, daß sie nicht, wie die Handwerker, vorzuleisten brauchten. Erkennt man an, wie es der Natur der Sache entspricht, daß auch der durchaus solide und gewissenhafte Bauherr in der großen Mehrzahl der Fälle darauf angewiesen ist, theilweise mit fremdem Geld zu arbeiten, so hilft dem Lieferanten die Verweisung auf die Möglichkeit, Baarzahlung zu vereinbaren und bis zu derselben die Lieferung zurückzubehalten, insoweit gar nichts. Denn die Zahlung fremder Gelder für den Bau erfolgt naturgemäß erst nach Ausführung der betr. Werthvermehrung, wobei es dem Geldgeber zunächst — abgesehen von einer entgegenstehenden gesetzlichen Bestimmung — ganz gleichgültig ist, ob sie durch Arbeiten oder Lieferungen geschaffen ist, und ist die Werthvermehrung bewirkt, so darf der Baugeldgeber nicht an den Lieferanten, sondern nur an Handwerker zahlen! — Ebenso wenig ist dem Lieferanten damit geholfen, daß man ihn auf die Möglichkeit verweist, statt mit dem Bauherrn mit einem Handwerker abzuschließen, so daß dann in dessen Person auch für die Lieferung, welche somit als Theil des betr. Werkvertrags erscheint, die Bauhypothek zur Entstehung käme. Eine der des Baugläubigers entsprechende Rechtsstellung erhält der Lieferant damit doch nicht, auch nicht einmal, wenn man mit dem Entwurfe B die mittelbaren Baugläubiger aufnimmt, weil ja deren Kreis sich lediglich auf Werkverträge beschränkt (§ 6a d. Entw.). Und umgekehrt entstehen zahlreiche praktische Schwierigkeiten, wenn man den Lieferanten auf diesem indirekten Weg zwingen will, statt dem Bauherrn selbst allen möglichen, ihm vielleicht unbekannten Handwerkern zu kreditiren. Soll z. B. der auswärtige Parketboden- oder Ofenfabrikant seine Waare nicht dem Bauherrn, sondern dem von diesem mit Verlegung der Böden oder Aufstellung der Oefen betrauten Handwerker liefern, der vielleicht für derartige Objekte gar nicht zahlungsfähig ist? Soll er aus diesem Grund die Bestellung, die ihm wohl in den meisten Fällen vom Bauherrn oder in dessen Namen durch den bauleitenden Architekten zugeht, zurückweisen und zuvor anfragen, welcher Handwerksmeister die Böden verlegen oder die Oefen setzen wird? Diesem sei er bereit zu liefern, nicht aber dem Bauherrn selbst? Man muß sich diese Verhältnisse klar machen, um zu erkennen, daß sie unmöglich sind. Schneider (a. a. O. S. 33), der diese Bedenken voll theilt, weist noch darauf hin, daß der Bauherr, wenn das Gesetz ihn hindert, seine Lieferanten aus den Baugeldern zu bezahlen, geradezu gezwungen sei, Verträge mit einem Generalunternehmer zu schließen, weil er nur auf diesem Umweg im Stande ist, mit Sicherheit für den Baugeldgeber Zahlungen zu leisten. —

Schließlich mag auch noch auf die Unmöglichkeit hingewiesen werden, die bloßen Lieferanten in allen Fällen von denen, welche Werkverträge geschlossen haben, scharf und sicher zu scheiden. — Ich komme also zu dem Schluß, daß die Aufnahme der Lieferungsverträge gemäß dem Zusatze des Entwurfs B zu § 6 unbedingt erforderlich ist. Ich bin überzeugt, daß gerade in diesem Punkt der m. E. völlig berechtigte Widerstand aller der Kreise einsetzen wird, welche, wie Handelskammern und ähnliche Körperschaften, vorwiegend zur Wahrung der kaufmännischen Interessen berufen sind, während man wohl auch auf dieser Seite dem

Entwurfe wesentlich günstiger gegenüber stehen würde, wenn von dieser, auch meiner Ueberzeugung nach „ebenso ungerechten, als unzweckmäßigen und praktisch undurchführbaren" Bestimmung abgesehen würde. —

§ 7.

Die Ausdehnung des Baugläubiger-Schutzes auf mittelbare Bauforderungen.

Völlig unabhängig von der vorstehend besprochenen Frage tritt die weitere Frage auf, ob der den Baugläubigern zu gewährende Schutz auch auf „mittelbare" Baugläubiger, also solche Personen, welche Verträge nicht mit dem Eigenthümer des Baus, sondern mit Unternehmern des Bauwerks oder eines Theils desselben geschlossen haben, auszudehnen ist. — Dabei ist zunächst darauf hinzuweisen, daß auch der frühere Entwurf und ebenso der Entwurf A mitumfaßt Forderungen aus Verträgen, welche für Rechnung des Eigenthümers, sei es selbst von einem Geschäftsführer ohne Auftrag, geschlossen sind, und ferner Forderungen aus einer Bestellung, wenn die Baustelle nachträglich veräußert ist. —

Ein weiterer Schutz für den, welcher mit einem dritten Unternehmer abschließt, ist durch § 826 B.G.B. gegeben, insofern dieser Paragraph gegen den Vormann desselben dann einen Schadenersatz-Anspruch begründet, wenn dieser in der nachweisbaren Absicht, Baugläubiger zu schädigen, eine Zwischenperson eingeschoben hat. Und endlich mag auch nicht unerwähnt bleiben, daß jedenfalls thatsächlich die Lage der Nachmänner durch eine jede Verbesserung der Rechtsstellung der Vormänner ebenfalls eine bessere wird. —

Darüber hinaus hatte der frühere Entwurf einen Schutz der Nachmänner nicht vorgesehen und zwar mit Rücksicht auf die andernfalls entstehenden unabsehbaren Verwickelungen und Schwierigkeiten.

Der Entwurf A geht einen nicht unbedeutenden Schritt weiter, indem er in § 6 bestimmt: „Dem Eigenthümer der Baustelle steht gleich, wer den Bau mit Zustimmung des Eigenthümers als Bauherr ausführt." Durch diese Vorschrift wird, wie die Begründung ausführt (D. S. 31), namentlich der Fall getroffen, daß nach dem zwischen dem Grundstücksverkäufer und dem Bauunternehmer geschlossenen Vertrage das Eigenthum des Bauplatzes auf letzteren erst nach Vollendung des Baues übertragen werden soll, sowie der, daß etwa ein Ehegatte als Bauherr auftritt, während der andere Ehegatte im Grundbuche als Eigenthümer eingetragen ist. Damit ist also von vornherein bereits vielfachen Versuchen, das Gesetz zu umgehen, ein fester Riegel vorgeschoben und manchen Bedenken, z. B. den von Heinitz geäußerten (D. S. 127/128), Rechnung getragen. —

Darüber hinaus aber ist der Entwurf A nicht gegangen. Es muß anerkannt werden, daß die weitaus meisten Besprechungen des früheren Entwurfs die Beschränkung des Schutzes auf die unmittelbaren Baugläubiger bemängelt haben, — einzelne derselben, welche grundsätzliche Gegner einer gesetzlichen Regelung überhaupt sind, wohl nicht, um damit das von ihnen bekämpfte Gesetz zu verbessern, sondern um es durch Anhäufung von Bedenken und Schwierigkeiten zu Fall zu bringen. —

Es muß auch weiter erwähnt werden, daß der 24. Juristentag einem Antrag Brunner zugestimmt hat, welcher lautet:

„Sind Verträge mit den Baugläubigern und Arbeitern nicht im Namen oder für Rechnung des Bauherrn geschlossen, so können jene durch wirksame Anmeldung ihrer Ansprüche ein Pfandrecht an den angemeldeten Bauforderungen des Vormannes erwerben."

Bei Beurtheilung der Tragweite dieses Beschlusses wird man indessen nicht außer Acht lassen dürfen, daß damals ein Versuch der gesetzgeberischen Formulirung überhaupt noch nicht, auch nicht von Brunner unternommen war. So, wie der Beschluß selbst formulirt war, würde er auch vom Standpunkte des Antragstellers aus, wohl nicht korrekt sein, da er den gerade bei einer beträglichen Kollusion naheliegenden Fall, daß der Vormann eine Bauforderung nicht anmeldet, ganz unberücksichtigt läßt. Der Beschluß hat also im wesentlichen die Bedeutung eines Wunsches, — dem auch ich gern zustimmen würde — daß es nämlich der Gesetzgebung gelingen möge, eine brauchbare Formulirung des ausgesprochenen Grundsatzes zu finden. Es wird aber nicht zu bestreiten sein, daß der Juristentag jetzt dem inzwischen formulirten Gesetzesvorschlage gegenüber von neuem wird Stellung nehmen, daß er wird prüfen müssen, ob denn diese Formulirung wirklich eine praktisch brauchbare Lösung der gestellten Aufgabe darstellt, oder ob sich nicht etwa bei dem Versuch der Lösung solche Schwierigkeiten ergeben haben, daß man die Möglichkeit einer befriedigenden Lösung der Aufgabe überhaupt aufgeben muß. Ohne das Gewicht des früheren Beschlusses zu verkennen, möchte ich mich jedenfalls nur dagegen verwahren, daß derselbe etwa dazu verwendet würde, um diese Prüfung von vornherein abzuschneiden. —

Weiter fällt zu Gunsten der Ausdehnung des Schutzes auf die Nachmänner erheblich in's Gewicht das Ergebniß der eingehenden Untersuchungen von Solmsen, nach denen in den Vereinigten Staaten allerdings diese Ausdehnung geltendes Recht ist (a. a. O. S. 121 ff.). Dementsprechend fordert Solmsen sie auch für Deutschland (a. a. O. S. 465, 473).

Nun könnte man ja auch hier versucht sein, zu sagen, was in Amerika geht, geht auch bei uns — folglich weg mit allen Bedenken! Demgegenüber möchte ich aber doch darauf verweisen, daß gewiß ein Jeder, der sich gerade durch diese Partieen des Solmsen'schen Buches durchgearbeitet hat, den Eindruck gewinnen muß, daß die Schutzmaßregeln für die Nachmännern, selbst in der vollendetsten Form, in der sie schließlich in dem Gesetz des Staates New-York vom 13. Mai 1897 ausgebildet sind, einen nichts weniger als erfreulichen Rechtszustand darstellen. Der Werth des Solmsen'schen Buches besteht meiner Meinung nach darin, daß er an dem amerikanischen Beispiel im allgemeinen zeigt, daß man nicht zu ängstlich in Einführung gesetzlicher Zwangs- und Schutzmaßregeln zu sein braucht, daß vielmehr trotz des scharfen Eingreifens solcher Maßregeln das wirtschaftliche Leben durchaus blühen und gedeihen kann. — Keineswegs aber ist das Bild, welches Solmsen zeichnet, geeignet, im einzelnen zur Nachbildung anzureizen. Das amerikanische Recht stellt sich danach als ein wahres Wirrsal dar, welches aus den verschiedensten Quellen hervorgehend, alles andere eher ist, als ein klares, in wissenschaftlicher Weise durchdachtes, einheitlich aufgebautes und für die Praxis brauchbares Ganzes. Equity und common law, längst Veraltetes und täglich neu auftauchende Bedürfnisse, entzünden in Gesetzgebung und Rechtsprechung, in den Einzelstaaten und in der Union, ein fortwährendes bellum omnium contra omnes, mit einem von Jahr zu Jahr wechselnden Ergebniß — ein Zustand fortgesetzter und unentwirrbarer Verwirrung, der wohl nur für ein Volk denkbar und erträglich ist, das, wie die Bevölkerung der Vereinigten Staaten, selbst aus den verschiedensten Elementen zusammengewürfelt und durch Zuströmen neuer Elemente in fortwährendem Fluß begriffen ist. So ergibt sich bei dem, wie schon in der Einleitung erwähnt, gescheiterten Versuch, ein einheitliches Lien-Recht für die Union zu schaffen, eine solche Verschiedenheit sowohl des Rechts, als der wirtschaftlichen Verhältnisse in den einzelnen Staaten, daß der Vorsitzende der mit der Aufgabe betrauten Kommission selbst erklärt: „Er sei bei dem Versuche, die verschiedenen Statuten zu lesen, völlig verwirrt geworden. Man könne sich keinen Begriff von der Menge ihrer Abweichungen machen; er habe schließlich nicht mehr aus noch eingewußt.“!! (Solmsen, S. 451.) Ich bin überzeugt, daß an der Verwirrung des armen Mannes gerade die Lien-Rechte der Nachmänner einen besonderen Antheil gehabt haben! Ich kann mir nicht denken, daß Richter und Anwälte das verworrene amerikanische Recht sicher handhaben, und noch viel weniger, daß sich die Interessenten selbst in diesem Labyrinth zurechtfinden könnten. Das Eine aber steht als Resultat meiner Verdauung des Solmsen'schen Buches zweifellos fest, daß nichts verfehlter wäre, als wenn man in Deutschland einzelne Rechtssätze deshalb befürworten wollte, weil sie in Amerika gelten. —

Nun hat ja allerdings der Theil der deutschen Kommission, welcher einen Schutz der Nachmänner für nöthig hält, sich davor gehütet, die amerikanischen Bestimmungen im Entwurf B zu kopiren. Schon der Kreis der Nachmänner selbst ist in ganz anderer Weise bestimmt, indem an der Spitze der bez. Vorschriften steht, daß nur die aus einem Werkvertrage Berechtigten als mittelbare Baugläubiger gelten sollen, eine Beschränkung, welche Schneider (a. a. O. S. 35) mit Recht als einen besonders glücklichen Gedanken bezeichnet. Wie das Recht der mittelbaren Baugläubiger im einzelnen ausgestaltet ist, braucht hier nicht auseinandergesetzt zu werden. Man lese die Bestimmungen in dem als Anlage abgedruckten Entwurf selbst nach. Es ist danach insbesondere auch für den Fall Vorsorge getroffen, daß der Vormann seine Forderung nicht angemeldet hat. In diesem Fall tritt nämlich die mittelbare Bauforderung des Nachmannes direkt neben die sonst angemeldeten unmittelbaren Bauforderungen, und es wird somit für den Nachmann ein entsprechender Betrag der Bauhypothek eingetragen (§ 15 Abs. 2 Nr. 2), während abgesehen davon für mittelbare Bauforderungen nur Pfandrechte an der Bauhypothek der Vormänner eingetragen werden sollen (§ 15a). Hier sei nur noch bemerkt, daß der Entwurf sich nicht bloß auf den Schutz des nächsten Nachmannes, der mit dem Unternehmer selbst abgeschlossen hat, beschränkt, sondern die Kette der Nachmänner auf weitere Grade in beliebiger Zahl ausdehnt. —

Ueber Einzelheiten des Entwurfs mag sich auch hier streiten lassen (so halte ich z. B. die Formulirung des ersten Satzes des § 6d, Abs. 1 für besonders unglücklich!). Im Ganzen aber möchte ich anerkennen, daß die bez. Bestimmungen ein wohldurchdachtes, reiflich erwogenes Ganze bilden, welches an sich eine zweckentsprechende Lösung der Aufgabe darstellt. Allgemein wird dies zwar nicht anerkannt. Schneider (a. a. O. S. 35—36) meint, der Entwurf habe die schwierige Aufgabe, die Nachmänner zu berücksichtigen, ohne eine Schädigung anderer Interessen herbeizuführen, nicht in ausreichender Weise gelöst. Er findet sich gerade deshalb zur Ausarbeitung seines Gegenentwurfs veranlaßt, auf den hier nicht im einzelnen eingegangen werden kann, von dem er aber selbst sagt, daß man sich durch die Fälle seiner Paragraphen hindurchwinden müsse (a. a. O. S. 65) und daß er noch mehr als der

Regierungs-Entwurf auf den ersten Blick den Eindruck eines höchst verwickelten und umständlichen Verfahrens mache (a. a. O. S. 7), ein Zugeständniß, demgegenüber die Hoffnung, daß sich die Sache in der Praxis gleichwohl einfach gestalten werde, keinen großen Werth haben dürfte. Hier interessirt nur die Thatsache, daß ein Freund der Ausdehnung den Schutz des Regierungs-Entwurfs für ungenügend und zu Erreichung des Zweckes noch viel weitergehende Vorschriften (— Uebergang der Forderung des Vormannes auf den Nachmann kraft Gesetzes, eine über einen jeden einzelnen Bau vom Grundbuchamte zu führende Bauliste mit genauen Einträgen über alle in Betracht kommenden Rechtsverhältnisse und anschließendem gerichtlichen Vertheilungsverfahren, welches er selbst (a. a. O. S. 61) als „kleines Konkursverfahren" bezeichnet! —) für erforderlich hält. —

Für meine Auffassung bietet schon der Regierungs-Entwurf überreiche Schwierigkeiten. Sein Verständniß ist für den erfahrenen Juristen eine sehr schwere Aufgabe — dem Laien wird der betreffende Theil der Begründung ein Buch mit 7 Siegeln bleiben. In der vom Deutschen Handelstage niedergesetzten Kommission zur Berathung des Entwurfs, an deren Sitzung ich theilnahm, fiel die Aeußerung, die Begründung lese sich wie ein Lehrbuch der Mathematik; Niemand hielt es für möglich, daß diese Bestimmungen jemals als lebensvolles Recht in das allgemeine Bewußtsein aufgenommen werden könnten.

Ich komme deshalb, trotzdem mir gerade hier die Entscheidung besonders schwer wird und die zwei Seelen der Regierungs-Kommission gleichsam auch in meiner Brust leben, schließlich doch zu der Ueberzeugung, daß es richtig ist, in diesem Punkte über den Entwurf A nicht hinauszugehen. — Ganz zum alten Eisen dürfen wir den Satz: „Jura vigilantibus sunt scripta" doch nicht werfen! Und ist es denn wirklich zu viel verlangt, wenn man dem Bauhandwerker sagt: „Willst du einen gesetzlichen dinglichen Schutz am Bauwerk haben, so schließe deinen Vertrag mit dem Eigenthümer des Bauwerks selbst? — Schließest du mit einem Unternehmer ab, der nicht Bauherr ist (und demgegenüber ja auch der rechtliche Gesichtspunkt der nützlichen Verwendung völlig versagt!), so mußt du dich eben an diesen, nicht aber an das Bauwerk halten!" — Damit wäre eine Beschlagnahme der Rechte des Vormanns gegen den Bauherrn im gewöhnlichen Verfahren wohl vereinbar, und eine solche könnte der Vormann wenigstens zunächst nicht vereiteln, da er nach § 36 des Entw. auf seine Rechte bis zum Beginn der Anmeldefrist oder bis zu Anordnung der Zwangsversteigerung oder Zwangsverwaltung nicht verzichten kann.

Auf alle Fälle, meine ich, sollte man wenigstens zunächst einmal versuchen, wie weit man mit dem Gesetz ohne die mittelbaren Baugläubiger kommt. Es ist ja möglich, daß eine Folge des Gesetzes die Zunahme der Entreprise-Bauten sein wird (so Freese, D. S. 99), ja daß die Bauherren, falls der Nachmann nicht in das Gesetz aufgenommen wird, regelmäßig versuchen werden, die Wirkungen des Gesetzes durch Annahme eines Generalunternehmers zu vereiteln. Manche (so Heinitz, D. S. 127, Thinius, 24. Jur.-Tag III S. 77/78) fürchten, die Bauhandwerker würden einem solchen Verfahren gegenüber gar nicht in der Lage sein, auf einem Abschluß mit dem Bauherrn zu bestehen, vielmehr gezwungen sein, so gut, wie seither mit kreditunwürdigen Bauherren, in Zukunft mit Zwischenunternehmern abzuschließen.

Einmal ist demgegenüber abzuwarten, ob nicht wenigstens in gewissem Maße gegen das schwindelhafte Dazwischenschieben eines zahlungsunfähigen Gewerbeunternehmers der § 826 B.G.B. Abhilfe schafft. Sodann läßt sich auch nicht ohne Weiteres annehmen, daß es den Bauherren so leicht fallen würde, die bestehende Sitte durch regelmäßiges Zwischenschieben eines Generalunternehmers, der bisher doch im Gegensatz zu den von Solmsen geschilderten amerikanischen Verhältnissen bei uns eigentlich eine Ausnahme bildet, zu ändern. Auf alle Fälle aber würde man mit Recht erwarten können, daß die Bauhandwerker sich gegen einen solchen systematischen Versuch, sie um die Wohlthaten des Gesetzes zu bringen, wehren würden. Die Bauhandwerker sind doch auch organisirt, sie haben in den größeren Städten, um die es sich allein handelt, Innungen oder Gewerbevereine; es bestehen auch sonstige Organe, so in Preußen die Handwerkerkammern, die zu ihrer Vertretung berufen und befähigt sind. Es liegt nahe, daß man nach genügender Aufklärung durch diese Organe seitens der Bauhandwerker einfach erklärt: „wir verlangen für alle Verträge mit Zwischenunternehmern entweder Mitunterschrift des Bauherrn oder Abtretung der Rechte des Zwischenunternehmers gegen den Bauherrn, damit wir dessen theilhaftig werden, was das Gesetz uns geben will.“ Ein solches ganz allgemeines Verlangen ist zweifellos viel leichter durchzuführen, wie unter der seitherigen Gesetzgebung die Zurückweisung eines einzelnen Auftrags, weil der betreffende Unternehmer zu Bedenken gegen seine Zahlungsfähigkeit Anlaß bot! Es lassen sich hier Musterverträge ausarbeiten, ähnlich wie dies bei uns auch auf anderen Gebieten, z. B. seitens der Hausbesitzer- oder Miethervereine geschieht, und wie es Solmsen auch für Amerika bezeugt. — Welche Macht eine verständig organisirte Selbsthilfe gewährt, zeigt lehrreich das Solmsen'sche Buch in Anwendung auf die Trades-

Unions der Arbeiter (a. a. O. S. 76 ff.). Was auf dem einfachsten Weg durch Selbsthilfe zu erreichen ist, dazu sollte man doch nicht so verwickelte staatliche Schutzmaßregeln in Anspruch nehmen! —

Sollte aber trotz alledem die Erfahrung einer längeren Praxis ergeben, daß wirklich ohne die Ausdehnung des Gesetzes auf die mittelbaren Baugläubiger die gehoffte Wirkung desselben nicht erreicht wird, nun gut, dann kann man ja in einigen Jahren das Gesetz erweitern. Wir brauchen wahrlich noch nicht an eine Schlappschuh-Gesetzgebung (slipshod-legislature) nach amerikanischem Muster (Solmsen, S. 15) zu denken, wenn wir vor dem entgegengesetzten Standpunkte warnen, von dem aus man alles bis in's Einzelnste von vornherein so regeln will, daß für spätere Aenderungen oder Verbesserungen kein Raum bleibt. Die unstreitig in weiten Kreisen vorhandene Abneigung gegen diese ganze gesetzliche Regelung überhaupt sollte davon abhalten, das Gesetz mit Dingen zu bepacken, die es auch vielen Freunden unannehmbar machen. Auch hier ist das Bessere des Guten Feind. Man mache den Anfang mit dem zunächst Erreichbaren, was ja zweifellos eine wesentliche und unter allen Umständen werthvolle Verbesserung des bestehenden Zustandes darstellt — und dann warte man ab, wie es sich bewährt! Geht's nicht, so kann man es später immer noch besser machen!

Ich bin also der Ansicht, daß die auf den Schutz der mittelbaren Baugläubiger bezüglichen Bestimmungen des Entwurfs B zu streichen sind.

§ 8.

Die Sperrung eines Theils der Baugelder.

Der frühere Entwurf enthielt Bestimmungen darüber, in welcher Reihenfolge die Baugläubiger zu befriedigen seien, nicht. Daraus ergab sich allerdings, daß es lediglich Sache des Bauherrn ist, zu bestimmen, welche Baugläubiger zuerst befriedigt werden sollen. Daß damit einem gewissenlosen Bauherrn gegenüber für die Baugläubiger eine Gefahr entsteht, kann nicht geleugnet werden. Selbst abgesehen von dem Fall einer absichtlichen Bevorzugung aber besteht immer eine Gefahr für diejenigen Baugläubiger, deren Arbeiten zuletzt in dem Bau verwandt und deren Forderungen damit zuletzt fällig werden, wie z. B. die Maler. —

Ob und wie diese Mißstände zu beseitigen sind, hat ganz besonderes Kopfzerbrechen verursacht. Der Innungsverband deutscher Baugewerkmeister meint, es solle bestimmt werden, daß der Baugeldgeber verpflichtet sein solle, sämmtlichen Handwerkern, die durch den Bauvermerk gesichert seien, gleichmäßige Zahlungen im Verhältniß ihrer Leistungen zu gewähren. (D. S. 149.) Wie das durchzuführen wäre und welche Folgen aus der Verletzung einer solchen Verpflichtung zu ziehen wären, darüber hat der Verband allerdings keine Vorschläge gemacht, vielmehr die Sorge dafür den Herren Juristen überlassen! Als wenn die Juristen die Kunst besäßen, unklare oder undurchführbare Wünsche von Laien in brauchbare Gesetzesbestimmungen zu verwandeln! Im gegebenen Fall ist ja der Bauherr dem Baugläubiger ohnehin zur Bezahlung verpflichtet — ihm gegenüber würde also durch die Verpflichtung, alle Baugläubiger gleichmäßig zu bezahlen, irgend ein neues Recht nicht begründet. Soll aber etwa der andere Baugläubiger, welcher vielleicht im besten Glauben zwar mehr, als seinen verhältnißmäßigen Antheil, aber doch nur das erhalten hat, was er zu fordern hat, zur Zurückzahlung verpflichtet werden?

Andere haben die Sache ernster aufgefaßt, so Oertmann (D. S. 145, 149). Dieser empfiehlt in 1. Linie ein System der speziellen Subrogation, nach welchem der zahlende Baugeldgeber in das Recht des bezahlten Baugläubigers treten und demnach nur an der allgemeinen, für die Baugläubiger entstehenden Hypothek bezw. der demnächst auf sie entfallenden Dividende theilnehmen soll. Eventuell aber schlägt er vor, daß die Zahlung nur dann wirken solle, wenn sie allen Baugläubigern pro rata — entweder direkt oder durch Vermittelung einer besonderen Behörde, eines Baugeldamts (!) — geleistet sei. — Schon Thinius hat in seinem Gutachten für den 24. Juristentag (III S. 92 ff.) die Unausführbarkeit dieser Vorschläge nachgewiesen.

In der That kann man dem Baugeldgeber unmöglich zumuthen, für sein gutes Geld statt einer guten Hypothek eine unsichere Dividende von einer mindestens weit weniger guten Hypothek zu bekommen — damit macht man eben das Baugeldergeschäft, das man doch erhalten muß und will, unmöglich. Und noch weniger ist es möglich, von vornherein über jeden Bauherrn, auch den solidesten, eine Art Partikularkonkurs vor einem Baugeldamte zu eröffnen! —

Trotz der Ausführungen von Thinius, welcher eine befriedigende Beseitigung des fraglichen Mißstandes für ausgeschlossen erklärte, sind in den Verhandlungen des 24. Juristentags verschiedene Redner auf denselben zurückgekommen, so Boyens (IV, S. 61) und Scherer (IV, S. 70). Letzterer stellte sogar zu dem Antrag des Berichterstatters den Zusatzantrag:

„Die Baugeldhypothek (gedacht war wohl an die von dem Baugeldgeber zu leistende Zahlung!) muß verhältnißmäßig unter die sämmtlichen Bauhandwerker nnd Lieferanten vertheilt werden.“

Dieser Antrag scheint aber demnächst einfach unter den Tisch gefallen zu sein. Der Bericht ergiebt wenigstens nicht, daß über denselben abgestimmt wäre. Eine nähere Begründung oder einen Nachweis für die Möglichkeit der Durchführung des Antrags hatte der Antragsteller nicht gegeben. —

Eine neue Anregung in der fraglichen Richtung gaben nun die Ermittelungen von Solmsen, welcher (a. a. O. S. 175) berichtet, daß in einzelnen Staaten sich eine Vorschrift finde, daß ein bestimmter, meist 25 % betragender Theil der Bauforderungen nicht vor Ablauf einer gewissen, von der Fertigstellung des Baus an laufenden Frist gezahlt werden dürfe. Bis dahin darf also der Eigenthümer höchstens bis zu 75 % des Vertragspreises bezahlen, bezw. auch nur über einen entsprechenden Theil der ihm zugesagten Baugelder verfügen. Im Einzelnen sind auch diese Bestimmungen nicht klar. Soweit ersichtlich, beziehen sie sich auf den in Amerika anscheinend überhaupt sehr häufigen Fall, daß dem Eigenthümer ein Hauptunternehmer gegenübersteht. In dem immerhin am besten durchgearbeiteten Gesetz, dem des Staates New York von 1897, scheinen sie nicht enthalten zu sein. —

Während nun Entwurf A auf dem früheren Standpunkt beharrt, daß der fragliche Mißstand überhaupt nicht zu beseitigen sei, ist Entwurf B im Anschluß an diese amerikanischen Vorbilder weitergegangen. Er denkt aber auch hier nicht daran, die dortigen Vorschriften für Deutschland zu kopieren, sondern schlägt nur (in § 21 Abs. 1, 2 und 3) vor, daß, falls ein Baugläubiger gegen die Auszahlung der Baugelder binnen 14 Tagen seit dem Beginn der Anmeldungsfrist Widerspruch erhebt, ein Fünftel der Baugelder nicht mehr mit dem Anspruch auf den Vorrang vor der Baugläubiger-Hypothek ausbezahlt werden kann. Der Baugeldgeber, der die Sache nicht in der Schwebe lassen will, soll berechtigt sein, dieses Fünftel mit der Wirkung zu hinterlegen, daß die Baugelder-Hypothek in Höhe des hinterlegten Betrags der Bauhypothek im Rang vorgeht. Damit würde, so rechnet die Begründung aus (D. S. 74—75), falls die Baugelderhypothek $^2/_3$ der Baukosten betrage, jeder Baugläubiger wenigstens auf baare Zahlung von $^2/_7$ seiner Forderung rechnen können. —

Zunächst wird durch diese Bestimmung der Bauherr nicht allgemein in Bezahlung der Bauforderungen, sondern nur speziell in Verwendung der ihm zugesagten Baugelder beschränkt. Ob den Baugläubigern mit diesen aus den Baugeldern fließenden $^2/_7$ ihrer Forderungen irgend erheblich genutzt ist, erscheint denn doch mehr als fraglich. — Abgesehen davon aber bleibt die gehoffte Wirkung in allen den Fällen aus, in denen schon vor Beginn der Widerspruchsfrist das letzte Fünftel der Baugelder ausbezahlt ist. Diese Frist beginnt ja erst mit der Bekanntmachung der Baupolizeibehörde, daß baupolizeiliche Bedenken gegen die Ingebrauchnahme des Gebäudes nicht bestehen, also auf alle Fälle einige Zeit nach der vollständigen Beendigung des Baus. Der Baugeldgeber wird aber sehr häufig, namentlich wenn er nur in mäßigen Grenzen Baugeld zugesagt hat, ganz unbedenklich schon früher den Rest des Baugeldes ausbezahlt haben. Thatsächlich liegt die Sache doch sehr häufig so (— ich beziehe mich wieder auf meine langjährige Erfahrung im Aufsichtsrath des erwähnten Kreditvereins —), daß der Bauherr sich ein Baugelddarlehen in Höhe eines mäßigen Theils (50—60 %) der Baukosten bewilligen läßt, um mit dessen Hülfe und unter Verwendung seiner eigenen Mittel, soweit er sie nicht zur Anzahlung braucht, den Bau bis zu Ende zu führen. Ist er fertig, so wird die 1. und womöglich die 2. Hypothek gesucht, mit deren Hilfe die Baugelderhypothek abgetragen und der Rest der Bauforderungen bezahlt wird. Die Baugelder selbst, für die häufig neben der Baugelderhypothek noch andere Sicherheit durch Bürgen gestellt ist, werden auch gar nicht allzu ängstlich, etwa in genau vorher bestimmten Raten, ausbezahlt. Vielmehr läßt sich der Baugeldgeber etwa durch eine Bescheinigung des bauleitenden Architekten oder besser noch des Bürgen, welcher ja das dringendste Interesse an sorgsamer Kontrole des Baus hat, nachweisen, daß ein entsprechender Fortschritt des Baus erfolgt ist und demgemäß eine weitere Zahlung in bestimmter Höhe geleistet werden kann, und so sind oft die zugesagten Baugelder ausbezahlt, bevor der Bau vollendet ist. Dem mehrerwähnten Kreditverein ist aus diesem Verfahren noch nie ein Verlust entstanden. In allen derartigen Fällen aber würde die Vorschrift des Entwurfs B gar nichts nutzen. In den von ihr selbst vorausgesetzten Fällen aber würde der Nutzen so gering sein, daß sich seinetwegen ein derartiger weiterer Eingriff in die Vertrags- und Bewegungsfreiheit der Parteien nicht rechtfertigen dürfte. —

So bedauerlich es sein mag, man wird sich zu dem Anerkenntniß entschließen müssen, daß über die Grenzen des allgemeinen Anfechtungsrechts innerhalb und außerhalb des Konkurses hinaus ein weiterer wirksamer Schutz gegen ungleichmäßige Berücksichtigung der Baugläubiger nicht zu finden ist.

Daß auch Andere sich von der vorgeschlagenen Bestimmung jedenfalls keine besondere Wirkung versprechen, geht daraus hervor, daß S c h n e i d e r sie in seiner angeführten Schrift, indem er nur von zwei Erweiterungen des Entwurfs A durch den Entwurf B spricht, absichtlich oder unabsichtlich überhaupt nicht erwähnt. —

Ich befürworte also auch hier Streichung der bezüglichen Bestimmungen des Entwurfs B. —

Hiermit glaube ich, die vorliegenden Entwürfe zwar nicht erschöpfend besprochen zu haben, aber doch auf die wesentlichen Grundlagen derselben soweit eingegangen zu sein, um ein abschließendes Urtheil zu ermöglichen. —

Meine eigene Ansicht fasse ich dahin zusammen:

Der Entwurf A bietet eine zweckmäßige Gestaltung des Baugläubiger-Schutzes, wenn

1. die Bestimmungen über die Höhe der Differenz-Kaution, sowie die über die Baugelder-Hypothek gemäß den obigen Vorschlägen (§§ 2, 3) ergänzt,
2. die Bestimmungen über die Auskunfts-Pflicht beseitigt,
3. aus Entwurf B die Bestimmungen über den Schutz der Lieferanten aufgenommen werden.

Dagegen empfiehlt sich die Aufnahme der weiteren Bestimmungen des Entwurfs B nicht. —

Anhang.

Entwurf eines Reichsgesetzes, betreffend die Sicherung der Bauforderungen.

Erster Abschnitt.

Sicherung der Bauforderungen.

§ 1.

Durch landesherrliche Verordnung kann angeordnet werden, daß für einzelne Gemeinden im Falle der Errichtung eines Neubaues eine Sicherung der Bauforderungen nach den Vorschriften dieses Gesetzes stattfindet. Die Sicherung erfolgt durch Eintragung einer Hypothek (Bauhypothek) und, soweit die der Bauhypothek vorgehenden Belastungen den Baustellenwerth übersteigen, durch Hinterlegung von Geld oder Werthpapieren.

§ 2.

Neubau im Sinne dieses Gesetzes ist jedes zu Wohn- oder gewerblichen Zwecken bestimmte Gebäude, das auf einer Baustelle errichtet wird, welche zur Zeit der Ertheilung der Bauerlaubniß unbebaut oder nur mit Gebäuden untergeordneter Art besetzt ist.

Ist für ein versichertes Gebäude die Versicherungssumme nach den Versicherungsbedingungen nur zur Wiederherstellung zu zahlen, so finden auf den Wiederaufbau die Vorschriften dieses Gesetzes keine Anwendung.

§ 3.

Zur Sicherung des Ranges der Bauhypothek ist vor dem Beginne des Baues der Vermerk, daß das Grundstück bebaut werden soll (Bauvermerk), in das Grundbuch einzutragen.

§ 4.

Die Bauerlaubniß darf von der Baupolizeibehörde nur ertheilt werden, wenn der Bauvermerk eingetragen ist und entweder die dem Bauvermerke vorgehenden Belastungen den Baustellenwerth nicht übersteigen oder gemäß § 1 durch Hinterlegung Sicherheit geleistet ist.

Bei der Feststellung der Belastungen kommen nur in Ansatz:

1. Hypotheken und Grundschulden mit ihrem Kapitalbetrag und zweijährigen Zinsen;
2. Rentenschulden und solche Reallasten, welche die Leistung von Geldrenten zum Gegenstande haben, mit ihrer Ablösungssumme;
3. nicht ablösbare Geldrenten mit ihrem nach § 9 der Civilprozeßordnung zu berechnenden Werthe;
4. öffentliche Lasten, die nicht in wiederkehrenden Leistungen bestehen, insbesondere die Verpflichtung zur Leistung von Beiträgen für die Kosten der Herstellung einer Straße, mit dem von der Baupolizeibehörde zu schätzenden Betrage dieser Lasten.

Rechte, die durch Eintragung einer Vormerkung oder eines Widerspruchs gesichert sind, stehen eingetragenen Rechten gleich.

Zu einer Rangänderung, durch die dem Bauvermerke der Vorrang vor anderen Rechten eingeräumt wird, genügt an Stelle der Einigung des zurücktretenden und des vortretenden Berechtigten die Erklärung des zurücktretenden Berechtigten gegenüber dem Grundbuchamte.

§ 5.

Ueber die Eintragung des Bauvermerkes hat das Grundbuchamt von Amtswegen eine Bescheinigung zu ertheilen; in dieser Bescheinigung ist der Gesammtbetrag der im § 4 Abs. 2 Nr. 1 bis 3 bezeichneten Belastungen anzugeben, soweit sie dem Bauvermerke vorgehen.

Der Baustellenwerth ist durch eine Bescheinigung der zuständigen Behörde nachzuweisen.

Die Grundsätze für die Bemessung des Baustellenwerths und das Feststellungsverfahren werden, sofern sie nicht landesgesetzlich geregelt sind, durch landesherrliche Verordnung bestimmt. Das Gleiche gilt von den für das Feststellungsverfahren und die Eintragung des Bauvermerkes sowie der Bauhypothek zu erhebenden Gebühren.

Zweiter Abschnitt.

Baugläubiger.

§ 6.

Als Baugläubiger gelten die an der Herstellung des Bauwerkes oder eines einzelnen Theiles des Bauwerkes auf Grund eines Werk- oder Dienstvertrags Betheiligten, **sowie Diejenigen, welche zur Her-**

stellung des Bauwerkes zu verwendende Sachen geliefert haben, wegen ihrer Ansprüche auf die in Geld vereinbarte Vergütung, sofern die **Werk-, Dienst- oder Lieferungsverträge** von dem Eigenthümer der Baustelle oder für dessen Rechnung geschlossen worden sind (**unmittelbare Bauforderungen**). Dem Eigenthümer der Baustelle steht gleich, wer den Bau mit Zustimmung des Eigenthümers als Bauherr ausführt. Durch eine nachträgliche Veräußerung der Baustelle werden die Rechte der Baugläubiger nicht berührt.

§ 6a.

Ist die einem Unternehmer übertragene Herstellung des Bauwerkes oder eines einzelnen Theiles des Bauwerkes an andere Unternehmer (Nachmänner) weiter übertragen worden, so gelten auch die Nachmänner wegen der ihnen aus dem Werkvertrage gegen ihre Vormänner zustehenden Anspüche als Baugläubiger (mittelbare Bauforderungen).

§ 6b.

Mittelbare Bauforderungen dürfen den Betrag nicht überschreiten, für welchen dem unmittelbaren Vormann eine Bauforderung erwachsen ist; mehrere Bauforderungen von Nachmännern desselben Vormanns sind soweit erforderlich verhältnißmäßig herabzusetzen. Ist die Bauforderung eines Nachmanns nach Satz 1 herabzusetzen, so ist der herabgesetzte Betrag für den Umfang der Bauforderungen seiner Nachmänner maßgebend.

§ 6c.

Sind vor der Eintragung der Bauhypothek Zahlungen an einen Vormann auf dessen Bauforderung geleistet, so ist der verbleibende Rest der Bauforderung des Vormanns für den Umfang der Bauforderungen seiner Nachmänner maßgebend.

§ 6d.

Hat ein Nachmann seine Bauforderung dem Schuldner eines Vormanns angezeigt, so tritt die angezeigte Forderung bis zur Höhe der an den Vormann nach der Anzeige geleisteten Zahlungen an die Stelle der Bauforderung des Vormanns. Sind mehrere gegen denselben Vormann bestehende Bauforderungen, deren Summe die an den Vormann geleistete Zahlung übersteigt, angezeigt, so findet eine verhältnißmäßige Herabsetzung der jedem Nachmanne zufallenden Beträge der Bauforderungen des Vormanns statt. Bestehen mehrere angezeigte Bauforderungen gegen verschiedene Vormänner, so schließt der frühere Nachmann den späteren aus, soweit die von ihnen angezeigten Beträge sich decken.

Die Anzeige ist durch Gerichtsvollzieher zuzustellen; sie verliert ihre Kraft, wenn nicht binnen drei Wochen eine schriftliche Anerkennung der Bauforderung durch den Vormann oder eine die Aufrechterhaltung der Anzeige anordnende einstweilige Verfügung zugestellt wird. Auf die Erlassung der einstweiligen Verfügung finden die Vorschriften des § 13 entsprechende Anwendung.

§ 7.

Der Eigenthümer hat vor dem Beginne des Baues dem Grundbuchamt eine Erklärung einzureichen, aus welcher ersichtlich sind:

1. die Personen der nach § 6 als Baugläubiger anzusehenden Unternehmer des Bauwerkes oder einzelner Theile des Bauwerkes;
2. der Betrag der jedem Unternehmer zu zahlenden Vergütigung;
3. die Fristen, in denen die Vergütung zu zahlen ist.

Werden die Verträge mit den Unternehmern abgeändert oder erst später geschlossen, so hat der Eigenthümer unverzüglich dem Grundbuchamt eine Erklärung einzureichen, welche die im Abs. 1 vorgesehenen Angaben enthält oder berichtigt.

Die Erklärungen sind von dem Eigenthümer zu unterzeichnen.

Ist ein schriftlicher Vertrag geschlossen, so kann statt der Erklärung der Vertrag in Urschrift oder in einer von dem Eigenthümer unterzeichneten Abschrift eingereicht werden. Die Einsicht der Erklärungen und Verträge ist Jedem gestattet.

Erfüllt der Eigenthümer die im Abs. 1 bis 4 obliegenden Verpflichtungen nicht, so ist er jedem Betheiligten zum Ersatze des daraus entstehenden Schadens verpflichtet.

Die sich auf den Eigenthümer beziehenden Vorschriften der Abs. 1 bis 5 finden auf diejenigen Unternehmer entsprechende Anwendung, welche die Herstellung des Bauwerkes oder einzelner Theile des Bauwerkes an andere Unternehmer weiter übertragen.

§ 7a.

Soweit ein Nachmann nach § 7 Schadensersatz gegen den Eigenthümer beanspruchen kann, gilt seine Bauforderung als unmittelbare Bauforderung; die Vorschriften der §§ 6b, 6c finden keine Anwendung.

Soweit ein Nachmann nach § 7 Schadensersatz gegen einen Unternehmer beanspruchen kann, gilt der Unternehmer als unmittelbarer Vormann.

§ 7b.

Wird an einen Vormann eine Zahlung auf Grund eines Vertrags geleistet, der nicht nach § 7 angezeigt worden ist, oder war die Zahlung nach Maßgabe der abgegebenen Erklärungen noch nicht fällig und kannte in diesem Falle der Zahlende die Absicht des Empfängers, seine Nachmänner zu benachtheiligen, so treten die Bauforderungen der Nachmänner bis zur Höhe der Zahlung an die Stelle der Bauforderung des Vormanns. Die Vorschriften des § 6d Abs. 1 Satz 2, 3 finden entsprechende Anwendung.

Ist eine Erklärung nicht vor dem Beginne des Baues eingereicht, so ist sie nur zu berücksichtigen, wenn sie mindestens eine Woche vor der Zahlung durch Anschlag auf dem Baue bekannt gemacht ist.

§ 7c.

Jeder Unternehmer haftet dem Besteller dafür, daß von den Nachmännern des Unternehmers Bauforderungen nur bis zur Höhe des von

dem Besteller an den Unternehmer oder dessen Rechtsnachfolger geschuldeten Betrags geltend gemacht werden.

§ 8.

Dem Baugläubiger steht eine Bauforderung nur insoweit zu, als seine Leistungen in den Bau verwendet worden sind. Ist diese Verwendung nicht vollständig erfolgt, so ist die vereinbarte Vergütung in dem Verhältnisse herabzusetzen, in welchem bei dem Abschlusse des Vertrags der Werth der vereinbarten Leistung zu dem Werthe der in den Bau verwendeten Leistung gestanden haben würde.

§ 9.

Uebersteigt die vereinbarte Vergütung die übliche Vergütung offenbar in erheblichem Maße, so kann jeder Betheiligte verlangen, daß bei der Berechnung der Ansprüche aus der Bauhypothek an Stelle des vereinbarten Preises der übliche Preis zu Grunde gelegt wird.

Dritter Abschnitt.

Bauvermerk. Bauhypothek.

§ 10.

Die Eintragung des Bauvermerkes erfolgt auf Antrag des Eigenthümers. Bildet die Baustelle nur einen Theil eines Grundstücks, so ist sie von dem Grundstück abzuschreiben und als selbständiges Grundstück einzutragen.

Der Eigenthümer kann bei der Baupolizeibehörde beantragen, daß sie die Eintragung des Bauvermerkes veranlasse. In diesem Falle erfolgt die Eintragung auf Ersuchen der Baupolizeibehörde; das Ersuchen soll erst gestellt werden, wenn die Baupolizeibehörde die Ertheilung der Bauerlaubniß für wahrscheinlich erachtet.

§ 11.

Der Bauvermerk wird gelöscht, wenn dem Grundbuchamt eine Bescheinigung der Baupolizeibehörde vorgelegt wird, daß vor dem Beginne des Baues die Bauerlaubniß erloschen oder von dem Baue Abstand genommen ist.

§ 12.

Die Baugläubiger können ihre Bauforderungen bei dem Grundbuchamte binnen einer Frist von drei Monaten anmelden, nachdem die Baupolizeibehörde in dem für ihre Bekanntmachungen bestimmten Blatte veröffentlicht hat, daß baupolizeiliche Bedenken, das Gebäude in Gebrauch zu nehmen, nicht bestehen, oder daß die Bauerlaubniß nach dem Beginne des Baues erloschen ist. Die Frist beginnt mit dem Tage, an welchem das die Veröffentlichung enthaltende Blatt ausgegeben wird. Die Veröffentlichung soll spätestens einen Monat nach der Gebrauchsabnahme oder nach dem Erlöschen der Bauerlaubniß erfolgen. Von der erfolgten Veröffentlichung hat die Baupolizeibehörde dem Grundbuchamt unverzüglich Mittheilung zu machen.

§ 13.

Die Anmeldung einer Bauforderung ist nur wirksam, wenn bis zum Ablaufe der Anmeldungsfrist die schriftliche Zustimmung des Eigenthümers zur Anmeldung oder eine gegen den Eigenthümer ergangene, die Anmeldung zulassende einstweilige Verfügung zu den Akten des Grundbuchamts eingereicht wird. **Bei mittelbaren Bauforderungen müssen der unmittelbare Vormann und die weiteren Vormänner in der Zustimmungserklärung oder in der einstweiligen Verfügung angegeben sein.** Das Grundbuchamt hat, sobald eine Anmeldung wirksam geworden ist, dem Anmeldenden eine Bescheinigung über die Anmeldung zu ertheilen.

Zur Erlassung der einstweiligen Verfügung sind glaubhaft zu machen:

1. der von dem Anmeldenden abgeschlossene Vertrag;
2. die Verwendung seiner Leistungen in den Bau und bei theilweiser Verwendung der nach § 8 zu berechnende Betrag der Bauforderung;
3. **bei Bauforderungen eines Nachmanns die Angemessenheit der vereinbarten Vergütung;**
4. **bei unmittelbaren Bauforderungen und, wenn ein Anderer als der Vertragsgegner als unmittelbarer Vormann bezeichnet wird, die in den §§ 6, 6d, 7a oder 7b bestimmten Voraussetzungen;**
5. **bei mittelbaren Bauforderungen die Reihenfolge der Vormänner, sofern sich diese nicht aus den nach § 7 erstatteten Anzeigen ergiebt.**

Wird Widerspruch gegen die einstweilige Verfügung erhoben, so ist die Verfügung auch aufzuheben, soweit das Nichtbestehen der Bauforderung in Gemäßheit der Vorschriften der §§ 6b, 6c glaubhaft gemacht wird.

§ 14.

Liegen bei dem Ablaufe der Anmeldungsfrist wirksame Anmeldungen nicht vor, so wird der Bauvermerk von Amtswegen gelöscht.

Die Zurücknahme einer Anmeldung bedarf der für Eintragungsbewilligungen in der Grundbuchordnung vorgeschriebenen Form.

Der Zurücknahme einer Anmeldung steht es gleich, wenn dem Grundbuchamte nachgewiesen wird, daß für die angemeldete Forderung Sicherheit geleistet ist.

Die Sicherung ist durch Hinterlegung von Geld oder Werthpapieren zu bewirken.

Das Grundbuchamt hat auf Antrag dem Anmeldenden eine Frist zu bestimmen, binnen welcher dieser dem Grundbuchamte die Einwilligung in die Rückgabe der Sicherheit zu erklären oder die Erhebung der Klage wegen seiner Ansprüche nachzuweisen hat. Nach dem Ablaufe der Frist hat das Grundbuchamt auf Antrag die Rückgabe der Sicherheit anzuordnen, wenn nicht inzwischen die Erhebung der Klage nachgewiesen ist. Auf das Verfahren finden die Vorschriften des Gesetzes über die Angelegenheiten der freiwilligen Gerichtsbarkeit entsprechende Anwendung; gegen den Beschluß, durch welchen der Antrag auf Bestimmung einer Frist abgelehnt wird, steht dem Antragsteller, gegen die Entscheidung über die Rückgabe der Sicherheit beiden Theilen die sofortige Beschwerde zu.

§ 15.

Liegen bei dem Ablaufe der Frist wirksame Anmeldungen vor, so wird von Amtswegen unter Löschung des Bauvermerkes eine als Bauhypothek zu bezeichnende Hypothek mit dem Range des Bauvermerkes eingetragen. Mit der Eintragung entsteht die Hypothek. Die Bauhypothek gilt als Sicherungshypothek, auch wenn sie im Grundbuche nicht als solche bezeichnet ist.

Bei der Bestimmung des Betrags der Bauhypothek sind zu berücksichtigen:

1. **die Anmeldungen der unmittelbaren Bauforderungen;**
2. **die Anmeldungen der mittelbaren Bauforderungen, soweit sie nicht in Anmeldungen der Vormänner Deckung finden.**

Zinsen der Bauforderungen werden nicht berücksichtigt.

Bei der Eintragung der Bauhypothek sind außer ihrem Gesammtbetrage die den einzelnen Baugläubigern zustehenden Theilbeträge anzugeben.

Wird gemäß § 1 durch Hinterlegung Sicherheit geleistet, so vermindert sich der Betrag der Bauhypothek um den Betrag der Sicherheit unter verhältnißmäßiger Herabsetzung der den einzelnen Baugläubigern zustehenden Theilbeträge.

§ 15a.

Für mittelbare Bauforderungen ist, soweit diese in Anmeldungen der Vormänner Deckung finden, zugleich mit der Bauhypothek ein Pfandrecht einzutragen. Das Pfandrecht entsteht mit der Eintragung und geht anderweit begründeten dinglichen Rechten im Range vor.

Das Pfandrecht besteht an der Bauforderung des unmittelbaren Vormanns. Hat der unmittelbare Vormann seine Bauforderung nicht oder nicht in einem zur Deckung der Bauforderung des Nachmanns ausreichenden Betrag angemeldet, so besteht das Pfandrecht in Höhe des nicht gedeckten Betrags an der Bauforderung des nächsten anmeldenden Vormanns und soweit erforderlich weiterer Vormänner. Die Bauforderungen mehrerer Nachmänner desselben Vormanns haben unter sich gleichen Rang.

Ergiebt sich, daß die von einem Vormann angemeldete Bauforderung zur Zeit der Eintragung der Bauhypothek nicht bestand, so haben die Nachmänner dieselben Rechte, welche sie haben würden, wenn die Anmeldung des Vormanns nicht erfolgt wäre.

§ 16.

Bis zur Löschung des Bauvermerkes ist die Einsicht des Grundbuchs und der im § 11 der Grundbuchordnung bezeichneten Urkunden sowie der Mittheilungen der Baupolizeibehörde Jedem gestattet.

§ 17.

Beruht die Wirksamkeit einer Anmeldung auf einer einstweiligen Verfügung und wird diese nach der Eintragung der Bauhypothek durch rechtskräftige Entscheidung aufgehoben, so erwirbt der Eigenthümer des Grundstücks den dem Anmeldenden zustehenden Theilbetrag der Bauhypothek; **die Vorschrift des § 15a Abs. 3 wird hierdurch nicht berührt.**

§ 18.

Leistet der Eigenthümer für eine angemeldete Bauforderung Sicherheit, so erwirbt er den dem Anmeldenden zustehenden Theilbetrag der Bauhypothek **oder das dem Anmeldenden zustehende Pfandrecht.** Die Vorschriften des § 14 Abs. 4, 5 finden entsprechende Anwendung.

§ 19.

Mehrere bei der Eintragung der Bauhypothek berücksichtigte Bauforderungen haben unter sich gleichen Rang.

Verwandelt sich ein Theil der Bauhypothek in eine dem Eigenthümer des Grundstücks zufallende Grundschuld, so kann diese zum Nachtheile der den Baugläubigern verbleibenden Bauhypothek nicht geltend gemacht werden.

Die Vorschrift des Abs. 2 findet entsprechende Anwendung, wenn ein Theil der Bauhypothek in eine gewöhnliche Hypothek, eine Grundschuld oder Rentenschuld umgewandelt oder wenn an die Stelle einer Bauforderung, für welche die Bauhypothek besteht, eine andere Forderung gesetzt wird.

§ 20.

Der Rang der Bauhypothek gegenüber anderen Rechten bestimmt sich nach der Eintragung des Bauvermerkes. Ist jedoch nach dem Bauvermerk eine Hypothek zu Gunsten eines Gläubigers eingetragen, welcher die Gewährung von Baugeldern übernommen hat, so gelten für diese Hypothek, falls sie bei der Eintragung als Baugelderhypothek bezeichnet ist, die Vorschriften der §§ 21, 22.

Das Grundbuchamt soll eine Baugelderhypothek nur eintragen, wenn der Baugeldervertrag zu den Akten des Grundbuchamts eingereicht ist.

§ 21.

Die Baugelderhypothek geht der Bauhypothek im Range um den Betrag derjenigen Zahlungen vor, welche in Anrechnung auf die Baugelder von dem Baugeldgeber zum Zwecke der Tilgung einer Bauforderung an den Baugläubiger oder in Höhe einer von dem Eigenthümer getilgten Bauforderung an diesen geleistet worden sind. Der Vorrang ist ausgeschlossen, soweit dem Baugeldgeber zur Zeit der Zahlung bekannt war, daß die Bauforderung nicht bestehe; der Kenntniß steht eine auf grober Fahrlässigkeit beruhende Unkenntniß gleich.

In Ansehung des fünften Theiles der Baugelder finden die Vorschriften des Abs. 1 keine Anwendung, wenn binnen einer Frist von zwei Wochen seit dem Beginne der Anmeldungsfrist ein Baugläubiger

Widerspruch gegen die Auszahlung erhoben hat. Wird Widerspruch erhoben, so ist der Baugeldgeber berechtigt, den fünften Theil des Baugeldes mit der Wirkung zu hinterlegen, daß die Baugelderhypothek in Höhe des hinterlegten Betrags der Bauhypothek im Range vorgeht. Auf den hinterlegten Betrag finden die Vorschriften des vierten Abschnitts entsprechende Anwendung.

Der Widerspruch gegen die Auszahlung ist dem Baugeldgeber durch einen Gerichtsvollzieher zuzustellen. Der Widerspruch verliert seine Wirkung, wenn nicht dem Baugeldgeber vor dem Ablaufe der Anmeldungsfrist die im § 13 Abs. 1 Satz 3 bezeichnete Bescheinigung des Grundbuchamts vorgelegt wird. Wird der Widerspruch zurückgenommen, so gilt er als nicht erfolgt.

§ 22.

Auf Antrag des Baugeldgebers ist zur Vermittelung der von ihm zu leistenden Zahlungen ein Treuhänder zu bestellen. In diesem Falle begründen alle nach Maßgabe der Anweisungen des Treuhänders geleisteten Zahlungen den Vorrang vor der Bauhypothek, sofern der Baugeldgeber durch Anschlag auf dem Baue bekannt gemacht hat, daß er durch Vermittelung des Treuhänders Zahlung leisten werde. Der Treuhänder darf die Anweisung zur Zahlung nur ertheilen, soweit der Baugeldgeber nach Maßgabe des § 21 zur Zahlung mit Wirkung gegen die Baugläubiger berechtigt ist.

Dem Treuhänder ist der Widerspruch gegen die Auszahlung des fünften Theiles der Baugelder zuzustellen und die Bescheinigung des Grundbuchamts vorzulegen.

Soweit die Leistung von Zahlungen durch Vermittelung des Treuhänders **oder die nach § 21 Abs. 2 erfolgte Hinterlegung von dem Treuhänder** in öffentlich beglaubigter Form bescheinigt wird, hat das Grundbuchamt den Vorrang der Baugelderhypothek vor der Bauhypothek in das Grundbuch einzutragen.

Auf den Treuhänder finden die für einen Pfleger geltenden Vorschriften des Bürgerlichen Gesetzbuchs, mit Ausnahme des § 1785, entsprechende Anwendung.

Der Treuhänder kann für die Führung seines Amtes eine angemessene Vergütung verlangen. Vor der Festsetzung der Vergütung soll der Baugeldgeber soweit thunlich gehört werden.

Durch Anordnung der Landes-Justizverwaltung können die dem Vormundschaftsgericht in Ansehung der Treuhänder obliegenden Verrichtungen für mehrere Amtsgerichtsbezirke einem Amtsgericht übertragen werden.

§ 23.

Ist im Falle der Zwangsversteigerung oder der Zwangsverwaltung zur Zeit der Eintragung des Vollstreckungsvermerkes die Eintragung der Bauhypothek noch nicht erfolgt, so können die Baugläubiger auf Grund des Bauvermerkes Befriedigung aus dem Grundstücke verlangen; die Vorschriften der §§ 15, **15a**, 18 bis 22 finden entsprechende Anwendung.

§ 24.

Das Grundbuchamt hat im Falle des § 23 nach der Eintragung des Vollstreckungsvermerkes dem Vollstreckungsgericht eine beglaubigte Abschrift der wirksamen Anmeldungen zu ertheilen. Baugläubiger, für die nach der Mittheilung des Grundbuchamts zur Zeit der Eintragung des Vollstreckungsvermerkes eine wirksame Anmeldung vorlag, stehen für das Vollstreckungsverfahren Gläubigern, die zu dieser Zeit im Grundbuch eingetragen waren, gleich.

Liegt später eine wirksame Anmeldung vor, so hat das Grundbuchamt sie dem Vollstreckungsgerichte nachträglich mitzutheilen; die Mittheilung ersetzt die Anmeldung und Glaubhaftmachung der Forderung im Vollstreckungsverfahren.

§ 25.

Hatte zur Zeit der Eintragung des Vollstreckungsvermerkes die Anmeldungsfrist bereits begonnen, so darf der Versteigerungstermin nicht auf einen früheren Zeitpunkt als zwei Wochen nach dem Ablaufe der Frist bestimmt werden. Ist diese Vorschrift verletzt, so ist der Zuschlag zu versagen.

Beginnt die Anmeldungsfrist im Laufe des Vollstreckungsverfahrens, so kann jeder an dem Verfahren Betheiligte die Aufhebung des Termins und die Bestimmung eines anderen Termins verlangen, wenn der Termin auf einen früheren als den nach Abs. 1 zulässigen Zeitpunkt bestimmt ist. Im Falle der Verletzung dieser Vorschrift ist der Zuschlag zu versagen, es sei denn, daß das Recht des Betheiligten durch den Zuschlag nicht beeinträchtigt wird oder der Betheiligte das Verfahren genehmigt. Die Genehmigung ist durch eine öffentlich beglaubigte Urkunde nachzuweisen.

§ 26.

Soweit durch ein Urtheil der Widerspruch eines Baugläubigers gegen die Aufnahme der Forderung eines anderen Baugläubigers in den Vertheilungsplan rechtskräftig als begründet anerkannt ist, wirkt das Urtheil für alle Baugläubiger. Der widersprechende Baugläubiger kann Erstattung seiner Prozeßkosten aus dem bei der Vertheilung auf die Baugläubiger entfallenden Betrag insoweit verlangen, als in Folge des Widerspruchs der Antheil des Prozeßgegners an diesem Betrage vermindert ist. **Ist der Prozeßgegner ein Nachmann, so kann die Erstattung nur denjenigen Baugläubigern gegenüber verlangt werden, denen der Wegfall des Nachmanns zum Vortheile gereicht.**

Vierter Abschnitt.

Sicherheitsleistung.

§ 27.

Eine gemäß § 1 durch Hinterlegung bestellte Sicherheit haftet den Baugläubigern in der gleichen Weise, wie ihnen kraft der Bauhypothek das Grundstück haftet.

§ 28.

Wird der Bauvermerk nach § 11 oder § 14 gelöscht, so hat das Grundbuchamt auf Antrag die Rückgabe der Sicherheit anzuordnen. Das Gleiche gilt, wenn dem Grundbuchamte nach dem Ablaufe der Anmeldungsfrist die Zustimmung aller Baugläubiger, für welche wirksame Anmeldungen vorliegen, in der für Eintragungsbewilligungen durch die Grundbuchordnung vorgeschriebenen Form nachgewiesen wird; die Zustimmung eines Baugläubigers kann dadurch ersetzt werden, daß zu seinen Gunsten Sicherheit geleistet wird. Auf die Sicherheitsleistung finden die Vorschriften des § 14 Abs. 4, 5 Anwendung.

§ 29.

Nach dem Ablaufe der Anmeldungsfrist kann der Eigenthümer sowie jeder Baugläubiger, welchem die Sicherheit haftet, die Einleitung eines Vertheilungsverfahrens beantragen.

Für das Vertheilungsverfahren ist das Amtsgericht zuständig, in dessen Bezirke das Grundstück belegen ist.

Gegen den Beschluß, durch welchen der Antrag auf Einleitung des Vertheilungsverfahrens zurückgewiesen wird, steht dem Antragsteller die Beschwerde zu.

Der Beschluß, durch welchen der Antrag eines Baugläubigers zugelassen wird, ist auch dem Eigenthümer zuzustellen; dem Eigenthümer steht gegen den Beschluß die sofortige Beschwerde zu.

Auf die Beschwerde finden die Vorschriften der Civilprozeßordnung entsprechende Anwendung.

§ 30.

Wird der Antrag zugelassen, so hat das Gericht gleichzeitig das Grundbuchamt um Ertheilung einer beglaubigten Abschrift der wirksamen Anmeldungen zu ersuchen.

Sind Werthpapiere hinterlegt, so hat das Gericht die Veräußerung der Papiere nach Maßgabe der Vorschriften über die Zwangsvollstreckung anzuordnen; der Erlös ist zu hinterlegen. Ist das Verfahren auf Antrag eines Baugläubigers eingeleitet worden, so darf die Veräußerung erst angeordnet werden, wenn der Beschluß, durch welchen der Antrag zugelassen wird, rechtskräftig geworden ist.

§ 31.

Das Gericht hat nach dem Eingange der beglaubigten Abschrift der wirksamen Anmeldungen, im Falle des § 30 Abs. 2 jedoch nicht vor der Hinterlegung des Erlöses, einen Termin zur Vertheilung zu bestimmen.

Die Terminsbestimmung ist dem Eigenthümer sowie jedem Baugläubiger, für welchen eine wirksame Anmeldung vorliegt, zuzustellen; sie soll an die Gerichtstafel angeheftet werden.

§ 32.

Auf das Vertheilungsverfahren finden die Vorschriften des § 106, des § 107 Abs. 1 Satz 1, des § 111, des § 113 Abs. 1, des § 114 Abs. 1, der §§ 115, 117, 119, 120, 124, 126, des § 127 Abs. 2, 3 und der §§ 135, 137 bis 142 des Gesetzes über die Zwangsversteigerung und die Zwangsverwaltung entsprechende Anwendung. Ansprüche, für die nach der Mittheilung des Grundbuchamtes eine wirksame Anmeldung vorliegt, gelten im Sinne des § 114 Abs. 1 als Ansprüche, die zur Zeit der Eintragung des Versteigerungsvermerkes aus dem Grundbuch ersichtlich waren.

§ 33.

Sind ein Vertheilungsverfahren in Ansehung der Sicherheit und ein Vertheilungsverfahren über den Erlös des mit der Bauhypothek belasteten Grundstücks gleichzeitig anhängig, so hat das Gericht beide Verfahren zu verbinden. Die Verbindung findet nicht mehr statt, sobald in einem der Verfahren der Vertheilungstermin abgehalten ist.

§ 34.

Im Falle des § 23 erstreckt sich das Vertheilungsverfahren über den Erlös des Grundstücks zugleich auf die gemäß § 1 durch Hinterlegung geleistete Sicherheit. Die Vorschriften des § 30 Abs. 2 finden entsprechende Anwendung.

Fünfter Abschnitt.

Schlußbestimmungen.

§ 35.

Soll das Gebäude von einem Erbbauberechtigten errichtet werden, so ist der Bauvermerk auf dem Grundbuchblatte des Erbbaurechts einzutragen. Der Werth des Erbbaurechts tritt an die Stelle des Baustellenwerths.

Bei der Feststellung der Belastungen sind sowohl die auf dem Erbbaurecht als die auf dem Grundstücke haftenden, dem Erbbaurechte vorgehenden Belastungen zu berücksichtigen.

Die sich auf den Eigenthümer beziehenden Vorschriften dieses Gesetzes finden auf den Erbbauberechtigten Anwendung.

§ 36.

Auf die durch dieses Gesetz den Baugläubigern gewährten Rechte kann erst nach dem Beginne der Anmeldungsfrist oder nach der Anordnung der Zwangsversteigerung oder der Zwangsverwaltung verzichtet werden.

§ 37.

Durch Landesgesetz können die nach diesem Gesetze der Baupolizeibehörde obliegenden Verrichtungen einer anderen Behörde, die nach § 22 einem Treuhänder obliegenden Verrichtungen einer Behörde übertragen werden.

§ 38.

Auf Grundstücke des Fiskus und solche Grundstücke, welche einem dem öffentlichen Verkehre dienenden Bahnunternehmen gewidmet sind, sowie auf Grundstücke, die nach landesherrlicher Verordnung ein Grundbuchblatt nur auf Antrag erhalten, finden die Vorschriften dieses Gesetzes keine Anwendung.

Das Gleiche gilt von den Grundstücken eines Landesherrn und den Grundstücken, welche zum Hausgut oder Familiengut einer landesherrlichen Familie, der Fürstlichen Familie Hohenzollern oder der Familie des vormaligen Hannoverschen Königshauses, des vormaligen Kurhessischen und des vormaligen Herzoglich Nassauischen Fürstenhauses gehören.

§ 39.

Wird die im § 1 vorgesehene landesherrliche Verordnung zurückgenommen, so finden die Vorschriften dieses Gesetzes nur noch in Ansehung der Grundstücke Anwendung, bei denen ein Bauvermerk oder eine Bauhypothek bereits eingetragen ist.

XIII.

Gutachten des Herrn Justizraths Dr. J. Stranz in Berlin[1])

über die Frage:

Empfiehlt sich die Aenderung der Vorschrift des § 313 B.G.B., wonach die obligatorische Verpflichtung zur Uebertragung eines Grundstückseigenthums an gerichtliche oder notarielle Beurkundung des Vertrages geknüpft ist?

Kaum drei Jahre sind seit dem Inslebentreten des B.G.B. vergangen, und schon beschäftigt sich der Juristentag, wie er vorher an Schöpfung und Aufbau des B.G.B., des Ganzen in seiner Einheit und Fülle, vorbereitend mitgewirkt hat, mit der Frage, ob nicht die heilende Hand an einzelne seiner Normen angelegt werden solle.

Nicht daß sich schon, was unsere Aufgabe betrifft, erhebliche Mißstände gezeigt hätten, welche die Reformbedürftigkeit des § 313 nahe legen. Aber sein Inhalt ist einerseits im Rahmen der sonst das Gesetzbuch beherrschenden Formfreiheit eine Anomalie, andererseits volkswirtschaftlich und rechtspolitisch von großer Bedeutung. So meldete sich jene Frage wie von selbst. Auch erregen in unserer sozialpolitisch durchtränkten Zeit diejenigen Rechtsnormen ein um so lebhafteres Interesse, in denen wirtschaftliche Bedürfnisse und soziale Interessen um ihren entsprechenden Ausdruck ringen. Dies war auch nicht zumindest der Reiz, den die Aufgabe auf den Verfasser dieses Gutachtens ausübte. Der Erledigung der Aufgabe glaubt er daher nicht genügen zu können durch

---

[1]) Vergl. Gutachten des Justizraths Dorst in Köln über dasselbe Thema (I. Band S. 18 ff.).

eine Mitteilung seiner persönlichen Auffassung. Vielmehr sollen eine Darlegung des früheren Rechtszustandes, die Entstehungsgründe und der Zweck der hier fraglichen Bestimmung, eine kurze dogmatische Entwickelung ihres Inhaltes, sowie eine statistische Erhebung über die praktischen Erfahrungen aus den beiden vergangenen Jahren die Stützen und Tragebalken bilden, auf denen die Antwort sich aufbaut.

I. Präzisirung des Thema.

Der § 313 B.G.B. in seinem Wortlaute folgt an anderer Stelle (S. 109). Unser Thema betrifft im wesentlichen nur den ersten Satz des § 313. Nicht danach ist gefragt, ob sich eine Aenderung des zweiten Satzes empfiehlt. Zur Frage gestellt ist, ob die durch den ersten Satz eingeführte Form der gerichtlichen oder notariellen Beurkundung beibehalten werden soll, oder ob eine Aenderung in dieser Beziehung — in der Hauptsache, ob Formfreiheit oder einfache schriftliche Form — sich empfiehlt. Der zweite Satz des § 313 wird uns daher nur insoweit beschäftigen, als er mit dieser Frage im Zusammenhange steht: und dieser Zusammenhang ist vorhanden.

Zur Klarstellung des Thema sei ferner hervorgehoben: Es handelt sich nicht um die Form, durch welche das Eigenthum übertragen wird, bezw. um die Form des dinglichen Vertrages, sondern um den zu Grunde liegenden obligatorischen Vertrag: um den Vertrag, durch den sich ein Theil verpflichtet, das Eigenthum an einem Grundstücke zu übertragen. Nicht selten werden diese beiden Akte, selbst in den Rechtsquellen, verwechselt. Sie sind aber begrifflich grundverschieden. (Näheres unten S. 112.) Der obligatorische Vertrag — dies gibt dem § 313 eine besondere Wichtigkeit — wird erfahrungsgemäß eine Zeit lang vor Auflassung und Uebergabe geschlossen. Grundstücksveräußerungen sind meist Zeitgeschäfte; daher spielt die Form der Bindung eine große praktische Rolle.

II. Rechtszustand in Deutschland vor dem 1. Januar 1900.

Aus dem Vergangenen entsteht und erklärt sich die Gegenwart am besten. Der nothwendige Rückblick auf den früheren Rechtszustand unterscheidet auch hier zunächst die drei großen Rechtsgebiete, die vor dem 1. Januar 1900 privatrechtlich Deutschland beherrschten. Im Herrschaftsgebiete des preußischen Landrechts (I. 10 § 17 A.L.R.; Gesetz vom

23. April 1821, welches die durch die A.G.O. — § 39 II. 1 — als Neuerung eingeführte gerichtliche und notarielle Form für Grundstücksverträge aufhob)[2]) und des französischen Rechts[3]) (Baden, Elsaß-Lothringen, Rheinpreußen linksrheinisch) war Schriftlichkeit nöthig und ausreichend, während gemeinrechtlich diese Verträge formfrei waren. Indeß ist dies nur der grobe Umriß; namentlich das Bild des gemeinrechtlichen Gebietes war bunt genug. Viele Partikularrechte hatten sich der Formfreiheit hinsichtlich der Immobiliar-Veräußerungsverträge begeben. Gerichtliche oder notarielle Form verlangten Hannover (Gesetz vom 16. Dez. 1843 § 3), das Großherzogthum Hessen (Gesetz vom 4. August 1871), Schaumburg-Lippe (Gesetz vom 4. März 1870), vor allem aber Bayern im Notariatsgesetz vom 10. November 1861 Art. 14, welcher vorbildlich für den § 313 wurde[4]). In Nassau hatte das Stockbuchgesetz (vom 15. Mai 1851) für Grundstücksverträge eine besondere Form der Gerichtlichkeit eingeführt[5]). Schriftlichkeit genügte in Württemberg (Gesetz vom 23. Juni 1853) und in Sachsen (Sächs. Gesetzb. §§ 822, 824).

Von Interesse ist es aber, nicht nur die unmittelbare Vergangenheit vor dem 1. Januar 1900 kennen zu lernen, sondern weiter zurück in die früheren Jahrhunderte deutschen Rechtslebens zu gehen. Ob im ältesten deutschen Rechte Formfreiheit der Verträge bestand oder nicht, ist bekanntlich streitig. Den Grundsatz: „ein Mann ein Wort", hat man früher als einen germanischen betrachtet im Gegensatze zum römischen Recht, das für die rechtliche Bindung die stipulatio erforderte. Diese Ansicht ist bei eingehender Prüfung von angesehenen Rechtslehrern[6]) als irrig befunden worden. Das alte deutsche Recht nahm einen nicht beim — einfach gesprochenen — Wort, es verlangte zur Giltigkeit des Vertrages die Beobachtung bestimmter Formen. Gebunden war man erst entweder durch den Gebrauch von Symbolen und feierlichen Bestärkungen, z. B. die Auslieferung einer festuca, einer Urkunde (carta),

---

[2]) Weißler: Das Notariat der Preußischen Monarchie S. 112.

[3]) Förtsch: Vergl. Darstellung des C.c. und des B.G.B. S. 209; linksrheinisch war vom Jahre 1885 bis zum Inkrafttreten der Grundbuchgesetze mündliche Verpflichtung ausreichend (Dorst S. 26).

[4]) Stobbe: Handbuch des Deutschen Privatrechts Bd. 3 § 173 Anm. 7.

[5]) Weißler: a. a. O. S. 123.

[6]) So Sohm: Recht der Eheschließung S. 24 ff.; Stobbe: a. a. O. S. 165: Brunner in Goldschmidt's Zeitschrift XXII. S. 551 ff.; die Meinung, daß nach altem Recht auch der formlose Vertrag giltig war, wird z. B. von Gerber, Deutsches Privatrecht 15. Auflage, § 159, vertreten.

einer kleinen Summe (arrha, Gottespfennig) u. s. w., oder durch den Abschluß vor Zeugen und Mahl oder Trunk mit ihnen gemeinsam (litkauf, Weinkauf) oder durch die Erfüllung bei geringwertigeren Geschäften des gewöhnlichen Verkehrs. Indeß schleifte sich im späteren Mittelalter das starre Formprinzip ab. Nach dem Sachsenspiegel (I. 7: sve icht vorget oder lovet, die sal't gelden, unde svat he dut, dat sal he stede halten) bindet auch der formlos geschlossene Vertrag. Als ferner bei der Aufnahme des fremden Rechts in Deutschland die römische „stipulatio“, die dem deutschen Wesen widersprach, keinen Eingang fand, bürgerte sich je länger je mehr das Prinzip der Formfreiheit ein. Allein nicht mit ausnahmsloser Geltung. Für einzelne eigenthümliche Vertragsarten (Vergabungen von Todeswegen), vor allem aber für alle Verträge, welche Immobilien zum Gegenstande hatten, wurde in weiten Theilen Deutschlands die Beurkundung, zumeist vor Gericht, verlangt. Das öffentliche Interesse in Beziehung auf das Grundeigenthum sollte durch die obrigkeitliche Beihilfe ebenso gewahrt, wie die Vertragschließenden vor Unbesonnenheiten geschützt werden[7]). Die neueren Legislationen schlossen sich, wie wir oben dargelegt haben, seit 1800 ungefähr, hinsichtlich der verpflichtetenden Kraft der Immobiliarverträge dem Formzwange an[8]).

---

[7]) Stobbe a. a. O. §§ 165, 184; Gerber § 162; Beseler 4. Aufl. § 109.

[8]) In manchen Partikularrechten ist es oft zweifelhaft, ob der Eigenthumsübertragung, der Auflassung, die gerichtliche Form gilt, oder dem vorausgehenden Veräußerungsgeschäfte. Beide Akte werden verwechselt (Gerber § 162 Anm. 1; Beseler § 109). Es ist ein in Deutschland wohl auch für die älteste Zeit nachweisbarer und, wenn auch durch die Aufnahme des römischen Rechts zeitweise erschütterter, doch bis in die Gegenwart herrschender Grundsatz, daß das Eigenthum an einem Grundstück (und überhaupt ein dingliches Recht am Grundstücke) nur durch eine feierliche öffentliche Handlung und später auch vorzugsweise vor dem Gerichte der belegenen Sache, im Echteding, übertragen werden müsse. Ane echte ding ne mut nieman sin egen geven (Sachsenspiegel I. Art. 52 § 1). Darauf beruht das Institut der gerichtlichen Auflassung und der — später üblich gewordenen — Eintragung in öffentlichen Büchern. Näheres Gerber § 89, Beseler § 88; dort auch über die verschiedenen Auffassungen in Bezug auf die in den alten Rechtsquellen erwähnten beiden Akte der sala, traditio (Auskleidung des Veräußerers?), und der vestitura, geweri (Einweisung in den Besitz oder Uebereignungsakt?). Zu beachten bleibt die vielfach vertretene abweichende Meinung, die Auflassung fände sich nicht in so alter Zeit und in der Ausdehnung, wie man dies anzunehmen gewohnt sei (Stobbe Bd. 2 Abth. 1 § 94, die dort zitirten Laband, Bülowius; Weißler Preuß. Not. S. 8 ff, 47), der Hauptwerth sei vielmehr in Deutschland stets auf die Beurkundung der Vertragsabrede gelegt worden.

III. Entstehungsgeschichte, Zweck des § 313 B.G.B.

Einem zerklüfteten Rechtszustande stand somit auch in unserer Frage der Gesetzgeber gegenüber. Räumlich war die Form der Schriftlichkeit am weitesten verbreitet (Preußen des A.L.R., Baden, Elsaß-Lothringen, das linke Rheinufer, Württemberg). Ein allgemeiner, das Volksbewußtsein beherrschender Gedanke, leitend oder hindernd, drängte sich dem Gesetzgeber nicht auf. Weder war es deutsch, das Vertrauen auf das Wort allein entscheiden zu lassen, noch war es deutsch, gerade eine bestimmte Form für Grundstücksveräußerungen zu verlangen. Vielmehr waren die Gesetzgebungen vorher im wesentlichen von Zweckmässigkeitsgründen beherrscht worden. Solche Gründe waren es auch, die für die Normirung des B.G.B. maßgebend wurden.

Schon der erste Entwurf hatte die Bestimmung, sie blieb beim zweiten Entwurf inhaltlich unverändert, auch Bundesrath und Reichstag legten ihr bestätigendes Siegel auf sie[9]).

I. § 351.	II. § 265.	B. § 307. (R. § 307, G. § 313.)
Der Vertrag, durch welchen Jemand sich zur Uebertragung des Eigenthumes an einem Grundstücke verpflichtet, bedarf der gerichtlichen oder notariellen Form. Der ohne Beobachtung der gerichtlichen oder notariellen Form geschlossene Vertrag erlangt durch die Auflassung und die Eintragung des Erwerbers in das Grundbuch nach seinem ganzen Inhalte Gültigkeit.	Ein Vertrag, durch den sich Jemand verpflichtet, das Eigenthum an einem Grundstücke zu übertragen, bedarf der gerichtlichen oder notariellen Beurkundung. Ein ohne Beobachtung dieser Form geschlossener Vertrag wird seinem ganzen Inhalte nach gültig, wenn die Auflassung des Grundstücks und die Eintragung in das Grundbuch erfolgt ist.	Ein Vertrag, durch den sich **der eine Theil** verpflichtet, das Eigenthum an einem Grundstücke zu übertragen, bedarf der gerichtlichen oder notariellen Beurkundung. Ein ohne Beobachtung dieser Form geschlossener Vertrag wird seinem ganzen Inhalte nach gültig, wenn die Auflassung und die Eintragung in das Grundbuch erfolgen.

Die Gründe, welche den Gesetzgeber in den verschiedenen Stadien leiteten, sind ungefähr die gleichen. Sie lassen sich in drei Gruppen zusammenfassen.

---

[9]) Vergl. in Mugdan, Materialien zum B.G.B.: die Motive zum I. Entw. S. 104 f.; die Protokolle zum II. Entw. S. 619 ff.; die Denkschrift S. 1237; den Reichstags-Kommissionsbericht S. 1274 f.

Zunächst Gründe sozialer Bedeutung. Das Grundeigenthum sei zwar in unserer Zeit des industriellen Kapitalismus nicht mehr der werthvollste Gegenstand des Vermögens, habe aber an sozialem Werth nichts eingebüßt. Bilde doch der Grundbesitz die natürliche Grundlage für die Seßhaftigkeit der Bevölkerung. Schon deshalb sei die Veräußerung nicht leicht zu nehmen.

Eng hiermit hängt der Grund zusammen, die minder geschäftsgewandte Bevölkerung durch den Zwang zu notariellem oder gerichtlichem Abschluß vor Uebereilung und Ausbeutung zu bewahren. Die Form soll hier, wie in so vielen anderen Fällen, Schutznorm sein. Namentlich für den Bauer. Die Ausbeutung der bäuerlichen Bevölkerung durch bodenwucherische Geschäfte und die Zersplitterung des Grund und Bodens durch parzellirende Güterschlächter, insbesondere im Wege der Wirtshausgeschäfte, müßten gehindert werden. Die schriftliche Form allein habe sich nicht als ein genügender Schutz bewährt. Das Bedürfniß des öffentlichen Beurkundungszwanges sei aber auch in Ansehung anderer, als landwirthschaftlicher, Grundstücke anzuerkennen, ganz abgesehen von der Zweifelhaftigkeit der Frage, welche Grundstücke zu den landwirthschaftlichen gehören, oder als der Landwirthschaft dienend anzusehen seien.

Endlich fiel ins Gewicht die ungleich größere Gewähr für die Vollständigkeit, Richtigkeit und Verständlichkeit der Beurkundung, welche die Mitwirkung des Notars oder Richters bietet. Hängt doch jedes Grundeigenthum, wie die Motive mit Recht ausführen, mit einer Reihe von Rechtsverhältnissen zusammen, die wegen seiner Unvergänglichkeit von weit aussehender Dauer sind, so daß also auch die Veräußerung und der Erwerb immer eine besondere Vorsicht zur Vermeidung späterer Schwierigkeiten erfordern.

Diese drei Gruppen von Erwägungen sind es in nuce, welche in allen Stadien den Sieg über die Gegengründe und die Abänderungsvorschläge herbeigeführt haben. Die Formfreiheit ist nur von den beiden Mecklenburg verlangt worden; sämmliche übrigen Regierungen stimmten bei ihren gutachtlichen Aeußerungen dem I. Entwurf bei, selbst diejenigen, in deren Staaten bisher Formfreiheit oder die einfache Schriftform geherrscht hatte. Auch in der II. Kommission und in den späteren Stadien ist ein Antrag auf Formfreiheit von maßgebender Seite nicht aufgetaucht. Dagegen wurde die einfache Schriftform sowohl in der II. Kommission (Mugdan S. 620) wie auch in der Reichstagskommission (Mugdan II. Bd. S. 1275) als zur Gültigkeit des Vertrages ausreichend beantragt. Die Gründe zu Gunsten der einfachen Schriftform werden wir weiter unten in einem andern Zusammenhange einer kritischen Würdigung unterziehen. (S. 140 ff.)

Von Wichtigkeit ist es jedoch, hier dem Schicksal einiger der Anträge nachzugehen, die zum § 313 (früher 351) in der II. Kommission gestellt wurden.

Ein Antrag, die Errichtung in „öffentlicher Urkunde" vorzuschreiben, statt die Parteien bloß auf die gerichtliche oder notarielle Beurkundung zu beschränken, wurde abgelehnt. Dagegen fand die Billigung der Kommission ein Antrag, im Einführungsgesetze zu bestimmen:

> „Unberührt bleiben die landesgesetzlichen Vorschriften, nach welchen zur Aufnahme der im § 351 (jetzt 313) des B.G.B. vorgeschriebenen Urkunden auch andere Behörden und Beamte als die Gerichte und Notare zuständig sind."

Dieser Antrag, später ein Bestandtheil des Art. 142 E.G., ist, wie wir nachher (S. 146) sehen werden, von großer praktischer Bedeutung geworden.

Für den Antrag, die Formvorschrift auf obligatorische Verträge zur Begründung, Uebertragung oder Belastung jedes dinglichen Rechts an einem Grundstücke auszudehnen, erkannte die Kommission ein Bedürfniß nicht an. Denn die Formalisirung des dinglichen Vertrages genüge hier, zu einem Schutze gegen Uebereilung liege keine Veranlassung vor, und die strengere, als die privatschriftliche Form, müßte vielfach zur Erschwerung und Beeinträchtigung des Verkehrs führen, insbesondere bei Hypotheken (Darlehnzusagen der Landschafts-Direktionen, Schlußscheinen der Hypothekenmakler).

Endlich ist auch der wichtige Antrag, den zweiten Satz (damals noch Absatz) zu streichen, also die Heilung des Formmangels durch Auflassung nicht zuzulassen, abgelehnt worden. Ueberwiegende Gründe sprechen für die Ablehnung, wie wir an anderer Stelle noch darlegen werden.

IV. Erläuterung des § 313.

Eine kurze dogmatische Erläuterung empfiehlt sich, weil nur dadurch der Einblick in den gegenwärtigen Rechtszustand voll erschlossen wird. Ob Aenderungen wünschenswerth, ob sie nothwendig, kann erst eine genaue Untersuchung des status quo ergeben; an die Diagnose schließt sich die Prognose.

Satz 1.

1. Der obligatorische Vertrag ist es, den der § 313 im Auge hat: der Vertrag, durch den sich der eine Theil **verpflichtet**, das Eigenthum zu übertragen. Von diesem obligatorischen Vertrag des § 313, dem obligatorischen Grundgeschäft, ist der dingliche Vertrag, die rechtsgeschäftliche Verfügung über das Grundstück, die Einigung des Veräußerers und Erwerbers, welche das B.G.B. Auflassung nennt, mit ihrer die Rechtsänderung unmittelbar bewirkenden Folge scharf zu unterscheiden[10]). Dies ist der Gegenstand der §§ 873 und 925. Der in der Form des § 313 abgeschlossene Vertrag ist weder der dingliche Vertrag noch ersetzt er ihn; er begründet nur ein Recht auf Vollziehung desselben und Abgabe der Erklärungen gemäß § 925 (Planck Anm. 1 zu § 323).

2. Jeden obligatorischen Vertrag, durch welchen sich Jemand verpflichtet, das Eigenthum an einem Grundstücke zu übertragen, hat der § 313 im Auge, nicht etwa bloß Kauf- oder Tauschverträge (vergl. auch unten zu 6a).

3. Nur das Eigenthum an einem Grundstück, nicht sonstige dingliche Rechte trifft der § 313. Auch für Verträge, durch die sich Jemand zur Begründung oder Uebertragung eines Erbbaurechts verpflichtet, greift er Platz (§ 1017).

Der obligatorische Vertrag, welcher die Verpflichtung auf Bestellung, Aenderung oder Uebertragung eines sonstigen dinglichen Rechts (abgesehen vom Eigenthum) betrifft, ist der Regel nach formfrei. Er bedarf, um bindend zu sein, auch nicht der im § 873 Abs. 2 vorgeschriebenen Formen, welche nur für die Bindung hinsichtlich des dinglichen Vertrages gelten. Es kann daher aus einem bloß mündlichen Vertrag auf formgerechte Bestellung des in ihm versprochenen dinglichen Rechts geklagt werden. Von dieser Regel[11]), welche das Reichsgericht — Entsch. in Zivils. Bd. 48 S. 135 — mit Recht aus den Normen des B.G.B. ableitet, gibt es verschiedene Ausnahmen. Die wichtigste bildet

---

[10]) Dernburg Bürgerl. Recht III. §§ 63, 88; II. § 80 Nr. IV; Endemann Einführung in das Studium des B.G.B. I. § 104, Nr. II. § 96; II. § 17 ff.; Planck Anm. 1 zu § 313. Vergl. auch oben S. 108 Anm. 8.

[11]) Die Frage ist kontrovers; Küchendahl (in Jur. Woch. 1901 S. 701 und im „Recht" 1902 S. 200) ist abweichender Ansicht. Gegen ihn und für das Reichsgericht Eugen Fuchs a. a. O. S. 747, sowie Wunderlich und Cohen S. 791 und 792.

der § 313, der eine lex specialis für das Grundstückseigenthum im Verhältniß zu § 873 darstellt.

4. Auch der bloße Antrag bedarf, wenn für einen Vertrag gerichtliche oder notarielle Form vorgeschrieben ist, dieser Form, um bindend zu sein (§§ 128, 145 B.G.B). Das ist beim Grundstücksverkehr von besonderer Bedeutung, wie wir noch sehen werden.

5. Die Wirkung des Formmangels ist Nichtigkeit (§ 125), vorbehaltlich der heilenden Vorschrift im Satz 2. Also ist kein Recht auf Nachholung der Form, geschweige denn auf Erfüllung begründet. Weder Klage noch Einrede sind gegeben. Es besteht kein Vorvertrag, Bestärkungs- und Sicherungsmittel, insbesondere auch Konventionalstrafen, sind ungültig[12]).

6. Aus der scharfen Wirkung des Formmangels und aus den im öffentlichen Interesse wurzelnden Zwecken des § 313 ist zu folgern, daß, wie die Bestärkungs- und Sicherungsmittel, so auch alle zur Umgehung des § 313 geschlossenen Geschäfte, alle Umgehungsgeschäfte ungiltig sind. Beispiele:

a) Nicht selten wird durch Ertheilung von unwiderruflichen schriftlichen Vollmachten eine Bindung des Grundeigenthümers zur Uebertragung seines Grundstücks beabsichtigt. Entweder so, daß der Kauf direkt in die Form einer Vollmacht gekleidet wird[13]), oder so, daß der Verkäufer einer dem Einfluß des Käufers unterworfenen Person Vollmacht ertheilt. Die Gerichte sind dieser Umgehungsform bereits entgegengetreten. Die Abmachungen bestanden z. B. in einem, vom O.L.G. Marienwerder entschiedenen Falle[14]) darin, daß der Bevollmächtigte berechtigt, aber nicht verpflichtet war, die beabsichtigte Parzellirung innerhalb eines gewissen Zeitraums vorzunehmen, die Vollmachtgeber aber gehalten sein sollten, bis zum Ablauf der gestellten Frist die Ermächtigung zur Parzellirung nicht zurückzunehmen. Mit letzterer Bestimmung war die Verpflichtung der Vollmachtgeber intendirt, ihren Grundbesitz an denjenigen Käufer, den ihnen der Bevollmächtigte innerhalb des bestimmten Zeitraums bezeichnen würde, zu veräußern und aufzulassen. Diese Voll-

---

12) So auch schon die frühere preußische Praxis (Dernburg Preuß. Priv. I. § 98; Förster-Eccius I. § 79) sowie die bayerische.

13) Zeitschr. des Deutsch. Notar-Vereins, Jahrg. 1901 S. 359.

14) Deutsche Notar-Zeitschr. Jahrg. 1902 S. 140. — Das Reichsgericht hat sich unter dem 5. Februar ebenso ausgesprochen (Dtsch. Jur.-Ztg. 1902 Nr. 10 S. 249).

macht und diese Abmachungen hat das O.L.G. mit Recht insoweit für nichtig erklärt, als sie die Vollmachtgeber verpflichten sollten, die ertheilte Vollmacht nicht zu widerrufen und ihre Grundstücke an die ihnen von dem Bevollmächtigten bezeichneten Personen zu veräußern. Denn der § 313 habe nicht nur den Kauf- und Tauschvertrag im Auge, sondern umfasse jede vertragsmäßige Bestimmung, durch die sich Jemand zur Uebertragung des Eigenthums an einem Grundstücke verpflichtet. Dabei sei es unerheblich, ob eine solche Verflichtung den ausschließlichen Inhalt des Vertrages oder nur einen Bestandtheil desselben bilde; im letzteren Falle wirke nur der § 139 noch ein, nach welchem sich entscheide, ob das ganze Rechtsgeschäft nichtig ist oder nicht.

b) Die Einreichung privatschriftlicher Veräußerungsverträge bei dem Grundbuchamt ist keineswegs geeignet, die Form des § 313 zu ersetzen. Ein Landgericht hat, unter Berufung auf § 873 Abs. 2, ausgeführt, daß „die Mitwirkung zur Auflassung auch dann gefordert werden könne, wenn der dingliche Vertrag bei dem Grundbuchamt in schriftlicher Form eingereicht sei". Das Landgericht übersieht, daß § 313 eine Ausnahme von der Vorschrift des § 873 bildet (vgl. oben zu 3). Ueberdies würde durch Aufnahme der obligatorischen Verpflichtungen in den dinglichen Vertrag und die Einreichung an's Grundbuchamt die leichteste Handhabe zur Umgehung der wichtigen und wohlerwogenen Vorschrift des § 313 gegeben sein[15]).

c) Auch die Abtretung des Rechts aus einem gerichtlichen Vertrage über Uebertragung des Eigenthums an einem Grundstücke bedarf gerichtlicher oder notarieller Form, da es dem Zwecke des § 313 widerspräche, wenn durch das Mittel der formlosen Cession im Augenblicke ihrer Vornahme die Bindung der interessirten Betheiligten einträte[16]).

Satz 2.

1. Zur Heilung ist Auflassung und Eintragung erforderlich. Nach § 10 des preußischen Gesetzes vom 5. Mai 1872 war, vielleicht konsequenter, nur die Auflassung als der heilende Akt erwähnt; zu berücksichtigen ist aber, daß nach preußischem Grundbuchrecht die Eintragung sofort nachfolgte.

---

[15]) So mit Recht Consbruch Dtsch. Jur.-Ztg. 1901 S. 431 mit Nachweisen aus Litteratur und Rechtsprechung.

[16]) So zutreffend Brettner im „Recht" 1900 S. 319; a. M. Landsberg Dtsch. Jur.-Ztg. Jahrg. VI S. 350.

2. Nur Mängel der Vertragsform werden geheilt, nicht andere Mängel, z. B. im Willen, oder die fehlende vormundschaftliche Genehmigung. Der Vertrag muß, abgesehen von der mangelnden Form, sonst gültig sein.

3. Die Uebertragung (Auflassung und Eintragung) muß selbst gültig sein. „Ist die Auflassung nichtig, oder ist sie anfechtbar und angefochten, so wird auch der obligatorische Vertrag nicht gültig" (Planck Anm. 2 zu § 313).

4. Durch die nachfolgende Auflassung und Eintragung wird der ganze Inhalt des Vertrages gültig: also das Versprechen der Gegenleistung, etwaige neben dem schriftlichen Vertrage getroffene Abreden, etwaige spätere, nicht schriftliche Zusätze zu einem früheren schriftlichen Vertrage. Ueberhaupt werden diejenigen Grundsätze sinngemäße Anwendung finden, welche die Judikatur zu dem entsprechenden § 10 des preußischen Gesetzes vom 5. Mai 1872 entwickelt hat (Entsch. des Ob.-Trib. 81 S. 9; 82 S. 180; R.G. 16 S. 267)[17]).

V. Erfahrungen der Praxis mit dem § 313 in den ersten beiden Jahren seines Bestehens.

Der Wichtigkeit der Aufgabe glaubte es der Verfasser schuldig zu sein, die gestellte Frage nicht bloß deduktiv zu entscheiden, sondern, soweit es irgend möglich, auch induktiv Thatsachen-Material über die praktischen Erfahrungen seit dem 1. Januar 1900 herbeizuschaffen, um einen möglichst festen Grund und Boden zu gewinnen.

Hierfür war es von besonderem Interesse, festzustellen:

1. Wie vielen der Grundstücksauflassungen, welche im Jahre 1900 und im Jahre 1901 gethätigt sind, liegen: a) notarielle, b) gerichtliche, c) privatschriftliche Verträge zu Grunde? d) wie viele kamen ohne Vertragsurkunden vor?
2. Wie war das Zahlenverhältniß über die eben angeregten Punkte im Jahre 1899, dem letzten Jahre vor dem Inkrafttreten des Bürgerlichen Gesetzbuchs?
3. Ist die Zahl der notariell errichteten Grundstücksverträge in den Jahren 1900 und 1901 im Verhältniß zu der Anzahl in den

---

[17]) Vergl. noch Dernburg P. Privatr. I § 98 Anm. 6, § 242 Anm. 11; Förster-Eccius I. § 79 Anm. 67, III. § 178 Anm. 53, 57, 63.

früheren Jahren gestiegen? War die Steigerung eine erhebliche? In welchem Zahlenverhältniß hat sie stattgefunden? Ist sie aller Wahrscheinlichkeit nach auf die Vorschrift des § 313 B.G.B. zurückzuführen?

Amtliche Zahlen und Veröffentlichungen lagen und liegen über obige Punkte nicht vor[18]). Der Verfasser war daher auf eine private Umfrage angewiesen, die selbstverständlich nur in bescheidenem Umfange veranstaltet werden konnte. Die leitenden Gesichtspunkte für die Auswahl der Angefragten waren folgende. Hinsichtlich der Fragen zu 1 und 2 waren die Gerichte, hinsichtlich der Frage zu 3 die Notare die gegebenen Adressen. Die außerpeußischen Staaten mußte der Verfasser ausscheiden, weil er auf Material von dort nicht hoffen konnte; aus Bayern gingen indeß Mitteilungen (vom Rechtsanwalt Siegel I) ein. Ausgeschieden wurde ferner Rheinpreußen, weil für die Frage noch ein rheinischer Gutachter bestellt war.

Die Anfragen gingen an 15 Landgerichte für deren ganzen Bezirk und an vier Amtsgerichte. Hierbei wurden entsprechend berücksichtigt die verschiedenen Provinzen der Monarchie, Gerichte sowohl mit vorwiegend ländlicher als auch mit vorwiegend städtischer Bevölkerung, endlich die beiden Rechtsgebiete des Allgemeinen Landrechts und des gemeinen Rechts. Antworten gingen indeß nur von zwölf Gerichten[19])

---

[18]) Auch im preußischen Justizministerium liegen noch keine Berichte vor (Mittheilung des Geh. Raths Vierhaus).

[19]) Es sind dies: das Amtsgericht I Berlin (für sämmtliche 9 Abtheilungen, also den ganzen Stadtbezirk); das Amtsgericht II Berlin (für 2 Abtheilungen, von denen die eine die Stadt Schöneberg, die andere die Grundbuchsachen aus verschiedenen ländlichen Ortschaften der Kreise Teltow und Niederbarnim bearbeitet); das Amtsgericht Breslau (für 2 Breslau eingemeindete Vororte — Kleinburg und Pöpelwitz — und acht überwiegend ländliche Gemarkungen im Umkreise von 5 bis 25 Kilometer von Breslau); das Landgericht Köslin (für alle Amtsgerichte); das Landgericht Graudenz (für die Amtsgerichte Graudenz, Marienwerder und Schwetz); das Landgericht Guben (für alle Amtsgerichte); das Amtsgericht Iserlohn (für 3 ländliche Gemeinden); das Amtsgericht Lyck (für die Stadt Lyck und neun umliegende Dörfer); das Landgericht Nordhausen (für die vier Amtsgerichte Nordhausen, Heiligenstadt, Worbis und Sangerhausen); das Amtsgericht Schlawe. Außerdem sind von den Landgerichten zu Arnsberg und zu Schneidemühl zwar keine Zahlenaufstellungen, aber werthvolle Mittheilungen eingegangen. Die Aufstellungen der Amtsgerichte Canth, Neumarkt, Winzig, Wohlau — aus dem Bezirke des Landgerichts Breslau — sind leider zu spät eingegangen.

ein, die sich auf die Mark Brandenburg, die Provinzen Pommern, Posen, West-Preußen, Ost-Preußen, Sachsen, Schlesien, Westphalen vertheilen.

Von den Notaren wurden 18 Berliner und 34 außerhalb Berlins angefragt; geantwortet haben neun Berliner[20]) und 14 auswärtige[21]). Vertreten sind hierbei die Mark Brandenburg, die Provinzen Pommern, Posen, West-Preußen, Ost-Preußen, Sachsen, Schlesien.

Hiernach sind die statistischen Quellen nicht allzureich geflossen. Die gesammelten Erfahrungen beschränken sich auch auf eine relativ kurze Zeit. Ein Schelm aber gibt mehr, als er hat. Jedenfalls sind die Mittheilungen, zumal sie Material aus den verschiedenen Rechts- und Wirthschaftsgebieten bringen, als positive Grundlage wie auch als Spiegel verschiedenster Auffassungen für die Lösung unserer Aufgabe sehr werthvoll. Mit diesen Vorbehalten und unter dem Hinweise darauf, daß sich auf Zahlen-Material in einer entsprechenden Abänderung das Goethe'sche Wort anwenden läßt:

> Mit Zahlen laßt sich trefflich streiten,
> Mit Zahlen ein System bereiten,
> An Zahlen läßt sich trefflich glauben,
> Von einer Zahl läßt sich kein Jota rauben,

sei nunmehr an die Mittheilung der wichtigsten Ergebnisse der Umfrage gegangen.

1. Mittheilungen der Gerichte.

Wir lassen aus diesen hier einige derjenigen **genauen Aufstellungen** folgen, die eine vergleichende Uebersicht darüber gewähren, wieviele notarielle, gerichtliche oder privatschriftliche Urkunden den Auflassungen im betreffenden Gerichtsbezirk in den Jahren 1899, 1900 und 1901 zu Grunde gelegen haben, und wieviele Auflassungen ohne Vertragsurkunden gethätigt sind.

---

[20]) **Breslauer, v. Gordon, Max Jacobsohn, Irmler, Kempf, Krebs, Lisco, Lobe.**

[21]) **Cohn** (Breslau), **Jacobi** (Bergen), **Jacoby** (Stolp), **Lurjé** (Stettin), **Seelig** (Königsberg), **Weißler** (Halle), **Wolfen** (Bromberg), **Zülzer** (Ratibor), sowie sämmtliche Danziger Notare (**Citron, Levysohn, Meyer, Steinhardt, Syring, Weiß**).

A. Amtsgericht I Berlin (Stadtbezirk Berlin).

Abtheilung	Jahr 1899: Zahl der Verträge: notariellen	Jahr 1899: gerichtlichen	Jahr 1899: privatschriftlichen	Jahr 1899: Auflassungen ohne Vertragsurkunde	Jahr 1900: Zahl der Verträge: notariellen	Jahr 1900: gerichtlichen	Jahr 1900: privatschriftlichen	Jahr 1900: Auflassungen ohne Vertragsurkunde	Jahr 1901: Zahl der Verträge: notariellen	Jahr 1901: gerichtlichen	Jahr 1901: privatschriftlichen	Jahr 1901: Auflassungen ohne Vertragsurkunde
113 (112)	93	3	70	27	113	5	26	10	119	3	15	5
114	64	1	67	12	107	—	20	14	116	—	10	2
115	67	3	61	37	123	—	26	9	104	3	7	9
116	61	2	35	24	117	1	13	10	116	1	12	8
117 (120)	160	6	107	53	145	2	41	38	198	3	23	25
118	94	—	49	35	112	—	20	25	138	1	11	18
119	73	5	91	7	147	2	17	7	210	—	15	13
121	69	—	36	22	155	—	8	28	197	—	4 } 7 }	32
124 (122, 123)	177	9	124	31	174	3	25	16	171	—	12	15
Summe	858	29	640	248	1193	13	196	157	1369	11	116	127
	1775				1559				1623			

B. Amtsgericht II Berlin; Bezirk der Stadt Schöneberg (Abth. 5).

Im Jahre **1899** lagen

185 Auflassungen notarielle Verträge,
99 Auflassungen privatschriftliche Verträge zu Grunde;
144 Auflassungen kamen ohne Vertragsurkunde vor.

Summe 428

Im Jahre **1900** lagen

247 Auflassungen notarielle Verträge,
31 Auflassungen privatschriftliche Verträge zu Grunde;
84 Auflassungen kamen ohne Vertragsurkunde vor.

Summe 362

Im Jahre **1901** lagen

293 Auflassungen notarielle Verträge,
11 Auflassungen privatschriftliche Verträge zu Grunde;
81 Auflassungen kamen ohne Vertragsurkunde vor

Summe 385

C. Amtsgericht II Berlin; einzelne ländliche Ortschaften der Kreise Teltow und Niederbarnim (Abth. 5a).

Im Jahre **1899** lagen

118 Auflassungen notarielle Verträge,
2 Auflassungen gerichtliche Verträge,
198 Auflassungen privatschriftliche Verträge zu Grunde;
193 Auflassungen kamen ohne Vertragsurkunde vor.

Summe 511

Im Jahre **1900** lagen

156 Auflassungen notarielle Verträge,
2 Auflassungen gerichtliche Verträge,
118 Auflassungen privatschriftliche Verträge zu Grunde;
142 Auflassungen kamen ohne Vertragsurkunde vor.

Summe 418

Im Jahre **1901** lagen

250 Auflassungen notarielle Verträge,
8 Auflassungen gerichtliche Verträge,
106 Auflassungen privatschriftliche Verträge zu Grunde;
106 Auflassungen kamen ohne Vertragsurkunde vor.

Summe 470

D. Bezirk des Königlichen Landgerichts Guben.

Es haben den Auflassungen zu Grunde gelegen:

Laufende Nr.	Beim Amtsgericht	Notarielle Verträge			Gerichtliche Verträge			Privatschriftliche Verträge			Keine Urkunden		
		1899	1900	1901	1899	1900	1901	1899	1900	1901	1899	1900	1901
1	Crossen a. O.	189	276	268	60	40	41	206	67	55	75	83	33
2	Forst i. L.	207	182	154	2	2	4	94	75	28	89	26	72
3	Fürstenberg a. O.	60	56	70	17	18	16	148	115	103	110	97	75
4	Guben	232	257	309	31	39	36	172	89	73	107	96	89
5	Pfoerten	43	9	20	31	28	40	37	15	7	18	22	21
6	Schwiebus	1	70	85	13	10	13	97	63	7	12	31	33
7	Sommerfeld	89	138	126	7	2	3	100	25	11	50	33	29
8	Sorau, N.-L.	5	151	174	6	22	27	237	88	95	56	59	54
9	Triebel	—	63	105	9	16	6	157	90	29	9	33	41
10	Züllichau	89	136	128	28	26	18	60	48	11	33	37	39
	Summe für den Landgerichtsbezirk	915	1338	1439	204	203	204	1308	675	419	559	517	486

Gesammtzahl der Auflassungen: 1899: 2986, — 1900: 2733, — 1901: 2548.

Für den Amtsgerichtsbezirk Sommerfeld (oben zu 7) vertheilt sich die Zahl der Auflassungen auf städtische und ländliche Grundstücke wie folgt:*)

	Notarielle 1899	Notarielle 1900	Notarielle 1901	Gerichtliche 1899	Gerichtliche 1900	Gerichtliche 1901	Privatschriftliche 1899	Privatschriftliche 1900	Privatschriftliche 1901	Keine Urkunden 1899	Keine Urkunden 1900	Keine Urkunden 1901
Städtische Grundstücke	31	77	63	—	—	—	45	13	6	23	19	11
Ländliche "	58	61	63	7	2	3	55	12	5	27	14	18
Summe:	89	138	126	7	2	3	100	25	11	50	33	29

*) Mitgetheilt vom Amtsgerichtsrath Hirschfeld in Sommerfeld.

E. Bezirk der Amtsgerichte Graudenz, Marienwerder und Schwetz.

Bezeichnung der Gerichte	Jahr	Notarielle Verträge	Gerichtliche Verträge	Privatschriftliche Verträge	Verträge ohne Schriftform	Gesammtzahl
Graudenz . .	1899	81	—	399	31	511
	1900	188	1	150	33	372
	1901	241	2	86	18	347
Marienwerder .	1899	63	49	195	18	325
	1900	124	26	86	38	274
	1901	203	42	48	25	318
Schwetz . . .	1899	59	11	285	25	380
	1900	112	9	307	89	517
	1901	193	7	185	96	481

Die vorstehenden Proben werden genügen, um über die Art der gerichtlichen Mittheilungen zu orientiren. Diesseits sind nun sämmtliche Mittheilungen aller Gerichte, um nicht todtes Ziffernmaterial zu geben, in der Weise gesichtet und verarbeitet worden, daß die Prozentziffer der Auflassungen ohne Vertragsurkunde, der mit privatschriftlicher Vertragsurkunde und der mit „öffentlicher“ (d. h. gerichtlicher oder notarieller) Vertragsurkunde[22]) für die drei Jahre 1899, 1900 und 1901 berechnet wurde. Die nachstehende Tabelle veranschaulicht das Bild in Prozentziffern und gewährt eine rasche Uebersicht über die prozentuale Höhe, in der die Auflassungen in den einzelnen Bezirken zu der Form des Grundgeschäftes stehen, sowie über das Steigen und Fallen dieser Verhältnißziffer.

[22]) Bemerkt sei hier, daß die gerichtlichen Verträge gegenüber den notariellen sowohl vor 1900 als nach 1900 in den größeren Städten nur eine geringe Rolle spielen. Aber auch in ländlichen Bezirken treten sie nach Zahl und Bedeutung durchaus zurück hinter den notariellen, namentlich seit dem Jahre 1900. Die größere Bequemlichkeit, die das Publikum beim Aufsuchen des Notars hat, fällt hier entscheidend ins Gewicht. Alle Erfahrungen und die oben zu A, C, D und E mitgetheilten Aufstellungen ergeben den ziffermäßigen Beweis hierfür. Die gerichtliche Form wird namentlich bei Erbauseinandersetzungen oder in Gegenden, wo ein Notar fehlt, gewählt. Für unsere Frage ist es aber ohne Belang, ob das Publikum die eine oder die andere Form wählt; frägt es sich ja doch, ob überhaupt die Form der öffentlichen Beurkundung, worunter wir der Kürze halber die notarielle und gerichtliche Form zusammenfassen wollen, beibehalten werden soll. Von diesem Gesichtspunkte aus ist daher für unsere Zwecke eine Scheidung der notariellen und gerichtlichen Verträge nicht erforderlich.

Tabelle.

Jahreszahl	Berlin %	Amtsgericht II Berlin: Abth. 5a. Einzelne ländliche Ortschaften der Kreise Teltow u. Niederbarnim %	Amtsgericht II Berlin: Abth. 5. Stadt Schöneberg %	Breslau: 7 meist ländliche Gemarkungen (5–25 km von Breslau) %	Breslau: 2 Vororte (Kleinburg, Pöpelwitz) %	Cöslin %	Graudenz %	Marienwerder %	Schwetz %	Guben %
Auflassungen ohne Vertragsurkunden.										
1899	$13^{69}/_{71}$	$37^{313}/_{511}$	$33^{69}/_{107}$	$12^{3}/_{4}$	$43^{7}/_{51}$	14	$6^{34}/_{511}$	$5^{7}/_{13}$	$6^{11}/_{19}$	18^{1076} $_{1493}$
1900	$10^{110}/_{159}$	$33^{203}/_{209}$	$23^{37}/_{181}$	$10^{1}/_{2}$	$23^{1}/_{3}$	$15^{1}/_{4}$	$8^{27}/_{31}$	$13^{119}/_{137}$	$17^{111}/_{517}$	$18^{2506}/_{2733}$
1901	$7^{1339}/_{1623}$	$22^{26}/_{47}$	$21^{3}/_{77}$	$6^{1}/_{2}$	$40^{20}/_{47}$	$14^{1}/_{3}$	$5^{65}/_{347}$	$7^{137}/_{159}$	$19^{461}/_{481}$	$19^{47}/_{637}$
							$99 = 6^{26}/_{304}$	$00 = 13^{881}/_{1163}$	$01 = 12^{74}/_{573}$	
Auflassungen mit privatschriftlichem Vertrage.										
1899	$36^{4}/_{71}$	$38^{382}/_{511}$	$23^{14}/_{107}$	$61^{3}/_{4}$	$41^{9}/_{51}$	*) Vgl. unten Anmerkg.	$78^{42}/_{511}$	60	75	$43^{1201}/_{1493}$
1900	$12^{892}/_{1559}$	$28^{48}/_{209}$	$8^{102}/_{181}$	$10^{1}/_{2}$	$13^{1}/_{3}$		$40^{10}/_{31}$	$31^{53}/_{137}$	$59^{197}/_{517}$	$24^{1908}/_{2733}$
1901	$7^{239}/_{1623}$	$22^{26}/_{47}$	$2^{66}/_{77}$	15	$8^{24}/_{47}$		$24^{272}/_{347}$	$15^{15}/_{159}$	$38^{222}/_{481}$	$16^{283}/_{637}$
							$99 = 72^{87}/_{304}$	$00 = 46^{802}/_{1163}$	$01 = 27^{479}/_{573}$	
Auflassungen mit Vertrag in öffentlicher (notarieller oder gerichtlicher) Form.										
1899	$49^{69}/_{71}$	$23^{247}/_{511}$	$43^{24}/_{107}$	$25^{1}/_{2}$	$15^{35}/_{51}$	*) Vgl. unten Anmerkg.	$15^{435}/_{511}$	$34^{6}/_{13}$	$18^{8}/_{19}$	$37^{709}/_{1493}$
1900	$77^{557}/_{1559}$	$37^{167}/_{209}$	$68^{42}/_{181}$	79	$63^{1}/_{3}$		$50^{25}/_{31}$	$54^{102}/_{137}$	$23^{209}/_{517}$	$56^{1052}/_{2733}$
1901	$85^{45}/_{1623}$	$54^{43}/_{47}$	$76^{8}/_{77}$	$78^{1}/_{2}$	$51^{3}/_{47}$		$70^{10}/_{347}$	$77^{7}/_{159}$	$41^{279}/_{481}$	$64^{307}/_{637}$
							$99 = 21^{191}/_{304}$	$00 = 39^{643}/_{1163}$	$01 = 60^{30}/_{573}$	

*) Die Aufstellung von Coeslin hat die Auflassungen mit privatschriftlichem und mit öffentlichem Vertrage nicht unterschieden. Mit Vertrag kamen

Jahreszahl	Iserlohn 8 ländliche Gemeinden %	Lyck Stadt Lyck und 9 umliegende Dörfer %	Nordhausen Gerichtseingesessene 1901 städtisch 28 000 ländlich 14 722 %	Heiligenstadt Gerichtseingesessene 1901 städtisch 8 000 ländlich 28 152 %	Worbis Gerichtseingesessene 1901 städtisch 12 000 ländlich 20 287 %	Sangerhausen Gerichtseingesessene 1901 städtisch 5 000 ländlich 21 498 %	Schlawe %	Arnsberg	Schneidemühl
			Auflassungen ohne Vertragsurkunden.						
1899	$27^{7}/_{9}$	$9^{3}/_{13}$	$14^{214}/_{349}$	$27^{323}/_{951}$	$40^{340}/_{839}$	$25^{10}/_{36}$	etwa 5		Hierüber liegt keine Auskunft vor.
1900	$11^{1}/_{2}$	17	$76^{7}/_{18}$	$35^{165}/_{781}$	$48^{37}/_{81}$	$23^{359}/_{367}$	10		
1901	$21^{3}/_{7}$	18	$81^{23}/_{77}$	$34^{226}/_{311}$	$56^{78}/_{163}$	$28^{38}/_{179}$	8		
			Auflassungen mit privatschriftlichem Vertrage.					Regel privatschriftlich oder mündlich	
1899	$29^{5}/_{9}$	$47^{9}/_{13}$	$56^{56}/_{349}$	$66^{34}/_{951}$	$57^{417}/_{839}$	$33^{12}/_{36}$	etwa $47^{1}/_{2}$		Zahlreiche schriftliche, aber Abnahme gegen die Zeit vor dem 1. 1. 00.
1900	$11^{1}/_{2}$	$38^{5}/_{13}$	0	$53^{507}/_{781}$	$45^{5}/_{81}$	$4^{332}/_{367}$	im Ganzen 2 oder 3 Verträge		
1901	$16^{2}/_{7}$	$37^{1}/_{2}$	$3^{29}/_{77}$	$44^{266}/_{311}$	$34^{117}/_{162}$	$2^{142}/_{179}$			
			Auflassungen mit Vertrag in öffentlicher (notarieller oder gerichtlicher) Form.						Anzahl aller notariell. Verträge:
1899	$42^{6}/_{9}$	$43^{1}/_{13}$	$29^{79}/_{349}$	$6^{594}/_{951}$	$2^{82}/_{839}$	$41^{14}/_{36}$	etwa $47^{1}/_{2}$		= 417
1900	77	$44^{8}/_{13}$	$23^{11}/_{18}$	$11^{109}/_{781}$	$6^{39}/_{81}$	$71^{43}/_{367}$	in der Regel notariell		= 736
1901	$62^{2}/_{7}$	$44^{1}/_{2}$	$15^{25}/_{77}$ *)	$20^{130}/_{311}$	$8^{129}/_{163}$	$68^{178}/_{179}$			= 706

*) Vgl. S. 124 Anm. 23.

Niemandem mehr, als dem Verfasser, stehen lebhafter die schon oben hervorgehobenen Momente vor Augen, die den Werth der von ihm ermittelten Ziffern beeinträchtigen. Aber in einem, und einem wesentlichen, Punkte ist die Sprache der Tabelle eine deutliche. Schon unter altem Rechte kamen eine sehr erhebliche Anzahl von Grundstücksverträgen vor die Gerichte und Notare. Und sodann die Prozentziffer der in öffentlicher Form geschlossenen Verträge ist in den beiden letztvergangenen Jahren gegenüber dem Jahre 1899 überall gestiegen[23]): in den Großstädten, ihren Vororten, in Mittelstädten, in kleinen Städten und in ländlichen Bezirken. Außer in Lyck, wo es sich um eine Steigerung von nur etwa 1 $^1/_2$ % handelt, zeigen sich Steigerungen bis zu 10 %, 20 %, ja selbst bis zu 40 und 50 %. Innerhalb der Jahre 1900 und 1901 zeigte sich in einzelnen Bezirken zunächst ein Anschwellen und dann ein Sinken.

Ein interessantes Resultat liefert der Blick auf die Tabelle rücksichtlich der ohne jede Vertragsurkunde und auf Grund privatschriftlichen Vertrages erfolgten Auflassungen. Durchwegs zeigt sich ein prozentuales Sinken **bei den privatschriftlichen Verträgen**; auch diese Erscheinung gilt in gleicher Weise für Stadt, Land und gemischte Bezirke[24]). Die privatschriftliche Form bröckelt ab zu Gunsten bald der formlosen bald der öffentlich beurkundeten Geschäfte; wie von zwei Mahlsteinen, ist sie von diesen beiden Arten in die Mitte genommen. Und zwar weicht sie in Bezirken, wo die Städte überwiegen, oder gar in ausschließlichen Stadtbezirken zu Gunsten der notariellen Form; denn in Berlin, Schöneberg und in den Vororten Berlins und Breslaus ist ein Sinken der Auflassungen ohne Urkunde wahrnehmbar. Sie weicht aber in den Bezirken, wo die ländlichen Grundstücke zahlreich sind, bezw. in ausschließlich ländlichen, wie Worbis, Lyck, zu Gunsten der urkundlosen Grundgeschäfte, die dort eine erhebliche Steigerung in den beiden letzten Jahren erfahren haben. Freilich gibt es auch stark ländliche Bezirke, wie Schlawe, und selbst ausschließlich ländliche, wie die drei Gemeinden um Iserlohn, bei denen die privatschriftliche Form zu Gunsten der öffentlichen zurückgegangen ist.

---

[23]) Eine Ausnahme zeigt Nordhausen, doch nur scheinbar, da dort häufig einer Auflassungsverhandlung mehrere Verträge zu Grunde liegen, z. B. Parzellirungen.

[24]) Mit diesem Ergebniß aus den gerichtlichen Aufstellungen stimmen übrigens viele Berichte der Notare überein; es kommen z. B. in Stolp Auflassungen auf Grund privatschriftlicher Verträge fast nie vor, in Danzig sind sie auf ein Minimum zurückgegangen.

Wie erklärt sich wohl dieser Einbruch des § 313 gerade in die privatschriftliche Form? wie erklärt es sich, daß die urkundlosen Auflassungen unter seiner Herrschaft nicht so rasch und stark beeinträchtigt wurden, als die mit privatschriftlichen Verträgen, daß sogar erstere in manchen Landbezirken eine Mehrung erfahren haben[25])? Mancherlei Momente wirken hier zusammen. Zunächst wo Vorsicht geboten ist, bei werthvollen Grundstücken, oder wo infolge subjektiver Neigung Vorsicht geübt wird, greift man zur urkundlichen Fixirung. Und da man weiß, daß die Schriftform nicht genügt, drängt die Vorsicht nothwendigerweise weiter zur Wahl der allein verbindlichen öffentlichen Form. In Gegenden aber mit sehr zersplittertem Grundbesitz, mit kleinen, nicht sehr werthvollen Parzellen begnügt man sich mit dem Wort und schreitet ohne Urkunde zur Auflassung. Denn auch die privatschriftliche Urkunde würde dort im Verhältniß zum Werth des Objekts unverhältnißmäßige Kosten verursachen. Sind doch die betheiligten Kreise nicht geschäfts- und federgewandt genug, um selbständig einen schriftlichen Vertrag zu entwerfen. Sie würden sich der Hilfe eines Rechtskonsulenten, Maklers u. s. w. bedienen müssen, der für das Konzipiren eine Vergütung beansprucht. Und selbst eine geringe Vergütung wäre eine zu erhebliche Last in Bezirken, in denen — wie in den Kreisen Siegen und Wittenstein laut der Mittheilung des Landgerichtspräsidenten von Arnsberg — die einzelnen Parzellen im Durschnitt 10 ar groß, die meisten noch kleiner sind, in denen Parzellen im Werthe von 20 Mark und darunter nicht zu den Seltenheiten gehören. Aus dem gleichen Bezirke wird berichtet, daß in den ländlichen Kreisen im Ganzen noch Treu und Glauben und eines Mannes Wort gelten, und daher die Formlosigkeit vielfach ohne Gefahr herrsche. Dies wird gewiß auch für manche andere Bezirke gelten müssen.

Für die festen Wurzeln der Formfreiheit gegenüber der Privatschrift spricht auch die durch unsere Tabelle sowie durch sonstige Erfahrungen bestätigte Thatsache, daß selbst in denjenigen Gegenden, wo vor dem 1. Januar 1900 nur Schriftlichkeit zur Gültigkeit des Vertrages genügte, die Anzahl der Auflassungen ohne Vertragsurkunde sehr erheblich war. Endlich erklären sich eine Reihe von Auflassungen ohne Vertragsurkunden in den Städten durch Straßenland-Auflassungen. So lagen in Charlottenburg bei den Auflassungen des Jahres 1900 vor: 140

---

[25]) Reichgerichtsrath Förster bemerkt in einem Aufsatz, daß Kaufverträge über Gundstückstheile jetzt fast regelmäßig privatschriftlich geschlossen werden; eine durch Material nicht unterstützte, und wohl kaum zutreffende Bemerkung (vergl. Dtsch. Notar-Zeitung Jahrg. 1902 S. 79).

notarielle Verträge, 24 Privatverträge, 9 wurden ohne Vertragsurkunden erklärt, daneben noch 36 Auflassungen von Straßenland ohne Urkunde. Leider war aus den mir zugegangenen gerichtlichen Mittheilungen nicht festzustellen, ob derartige Auflassungen von Straßenland überhaupt mitberücksichtigt sind.

2. Mittheilungen der Notare.

Die Umfrage an die Notare[26]) über ihre Beobachtungen hinsichtlich der Anzahl der notariellen Verträge vor und nach dem 1. Januar 1900 betraf sowohl die Erfahrungen aus der eigenen Praxis als auch die allgemeinen. Die ersteren allein, die von der jeweiligen Entwickelung der Praxis und der Art der Klientel abhängen, hätten einen wenig ausreichenden Maßstab geliefert. Nur sie in Verbindung mit den Beobachtungen aus dem gesammten Bezirke waren werthvoll. Um so werthvoller, als die Notare und nicht die Gerichte für die Beurkundung von Grundstücksanträgen vom Publikum bevorzugt werden[27]).

Die überwiegende Mehrheit der Notare berichtete sowohl für ihre Praxis, als auch für ihren Bezirk eine erhebliche Steigerung der notariellen Verträge, sowohl absolut als relativ[28]). Auch wird von den meisten die Steigerung im Wesentlichen als Folge des § 313 bezeichnet. Freilich wird auch in einzelnen Bezirken auf die dort stattgefundene Belebung des Grundstückmarktes aus lokalen Gründen mit als Ursache hingewiesen. Sehr bezeichnend ist es aber, daß sonst im allgemeinen gerade die Jahre 1900 und 1901 unter dem Zeichen einer wirtschaftlichen Depression standen, und namentlich der Grundstücksverkehr außerordentlich zu leiden hatte. Trotzdem zeigt sich auch dort, wo der Grundstücksverkehr hinter den normalen Grenzen zurückbleibt, ein Aufschwung der notariellen Form. So ist z. B. in Berlin für die Zeit vom April 1900 bis April 1901 die Umsatzsteuer auf 1 766 957 Mark (von 2 166 527 im Vorjahre) gefallen und für das Etatsjahr April 1901 bis April 1902 wurden nur 1 615 000 Mark Einnahmen aus dieser Steuer veranschlagt. Damit stimmt auch das Bild aus der Aufstellung der Auflassungen des Amtsgerichts I Berlin (oben zu A) über-

---

[26]) Vergl. oben Frage 3 S. 115.

[27]) Weshalb die gerichtliche Verträge eine geringe Rolle spielen, darüber siehe S. 121 Anm. 22.

[28]) In Stolp z. B. um das Dreifache gegen die Zeit vor dem 1. Jan. 1900; freilich ist Stolp eine aufstrebende Stadt, die sich in den letzten Jahren räumlich und industriell erheblich entwickelt hat.

ein, die einen Rückgang der Zahl der Auflassungen in den Jahren 1900 und 1901 hinter 1899 zeigt[29]). Nichtsdestoweniger hat in Berlin, wie die Tabelle — oben S. 118 — erweist, ein starkes prozentuales Anschwellen der Vertragsabschlüsse in notarieller Form stattgefunden. Aehnliches wird aus Königsberg trotz der erheblichen Geschäftsstille im Grundstücksverkehr seit dem Jahre 1900 berichtet.

Als Schlußergebniß, dessen weitere Würdigung noch vorbehalten bleibt, der von den Gerichten und den Notaren mitgetheilten Zahlen kann somit eine erhebliche, im wesentlichen auf den § 313 zurückzuführende Steigerung der Verträge in öffentlicher Form bezeichnet werden.

An die Notare sind, abgesehen von dem Ersuchen um statistische Mittheilungen, noch folgende Fragen gerichtet worden:

a) Empfindet der Verkehr die neue Form als eine Fessel? Aus welchem Grunde? Welche Mittel werden zur Vermeidung der Vorschrift des § 313 gewählt?

b) Welches ist die persönliche Stellung des Berichterstatters zur Frage einer etwaigen Aenderung des § 313[30])?

Nur ein Berliner Notar und ein auswärtiger erklärten mit aller Entschiedenheit, der Verkehr empfände die neue Form als Fessel: beide freilich unter Bezugnahme auf den großstädtischen Verkehr (Berlin, Breslau). Sonst war, wenngleich für einzelne Ausnahmefälle — Erbtheilung bei Erben in verschiedenen Bezirken, Ankauf von Terrains zu größeren Unternehmungen — Mißstände beklagt wurden, Einstimmigkeit darüber vorhanden, daß der legitime Grundstücksverkehr eine lästige Erschwerung durch den § 313 weder erfahren habe noch eine solche in ihm sehe.

Weder die Kosten der notariellen Form, die im Vergleiche zu den sonstigen Kosten (Stempel, Umsatzsteuer) nicht in's Gewicht fielen, noch die Umständlichkeit, die das Aufsuchen des Notars und das Warten bei ihm im Vergleiche zu der Bequemlichkeit des Geschäftsabschlusses im Komtoir, in der Wohnung, im Wirthshaus mit sich bringen könne, — also die beiden Haupterschwernisse, welche die öffentliche Form mit sich führe, seien kaum je als Gründe dafür bekannt geworden, daß sich ernsthafte Kaufverhandlungen zerschlügen. Da der gesunde Verkehr die Vor-

[29]) Für das Etatsjahr 1902/1903 sind 2 Millionen als voraussichtliche Einnahmen aus der Umsatzsteuer eingestellt worden, weil ein flotteres Geschäft erwartet wird. Zu beachten ist auch, daß die gerichtliche Aufstellung die Zeit von Januar 1900 bis Januar 1902, der Etat die Zeit vom 1. April 1900 bis 1. April 1902 umfaßt.

[30]) Leider sind Bescheide von den Interessenten selbst — Grundstücksbanken, Grundstücksmaklern —, an die sich die Umfrage über diese Punkte gleichfalls richtete, nicht eingegangen.

schrift des § 313 als lästig nicht empfinde, würde auch vom Publikum selten nach Mitteln zur Umgehung des § 313 gefragt, und ebenso selten kämen sie zur Anwendung. Freilich mit zwei Ausnahmen: einer, die eine wohlthätige Folge des Gesetzes sei, einer anderen, über welche die Ansichten getheilt sind.

Als Fessel werde nämlich das Gesetz einmal von Terrain- und Bauspekulanten, von Parzellanten und Güterschlächtern empfunden, weil es sie an der Ausnutzung des günstigen Augenblicks hindere. Diesen Leuten gegenüber sei aber auch die Form als Fessel beabsichtigt. Sodann aber empfinden die Grundstücksmakler den Mangel der bindenden Schriftofferte, des früher üblichen Schlußscheines, als Hemmung ihrer geschäftlichen Thätigkeit. Und gewiß ist dieser Mißstand aufmerksamer Beachtung werth wenngleich auch gewissenlose Makler laut den Berichten aus verschiedenen Bezirken durch Schlußscheine die Vertragsinteressenten schädigen. Man begreift, daß gerade im Schlußschein- und Offerten-Verkehr Mittel und Wege zur Vermeidung des § 313 gesucht werden; als solche werden namentlich Konventionalstrafen und unwiderrufliche Vollmachten, die in einzelnen Gegenden schon in gedruckten Formularen vorkommen, genannt.

Dem Ergebniß der Umfrage über den ersten Punkt entspricht es, wenn auf die Frage nach der persönlichen Stellung der Angefragten zu einer etwaigen Aenderung des § 313 von der erdrückenden Mehrheit mit einem runden Nein geantwortet wurde. Abgesehen von zwei Stimmen, welche den § 313 für eine überflüssige Bevormundung der Parteien halten, aber gegen eine Aenderung nach so kurzer Zeit sich erklären, treten nur die beiden Notare, welche im § 313 eine nicht zu rechtfertigende Fessel für den Verkehr erblicken, für die sofortige Aufhebung der erschwerenden Formvorschrift und den Ersatz durch die einfache Schrifitform ein.

Das ganze Register aller für die Beibehaltung der erschwerten Form und gegen die Schriftlichkeit und Formfreiheit von den Berichterstattern geltend gemachten Gründe können wir hier nicht wiederholen, weil wir sie an anderer Stelle im Zusammenhange kennen lernen werden. Aber von Bedeutung und Interesse ist es, einige der aus der reichen Quelle unmittelbarer Erfahrungen geschöpften Aeußerungen hier wörtlich mitzutheilen. So schreibt ein Notar aus gemeinrechtlichem Gebiet, wo bisher Formfreiheit gewaltet hatte:

„Gerade diese Vorschrift ist eine der besten des ganzen Gesetzbuchs, ein wirklicher Fortschritt und eine wahre Wohlthat für die Bevölkerung. Wir können dies hier im Gebiete des gemeinen Rechts besonders fühlen; die widerlichsten Prozesse über die Frage, ob die Kontrahenten über den

Verkauf eines Grundstücks einig geworden seien, ob sie ernstlich verhandelt hätten u. s. w., waren hier an der Tagesordnung. Aus der Unterhaltung am Biertisch, im Wirtshause wurde häufig ein Kaufvertrag konstruirt. Es ist ein wahrer Segen, daß dies anders geworden ist. Die Bevölkerung hat sich auch sofort in den veränderten Rechtszustand gefügt. Eine Klage habe ich noch nie gehört. Der Verkehr empfindet die neue Form keineswegs als eine Fessel, sondern als eine Wohlthat."

Und aus einem Bezirke in Pommern, wo früher Schriftlichkeit genügte, heißt es:

„Ich halte die Vorschrift im Interesse des Publikums als eine Wohlthat. Gerade die ländliche Bevölkerung in unseren östlichen Provinzen, welche sich bekanntlich durch ein Uebermaß von Intelligenz nicht auszeichnet, wird durch den Zwang, den Kaufvertrag bei dem Notar oder vor dem Richter abzuschließen, vor großem Unglück bewahrt. Dabei soll nicht unerwähnt bleiben, daß durch die vorsichtigere und sorgfältigere Fassung der Verträge auch über einzelne Bestimmungen sicherlich zahlreiche Prozesse vermieden werden, und daß die Niederschrift durch einen rechtskundigen, über den Parteien stehenden Beamten eine größere Gewähr für die Beurkundung des wahren Willens der Kontrahenten gewährt, als ein von der Partei selbst, oder einem provisionslüsternen Kommissionär gefertigter Entwurf. Die einzigen Interessenten, welche die Aenderung wünschen, sind die gewerbsmäßigen Parzellanten. Dieselben waren und sind gewohnt, ihre Verkaufstermine in den Wirtshäusern auf dem Lande abzuhalten, und haben sich nicht selten der mit Provision belohnten Hilfe der Gastwirthe zu erfreuen. Wenn die mit Freibier und Branntwein traktirten Leute dann in der richtigen Stimmung sind, wird sofort zu Papier und Feder gegriffen, der Verkaufsvertrag nach dem Formular entworfen und unterschrieben. Ich habe in meiner Praxis mehrere Fälle gehabt, in welchem die Parzellenkäufer gegenüber der Klage des Parzellanten den Einwand der sinnlosen Trunkenheit erhoben."

Ein anderer Berichterstatter schreibt:

„Für die ländliche Bevölkerung Oberschlesiens ist der Zwang zu notariellem oder gerichtlichen Protokoll ein wahrer Segen, da die Interessenten in der Hand von Winkelkonsulenten liegen. So viel kann ich nach Jahrzehnte langer Praxis konstatiren, daß von der ländlichen Bevölkerung, die fast durchweg noch fremdsprachig ist, Niemand im Stande ist, einen Kaufvertrag zu konzipiren. Wenige können Deutsch lesen. Für die hiesige Bevölkerung ist der § 313 direkt geschaffen. Aber auch die städtische Bevölkerung ist selten im Stande, einen Kaufvertrag sachgemäß zu verfassen."

Diesen Noth- und Freuderufen zugleich ließen sich ähnliche Stimmen aus anderen Theilen der preußischen Monarchie anreihen. Besonders werthvoll ist aber, wie übereinstimmend der Bericht aus Bayern, also aus einem gewiß zu den obigen Bezirken in vielen Beziehungen grundverschiedenen Gebiete des deutschen Vaterlandes, lautet:

„Die Spruchpraxis der bayerischen Gerichte hat den Art. 14 des Notar. Ges., laut welchem alle Verträge über Eigenthum und dingliche Rechte verbrieft werden müssen, dahingehend ausgedehnt, daß alle Nebenberedungen für ungiltig erklärt werden, wenn sie nicht in der Urkunde aufgenommen waren. Trotz der denkbarsten Erschwerungen durch die Spruchpraxis gegen mündliche Abmachungen hat sich die Bevölkerung dabei wohl gefühlt, weil eine außerordentliche Rechtssicherheit vorhanden war, und der dem § 313 B.G.B. zu Grunde liegende Gedanke, vor Uebereilung bei Vertragsabschlüssen, die sich auf Grundstücke beziehen, zu schützen, als eine Wohlthat empfunden wurde."

Endlich hat auch, nach einer mir gemachten Mittheilung, über unsere Frage ein Meinungsaustausch in einer Vorstandssitzung des Deutschen Notarvereins, an welcher zahlreiche Notare aus allen Theilen Deutschlands theilnahmen, stattgefunden. Als einstimmige Meinung hat sich herausgestellt, daß die Vorschrift des § 313 sich in der Praxis bewährt habe, und an ihr nicht gerüttelt werden solle.

VI. Schlußergebnisse, Votum.

Die bisherigen Erörterungen — Geschichte, gesetzgeberischer Zweck und Inhalt der Vorschrift, praktische Erfahrungen — haben die Elemente geliefert, deren man zu einer sachgemäßen Entscheidung bedarf. Die Entscheidung ist keine leichte. Ob eine positive Vorschrift auch richtiges Recht ist, d. h. ob sie den Bedürfnissen der Bevölkerung im weitesten Sinne genommen, nicht nur ihren wirthschaftlichen, entspricht, wird stets eine verwickelte Sache bleiben. Zumal in einer Frage, die sich auf das Grundeigenthum bezieht. Sind doch in diesem Punkt die Bedürfnisse der Bevölkerung in Nord und Süd, in Ost und West unseres Vaterlandes, in Stadt und Land, beim Großgrundbesitz und beim Kleinbesitz vielgespaltene und nicht selten gegensätzliche. Trotzdem ist in unserer Frage eine einheitliche gesetzliche Regelung möglich und geboten. Und mit denjenigen Vorbehalten, die jede Antwort auf tiefgreifende prinzipielle Fragen, auf Fragen der Gesetzesreform, erheischt, gelange ich nach sorgfältiger Erwägung von Gründen und Gegengründen zu dem Schluß:

daß sich eine Aenderung der Vorschrift des § 313 **nicht** empfiehlt.

Keinesfalls ist jetzt schon an ihr zu rütteln und, wenn einmal eine Aenderung erfolgen sollte, dann ist die öffentliche Form durch die privatschriftliche zu ersetzen, nicht aber Formfreiheit einzuführen.

Mein Gutachten kommt also zu einem gegensätzlichen Ergebniß, wie das des andern Gutachters, des Justizraths Dorst. Dieser tritt für die Beseitigung des § 313 ein und empfiehlt, „für den Bindungsvertrag die mündliche Verabredung genügen zu lassen". Freilich empfiehlt er — von seinem Standpunkte aus inkonsequent und gewissermaßen eine Billigung unseres Standpunktes — die Bestimmung des § 98 der Grundbuchordnung[31]) zum Reichsgesetze zu erheben, um durch die öffentliche Beurkundung darauf hinzuwirken, daß unklare Bestimmungen und absurde Abreden beseitigt und vermieden würden.

Die Begründung meines Votums ist folgende:

1. Den Kern- und Angelpunkt für die Entscheidung müssen die wirthschaftspolitischen und sozialen Erwägungen bilden; ihnen gegenüber treten Erwägungen anderer Art zurück.

Tendenz und Endergebniß des § 313 zielen wirthschaftlich gegen die Mobilisirung des Grundbesitzes. Der Verkehr in Grundstücken ist nicht nur als ein privates, die Interessen der Einzelnen angehendes, sondern nicht minder als ein öffentliches Geschäft angesehen, quod ad utilitatem rei publicae spectat. Grund und Boden sind ein Werkzeug, dessen sich die Nation zu ihrer Wohlfahrt bedienen, aber keine Waare, die man beliebig verschachern soll. Die Seßhaftigkeit der Bevölkerung, der Schutz vor Uebereilung und Leichtsinn, wie vor Ausbeutung und Spekulationswuth, die Erschwerung einer Zersplitterung des Grundbesitzes, — dies sind ausgesprochene, im Allgemeininteresse wurzelnde Zwecke, zu deren Verwirklichung die Form der öffentlichen Beurkundung mitwirken soll.

Es handelt sich also in der Hauptsache um ein juristisches Mittel zu einem ökonomischen Zwecke. Freilich um ein in seiner Wirksamkeit begrenztes Mittel, dem aber eine gewisse Beeinflussung auch des wirthschaftlichen Lebens nicht abzusprechen ist.

Sind nun die oben dargelegten ökonomischen Zwecke, die eine Mobilisirung des Grundbesitzes verhindern wollen, rechts- und sozialpolitisch zu empfehlen? Unseres Erachtens sicherlich. Was den städtischen Grundbesitz betrifft, so dürften die Sozialpolitiker aller Wegen in der

[31]) Der § 98 der Grundbuchordnung lautet: Durch Landesgesetz kann bestimmt werden, daß das Grundbuchamt die Erklärung der Auflassung nur entgegennehmen soll, wenn die nach § 313 des B.G.B. erforderliche Urkunde vorgelegt wird.

Hauptsache der Meinung sein, daß diejenige Bodenpolitik, welche den städtischen Grundbesitz an die private Spekulation ausliefert, ihn mobilisirt und gleich einer Waare behandelt, die schwersten Uebelstände gezeitigt hat. Auf der einen Seite ungeheuerliche Preissteigerungen des bebauten und unbebauten Stadtbodens, auf der andern Seite Wohnungsnoth und Wohnungselend mit ihren unheilvollen Krebsschäden für den Volkskörper[32]).

Für Berlin und seine Vororte hat Voigt (in dem unten zitirten Werke) an einem hervorragenden und vorbildlichen Beispiele und in wissenschaftlich nicht anfechtbaren Untersuchungen folgenden Nachweis, der nicht scharf genug unterstrichen werden kann, geliefert:

Vom Mittelalter bis zum Ausgange des 18. Jahrhunderts — wir folgen hier so wörtlich als möglich den Voigt'schen Ergebnissen[33]) — hat die Anlage und Erweiterung einer Stadt, die Schaffung der Existenzgrundlage für die städtische Bevölkerung, als eine im eminentesten Sinne öffentlich-rechtliche Angelegenheit und deshalb auch stets als Aufgabe der städtischen oder staatlichen Gewalt gegolten; erst dem 19. Jahrhundert blieb es vorbehalten, die Schaffung der Existenzgrundlage der ganzen Bevölkerung — des Baulandes, des Baukapitals, der Bauunternehmung — der privaten Spekulation zu überlassen. Vom Regierungsantritt des Großen Kurfürsten bis zum Tode Friedrichs des Großen entwickelte sich Berlin aus einer kümmerlichen Landstadt von 9 bis 10 000 Einwohnern zu einer glänzenden Residenz mit etwa 150 000 Einwohnern. Und doch ist trotz dieser Zunahme der Bevölkerung, die hinter den Jahren des reißendsten Anschwellens im neunzehnten Jahrhundert verhältnißmäßig nicht zurücksteht, niemals Wohnungsnoth oder eine ungesunde Steigerung der Miethen oder Grundstückspreise eingetreten. Die Stadt wurde nicht nur eine der bestgebauten, sondern eine der gesündesten. Die günstige Wirkung der Wohnungsverhältnisse zeigte sich auch in den Sterblichkeitsziffern. Mirabeau rühmt an ihr: C'est ainsi que Berlin est devenue une ville bien construite, bien percée abondante en logements sains et commodes. C'est contribuer fortement au bien-être des hommes que les bien loger.

Die Lösung des Rätsels liegt in der umsichtigen Boden- und Wohnungspolitik, die von der Idee der salus publica getragen war.

---

[32]) Dr. Paul Voigt: „Grundrente und Wohnungsfrage in Berlin und seinen Vororten", Jena 1901; „Einst und Jetzt in der Berliner Boden- und Wohnungspolitik" von Dr. von Mangoldt, Dresden (Soziale Praxis, Jahrg. Nr. 29, 30); Eberstadt: „Der deutsche Kapitalmarkt", Leipzig 1901.

[33]) Vgl. namentlich Voigt a. a. O. S. 91 bis 93.

Durch diese Politik, auf deren Einzelheiten hier nicht eingegangen werden kann, wurde alle private Spekulation in Terrains, aller Handel mit Bauland, aller Miethswucher fast gänzlich im Keime erstickt. Für billiges Bauland wurde erforderlichen Falls dadurch gesorgt, daß eine Enteignung ackerbürgerlichen Grundbesitzes zu angemessenem Werthe erfolgte und dieser zu gleichem Preise an Baulustige vergeben wurde[34]); die Entstehung des „Millionenbauernthums" war damit im Keime erstickt.

Eine solche Boden- und Baupolitik zeitigte den schönen Erfolg, daß noch 1785 im Inneren Berlins etwa ⅓, in den Vorstädten fast die Hälfte im eigenen Hause wohnte, hat auch sonst in der Mark Brandenburg den „Flor der Städte" herbeigeführt[35]).

Diese günstigen Ergebnisse sind im Laufe des 19. Jahrhunderts, welches die private Spekulation auf diesem Gebiete fast zur Alleinherrscherin gemacht hat, in Trümmer geschlagen worden. Statt Licht und Luft, den Besitz einer eigenen Scholle, oder wenigstens den Besitz preiswerther gesunder Miethswohnungen der Bevölkerung zu sichern, ist das Massenmiethshaus Sieger geblieben. Dies namentlich, seitdem noch durch unglückliche Bauordnungen, welche die nöthige rechtliche Basis für die Operationen des Spekulantenthums gaben, die Miethskaserne auch in den Vorortgebieten für zulässig erklärt war. Eine schrankenlose Bodenspekulation griff Platz, die Preise schnellten in die Höhe, die Bevölkerung wurde, mit Ausnahme der obersten Zehntausend, zusammengepfercht. Fabelhafte Gewinne flossen in die Taschen Einzelner. Allein für Charlottenburg berechnet Voigt die Werthsteigerung des Grund und Bodens für das Jahrzehnt 1887 bis 97 auf mehr als eine Viertel Milliarde Mark. Was durch Voigt für Berlin und seine Vororte nachgewiesen ist, darf im Großen und Ganzen als der Typus großstädtischer Verhältnisse betrachtet werden.

Auf die Frage, was soll zur Beseitigung dieser Uebelstände geschehen, können wir hier, wo wir nicht Boden- und Wohnungs-Politik zu treiben haben, nicht eingehen. Aber dies ist klar: eine größere öffentliche Ueberwachung und Leitung dieser Zustände muß eintreten. Vor allem muß der Grundsatz, daß die Anlage der Stadt, die Schaffung der Existenzgrundlage für die städtische Bevölkerung, ein „öffentliches Geschäft" sei, wieder zu Ehren kommen. Aus diesem Gesichtspunkte heraus wird

---

[34]) Ein interessantes Patent von 1667 verordnete sogar, daß „die wüsten Stellen (Baustellen) von den Magistraten frey umbsonst zu geben und anzuweisen seien" (Voigt, S. 35. — Für die Zeit Friedrichs des Großen, vgl. dort S. 70 ff. 75 ff.).

[35]) Voigt, S. 83.

man auch die öffentliche Beurkundung des Veräußerungsgeschäfts fordern müssen, die aus dem gleichen Anschauungs-Erdreich herauswächst und in gleicher Richtung wirkt.

Was aber die ländlichen Grundstücke betrifft, so ist hier nicht der Ort, die Agrarfrage aufzurollen. Aber einige mit unserem Gegenstand im engen Zusammenhange stehenden Grundsätze seien hier hervorgehoben und betont. Ueberall und mit Recht wird als Ziel gesunder Agrarpolitik betrachtet, den mittleren Grundbesitz zu stärken und zu befestigen, gegenüber den Gefahren der Latifundienwirthschaft auf der einen und des Zwergbetriebs auf der andern Seite. Ein kraftvoller Bauernstand gilt als das Rückgrat des Staatskörpers. „In allen europäischen Ländern[36]) mit stark entwickeltem Großgrundbesitz macht sich deshalb, um den mittleren Besitz zu stärken, unter dem Drucke der gewerblichen Umwälzungen, der übermäßigen Abwanderung der Arbeiter in die Industrialbezirke, der landwirtschaftlichen Krisis und Schuldennoth eine starke Bewegung geltend, welche durch planmäßige Begründung neuer und die Erweiterung von zu kleinen alten Bauernstellen den ländlichen Mittelstand mehren, die Landarbeiter durch Verleihung von Bodenbesitz seßhaft machen will. Fast gleichzeitig haben Deutschland, England und Rußland entsprechende Gesetze erlassen". Für Preußen kommen hier namentlich in Betracht die Gesetze vom April 1886 über die Beförderung deutscher Ansiedelungen in Westpreußen und Posen, vom Juni 1890 und Juli 1891 über Rentengüter und die Beförderung ihrer Errichtung durch das Eintreten der Rentenbanken. Dadurch sind große Flächen an den Bauernstand zurückgefallen, die er früher im Wege des freien Güterverkehrs an den Großgrundbesitz oder an Güterschlächter verloren hatte.

Dieser Tendenz der Gesetzgebung zur Neuschaffung von landwirthschaftlichen Mittelbetrieben, zur Seßhaftmachung des Bauernstandes entspricht auch der Formzwang; er bewegt sich in derselben Richtung, wie bei der Berathung des § 313 ausdrücklich betont worden ist.

Die größten Gefahren drohen nun dem kraftvollen bäuerlichen Besitz durch das Güterschlachten und Parzelliren[37]). Die Gründe für diese mörderischen Erscheinungen sind verschiedenfache.

Der Großgrundherr zunächst sucht seinen Besitz durch Ankauf und Parzellirung von nachbarlichen Bauerngütern zu arrondiren.

Eine bekannte Thatsache ist ferner, daß die kleineren Güter theurer sind, als die großen. Je lebhafter die Zunahme der Bevölkerung, je

---

[36]) Sering in Conrad's Handwörterbuch der Staatswissenschaften, 2. Aufl. 1900, Bd. V, 247.

[37]) Vgl. Kautsky: „Die Agrarfrage", S. 165 ff.

nothwendiger eine eigene Scholle als Grundlage für die soziale Selbstständigkeit und die Begründung eines Familienhaushaltes zu erlangen, je zäher der Eigenthumsfanatismus des an seinem Grund und Boden hängenden Bauern, um so größer die Preise, die für ein Stück Land gezahlt werden. Der höhere Preis der kleinen Güter ist natürlich ein starker Anreiz zur Zerschlagung der größeren Güter. Die Güterschlächterei kann hierbei in verheerendem Umfange anwachsen.

Endlich aber wachsen die Geldbedürfnisse des Bauernstandes nicht selten durch unrationelle Wirthschaft oder durch die gesteigerten Ansprüche des Staats oder der Gemeinde. Hypothekenschulden sind die Folge, für die ferner auch fast jeder Besitzwechsel, weil selten das Gut voll baar ausbezahlt wird, und jede Erbtheilung eine mächtige Ursache bilden.

In allen obigen Fällen wird dem Bauer sein Besitz zu groß; er sieht sich genöthigt, ihn zu verkleinern. Alle diese Gründe, in Verbindung mit der oben erwähnten Landflucht, zehren an einem kraftvollen Bauernbesitze[38]; sie steigern die Tendenz zur Bodenzerstückelung. Unter den gegebenen Verhältnissen — der Herrschaft des Privateigenthums an Grund und Boden sowie der freien Konkurrenz — erwächst dem Staate die Aufgabe, die bäuerlichen Grundbesitzer in ihrem Eigen zu schützen und auch den Landarbeitern durch entsprechende Maßnahmen die Möglichkeit, ein Stück Land zu erwerben und das Erworbene zu behaupten, zu erleichtern.

Hiernach kann als Schlußergebniß der wirthschaftlichen und sozialen Erwägungen für den städtischen wie für den ländlichen Grundbesitz betrachtet werden, daß die Veräußerung, wie auch die Motive[39]) schon hervorheben, im Interesse der Seßhaftigkeit der Bevölkerung nicht leicht zu nehmen sei. Die Veräußerung von Grundbesitz ist kein Waarenhandel und nicht mit dem Umtausch anderer Vermögensobjekte auf gleiche Linie zu stellen. Sie ist gegen die Auswüchse des Spekulantenthums, gegen die Verwüstung durch unsolide Güterschlächterei und Bodenzerstückelung sicher zu stellen. Schon darum ist dieses Geschäft, weil es gradezu die öffentlichen Interessen immer mitberührt, auch einer öffentlichen Form zu unterwerfen. Der Formzwang ist nicht nur Sinnbild und Wegweiser

---

38) In neuester Zeit hat in Deutschland die Bedrängung des mittleren Grundbesitzes durch Parzellirung im Allgemeinen allerdings aufgehört. Grade die mittleren bäuerlichen Güter von 5 bis 20 Hektar sind es, die am meisten gewonnen haben, nämlich 560 000 Hektar (Kautsky a. a. O., S. 172). Unzweifelhaft ist dies eine Folge der veränderten (Rentenguts-) Gesetzgebung und ein Ansporn, auch juristische Mittel und Wege, neue Rechtsbildungen, nicht zu gering anzuschlagen.

39) Vgl. oben S. 110.

für die prinzipielle Auffassung, er wird auch einen, wenngleich begrenzten, Einfluß auf den Grundstückshandel, den Bodenpreis und den Bodenbesitz ausüben und der Bevölkerung die Rechtsberathung bei einem Geschäfte verbürgen, das für Lebensstellung und Beruf zu den sozial und wirthschaftlich wichtigsten gehört.

2. Bei dieser sozialen Bedeutung des Grundbesitzes, bei der Wichtigkeit, die man im Interesse des Volkswohles einer Erschwerung der Mobilisirung des Grundbesitzes beilegt, ist es klar, daß sich die öffentliche Form nicht blos als eine, der Wichtigkeit des Geschäfts entsprechende, ihr adäquate empfiehlt, sondern daß sie auch — hiermit im innigsten Zusammenhange — zugleich als Schutznorm vor Uebereilung und gegen Ausbeutung gedacht und geschaffen ist. Die minder geschäftsgewandten Klassen der Bevölkerung, Frauen, Geschäftsunkundige, Bauern, sollen, wie schon an anderer Stelle hevorgehoben ist (oben S. 110) eben durch die Form vor diesen Gefahren bewahrt werden.

Zur Steuer gegen die sogenannten Wirthshausgeschäfte — dies wurde in den gesetzlichen Vorberathungen mit Recht betont — müsse eine Ausnahme von der Formfreiheit gemacht werden. Die Schriftform sei kein genügender Schutzwall. Tinte und Feder seien leicht zur Hand. Die Unterschrift des Bauern genüge zur Vollendung des schriftlichen Vertrages, dessen Entwurf von dem Güterhändler in Eile hergestellt oder bereits in der Tasche mitgebracht werde. Durch den Gang zum Gericht oder Notar werde dagegen dem Bauer der Ernst der Sache klar gemacht und eine wohlthätige Ueberlegungsfrist gegeben[40]. Auch in den Mittheilungen der Notare sind ähnliche Momente für die Beibehaltung des Formzwanges geltend gemacht worden. Nicht blos auf dem Lande, sondern auch in der Stadt sind viele Fälle bekannt geworden, in denen Geschäftsunkundige durch Punktationen über Grundstücke, deren Bedeutung sie nicht erkannt haben, erheblich geschädigt worden sind.

Ein weiterer gewichtiger Vorzug des Zwanges zur öffentlichen Beurkundung ist die größere Gewähr, welche die Mitwirkung des Richters oder Notars für die Vollständigkeit, Richtigkeit und Verständlichkeit der Beurkundung bietet. Dieser Vorzug ist außer Zweifel; selbst die Gegner (Dorst, S. 21) erkennen ihn an. Er fällt umsomehr ins Gewicht, als die mit dem Grundeigenthum zusammenhängenden Rechtsverhältnisse von „weitausschauender Dauer“ sind und sehr verwickelte Seiten bieten. Es könne aber, wirft Dorst ein, gerade der Formzwang dazu führen, daß der Vertrag übereilt beurkundet werden müsse. „Die

[40]) Vgl. Protokolle der II. Kommission.

Beteiligten richten ihr Augenmerk darauf, möglichst rasch einen Verpflichtungsvertrag zu bekommen, da ja bis zur Unterschrift jeder zurücktreten kann. Die Bemühungen des Richters oder Notars, einen vollständigen Vertrag zu erzielen, werden sehr häufig vergeblich sein, indem man bemerkt, für die Einzelheiten habe es noch Zeit, da die Nebenbestimmungen und Bedingungen ja formlos festgestellt werden können". Wäre diese Argumentation richtig, dann wäre in der That nach dieser Richtung hin der Zweck der Gesetzesvorschrift vereitelt. Indeß handelt es sich auch hier nur um einen Fall, der — als „Problema, so zu sagen" — konstruirt wird. Solch Fall kommt wohl kaum vor; von ihm aus kann keinesfalls die Gesetzesvorschrift beurtheilt werden. Wer selbst vor Notar und Gericht, welche gegen die Uebereilung ihr Möglichstes aufbieten werden, übereilt handelt, dem ist überhaupt nicht zu helfen.

Der heilsame Zweck der Vorschrift, eine richtige und sachgemäße Beurkundung herbeizuführen, springt namentlich in der Uebergangszeit, wo die Bestimmungen des neuen Rechts den betheiligten Kreisen noch nicht in Fleisch und Blut übergegangen sind, recht deutlich in die Augen. Eine Anzahl der referirenden Notare hat grade dieses Moment betont. Zu den vielfachen neuen Vorschriften des B.G.B., welche das Grundeigenthum, die Hypothekenverhältnisse und die sonstigen mit dem Grundeigenthum zusammenhängenden Verhältnisse betreffen und die noch nicht genügend dem Publikum bekannt geworden sind, gehören insbesondere die Bestimmungen über die verschiedenen neuen Arten der Hypotheken (Brief-, Buch-, Sicherungs-, Maximal-Hypothek); über Modalitäten im Hypothekenverkehr (Kündigung der Briefhypotheken, Anspruch auf Abtretung bei der Tilgung von Hypotheken); über die Schuldübernahme beim Grundstücksvermerk (§ 416); über die Mieths- und Pachtverhältnisse (§ 578 u. a.) und dergleichen mehr. Nur bei Gelegenheit der Beurkundung kann durch Rücksprache und Aufklärung über die einschlägigen Verhältnisse gar manche Partei vor Schaden bewahrt werden.

4. Vielfach wird aber selbst von denen, welche die Zweckmäßigkeit der öffentlichen Form gelten oder sie zumindest dahingestellt sein lassen, erklärt, die Ziele seien durch die Vorschrift der öffentlichen Form nicht zu erreichen, ihr ständen auch sonst schwere Bedenken entgegen. Die Gegner des öffentlichen Beurkundungszwanges sind aber in ihren positiven Forderungen getheilt. Eine Gruppe verlangt volle Formfreiheit, eine andere einfache Schriftlichkeit. Eine kritische, sine ira vorgenommene Würdigung der Gegengründe führt zur Ablehnung sowohl der Formfreiheit als der einfachen Schriftlichkeit.

a) Formfreiheit.

α) Als Hauptgrund zu Gunsten der Formfreiheit, für die sich auch Dorst erklärt, führt er an, die Form sei etwas rein äußerliches und folge immer erst der Prüfung der Sachlage nach. Dasjenige, was ihr vorhergehe, sei die Hauptsache. Nachlässige Prüfung und Uebereilung zu verhindern, dazu sei kein Gesetz im Stande. Die Erfüllung einer Form garantire und befördere nicht das vorherige Ueberlegen[41]). Man wird diesen Sätzen nicht beipflichten können; sie widersprechen allgemeiner Erfahrung. Schon die längere Zeit, die der notarielle oder gerichtliche Abschluß verlangt, giebt ein spatium deliberandi. Der Gang zum Gericht oder Notar vergegenwärtigt Bedeutung und Ernst der Sachlage. Dazu die Einwirkung der Amtspersonen, die von ihnen angeregte Besprechung aller Seiten und aller Folgen, endlich auch die größere Scheu, welche die arglistige Partei vor dem Lichte der Oeffentlichkeit hat. Außerdem unterschätzen die Gegner die Bedeutung, welche die Form an sich im Rechtsleben hat. Den Kontrahenten kommt bei der Wahrung einer Form weit eindringlicher der Inhalt des Geschäftes zum Bewußtsein, als wenn das rasch gesprochene und rasch eilende Wort zur Bindung genügt.

β) Der Vorschrift des § 313 wird auch Inkonsequenz vorgeworfen; sie sei ein einschneidender Durchbruch gegenüber dem ganzen System des B.G.B. Hier sei Alles auf Formfreiheit gestellt, selbst holographische Testamente könne man errichten. Gewiß ist die Formfreiheit eine allgemeine Regel des B.G.B. Indeß, wo die Form ausnahmsweise begründet ist, da muß sie auch ihre Stelle finden. Gleichmacherei soll man nirgends treiben; nur wirklich Gleiches soll gleich behandelt werden, Ungleiches aber ungleich. Grundstücksveräußerung und Erwerb sind aber, wie nachgewiesen, so wesentlich von anderen Verkehrsgeschäften verschiedene Dinge, daß sie ihren eigenen Weg gehen müssen, und nicht dem Popanz dürrer Konsequenz hinzuopfern sind[42]).

γ) Endlich wird zu Gunsten der Formfreiheit der grobe Mißbrauch, der mit dem § 313 getrieben werden könne, ins Feld geführt. Wenn wirklich bereits eine formlose Einigung erfolgt sei, so verstoße die Berufung auf § 313, abgesehen davon, daß sie dem andern Theile Schaden bringen könne, schon an sich gegen Treu und Glauben, und erschüttere den alten Grundsatz: „Ein Mann ein Wort" (Dorst S. 23). Dorst exemplifizirt auch an einigen krassen Fällen, in denen Kontrahenten zum Schaden des anderen Theiles und im eigensüchtigen Interesse unter

---

[41]) Dorst S. 20.

[42]) Auch die holographischen Testamente halten wir für keinen Segen.

Berufung auf § 313 zurückgetreten seien. Er fügt hinzu: „Das Resultat ist, daß die anständigen Leute geschädigt werden, während die Lumpen frei ausgehen. In einigen Fällen erhalten allerdings auch sie die verdiente Strafe."

Wir haben schon (S. 107 ff.) auseinandergesetzt, daß der Grundsatz: „Ein Mann ein Wort", so deutsch er auch klingt, für das alte deutsche Recht nicht nachweisbar ist. Gerade das Umgekehrte war der Fall. Der altgermanische Grundsatz wollte Prüfung, Erwägung und formelle Bindung nur bei Beobachtung feierlicher Form. Ueberdies würde sich der Vorwurf der Unanständigkeit weit mehr gegen den Gesetzgeber, als gegen denjenigen, der von dem Gesetz Gebrauch macht, richten. Und ist es denn wirklich unanständig, wenn der Gesetzgeber unter Erwägung aller Gründe für und gegen in gewissen Fällen die Beobachtung bestimmter Formen vorschreibt? Dann müßte mit unseren ganzen Formalvorschriften tabula rasa gemacht werden. Ein nichts beweisendes Schlagwort ist es auch, die „Lumpenhaftigkeit" desjenigen, der sich auf eine formelle Schutznorm beruft, zu behaupten. Wer ist unanständig, der Bauer, dem vom Güterschlächter sein Grundstück für einen weit unter dem Werthe stehenden Preis abgelockt worden ist, und der sich auf die Ungiltigkeit dieser Abmachung beruft, oder der Wucherer, der sich auf das Wort des Bauern beruft? Der Inhalt des Einzelfalles ist zu prüfen, um vom Standpunkte der Moral zu einer Entscheidung darüber zu kommen, wer anständig oder unanständig handelt. Die Thatsache aber allein, daß Jemand die Rechtsform beobachtet haben will, verstößt keineswegs gegen die guten Sitten. Wenn wirklich in einzelnen Fällen ein Schaden entsteht, nun, so hätte er vermieden werden können durch Beobachtung der Form. Die Fälle, in denen eine baldige Beurkundung unmöglich ist, werden mehr als selten sein. Endlich je mehr die Vorschrift des § 313 bekannt werden wird, um so weniger wird die Berufung auf ihn mit einem moralischen Stigma belegt werden können. Denn die Kontrahenten werden bei ihren Vorverhandlungen sich dessen wohl bewußt sein, daß sie vorläufig nur unverbindliche Traktate verabreden. Zu beachten bleibt auch, daß die Beobachtung einer öffentlichen Form für Grundstücksveräußerungen seit langen Jahrhunderten im deutschen Volksbewußtsein feste und lebendige Wurzeln geschlagen hat.

δ) Gegen die Formfreiheit spricht auch die Thatsache der häufigen Streitigkeiten darüber, ob überhaupt die mündlichen Abreden zum endgiltigen Abschluß gediehen wären, oder sich nur im Stadium unverbindlicher Vorverhandlungen bewegt hätten. Die widerwärtigsten Prozesse folgen hieraus. Gerade deswegen haben die Berichterstatter aus denjenigen Gebieten des Gemeinen Rechts, wo Formfreiheit bis 1900 bestand, die Aenderung geradezu als Segen gepriesen (vgl. oben S. 128 ff.).

b) Schriftform.

Auch die Schriftform — entweder einfache oder unter Hinzutritt der Unterschriftsbeglaubigung —, welche vielfach empfohlen wird, und die namentlich auch in der II. Kommission warme Vertretung fand, ist gegenüber der öffentlichen Beurkundung mit allzu schweren Nachtheilen verknüpft. Ohne Belang für unsere Frage ist die hin und wieder gewünschte Unterschriftsbeglaubigung, da diese als Erforderniß nicht für die Bindung, sondern für die Anträge ans Grundbuch verlangt wird. Lassen wir die für die Schriftform geltend gemachten hauptsächlichsten Gründe Revue passiren!

α) Die Schriftform wäre im allgemeinen genügende Garantie für die Richtigkeit des Inhalts. Gerade bei dieser Form aber besteht die Gefahr, wie die Motive mit Recht hervorheben, daß sie zum Abschluß des Vertrages führt, ohne daß die in Frage stehenden Rechtsverhältnisse eine vollständige Regelung erfahren, ja ohne daß die Vereinbarungen der Vertragschließenden vollständig aufgenommen werden. Ungenauigkeiten und Unvollständigkeiten sind hier häufig. Denn das Publikum ist selten im Stande, einen sachgemäßen Grundstückskaufvertrag zu entwerfen. Die Mängel werden auch durch Zuziehung von Rechtskonsulenten und Konzipienten nicht vermieden, sondern meist gesteigert.

β) Der Bauer, der vor allem geschützt werden solle, sei vorsichtig mit seiner Unterschrift. Die Wirthshausgeschäfte und ihre Gefahren werden von den Gegnern nicht hoch angeschlagen. Im Wirthshause, meint Dorst, werden viele und werthvolle Geschäfte abgeschlossen; grade dort werde häufig lange überlegt und geprüft, ehe man einig sei. Nun, daß auch ein Wirthshaus häufig ein geeigneter Ort für den Abschluß von Geschäften ist, darüber kann kein Zweifel sein. Nur werden unter Wirthshausgeschäften grade diejenigen Geschäfte bezeichnet, bei denen weniger der Ort, als der feuchtfröhliche Geist des Ortes („spiritus" loci) das entscheidende war. Wirthshausgeschäfte in diesem Sinne sind nicht bloße Phantasieen. Berüchtigt sind die vielen im Wirthshaus bei animirter Stimmung dem Bauern abgelockten Scheine über seinen Grundbesitz. Auch bei meiner Umfrage sind lebhafte Klagen über derartige Geschäfte aus Schlesien, Pommern u. s. w. (oben S. 129) laut geworden, und die neue Form wurde gerade deswegen als ein wahrer Segen bezeichnet. Daß der Vertragsschließende, wenn er seine sinnlose Betrunkenheit nachweist, an das Geschäft nicht gebunden ist, wirkt nur als schwacher Schutz, weil dieser Nachweis schwer zu führen ist. Auch ist es nicht die sinnlose Trunkenheit, die zu den Gefahren führt, vielmehr die gehobene, animirte, durch Alkohol gereizte Stimmung.

γ) Die Einführung der öffentlichen Beurkundung lege dem gesammten Grundstücksverkehre schwere Fesseln an. Diese Befürchtung hat, wie aus unseren Erhebungen zu schließen ist, sich nicht bestätigt. Wenn infolge der strengen Form der Güterwucher auf dem Lande und der unsolide Handel mit städtischen Bauterrains durch Schlußscheine erschwert werden, so ist eine solche Erschwerung, wie wir nachgewiesen haben, nur von Vortheil.

δ) Endlich ist auch der hohe Aufwand von Kosten als ein unnöthiger bezeichnet worden. Die Kosten sind aber, wie wir noch darthun werden, nicht erheblich; sie können auch durch Gebührengesetze in maßvollen Grenzen gehalten werden. Nirgends aber sind die Kosten nöthiger aufgewendet, als hier. Bei Veräußerung kleiner werthloser Parzellen bietet schließlich der Satz 2 des § 313 ein Mittel zur Kostenersparniß.

ε) So erweisen sich denn die Gründe für die Schriftform nicht als zugkräftig. Vor allem ist ihr aber auch die oben (S. 125) eingehend behandelte und gewürdigte Erfahrungsthatsache entgegen zu halten, daß sie keine festen und tiefen Wurzeln ins Leben geschlagen hat, selbst in Bezirken, wo sie früher ausreichend war, und daß sie gegenüber den anderen Formen abbröckelte und abbröckelt.

5. Was endlich die Volksauffassung, die Meinung der Juristen und die praktischen Erfahrungen betrifft, so sprechen auch diese Momente für die Beibehaltung des § 313. Wir legen auf diese Momente, vor allem auf die Erfahrungen der Praxis Hauptwerth. Selbst wenn alle zu 1 bis 4 dargelegten Erwägungen für die Beibehaltung sprächen, so würden diese Momente doch bedenklich ins Gewicht fallen, weil sie auf die Unrichtigkeit der theoretischen Erwägungen, auf irgend einen error in calculo, hinwiesen.

Wie schon mehrfach hervorgehoben, ist die Volksauffassung in Deutschland seit langen Zeiten einer feierlichen öffentlichen Form für Grundstücksveräußerungen durchaus zugethan. Und mit der Volksauffassung steht — gewiß ein beachtenswerthes Symptom — die Meinung der Juristen im Einklang. Haben doch auf die diesseitige Anfrage nur zwei Notare eine sofortige Aenderung des § 313 für wünschenswerth erklärt, während alle anderen für seine Beibehaltung eintraten (näheres S. 127). Der Einwurf, die Notare sprächen pro domo, für ihre Gebühren, dürfte wohl gegenüber dem Ernste der Angelegenheit kaum auftauchen. Sind doch auch nur Gründe aufgeführt worden, die das Interesse des Publikums, die Heilsamkeit der Vorschrift für die Bevölkerung im Auge hatten.

Die aus grauer Vorzeit schon stammende Volksauffassung ist sich aber bis in die jüngste Zeit treu geblieben. Dies beweist das vielfältige im Abschnitt IV mitgetheilte Erfahrungsmaterial, aus dem einige springende Punkte hervorgehoben sein mögen. Bezeichnend ist vor allem die Thatsache, daß selbst in denjenigen Gebieten, in denen früher nur mündliche Abrede oder einfache Schriftform zur Bindung ausreichend waren, doch eine erhebliche Anzahl öffentlicher Grundstücksverträge geschlossen wurden. Dies ergeben die für die Zeit **vor** 1900 mitgetheilten Ziffern aus den gerichtlichen Aufstellungen (vergl. S. 118 ff. und die Tabelle S. 122, 123). Aber auch Notare berichten über die allgemeine Beobachtung, daß schon unter altem Recht die Grundstücksverträge häufig notariell geschlossen wurden. „Besonders auch die Landbevölkerung" — heißt es in einem kernigen Bericht —, „die doch sehr den Kostenpunkt bedenkt, hat den Notar fast regelmäßig angegangen, in der festgewurzelten Ueberzeugung, daß zum Grundstückskauf doch mehr gehört, als zum Schweinekauf." Und selbst **Dorst** (S. 22) giebt zu: „Im linksrheinischen Rechtsgebiete wurden auch vor 1900 mit verschwindenden Ausnahmen die Verträge über Grundeigenthum notariell abgefaßt und daher für eine gründliche Abfassung Garantie geboten, trotzdem der Verpflichtungsvertrag an sich bis zum Inkrafttreten der Grundbuchgesetze an keine Form gebunden war."

Und muß nicht das oben (S. 127) für die Zeit **seit dem 1. Januar** 1900 mitgetheilte Schlußergebniß aus den Berichten der Gerichte und Notare, wonach seither eine erhebliche Steigerung der in öffentlicher Form geschlossenen Verträge stattgefunden hat, auch als Symptom für die Richtigkeit der Annahme gelten, daß die Form sich einbürgert, in Fleisch und Blut übergeht, und nicht bloß fremd aufgepropft ist? Sonst würde das Publikum mehr zu dem Aushilfsmittel greifen, die Verträge privatschriftlich zu entwerfen und ihnen die Heilung durch die Auflassung angedeihen zu lassen. Aber in Stadt und Land greift die Bevölkerung immer mehr zur öffentlichen Form und holt bei dieser Gelegenheit gern rechtsverständige Hülfe ein.

Das Erfahrungsmaterial hat ferner den Beweis dafür geliefert, daß der legitime Verkehr die öffentliche Form als eine Fessel nicht empfindet (vergl. S. 127 ff.) Ein besonders beachtenswerthes Indiz für die Richtigkeit dieser Beobachtung ist es auch, daß im gesunden Verkehr verhältnißmäßig wenige Mittel und Fälle zur Umgehung der Formvorschrift, abgesehen von den noch zu erwähnenden Maklergeschäften, bemerkbar sind. Und in der That, faßt man die drei Interessenten-Gruppen, die beim Grundstücksverkehr in Betracht kommen, nämlich die Verkäufer, die Käufer und die Grundstücksmakler, scharf ins Auge, so wird es leicht begreiflich, warum es sich am letzten Ende um keine zu schwer empfundene Fessel handelt.

Die Verkäufer tragen nach den meisten Ortsgebräuchen nicht die Kosten. Warum sollten sie also, es sei denn, daß sie Heimlichkeiten im Schilde führen, die öffentliche Beurkundung scheuen? Die Käufer aber schätzen die sichere Gewähr richtiger und sachgemäßer Abfassung des Vertrages höher, als die geringe Kostenlast. Kommen doch die Beurkundsgebühren gegenüber den Kosten, die sonst mit einem Grundstücksgeschäft verbunden sind, kaum in Betracht. So beträgt bei einem Berliner Grundstück im Werthe von 500 000 Mark der staatliche Stempel (1 %) 5000 Mk., die Umsatzsteuer (1/2 %; bei Terrains und überhaupt in Vororten sogar 1 %) 2500 Mk., die Provision (1 %) 5000 Mk. Spielen hierbei die Beurkundungsgebühren von 160 Mark eine nennenswerthe Rolle? Und ähnlich liegt es bei Kaufverträgen höherer oder geringerer Objekte. Anders freilich ist es bei Kaufverträgen mit ganz geringem Objekte, wie dies z. B aus den Kreisen Siegen und Wittenstein berichtet ist (S. 125). Derartige Objekte können selbst die geringste Kostenbelastung nicht vertragen. Hier hilft aber Satz 2, auf den wir noch zurückkommen.

Dagegen empfinden die Grundstücksmakler den Formzwang als große Fessel; dies wird übereinstimmend aus allen Gegenden gemeldet. Indeß können die Interessen und Wünsche der Makler keine entscheidende Bedeutung beanspruchen. Die wirklichen ausschlaggebenden Interessen sind die der Bodenbesitzer und Bodenerwerber, der Verkäufer und Käufer. Nur insofern, als diese Interessen durch die Erschwerung der Maklerthätigkeit beeinträchtigt werden, müßte man auf Abhilfe bedacht sein. Derartige schädigende Einflüsse sind wohl möglich. Ein Grundstücksbesitzer, dem daran liegt, sein Eigenthum zu veräußern, oder ein Kauflustiger, der ein Grundstück nöthig braucht, wird vom Makler häufig die Antwort erhalten, daß er Bemühungen nur dann aufwende, wenn der Auftraggeber sich einige Zeit (Wochen, Monate) binde. Auch bei direkten Verhandlungen zwischen Veräußerer und Erwerber ist häufig eine Bindung des einen Theils an sein Gebot auf längere Zeit wünschenswerth. Früher war diese Bindung durch einfache Schlußscheine in Gebieten, wo Schriftlichkeit oder Mündlichkeit zur Gültigkeit ausreichten, möglich und üblich. Jetzt muß die mit Kosten verknüpfte

Offerte in notarieller oder gerichtlicher Form gewählt werden. Die Kosten werden gescheut, weil die größte Mehrzahl der Makelaufträge oder Grundstücksanstellungen nicht zum wirklichen definitiven Kaufabschluß führen. Die unwiderrufliche Vollmacht, welche behufs Kostenersparniß hier und dort an die Stelle der notariellen Offerte gesetzt wurde, ist als eine Umgehungsform mit Recht für unzulässig erklärt worden. Anderen Umgehungsformen wird kein besseres Schicksal bereitet sein, da § 313 iuris publici ist.

Im Interesse solcher, immerhin nur als Ausnahme in Betracht kommender Fälle das Gesetz zu ändern, kann selbstverständlich im Hinblick auf die sonst entgegenstehenden großen Nachtheile, die wir dargelegt haben, nicht in Erwägung gezogen werden. Es würde sich aber empfehlen, die Gebühr für die notarielle oder gerichtliche Offerte im Interesse der Erleichterung des Grundstücksverkehrs in den oben erwähnten und ähnlichen Fällen herabzusetzen; so z. B. in Preußen, wo die Gebühr für die Offerte von $^{15}/_{10}$ auf $^{10}/_{10}$ oder $^{5}/_{10}$ ermäßigt werden könnte.

6. Starren Formalismus, öde Prinzipienreiterei hat glücklicherweise der Gesetzgeber nicht getrieben. Er übersah nicht gewisse Fälle, in denen die Vortheile der öffentlichen Form von den Nachtheilen überwogen werden. Aus diesen berechtigten Erwägungen erklären sich folgende Ausnahme-Regelungen:

a) So zeigt sich die sofortige Inanspruchnahme eines Notars öfters bei Parzellirungen ländlicher Grundstücke schwierig. Hier ist es üblich, zunächst einen Termin an Ort und Stelle mit Kauflustigen abzuhalten. Früher wurden, wenn Einigkeit erzielt wurde, meist schriftliche Vorverträge abgeschlossen. Unzuträglichkeiten entstehen auch, wenn mehrere der bei einem Veräußerungsvertrage Betheiligten, z. B. mehrere Erben bei einem Erbtheilungsvertrage, in verschiedenen Bezirken wohnen; das früher übliche Zirkuliren des Vertrages kann nicht mehr in Anwendung kommen. Weit wichtiger ist die aus § 313 leicht entspringende Störung, wenn eine Reihe nebeneinanderliegender Grundstücke zum Zwecke einer einheitlichen Unternehmung erworben werden sollen. Dies wird oft erschwert, wenn gerichtliche oder notarielle Verträge mit jedem einzelnen Besitzer erforderlich sind. Sobald die Nachbarn Wind erhalten, erfolgen dann meist unsinnige Preissteigerungen[43]). Allzu kostspielig erweist sich endlich die Form für Beurkundungen bei ganz kleinen Objekten.

Für diese und ähnliche Fälle ist die Bestimmung im Satz 2 wie geschaffen. Gewiß liegt sie nicht in der Rechtskonsequenz. Gewiß werden

---

[43]) Darauf weist Dorst (S. 23) hin.

durch sie häufig auch die Zwecke der Formvorschrift aus Satz 1 vereitelt, die aus sozialpolitischen Gründen erstrebte Erschwerung der Veräußerung zunichte gemacht werden. Indessen ist sie aus folgenden Erwägungen trotz alledem aufrecht zu erhalten.

Die Vorschrift hatte sich in der preußischen Praxis (vgl. oben S. 115) bewährt. Auch waren seiner Zeit das preußische Landes-Oekonomie-Kollegium, der westphälische Bauernverein, landwirthschaftliche Vereine aus Bayern u. s. w. für die Beibehaltung eingetreten. Sie bildet, wie in der II. Kommission mit Recht ausgesprochen wurde, eine unentbehrliche Ergänzung des Satzes 1, unentbehrlich im Interesse der Rechtssicherheit. Der Verkäufer hätte sonst während der ganzen Verjährungsfrist (30 Jahre lang) trotz der Auflassung den Kondiktionsanspruch auf Rückgabe wegen der Ungiltigkeit des obligatorischen Vertrages und die Möglichkeit, auf Kosten des Erwerbers zu spekuliren. Ebenso dient zur Rechtssicherheit, daß den nicht formgerechten Nebenabreden zur Giltigkeit verholfen wird, und damit viele Zweifel beseitigt werden. Unentbehrlich ist der Satz 2 auch für die häufigen Fälle, in denen sehr geringwerthige Parzellen veräußert, oder Parzellen schuldenfrei gegen sofortige Baarzahlung aufgelassen werden.

Abgeschwächt freilich wird die Formvorschrift des Satzes 1 durch den Nachsatz, aber nicht vereitelt. Ihr Hauptzweck, Schutz vor Uebereilung, wird noch in ausreichendem Maße, wenigstens bezüglich der wichtigsten Frage, der Höhe des Kaufpreises, erreicht. „Denn zwischen den formlosen Abschluß und das Giltigwerden des obligatorischen Vertrages schiebe sich die Auflassung ein. Der Bauer werde nüchtern, gewinne Frist zur Ueberlegung, zur Rücksprache mit der Frau u. s. w.“ [44]). Die Aussicht auf ein überlegtes, verständiges, die Verhältnisse berücksichtigendes Handeln bleibt somit trotz des Satzes 2 erhalten. Wir würden daher auch nicht vorschlagen, daß etwa Preußen, wie von einem der angefragten Notare empfohlen wurde, von der Vorschrift des § 98 der Grundbuchordnung Gebrauch mache, um zu verhüten, daß Satz 1 durch Satz 2 umgangen werde. Die Befürchtungen einer „Außerkurssetzung“ des Satzes 1 durch Satz 2 widerlegt die Erfahrung. Der Satz 2 hat aber innerhalb der oben gezeigten Grenzen ein wohlthätiges Wirkungsgebiet.

b) Ebenso empfiehlt sich das Abgehen von der öffentlichen Form in denjenigen Fällen, in welchen die wesentlichen Gründe des Gesetzes, Schutz der minder geschäftsgewandten Bevölkerung und größere Gewähr für sachgemäße Beurkundung, nicht zutreffen. Cessante ratione legis

[44]) Protokolle der II. Kommission.

cessat lex ipsa. Daher der Vorbehalt des Art. 142 E.G.[45]) und der Gebrauch, den die Landesgesetze von ihm gemacht haben. So z. B. hat Preußen insoweit von dem Vorbehalt Gebrauch gemacht, als einer der Vertragsschließenden durch eine öffentliche Behörde vertreten wird (Art. 12, § 2 pr. A.G. zum B.G.B.). Es soll dann nämlich für die Beurkundung des Vertrages außer den Gerichten und Notaren auch der Beamte zuständig sein, welcher von dem Vorstande der zur Vertretung berufenen Behörde oder von der vorgesetzten Behörde bestimmt ist. Anregungen der größeren Städte führten zum Erlaß dieser Bestimmung, die aus folgenden Gründen befürwortet wurde. Die Gefahren, gegen die § 313 schützen solle, treffen ohnedies bei den Verträgen nicht zu, welche Staat, Kommunen und überhaupt öffentliche Körperschaften abschließen. Fast alle diese Verträge bedürfen ferner der Genehmigung anderer Faktoren, gewöhnlich der Aufsichtsbehörde oder der Gemeindevertretung. Sollten diese Verträge erst gerichtlich oder notariell geschlossen werden, so würden unnöthige Kosten erwachsen, wenn nachher die Genehmigung versagt wird, andererseits müßten diese Kosten aufgewendet werden, weil sonst die Betheiligten nicht gebunden wären. In der That sind auch diese Gründe schwerwiegend genug, um die im § 2 des Art. 12 getroffene Ausnahme von der Formvorschrift des § 313 zu rechtfertigen[46]).

7. Alles in Allem genommen ist somit — wir kommen zum Schluß — ein Anlaß zur Aenderung des § 313 nicht gegeben; weder in Bezug auf die Formfrage, die uns zunächst interessirt, noch in Bezug auf die Heilungsfrage (Satz 2), die mit der ersten in innigem Zusammenhange steht. Selbst eine Erwägung, ob der § 313 vielleicht auf die Veräuße-

---

[45]) Art. 142. E.G. zum B.G.B. lautet: „Unberührt bleiben die landesgesetzlichen Vorschriften, welche in Ansehung der in dem Gebiete des Bundesstaats liegenden Grundstücke bestimmen, daß für die Beurkundung des im § 313 des Bürgerlichen Gesetzbuchs bezeichneten Vertrags sowie für die nach § 873 Abs. 2 des Bürgerlichen Gesetzbuchs zur Bindung der Betheiligten erforderliche Beurkundung der Erklärungen außer den Gerichten und Notaren auch andere Behörden und Beamte zuständig sind."

[46]) Stranz-Gerhard Kommentar zum pr. A.G. zum B.G.B., S. 109, Anm. 11 ff. Dort auch über die weiteren im Art. 12 vorgesehenen Ausnahmefälle, den Rentengutsvertrag und die Zuständigkeit der Bürgermeister im Gebiete des vormaligen Herzogthums Nassau an Orten, die nicht Sitz eines Amtsgerichts sind, Kauf- und Tauschverträge über Grundstücke ihres Amtsbezirkes zu beurkunden, wenn der Kaufpreis oder der Werth der eingetauschten Gegenstände nicht mehr als 500 M. beträgt. — Daß überhaupt auf dem Gebiete des der Landesgesetzgebung vorbehaltenen Rechts auch Eingriffe in den § 313 innerhalb der Grenzen des Vorbehaltsrechts gemacht werden dürfen, sei hier nur kurz hervorgehoben (vgl. z. B. auch Stranz-Gerhard a. a. O. S. 112, Anm. 21).

rung ländlicher Grundstücke zu beschränken sei, ist abzuweisen. Haben auch vornehmlich agrarpolitische Rücksichten den Gesetzgeber bei Normirung des § 313 geleitet, so muß doch, wie nachgewiesen, eine gute Bodenpolitik auch für den städtischen Grundbesitz das öffentliche Wohl, nicht die Interessen privater Spekulation in den Vordergrund setzen. Ueberdies ist der Unterschied zwischen städtischen und ländlichen Grundstücken in der Kleinstadt nicht nur, sondern auch in den Großstädten, deren ländliche Vororte unmerklich in das Stadtgebiet übergehen, gesetzlich kaum faßbar.

Was de lege ferenda am Ende des vorigen Jahrhunderts die Verfasser der Entwürfe, die Kommissionen zu ihrer Berathung, die Stimmen der Kritik, die Regierungen, die Landes-Oekonomie-Kollegien, die interessirten Klassen der Bevölkerung und schließlich Reichstag und Bundesrath mit überwältigenden Mehrheiten als nothwendig und zweckmäßig erachtet haben, hat sich auch in den beiden ersten Jahren dieses Jahrhunderts im Großen und Ganzen de lege lata bewährt. Und wie in Bayern, wo die notarielle Form seit etwa 40 Jahren herrscht, Klagen nicht laut geworden sind, so wird sich der § 313 im gesammten Reiche als sozial wohlthätige Norm und als Gewähr der Rechtsberathung stets mehr einbürgern. Ein Allheilmittel ist auch § 313 nicht. Aber seinen Nachtheilen stehen so überwiegende und so segensvolle Vortheile entgegen, daß einer Aenderung nicht scharf genug widersprochen werden kann. Vollends jetzt schon, in der Uebergangszeit so zu sagen, nachdem eben erst das neue Recht ins Leben getreten ist, an der Vorschrift des § 313 zu rühren, wäre nur Zeugniß einer ungesunden Neuerungssucht.

Wir glauben aber auch, daß auf eine lange Zukunft hinaus die Akten über den § 313 als geschlossen betrachtet werden können. Sit ut est!

XIV.

Gutachten des Herrn Hofrath Professor Dr. Rosin in Freiburg i. B.

über die Frage:

Sind für die Ausbildung der Juristen Zwischenprüfungen zweckmäßig?

Inhalt:

---

§ 1. Die Verhandlungen des 25. Juristentages.

Die ständige Deputation des Deutschen Juristentages hat mich zu einem Gutachten über die obige Frage aufgefordert. Es geschah dies, nachdem der zu Bamberg abgehaltene 25. Deutsche Juristentag in seiner zweiten Plenarsitzung vom 13. September 1900 beschlossen hatte, den Gegenstand der Zwischenprüfungen auf die Tagesordnung des nächsten Juristentages zu setzen und durch eingehende Gutachten vorzubereiten. Es ist daher zunächst am Platze, sich die Verhandlungen selbst, auf denen dieser Beschluß beruhte, zu vergegenwärtigen.

Auf der Tagesordnung des 25. Deutschen Juristentages stand die Frage: „Empfiehlt es sich, das Universitätsstudium und den Vorbereitungsdienst der Juristen gemeinsam für das Deutsche Reich zu ordnen?" Von den erstatteten Gutachten ging dasjenige des Geheimen Raths Dr. Wach in Leipzig selbständig auch auf die Frage des Zwischenexamens ein, während ein anderes, das des Oberlandesgerichtsraths Dr. Unger zu Jena, dasselbe nur referirend streifte (Bd. 2 S. 96, 107). Wach kommt (Bd. 2 S. 13f.) bei der Besprechung der Zahl der Prüfungen auch auf das „leidige Zwischenexamen" und findet „die Sache recht problematisch". Er will nicht das ihm höchst Unsympathische der überwuchernden Examina betonen, obschon die damit zusammenhängenden Uebelstände, die Schädigung der geistigen Freiheit und der Entwicklung der Persönlichkeit, ihm schwer genug wiegen. Dagegen hebt er hervor, daß jedes solche „Tentamen", wie man auch dessen Stoff bemessen will, zur Aufstellung einer festen Studienordnung und damit einer ganz gebundenen Marschroute für den Studirenden nöthigt. Daß eine solche vom Uebel sei, hatte das Gutachten mit Hervorhebung verschiedener Beispiele bereits S. 10f. näher ausgeführt. Sodann werde — meint Wach — die Zwischenprüfung eine höchst oberflächliche sein, zumal ihre Gegenstände keinesfalls von dem zweiten Examen (der ersten Staatsprüfung) ausgeschlossen werden könnten. Das Verständniß für die Rechtsordnung entwickle sich naturgemäß erst allmählich und werde auch den historischen Disziplinen gegenüber anfänglich nur kümmerlich sein. Das Niveau der Prüfung werde sich daher auf dem einer Semestralprüfung, einer Art Abfragens des Kollegienheftes halten müssen. Wenn aber nicht, so werde die Prüfung ungerecht und gefährlich. Dazu komme als das Wichtigste, daß durch das Zwischenexamen die akademische Freizügigkeit bedroht wird, weil der Student naturgemäß die Lehrer aufsucht, die ihn prüfen sollen. Nach alledem könne etwas Heilsames auf diesem Gebiete nur in der Richtung geschehen, daß man die Zwischenprüfung gänzlich verbietet. Auch hat Wach ernstliche Zweifel, ob nicht schon nach § 2 G.V.G. von Reichswegen die Vermehrung der Prüfungen über zwei hinaus verboten sei. „Aber wie dem auch sei, auf keinen Fall wäre eine Prüfungsordnung des Reichs zu billigen, welche eine solche Einrichtung verallgemeinerte."

Bei den Verhandlungen befaßte sich zunächst die 1. Abtheilung des Juristentages am 12. September 1900 mit der auf der Tagesordnung stehenden Frage. Die Berathungen wurden eingeleitet durch einen umfassenden mündlichen Bericht des Geh. Raths Prof. D. Dr. Kahl (Berlin), welcher sich auf eine Anzahl als Drucksache vertheilter Leitsätze stützte (Bd. 3 S. 92, 96). Unter diesen erachtete These III die Frage der Zwischenprüfungen überhaupt noch nicht als spruchreif. Sie bilde — führte Kahl mündlich aus — einen Bestandtheil der weiteren Frage, ob und welche Kontrolmaßregeln für den Fleiß unserer Studirenden der Rechte nothwendig seien. Dabei müsse er der Behauptung, daß unsere juristischen Studenten typisch faul seien, auf das Allerbestimmteste widersprechen. „Ob sich nicht Mittel und Wege finden lassen, eine im akademischen Geist gehaltene wohlthätige Aufsichtsführung über die Studienweise, namentlich der Anfangssemester eintreten zu lassen, bleibe noch ganz dahingestellt. Aber Schulzucht wollen wir nicht auf der Universität. Die fürs Leben nothwendige Arbeitsenergie — und die ist viel wichtiger, als das Maß der Kenntnisse selbst — diese Arbeitsenergie muß in der Freiheit sittlicher Selbstentscheidung gewonnen werden. Was die Universitäten Großes geleistet haben, haben sie in der Luft eben dieser Freiheit geleistet. Nur die Höhe des Ziels, der Ernst des Examens darf den Regulator dieser Freiheit bilden. Männer werden nicht anders erzogen. Mit der ernsten Gestaltung der juristischen Prüfung ist schon alles Wesentliche gemacht." Allein, wenn auch Kahl die Zwischenprüfung unter dem Gesichtspunkte der Kontrolmaßregel verwirft, so sei ihr doch zugleich „eine für den Bildungserfolg selbst bestimmende pädagogische Seite" zugeschrieben worden. Diese Frage aber sei noch nicht zur Beschlußfassung gereift. Das tentamen physicum der Mediziner sei absolut nicht beweiskräftig, schon weil die im juristischen Zwischenexamen geprüften Gegenstände keineswegs bei der Hauptprüfung ausfallen dürften. „Das wäre der Tod des römisch-rechtlichen Wissens und der Quellenkunde." Auch in der Frage der rechtlichen Zulässigkeit ist Kahl sehr geneigt, sich Wach anzuschließen. „Jedenfalls: non liquet." Kahl will daher aus „praktisch maßvollen Erwägungen" Aufschub der Beschlußfassung, obwohl er persönlich die These lieber so gefaßt hätte: „Zwischenprüfungen sind rechtlich unzulässig und prinzipiell zu verwerfen".

In der Debatte wurde die Frage des Zwischenexamens zunächst von dem jetzigen Gutachter behandelt (Bd. 3 S. 109 ff.) Er hielt die landesrechtliche Einführung von Zwischenprüfungen als mit dem Gerichtsverfassungsgesetze vereinbar, sprach sich aber im Interesse der Freizügigkeit unter den deutschen Universitäten nachdrücklich gegen die These III des Berichterstatters aus. Völlig spruchreif sei jedenfalls schon jetzt das Urtheil dahin, daß, wenn Zwischenprüfungen eingeführt werden sollten, die gegenseitige Anerkennung derselben für alle deutschen Universitäten und alle deutsche Staaten, möglichst von Reichswegen, auszusprechen sei. Ohne das sei die akademische Freizügigkeit thatsächlich vernichtet. Aber selbst, wenn die Gegenseitigkeit anerkannt sei, berge das Zwischenexamen große Gefahren für den freien Zug der Studirenden in sich. Denn auch in diesem Falle würden viele, gerade wenn die Fächer des Zwischenexamens im Hauptexamen nochmals geprüft werden sollen, das erstere lieber da machen, wo sie auch das letztere abzulegen gedächten, weil sie sonst in diesem strenger examinirt zu werden fürchteten. Demnach beantragte Redner zu beschließen: Es ist eine einheitliche Ordnung des juristischen Bildungsganges geboten hinsichtlich des Universitätsstudiums . . . . c) für seine etwaige Unterbrechung durch ein Zwischenexamen, wobei eventuell die gegenseitige Anerkennung desselben durch alle deutschen Staaten nothwendig ist.

Der folgende Redner, Oberlandesgerichtspräsident Hamm (Köln) schloß sich, gleichfalls im Interesse der Freizügigkeit, dem Vorredner insofern an, als auch er anerkannte, daß die Frage der sogenannten Zwischenprüfungen, deren rechtliche Zulässigkeit er bejahte, gemeinsam für alle deutsche Staaten geregelt werden müsse (S. 115f.). Auch ein weiterer Redner, Professor Dr. Hiller (Graz), stand auf demselben Standpunkte, wenngleich er in der Frage der Zwischenprüfungen selbst eine der Einrichtung freundlichere Anschauung vertrat. Er wies dabei darauf hin, daß in Oesterreich seit Generationen eine rechtshistorische Zwischenprüfung bestehe, auf welche sich die ganze juristische Welt jenes Staates eingerichtet habe. Die Erfahrungen seien keine schlechten, und wenn auch die Freizügigkeit in Oesterreich seltener bethätigt werde, als in Deutschland, so sei das doch mehr die Folge der dort im Allgemeinen ungünstigeren Vermögensverhältnisse der Studirenden, als des Zwischenexamens. Immerhin wollte auch dieser Redner zur Zeit keine endgiltige Entscheidung; vielmehr stellte gerade er den direkten Antrag, die Frage dem nächsten Juristentage vorzubehalten und durch besondere Gutachten zu beleuchten (S. 122 ff.).

Von den folgenden Rednern erklärte sich Rechtsanwalt Dr. Scherer (Leipzig) gegen das Zwischenexamen, da es „für die Jetztzeit nicht einen Pfad nach der Einheit, sondern einen Pfad des Gegensatzes bedeute" (S. 126).

Geheimer Justizrath Prof. Dr. Gierke (Berlin) bekannte sich (S. 130) als entschiedenen Gegner der Zwischenprüfungen und fügte hinzu, daß gerade die österreichischen Erfahrungen seine Gegnerschaft nur zu unterstützen vermocht hätten. Die Freizügigkeit sei in Oesterreich sehr gering und auf deutschen Universitäten seien Oesterreicher kaum zu finden. Auch der Zuzug der Bayern nach Berlin habe nach Einführung der bayrischen Zwischenprüfung abgenommen. Im Uebrigen ist auch dieser Redner damit einverstanden: wenn es Zwischenprüfungen geben soll, müssen sie einheitlich geregelt sein. Professor Dr. Hellwig (Erlangen) giebt von seinen Erfahrungen hinsichtlich des bayrischen Zwischenexamens Kenntniß (S. 132 f.). Er bestätigt zwar, daß dasselbe den Fleiß der Studirenden erhöht, betont aber, daß, da in Bayern die Fächer des Zwischenexamens im Staatsexamen nicht wieder geprüft würden, selbst diejenigen Studirenden, welche das erstere glänzend bestanden hätten, bei ihrem Abgange von der Universität vom römischen Recht und der deutschen Rechtsgeschichte gar nichts mehr wüßten. Würde man aber diese Fächer im Staatsexamen wiederholt prüfen, so wäre das ein Aufwand von Zeit und Mühe, welcher in dem Erfolge, faule Studenten etwas früher zur Arbeit anzuhalten, keinen ausreichenden Lohn fände.

Bei der Abstimmung wurde im Sinne des Antrages Hiller beschlossen (S. 140), zugleich aber auch, den ganzen Gegenstand noch in der Plenarversammlung zur Verhandlung zu bringen. Dieser berichtete wiederum Geheimrath Kahl, wobei er (S. 361) den Inhalt der in der Abtheilung stattgehabten Diskussion ungefähr dahin zusammenfaßte: In der Frage der rechtlichen Zulässigkeit der Zwischenprüfungen sei man getheilter Ansicht gewesen. Dagegen habe sich mit einer Ausnahme eine überwältigende Einmüthigkeit hinsichtlich der grundsätzlichen Ablehnung der Zwischenprüfungen ergeben. Auch darin sei Einmüthigkeit vorhanden gewesen, daß, falls Zwischenprüfungen eingeführt werden sollten, dies ein Punkt sei, in welchem nicht landesrechtliche Freiheit, sondern einheitliche Ordnung bestehen müßte und daß im Interesse der Freizügigkeit die Anerkennung dieser Zwischenprüfungen in den einzelnen Staaten nöthig und erwünscht sei. Der Berichterstatter erkannte selbst an, daß diese wesentliche Uebereinstimmung hinsichtlich der Hauptpunkte in der gefaßten Resolution nicht zum Ausdruck gekommen sei. Daran anschließend hatte der jetzige Gutachter einen erweiterten Antrag eingebracht, der dann mit einer vom Berichterstatter empfohlenen Verschärfung im Eingange in folgender Fassung gegen im Ganzen 5 Stimmen zur Annahme gelangte. Danach wurde beschlossen (S. 395): „Der Juristentag hat schwere Bedenken gegen die Einführung von sogenannten Zwischenprüfungen, beschließt indessen, den Gegenstand nochmals auf die Tagesordnung des nächsten Juristentages zu setzen und durch eingehende Gutachten vorzubereiten. Als unerläßlich bezeichnet er es aber schon heute, daß, soweit in den einzelnen Staaten Zwischenprüfungen bereits eingeführt sind oder noch eingeführt werden sollten, im Interesse der Freizügigkeit unter den deutschen Universitäten Vereinbarungen der Regierungen über die gegenseitige Anerkennung dieser Prüfungen getroffen werden."

§ 2. Die Verhandlungen des 14. Juristentages.

Die Frage der Zwischenprüfung hatte den Juristentag bereits im Jahre 1878 beschäftigt. Damals stand die Frage zur Verhandlung: Ist eine gemeinsame Prüfungsordnung für deutsche Richter und Anwälte nothwendig, und wie ist sie auf der Grundlage der §§ 2 bis 6 des deutschen Gerichtsverfassungsgesetzes zu gestalten? Das hierüber erstattete Gutachten von Gneist kommt dabei auch auf die Zwischenprüfungen zu sprechen. Er empfiehlt im Interesse einer gleichmäßigen Berücksichtigung des Stoffes eine Zerlegung der ersten Staatsprüfung in mindestens zwei Abtheilungen, deren erste im Wesentlichen das Privatrecht und die Rechtsgeschichte, deren zweite aber das öffentliche Recht und die Staatswissenschaften umfassen sollte (Bd. 1 S. 144). Dabei erörtert dann Gneist auch die Frage, ob der Zwischenraum zwischen diesen beiden „getrennten Kursen" „nicht auch weiter auseinandergelegt und ungefähr in die Mitte des (von Gneist verlangten) akademischen Quadrienniums gesetzt werden könnte, etwa vergleichbar dem tentamen physicum der Mediziner". Das Gutachten kommt zu keiner sicheren Entscheidung. Es erwägt auf der einen Seite, daß der lange vierjährige Zeitraum den Studirenden allzusehr zur Ruhe einladen möchte, konstatirt auf der anderen Seite aber auch die in akademischen Kreisen bestehende Abneigung gegen Zwischenprüfungen, weil dadurch an Stelle eines freieren, vielseitigen Studienplanes leicht eine mechanische Bemessung der Arbeitspensa entsteht. „Wo ein sehr ernstes wissenschaftliches Examen dem vierjährigen Universitätsstudium folgte, hat sich früher auch nie das Bedürfniß eines Vorexamens ergeben." Bei dieser Zweifelhaftigkeit gelangt dann das Gutachten dazu, „den Wunsch der Betheiligten entscheiden zu lassen". Wer seine Studien danach ordnen will, oder wer vor der Massenhaftigkeit des Stoffes zurückscheut, dem soll es freistehen, die erste privatrechtliche Abtheilung des Examens schon im 5. oder 6. Semester zu erledigen (S. 146).

Die Verhandlungen erfolgten in der Abtheilung (Bd. 3 S. 202 ff.). Der Referent Dr. Schwarze empfahl dabei in seinen Anträgen (S. 204) Ziffer 10 gleich dem Gneist'schen Gutachten die Zerlegung der ersten mündlichen Prüfung in zwei getrennte Abtheilungen; im Uebrigen wurde aber weder in seinen, noch in den Thesen des Korreferenten Dr. Brunner des Zwischenexamens gedacht. Für den verhinderten Letzteren erstattete dann Gneist den Mitbericht und gelangte dabei jetzt zu der Ansicht, daß bei Verlängerung des akademischen Trienniums „ein Zwischenexamen wohl überwiegende Gründe für sich hat" (S. 216). In der Debatte weist

Dr. **Pann** (Wien) schon damals auf die österreichische Einrichtung des vierjährigen Studiums mit rechtshistorischer Zwischenprüfung hin und erblickt in letzterer eine Nöthigung für den Studenten, seinen Studien rechtzeitig obzuliegen und eine Beseitigung der Gefahr, bei länger gebotener Universitätszeit auch länger zu bummeln (S. 222). Appellationsgerichtspräsident Dr. **Kühne** (Greifswald) hält ein nur dreijähriges Studium für ausreichend, will aber auch in dessen Mitte ein Tentamen einführen, nach welchem der Student noch mindestens 2 Semester seine Studien fortsetzen muß. Redner führte aus, er sei früher gegen ein Mittelexamen gewesen, weil er an sich kein Freund der chinesischen Methode vieler Prüfungen, und der Meinung sei, daß dadurch ein Zwang in das Studium hineingetragen werde, welcher die Wissenschaftlichkeit desselben schädigt. Er habe sich aber später überzeugt, daß es keinen anderen Weg gebe, die jungen Leute zu zwingen, auf der Universität nicht lange unthätig zu sein. Die zweite Hälfte der Studienzeit (welche sich nach den zu stellenden Anforderungen thatsächlich wohl auf 4—5 Jahre verlängern werde) solle dann dem öffentlichen Recht und der Ausnutzung der Seminarien dienen (S. 227). Oberbürgermeister **André** (Chemnitz) kann sich zur Zeit noch nicht für eine Vermehrung der Examina entscheiden (S. 231). Dagegen schließt sich Professor **Enneccerus** (Marburg) den Vorschlägen **Kühne's** mit der Modifikation an, daß frühestens im 4. Semester ein mündliches Tentamen über das gemeine Privatrecht und dessen Geschichte abzulegen sein und ihm ein Studium von mindestens noch 3 Semestern folgen solle (S. 232).

Bei seinem Schlußwort erklärte **Gneist** als Korreferent, er halte bei vierjährigem Studium das Zwischenexamen für rathsam, ja nahezu für unentbehrlich, dagegen beim Triennium gar nicht für unbedenklich, weil es eine Zerstückelung und einen gewissen Seminargeist in die Studien bringe (S. 236). Bei der Abstimmung wurde unter Ziff. 2 (S. 238) eine Ausdehnung des Trienniums vorzuschreiben nicht für erforderlich erachtet, trotzdem aber das Tentamen nach dem Antrag **Kühne** in der Mitte der Studienzeit mit folgenden mindestens noch 2 Semestern empfohlen. Die Beschlüsse der Abtheilung wurden dem Plenum nur zur Kenntnißnahme vorgelegt.

§ 3. Die Verhandlungen der internationalen kriminalistischen Vereinigung (Landesgruppe Deutsches Reich).

Anschließend an den Juristentag möge alsbald eine weitere Kongreßstimme gehört werden. Die Landesgruppe Deutsches Reich der internationalen kriminalistischen Vereinigung hielt vom 7.—9. Juni 1900 zu

Straßburg ihre Landesversammlung ab, wobei die Frage der Gestaltung des Rechtsstudiums den ersten Gegenstand der Verhandlungen bildete (Mitteilungen der Vereinigung Bd. 9 Heft 1 S. 54ff.). Ueber dieselbe referirte zunächst der elsaß-lothringische Ministerialrath Stadler, welcher für den Fall der Verlängerung des Rechtsstudiums über 3 Jahre hinaus die Einführung einer Zwischenprüfung für geboten erachtete. Er verkenne nicht die dagegen sprechenden mancherlei Gründe, insbesondere, daß durch die häufigen Prüfungen die Freiheit des akademischen Studiums Noth leide und daß in dem frühen Zeitpunkt der Zwischenprüfung das Rechtsstudium des Kandidaten noch nicht abgeschlossen genug sein könne, um einen Schluß auf seine Befähigung zu gestatten. Andererseits aber schütze das Zwischenexamen vor der Gefahr des Verbummelns in den ersten Semestern. Auch ließe sich bei der mehr propädeutischen Stellung, welche das römische Recht, römische und deutsche Rechtsgeschichte nach Einführung des B.G.B. einnehmen, die Zwischenprüfung so einrichten, daß damit ein gewisser Abschluß dieser Materien erreicht wird. Im Uebrigen schloß sich Redner in Bezug auf Begründung und Einzelheiten den bezüglichen bayrischen Verordnungen an, wobei er nur etwas energischer betont wünschte, daß, wenn auch die Gegenstände des Zwischenexamens in der ersten Prüfung in der Regel nicht mehr geprüft werden sollen, doch ein gelegentliches Zurückgreifen auf dieselben nicht ausgeschlossen sein soll (S. 67ff.).

Dem Referenten schloß sich zunächst Rechtsanwalt Stieve (Zabern) an, welcher das Zwischenexamen, namentlich über die römischen Rechtsbegriffe und zu dem Zwecke wünscht, damit schon in diesem Zeitpunkte diejenigen Studirenden, welche derselben nicht Herr werden könnten, als zum Rechtsstudium ungeeignet ausgeschieden würden (S. 72f.) Dagegen spricht sich Dr. Aschrott (S. 90) selbst für den Fall der Verlängerung der Universitätszeit gegen das Zwischenexamen aus. Wenn man das letztere mit der Besorgniß vor dem Verbummeln der Studirenden motivire, so spräche diese Begründung eben gegen die Verlängerung des Studiums selbst. Im Uebrigen sei jedes Examen ein Uebel, nicht bloß für den Examinanden, sondern auch für den gewissenhaften Examinator. Vor Allem aber enthalte die Zwischenprüfung eine unerwünschte Einschränkung der Lernfreiheit, die ein Korrelat der Lehrfreiheit sei; der Student werde zu einem bestimmten Studiengange gezwungen und ihm die Möglichkeit genommen, seinen Neigungen entsprechend, in den ersten Semestern sich auch nichtjuristischen Fächern, der Philosophie oder Geschichte, zu widmen. Professor v. Liszt (S. 93) ist im Wesentlichen Gegner des Zwischenexamens, will aber doch vor der Einführung desselben mit gewissen Kautelen nicht zurückscheuen. Oberlandesgerichtsrath und Professor Harburger (München) meint, daß das Zwischenexamen, wenn es die unerläßlichen propädeutischen Fächer zum Gegenstande habe, ohne wirklichen Eingriff in die Lernfreiheit nur das mit sich bringe, daß die Studenten von vornherein auf gesunder Grundlage arbeiten und ihr Studium nicht unsystematisch einrichten. Unterstaatssekretär Dr. Petri (Straßburg) meint, daß die Frage jedenfalls ernsthafte Erwägung verdiene. Er sieht in der Zwischenprüfung namentlich ein Mittel, um dem römischen Recht und der Rechtsgeschichte die ihnen im Studium gebührende Stellung zu sichern, hält aber die Erwägung offen, ob nicht dieser Zweck auch durch Abhaltung zweier verschiedener, am Schluß des Studiums stattfindenden Prüfungen erreicht werden könnte. Die Examina betrachtet Redner als ein jedenfalls nothwendiges Uebel, und eine Beschränkung der Lernfreiheit durch das Zwischenexamen befürchtet er nicht, da auch schon jetzt ein bestimmter Studienplan empfohlen und befolgt zu werden pflegt (S. 93 ff.). Landgerichtsrath Aron spricht sich im Interesse der Gründlichkeit der Prüfung für das Zwischenexamen aus, das aber den Charakter einer Theilprüfung haben müsse (S. 95 f.).

Bei der Abstimmung wurde das Zwischenexamen mit 25 gegen 19 Stimmen angenommen und der darauf bezügliche Beschluß dahin gefaßt: „Es empfiehlt sich, die Dauer des Universitätsstudiums in den Bundesstaaten allgemein auf mindestens $3^1/_2$ Jahre festzulegen und eine Zwischenprüfung einzuführen. Diese Prüfung ist vor einer Kommission, welche unter einem von der Centralbehörde ernannten Vorsitzenden aus Rechtslehrern einer Universität gebildet ist, frühestens nach 3 Semestern abzulegen und hat sich vornehmlich auf die römische Rechtsgeschichte und das System des römischen Privatrechts, sowie auf die deutsche Rechtsgeschichte und die Grundzüge des deutschen Privatrechts zu erstrecken."

§ 4. Die Zwischenprüfung in Bayern.

In den bisher mitgetheilten Verhandlungen wurde bereits mehrfach auf die in Bayern gesetzlich bestehende Zwischenprüfung hingewiesen. Dieselbe wurde dort eingeführt durch die Kgl. V.O. v. 4. Juli 1899, die Prüfungen für den höheren Justiz- und Verwaltungsdienst und die Vorbereitung für diese Prüfungen betr. (Justiz-Min.-Bl. Nr. IX vom 11. Juli 1899 S. 179 ff.). Nach dieser ist die Vorbereitung für den Dienst bei der Justiz, der inneren Verwaltung und der höheren Finanz einheitlich geregelt (§ 1). Gefordert werden zwei Prüfungen. Zwischen der ersten und zweiten liegt ein praktischer Vorbereitungsdienst von 3 Jahren (§§ 27 ff.), vor der ersten ein vierjähriges Rechtsstudium an einer Universität (§ 9 Ziff. 2). Von diesen 4 Jahren müssen die 3 letzten dem Rechtsstudium gewidmet sein, das erste kann dem Rechtsstudium, aber auch dem philosophischem Studium gewidmet werden; in jedem Falle muß der Student 8 ordentliche philosophische Vorlesungen gehört haben (§ 9 Ziff. 2 und 3). Die Zulassung zur ersten Prüfung setzt aber ferner das Bestehen einer Zwischenprüfung voraus (§ 1). Die Gegenstände derselben sind: römische und deutsche Rechtsgeschichte, System des römischen und Grundzüge des deutschen Privatrechts (§ 3). Unter die Gegenstände der ersten Prüfung (§ 2) sind die der Zwischenprüfung angehörigen Disziplinen nicht mehr aufgenommen. Die Zwischenprüfung kann frühestens am Schlusse des 3. Semesters abgelegt werden; von den voraufgegangenen Semestern müssen mindestens zwei dem juristischen Studium gewidmet sein (§ 4). Wer also zuerst ein Jahr Philosophie studirt, kann das Zwischenexamen erst am Schluß des vierten Semesters machen. Nach dem Bestehen der Zwischenprüfung müssen noch mindestens drei Semester Rechtsstudium liegen (§ 4 Abs. 2). Es braucht also derjenige sein Studium nicht zu verlängern, wer spätestens am Schluß des fünften Semesters die Zwischenprüfung bestanden hat. Die letztere wird abgelegt vor Prüfungskommissionen, welche an den Sitzen der Landesuniversitäten gebildet werden (§ 5). Die Kommission besteht aus einem Staatsbeamten als Vorsitzenden und aus Mitgliedern, zu denen in der Regel Universitätslehrer bestellt werden (§ 6). Die Prüfung erfolgt öffentlich (§ 24) und mündlich und dauert für jeden Kandidaten grundsätzlich 40 Minuten (§ 11). Das Ergebniß ist „nicht bestanden" oder „bestanden" (§ 13). Eine Wiederholung ist frühestens nach einem weiteren Semester Rechtsstudium gestattet (§ 14). Eine Beschränkung der Wiederholungsmöglichkeit besteht nicht.

Zu der gedachten Kgl. Verordnung ist dann noch eine höchst umfassende Bekanntmachung der betreffenden Ministerien vom 6. Juli 1899, enthaltend Ausführungsbestimmungen, ergangen (Just.-Min.-Bl. S. 194 ff.). Sie räth den Studirenden an, schon im ersten Jahre mit dem Rechtsstudium zu beginnen, zumal die Studienpläne der bayrischen Universitäten thatsächlich auf ein vier- oder doch dreiundeinhalbjähriges Rechtsstudium eingerichtet sind (§ 2). In § 10 werden die Zwecke der Zwischenprüfung genau präcisirt: sie soll „die erste Prüfung von einem Theile des Prüfungsstoffes entlasten, der durch die Neugestaltung des gesammten bürgerlichen Rechts einen großen Zuwachs erhalten hat, die Kandidaten zu einem systematischen Studiengange, sowie dazu anhalten, daß sie schon beim Beginne der Studienzeit sich den fleißigen Besuch der Vorlesungen und das gründliche Studium des Gehörten angelegen sein lassen, endlich dahin wirken, daß die dem juristischen Studium nicht gewachsenen Kandidaten schon in einem möglichst frühen Zeitpunkte zu der Einsicht von der Nothwendigkeit gebracht werden, einen anderen Beruf zu wählen". Bei der Zwischenprüfung soll vor Allem erforscht werden, ob der Kandidat die juristischen Grundbegriffe erfaßt hat; erst in zweiter Linie sind die positiven Einzelheiten in Betracht zu ziehen. Kandidaten, die nach der ersten Richtung nicht genügen, sind jedenfalls zurückzuweisen (§ 36). An der Prüfung theilzunehmen haben außer dem Vorsitzenden in der Regel zwei Mitglieder (§ 15). Nicht erforderlich ist, daß der Kandidat zur Zeit der Zwischenprüfung an der Universität, bei welcher er sie ablegen will, immatrikulirt ist (§ 13); doch kann nach § 7 der Kgl. V.O. bei übermäßigem Andrange ein Theil der Kandidaten an einen anderen Prüfungsort verwiesen werden.

§ 5. Die rechtshistorische Staatsprüfung in Oesterreich.

Eine Zwischenprüfung im rechtswissenschaftlichen Studium besteht in Oesterreich, allerdings mit wechselnden Modalitäten, bereits seit mehr als einem halben Jahrhundert. Die folgende Darstellung dieser Einrichtung gründet sich in ihrem historischen Theile auf eine ausführliche Auskunft, welche ich der Güte des Herrn Advokaten Dr. Arnold Rosenbacher in Prag, Mitglied des Juristentages und mir persönlich nahestehend, verdanke, sowie ferner auf diejenigen Mittheilungen, welche Kleinwächter in seiner Schrift: „Die rechts- und staatswissenschaftlichen Fakultäten in Oesterreich" (1876) S. 18ff., 45ff., giebt. Eine „Sammlung der für die österreichischen Universitäten giltigen Gesetze und Verordnungen" ist nach dem damaligen Stande im Jahre 1871 von Thaa (nebst 2 Supplementen 1876 und 1883, letzteres von v. Schweickhardt) herausgegeben worden. Die jetzt geltenden Bestimmungen habe ich der mir durch Herrn Professor Dr. Schreuer vermittelten „Sammlung von Gesetzen und Verordnungen für die deutsche Universität in Prag" (1901) entnommen.

In Oesterreich hat Jeder, der sich dem praktischen Staatsdienste, nicht bloß dem Justiz-, sondern auch dem Verwaltungs- (politischen) und Finanzdienste widmen will, Staatsprüfungen auf zwei verschiedenen Stufen zu absolviren. Die zweite Stufe bildet die praktische Staatsprüfung. Diese und ebenso der ihr vorangehende praktische Vorbereitungsdienst ist nach den verschiedenen Berufsarten verschieden. Gleich dagegen für alle sind die drei theoretischen Staatsprüfungen, nämlich die rechtshistorische, die judicielle und die staatswissenschaftliche. Die beiden letzteren werden am Schlusse der Studienzeit abgelegt, die rechtshistorische bildet dagegen eine Zwischenprüfung am Ende eines „ersten Studienabschnittes".

Die Vorgängerin der jetzigen rechtshistorischen Staatsprüfung wurde nebst den anderen beiden theoretischen Staatsprüfungen durch die V.O. des Kultusministeriums vom 30. Juli 1850 (R.G.Bl. Nr. 327) unter Beseitigung der bis dahin auf der Universität bestehenden Semestralprüfungen eingeführt. Sie führte den Namen „Staatsprüfung, allgemeine Abtheilung" und umfaßte dementsprechend auch noch nicht die eigentlich rechtshistorischen Fächer, sondern Welt- und österreichische Geschichte, Rechtsphilosophie, innere Verwaltungspolitik, Nationalökonomie, Finanzpolitik, allgemeine und österreichische Statistik. Eine Prüfung aus römischem, deutschem und kanonischem Rechte war damals nicht vorgeschrieben. Auch war die Prüfung noch nicht als Zwischenprüfung obligatorisch; vielmehr konnten auch alle 3 theoretischen Staatsprüfungen erst nach beendigtem Studium absolvirt werden, während es allerdings freistand, eine oder auch zwei von ihnen schon nach zurückgelegtem vierten Semester abzulegen. Eine rechtshistorische Staatsprüfung aus römischem, kanonischem Rechte, deutscher Reichs- und Rechtsgeschichte in Verbindung mit österreichischer Geschichte, und zwar als nothwendige Zwischenprüfung, wurde erst durch Erlaß des Kultusministeriums vom 2. Oktober 1855 (R.G.Bl. Nr. 172; Thaa S. 321 ff.) eingeführt, wobei zugleich für die juristische Fakultät bestimmte Zwangskollegien in bestimmter Reihenfolge zu hören vorgeschrieben wurden. Die Gegenstände der rechtshistorischen Prüfung waren mit dieser endgiltig erledigt; doch kommt dabei in Betracht, daß dieselben in der Doktorprüfung wiederholt geprüft wurden und die letztere bis zur Neuregelung von 1893 in Oesterreich eine weit größere Bedeutung hatte und daher weit häufiger abgelegt wurde, als bei uns. Denn sie ersetzte nicht allein die beiden anderen theoretischen Staatsprüfungen (außer der bereits abgelegten rechtshistorischen), sondern war auch die Vorbedingung für die praktische Advokatenprüfung, die ihrerseits wiederum die besondere Richteramts- und die Notariatsprüfung ersetzte.

Die gegenwärtig geltende Regelung beruht auf dem Gesetze vom 20. April 1893, betreffend die rechts- und staatswissenschaftlichen Studien und Staatsprüfungen (R.G.Bl. Nr. 68) und der V.O. des Kultusministeriums vom 24. Dezember 1893 (R.G.Bl. Nr. 204). Von den drei theoretischen Staatsprüfungen umfaßt die judizielle das Privat- und

Handelsrecht, das Strafrecht, den Civil- und Strafprozeß, die staatswissenschaftliche das allgemeine und positive Staatsrecht, Verwaltungslehre und Verwaltungsrecht, Volkswirthschaftslehre und -politik, Finanzwissenschaft und österreichische Finanzgesetzgebung. Diese beiden Prüfungen werden am Ende der auf mindestens 8 Semester bemessenen Studienzeit abgelegt, eine von ihnen zulässigerweise schon in den letzten 4 Wochen des letzten Semesters. Die rechtshistorische Staatsprüfung hat mindestens 3 Studiensemester vor und mindestens 4 hinter sich. Sie theilt die Studien in zwei festbegrenzte und bestimmte Studienabschnitte. Jedes einrechenbare Semester erfordert zunächst einen Kollegienbesuch von mindestens 20 Stunden. Sodann sind die einzelnen Obligatkollegien genau mit dem ihnen eigenen „Minimalausmaß an Wochenstunden“ festgesetzt. Die Vorlesungen des zweiten Studienabschnittes sind nur anrechenbar, wenn sie nach Ablegung der rechtshistorischen Staatsprüfung gehört worden sind. Gegenstände der letzteren sind die Obligatkollegien über römisches Recht (20 Stunden durch mindestens 2 Semester), Kirchenrecht (7 Stunden), deutsches Recht d. h. Geschichte der Quellen und des öffentlichen Rechts, Geschichte und System des deutschen Privatrechts (10 Stunden in 2 Semestern) und österreichische Reichsgeschichte d. h. Geschichte der Staatsbildung und des öffentlichen Rechts (5 Stunden). Außerdem muß eine Vorlesung aus dem Gebiete der Philosophie mit 4 Stunden nachgewiesen werden. Eine bestimmte Reihenfolge der Vorlesungen innerhalb des ersten Prüfungsabschnittes ist jetzt nicht mehr vorgeschrieben, doch muß mit den Institutionen des römischen Rechts begonnen werden.

Die formalen Vorschriften für die rechtshistorische Prüfung sind im Wesentlichen dieselben, wie die für die beiden anderen Staatsprüfungen. An jedem Sitze einer Universität wird eine Prüfungskommission gebildet. Die Prüfung wird abgelegt vor dem Vorsitzenden der Kommission und 3 Kommissären. Als Kommissäre sind die ordentlichen und außerordentlichen Professoren kraft ihres Lehramts berufen; doch sind außerdem auch andere Fachmänner vom Unterrichtsminister zu ernennen. Nur wer an einer Universität inskribirt ist, kann an dieser die rechtshistorische Prüfung ablegen. Die Prüfungen sind rein mündlich und öffentlich. Die Reprobation erfolgt bei der rechtshistorischen Staatsprüfung auf regelmäßig 2 Semester, während deren der Reprobirte Vorlesungen aus dem Kreise der Prüfungsgegenstände im Minimalmaße von zehn Wochenstunden zu besuchen hat. Eine Beschränkung der Wiederholungsmöglichkeit besteht nicht.

§ 6. Verhandlungen deutscher Parlamente.

Außer in Bayern ist das Zwischenexamen bisher in keinem deutschen Staate Rechtens geworden; doch ist der Gegenstand mehrfach in parlamentarischen Gesammtsitzungen und Kommissionen erörtert worden. Ohne die Zusicherung irgend welcher Vollständigkeit möge Folgendes erwähnt werden.

I. Bei der Berathung des Reichs-Gerichtsverfassungsgesetzes wurde zu § 2 Abs. 2 des jetzigen Textes auch die Frage der drei- oder vierjährigen Studienzeit erwogen. (Hahn, Materialien, I 1 S. 374 ff.) Dabei meinte der Abg. Lasker gegenüber einem, die vierjährige Studiendauer fordernden Antrage Pfafferott, daß mit der bloßen Vorschrift einer vierjährigen Studienzeit nicht geholfen sei; eine solche müßte durch die Einschiebung eines Zwischenexamens, etwa nach zwei Jahren, ergänzt werden, weil leider die Studenten der Rechte, so lange das Examen ferne sei, dem Studium zu wenig oblägen. Vielleicht könne man auch nach zweijähriger Studienzeit eine praktische Thätigkeit neben dem theoretischen Studium einschalten. Doch seien das schwierige, nicht im G.V.G. zu lösende Fragen. Auch der Abg. Dr. Marquardsen hielt bei einem vierjährigen Studium ein Zwischenexamen, ähnlich der Admissionsprüfung der Mediziner, für durchaus nöthig. Gerade bei den Juristen, welche ihr Studium häufig nur um deswillen ergreifen, weil ihnen eine ausgesprochene Neigung zu einem anderen Berufe mangele, sei es besonders nöthig, durch die Organisation des Unterrichts und der Prüfungen nachzuhelfen. Regierungsrath Hagens möchte dagegen der Kommission „die Verlängerung der Studienzeit auf mehr als drei Jahre und ein Mittelexamen als absolutes Gebot nicht empfehlen" und der Abg. Becker (Wach, Gutachten S. 14 legt diese Aeußerungen irrthümlich Hagens in den Mund) verwahrte sich ganz entschieden gegen die Idee des Zwischenexamens, womit vermuthlich ein gewisser Kollegienzwang verbunden werden solle. Die geistige Freiheit, welche durch die auf den deutschen Universitäten herrschende Lernfreiheit erreicht werde, stehe ihm viel höher, als die höhere Fachbildung Einzelner, wenn diese auf Kosten jener Freiheit erreicht werden solle. Der Abg. Krätzer hielt Zwischenexamina für gut, der Abg. Reichensperger sogar auch bei einem Triennium für sehr nützlich und ausführbar, namentlich um die Eltern unreifer junger Leute zu warnen und zur Ueberlegung, ob sie den Sohn weiter studiren lassen wollten, zu drängen.

II. Aus den Verhandlungen des Preußischen Abgeordnetenhauses ist eine bei der Berathung des Justizetats am 1. Februar 1887 (Sten. Ber. S. 234 ff.) stattgehabte Debatte besonders bemerkenswerth. Der

Abg. Dr. Enneccerus brachte dabei die Mängel des Prüfungswesens zur Sprache und empfahl das Zwischenexamen nach Analogie des Physikums der Mediziner. Ein solches veranlasse den jungen Juristen von Anfang an zu arbeiten und schaffe, indem es das gründliche Studium des Privatrechts in die ersten Semester verlege, in den folgenden mehr Raum für das öffentliche Recht. Ihm trat als Regierungskommissar der Präsident der Justizprüfungskommission Dr. Stölzel gegenüber. Er konstatirte, daß auch der Justizverwaltung das Zwischenexamen auf den ersten Blick als ein geeignetes Mittel erschienen sei, den Fleiß der Studirenden zu erhöhen; doch sei sie schließlich zu dem Resultate gekommen, daß eine solche Prüfung eine keineswegs empfehlenswerthe Institution sein würde. Dabei berief er sich auf ein privates Gutachten, welches das Ministerium von Ihering mit besonderer Rücksicht auf seine frühere Wirksamkeit in Oesterreich eingezogen habe. Dieser aber sei von der „gänzlichen Nutzlosigkeit" des Zwischenexamens überzeugt. Es bringe, so führe Ihering aus, zunächst bei den größeren Fakultäten eine Ueberlastung der Professoren mit sich, welche in Wien als einfache Folge eine noch stärkere Verkürzung der Studiensemester gezeitigt habe. Es beschränke ferner die Freizügigkeit der Studirenden und veranlasse dieselben, sich auch innerhalb ihres Heimathsstaates diejenige Universität auszusuchen, wo sie das Examen am leichtesten bestehen zu können hoffen. Stölzel betont zum Schlusse, daß die Zwischenprüfung, gerade indem sie die Studenten in die privatrechtlichen Kollegien hineintreibe, dem Studium des öffentlichen Rechts Abbruch thue. Enneccerus (S. 242) will das allerdings nicht gelten lassen und auch Windhorst (S. 245) tritt für das Zwischenexamen im Interesse einer Förderung des Fleißes ein, allerdings ebenso für die Wiedereinführung eines solchen während des vierjährigen Vorbereitungsdienstes. Dagegen hält wiederum Dr. Meyer (Breslau) den Versuch für einen schlechthin verfehlten, durch irgend ein mechanisches Mittel den Studenten zum Kollegienbesuch zu zwingen.

III. Aus der neuesten Zeit erscheint eine Verhandlung der württembergischen Abgeordneten-Kammer vom 27. März 1901 (Sten. Ber. S. 341) von besonderem Interesse. Dort brachte der Abg. v. Geß (S. 347) den Vorschlag, wiederum unter Bezug auf das tentamen physicum der Mediziner, ein Vorexamen für Juristen, Regiminalisten und Finanzstudirende einzuführen. Die Erhöhung des Studienfleißes von Anfang an wird dafür ins Feld geführt. Ihm trat der Kultusminister Dr. v. Weizsäcker gegenüber, welcher gegen das Zwischenexamen die allererheblichsten Bedenken hat. Die Freiheit des Studiums werde dadurch beeinträchtigt und die Rechtsgeschichte gegenüber dem geltenden Rechte, mit dem der junge Jurist möglichst bald Fühlung bekommen solle, allzusehr in den Vordergrund gedrängt. Auch der Kanzler der Universität Tübingen, Dr. v. Schönberg ist gegen den Vorschlag, gerade um den württembergischen Juristen nicht an die Landesuniversität zu fesseln. Zudem konstatirt er, daß seit Einführung der praktischen Uebungen der Fleiß der juristischen Studirenden erheblich zugenommen habe. Der Abg. Rembold (Aalen) verwirft, trotz des an sich bestechenden Gedankens, das Zwischenexamen als eine Gefahr für Studienfreiheit und Freizügigkeit. Auch der Abg. Liesching verwahrt sich gegen ein derartiges „von Anfang an in die Schule Gehen" der Studirenden. Endlich ist auch der Vicepräsident Dr. v. Kiene ein Gegner der Einrichtung, indem er namentlich auf die Besonderheit der juristischen gegenüber den medizinischen Studien hinweist.

§ 7. Litteratur.

In der Litteratur, welche sich mit den Problemen der juristischen Studien- und Prüfungsordnung befaßt, nimmt die Frage der Zwischenprüfung einen breiten Raum ein. Die folgende Zusammenstellung beweist dies; doch muß auch hier hervorgehoben werden, daß eine Vollständigkeit derselben nicht mit Sicherheit garantirt werden kann. Da ein Schriftsteller nicht selten auf den anderen Bezug nimmt, so war die chronologische Reihenfolge am meisten empfehlenswerth.

1. Nasse, Ueber die Universitätsstudien und Staatsprüfungen der preußischen Verwaltungsbeamten (1868) S. 34 (nach dem Citat bei Kleinwächter a. a. O. S. 42). Er meint, daß für den Fall der Verlängerung der Studienzeit auf 4 Jahre die Frage einer Art Vorprüfung nach Analogie des tentamen physicum reifliche Erwägung erfordere. Zweck: den Studirenden zu einer verständigen Ordnung des Studienganges zu nöthigen und an einer Vergeudung der ersten Semester zu hindern. Gegenstände: vor allem römisches Recht, Elemente der Volkswirthschaft, deutsches Privatrecht. Keine Beeinträchtigung der akademischen Freiheit, weil nur das schlechthin Vernünftige verlangt wird.

2. Dahn, Zur Reform des Rechtsstudiums an den preußischen Hochschulen, in seiner und Behrend's Ztschr. für die deutsche Gesetzgebung, Bd. 8 (1875) S. 671. Für die Zwischenprüfung nach Analogie des tentamen physicum. Gegenstände: Institutionen, römische Rechtsgeschichte, Pandekten (deutsche Rechtsgeschichte?) und Volkswirthschaftslehre. Zweck: Beförderung des Fleißes in den ersten Semestern und Entlastung des Gedächtnisses durch Verminderung des für das erste Staatsexamen nöthigen Stoffes, da in diesem die Gegenstände des

Zwischenexamens nicht noch einmal geprüft werden sollen. Keine Unstatthafte Verkürzung der Lernfreiheit (wie Nasse).

3. Jolly, Die Ausbildung der Verwaltungsbeamten, in „Tübinger Ztschr." Bd. 31 (1875) S. 422. Kurze Bemerkung. Verlegung eines Theils der Endprüfung auf einen früheren Termin. Vollständigere Ausnutzung auch der ersten Jahre. Bedenken: die vermehrte Examenlast könnte für die Lehrer leicht zu schwer werden.

4. Jürgen Bona Meyer, Deutsche Universitäts-Entwickelung, in „Deutsche Zeit- und Streitfragen" von v. Holtzendorff und Oncken, Heft 48 (1875) S. 86 ff. Die Empfehlung eines Vorexamens findet sich hier in sehr eigenthümlicher Wendung. Ausgehend von dem durch des preußische Gesetz vom 11. Mai 1873 eingeführten sog. Kulturexamen in Philosophie, Geschichte und deutscher Litteratur wünscht Meyer, unter Vorbehalt näherer Feststellung der Prüfungsfächer, für alle Fakultäten ein solches „allgemeines" d. h. „der allgemein wissenschaftlichen Vorbildung" gewidmetes Vorexamen. Zweck: Förderung der allgemeinen Bildung und Schutz gegen das Verbummeln ganzer Semester. Den Einwand, daß eine solche Vorprüfung die Examensangst über die ganze Studienzeit ausdehne und somit dem freien Geiste des Studirens aus eigenem Interesse Abbruch thue, läßt Meyer nicht gelten, weil eben der Fleißige keine Examensangst kenne. Auch die Furcht, die Fächer des Vorexamens würden nach dessen Absolvirung nicht mehr studirt werden, werde überwogen durch den Vortheil, daß Mancher durch den zunächst geübten Zwang gerade Interesse für jene Fächer schon frühzeitig gewinnen werde.

5. Georg Meyer, Das Studium des öffentlichen Rechts und der Staatswissenschaften in Deutschland (1875) S. 27. Verlängerung der Studienzeit um 1 Jahr. Um zur gewissenhaften Benutzung derselben von vornherein zu nöthigen, Vorexamen etwa im 4. Semester über römisches Recht und die Grundlagen der Volkswirthschaftslehre wünschenswerth.

6. v. Bethmann-Hollweg, Ueber Gesetzgebung und Rechtswissenschaft als Aufgabe unserer Zeit (1876) S. 63 ff. Auch bei diesem Schriftsteller nimmt das von ihm empfohlene Zwischenexamen eine sehr eigenthümliche Färbung an. Seine darauf bezüglichen Ausführungen leitet er mit einer entschiedenen Perhorrescirung eines vorgeschriebenen Studienplans und jeder Antastung der akademischen Freiheit ein. „So tief ist das wissenschaftliche Interesse unserer akademischen Jugend in unserer materialistischen Zeit nicht gesunken, daß wir ihr den ertötenden Zwang juristischer Spezialschulen auflegen müßten." Dagegen fordert er ein

vierjähriges Rechtsstudium. Im Gegensatz zu J. B. Meyer verlegt er dabei die allgemeinen Studien in die letzten Semester. Die ersten 3 Jahre sollen der streng wissenschaftlichen, auf das römische und deutsche Recht gegründeten, Fachbildung gewidmet sein und durch ein von den Fakultäten abzunehmendes Examen, das hiernach ein Zwischenexamen sein würde, geschlossen werden. Diese Prüfung, in der namentlich der Quellenexegese ein breiter Raum eingeräumt wird, nur mündlich, aber mit größtem Ernste abgenommen, „würde heilsamer auf den Eifer und Fleiß in freier Benutzung der dargebotenen Lehrmittel zurückwirken, als die schärfsten zur Kontrolle derselben aufgestellten Zwangsmaßregeln". Das 4. Studienjahr soll dann der allgemeineren Ausbildung und der Ueberbrückung „der bisher zwischen Theorie und Praxis bestehenden Kluft bestimmt" sein. In ihm soll Rechtsphilosophie, Politik und Nationalökonomie gehört werden. Auch die Vorlesungen über das „bürgerliche Reichsgesetzbuch" (wenigstens 6 Stunden) sollten erst jetzt an die Reihe kommen, ebenso die praktischen Uebungen. Dann würde die erste Staatsprüfung folgen.

7. Kleinwächter a. a. O. (vgl. oben § 5 Eingangs) (1876). Er legt die österreichischen Einrichtungen zur Zeit seiner Schrift dar, vertheidigt dieselben und spricht S. 40 a. E. aus, daß die Studienordnung vom 2. Oktober 1855 sich in der Praxis vortrefflich bewährt habe und gegen ihr Wesen noch keine einzige „gegründete" Klage in Oesterreich laut geworden sei (vgl. dazu das in § 6 II angeführte Urtheil Ihering's).

8. Gierke, Die juristische Studienordnung, in v. Holtzendorff-Brentano's Jahrbuch für Gesetzgebung u. s. w. Bd. 1 (1877) S. 29 ff. Dieser Schriftsteller schlägt für die erste Prüfung eine Zerlegung in drei Abtheilungen vor, von denen die erste römisches und deutsches Recht, die Geschichte derselben und die rechtsphilosophischen Grundlagen, die zweite das öffentliche Recht und die Staatswissenschaften, die dritte das geltende Privatrecht, Strafrecht und den Prozeß umfassen sollte. Auch bei einer solchen Gliederung brauchte die Einheit des Examens nicht geopfert zu werden. In dieser Weise könnte aber auch die Prüfung einheitlich konzentrirt bleiben, ohne daß ein Zwischenexamen nothwendig würde. Jedes Examen sei im Grunde ein nothwendiges Uebel und eine Vervielfältigung der Examina so viel wie möglich zu vermeiden. Trotz der für das Zwischenexamen angeführten sehr beachtenswerthen Gründe solle man doch, ehe man zur Mehrung der Prüfungen schreitet, den Versuch mit einer ausgestalteten ersten Prüfung machen (vgl. auch Gierke's Rede auf dem 25. Juristentage; oben § 1).

9. Gneist, Gutachten zum 14. Juristentage (1878); vgl. oben § 2.

10. Schulte, Gedanken über Aufgabe und Reform des juristischen Studiums (1881) S. 18 ff. Der Verfasser, zur Zeit der Schrift Professor in Bonn, früher aber in Oesterreich thätig gewesen, ist ein entschiedener Freund der dortigen Einrichtungen. Er habe — sagt er S. 20 Anm. 14 — in Prag sehr Viele in der rechtshistorischen Staatsprüfung mit Kenntnissen ausgerüstet gefunden, wie er sie noch bei keinem getroffen habe, der in seiner Gegenwart in Bonn im Doktor- und in Köln im Referendarexamen geprüft und approbirt worden sei. Dementsprechend fordert er (S. 18) vierjährige Studienzeit, Zuweisung der ersten Prüfung an die Fakultäten unter Zuziehung tüchtiger Praktiker, akademische Zwischenprüfung nach 2 Jahren, Festsetzung des Kreises und der Reihenfolge der Vorlesungen.

11. Stammler, Die Behandlung des römischen Rechtes in dem juristischen Studium nach Einführung des deutschen Reichs-Civilgesetzbuches (1885; vgl. indessen den während des Drucks erschienenen, einen wesentlich anderen Standpunkt vertretenden Aufsatz desselben Verfassers in „Das Recht" 1902 S. 277 ff.). Er schlägt eine veränderte Disposition unseres juristischen Studienganges vor. Die ausschließliche Hervorkehrung der rechtsgeschichtlichen Studien und insbesondere auch des römischen Rechts am Anfang scheint ihm vom Uebel zu sein (S. 23 ff.). Vielmehr solle schon im ersten Semester neben der äußeren römischen und deutschen Rechtsgeschichte durch eine Vorlesung über Institutionen des Reichscivilrechts in dessen Systematik eingeführt werden. Dann solle im 2. und 3. Semester die ausführliche Darstellung des Reichsprivatrechts sich anschließen, daneben aber die innere Rechtsgeschichte und in den späteren Semestern die sog. Dogmengeschichte unseres Civilrechts gepflegt werden. Exegetische und praktische Uebungen sollen den ganzen Lehrgang begleiten. Durch diese veränderte Einrichtung meint der Verf. nicht bloß das Rechtsstudium von Anfang an anziehender und weniger einseitig gestalten, sondern auch den historischen Studien selbst eine größere Bedeutung vindiziren zu können.

Bei einer solchen Ordnung des Studiums sei aber das Zwischenexamen überflüssig und geradezu nachtheilig. Rechtswissenschaft und Rechtsstudium seien viel zu solidarisch, als daß nicht ihre Zerreißung durch ein solches Examen eine ganz willkürliche sein müßte. Dasselbe würde eine ganz mechanische Zwangsvorschrift über die Reihenfolge der Beschäftigung mit den einzelnen Disziplinen bedeuten, auf die subjektiven Interessen und Neigungen der Studenten gar keine Rücksicht nehmen und den organischen Zusammenhang der Fächer außer Acht lassen. Ueber ein Vorexamen, in welchem nur die wirklichen Hülfsmittel des Rechtsstudiums, Philosophie, Geschichte, Nationalökonomie u. s. w. geprüft würden, ließe sich eher reden. Dagegen bedeute ein vorheriges Theilexamen über die rechtshistorischen Fächer eine Herabdrückung derselben und eine Verurtheilung vom Standpunkt der Praxis, die im Zusammenhange mit der vorausgesetzten Beschränkung der ersten Studienzeit auf dieselben nur Schaden bringen würde. Würden aber die Fächer des Vorexamens in der Hauptprüfung nochmals behandelt, so sei das erstere nur ein für Dozenten und Hörer gleich lästiger Prüfungszwang. „Besteht der Kandidat im dem Schlußexamen nicht, so war das frühere also unnütz, und wird er am Schluß für genügend befunden, so kann es dem Examinator doch ganz gleichgültig sein, in welchem Augenblick der Studienzeit diese erfreulichen Kenntnisse erworben wurden." (S. 29.) Zudem würde sich das Zwischenexamen nach einigen wenigen Semestern auf einzelne Daten und äußere Kenntnisse beschränken müssen und für die juristische Durchbildung wenig leisten und beweisen.

12. Eisele, Das deutsche Civilgesetzbuch und das künftige Privatrechtsstudium in Deutschland (1885). Er verlangt S. 26 ff. ein vierjähriges Studium und Zerlegung desselben in zwei zweijährige Kurse, getrennt durch ein Zwischenexamen. Dem ersten Kursus sollten die einleitenden und exegetischen Vorträge, die Rechtsgeschichte und das gesammte Privatrecht angehören. Eisele polemisirt besonders gegen Stammler. Die Trennung des Privatrechts vom öffentlichen Rechte sei keine willkürliche und das Vorausgehen der Privatrechtsstudien pädagogisch richtig, weil im öffentlichen Rechte „die Rechtsverhältnisse im Ganzen komplizirter sind und die Dogmatik noch weniger auf sicherem Boden steht, als auf dem des Privatrechts". Den Zwang zu einem vernünftigen Studiengange kann Eisele nur als Vortheil ansehen, ebenso den zu frühzeitigem Beginn des fleißigen Studiums. Von einem Ausschluß der Rechtsgeschichte und des Privatrechts vom ersten Hauptexamen könne aber „selbstverständlich" nicht die Rede sein.

13. Heinze (R. H.) in der „Allgemeinen Zeitung" 1885 Nr. 104 S. 1515: „Das neuerdings hervorgetretene Verlangen eines Zwischenexamens zeugt von wenig Kenntniß des Terrains, auf welchem sich diese Einrichtung bewegen würde, und der lebendigen Kräfte, die dabei in Thätigkeit treten würden. Das Zwischenexamen würde entweder in eine inhaltslose Form ausarten oder unsere Juristenfakultäten zu Fachschulen mit örtlichem und zeitlichem Kollegienzwang herabsetzen."

14. v. Bar, Die erste juristische Staatsprüfung in Preußen, in der „Nation" 3. Jahrg. 1886 Nr. 25 S. 365. In diesem Artikel werden Vorschläge zur Verbesserung der ersten juristischen Prüfung, ins-

besondere durch stärkere Betheiligung der Professoren, Verringerung der Zahl der in einem Examen zu prüfenden Kandidaten, Einführung der Bearbeitung eines praktischen Falles aus Prozeßakten u. s. w. gemacht. Dagegen wird das Zwischenexamen verworfen. Mit einer Vervielfältigung an sich ungenügender Examina sei eine Besserung nicht zu erreichen. Die Ueberzahl der Prüfungen führe erst recht zum verständnißlosen Einlernen. Das tentamen physicum der Mediziner sei kein Analogon. Die Jurisprudenz gestatte eine solche Trennung der vorbereitenden von den eigentlichen Berufsfächern nicht wie die Medizin. Das wirkliche Verständniß derselben werde erst nach und nach gewonnen, weshalb alle zu frühen Prüfungen für die Mehrzahl der Studirenden auf bloßen Humbug hinauslaufen müßten.

15. v. Liszt, Die Reform des juristischen Studiums in Preußen (1886) S. 40 ff. Die Schrift verwirft zunächst vom Standpunkte der akademischen Lernfreiheit den Vorschlag des Zwischenexamens als „gänzlich verfehlt". Auch werde der wissenschaftliche Sinn nicht gehoben, wenn schon in den ersten Semestern der Blick auf die Prüfung und auf den Gedanken des Brotstudiums gerichtet werde. Der Gedanke einer Theilprüfung, wie in Oesterreich, sei ein unglücklicher, mindestens bis zur Einführung eines Reichscivilgesetzbuchs; eine doppelte Prüfung in den privatrechtlichen Fächern setze aber die Bedeutung der öffentlich-rechtlichen noch mehr wie bisher herab (vgl. dazu die Rede v. Liszt's in der Internationalen kriminalistischen Vereinigung, oben § 3).

16. Gustav Rümelin, Zur Reform des juristischen Unterrichts, in Schmoller's Jahrbuch Bd. 10 (1886). Er erkennt S. 1098 zwar an, daß das Zwischenexamen durch die Nöthigung der Examenvorbereitung die ersten Semester nutzbarer machen würde, glaubt aber, daß seine Einführung, abgesehen von verschiedenen Bedenken und Schwierigkeiten, das Grundübel des juristischen Unterrichts, welches in der überwiegenden Bedeutung der Vorlesungen gegenüber den Uebungen liege, nicht berühren würde. Die Schrift legt deshalb das Hauptgewicht auf die Ausgestaltung der letzteren und die über sie auszustellenden Zeugnisse.

17. Dernburg, Die Reform der juristischen Studienordnung (1886) S. 13 ff. erklärt sich gegen das Zwischenexamen, obgleich es sicher für den fleißigen Betrieb des Studiums gewisse Vortheile hat. Denn wenn dieselben Fächer im Zwischen- und im Referendarexamen eingehend geprüft werden, so sei das gewiß schädlich, weil beide Examina sich dann gegenseitig abschwächen. Wahrscheinlicher aber sei, daß das Zwischenexamen sich auf die Konstatirung einer gewissen oberflächlichen Kenntniß beschränken werde. Nothwendig müßte das Zwischenexamen bei jeder

Fakultät Deutschlands mit Wirkung für das ganze Reich abgehalten werden; sonst wäre die akademische Freizügigkeit unterbunden. Dabei sei aber die Gefahr gegeben, daß, wenn auch nur eine Fakultät es sehr leicht mit dem Zwischenexamen nimmt, ein allgemeiner Zug nach unten Platz greift. Vor allem aber könne die Häufung der Examina wohl das Einlernen von Kenntnissen steigern, nicht aber das juristische Verständniß wecken. „Die Examina sind nothwendige Uebel, aber soweit sie nicht schlechthin nothwendig sind, bilden sie unberechtigte Uebel." (S. 29.)

Uebrigens giebt Dernburg in seinen positiven Vorschlägen dem Referendarexamen eine eigenthümliche Stellung etwa in der Mitte der Studien. Nach ihm sollte nämlich zuerst ein theoretisches Studium von fünf, ausnahmsweise vier Semestern einsetzen, dann das Referendariatsexamen über römische und deutsche Rechtsgeschichte, Pandekten und deutsches Privatrecht, Strafrecht und die Grundzüge des Civilprozesses abgelegt werden, darauf 2 Jahre Vorbereitung in der Praxis und dann nochmals ein Universitätsstudium von $1\frac{1}{2}$ Jahren. Ein Examen solle jetzt nicht folgen, wohl aber die Lieferung einer wissenschaftlichen Arbeit über ein freigewähltes Thema, welche beim Assessorexamen zu berücksichtigen wäre. Dann noch ein praktischer Vorbereitungsdienst von $1\frac{1}{2}$ Jahren, worauf das Assessorexamen selbst gemacht wird.

18. Ortloff, Die Reform des Studiums der Rechts- und Staatswissenschaften (1887 S. 20 ff.). Verfasser befürwortet grundsätzlich ein Quadriennium mit einem mündlichen Tentamen am Schluß der ersten Hälfte. Doch sollte sich zu letzterem derjenige auch schon nach drei Semestern melden können, der die Belegung sämmtlicher Vorlesungen des ersten Studienabschnittes nachweist. Auch dürfe, wer das Tentamen mit der besten Note besteht, die erste Hauptprüfung schon nach weiteren drei Semestern ablegen. Bemerkenswerth ist noch, daß der Verf. Staatsrecht und Strafrecht dem ersten, das eingehende Studium des Privatrechts aber dem zweiten Abschnitte zuweisen will.

19. Goldschmidt, Rechtsstudium und Prüfungsordnung (1887). In dieser umfassenden Bearbeitung aller einschlägigen Fragen spricht sich der Verf. S. 291 ff. gegen das Zwischenexamen aus. Gründe: Nothwendigkeit einer genauen Ordnung des Studienganges mit der Gefahr nachtheiligen Zwanges; allzu scharfe Scheidung der rechtshistorischen von den dogmatischen, der privatrechtlichen und der öffentlich-rechtlichen Fächer; Verkümmerung des Besuches verschiedener Universitäten, wo vielleicht ein hervorragender Lehrer eines bestimmten Faches gehört werden soll; beim Theilexamen Gefahr der Vernachlässigung der historischen Fächer nach seiner Ablegung.

20. Fischer, Der Rechtsunterricht und das B.G.B. (1896). Abschnitt VI der Schrift (S. 27 ff.) behandelt das Zwischenexamen. Er stellt demselben die in Frankreich und Italien am Schlusse jedes Jahreskursus abgenommenen Prüfungen gleich, hält aber dieses System als „wohl zu weitgehend“. Der Hauptwerth der Zwischenprüfung selbst sei aber ein pädagogischer, bestehend in der Förderung frühzeitigen Fleißes. Besonders nach Einführung des B.G.B. empfiehlt sich eine solche Cäsur. „Ruhiger und sachlicher geht der Student seiner weiteren Ausbildung entgegen, wenn ihm bezeugt ist, daß er sein bisheriges Pensum erfolgreich bewältigt hat.“ Für die Einrichtung des Examens wird das österreichische Vorbild empfohlen. Doch könnte auch Strafrecht oder Staatsrecht entweder schlechthin oder wahlweise anstatt Kirchenrecht in die Zwischenprüfung und den ersten Studienabschnitt aufgenommen werden. Vielleicht könnte auch an dieselbe eine einjährige praktische Vorbereitungszeit angeschlossen werden.

21. Lenel, Das B.G.B. und das Studium des römischen Rechts (1896) S. 5. Diese Rektoratsrede tritt für ein ernstes Studium des römischen Rechts auch neben dem B.G.B. ein; die, vom Redner geleugnete, Gefahr der Gedächtnißüberbürdung könnte nach österreichischem Muster durch „die auch aus anderen Gründen wünschenswerthe Zwischenprüfung“ beseitigt werden. Neuerdings (vgl. Mittheilungen der intern. Vereinigung f. vergl. Rechtswissenschaft I S. 23) hat jedoch Lenel sich den Gegnern des Zwischenexamens „namentlich aus dem Grunde“ angeschlossen, „weil das drohende Gespenst einer demnächstigen Prüfung schon den Anfänger vom freien Studium abzieht und auf den Weg des Einpaukens parater Kenntnisse weist“.

22. Gustav Rümelin, Der civilistische Unterricht und das B.G.B. (1896; vgl. die unter Ziff. 16 citirte Schrift desselben Verfassers). Der Verf. vertheidigt hier die Einführung eines Zwischenexamens für den Fall eines vierjährigen Studiums als Garantie für den Fleiß in den ersten Semestern, während er es bei einem bloß dreijährigen Studium ablehnt. Was das Verhältniß der Vorlesungen über das B.G.B. zum Zwischenexamen anlangt, so müßten die ersteren vor oder nach dem Zwischenexamen gehört werden, je nachdem der gründliche Privatrechtsunterricht im Anschluß an das B.G.B. oder, was der Verf. damals empfahl, in einer beizubehaltenden modifizirten Pandektenvorlesung ertheilt würde.

23. Matthias, Referate über die unter Nr. 20 und 22 besprochenen Schriften von Fischer und Rümelin im Centralblatt für Rechtswissenschaft, Bd. 15 S. 263 ff. (1896). Dem Zwischenexamen

stünden große Bedenken entgegen. Der Verf. hält es nicht für angezeigt, um des pädagogischen Vortheils wegen eine sachlich nicht zu rechtfertigende, ja direkt schädliche Cäsur innerhalb des Stoffes eintreten zu lassen. Eine gewissenhafte und strenge erste Prüfung mache das Zwischenexamen ganz und gar überflüssig.

24. Petri, Zur Reform der juristischen Vorbildung nach Erlaß des B.G.B. (1897; vgl. desselben Rede bei der Internationalen kriminalistischen Vereinigung, oben § 3) S. 25 ff. Der Verf. erkennt an, daß die Zwischenprüfung entschieden dazu angethan ist, die Selbstständigkeit des Studenten und dessen freie Entwicklung zu beeinträchtigen. Er würde es daher für diejenigen Studenten widerrathen, welche die nöthige Einsicht und Energie besitzen, um selbstständig ihr Ziel zu verfolgen. Da aber der Durchschnittsstudent diese Eigenschaft nicht besitze, so sei er mehr für dasselbe. Sie soll nach ihm aus zwei oder mehreren Klausurarbeiten und einer mündlichen Prüfung vor einem Professorenkollegium bestehen. Gegenstände: römisches Recht, deutsche Rechtsgeschichte und Nationalökonomie, vielleicht auch Staatsrecht und Kirchenrecht. Theilexamen. Studienzeit von acht Semestern.

25. Wach, Gutachten zum 25. Juristentage (1900) vgl. oben § 1.

26. Leonhard, Erfahrungen unter der Herrschaft des neuen Studienplanes, in der Deutschen Juristenzeitung, Bd. 5 (1900) S. 325 ff. Die Zwischenprüfung ist nicht unbedenklich; gerade in den ersten Semestern sollte das Gespenst der Examensfurcht dem Studenten fern bleiben; denn Furcht treibt die Liebe aus. Jedenfalls müßte die Vorlesung über das B.G.B. der Zwischenprüfung, wenn in ihr nur die historischen Fächer geprüft werden sollen, in vollem Umfange nachfolgen, da vor einer Prüfung die Empfänglichkeit für prüfungsfremde Gegenstände sehr gering ist. Die obligatorischen Uebungen machen aber jede Zwischenprüfung entbehrlich.

27. Kipp, Die juristische Zwischenprüfung in Bayern und ihre Lehren, in „Deutsche Juristenzeitung“ Bd. 6 (1901) S. 103 ff. Ausführliche Darstellung der bayerischen Einrichtung. Zweifelhaft, ob dieselbe als Abschreckungsmittel für Unbefähigte wirksam, so lange die Möglichkeit der Wiederholung unbeschränkt sei. Andererseits sei es wiederum nicht unbedenklich, einen jungen Mann endgültig auszuschließen, ehe man ihm erlaubt hat, die ganze Vorbildung durchzumachen. Einen unzweifelhaft guten Einfluß übe die Zwischenprüfung gegenüber dem Hang zum Verbummeln. Auch zeitige sie achtbare Kenntnisse in den historischen Fächern. Nur seien dieselben von sehr geringer Haltbarkeit, da nach Absolvirung des Zwischenexamens die Beschäftigung mit den

Gegenständen desselben aufhöre. Nichtsdestoweniger ist Verf. für Beibehaltung der Einrichtung, da immerhin die (durch das römische Recht) erworbene Erziehung zum juristischen Denken erhalten bleibt und nach Beseitigung der Zwischenprüfung die historischen Fächer im Hauptexamen zu wenig zur Geltung gelangen würden (vgl. dazu auch Hellwig auf dem 25. Juristentage, oben § 1).

28. v. Unruh, Die verschiedenen Vorschläge zur Verbesserung der Ausbildung unserer Juristen und Verwaltungsbeamten, in „Deutsche Juristenzeitung" Bd. 6 (1901) S. 320 ff. Er ist gegen das Zwischenexamen, weil Prüfungen ein sehr zweifelhaftes Mittel sind, um für das praktische Leben brauchbare Menschen zu erziehen. Das medizinisch-chirurgische Friedrich-Wilhelms-Institut zu Berlin habe semestrale Examina oder habe sie wenigstens früher gehabt, ohne daß man jemals von besonderen Erfolgen desselben gehört habe. Bei Einführung einer Zwischenprüfung würden die Studenten noch zeitiger zum Repetitor laufen.

§ 8. Die ärztliche Vorprüfung.

Bei der immer wiederkehrenden Verweisung auf die Analogie der ärztlichen Vorprüfung empfiehlt es sich, die Verhältnisse auch dieser etwas näher festzustellen. Zu Grunde gelegt wird dabei die neueste, vom Bundesrath für das ganze Deutsche Reich beschlossene Prüfungsordnung vom 28. Mai 1901, welche mit dem 1. Oktober 1901 in Kraft getreten ist (§ 61).

So wie die Regelung des ärztlichen Studien- und Prüfungswesens einheitlich vom Reich ausgeht, so wird auch die Approbation als Arzt zwar von den Centralbehörden der Einzelstaaten, welche Universitäten besitzen, aber mit Wirkung für das ganze Deutsche Reich ertheilt (§ 1). Voraussetzung für die Ertheilung ist die Ablegung zweier Prüfungen, der ärztlichen Prüfung und der ärztlichen Vorprüfung, sowie neuerdings die Absolvirung eines praktischen Jahres an Kliniken oder Krankenanstalten. Das praktische Jahr folgt der Ablegung der ärztlichen Hauptprüfung nach und wird seinerseits nicht wieder durch ein Examen, sondern nur durch ein Zeugniß beschlossen, welches die Beschäftigung als Praktikant bescheinigt und die Art derselben eingehend würdigt. Zwecks Ertheilung der Approbation muß die Centralbehörde (in deren Bezirk der Kandidat die ärzliche Prüfung bestanden hat) die Ueberzeugung gewinnen, daß der Kandidat während des praktischen Jahres seine praktischen Kenntnisse und Fähigkeiten vertieft und fortgebildet, sowie ausreichendes Verständniß für die Aufgaben und Pflichten des ärztlichen Berufes gezeigt hat. Anderenfalls ist die Beschäftigung als Praktikant während eines von der Behörde zu bestimmenden Zeitraums fortzusetzen (§ 59 ff).

Die Studiendauer beträgt 10 Semester (§ 23). Sie wird abgeschlossen durch die ärztliche Prüfung, welche, entsprechend der Einheitlichkeit der Prüfungsordnung und der Approbation, vor jeder ärztlichen Prüfungskommission bei einer Universität des Deutschen Reiches abgelegt werden kann (§ 20). Die Studienzeit wird durch die ärztliche Vorprüfung in zwei Abschnitte getheilt. Der Zeitraum zwischen Vor- und Hauptprüfung muß mindestens 4 Halbjahre betragen, in welche eine Militärdienstzeit nicht eingerechnet wird (§ 24), der Vorprüfung müssen mindestens 5 Semester vorangehen, in welche aber ein Semester Militärdienst am Universitätsorte eingerechnet werden kann (§ 7).

Die Vorprüfungskommission wird bei den Universitäten von der Centralbehörde nach Anhörung der medizinischen Fakultät gebildet. Die Mitglieder werden in der Regel aus den Universitätslehrern der betreffenden Fächer berufen, der Vorsitzende aus den ordentlichen Professoren der medizinischen Fakultät. Zu einem Prüfungstermine dürfen nicht mehr, als 4 Kandidaten zugelassen werden (§ 3, 4). Prüfungsfächer sind Anatomie, Physiologie, Physik, Chemie, Zoologie, Botanik (§ 11). Dieselben werden in der Hauptprüfung (§ 28) ex professo nicht wieder geprüft, die propädeutischen Naturwissenschaften überhaupt nicht; hinsichtlich der Anatomie und Physiologie sollen die Examinatoren in den einzelnen Abschnitten der Hauptprüfung, soweit der Gegenstand dazu Gelegenheit bietet, feststellen, daß der Kandidat die in der Vorprüfung nachzuweisenden Kenntnisse festgehalten und während der klinischen Zeit zu verwerthen gelernt habe (§ 28). Ueberdies ist im chirurgischen Abschnitt die Vertrautheit mit dem topographisch-chirurgischen Theile der Anatomie darzuthun (§ 38).

Die Vorprüfung kann nur bei derjenigen Universität abgelegt werden, an welcher der Studirende seinem Studium obliegt (§ 3). Bei der Meldung ist der Nachweis eines fünfsemestrigen medizinischen Studiums durch die Universitätsabgangszeugnisse und das Anmeldebuch zu führen. Außerdem muß nachgewiesen werden, daß der Studirende zwei Semester an den Präparirübungen und ein Semester an den mikroskopisch-anatomischen Uebungen, sowie an einem physiologischen und einem chemischen Praktikum Theil genommen hat. Dieser Nachweis wird durch Zeugnisse geführt, welche die „regelmäßige Theilnahme" bescheinigen (§ 8).

Die einzelnen Fächer der Vorprüfung bilden in gewissem Sinne selbständige Abtheilungen, insofern die Prüfung vollständig nur in dem Falle bestanden ist, wenn der Kandidat in allen sechs Fächern mindestens „genügend" erhalten hat. Dasjenige Fach, welches „ungenügend" oder „schlecht“ bestanden wurde, muß wiederholt werden. Wird die Vorprüfung in einem Zeitraum von zwei Jahren nach ihrem Beginn nicht vollständig beendet (d. h. jedenfalls, wenn die Wiederholung der nicht bestandenen Fächer während dieses Zeitraums ganz unterbleibt), so gilt sie in allen Fächern als nicht bestanden. Eine Wiederholung ist aber nur zweimal zulässig; wer auch bei der zweiten Wiederholung nicht besteht, wird zu einer weiteren Prüfung nicht zugelassen (§ 14, 16).

Wer an einer Universität des Deutschen Reiches auf Grund einer Prüfung in den Naturwissenschaften die Doktorwürde erworben hat, wird in Physik, Chemie, Zoologie und Botanik nur dann in der ärztlichen Vorprüfung geprüft, wenn diese Fächer nicht Gegenstand der Promotionsprüfung gewesen sind (§ 12 Abs. 5).

§ 9. Die Struktur der juristischen Zwischenprüfung.

Sieht man von der ganz eigenartigen Stellung ab, welche Dernburg (oben § 7 Ziff. 17) seinem Referendariatsexamen giebt, so kann man im Sinne des gesammten vorgeführten Materials als Zwischenprüfung eine Prüfung bezeichnen, welche den Lauf der juristischen Studien unterbricht und einer an das Ende derselben gestellten ersten Hauptprüfung vorangeht. Aber auch so erkennt man, wenn man die bisherige Darstellung überblickt, sofort, daß es eine Täuschung ist, wenn man das Zwischenexamen als einen einheitlichen und feststehenden Begriff auffaßt. Es zeigt sich vielmehr alsbald, daß dasselbe nach seinen verschiedenen Modalitäten sehr verschiedene Gestalt annehmen kann, und daß danach die ihm zugeschriebenen Vortheile und Nachtheile zum Theil wechseln oder doch in andere Beleuchtung rücken, dergestalt, daß oft genug sogar die Polemik der Redner und Schriftsteller gegen einander fehlgeht, weil jeder Streittheil sich unter der „Zwischenprüfung“ etwas wesentlich Anderes vorstellt.

Versucht man zunächst, sich diejenigen Punkte zu vergegenwärtigen, welche auf die Struktur und damit auf die Beurtheilung der Zwischenprüfung Einfluß gewinnen können, so ergiebt sich Folgendes:

1. Zunächst ist es für uns in Deutschland — und der Juristentag hat ja bei seinen Problemen dieses und zwar als Ganzes ins Auge zu fassen — ein ganz wesentlicher Unterschied, ob man sich die Zwischenprüfung als Bestandtheil einer für ganz Deutschland einheitlichen Ordnung des Rechtsstudiums oder als Gegenstand partikulärer Regelung denkt. Es liegt, unter Vorbehalt späterer Erörterung im Einzelnen, auf der Hand, daß danach die Frage des Einflusses der Zwischenprüfung auf

die Freizügigkeit unter den Universitäten eine mindestens zum Theil verschiedene Beantwortung erfahren muß. Da zeigt es sich denn auch schon bei diesem Punkte, wie wenig durchschlagend der rein an der Oberfläche haftende Hinweis auf die ärztliche Vorprüfung wirken kann. Denn bei der Vorbildung der Aerzte ist nicht allein das Vorexamen selbst einheitlich für ganz Deutschland durch den Bundesrath geregelt und mit Wirkung für ganz Deutschland, wo es auch immer abgelegt werde, ausgestattet, sondern das Gleiche gilt auch von der Hauptprüfung, so daß z. B. der Preuße, wenn er will, sein ganzes Studium nebst beiden Prüfungen auf einer badischen Universität absolviren und doch dann seine Praxis in Preußen ausüben kann. Es ist schon angedeutet (vgl. oben § 1) und wird sich später noch genauer zeigen, daß in der Frage der Freizügigkeit auch die einheitliche oder partikuläre Struktur des Hauptexamens auf die Bedeutung des Zwischenexamens zurückwirkt, und da muß sofort gegenüber dem ärztlichen Studium hervorgehoben werden, daß wir auf juristischem Gebiete von einer unbedingten und obligatorischen (vgl. dagegen § 3 Abs. 1 G.V.G.) gegenseitigen Anerkennung der ersten Hauptprüfung unter den deutschen Staaten noch unendlich weit entfernt sind, und daß wir, wie schon das neueste Vorgehen Preußens zeigt (vgl. darüber unten § 14) trotz der Stellungnahme des letzten Juristentages auch für die Zukunft zunächst mit einer partikulären Ordnung etwaiger Kontrollmaßregeln in der Mitte des Studiums, insbesondere auch eines etwaigen Zwischenexamens, zu rechnen haben.

2. Auf die Bedeutung der Zwischenprüfung wirkt ferner die Länge des Studiums und in gewisser Beziehung dazu die Länge der durch das Zwischenexamen geschaffenen beiden Studienabschnitte ein. Danach war es namentlich möglich, daß man sich für den Fall einer Verlängerung des Rechtsstudiums für, anderen Falls aber gegen das Zwischenexamen erklären konnte. Auch hier aber kann darauf hingewiesen werden, daß das medizinische Studium jetzt mit 10, vorher mit 9 Semestern eine Länge erreicht, an welche Juristen schon im Hinblick auf den nöthigen langdauernden praktischen Vorbereitungsdienst gar nicht denken können. Was aber die Bemessung der Studienabschnitte anbetrifft, so wird zwar meistens die „Mitte" der Studienzeit als geeigneter Zeitpunkt für die Zwischenprüfung ins Auge gefaßt, aber die gegebene Uebersicht hat doch auch gezeigt (vgl. oben § 7 Ziff. 6), daß man daran denken kann, bei einem vierjährigen Studium ganze drei Jahre dem Zwischenexamen vorangehen zu lassen. Endlich mag in diesem Zusammenhange hervorgehoben werden, daß der Gedanke, der Zwischenprüfurg zunächst ein praktisches Jahr und dann erst das weitere Studium folgen zu lassen,

und dadurch die angebrachte Cäsur zu verschärfen, auf zeitlich ziemlich verschiedenen Stufen der Diskussion Vertreter gefunden hat (vgl. § 6 I, § 7 Ziff. 19).

3. Ein ganz bedeutsamer Punkt ist dann weiter die Bestimmung der Fächer, welche den Gegenstand der Zwischenprüfung bilden sollen. Denn daß eine solche allgemeine Bestimmung wenigstens der Hauptsache nach fest und für alle Kandidaten gleichmäßig stattfinden muß, wird in der bisherigen Praxis und Theorie des Zwischenexamens als unbestritten vorausgesetzt. Und in der That würde jede Idee, den einzelnen Kandidaten sich die Fächer, in denen er geprüft werden will, aus dem gesammten oder auch nur einem größeren Kreise der juristischen Disciplinen frei wählen zu lassen, sofort an der damit gegebenen Auflösung jeder einheitlichen und gleichmäßigen Examensordnung, sowie an dem allgemeinen Wettlaufen nach den leichtesten Prüfungsfächern und den genügsamsten Examinatoren scheitern müssen. Muß danach also die Frage bestimmter Gegenstände für das Zwischenexamen ins Auge gefaßt werden, so kommt zunächst in Betracht, ob die Zwischenprüfung allein oder doch zum großen Theil (wie bei der ärztlichen Vorprüfung) gewissen Hülfswissenschaften (vgl. oben § 7 Ziff. 4, 11) oder mehr oder weniger ausschließlich einzelnen Fachdisziplinen gewidmet sein soll. Im Allgemeinen denkt man heut zu Tage nur noch an das letztere, wobei höchstens die Nationalökonomie als Hilfswissenschaft der Jurisprudenz für das Zwischenexamen in Betracht kommt. Auch die Frage, welche juristischen Fächer geprüft werden sollen, wird gegenwärtig insofern wenigstens einheitlich beantwortet, als Praxis und Theorie sich zunächst für die historischen Disziplinen des römischen und germanischen Rechts entscheiden, wobei auch hier immerhin der Gedanke eines propädeutischen Verhältnisses dieser Fächer zum geltenden Privatrechte seine Rolle spielt. Ob dann zu den historischen Grundlagen unseres Rechts, wie in Oesterreich, auch das kanonische und in dessen Rahmen das Kirchenrecht hinzutreten soll, kann zweifelhaft sein. An eine Mitprüfung des geltenden Privatrechts kann gedacht werden, wenn man dasselbe als vorauszusetzende Grundlage für das Handelsrecht und das öffentliche Recht behandeln zu sollen meint. Auch der Gedanke, gewisse Disziplinen des letzteren, so Staats- oder Strafrecht, in die Zwischenprüfung hineinzubeziehen, ist vertreten worden. Wie man aber auch den Umfang derselben bestimmen mag, das bleibt für alle Fälle höchst wichtig, ob man, wenigstens soweit juristische Disziplinen in Frage stehen, diese als durch das Zwischenexamen endgültig erledigt ansehen oder sie im Hauptexamen mehr oder weniger entschieden nochmals zum Gegenstand der Prüfung machen soll. Die

bisherige Praxis in Oesterreich, wie in Bayern, neigt entschieden dem ersteren Standpunkte zu; in der Diskussion herrscht Meinungsverschiedenheit, ob das Zwischenexamen zugleich Theilexamen sein soll, und es ist charakteristisch für das Eingangs dieses Paragraphen Gesagte, wie bald die Bejahung, bald die Verneinung der Frage als das allein Selbstverständliche hingestellt wird.

4. Sehr in Betracht kommt endlich die Frage, ob die Wiederholung der Zwischenprüfung beliebig gestattet oder beschränkt wird. Gerade nach diesem Punkte nimmt das Zwischenexamen eine ganz andere Gestalt an. Dagegen sind andere Einzelheiten von geringerer Bedeutung und auch geringerer Zweifelhaftigkeit. Daß wenigstens der Schwerpunkt der Prüfung beim Zwischenexamen in dem Professorenelemente liegen muß, scheint festzustehen; auch daß es rein mündlich zu gestalten ist, obgleich die Nothwendigkeit von Klausurarbeiten nicht ohne Vertretung (vgl. § 7 Ziff. 24) geblieben ist.

§ 10. Rechtliche Beurtheilung.

Obgleich das von mir gewünschte Gutachten sich dem Wortlaute der gestellten Frage nach nur auf die Zweckmäßigkeit der Zwischenprüfung bezieht, so ist doch für die einheitliche Beurtheilung der ganzen Einrichtung auch die schon auf dem vorigen Juristentage behandelte rechtliche Seite derselben nicht zu umgehen, und ich handle daher jedenfalls im Sinne meiner Auftraggeber, wenn ich auch diese in den Kreis meiner Betrachtung hineinziehe.

I. Die wichtigste Rechtsfrage ist nach Lage der thatsächlichen Verhältnisse die, ob die durch den Einzelstaat erfolgende Einführung einer Zwischenprüfung zulässig oder durch § 2 Abs. 1 des G.V.G., dahin lautend: „Die Fähigkeit zum Richteramte wird durch die Ablegung zweier Prüfungen erlangt" reichsgesetzlich verboten ist. Auf dem vorigen Juristentage neigte das Gutachten von Wach (Bd. 2 S. 14) und der mündliche Bericht von Kahl der letzteren Meinung zu, während Hamm und der Verfasser dieses Gutachtens die Zulässigkeit vertraten. Ich kann auch nach nochmaliger Erwägung nur diese Ansicht aufrecht erhalten.

Wach erkennt an, daß der § 2 G.V.G. im Allgemeinen, wie auch der Kommissionsbericht (Hahn Bd. I, 2 S. 930) hervorhebt, nur „die Minimalanforderungen für die Qualifikation zur Ausübung des Richteramts" gegenüber der Gesetzgebung der Einzelstaaten feststellt, will aber doch für Abs. 1 unbedingt und auch in Betreff des Zwischenexamens einen absoluten Charakter gelten lassen. Auf demselben Standpunkte stehen auch Struckmann-Koch in ihrem Kommentare zur C.P.O. Das Entscheidende gegenüber jedem Streite über den Wortlaut wird doch, wie ich schon auf dem vorigen Juristentage betont habe, das sein, ob der Reichsgesetzgeber das Zwischenexamen reprobiren und die Anwärter zum Richterberuf vor dem darin liegenden erhöhten Examenszwange Seitens der Einzelstaaten schützen wollte. Diese Absicht aber kann er wiederum nur gehabt haben, wenn er von der Verwerflichkeit des Zwischenexamens überzeugt war oder doch mindestens gerade diesen Einzelpunkt sich zur ausschließlichen Kognition reserviren wollte. Daß weder das Eine noch das Andere der Fall war, geht aus den bereits oben (§6) mitgetheilten Verhandlungen der Reichtstagskommission, welcher der 1. Titel des G.V.G. seine Entstehung verdankt, unzweideutig hervor. Im Gegentheile sprachen sich sämmtliche Mitglieder der Kommission, welche dazu das Wort ergriffen, bis auf Eines, und ganz besonders die Antragsteller mit großer Wärme für das Zwischenexamen, zum Theil sogar bei dreijährigem Studium, aus. Am deutlichsten aber geht die ganze Tendenz des § 2 Abs. 1 mit Bezug auf die Frage des Zwischenexamens und ihr Verhältniß zur Frage der Studiendauer aus den Ausführungen des Mitantragstellers Abg. Lasker hervor. Gerade darum wollte man reichsrechtlich eine längere, als dreijährige Studienzeit nicht vorschreiben, weil man für dieselbe gewisse Kautelen und insbesondere das Zwischenexamen für nöthig oder mindestens für sehr erwägenswerth hielt, aber doch die damit verbundenen schwierigen Fragen nicht bei Gelegenheit des G.V.G. lösen zu können meinte. Deshalb wollte man bis zum Erlaß eines an sich wünschenswerthen Reichsprüfungsgesetzes die ganze Frage der Verlängerung des Studiums einschließlich der des Zwischenexamens den Einzelstaaten überlassen. Daraus ergiebt sich die Unhaltbarkeit der von Wach aus dem Wortlaute des Gesetzes entnommenen Einwendungen. Wenn der Abs. 4 scheinbar nur die Verlängerung des Universitätsstudiums und des Vorbereitungsdienstes den Einzelstaaten anheimgiebt, so steht das der hier vertretenen Ansicht nicht entgegen, weil eben die Einführung des Zwischenexamens als ein integrirender Bestandtheil der Frage nach der Verlängerung und überhaupt der Einrichtung des Studiums behandelt wurde. Und wenn der Wortlaut des § 2 und des § 3 von „zwei Prüfungen", von einer „ersten" und einer „zweiten" spricht, so meint er eben nur die beiden Hauptprüfungen, von denen die eine das Universitätsstudium, die zweite den praktischen Vorbereitungsdienst abschließt, während das Zwischenexamen als eine mehr interne Studieneinrichtung, ein bloßes tentamen, unberührt bleibt. Zeigt doch schon die ständige Bezeichnung als Zwischen- oder Mittelexamen, welche sich in den Kommissionsverhandlungen ebenso, wie in der ganzen sonstigen Diskussion der Frage findet, daß man dasselbe nicht als ein erstes, mit den beiden anderen unbedingt in dieselbe Reihe zu stellendes (Abschluß-) Examen aufzufassen pflegt, ein Umstand, der es auch erklärt, daß man selbst unter der Voraussetzung eines Zwischenexamens gewöhnlich noch von dem Referendariatsexamen als der ersten juristischen Prüfung oder der ersten Staatsprüfung redet.

Muß hiernach rechtlich die Möglichkeit der Einführung einer Zwischenprüfung durch die Einzelstaaten zugegeben werden, so beantwortet sich die fernere Frage, in welcher Form dieselbe zu vollziehen wäre, nach dem Staatsrechte der Einzelstaaten. Ob Gesetz, landesherrliche oder ministerielle Verordnung dazu nöthig ist, bleibt nach diesem zu bestimmen, worauf hier nicht näher einzugehen ist.

II. Andererseits kann aber auch die Frage aufgeworfen werden, ob denn das Reich zur Regelung des Zwischenexamens für kompetent zu erachten ist, sei es, daß es dasselbe einführen und positiv ordnen, sei es, daß es dasselbe, dem Wunsche Wach's entsprechend, verbieten wollte. Freilich hätte diese Frage bei der anerkannten Kompetenz-Kompetenz des Reiches nur Bedeutung dafür, ob ein etwaiges Reichsgesetz über das Zwischenexamen der nach Art. 78 Abs. 1 der Reichsverfassung vorgeschriebenen erhöhten Verfassungsmehrheit bedürfte (vgl. auch Laband, Reichsstaatsrecht, 4. Aufl. 2. Bd. S. 34 ff.). Es muß aber auch die Kompetenz der Reichsgesetzgebung behauptet werden. Denn mochte man immerhin vor und bei der Berathung der Reichsjustizgesetze darüber Zweifel hegen können, inwieweit durch den auf „das gerichtliche Verfahren" beschränkten Wortlaut des Art. 4 Nr. 13 der Reichsverfassung auch die Gerichtsverfassung und insbesondere das Richteramt und dessen Vorbedingungen der Zuständigkeit der Reichsgesetzgebung unterstellt worden sind (vgl. die Anführungen bei Hänel, Deutsches Staatsrecht Bd. 1 S. 725 Anm. 4; dazu aber auch Seydel, Kommentar zur Reichsverfassung, 2. Aufl. S. 101): nachdem einmal das Reich in § 2—5 G.V.G. die Qualifikation zum Richterdienst wenn auch nicht erschöpfend, so doch in den für nothwendig erachteten Grundlagen geregelt hat, muß es auch für kompetent erachtet werden, auf diesem Wege weiter zu gehen, soweit die fortschreitende Entwicklung eine einheitliche Fortbildung der gegebenen Rechtsgrundlagen fordert.

Ein dementsprechend ergehendes Reichsgesetz könnte natürlich bei grundsätzlicher Einführung des Zwischenexamens auch, analog dem auf die ärztliche Prüfung bezüglichen § 29 der Reichs-Gewerbe-Ordnung, den Bundesrath (oder ein sonstiges Reichsorgan) ermächtigen, die näheren

Ausführungsbestimmungen darüber zu treffen. Dagegen würde ich allerdings, ohne eine solche vorausgehende reichsgesetzliche Ermächtigung, den Bundesrath nicht für befugt halten, schon auf Grund des jetzigen § 2 G.V.G. per majora die Frage des Zwischenexamens, sei es mit, sei es ohne die Frage der Studiendauer zu regeln. Den Art. 7 Ziff. 2 der Reichsverfassung könnte man für eine solche Befugniß nicht heranziehen, selbst wenn man, was m. E. kaum angeht (vgl. auch Laband a. a. O. S. 171 a. E.), geneigt wäre, die äußere Regelung der Richterqualifikation als „Verwaltungsvorschrift" im Sinne jener Bestimmung zu erachten. Denn das G.V.G. selbst (vgl. namentlich § 2 Abs. 4) und die zu demselben stattgehabten Verhandlungen lassen keinen Zweifel darüber, daß bis zu einer etwaigen Weiterentwickelung der Materie durch die Reichsgesetzgebung, insbesondere ein Reichsprüfungsgesetz, die Justizhoheit der Einzelstaaten im Rahmen der Bestimmungen des G.V.G. ungeschmälert erhalten bleiben sollte.

Hiernach ergiebt sich zusammenfassend: Die Frage des Zwischenexamens kann durch Reichsgesetz, positiv oder negativ, ohne Verfassungsmehrheit (Art. 78 Abs. 1 R V.) geregelt werden. Bis dahin sind die Einzelstaaten dazu kompetent, welche eine einheitliche Ordnung im Wege freier Vereinbarung herbeiführen können. Der Bundesrath an sich ist ohne Weiteres dazu nicht kompetent.

§ 11. Vortheile der Zwischenprüfung?

Ist nun aber die Einführung einer Zwischenprüfung für die Ausbildung der Juristen als zweckmäßig zu erachten?

Es ist klar, daß die Zwischenprüfung nicht so viele hervorragende Anhänger hätte finden können und daß sie zur Einführung, nicht allein in Österreich, sondern auch in Bayern nicht hätte gelangen können, wenn ihr nicht gewisse Vortheile beiwohnten. Im Gegentheil liegen solche Vortheile, wie namentlich die günstige Einwirkung auf den zeitigen Fleiß der Studirenden, so auf der Oberfläche, daß es wunderbar wäre, wenn sie nicht erkannt sein würden. Allein auf der anderen Seite scheint gerade aus der Entwickelung der Litteratur, wie aus der veränderten Stellungnahme des 25. zum 14. Juristentage sich die Bemerkung aufzudrängen, daß je tiefer man die Frage allseitig erfaßt, um so entschiedener die Relativität jener Vortheile und ihre Bedingtheit durch wesentliche und unvermeidbare Nachtheile zum Bewußtsein kommt. Die Abwägung jener Vortheile und dieser Nachtheile in unbefangener Weise vorzunehmen, ist die Aufgabe der folgenden Ausführungen. Dabei wird freilich auch in Erwägung gezogen werden müssen, ob und inwieweit gegenüber unvermeidbaren Nachtheilen die zuzugebenden Vortheile auch auf anderem Wege erreichbar sind, und, insoweit die behaupteten Vortheile in der Beseitigung vorhandener Mißstände bestehen sollen, welche Bedeutung den letzteren überhaupt beizumessen ist.

Beginnen wir mit den behaupteten Vortheilen der Zwischenprüfung, welche, wesentlich erschöpfend, in § 10 der bezüglichen bayrischen Ministerial-Verordnung (vergl. oben § 4) aufgeführt sind.

I. Unbestreitbar ist, wie bereits erwähnt, die günstige Einwirkung der Zwischenprüfung auf den Fleiß der Studirenden insofern, als sie dieselben zwingt, sich rechtzeitig diejenigen Kenntnisse anzueignen, welche zum Bestehen des Examens durchschnittlich erforderlich sind. Diese Erfahrung wird auch neuerdings wieder aus Bayern bestätigt (vergl. oben § 7 Ziff. 27). Dabei kommt je nach der verschiedenen Struktur des Zwischenexamens in Betracht, daß jene günstige Wirkung für den frühzeitigen Beginn des Fleißes und den Schutz gegen das sogenannte „Verbummeln“ um so entschiedener eintritt, je früher das Zwischenexamen eingelegt wird. Ein Zwischenexamen, wie es v. Bethmann-Hollweg nach 3 Jahren will, kommt für diese Vortheilswirkung kaum noch in Betracht. Ebenso ist von vornherein zuzugeben, daß, wenn man überhaupt ein Zwischenexamen als Schutz gegen das Verbummeln für nöthig hält, es um so nöthiger ist, je länger die Studienzeit bemessen wird. Daraus wird es am ehesten erklärlich, daß Bayern, welches als einziger deutscher Staat ein Studium von 8 Semestern hat, dem österreichischen Staate, wo ebenfalls 4 Jahre studirt wird, mit Einführung der Zwischenprüfung gefolgt ist. Aber eben für jene Vorfrage kommt noch Folgendes in Betracht:

1. Die Klagen über den Unfleiß der juristischen Studenten, namentlich über den ungenügenden Besuch der Vorlesungen durch sie, sind zu Zeiten sehr lebhaft gewesen. Wenn demgegenüber den Studenten Vertheidiger erstanden, welche alle Schuld auf die „Langweiligkeit“ der Professoren schieben wollten, so konnte das doch gegenüber den öffentlichen Vorwürfen auch „solcher Lehrer, die sich der höchsten wissenschaftlichen Autorität erfreuen und deren Lehrgabe eine glänzende und anerkannte ist“ (vergl. die Feststellung Dernburg's a. a. O. S. 4 mit Bezug auf die Ausführungen Schmoller's in seinem Jahrbuche Bd. 10 S. 286 ff.) nicht durchgreifen. Aber auf der anderen Seite muß man sich doch auch vor Uebertreibungen und namentlich vor dem übereilten Schlusse hüten, als ob der Defekt im Kollegienbesuch und der mangelnde Fleiß in den ersten Semestern nun unbedingt mit einem „Verbummeln“, d. h. mit

einem unrettbaren Sich-Verlieren im Lebensgenusse und einem dauernden Verluste der Arbeitsfreudigkeit und Arbeitsfähigkeit identisch wäre. Die Zahl der so Verbummelten ist gewiß gegenüber der Zahl derjenigen, welche als Juristen in den ersten Semestern gebummelt haben, sehr gering. Und auch davor muß man sich m. E. hüten, ununterschiedlich alles dasjenige, dem der weniger fleißige Student seine dem Kollegienbesuch und der Arbeit entzogene Zeit zuwendet, mit dem Ausdrucke „Bummeln" zu stigmatisiren. Ist es doch auch, wie Fischer (S. 20) sich ausdrückt, „die Pflege der ritterlichen Seite des akademischen Lebens", der gesellschaftlichen Umgangsformen, der Standesehre und des Gemeingeistes, des Sinnes für Gottes schöne Natur, welche dabei zu ihrem Rechte kommt. Es wirkt komisch, wenn bei Berathung des jüngsten preußischen Gesetzentwurfs der Abg. Dr. Irmer (Sten. Bericht des Abg.-Hauses 1902 Sp. 1316) sagte, „es gehöre auch mit zur allgemeinen Bildung, daß Jemand einen tüchtigen Humpen vertragen kann und nicht, wenn er ein paar Glas getrunken hat, anfängt, unnützes Gewäsch zu reden": ein Körnchen Wahrheit liegt aber selbst darin. Freilich ist es wiederum gewiß wahr, daß so mancher nicht versteht, das rechte Maß zu halten und als junger Mann Fleiß und freien Genuß seiner Jugend in das rechte Verhältniß zu setzen: aber gegenüber einer hie und da zu einseitigen Betonung der Nothwendigkeit, nicht bloß des Zwischenexamens, sondern überhaupt von Kontrolmitteln für den Fleiß unserer jungen Juristen sollte doch auch darauf hingewiesen werden, daß man auf Deutschlands hohen Schulen für das Leben nicht bloß in den Hörsälen zum Manne reift und daß eine Schulzucht, die das unmöglich machen oder allzusehr unterbinden würde, nicht in unserem Sinne liegen kann. Eine große Mitgift fürs künftige Philisterium würde dadurch unseren Studenten genommen!

2. Nun muß es aber konstatirt werden, daß gerade in neuerer Zeit zweifellos nach meinen eigenen, wie nach den Beobachtungen Anderer das Gleichgewicht zwischen Arbeit und Jugendgenuß sich auch bei unseren Juristen ohne Zwischenexamen energisch herzustellen beginnt. Die größere Fülle des anzueignenden und geistig zu durchdringenden Stoffes, die mit unseren großen Reichsgesetzen und namentlich dem B.G.B. eingetretene Vermehrung des unmittelbar praktischen Rechtes, damit verbunden die größere Ausdehnung der praktischen Uebungen: alles das hat bei unseren Studenten das Bewußtsein der Nothwendigkeit, das ihnen in den Hörsälen Gebotene bald und entschieden sich zu eigen zu machen, gesteigert. So kann ich nur unterschreiben, was Kahl auf dem letzten Juristentage gesagt hat: Unser juristischer Student ist in der Gegenwart nicht mehr

typisch faul; die Nothwendigkeit exceptioneller Kontrolmaßregeln, insbesondere auch das Zwischenexamen, kann daraus allein nicht mehr gerechtfertigt werden.

3. Aus dieser Entwicklung geht aber zugleich mit Deutlichkeit hervor, daß es zur Förderung des studentischen Fleißes, sowie zur Sicherstellung desselben auch bei einem über sechs Semester hinaus verlängerten Studium der Zwischenprüfung nicht unbedingt bedarf. Zunächst ist das Ziel auf dem Wege zu suchen, den man bereits mit Erfolg beschritten hat! Vor Allem wird hier die weitere Ausgestaltung der Konversatorien und praktischen Uebungen (letztere m. E. ohne Zwangscharakter — vgl. v. Liszt in der Deutschen Juristenzeitung Nr. 6 von 1902 — aber mit freiwilliger Einreichung der Zeugnisse und Arbeiten bei der Meldung zur ersten Prüfung) ins Auge zu fassen sein. Darüber hinaus ist das direkteste Mittel, auf den Ernst der Studien hinzuwirken, der Ernst des Examens, zu dem sie befähigen sollen (vgl. neuestens auch Paulsen, Die deutschen Universitäten S. 366). Dieser Schluß, den wiederum auch Kahl hervorgehoben hat, ist so zwingend, daß man nicht begreift, wie man eine Vermehrung der Examina empfehlen kann, bevor man deren Vertiefung erschöpft hat. Es kann hier nicht meine Aufgabe sein, die Mangelhaftigkeit des ersten Examens, wie es namentlich in Preußen zur Zeit der Niederschrift dieses Gutachtens noch besteht, im Einzelnen zu beleuchten; auch könnte ich zum größten Theil nur Gesagtes wiederholen. Mir würde vor Allem die Einführung von Klausurarbeiten, bei denen aber durch die Stellung exegetischer und praktischer Aufgaben nicht bloß das Gedächtniß, sondern auch das Verständniß geprüft werden müßte, von höchstem Werthe für die Garantie des geistigen Fleißes der Studenten erscheinen. Daneben könnte dann namentlich durch eine Zerlegung der Prüfung in mehrere Abtheilungen, eine rechtshistorische, privatrechtliche und öffentlich-rechtliche (staatswissenschaftliche) die gleichmäßige Berücksichtigung sämmtlicher Studienfächer, auch ohne Preisgabe der Einheitlichkeit des Examens, gewährleistet werden (vergl. dazu namentlich Gierke, oben § 7 Ziff. 8). In dieser Zerlegung, nicht aber in der zeitlichen Vorschiebung der rechtshistorischen Prüfung, liegt m. E. das eigentlich Beachtenswerthe der österreichischen Einrichtungen. Klausurarbeiten aber hat man in der ersten Prüfung in Baden, dessen Verhältnisse ich genau kenne. Hier werden auch seit Langem sieben Semester für das Studium erfordert, ohne daß hier wenigstens die Nothwendigkeit eines Zwischenexamens zur Geltung gelangt wäre. So wird es denn wohl allgemein richtig sein, und sich vielleicht auch allmählich wieder in Bayern durchsetzen, was Gneist in seinem Gutachten zum

14. Juristentage (vergl. oben § 2) sagte, daß das ernste wissenschaftliche Examen selbst in den Staaten mit vierjährigem Studium das Zwischenexamen entbehrlich macht. In der That liegt in dem Verlangen nach exceptionellen Zwischenkontrolen bis zu gewissem Grade das Eingeständniß eines unzureichenden Endexamens, und es darf nicht Wunder nehmen, daß der Ruf nach dem Zwischenexamen bei verlängerter Studienzeit als Gegenbeweis gegen die Nothwendigkeit der Verlängerung selbst verwerthet werden konnte (vergl. die Ausführungen Aschrott's, oben § 3).

4. Auf der anderen Seite endlich läßt sich erkennen, daß das Zwischenexamen, wenigstens so, wie es bisher verwirklicht wurde, sogar weniger, als die soeben vorgeschlagenen Mittel geeignet ist, den gewünschten Erfolg eines ernsten, wahrhaft akademischen Studiums sicher zu stellen. Nicht anders läßt es sich erklären, daß nach einer Anführung bei Dernburg (S. 13; vergl. auch Goldschmidt S. 292) der österreichische Kultusminister Dr. v. Gautsch am 7. August 1886 einen Erlaß an die rechts- und staatswissenschaftlichen Fakultäten gerichtet hat, in welchem er, bei aller Anerkennung der bestehenden Einrichtungen, dieselben doch zur Erwägung der Frage aufgefordert hat, „welche Maßregeln zur Förderung eines fleißigen und regelmäßigen Rechtsstudiums, insbesondere zur Hebung der so sehr gesunkenen Frequenz der Kollegien zu treffen seien?" In der That wird man nach nur einigen Semestern juristischen Studiums von einem Studirenden kaum viel mehr, als eine gewisse äußere Beherrschung des Stoffes mit dem Gedächtnisse verlangen können, worauf unten noch näher zurückgekommen werden wird. Das aber verleitet leicht zu einem verständnißlosen Einlernen, zu einem noch früheren Aufsuchen des Einpaukers, der mit mehr Kunstgriff und Routine, als dies die wissenschaftlichen Vorlesungen vermögen, zu dem gewünschten Resultate verhelfen kann.

II. In zweiter Reihe rühmt man an dem Zwischenexamen, wie Kahl sich ausdrückte, „eine für den Bildungserfolg selbst bestimmende pädagogische Seite", oder, wie die bayrische Verordnung sagt, den Zwang zu einem „systematischen Studiengange". Der Kandidat soll zu den weiteren Studien des zweiten Abschnittes erst zugelassen werden, wenn er die fest bestimmten des ersten Studienabschnittes absolvirt hat. Allein hier ist zu unterscheiden:

1. Vorausgesetzt wird hier, daß der Student seine Kollegien fleißig zu besuchen gewillt ist. Denn den ersten, auf die Förderung des Fleißes selbst gerichteten Punkt haben wir ja bereits erledigt, und bei dem reinen Bummler ist es ja auch gleichviel, in welcher systematischen Ordnung er seine Kollegien schwänzt. Man will also den fleißigen Studenten da-

vor bewahren, sein Ziel durch unsystematische Einrichtung seiner Studien zu verfehlen und Kollegien am Anfang seiner Studien zu hören, für die er noch kein richtiges Verständniß haben kann. Allein hier muß wirklich zuerst die Frage aufgeworfen werden, über die stets einfach hinweggegangen wird, ob denn gerade in diesem Punkte solche schwerwiegenden Mißstände aufgetreten sind, daß man ihnen mit Zwang begegnen müßte. Meines Wissens geben die meisten Fakultäten (vergl. auch Wach, Gutachten S. 11) für die Studirenden Rathschläge aus über die zweckmäßigste Einrichtung des juristischen Studiums. Hat man denn nun gehört, daß die Renitenz der Studirenden gegen solche fachmännische und wohlgemeinte Rathschläge so groß ist, daß sie im eigenen Interesse durch Zwang gebrochen werden müßte? Demgegenüber wird es durch die Erfahrung bestätigt, daß der Durchschnitt der Studenten, der keinen Trieb zu Besonderem hat und daher auch keine Veranlassung fühlt, sich über den Gang seiner Studien eigene Gedanken zu machen, einfach und dankbar jene Rathschläge annimmt und sich nach ihnen richtet. Eher könnte man über das Gegentheil klagen, daß viele Studenten sich zu sklavisch an solche Rathschläge, besonders wenn sie nicht bloß von den Fakultäten, sondern gar von den Regierungen ausgehen, halten. Ich habe schon beim vorigen Juristentage (Bd. 3 S. 111) Beispiele aus meiner Erfahrung dafür angeführt, wie über alles Maß hinaus sich preußische Studenten an die im Reichsanzeiger vom 28. Januar 1897 gegebene probeweise Vertheilung des Vorlesungsstoffes auf sechs Semester gebunden halten, obgleich dieselbe nur den Zweck hatte, nachzuweisen, daß sechs Semester für das Studium ausreichen. Demgegenüber kann es nur als ein Zeichen geistiger Selbständigkeit angesehen werden, wenn ein Student auf Grund eigenen Nachdenkens oder sachverständigen Rathes seiner Angehörigen oder Freunde zu der Ueberzeugung kommt, daß die für den Durchschnitt aufgestellte Regel für seine besonderen Neigungen oder späteren Lebenspläne nicht paßt. Und gerade diese Fälle sollte man gewaltsam unterdrücken, wenn doch durch das Endexamen die Gewähr geboten ist, daß auch jene Studirenden den Gesammtstoff systematisch zu beherrschen gelernt haben?

2. Aber mit dem Zwischenexamen meint man noch ein Weiteres, als bloß die systematische Absolvirung der Vorlesungen und Studien erreichen zu sollen und zu können, nämlich die vollständige geistige Aneignung des Vorexamensstoffes vor dem Herantreten an die weiteren Studien; denn für das erstere würde ja eine bloße Zwangsvorschrift über die Reihenfolge der Kollegien, wie sie das österreichische Recht neben

dem Zwischenexamen kennt, genügen. Allein damit verlangt man theils Ungerechtfertigtes, theils Unerreichbares.

Gerechtfertigt ist das Verlangen einer vorhergehenden endgiltigen geistigen Aufnahme in dem Maße, welches überhaupt für erforderlich erachtet wird, nur bei wirklichen bloßen Hülfsfächern des Fachstudiums, wie sie den überwiegenden Gegenstand der ärztlichen Vorprüfung bilden. Dieser Gedanke hat sogar in der Schweiz zu einer abermaligen Abtrennung der rein naturwissenschaftlichen Fächer zu einem besonderen Vorexamen geführt, welchem eine spätere und selbständige Prüfung in der Anatomie und Physiologie nachfolgt (vergl. v. Kries, Zur Organisation der ärztlichen Prüfungen, 1893, S. 35). Allein mit Bezug auf eine Vorprüfung in Disziplinen des juristischen Fachstudiums muß ich, der ich schriftstellerisch und lehrend mich auf dem Gebiete des öffentlichen wie des Privatrechts, der Rechtsgeschichte, wie des geltenden Rechts bethätigt habe, mich unbedingt denen anschließen, welche die Einheitlichkeit des Rechtsstudiums und die gegenseitige Durchdringung und Abhängigkeit seiner Theile in dieser Frage vertreten. Zu einer wirklich geistigen Beherrschung aller kann der Student erst am Ende seiner Studien, wenn er sie alle in sich aufgenommen hat, gelangen, und zwar gilt dies nicht bloß von den einzelnen Disziplinen des geltenden Rechts z. B. dem Privatrecht im Verhältniß zum Civilprozeß oder Verwaltungsrechte, sondern auch von der Rechtsgeschichte im Verhältniß zum geltenden Rechte. Gerade die Rechtsgeschichte, die Rückversetzung in andere Zeiten und Zustände, durch welche das frühere Recht bestimmt und bedingt wird, bereitet dem jungen Studenten häufig Schwierigkeiten, welche voll erst überwunden werden, wenn er vom Ende des Weges auf die durchlaufene Bahn der Entwicklung zurückblickt. Deshalb kann man nach drei oder vier Semestern keine volle Beherrschung auch nur der rechtsgeschichtlichen Fächer verlangen. Und da man es nicht kann, wird sich das Zwischenexamen in ein Abfragen äußerlich merkbarer Dinge mit all' den, zum Theil schon erwähnten, schlimmen Folgen der Ungründlichkeit verlieren. Die wahrhaft systematische Beherrschung des Gesammtstoffes kann durch eine zu frühe Prüfung in einem Theile desselben nicht gefördert werden.

III. Als dritter Vortheil wird die Entlastung der ersten Hauptprüfung von einem Theile des Prüfungsstoffes durch das Zwischenexamen gerühmt. Da frägt es sich zunächst, zu wessen Gunsten denn diese Entlastung gemeint ist. Doch nicht zu Gunsten der Examinatoren; denn deren Entlastung würde eine Belastung der Studirenden nicht rechtfertigen. Auch findet jedenfalls für die Professoren, welche nach Lage der Sache am meisten in Betracht kommen, mindestens keine Entlastung durch das

Zwischenexamen und die damit gegebene Verdoppelung der Prüfungen statt. Also soll die „Entlastung" den Studenten zu Gute kommen, welchen durch ein bestandenes Vorexamen ein Theil des Gedächtnißstoffes und ein Theil der Examensfurcht zeitiger abgenommen werden soll. Bei dieser Stellungnahme würde sich aber sofort die Frage aufwerfen lassen, ob nicht dann der Zwang zum Zwischenexamen zu weit geht und man sich nicht darauf beschränken müßte, wie es die ältere österreichische Gesetzgebung vorübergehend gethan und Gneist in seinem Gutachten zum 14. Juristentage vorgeschlagen hat, den Studenten die Ablegung des Zwischenexamens oder die Vereinigung desselben mit dem Hauptexamen freizustellen. Dann würde sich auch die Bestimmung eines festen Termins für das Zwischenexamen erübrigen. Ich wäre aber neugierig zu erfahren, wie viele von unseren Studenten am Schlusse des dritten oder vierten Semesters das fakultative Zwischenexamen ablegen würden. Wichtiger aber ist, daß die obligatorische Entlastung der ersten Hauptprüfung begrifflich nur eintritt, wenn die Fächer des Zwischenexamens in der Abschlußprüfung nicht wieder geprüft werden. Wer das Gegentheil als „selbstverständlich" bezeichnet, kann sich natürlich auf diese Vortheilswirkung der Entlastung weder für Professoren, noch auch für Studenten berufen. Aber auch den Entlastungstheoretikern wird jetzt vor dem gepriesenen Vortheil bange. Denn, wie die Erfahrungen aus Bayern beweisen (vergl. Hellwig oben § 1 und Kipp § 7 Ziff. 27) — in Oesterreich hielt bis in die neueste Zeit das Rigorosum die Waage — entlasten sich die Studirenden nach dem Zwischenexamen so gründlich von allem historischen Stoffe, daß selbst die in der Zwischenprüfung glänzend Bestandenen zur Zeit des Hauptexamens davon keine Ahnung mehr haben. Damit ist aber ein größerer Nachtheil herbeigeführt; denn den Kandidaten fehlt dann beim Schluß ihrer Studien ein höchst wesentliches Element für das systematische Gesammtverständniß ihres Faches, und es giebt für sie überhaupt keine Zeit mehr, in welcher sie einen abgeschlossenen Ueberblick über ihr Berufsstudium besitzen. Natürlich daß dadurch eine geringere Werthung der historischen Studien, welche man ja beim Eintritt in die Praxis nicht mehr braucht, bei den Studenten Platz greifen muß. Nun tröstet sich Kipp einigermaßen damit, daß doch wenigstens die römische Rechtsmethodik, wenn man sie einmal in sich aufgenommen habe, im Geiste haften bleibe, auch wenn der Stoff des römischen Rechts wieder aus dem Gedächtniß verschwinde. Allein hier ließe sich nach allem schon Gesagten der Zweifel aufwerfen, ob gerade zur Beherrschung der Methode in drei Semestern der Student schon gelangen kann und ferner auch, ob selbst bei Bejahung der Frage eine Konservirung der Methode, losgelöst von allem Stofflichen gedacht werden kann. Und auch für Kipp ist ja seine Annahme nur ein Trost im Hinblick darauf, daß, wie er mit Anderen meint, ohne Zwischenexamen die historischen Fächer im Hauptexamen unter der Fülle des geltenden Rechts noch weniger zu ihrem Rechte gelangen würden. Aber hier greift wieder das früher Erörterte Platz: am ersten Examen ist die bessernde Hand anzulegen; eine selbständige rechtshistorische Abtheilung in demselben verbürgt besser, als das Zwischenexamen das Verständniß für die den Stoff durchdringende Methode des römischen Rechts zur Zeit des Eintritts in die Praxis, in der dieselbe bethätigt werden soll. Gerade weil die Methode des römischen Rechts ein bleibender Schatz für den praktischen Juristen werden soll, kann man dasselbe nicht zu einem bloßen Hülfsfache degradiren, und es zeigt sich auch hier wieder, wie wenig der Hinweis auf das medizinische Vorexamen, ganz abgesehen von der eine gewisse Zwangslage begründenden Länge des ärztlichen Studiums, Bedeutung hat.

IV. Endlich soll das Zwischenexamen schon in einem möglichst frühen Zeitpunkte die für das Rechtsstudium ungeeigneten Elemente ausscheiden. Es ist klar, daß auch dieser Vortheil zunächst durch die Struktur der Zwischenprüfung bedingt ist. Nur wenn die Wiederholung derselben beschränkt ist, wird er ganz erreicht. Die unbeschränkte Gestattung der Wiederholung mag zwar nach der angegebenen Richtung hin nicht ganz wirkungslos sein, weil schon das immer wieder um ein Semester verlängerte Studium an die Selbstprüfung des Studenten und seiner Eltern, sowie an den Geldbeutel der letzteren appellirt. Aber andererseits wird doch der Gedanke, die verflossenen Semester und die dafür verwendeten Kosten ganz verlieren zu müssen, in vielen Fällen einen starken Anreiz zum Versuch einer Wiederholung des Examens bilden. Aber auch soweit der Zweck jener frühzeitigen Ausscheidung, namentlich durch eine beschränkte Wiederholungsmöglichkeit erreicht wird, wirft sich die Frage auf, ob nicht eine Ungerechtigkeit begangen wird, wenn man junge Leute so frühzeitig vom erwählten Berufe ausschließt, ohne ihnen die Möglichkeit auch nur der Vollendung des Studiums und der Kompensation ihrer Anlagen und Fähigkeiten in den verschiedenen Zweigen desselben zu gewähren. Dieser Gedanke ist es jedenfalls auch gewesen, weshalb man bei der praktischen Verwirklichung der juristischen Zwischenprüfung, namentlich auch in Bayern, von der zwangsweisen Zurückweisung Durchgefallener Abstand genommen hat. In der That hat man darin wohlgethan. Wenn man in § 5 der bayrischen Ministerialverordnung liest, was die Kandidaten durch die Universitätsstudien erreichen sollen:

„scharfe juristische Auffassung, Selbständigkeit des Urtheils, korrekte juristische Ausdrucksweise und die nöthige Gewandtheit, um einfachere Rechtsfälle richtig erfassen und logisch bearbeiten zu können", und wenn man überlegt, wie wenig sie von alledem am Schlusse des dritten Semesters besitzen und beweisen können, so wird man in der That starke Bedenken tragen müssen, an diesen Zeitpunkt eine für den Lebensberuf entscheidende Prüfung zu setzen.

§ 12. Nachtheile der Zwischenprüfung?

I. Unter den Nachtheilen der Zwischenprüfung steht als unvermeidlich, weil mit ihrem Begriffe gegeben, die Vermehrung der Examina voran. Unbedingte Uebereinstimmung herrscht darüber, daß Examina Uebel, wenn auch nothwendige Uebel sind. Das Zwischenexamen insbesondere würde zunächst auf Seite der Professoren die unerfreuliche Prüfungslast vermehren und auf den großen Universitäten — man denke nur an Berlin oder Leipzig — oder auf denen, die besonders von den ersten Studiensemestern frequentirt werden, die Zeit für die Abhaltung der Vorlesungen am Schluß der Semester oder für wissenschaftliche Arbeiten leicht beeinträchtigen (vgl. namentlich oben § 6 II). Schwerer aber sind die Nachtheile für den Studenten. Das Hereintragen der Examensfurcht in die ersten Semester fördert die unserem Zeitalter ohnehin eigene Nervosität und kränkelt die Unbefangenheit des Studiums, wie des freien Jugendgenusses an. Man sage doch nicht (vergl. oben § 7 Ziff. 4), der Tüchtige habe keine Examensangst; denn gerade der wahrhaft Tüchtige und deshalb zugleich Bescheidene wird sich am Anfange seiner wissenschaftlichen Laufbahn am wenigsten selbst vertrauen. Auch ist das Zufallsmoment, das schon mit den Schwankungen unseres eigenen Befindens gegeben ist, aus keinem Examen ganz zu verbannen. Der aufdringliche Hinweis auf das Brotstudium, den jedes Examen enthält, muß die freie Hingabe an die Wissenschaft um ihrer selbst willen beeinträchtigen. Der Gedächtnißapparat, der aus keinem Examen ganz auszuschalten ist, wird die Studenten noch früher, als es jetzt schon geschieht, zum Repetitor treiben und den akademischen Studien entfremden.

II. Ganz besonders schädlich würde aber das Zwischenexamen auf die Lehr- und Lernfreiheit wirken, die den innersten Kern des Wesens unserer Universitäten ausmacht. Auch dieser Nachtheil ist unvermeidlich; denn er beruht auf der unumgänglichen Nothwendigkeit, die Examensfächer wenigstens der Hauptsache nach fest und für alle Kandidaten gleichmäßig zu bestimmen (vgl. oben § 9 Ziff. 3), wie ja denn auch gegenwärtig wenigstens die Prüfung in den historischen Disziplinen des römischen und deutschen Rechts wohl allgemein als die Hauptaufgabe eines künftigen Zwischenexamens angesehen wird. Damit ist aber nicht bloß einerseits bewirkt, daß die Prüfungsfächer unbedingt im ersten Abschnitt und zwar möglichst frühzeitig gehört werden, sondern auch andererseits, daß die Lust, sich anderen Disziplinen während dieser Zeit zuzuwenden, äußerst beschränkt wird. Das gilt zunächst von denjenigen Rechtsdisziplinen, welche durch ihre Nichtaufnahme in das Zwischenexamen deutlich als solche des zweiten Studienabschnittes gekennzeichnet werden. Auch wenn die Gesetzgebung, im Gegensatz zur österreichischen, davon absieht, die Anrechenbarkeit der letzteren davon abhängig zu machen, daß sie erst nach absolvirtem Zwischenexamen gehört werden, so wird doch erklärlicher Weise, wenn die Prüfung in Sicht steht, ein Nicht-Examensfach schwer die nöthige Aufmerksamkeit finden, allerhöchstens gehört, oder gar nur belegt, aber nicht studirt werden, aus Furcht, es könnte dadurch der Erfolg des Examens beeinträchtigt oder doch verzögert werden. Das Gleiche gilt aber in noch höherem Maße von den Fächern der allgemeinen Bildung, der Philosophie, der Geschichte, den Sprachstudien u. s. w., so weit sie nicht etwa wieder zu Zwangskollegien vor dem Zwischenexamen gemacht werden. Und mit der Lernfreiheit geht Hand in Hand die Lehrfreiheit; denn wenn der Student sich unter dem Drange der Examensnoth nur noch seinen Prüfungsfächern und denjenigen Lehrmethoden zuwendet, die ihm den Erfolg der Prüfung am besten zu garantiren scheinen, hört auch für den Dozenten der Anreiz auf, neue Fächer, insbesondere die Spezialfächer seiner Studien, neue Arten und Formen des akademischen Unterrichts darzubieten.

Man wende doch dagegen nicht ein, es sei nur das „absolut Vernünftige“ im Studiengange, das auf diese Weise erzwungen werde. Mit diesem Argumente sind stets alle die Freiheit der Persönlichkeit und die Selbstbestimmung für den individuellen Lebenszweck aufhebenden Zwangsmaßregeln der Verwaltung, über welche eine spätere Zeit achtlos hinwegschritt, gerechtfertigt worden. In Fragen der Zweckmäßigkeit, und dazu gehört die Pädagogik des juristischen Studiums, giebt es nichts absolut Vernünftiges. Alle Durchschnittsregeln können durch die besonderen Verhältnisse, Zwecke und Neigungen des Individuums durchbrochen werden; alles heut von der Mehrheit Gebilligte kann veränderten Bedürfnissen und Erfahrungen weichen. Das juristische Studium dient nicht bloß verschiedenen Zweigen des Staatsdienstes, dem Richteramte, der Verwaltungspraxis, der Diplomatie, dem Finanzdienste zum Unterbau; auch verschiedene private Berufsarten z. B. das Bankfach oder das private

Versicherungswesen entnehmen ihre besten Kräfte aus den studirten Juristen, und so mancher Grundbesitzers- oder Fabrikantensohn, der später das väterliche Gut oder Geschäft übernimmt und sich daneben in Selbstverwaltungsämtern seines Bezirks oder im Landtag bethätigt, hat Jura studirt und das erste, wohl auch das zweite Examen absolvirt. Oft ist auch die zukünftige Richtung des Lebensberufes noch nicht entschieden, so daß alle Chancen durch Absolvirung der vorgeschriebenen Studien und Examina offen gehalten werden müssen, während doch bereits hervorstechende Neigung für das Eine oder das Andere besteht. Warum in allen diesen Fällen die unpersönliche Schablone zur Pflicht machen? Warum nicht die Möglichkeit gewähren, je nach Bedürfniß und Neigung die eine oder andere Seite des rechts- oder staatswissenschaftlichen Studiums oder der allgemeinen Bildung schon frühzeitig, zumal wenn die Person des Lehrers dazu einladet, in die erste Reihe zu stellen? Warum schon durch die Einschiebung eines Zwischenexamens den Spielraum der freien Entschließung beengen und sich nicht damit begnügen, daß am Ende des Studiums eine systematische Erfassung des Ganzen nachgewiesen wird?

Und soll durch feste, bis an den Anfang der Studien hinunterreichende Zwangsvorschriften die gegenwärtige Anschauung über Art und Methode des Anfängerunterrichts festgelegt und jede organische Entwicklung desselben nach den hervortretenden Bedürfnissen und Erfahrungen, nach den Neigungen der Studirenden und der Individualität der Lehrer unterbunden werden? Es ist hier nicht meine Aufgabe, zur Frage der Gliederung und Methode des juristischen Studiums Stellung zu nehmen, mich zu entscheiden, ob in der That der Schluß von dem geschichtlichen Prius auf das pädagogische Prius ein Fehlschluß ist (vgl. Krückmann, Eignet sich das röm. Recht zum Unterricht im 1. Semester? im Archiv f. bürg. Recht Bd. 19 S. 1 ff.), oder ob doch wenigstens der juristische Unterricht von Anfang an einer stärkeren Dosis geltenden Rechts bedarf (vgl. Stammler oben § 7 Ziff. 11), ob anstatt des Privatrechts und der Privatrechtsgeschichte das öffentliche Recht und die neuere deutsche Verfassungsgeschichte sich besser zum Anfangsstudium für Juristen eignet (wie Dickel, Vorbildung der Juristen in Preußen, S. 18 vorschlägt; vgl. auch oben § 7 Ziff. 18), ob die Nationalökonomie besser an den Schluß oder an den Anfang der Studien zu setzen ist (vgl. Wach, Gutachten zum 25. Juristentage Bd. 2 S. 10), ob die jetzt so gerühmten Uebungen mit schriftlichen Arbeiten, die sich doch auch aus der freien Praxis der Universitäten entwickelt haben (vgl. v. Liszt in der Deutschen Juristenzeitung 1892 S. 130), nunmehr das ausschließliche Heil darstellen oder nothwendig einer Ergänzung durch mündliche Konversatorien mit einem umfassenderen theoretischen, exegetischen oder praktischen Uebungsstoffe und Anschauungsmaterial bedürfen (vgl. Lenel, Praktikum des bürgerlichen Rechts, 1901, S. V und v. Liszt, S. 131): — das alles kann hier nicht zur Entscheidung gelangen, wohl aber das, daß die freie Entfaltung der Persönlichkeit nach allen diesen und anderen Richtungen Lehrern wie Hörern auf deutschen Universitäten auch ferner erhalten bleiben soll. Es soll der Student weder unmittelbar durch eine Reihenfolge von Zwangskollegien, noch mittelbar durch die Noth des Zwischenexamens gehindert werden, auch schon im ersten Semester Staatsrecht oder Strafrecht bei einem beliebten Dozenten zu hören (Wach, Gutachten S. 10), noch dem Lehrer des öffentlichen Rechts oder der Staatswissenschaften verwehrt werden, dem unbeschriebenen Geiste des Anfängers die nationalen und sozialen Gedanken, die sein Fach durchdringen, aufzuprägen. Auch dem Studium der Geschichte, der Philosophie, der klassischen und altdeutschen Sprachen, die ja gerade für das Verständniß der historischen Rechtsquellen so wichtig sind, wollen wir den jungen Juristen nicht entziehen, indem wir ihm durch ein Zwischenexamen die Möglichkeit benehmen, ohne Semesterverlust das Fachstudium etwas mehr in die späteren Jahre zusammenzurücken und dann mit um so gebildeterem und geschärfterem Geiste sich ihm zuzuwenden. Rechtsgeschichtlicher Unterricht und Einführung in das geltende Recht, akademischer Vortrag, Konversatorium und schriftliche Arbeit mögen miteinander wetteifern, um das ideale Ziel der bestmöglichen Ausbildung unserer jungen Juristen zu erreichen — und die freie Selbstbestimmung der Studirenden, die nicht mehr Schüler sind, soll dabei mitwirken. Sie ist nicht bloß ein Mittel für die Erreichung des individuellen Lebenszweckes, das nicht ohne Gefahr ausgeschaltet werden kann, sondern zugleich die Bethätigung sittlicher Freiheit, die für die Ausbildung des Charakters und der für's Leben nothwendigen Arbeitsenergie unentbehrlich ist. Die schönen, dies erhärtenden Worte Kahl's auf dem vorigen Juristentage, welche oben § 1 citirt wurden, gelten auch heute unverändert; mögen sie auf der diesjährigen Versammlung nicht bloß zur Vertagung, sondern zur endgültigen Verwerfung des Zwischenexamens führen.

III. Aber nicht bloß der Lern- und Lehrfreiheit auf, sondern auch der Freizügigkeit zwischen unseren deutschen Universitäten droht aus dem Zwischenexamen schwere Gefahr, und zwar um so mehr, je kürzer die Studienzeit bemessen ist. Ich kann mich hier im Wesentlichen auf die Ausführungen beziehen, welche ich auf dem vorigen Juristentage der

Versammlung vorgetragen habe und die von ihr dadurch gebilligt wurden, daß sie für den Fall der Einführung von Zwischenprüfungen Vereinbarungen der Regierungen über die gegenseitige Anerkennung derselben als unerläßlich bezeichnete. So möge hier von dem hohen Werthe der akademischen Freizügigkeit nicht allein für die fachwissenschaftliche, sondern auch für die allgemeine und die nationale Bildung unserer Jugend und von der schweren Beeinträchtigung derselben durch eine weiter um sich greifende einseitige Einführung des Zwischenexamens in dem oder jenem Staate ohne einheitliche Regelung und gegenseitige Anerkennung — einer Beeinträchtigung, welche aus dem naturgemäßen Wunsche der Studenten, von ihren Lehrern auch geprüft, von ihren Examinatoren auch unterwiesen zu werden, sich ergeben würde — nicht weiter die Rede sein. Aber das soll doch noch einmal betont werden, weil es über die vorvorjährige Resolution hinausragt, daß selbst die gegenseitige Anerkennung der Zwischenprüfungen allein die durch diese geschaffene Bedrohung der Freizügigkeit selbst innerhalb des gleichen Staates nicht voll aufhebt. Bei den fortwährenden Hinweisungen auf die Verhältnisse des ärztlichen Studiums übersieht man, wie schon hervorgehoben wurde, stets, daß dort nicht bloß die Vorprüfung, sondern auch die Hauptprüfung und Approbation gegenseitige Anerkennung durch ganz Deutschland genießt. Bei den Juristen ist davon zunächst gewiß keine Rede. Dann aber wird immer die Vorsicht der Weisheit, wenigstens der Examensweisheit Mutter bleiben. Ein Theil der Studirenden wird es vorziehen, bei derjenigen Universität das Zwischenexamen zu machen, vor deren Professoren er auch die Hauptprüfung abzulegen gedenkt, zumal wenn etwa die Vorprüfungsfächer im Hauptexamen nochmals geprüft oder doch wenigstens in gelegentlichen Fragen herangezogen werden sollen. Denn die Identität der Examinatoren oder doch wenigstens der Prüfungsuniversität, mindestens des Prüfungsstaates wird ihm eine Gewähr leichterer Anerkennung seines schon im Zwischenexamen bezeugten Wissens zu bieten scheinen. Auf diese Weise wird das Hauptexamen das Zwischenexamen, dieses aber die ersten Studiensemester nach sich ziehen. Und da für diese die Freizügigkeit die größte Bedeutung hat, so darf auch nicht vergessen werden, daß schon die mit dem Zwischenexamen an sich, wie gezeigt, nothwendig verbundene Beschränkung der Lernfreiheit in den ersten Semestern dazu führen muß, das Aufsuchen solcher Universitäten einzuschränken, wo zwar bekannte und gern gehörte, aber nicht die Fächer des Zwischenexamens lehrende Dozenten wirken. So wird auch dieser Nachtheil der Zwischenprüfung, die Beschränkung der Freizügigkeit, wenigstens unter den bestehenden Verhältnissen, zu gewissem Theile unvermeidbar bleiben. Und wenn dies alles schon im Verhältniß der deutschen Universitäten unter einander gilt, so wird die Möglichkeit, außerdeutsche Universitäten zu besuchen, welche doch auch, schon im Hinblick auf die Kenntniß fremder Sitten und Sprachen, ihre eigene Bedeutung hat und vom Gerichtsverfassungsgesetze selbst (§ 2 Abs. 2 Satz 2) ins Auge gefaßt wird, durch die Einführung eiues Zwischenexamens in Deutschland sicher auf das Aeußerste unterbunden werden.

§ 13. Zusammenfassung.

Ueberblickt man das Gesagte in seinen Hauptpunkten, so ergiebt sich: Das Zwischenexamen bringt eine Reihe, ganz oder zum Theil unvermeidlicher bedeutsamer Nachtheile mit sich, eine Vermehrung der Examina mit gesteigerter Examensfurcht, Nervosität, Hervorkehrung des Brodstudiums, Hinneigung zum Einpauksystem, eine Beschränkung der akademischen Lehr- und Lernfreiheit und der Freizügigkeit. Die Schäden, denen es abhelfen soll, der Unfleiß der Studirenden oder ihr unsystematisches Studium sind in der Gegenwart jedenfalls nicht so bedeutsam, um bedenkliche Kontrollmaßregeln zu rechtfertigen. Auch kann ihnen, und ebenso einer befürchteten ungenügenden Hingabe an die historischen Grundlagen unseres Rechts auf andere Weise, namentlich durch eine Theilung und Vertiefung des ersten Examens wirksamer und ohne Zerreißung der Einheitlichkeit des Rechtsstudiums abgeholfen werden. Der gerühmten Entlastung der Studenten von einem Theile des sonst der Hauptprüfung zufallenden Examenstoffs steht schwerwiegender die auf das Vorexamen folgende Entschlagung von allem historischen Wissen gegenüber. Die zeitige Abstoßung ungeeigneter Elemente wird entweder nicht sichergestellt oder ist, soweit dies der Fall, in so frühem Stadium bedenklich und ungerecht.

Hiernach kann das Urtheil nicht zweifelhaft sein. Sind Examina nothwendige Uebel und, soweit sie nicht schlechthin nothwendig sind, ungerechtfertigte Uebel (vgl. Dernburg oben § 7 Ziff. 17 und Paulsen a. a. O. S. 442), so ist das Zwischenexamen mehr als ungerechtfertigt, denn es ist nicht allein nicht schlechthin nothwendig, sondern ohne unbedingte Vortheile und mit unbedingten Nachtheilen behaftet. Mein Gutachten geht hiernach dahin:

Für die Ausbildung der Juristen sind Zwischenprüfungen entschieden unzweckmäßig.

§ 14. Anhang: Der preußische Gesetzentwurf vom 21. Januar 1902 und das geplante Zwischenzeugniß.

Dem preußischen Abgeordnetenhause ist unterm 21. Januar 1902 ein Gesetzentwurf „über die juristischen Prüfungen und die Vorbereitung zum höheren Justizdienste“ (19. Leg.-Per. IV. Sess. 1902 Drucks. Nr. 43) nebst Begründung zugegangen, welcher sich mit dem hier erörterten Gegenstande in doppelter, theils negativer, theils positiver Weise berührt. Der Entwurf wurde einer Kommission zur Vorprüfung überwiesen, bei welcher er sich zur Zeit der Niederschrift dieser Zeilen (24. Mai 1902) noch befindet. Es muß daher je nach der weiteren Entwicklung der Verhandlungen dem Verfasser dieses Gutachtens vorbehalten bleiben, auf dieselben bei der mündlichen Diskussion des Juristentages nochmals zurückzukommen.

Für den hier zur Erörterung stehenden Gegenstand ist weniger der Entwurf selbst, als die Begründung und die von ihr in Aussicht genommene neue Verwaltungsmaßregel des Zwischenzeugnisses von unmittelbarer Bedeutung. Der Entwurf selbst will die Dauer des Rechtsstudiums, welches der ersten juristischen Prüfung vorangehen muß, auf sieben Halbjahre verlängern. Die Motive erörtern dabei die Gegengründe, welche dieser Maßnahme etwa entgegengestellt werden können und thatsächlich schon früher entgegengestellt worden sind, darunter namentlich die Befürchtung, „daß eine weitere Ausdehnung der Universitätszeit ohne eine Kontrolle durch Zwischenprüfungen nur zu einer Vermehrung der thatsächlich gar nicht oder nicht ausreichend von den Studenten ausgenutzten Semester führen werde“ (S. 10). Die Begründung lehnt nichtsdestoweniger die Einführung einer Zwischenprüfung mit ausführlicher Motivirung ab, erkennt indessen im Prinzip „die Gefahr unzureichender Benutzung der neu hinzuzufügenden Studienzeit an“ und sucht derselben auf anderem Wege zu begegnen. Mittelbar soll dies dadurch geschehen, „daß der ersten juristischen Prüfung eine nur bei geregeltem, stetigem Fleiße erreichbare Aufgabe gesteckt wird, unmittelbar aber dadurch, daß man nicht das Maß des erlangten materiellen Wissens auf gewissen Gebieten, sondern nur den Studiengang selbst unter Kontrolle stellt“. Hiernach kommt negativ die Ablehnung der Zwischenprüfung, positiv der Ersatz derselben durch das Zwischenzeugniß in Betracht.

I. Erfreulich im Sinne dieses Gutachtens ist die Energie, mit welcher nicht bloß in der Begründung des Gesetzentwurfs selbst, sondern auch in den weiteren Verhandlungen über denselben die Zwischenprüfung als unzweckmäßig abgelehnt worden ist. Die dabei vorgebrachten Erwägungen decken sich in weitem Umfange mit denjenigen, welche diesem Gutachten zu Grunde liegen. Die Motive (S. 10) bezeichnen zunächst „jede Vermehrung der Prüfungen als einen thunlichst zu vermeidenden Uebelstand" (vgl. oben § 12 I). Diesen Punkt hat bei der ersten Berathung des Entwurfs im Abgeordnetenhause der Justizminister Schönstedt (Sten. Ber. Sp. 1291) noch ausführlich erläutert und dabei unter Berufung auf einen Ausspruch des Fürsten Bismarck eine Vermehrung unserer staatlichen Prüfungen geradezu für ein „Unglück" erachtet, weil nichts so sehr die Nervosität unserer Zeit, von der die Justizverwaltung „bei den Prüfungskandidaten geradezu erschreckende Erfahrungen mache", zu vermehren geeignet sei, als die Furcht vor immer neuen Prüfungen. „Die Zwischenprüfung beengt — so fahren die Motive fort — den Studirenden in seinem Studiengange"(vgl. oben § 12 II); „sein natürlicher Wunsch, gerade von seinen Lehrern geprüft zu werden, würde die unter allen Umständen zu wahrende akademische Freizügigkeit für die ersten Semester, wo sie besondere Bedeutung hat, auf das Schwerste beeinträchtigen" (vgl. oben § 12 III). Auch den letzteren Punkt hat Minister Schönstedt a. a. O. noch besonders beleuchtet, indem er hervorhob, daß man in Oesterreich, auch innerhalb des Staates selbst, eine der deutschen ähnliche Freizügigkeit kaum kennt, und indem er die großen Vortheile der letzteren, namentlich die durch sie herbeigeführte Ausgleichung zwischen Nord und Süd, nach Gebühr würdigte. Endlich heben auch die Motive hervor, daß bei Einführung einer Zwischenprüfung der Stoff derselben, also gerade die geschichtlichen Disziplinen des römischen und des deutschen Rechts, als mit der Prüfung abgethan gelten und dadurch eines der Ziele verfehlt werden würde, um derentwillen gerade die Verlängerung des Studiums ins Auge gefaßt sei (vgl. oben § 11 III). Aus der belangreichen Rede des Ministers Schönstedt aber mögen noch seine Mittheilungen über die in Bayern gemachten Erfahrungen hervorgehoben werden. Dort seien die Meinungen über die Zwischenprüfungen getheilt. „Ich glaube sogar" — fährt der Minister fort — „nach den uns gewordenen Mittheilungen, daß manche maßgebenden Persönlichkeiten in Bayern sich gegen die Zwischenprüfung aussprechen auf Grund der damit erzielten Ergebnisse. Sie führen thatsächlich dazu, daß schon in der ersten Hälfte der Studienzeit die Theilnahme an den Vorlesungen selbst abnimmt, daß die Herren schon mit Rücksicht auf das bevorstehende Zwischenexamen sich den Einpaukern anvertrauen und von diesen sich für das Examen zurichten lassen. Sie bewirken also damit gerade das Gegentheil dessen, was damit bezweckt ist" (vgl. oben § 11 I Ziff. 4).

II. An die Stelle der Zwischenprüfung soll nun nach der Absicht der preußischen Regierung bei einem auf sieben Semester verlängerten Studium, vielleicht sogar, wie in der Kommission angedeutet wurde, auch ohne die Verwirklichung dieser Voraussetzung, ein Zwischenzeugniß treten, von dem man einerseits gewisse Vortheile des Zwischenexamens, den Zwang zu einem frühzeitigen methodischen Studium (vgl. oben § 11 I und II) erwartet, während man andererseits damit die Nachtheile desselben vermeiden zu können meint. Ich glaube, der Juristentag wird, nachdem er einmal die Frage der Zwischenprüfungen auf seine Tagesordnung gesetzt hat, sich dem nicht entziehen können und wollen, auch dieses Surrogat derselben, das geplante Zwischenzeugniß, in den Kreis seiner Beurtheilung hineinzuziehen, und ich erachte es deshalb auch als meine Aufgabe, auf Grund des jetzt vorliegenden Materials mein Gutachten auch auf die Zweckmäßigkeit solcher Zwischenzeugnisse zu erstrecken. Freilich ist das nicht ganz einfach, weil das Zwischenzeugniß eine eben erst jetzt aufgetauchte, ganz neue Erfindung der preußischen Verwaltung ist, deren Einzelheiten von dieser selbst im Laufe der Verhandlungen schon verschieden bestimmt worden sind, vielleicht sogar auch jetzt noch nicht vollständig feststehen, jedenfalls nicht in alle Weite und nicht mit voller Sicherheit bekannt sind. Die Redner des Abgeordnetenhauses und seiner Kommission haben wohl überwiegend gegen die geplante Neuheit Bedenken geltend gemacht. In der Litteratur stehen einzelnen geneigten Stimmen (Kahl in der Nationalzeitung vom 22. Januar 1902 und Seckel in der Deutschen Juristenzeitung Nr. 3 von 1902; vgl. auch jetzt die während des Drucks erschienene Schrift von Ortloff, Zwischenprüfung oder Zwischenzeugniß, welche aber mehr für erstere eintritt) andere ablehnende Vota gegenüber (vgl. Rosin in der Deutschen Juristenzeitung Nr. 4; Lenel ebenda und in den Mittheilungen der internationalen Vereinigung für vergleichende Rechtswissenschaft und Volkswirthschaftslehre, Jahrg. 1 Nr. 2, Mai 1902; v. Liszt in der Deutschen Juristenzeitung Nr. 6 unter Ziff. IV, V; Oertmann in „Die Zeit" Nr. 24 vom 13. März 1902; Frank in „Die Zukunft" vom 8. März 1902 S. 394 ff.).

Nach der Begründung des Entwurfs und der Erläuterung, welche dieselbe bei den Verhandlungen erhalten hat, soll der Student nach drei Semestern das Zwischenzeugniß erwirken, erst dann darf er seine Studien fortsetzen. Ertheilt sollte dasselbe nach den ursprüglichen Intentionen der Regierung von einer Centralstelle werden, welche sich aus Kommissarien der betheiligten Minister, des Justiz- und des Unterrichtsministers, zusammensetzen sollte. Die Nachsuchung sollte schriftlich erfolgen, wobei als Unterlagen die Anmeldebücher, die Zeugnisse über die mitgemachten Uebungen, namentlich über ein vorzuschreibendes zweisemestriges Pandektenexegetikum (vgl. Minister Schönstedt, Sten. Ber. S. 1292 a. E. und Minister Studt S. 1298) und überdies die darin gefertigten Arbeiten selbst eingereicht werden sollten. Das Zeugniß sollte ertheilt werden, wenn aus den Unterlagen „die Ordnungsmäßigkeit des bisherigen Rechtsstudiums“ erhellt. Dabei blieb es zweifelhaft, in wieweit der Zeugnißstelle eine eigene materielle Kontrolle über die Leistungen und Fähigkeiten des Kandidaten und über die von den Dozenten ausgestellten Einzel- und Gesammtzeugnisse eingeräumt sein sollte. Die schon oben angeführte Absicht der Motive, „nicht das Maß des erlangten materiellen Wissens, sondern nur den Studiengang selbst unter Kontrolle zu stellen“ konnte für eine lediglich formale Prüfung der Frage, ob die für die drei ersten Semester vorzuschreibenden Vorlesungen und Uebungen gehört oder besucht worden seien, angeführt werden; die Einreichung von Zeugnissen über „Fleiß und Erfolg“ in den Uebungen und vor Allem die Einreichung der censierten Arbeiten selbst wies, jedenfalls für die Uebungen, auf eine eingehende materielle Kontrolle gegenüber Kandidaten und Dozenten hin. „Als Unterlagen für das Zwischenzeugniß sollten auch die Studiennachweise nichtpreußischer Universitäten benutzt werden können, falls deren Studienbetrieb den Einrichtungen auf den preußischen Univensitäten gleichwerthig ist.“

Die vielfachen, gegen diese Regelung geltend gemachten Bedenken, haben jedoch die preußische Regierung veranlaßt, der Kommission des Abgeordnetenhauses vor ihrer 4. Sitzung einen erheblich anders gestalteten Plan für die Einrichtung der Zwischenzeugnisse vorzulegen. Die ausführlichsten Mittheilungen darüber hat Lenel bei seinem Vortrag in der „Internationalen Vereinigung“ (vgl. oben) gegeben. Danach soll von einer Centralkommission für die Ertheilung der Zeugnisse abgesehen und an jeder Universität aus einem Staatskommissar und zwei Professoren eine Lokalkommission gebildet werden. Diese soll jetzt mit dem Kandidaten eine „Besprechung“ vornehmen, auf Grund deren und der eingereichten Zeugnisse das Zwischenzeugniß ertheilt werden soll. Die Besprechung soll aber wieder nicht den Charakter einer Prüfung haben, nicht der Ermittelung positiver Kenntnisse dienen, sondern nur klarstellen, ob der Kandidat den von ihm gehörten Vorlesungen und Uebungen „mit Verständniß“ gefolgt sei. Dabei scheint man auch (vgl. namentlich Lenel und Seckel in den citirten „Mittheilungen“) die Wahl der Vorlesungen und Uebungen in den ersten Semestern dem Kandidaten frei geben zu wollen, sofern nur eine gewisse „Ordnungsmäßigkeit“ derselben erhellt.

Ob mit den letztgedachten Vorschlägen die Regierung zu einem Definitivum gelangt zu sein meint, ob sie sich vorbehält, wieder auf ihre ersten Pläne zurückzukommen oder noch neue Einzelheiten zu ersinnen, wissen wir nicht. Nichtsdestoweniger kann man es, glaube ich, unternehmen, schon jetzt ein Urtheil über die geplante Maßregel als Ganzes zu fällen, welches gerade durch das so bedeutende Schwanken der Regierung über die Ausgestaltung derselben getragen wird. Irren wir nicht vollständig, so ist es unbedingt richtig, was auch schon anderweitig, z. B. in der Kommission ausgesprochen worden ist: Das geplante Zwischenzeugniß steht als schwankendes Mittelding zwischen einer unentrinnbaren Alternative. Entweder wirkt es, ernst genommen und scharf auf die Erreichung seines Zweckes angelegt, wie eine Zwischenprüfung und bringt dann alle Nachtheile einer solchen, noch in einem durch seine Sondernatur gesteigerten Maße mit sich, oder es sucht die letzteren mehr oder weniger zu vermeiden und wird dann zu einer unnützen und wirkungslosen, aber doch nicht unbedenklichen Belästigung für Studirende und Professoren. Der vergebliche Versuch, aus dieser Alternative doch noch einen Ausweg zu finden, erklärt dann jenes starke Schwanken der Regierung über die Art und Weise ihrer neuen Einrichtung und die Selbsttäuschung, in welcher sie sich zum Theil über die Wirkung ihrer Vorschläge befindet.

1. Betrachten wir zunächst die Unterschiede des geplanten Zwischenzeugnisses gegenüber der Zwischenprüfung, welche von der Regierung als ebenso viele Vorzüge des ersteren gerühmt werden.

a) Mit schwarzen Farben malt die Regierung selbst die Nachtheile einer Vermehrung der juristischen Prüfungen, tröstet sich aber damit, daß eben das Zwischenzeugniß keine „eigentliche Prüfung“ darstelle. Ich glaube, daß dieser Trost auf einer weitgehenden Selbsttäuschung beruht. Mag sich immerhin das Verfahren beim Zwischenzeugniß, namentlich das nach den ursprünglichen Vorschlägen der Regierung, von dem gewöhnlichen Verfahren unserer Examina unterscheiden: die Examensfurcht, die durch dieselbe verursachte Nervosität und der aufdringliche Hinweis auf das Brotstudium, welche wir in weitgehender Uebereinstimmung mit der Regierung beim Zwischenexamen konstatirten (vgl. oben § 12 I), sie beruhen gerade nicht auf einem bestimmten Verfahren bei der Prüfung, sondern auf der Thatsache an sich, daß schon in frühen Semestern eine Rechenschaftsablegung von dem Studirenden verlangt wird, welche ihm gelingen oder mißlingen kann und auf deren möglichstes Gelingen er vom ersten Beginne seines Studiums an sein Augenmerk richten muß. Gerade diese Mißwirkungen des Zwischenexamens mußten sich für das Zwischenzeugniß der ersten Vorschläge noch entschiedener aufdrängen, da dasselbe auf einem rein schriftlichen Verfahren in absentia des Kandidaten beruhte. Denn dadurch erlangten die einzureichenden Uebungszeugnisse eine ausschließliche Bedeutung für dasselbe, und die Folge war, daß im Bewußtsein des Studirenden sich jede Uebung, an der er doch unbefangen lernen sollte, zur Prüfung, jede Uebungsarbeit zur Prüfungsarbeit verwandelte und dadurch ihren eigentlichen Zweck verfehlen mußte. Andere Mißstände standen damit im Zusammenhange und ließen das Zwischenzeugniß der ersten Vorschläge sogar noch nachtheiliger erscheinen, als eine eigentliche Zwischenprüfung. So fehlte dem Kandidaten die Möglichkeit, durch den Eindruck seiner Person und sein wirkliches Wissen etwaige Zufälligkeiten oder Einseitigkeiten in der Beurtheilung seiner Studienarbeiten auszugleichen, so mußte die ausschließliche Bedeutung der letzteren einen starken Anreiz zur Heranziehung fremder Hülfe bei Anfertigung derselben entfalten. Allerdings werden die letztgedachten Mißstände, welche sich aus dem rein schriftlichen Zeugnißverfahren ergaben, durch die von den neueren Vorschlägen in's Auge gefaßte „Besprechung" einigermaßen gemildert, aber gerade die letztere zeigt wieder nach anderer Richtung, wie sehr das Zwischenzeugniß haltlos zwischen einem wahren Zwischenexamen und völliger Bedeutungslosigkeit hin und her schwankt. Die Regierung möchte zwar, daß jene Besprechung nicht auf die Ermittelung von Kenntnissen, sondern nur auf die Klarstellung des verständnißvollen Besuches von Vorlesungen und Uebungen gerichtet werde; wie aber eine Prüfung auf Verständniß ohne gleichzeitige Prüfung auf Kenntnisse zu ermöglichen ist, kann ich mir mit Anderen vorerst nicht vorstellen. „Das Kolloquium wird entweder zur bloßen Formalität" und zur zwecklosen Belästigung von Studenten und Examinatoren werden, „oder sich zu einer richtigen Zwischenprüfung auswachsen" (Lenel) und dann ebenso wie diese, entgegen der ausgesprochenen Hoffnung der Regierung, die Studenten schon in frühen Semestern den Einpaukern in die Arme treiben.

b) Nach den Erklärungen der Regierung soll das Zwischenzeugniß, anders als die Zwischenprüfung, mit der Wahrung der berechtigten Studienfreiheit und der freien Vertheilung der Vorlesungen auf die verschiedenen Semester vereinbar sein. Nach den ersten Vorschlägen derselben konnte dies jedoch in keiner Weise angenommen werden. Denn diesen lag augenscheinlich ebenso, wie das beim Zwischenexamen der Fall ist, die Idee einer bindenden Vorschrift über den Studiengang in den ersten Semestern zu Grunde. Das war ganz deutlich (vgl. oben) für das zweisemestrige, vor Nachsuchung des Zwischenzeugnisses zu absolvirende Pandektenexegetikum ausgesprochen, welches doch die Vorlesungen über römisches Recht von selbst in seinen Studienabschnitt nach sich ziehen mußte. Damit war der Studienausgang von den historischen Fächern und dem Privatrecht aus amtlich besiegelt (vgl. die Begründung S. 7 a. E. und dazu die Mittheilungen Seckel's in Nr. 3 der Juristenzeitung). Nun scheint es ja, wie bereits bemerkt, als ob die zweiten Vorschläge jedem Studenten freigeben wollten, was er in den ersten drei Semestern hören und üben wolle, daß sie selbst, bedeutsamen Anregungen (z. B. Ignotus, der neue Plan für das juristische Studium in Preußen, S. 20 und Lenel in Nr. 4 der Juristenzeitung) entsprechend, das Pandektenexegetikum, welches nach den ersten Vorschriften zugleich zur Kontrole der lateinischen Kenntnisse bei den Realschulenabiturienten dienen sollte, nicht unbedingt für den Anfang des Studiums fordern und daß sie sich auf eine Prüfung des wie auch immer gestalteten, wenn nur ordnungsmäßigen Studiums beschränken wollen. Aber nun vergegenwärtige man sich, was dann von der Bedeutung des Zwischenzeugnisses noch übrig bleibt! Schon die „Besprechung“! Es ist schwer, sich von der praktischen Durchführung derselben bei einer in weitem Umfange freien Wahl der Studien- und Besprechungsgegenstände eine klare Vorstellung zu machen; aber selbst wenn man es könnte, würde gegen eine solche Einrichtung alles das sprechen, was bereits oben (§ 9 Ziff. 3) zur Widerlegung der Möglichkeit eines Zwischenexamens mit frei gewählten Prüfungsfächern bemerkt worden ist. Und überdies: was soll denn bei durchgeführter Studienfreiheit an der Ordnungsmäßigkeit des Studiums noch viel zu prüfen sein? Jedenfalls nicht soviel, um damit die tiefgreifende Einrichtung des Zwischenzeugnisses zu rechtfertigen! Seckel, der bei seiner jüngsten Aeußerung („Mittheilungen“ S. 28 ff.) gleichfalls die „Besprechung“ preisgiebt, aber an der Nothwendigkeit einer Studienkontrolle auf Grund eingereichter Zeugnisse festhält, „könnte als ordnungsmäßig den Studiengang nicht nur ansehen, wenn er, mit römischem und deutschem Recht beginnend, sich dann dem bürgerlichen Recht zuwendet, sondern auch, wenn er mit Staatsrecht, Strafrecht, Nationalökonomie einsetzt, um die civilistischen Fächer für die zweite Hälfte der Studienzeit aufzusparen.“ Dagegen „würde er einen Studiengang, der z. B. mit Civilprozeß oder mit Kirchenrecht anhebt, nicht für ordnungsmäßig erachten“! Aber selbst diesem Schreckgespenst eines unsystematischen Studienganges gegenüber möchte ich doch soviel wenigstens in Erinnerung bringen, daß in Oesterreich das Kirchenrecht zu den Fächern des ersten Studienabschnittes gehört (vgl. oben § 5) und daß nach der Begründung des hier in Rede stehenden Gesetzentwurfs, nach welcher „die Civilprozeßwissenschaft für das Verständniß privatrechtlicher Vorgänge vielfach erst den Schlüssel bietet" (S. 6), sich sehr wohl eine danach eingerichtete Vorlesung über Civilprozeß oder doch dessen Grundlagen als nutzbringend in den ersten Studiensemestern denken läßt (vgl. auch Wach, Gutachten S. 113 und Krückmann a. a. O.). Aber wie dem auch sei, sicher kommt hier alles das oben § 11 II Ziff. 1 Entwickelte in Betracht: Die Gefahr eines völlig abwegigen Studienganges trotz der regelmäßig den Studirenden zu Gebote stehenden Rathschläge ist nicht groß genug, um die Einrichtung des Zwischenzeugnisses auch nur in der abgeschwächten Form der zweiten Vorschläge zu stützen!

c) Endlich soll auch das Zwischenzeugniß nicht, wie das Zwischenexamen, zu einer Beschränkung der Freizügigkeit führen. Ich muß gestehen, daß ich gerade in diesem Punkte keinen wesentlichen Unterschied zwischen beiden Einrichtungen erblicken kann. Daß die ersten Vorschläge mit ihrer centralen, ausschließlich preußischen Zeugnißstelle, welche auch über die Studiennachweise der außerpreußischen Universitäten aburtheilen sollte, für die akademische Freizügigkeit noch gefährlicher waren, als wenigstens ein allgemein deutsches, gegenseitig anerkanntes, bei den Universitäten abzulegendes Zwischenexamen, ist klar. Denn man konnte die Befürchtung nicht a limine abweisen, daß jene Centralstelle sich gegenüber den Studienausweisen nicht-preußischer Universitäten mit einem größeren Maß von Verantwortlichkeit belastet und daher zu strengerer Prüfung verpflichtet fühlen würde, oder daß doch wenigstens bei den Studirenden ein solches Vorurtheil Platz greifen würde. Aber selbst, wenn die neuen Vorschläge die Ausstellung der Zwischenzeugnisse an Universitätskommissionen übertragen und selbst wenn die preußische Regierung sich, wie zu hoffen steht, bereit finden lassen wird, mit den übrigen deutschen Regierungen über die Einrichtung solcher Kommissionen auch an den außerpreußischen Universitäten und über die Anerkennung ihrer Zwischenzeugnisse in's Benehmen zu treten: immer bleibt doch, solange wir nicht, wie die Mediziner, ein für ganz Deutschland wirksames, überall abzulegendes Endexamen haben, in gewissem Umfange die oben in § 12 III entwickelte Gefahr bestehen, daß ein nicht unbedeutender Theil der Studirenden mit der auch von der Begründung des Entwurfs in Betracht gezogenen Examensvorsicht, die sich nicht genug thun kann, sicherer zu gehen glauben wird, wenn er die Erwirkung des Zwischenzeugnisses an die für das Endexamen in Aussicht genommene Universität oder doch wenigstens in den Heimathstaat verlegt und wiederum zur größeren Sicherung des Zwischenzeugnisses nach „seinem natürlichen Wunsche, gerade von seinen Lehrern geprüft zu werden" (Begr. S. 10), auch da die ersten Semester zubringt, wo er sich dem Zeugnißverfahren unterziehen will. Daß in dieser Beziehung namentlich jetzt, wo die neuen Vorschläge die jedenfalls prüfungsähnliche „Besprechung“ hinzugefügt haben, ein wesentlicher Unterschied, welcher das Zwischenzeugniß vor der Zwischenprüfung auszeichnen soll, bestehen würde, kann ich, wie gesagt, nicht finden. Eher scheint mir die Bedeutung, welche die Studiennachweise und Uebungszeugnisse für das Zwischenzeugniß besitzen, für das Gegentheil, d. h. für die Verschärfung der Gefahr beim Zwischenzeugniß zu sprechen. Daß aber im Verhältniß zum Auslande das Zwischenzeugniß die Freizügigkeit nicht weniger, wie die Zwischenprüfung gefährden würde, bedarf wohl keiner besonderen Erläuterung (vgl. Kammergerichtsrath Dr. Meyer in den „Mittheilungen“ S. 25).

2. Von den Vortheilen, welche zu Gunsten des Zwischenexamens angeführt werden, kommt der oben § 11 unter III besprochene, die Entlastung der ersten Hauptprüfung von einem Theile des Prüfungsstoffes, für das Zwischenzeugniß nicht in Betracht. Auch die in § 11 IV erörterte frühzeitige Ausscheidung ungeeigneter Elemente spielt bei dem unbeschränkt wiederholbaren Zeugnißverfahren keine wesentliche Rolle und wird auch von der Regierung um so weniger herbeigezogen, je mehr sie den rein formalen Charakter des Zwischenzeugnisses in den Vordergrund zu schieben bemüht ist. So bleibt die Kontrolle über „Studiengang und Studienfleiß“ allein bestehen. Daß indessen zur Verhütung eines unsystematischen Studiums in den ersten Semestern, zumal vom Standpunkte der zweiten Vorschläge aus, ein Zwischenzeugniß kein Bedürfniß ist, wurde bereits (Ziff. 1b) erörtert. Für das Zwischenzeugniß als Fleißanspornungsmittel kann ich mich lediglich auf das für das Zwischenexamen in § 11 I Entwickelte beziehen und will nur hinzufügen, wie die Begründung selbst anerkennt, daß ohnehin „der Fleiß der Studirenden in den letzten Jahren in erfreulicher Zunahme begriffen ist“ (S. 9) und, wie der Justizminister versichert, daß „der den Studirenden früher gemachte Vorwurf, daß sie die ersten Semester dem Studium nur zum sehr geringen Theile widmeten, jetzt in seiner Allgemeinheit wenigstens der Begründung entbehrt“ (Sten. Ber. S. 1288 a. E.). Für das, was aber noch zu wünschen übrig bleibt, bricht sich, wenn nicht Alles trügt, auch in den parlamentarischen, wie in den literarischen Verhandlungen über den neuen Entwurf (vgl. namentlich Abg. Peltasohn Sten. Ber. S. 1335; v. Liszt a. a. O. S. 134; Lenel in den Mittheilungen S. 23 a. E.) der oben vertretene Gedanke mehr und mehr Bahn, daß vor allen Zwischenkontrolen die Vertiefung des Examens in's Auge zu fassen ist. Wird es durchgeführt, was die Begründung des Entwurfs S. 10 erstrebt, daß „der ersten Prüfung eine nur bei geregeltem, stetigem

Fleiße erreichbare Aufgabe gesteckt wird", so ist damit nicht bloß „mittelbar", sondern höchst unmittelbar „der Gefahr unzureichender Benutzung, auch der ersten Semester begegnet". Die vom Minister Schönstedt (Sten. Ber. S. 1293) in Aussicht gestellte Einführung von Klausurarbeiten (Exegese über eine Stelle des römischen Rechts und Bearbeitung eines einfachen praktischen Falles) bewegt sich ganz auf dem Boden unserer obigen Vorschläge; möge man auch die jetzt noch regierungsseitig für bedenklich erachtete (Sten. Ber. S. 1351), aber sowohl parlamentarisch (Abg. Frhr. v. Zedlitz u. Neukirch S. 1350), wie literarisch (v. Liszt a. a. O.) empfohlene Theilung des ersten Examens in Abschnitte (Privatrecht und öffentliches Recht, m. E. auch Sonderabschnitt für Rechtsgeschichte) einer reiflichen Erwägung unterziehen. Bei Durchführung einer solchen Ausgestaltung des ersten Examens, sowie bei einer Ausgestaltung des akademischen Unterrichts, welche in Vorlesungen, Uebungen und Konversatorien bei voller Wahrung akademischer Freiheit für Lehrer und Studenten jedem seiner Neigung gemäß den größtmöglichen Anreiz zur theoretischen und praktischen Erfassung seines Studiums und die bestmögliche Aussicht zur Erreichung seines Lebenszieles gewährt, wird es der Zwischenkontrole nicht mehr bedürfen. Möge der Juristentag dieser augenscheinlich im Fortschritt begriffenen Erkenntniß kräftigen Rückhalt durch Anschluß an das Gutachten gewähren:

Auch das geplante preußische Zwischenzeugniß ist als zweckmäßig nicht zu erachten.

XV.

Gutachten des Herrn Heinrich Freese zu Berlin

über die Frage:

Welchem der jetzt amtlich veröffentlichten Entwürfe eines Gesetzes zum Schutze der Bauforderungen ist der Vorzug zu geben?

I.

Den deutschen Juristentag hat die Frage einer gesetzlichen Sicherung der Bauforderungen mehrfach beschäftigt. Schon im Jahre 1889 haben dem 20. Juristentage zwei Gutachten der Herren Kreisgerichtsrath Dr. Benno Hilse und Rechtsanwalt Dr. Hermann Staub vorgelegen, die sich für die Ausdehnung des Pfandrechts der Uebernehmer auch auf unbewegliche Sachen ausgesprochen haben.[1]) Dem 24. Juristentage haben die Herren Justizrath Dr. Eckels und Kammergerichtsrath Thinius zwei weitere Gutachten erstattet. Das Gutachten von Eckels sprach sich dahin aus, daß im Bauwesen bestehende Mißstände im Wege der durch eine kommunale Behörde auszuübenden polizeilichen Kontrole der Bauherren zu beseitigen seien. Das Gutachten von Thinius vertrat den entgegengesetzten Standpunkt. Es empfahl, den Bauhandwerkern ein beschränktes dingliches Vorrecht zu geben, wobei jedoch auch die Lieferanten von Baumaterialien und die sogenannten Nachmänner als Baugläubiger gelten sollten.[2])

Endlich haben Geh. Justizrath Professor Dr. Brunner und Geh. Justizrath Dr. Wilke am 12. September 1898 der ersten Abtheilung des 24. Juristentages Berichte erstattet, die zur Annahme von Nr. 1

---

[1]) Verhandlungen 1889. Bd. 1 S. 218.

[2]) Verhandlungen 1898. Bd. 2 S. 173; Bd. 3 S. 51.

und 3 des Brunner'schen Antrages durch diese Abtheilung geführt haben. Diese Beschlüsse hatten folgenden Wortlaut:

Nr. 1. Es empfiehlt sich, zum Schutze der Baugläubiger in Neubaubezirken die Bauerlaubnis von der Eintragung eines Bauvermerkes in das Grundbuch abhängig zu machen, an den die Sicherung der Bauforderungen zu knüpfen ist.

Nr. 3. Sind die Verträge mit den Baugläubigern nicht im Namen oder für Rechnung des Bauherrn geschlossen, so können jene durch wirksame Anmeldung ihrer Ansprüche ein Pfandrecht an den angemeldeten Bauforderungen des Vormannes erwerben.

Dagegen wurde Nr. 2 des Antrages:

Ueberschreiten die vor dem Bauvermerk eingetragenen Belastungen der Baustelle den Baustellenwerth, so ist in Höhe der Differenz eine Kaution zur Sicherstellung der Bauforderungen zu leisten,

abgelehnt. Ebenso wurden in Nr. 3 die Schlußworte:

und die Auszahlung seiner nicht angemeldeten Forderung sperren.

mit 37 gegen 33 Stimmen gestrichen.

Eine kurze Verhandlung im Plenum über diese Beschlüsse hat am 14. September 1898 stattgefunden.[3])

Durch die im Jahre 1901 erfolgte Veröffentlichung von zwei neuen Gesetzentwürfen ist die Angelegenheit in ein neues Stadium getreten. Die ständige Deputation des deutschen Juristentages hat mir die Ehre erwiesen, mich als Gewerbetreibenden um ein Gutachten über diese Entwürfe zu ersuchen. Die an mich gerichtete Frage geht dahin:

Welchem der jetzt amtlich veröffentlichten Entwürfe eines Gesetzes zum Schutze der Bauforderungen ist der Vorzug zu geben?

Ich will mich an diese Frage halten und nicht untersuchen, ob die Justizverwaltung 4 Jahre nach Erscheinen der ersten Gesetzentwürfe und 10 Jahre nach Empfang der Bauhandwerker-Deputation durch den damaligen Staatssekretär Dr. Bosse nicht in der Lage gewesen wäre, diese Frage vor uns zu beantworten. Ueber diese Seite der Frage habe ich mich schon an anderer Stelle ausgesprochen.[4])

Die beiden jetzt vorliegenden Entwürfe wollen eine Sicherung der Bauforderungen durch die Gewährung eines dinglichen Rechtes herbeiführen. Dem Reichsgesetzentwurfe vom Jahre 1897 lag der selbe Gedanke

---

[3]) a. a. O. Bd. 4 S. 35, 344.

[4]) Archiv für soziale Gesetzgebung u. Statistik 1902. S. 169.

zu Grunde. Will man noch weiter zurückgehen, so kann man auf den Entwurf V der im Jahre 1895 vom Oberlandesgerichts-Präsidenten Eichholtz der Justizkommission des preußischen Abgeordnetenhauses vorgelegten Entwürfe hinweisen.

In Uebereinstimmung mit dem Reichsgesetzentwurfe vom Jahre 1897 ist ferner in beiden Entwürfen daran festgehalten worden, daß eine Sicherung der Bauforderungen durch landesherrliche Verordnung angeordnet werden kann. Die Sicherung erfolgt durch eine Bauhypothek (§ 1). Zur Sicherung des Ranges der Bauhypothek ist vor dem Beginne des Baues ein Bauvermerk in das Grundbuch einzutragen (§ 3). Die Bauerlaubniß darf nur ertheilt werden, wenn der Bauvermerk eingetragen ist (§ 4). Die Baugläubiger können ihre Forderungen bei dem Grundbuchamte anmelden (§ 12). Die Anmeldung wird nur durch eine einstweilige Verfügung wirksam (§ 13). Die Bauforderungen haben unter sich gleichen Rang (§ 19). Eine Zwangsversteigerung darf nicht früher als zwei Wochen nach Ablauf der Anmeldungsfrist für Bauforderungen stattfinden (§ 25). Auf ihre Rechte können die Baugläubiger erst nach Beginn der Anmeldefrist verzichten (§ 36).

Diese Bestimmungen sind fast allseitig als zweckmäßige Bestandtheile eines Gesetzes zur Sicherung der Bauforderungen oder eines Baupfandgesetzes, wie ich es nennen möchte, anerkannt worden.

Nicht übernommen worden sind aus dem Entwurfe von 1897 die Bestimmungen, a) daß das Gesetz auch für Theile von Gemeinden (Neubaubezirke) eingeführt werden konnte, b) daß das Grundstück in den letzten fünf Kalenderjahren unbebaut gewesen sein sollte, c) daß die vereinbarten Vergütungen die übliche um mehr als den fünften Theil übersteigen sollten, um einen Einspruch der Betheiligten zu begründen. Endlich d) die Vorschrift, daß der Schutz des § 648 des B.G.B. den Baugläubigern nur für solche Forderungen zustehen sollte, die nicht Bauforderungen im Sinne des Gesetzes waren. Auch die Zweckmäßigkeit dieser vier Streichungen ist fast allseitig anerkannt worden.

Als weitere Vorzüge beider Entwürfe gegenüber dem Entwurfe von 1897 muß ich hervorheben: 1. die Herabsetzung der Anmeldefrist für Bauforderungen auf drei Monate (§ 12); 2. die Beseitigung jeder Anmeldung durch Hinterlegung von Geld oder Werthpapieren (§ 14); 3. die Gestattung der Einsicht des Grundbuches bis zur Löschung des Bauvermerkes für jeden (§ 16); 4. die verlangte Einreichung des Baugeldvertrages zu den Akten des Grundbuches (§ 20); 5. die Bestimmnng, daß der Bauhypothek auch solche Baugeldzahlungen im Range vorgehen sollen, die in Höhe einer von dem Eigenthümer getilgten Bauforderung an diesen geleistet worden sind (§ 21); 6. die Anordnung, daß für das Vertheilungsverfahren die Amtsgerichte zuständig sein sollen (§ 29).

Es gereicht mir zu einiger Genugthuung, darauf hinweisen zu können, daß von diesen zehn Verbesserungen, die der Entwurf vom Jahre 1897 erfahren hat, neun in den Grundzügen enthalten sind, die ich in meinem Buche „Das Pfandrecht der Bauhandwerker“[5]) für ein zweckmäßiges Baupfandgesetz aufgestellt habe. Nur die Bestimmung, durch die das Vertheilungsverfahren an die Amtsgerichte gewiesen wird, hat mein Entwurf nicht enthalten.

Ich gehe nunmehr zu den Abweichungen der beiden Entwürfe über. Es sind drei. Ueber diese Fragen hat sich — wie die Begründung mittheilt — in der Kommission, die aus Vertretern der betheiligten Preußischen Ministerien und Reichsämter zusammengesetzt war, eine Uebereinstimmung der Meinungen nicht erzielen lassen.[6]) Es sind daher zwei Entwürfe, A und B, ausgearbeitet worden, um zu zeigen, in welcher Weise der Entwurf bei Annahme der einen oder der anderen Meinung zu gestalten wäre.

Die Unterschiede beider Entwürfe sind folgende:

α) Der Entwurf A bestimmt im zweiten Abschnitte über die Baugläubiger folgendes:

> § 6. Als Baugläubiger gelten die an der Herstellung des Bauwerkes oder eines einzelnen Theiles des Bauwerkes auf Grund eines Werk- oder Dienstvertrages Betheiligten wegen ihrer Ansprüche auf die in Geld vereinbarte Vergütung, sofern die Werk- oder Dienstverträge von dem Eigenthümer der Baustelle oder für dessen Rechnung geschlossen worden sind (Bauforderungen). Dem Eigenthümer der Baustelle steht gleich, wer den Bau mit Zustimmung des Eigenthümers als Bauherr ausführt. Durch eine nachträgliche Veräußerung der Baustelle werden die Rechte der Baugläubiger nicht berührt.

Dagegen heißt es im Entwurf B, wobei die vom Entwurf A abweichenden Vorschriften durch Sperrdruck hervorgehoben sind:

> § 6. Als Baugläubiger gelten die an der Herstellung des Bauwerkes oder eines einzelnen Theiles des Bauwerkes auf Grund eines Werk- oder Dienstvertrages Betheiligten, sowie diejenigen, welche zur Herstellung des Bauwerkes zu verwendende Sachen geliefert haben, wegen ihrer Ansprüche auf die in Geld vereinbarte Vergütung, sofern die Werk-, Dienst- oder Lieferungsverträge von dem Eigenthümer der Baustelle oder für dessen Rechnung geschlossen worden sind (unmittelbare Baufor-

---

[5]) Leipzig 1901 (Verlag von Friedrich Emil Perthes).

[6]) Entwürfe, S. 12 Amtliche Ausgabe.

derungen). Dem Eigenthümer der Baustelle steht gleich, wer den Bau mit Zustimmung des Eigenthümers als Bauherr ausführt. Durch eine nachträgliche Veräußerung der Baustelle werden die Rechte der Baugläubiger nicht berührt.

β) Der Entwurf B kennt im Gegensatz zu A außer den unmittelbaren Bauforderungen (§ 6) auch mittelbare und erläßt dafür eine Reihe von Vorschriften:

§ 6a. Ist die einem Unternehmer übertragene Herstellung des Bauwerkes oder eines einzelnen Theiles des Bauwerkes an andere Unternehmer (Nachmänner) weiter übertragen worden, so gelten auch die Nachmänner wegen der ihnen aus dem Werkvertrage gegen ihre Vormänner zustehenden Ansprüche als Baugläubiger (mittelbare Bauforderungen).

§ 6b. Mittelbare Bauforderungen dürfen den Betrag nicht überschreiten, für welchen dem unmittelbaren Vormanne eine Bauforderung erwachsen ist; mehrere Bauforderungen von Nachmännern desselben Vormannes sind, soweit erforderlich, verhältnißmäßig herabzusetzen. Ist die Bauforderung eines Nachmannes nach Satz 1 herabzusetzen, so ist der herabgesetzte Betrag für den Umfang der Bauforderungen seiner Nachmänner maßgebend.

§ 6c. Sind vor der Eintragung der Bauhypothek Zahlungen an einen Vormann auf dessen Bauforderung geleistet, so ist der verbleibende Rest der Bauforderung des Vormannes für den Umfang der Bauforderungen seiner Nachmänner maßgebend.

§ 6d. Hat ein Nachmann seine Bauforderung dem Schuldner eines Vormannes angezeigt, so tritt die angezeigte Forderung bis zur Höhe der an den Vormann nach der Anzeige geleisteten Zahlungen an die Stelle der Bauforderung des Vormannes. Sind mehrere gegen denselben Vormann bestehende Bauforderungen, deren Summe die an den Vormann geleistete Zahlung übersteigt, angezeigt, so findet eine verhältnißmäsige Herabsetzung der jedem Nachmanne zufallenden Beträge der Bauforderungen des Vormannes statt. Bestehen mehrere angezeigte Bauforderungen gegen verschiedene Vormänner, so schließt der frühere Nachmann den späteren aus, soweit die von ihnen angezeigten Beträge sich decken.

Die Anzeige ist durch Gerichtsvollzieher zuzustellen; sie verliert ihre Kraft, wenn nicht binnen drei Wochen eine schriftliche Anerkennung der Bauforderung durch den Vormann oder eine die Aufrechterhaltung der Anzeige anordnende einstweilige Verfügung zugestellt wird. Auf die Erlassung der einstweiligen Verfügung finden die Vorschriften des § 13 entsprechende Anwendung.

§ 13. Die Anmeldung einer Bauforderung ist nur wirksam, wenn bis zum Ablaufe der Anmeldungsfrist die schriftliche Zustimmung des Eigenthümers zur Anmeldung oder eine gegen den Eigenthümer ergangene, die

Anmeldung zulassende einstweilige Verfügung zu den Akten des Grundbuchamtes eingereicht wird.

Bei mittelbaren Bauforderungen müssen der unmittelbare Vormann und die weiteren Vormänner in der Zustimmungserklärung oder in der einstweiligen Verfügung angegeben sein. Das Grundbuchamt hat, sobald eine Anmeldung wirksam geworden ist, dem Anmeldenden eine Bescheinignng über die Anmeldung zu ertheilen.

Zur Erlassung einer einstweiligen Verfügung sind glaubhaft zu machen:

1. Der von dem Anmeldenden abgeschlossene Vertrag;
2. die Verwendung seiner Leistungen in den Bau und bei theilweiser Verwendung der nach § 8 zu berechnende Betrag der Bauforderung;
3. bei Bauforderungen eines Nachmannes die Angemessenheit der vereinbarten Vergütung;
4. bei unmittelbaren Bauforderungen und, wenn ein Anderer als der Vertragsgegner als unmittelbarer Vormann bezeichnet wird, die in den §§ 6, 6d, 7a oder 7b bestimmten Voraussetzungen;
5. bei mittelbaren Bauforderungen die Reihenfolge der Vormänner, sofern sich diese nicht aus den nach § 7 erstatteten Anzeigen ergiebt.

Wird Widerspruch gegen die einstweilige Verfügung erhoben, so ist die Verfügung auch aufzuheben, soweit das Nichtbestehen der Bauforderung in Gemäßheit der Vorschriften der §§ 6b, 6c glaubhaft gemacht wird.

§ 15. . . . . Bei der Bestimmung des Betrags der Bauhypothek sind zu berücksichtigen:

1. Die Anmeldungen der unmittelbaren Bauforderungen,
2. die Anmeldungen der mittelbaren Bauforderungen, soweit sie nicht in Anmeldungen der Vormänner Deckung finden. . . . .

§ 15a. Für mittelbare Bauforderungen ist, soweit diese in Anmeldungen der Vormänner Deckung finden, zugleich mit der Bauhypothek ein Pfandrecht einzutragen. Das Pfandrecht entsteht mit der Eintragung und geht anderweit begründeten dinglichen Rechten im Range vor.

Das Pfandrecht besteht an der Bauforderung des unmittelbaren Vormannes. Hat der unmittelbare Vormann seine Bauforderung nicht oder nicht in einem zur Deckung der Bauforderung des Nachmannes ausreichenden Betrag angemeldet, so besteht das Pfandrecht in Höhe des nicht gedeckten Betrages an der Bauforderung des nächsten anmeldenden Vormanns und soweit erforderlich weiterer Vormänner. Die Bauforderungen mehrerer Nachmänner desselben Vormannes haben unter sich gleichen Rang.

Ergiebt sich, daß die von einem Vormanne angemeldete Bauforderung zur Zeit der Eintragung der Bauhypothek nicht bestand, so haben die Nachmänner dieselben Rechte, welche sie haben würden, wenn die Anmeldung des Vormannes nicht erfolgt wäre.

§ 26. Soweit durch ein Urtheil der Widerspruch eines Baugläubigers gegen die Aufnahme der Forderung eines anderen Baugläubigers in dem Vertheilungsplan rechtskräftig als begründet anerkannt ist, wirkt das Urtheil für alle Baugläubiger. Der widersprechende Baugläubiger kann Erstattung seiner Prozeßkosten aus dem bei der Vertheilung auf die Gläubiger entfallenden Betrag insoweit verlangen, als in Folge des Widerspruches der Antheil des Prozeßgegners an diesem Betrage vermindert ist. Ist der Prozeßgegner ein Nachmann, so kann die Erstattung nur denjenigen Baugläubigern gegenüber verlangt werden, denen der Wegfall des Nachmanns zum Vortheile gereicht.

γ) Schließlich ist im Entwurfe B noch eine Vorschrift über die Auszahlung des letzten Theils der Baugelder erlassen worden. Die Vorschrift ist im Absatz 2 des § 21 enthalten, der dem Entwurf B hinzugefügt worden ist. Die Abweichung vom Entwurf A ist auch hier durch Sperrdruck hervorgehoben:

§ 20. Der Rang der Bauhypothek gegenüber anderen Rechten bestimmt sich nach der Eintragung des Bauvermerkes. Ist jedoch nach dem Bauvermerk eine Hypothek zu Gunsten eines Gläubigers eingetragen, welcher die Gewährung von Baugeldern übernommen hat, so gelten für diese Hypothek, falls sie bei der Eintragung als Baugelderhypothek bezeichnet ist, die Vorschriften der §§ 21, 22.

Das Grundbuchamt soll eine Baugelderhypothek nur eintragen, wenn der Baugeldervertrag zu den Akten des Grundbuchamtes eingereicht ist.

§ 21. Die Baugelderhypothek geht der Bauhypothek im Rang um den Betrag derjenigen Zahlungen vor, welche in Anrechnung auf die Baugelder von dem Baugeldgeber zum Zwecke der Tilgung einer Bauforderung an den Baugläubiger oder in Höhe einer von dem Eigenthümer getilgten Bauforderung an diesen geleistet worden sind. Der Vorrang ist ausgeschlossen, soweit dem Baugeldgeber zur Zeit der Zahlung bekannt war, daß die Bauforderung nicht bestehe; der Kenntniß steht eine auf grober Fährlässigkeit beruhende Unkenntniß gleich.

In Ansehung des fünften Theiles der Baugelder finden die Vorschriften des Absatz 1 keine Anwendung, wenn binnen einer Frist von zwei Monaten seit dem Beginn der Anmeldungsfrist ein Baugläubiger Widerspruch gegen die Auszahlung erhoben hat. Wird Widerspruch erhoben, so ist der Baugeldgeber berechtigt, den fünften Theil des Baugeldes mit der Wirkung zu hinterlegen, das die Baugelderhypothek in Höhe des hinterlegten Betrages der Bauhypothek im Range vorgeht. Auf den hinterlegten Betrag finden die Vorschriften des vierten Abschnittes entsprechend Anwendung.

Der Widerspruch gegen die Auszahlung ist dem Baugeldgeber durch einen Gerichtsvollzieher zuzustellen. Der Widerspruch verliert seine Wirkung, wenn nicht dem Baugeldgeber vor dem Ablaufe der Anmeldungsfrist die im § 13 Abs. 1 Satz 3 bezeichnete Bescheinigung des Grundbuchamtes vorgelegt wird. Wird der Widerspruch zurückgezogen, so gilt er als nicht erfolgt.

α) Der Schutz der Lieferanten.

Von den drei grundsätzlichen Abweichungen, die der Entwurf B enthält, die Ausdehnung des Schutzes auf die Materiallieferanten, die Holz- und Steinhändler, die im Entwurf A von dem gesetzlichen Schutze ausgeschlossen sind, dann die Berücksichtigung der mittelbaren Baugläubiger, die, wie wir gesehen haben, ziemlich umständliche Vorschriften erforderlich macht, und endlich die Sicherung eines bestimmten Theils der Baugelder für die nicht befriedigten Baugläubiger, erscheint der Einschluß der Materiallieferanten weitaus als die bedeutsamste. Wenigstens auf den ersten Blick.

Die großen Materiallieferanten sind fast durchweg Gegner des Schutzgesetzes. Sie haben den Entwurf vom Jahre 1897 abgelehnt, weil sie darin nicht berücksichtigt waren. Sie haben aber außerdem noch das ganze Gesetz bekämpft und das aus triftigen Gründen. Die Holz- und Steinhändler sind den Bauhandwerkern durch die Höhe ihrer Rechnungen und ihren zeitlichen Vorsprung, wie auch durch ihre größere Kapitalkraft meist überlegen. Sie decken sich jetzt bei allen schwachen Unternehmungen durch Baugeldzessionen und Sicherheitshypotheken auf Kosten der nach ihnen kommenden Bauhandwerker. Diese bevorzugte Stellung soll ihnen durch das Gesetz entzogen werden. Ihr Widerstand dagegen ist sehr begreiflich.

Der Stand der Bauhandwerker verlangt dagegen den völligen Ausschluß der Lieferanten. Ich theile selbst diesen Wunsch und habe in meinem Entwurf eines Schutzgesetzes die Lieferanten als unmittelbare Baugläubiger ausgeschlossen. [7])

Zur Beurtheilung der finanziellen Bedeutung dieser Maßregel können die nachfolgenden Angaben dienen. Nach einer Uebersicht über die Baukosten eines in Berlin im Jahre 1893 vom Berliner Spar- und Bauverein errichteten Hauses, die ich in meinem Buche gegeben habe, betrugen diese Kosten 159 197,71 Mk. [8]) Davon entfielen

1. auf die kaufmännischen Lieferanten (Stein- und Holzhändler, Mörtellieferant, Eisenhändler) 34,06 pCt.,

---

[7]) Das Pfandrecht d. B. S. 290

[8]) Das. S. 40.

2. auf die Baugewerkmeister (Maurer-, Zimmer- und Steinsetzmeister) Erdarbeiter und Staakerarbeit 27,84 pCt.,
3. auf die Ausbauhandwerker (Dachdecker, Klempner, Tischler, Töpfer, Schlosser, Stuckateur, Glaser, Maler, Gas- und Wasseranlagen u. s. w.) 37,01 pCt.

Der Rest von 1,09 pCt. wurde für die Bauleitung und verschiedene kleine Aufwendungen verausgabt.

Bei einem in den Jahren 1897—98 errichteten Gebäudekomplex in der Proskauerstraße erhielten von 594 947,80 Mk. Baukosten

1. die Lieferanten	33,08 pCt.
2. die Baugewerkmeister	27,22 „
3. die Ausbauhandwerker . . .	36,91 „

und bei einem großen Gebäude in der Stargarderstraße, das in den Jahren 1899—1900 von demselben Verein errichtet wurde, erhielten bei 555 458,42 Mk. Baukosten

1. die Lieferanten	34,48 pCt.
2. die Baugewerkmeister	23,94 „
3. die Bauhandwerker	38,53 „

Man erkennt hieraus ohne Weiteres, daß der Kreis der Baugläubiger durch den Hinzutritt der Lieferanten sehr erweitert wird. Das Baugeld, das für die Baugewerkmeister und Bauhandwerker zur Deckung ihrer Forderungen ausreichen würde, wird bei Eintritt der Lieferanten unzureichend. Bei näherer Betrachtung verliert aber diese Frage an Bedeutung und zwar aus dem Grunde, auf den schon die Herren Kammergerichtsrath Thinius und Professor Brunner hingewiesen haben.[9]) Es unterliegt leider keinem Zweifel, daß wir mit oder ohne Einschluß der Materiallieferanten damit zu rechnen haben, ihre Forderungen berücksichtigen zu müssen. Werden die Lieferanten als Baugläubiger anerkannt, so werden sie ihre Forderungen auf Grund des § 6 geltend machen. Werden sie nicht als Baugläubiger anerkannt, so werden sie ihre Materialien nur durch die Baugewerkmeister liefern lassen und deren Schutz mitgenießen, oder sie werden die Arbeiten der Maurer- und Zimmermeister mitübernehmen.

Mit dieser Wahrscheinlichkeit werden wir bei jedem Schutzgesetz rechnen müssen. Sie wird aber noch verstärkt durch die Art, in der in beiden Gesetzentwürfen die Auszahlung der Baugelder an die Baugläubiger oder den Bauherrn geregelt ist. Nach § 21 sollen der Bau-

---

[9]) Verhandlungen 1898, Bd. 3 S. 75, Bd. 4 S. 41.

hypothek nur solche Zahlungen im Range vorgehen, die von dem Baugeldgeber zur Tilgung von Bauforderungen oder in Höhe von getilgten Bauforderungen geleistet worden sind. Danach hat der Bauherr alle Ursache, es so einzurichten, daß die Baumaterialien von einem Baugläubiger geliefert werden. Nur dann darf der Baugeldgeber zum Zwecke der Tilgung dieser Forderungen Zahlungen leisten. Der Beleiher wird die Höhe des zu gewährenden Baugelddarlehens davon abhängig machen müssen, ob die Steine und das Bauholz von einem Baugläubiger geliefert werden oder nicht und der Bauherr wird einen höheren Betrag nur erhalten, wenn er diese Frage bejahen kann. Da der Baugeldgeber in dieser Beziehung am sichersten geht, wenn der Bauherr den ganzen Bau einschließlich aller Materialien von einem Hauptunternehmer herstellen läßt, so halte ich es mit anderen Beurtheilern für wahrscheinlich, daß die Baugeldgeber, wenn sie das Baugeld in der jetzt üblichen Höhe gewähren sollen, ausdrücklich diese Form der Bauausführung vorschreiben werden.

Bei dieser Sachlage dürfen wir es als sicher ansehen, daß wir gerade bei den Bauunternehmungen, für die das Schutzgesetz erlassen werden soll, die großen Materiallieferungen auch bei Annahme des Entwurfes A unter den Bauforderungen finden werden. Die Aussichten, daß das Baugeld für alle Baugläubiger ausreicht, werden dadurch natürlich sehr vermindert und es wächst die Wahrscheinlichkeit, daß die letzten Ausbauhandwerker nichts mehr davon erhalten werden. Die Abwehr dieser Folgen ist aber eine Sache für sich. Für die Beantwortung der Frage, ob in dieser Hinsicht, dem Entwurfe A oder B der Vorzug zu geben ist, kann nur in Betracht kommen, daß der Unterschied zwischen beiden Entwürfen für die Frage der Sicherung der Bauhandwerker gering ist, daß aber der Entwurf B in Rücksicht auf die übrigen betheiligten den Vorzug verdient.

β) Der Schutz der Drittunternehmer.

Die zweite grundsätzliche Abweichung des *Entwurfes* B besteht in der Ausdehnung des Schutzes auf mittelbare Bauforderungen. Dafür hat sich die erste Abtheilung des 24. Deutschen Juristentages durch die schon erwähnte Annahme des Antrages Nr. 3 ausgesprochen. In dem Entwurfe B ist diesem Beschlusse Folge gegeben worden. Mit der Erweiterung, daß das Pfandrecht nicht auf die *angemeldeten* Bauforderungen des Vormannes beschränkt worden ist. Ich habe schon in meinem Buche (Seite 178) darauf aufmerksam machen müssen, daß es bedenklich sein würde, das Recht des Nachmannes davon abhängig zu machen, daß sein Vormann seine Bauforderung angemeldet hat.

Nach § 15 des Entwurfes B sind bei der Bestimmung des Betrages der Bauhypothek zu berücksichtigen:

1. Die Anmeldungen unmittelbarer Bauforderungen.
2. Die Anmeldungen der mittelbaren Bauforderungen, soweit sie nicht in Anmeldungen der Vormänner Deckung finden.

Mittelbare Bauforderungen dürfen nach § 6b den Betrag nicht überschreiten, für welche dem unmittelbaren Vormann eine Bauforderung erwachsen ist; mehrere Bauforderungen von Nachmännern desselben Vormannes sind, soweit erforderlich, verhältnißmäßig herabzusetzen.

Die Ausdehnung des Gesetzes auf Unternehmer, die ihre Verträge nicht im Namen oder für Rechnung des Bauherrn geschlossen haben, ist eine Verbesserung von großer Tragweite. Ich habe vorgeschlagen, für diese Gattung von Unternehmern an Stelle des unschönen Wortes „Nachmänner" oder der in der Begründung gebrauchten Bezeichnung „Unterunternehmer" die Bezeichnungen Drittunternehmer und Drittgläubiger zu wählen. Nach Analogie des Wortes Drittschuldner. Der Erste Staatsanwalt Schumacher hat als Berichterstatter der Justizkommission des Preußischen Abgeordenetenhauses schon im Jahre 1893 den Anspruch erhoben[10]), den Bauhandwerkern auch dann das Pfandrecht zu gewähren, wenn der Auftrag nicht vom Bauherrn selbst, sondern von einem Uebernehmer ertheilt worden sei, der den Bau in Entreprise übernommen habe. Den gleichen Vorschlag hat Amtsgerichtsrath Schneider in seiner Kritik der Gesetzentwürfe von 1897 gemacht und hat darin das beste Mittel gesehen, dem mißbräuchlichen Einschieben von Zwischenpersonen zur Benachtheiligung der Baugläubiger entgegen zu treten. Er hat auch betont, daß man sich die Abwicklung solcher Pfandrechte verschiedenen Grades schwieriger vorstelle, als sie sein werde. Der Verbandtag der städtischen Hausbesitzer hat 1898 ebenfalls die Forderung erhoben, daß die Forderungen dritter Personen, die selbst nicht mit dem Eigenthümer oder für dessen Rechnung eine Vergütung vereinbart haben, in dem Gesetze Berücksichtigung finden sollten.

Nachdem Dr. Solmsen in seinem Buche über den gesetzlichen Schutz der Baugläubiger in den Vereinigten Staaten von Nordamerika[11]) festgestellt hat, daß sich die Ausdehnung des Baupfandgesetzes auf Drittunternehmer durchführen läßt und sich in den Vereinigten Staaten be-

[10]) Drucksache des Abgeordnetenhauses Nr. 260 von 1892/93.

[11]) Berlin 1900, C. Heymanns Verlag.

währt hat, haben sich die Aussichten, diese Unternehmer in das Schutzgesetz einzuschließen, sehr verbessert. Anscheinend ist darin das einzige Mittel zu erblicken, Umgehungen des Schutzgesetzes zu verhindern. Es würde sonst bei allen unsoliden Unternehmungen zwischen den Eigenthümer und die Bauhandwerker ein Hauptunternehmer eingeschaltet werden, nur um zu verhindern, daß die an der Herstellung des Bauwerkes Betheiligten ihre Werkverträge mit dem Eigenthümer abschließen. Diese Gefahr liegt um so näher, als auch, wie ich schon ausgeführt habe, bei dem Baugeldgeber eine Neigung vorauszusetzen ist, diese Einschaltung eines Zwischenunternehmers zu begünstigen.

Eine kleine Erschwerung derartiger Umgehungen hat der § 6 beider Entwürfe dadurch herbeigeführt, daß dem Eigenthümer der Baustelle gleichstehen soll, wer den Bau mit Zustimmung des Eigenthümers als Bauherr ausführt. Das wird besonders zutreffen, wo die Ehefrau als Eigenthümerin eingetragen ist, während der Ehemann den Bau errichtet und die Verträge mit den Handwerkern abschließt. Die Gefahr, daß die heute im Ganzen solide Generalentreprise zu einer systematischen Umgehung des Gesetzes benutzt werden könnte, bleibt aber bestehen. Als bestes Mittel dagegen ist die den Dritttunternehmern ertheilte Befugniß anzusehen, durch Subrogation in das Baupfandrecht ihrer Vormänner auch gegen deren Willen einzutreten.

Die Frage, ob die in den §§ 6a, 6b, 6c und 6d, sowie im weiteren getroffenen Einzelvorschriften in allen Theilen ihrem Zweck entsprechen, die Unternehmer weiterer Grade zu schützen, ist mehr juristisch-technischer Natur. Ich muß mich in dieser Hinsicht bescheiden. Einige Bestimmungen, besonders im § 6d, scheinen in ihrer Fassung noch größerer Klarheit zu bedürfen. Im § 6a ist das mittelbare Baupfandrecht den kaufmännischen Lieferanten nicht zugestanden worden. Da die Berücksichtigung der Dritttunternehmer schon sehr umständliche Vorschriften nothwendig gemacht hat, so läßt sich nichts dagegen einwenden, daß als mittelbare Bauforderungen zunächst nur die Forderungen aus Werkverträgen gelten sollen. Die Ausdehnung des Schutzes auf Forderungen aus Lieferungsverträgen würde eine große Reihe von weiteren Einzelvorschriften nothwendig machen, und ich kann dieser Beschränkung auf das zunächst Nothwendige beipflichten.

γ) Die Sicherung der Baugelder.

Als dritte Abweichung des Entwurfes B habe ich die Vorschrift des § 21 Abs. 2 genannt, durch die der fünfte Theil der Baugelder erst zwei Wochen nach Beginn der Anmeldefrist, also nach der Veröffentlichung der polizeilichen Gebrauchabnahme ausgezahlt werden darf. Wird binnen dieser Frist von einem Baugläubiger Widerspruch gegen die Auszahlung erhoben, so ist der Baugeldgeber berechtigt -- warum nicht auch verpflichtet? — diesen Theil der Baugelder zu hinterlegen.

Auch diese Vorschrift ist der Gesetzgebung der Vereinigten Staaten von Nord-Amerika nachgebildet. Nach Dr. Solmsen darf dort ein bestimmter, meist 25 pCt. betragender, Theil der Baugelder nicht vor Ablauf einer gewissen Frist nach Fertigstellung des Baues gezahlt werden.[12]) Er empfiehlt diese Vorschrift, und ich habe die Bestimmung, daß mindestens der fünfte Theil des Baugelddarlehns erst vier Wochen nach der polizeilichen Gebrauchabnahme ausgezahlt werden darf, in die von mir aufgestellten Grundzüge eines Schutzgesetzes aufgenommen.[13]) Von Gegnern des Gesetzes ist sie als eine Benachtheiligung der Baugläubiger hingestellt worden. In Wirklichkeit ist sie als eine wirksame Schutzbestimmung anzusehen. Sie ermöglicht es den letzten und am meisten gefährdeten Ausbauhandwerkern, sich durch rechtzeitigen Widerspruch wenigstens einen Theil des Baugeldes zu sichern. Es kann wohl vorkommen, daß ein Theil ihrer Bauforderungen in Verlust geräth, aber nicht, daß sie alles verlieren wie jetzt. Die Stellung dieser Baugläubiger bleibt durch den zu erwartenden Eintritt der Holz- und Steinhändler in den Kreis der Baugläubiger immerhin sehr gefährdet. Die Baugelder werden zu einem großen Theile von den den Bauhandwerkern zeitlich vorangehenden Lieferanten und Baugewerksmeistern aufgezehrt sein, wenn die Ausbauhandwerker mit ihren Arbeiten beginnen können. Ich muß es deshalb als einen beachtenswerthen Schutz der Ausbauhandwerker ansehen, wenn im Entwurf B durch § 21 Abs. 2 festgestellt worden ist, daß bei Vollendung des Baues und Beginn der Anmeldefrist noch der fünfte Theil der Baugelder vorhanden sein muß. Es müßte allerdings durch den § 21 eine gleichmäßige Vertheilung dieses Theils der Baugelder unter die unbefriedigten Baugläubiger vorgeschrieben werden. Das wird sich aber leicht einfügen lassen.

Nach diesem muß meine Antwort auf die Frage, welchem Entwurfe der Vorzug zu geben ist, dem Entwurfe A oder B, zu Gunsten des Entwurfes B ausfallen. In einer von den drei Fragen, über die sich in der Kommission eine Uebereinstimmung der Meinungen nicht hat erzielen lassen, ist es mir nicht leicht geworden, mich für den Entwurf B auszusprechen. Ich habe aber feststellen müssen, daß der Unterschied zwischen

---

[12]) S. 175 u. 463 a. a. O.

[13]) Das Pfandrecht d. B. S. 199.

den beiden Entwürfen in diesem Punkte gering ist. In den anderen beiden Fragen habe ich dagegen dem Entwurf B unbedingt den Vorzug gegeben, und da diese für mich von entscheidender Bedeutung sind, so muß ich dem Entwurf B den Vorzug geben.

II.

Die Aufgabe, die mir gestellt worden ist, wäre damit erledigt, wenn nicht der sonstige Inhalt beider Gesetzentwürfe, also auch des Entwurfes B mir zu einigen Bedenken Anlaß gäbe. Mein Gutachten würde unvollständig sein, wenn ich diese Bedenken nicht aussprechen würde. Glücklicherweise sind sie nicht derart, daß mit ihrer Berücksichtigung der ganze Entwurf zu Fall käme. Ueber einige Mängel der Entwürfe, den Ausschluß der Gebäude, die aus Versicherungssummen wieder hergestellt werden (§ 2 Abs. 2) und das Fehlen einer Fristbestimmung im § 23, habe ich mich schon im Archiv für soziale Gesetzgebung und Statistik[1]) ausgesprochen. Ein weiteres Bedenken, das ich dort gegen die in den §§ 17 bis 19 festgesetzte Umwandlung von Bauforderungen in eine dem Eigenthümer zufallende Grundschuld geäußert habe, wird bei Annahme des Entwurfes B hinfällig. Hier will ich nur vier Punkte zur Sprache bringen. Von diesen mutz ich zwei ausführlich behandeln, weil der Reichsgesetzentwurf von 1897 an ihrer unbefriedigenden Regelung gescheitert ist. Diese beiden Punkte dürfen eine eingehende Prüfung um so mehr beanspruchen, da sie auch in den Verhandlungen der ersten Abtheilung des Juristentages am 12. September 1898 im Vordergrunde gestanden haben.

1. Der Ausschluß der Abrißbauten.

Ich habe schon erwähnt, daß die Vorschrift des Reichsgesetzentwurfes von 1897, daß das betreffende Grundstück in den letzten fünf Kalenderjahren unbebaut gewesen sein sollte, sich in den jetzt vorliegenden Entwürfen nicht vorfindet. Es wird im § 2 beider Entwürfe nur verlangt, daß die Baustelle zur Zeit der Ertheilung der Bauerlaubniß unbebaut oder nur mit Gebäuden untergeordneter Art besetzt sein soll. Damit sind aber die sogenannten Abrißbauten, d. h. solche Neubauten, die an Stelle von abgerissenen Häusern errichtet werden, von dem Schutzgesetz ausgeschlossen. In den Vereinigten Staaten von Nord-Amerika fallen dagegen Umbauten oder umfangreiche Reparaturen unter das Gesetz.

---

[1]) 1902 S. 178.

Wenn es auch zutrifft, daß diese Unternehmungen in der Regel einen kapitalkräftigen Unternehmer voraussetzen, so ist dies doch nicht immer der Fall. Die Berliner Bauhandwerker haben gerade bei Neubauten, die an Stelle von abgerissenen Gebäuden errichtet worden sind (Kaiser-Bazar, Ronacher-Theater), empfindliche Verluste erlitten. Da ich mich über diese Frage in meinem schon erwähnten Buche ausgesprochen habe und ich mich nicht wiederholen möchte, so muß ich auf das dort (S. 97, 131, 207, 318, 324, 329) Gesagte hinweisen. Wird das Gesetz auf diese Bauunternehmungen ausgedehnt, so wird es zweckmäßig sein, auch Gebäude, die aus Versicherungssummen wieder hergestellt werden (§ 2), einzuschließen. Gerade für diese Fälle scheint mir das im § 22 vorgesehene und weiter unten zu erörternde Treuhandsystem besonders geeignet zu sein.

2. Der Schutz der Arbeiter.

Die Entwürfe räumen den Arbeitern nur die Stellung eines Baugläubigers ein. Diese müssen also an der Bauhypothek theilnehmen, bei der Zwangsversteigerung mitbieten, und Bietungkaution stellen. Das kann kein Arbeiter, und deshalb haben die an der Prüfung der Entwürfe von 1897 theilnehmenden Deputirten des Berliner Innungsausschusses einstimmig beschlossen, für die Arbeiter ein volles Vorrecht zu beantragen.[15]) Die Bauforderungen der auf Grund eines Dienstvertrages an der Feststellung des Bauwerthes oder eines Theiles des Bauwerthes Betheiligten müssen, sofern die Dienstverträge von dem Eigenthümer der Baustelle oder für dessen Rechnung geschlossen sind, gleichzeitig mit dem im § 10 Nr. 2 des Reichszwangsvollstreckungsgesetzes aufgeführten Beträge zur Hebung kommen. Die Lohnbeträge, um die es sich dabei handelt, sind verhältnißmäßig gering, und da die Arbeiter in den Vereinigten Staaten ein Vorrecht vor den übrigen Baugläubigern genießen, so können wir in Deutschland, dem Lande der sozialen Gesetzgebung, wohl noch einen Schritt weiter gehen. Will der Baugeldgeber sich gegen derartige Forderungen sichern, so kann er im Baugeldvertrag vorschreiben, daß der Bauherr sämmtliche Arbeiten an Unternehmer zu vergeben hat. Dann können ihm Lohnforderungen nicht vorangehen.

Als mittelbare Baugläubiger sind die Arbeiter im Gesetzentwurfe B durch § 6a ausgeschlossen worden. Wenn den Arbeitern für ihre unmittelbaren Bauforderungen ein volles Baurecht gewährt wird, so ist diese Bestimmung für sie annehmbar. Das Gesetz wird dadurch verein-

---

[15]) Das Pfandrecht d. B. S. 110, 201, 212, 325.

facht. Die Begründung führt aber aus, daß bei Berücksichtigung der Dienstverträge bei den mittelbaren Bauforderungen entgegen der Absicht des Gesetzes die Bauhandwerker zu schützen, diese geschädigt werden würden, da dann die Gesellen die Auszahlung der den Bauhandwerkern geschuldeten Beträge erschweren könnten.[16]) Ich glaube, daß die meisten Handwerker in diesem Punkte anders denken. Sie würden ihren Gesellen gern ein weitgehendes Pfandrecht einräumen, da sie sicher sind, daß nur selten davon Gebrauch gemacht würde. Der Handwerker hält es für das größte Unglück und für die größte Schande, seinen Arbeitern den Wochenlohn nicht zahlen zu können, und mancher Handwerksmeister hat den Tod dieser Schande vorgezogen.

3. Das Vorrecht der Baustelle.

Der Entwurf von 1897 suchte den Gedanken, den Baugläubigern ein Recht an dem Mehrwerthe zu sichern, den das Grundstück durch ihre Thätigkeit erhalten hat, dadurch zu verwirklichen, daß die Erlaubniß zur Ausführung des Baues von der Eintragung eines Bauvermerkes abhängig gemacht wurde. Der Bauvermerk sollte die Angabe, daß das Grundstück bebaut werden sollte und die Höhe des Baustellenwerthes enthalten (§ 2). Der Rang der Bauhypothek gegenüber anderen Rechten sollte sich nach der Eintragung des Bauvermerkes bestimmen. Die Bauhypothek sollte jedoch im Falle der Zwangsversteigerung vor eingetragenen Rechten in Ansehung des den eingetragenen Baustellenwerth übersteigenden Theiles des Meistgebots vorgehen (§ 15). Die damit herbeigeführte Einräumung einer bevorzugten Rangstellung an die Bauhypothek hat in Juristenkreisen lebhaften Anstoß erregt, und da sich bei Annahme des von Schneider und Brunner befürworteten Systems der Differenzkaution (Nr. 2 des Brunner'schen Antrages) wirthschaftlich der gleiche Erfolg erzielen läßt, so ist die Kommission dahin gelangt, die Annahme dieses Systems zu empfehlen (Begründung S. 12).

Auf diese Weise wird allerdings ein Eingriff in das Grundbuchrecht vermieden. Wenigstens zu Gunsten der Bauhypothek. Zu Gunsten der Baugelderhypothek muß dieser Eingriff dennoch erfolgen. Da der Baugeldgeber einen Vorrang vor der Bauhypothek verlangt, und die Bauhypothek nach § 15 der neuen Entwürfe mit dem Range des Bauvermerkes eingetragen werden soll, so entsteht folgendes Dilemma: Wird die Baugelderhypothek, um ihr den Rang vor der Bauhypothek zu sichern, vor den Bauvermerk eingetragen, wie das im § 16 des Entwurfes von

---

[16]) Entwürfe S. 60.

1897 vorgesehen war, so geräth sie unter die Hypotheken, für die nach § 4 der neuen Entwürfe durch Hinterlegung Sicherheit zu leisten ist. Soll die Baugelderhypothek dagegen, um das zu vermeiden, **hinter** den Bauvermerk eingetragen werden, so geht sie im Range der Bauhypothek nach. Der Strich, durch den der Bauvermerk die den Baugläubigern vorangehenden Hypotheken von den ihnen nachstehenden im Grundbuche scheidet, ist zu dünn, um außer der Bauhypothek noch die Baugelderhypothek darauf stellen zu können. Man hat deshalb den Ausweg gewählt, die Baugelderhypothek hinter den Bauvermerk eintragen zu lassen, ihr aber im Widerspruch mit den Grundsätzen des Grundbuchrechtes einen Vorrang vor der Bauhypothek zu gewähren, die mit dem Range des Bauvermerkes eingetragen werden soll. Die Begründung weist S. 14 darauf hin und geräth dadurch mit ihren eben erwähnten Auslassungen auf S. 12 in Widerspruch. Die Schwierigkeiten, die es bietet, durch den Bauvermerk der Bauhypothek ihre Stelle anzuweisen, und dann die Baugelderhypothek vor ihr unterzubringen, sind sehr groß. Ich sehe darin nur eine weitere Folge des Grundsatzes superficies solo cedit, den ich als die letzte Ursache nicht nur dieser Schwierigkeiten, sondern auch der unsicheren Lage der Baugläubiger ansehen muß. Die hauptsächlichen Bedenken, die ich gegen das System der Differenzkaution habe, liegen aber nicht auf formalem, sondern auf materiellem Gebiete.

Die §§ 1 und 4 beider Entwürfe, die diese Vorschriften enthalten, haben folgenden Wortlaut:

> § 1. Durch landesherrliche Verordnung kann angeordnet werden, daß für einzelne Gemeinden im Falle der Errichtung eines Neubaues eine Sicherung der Bauforderungen nach den Vorschriften dieses Gesetzes stattfindet. Die Sicherung erfolgt durch Eintragung einer Hypothek (Bauhypothek) und, soweit die der Bauhypothek vorgehenden Belastungen den Baustellenwerth übersteigen, durch Hinterlegung von Geld oder Werthpapieren.
>
> § 4. Die Bauerlaubniß darf von der Baupolizeibehörde nur ertheilt werden, wenn der Bauvermerk eingetragen ist und entweder die dem Bauvermerke vorgehenden Belastungen den Baustellenwerth nicht übersteigen oder gemäß § 1 durch Hinterlegung Sicherheit geleistet ist. . . . .

Ich will nicht in Abrede stellen, daß sich das System der Differenzkaution, von der schwierigen Unterbringung der Baugelderhypothek abgesehen, mit den Grundsätzen des Grundbuchrechtes besser verträgt, als der § 15 des Reichsgesetzentwurfes von 1897. Es ist auch für die Baugläubiger insofern vortheilhaft, daß es ihnen für die verloren gehende Stelle im Grundbuche einen Ersatz gewähren will, der für sie besser ist, als die beste Hypothek. Ich muß aber gegen diesen Vorschlag geltend machen, daß er nicht in Uebereinstimmung zu bringen ist mit dem, was nach S. 12 der Begründung als Ziel des Schutzgesetzes anzusehen ist: Die Sicherung des Mehrwerthes des Grundstückes über den Baustellenwerth hinaus zu Gunsten der Baugläubiger.

Diese Nichtübereinstimmung finde ich darin, daß auch nach diesem Vorschlage der Baustellenhändler mit seiner Forderung, soweit sie innerhalb des abgeschätzten Baustellenwerthes bleibt, in der Zwangsversteigerung vor den Baugläubigern gedeckt werden soll. Dadurch wird den Baugläubigern gerade für den Fall, für den das Gesetz gemacht wird, dennoch ein Theil des von den Handwerkern und Lieferanten erzeugten Mehrwerthes genommen. Es ist sicher, daß in der Zwangsversteigerung für die Baustelle niemals derselbe Preis erzielt wird, der im freien Verkehr erzielt worden ist. Trotzdem sollen die Baugläubiger allein den entstehenden Ausfall tragen, während der Baustellenverkäufer auf ihre Kosten vor jedem Verlust bewahrt bleibt

Eine Einschränkung des Rechts des Baustellenverkäufers auf vorzugweise Befriedigung haben beide Entwürfe im § 4 dahin vorgenommen, daß bei der Feststellung, ob die dem Bauvermerke vorgehenden Belastungen den Baustellenwerth nicht übersteigen, neben den Hypotheken und Grundschulden auch die zweijährigen Zinsen mit in Ansatz kommen. Die zulässige hypothekarische Belastung wird dadurch auf 90—92 pCt. des Baustellenwerthes herabgesetzt. Die Bevorzugung der Baustellenhypothek vor den Bauforderungen ist trotzdem in die Augen fallend.

In dieser Bevorzugung des wirthschaftlich starken Baustellenhändlers, der einem unsichern Bauunternehmer gegen eine nominelle Anzahlung die Baustelle aufgelassen hat, vor den wirthschaftlich schwächeren Bauhandwerkern, sehe ich die angreifbarste Stelle beider Entwürfe.

Man wende nicht ein, daß die Baustelle vorher einer Abschätzung unterworfen wird und nur ihr abgeschätzter Werth bevorrechtet sein soll. Das trifft auch für jeden Baugläubiger zu. Nach § 9 beider Entwürfe muß dieser sich ebenfalls eine Herabsetzung seiner Ansprüche auf die üblichen Preise d. h. die Abschätzung gerichtlicher Sachverständiger gefallen lassen. Der Baustellenverkäufer wird mithin durch die Abschätzung nicht mehr als jeder Baugläubiger beschränkt. Die Begründung nimmt allerdings an, daß bei der Baustelle die Abschätzung immer niedriger als der Kaufpreis ausfallen wird (S. 13 und 15). Wer giebt uns aber eine Sicherheit dafür, daß das der Fall sein wird? Der Werth einer Baustelle richtet sich bei dem monopolartigen Charakter des Bodenbesitzes ausschließlich nach dem Ertragwerth des zu errichtenden Gebäudes, abzüglich der Baukosten. Weshalb sollen also nicht sehr viele amtliche Abschätzungen zu derselben Werthberechnung kommen, wie die Verkäufer?

Ist das der Fall, so liegt in der vollen Bevorrechtung des Verkäufers der Baustelle vor den Leistungen der Baugläubiger eine offenbare Ungleichheit. Wird die letzte Folgerung aus diesem Vorrechte gezogen, so werden in einer Zwangversteigerung, in der nur die Baustellenhypothek ausgeboten wird, der Baustellenverkäufer den ganzen Erlös, die Baugläubiger nichts erhalten. Diese Folge läßt sich durch den Hinweis, daß der Ankauf der Baustelle zeitlich vor dem Ankauf der Baumaterialien erfolgt ist und daß die Baustellenhypothek fast nur Spekulationwerthe, die Bauhypothek fast nur Arbeitwerthe enthält, nicht rechtfertigen.

Eine die Bauhandwerker befriedigende Gestaltung des Baupfandgesetzes ist deshalb nur denkbar, wenn man den Erlös der Zwangversteigerung verhältnißmäßig auf Baustelle und Gebäude vertheilt. Was Geh. Justizrath Dr. Wilke auf dem 24. Deutschen Juristentage in dieser Hinsicht ausgeführt hat, ist auch meine Meinung. Der Erlös muß zwischen den Hypothekengläubigern und den Baugläubigern repartirt werden nach dem Verhältnisse des Werthes des bebauten Grundstücks zu dem Werthes des unbebauten Grundstücks[17]). Diesen Vorschlag hat der verstorbene Reichsgerichtsrath Dr. Otto Bähr schon im Jahre 1892 gemacht und in der Gesetzgebung der amerikauischen Union haben wir für diese Entscheidung ein Vorbild. Da die Begründung der Entwürfe vielfach auf die nordamerikanische Gesetzgebung Bezug nimmt, so muß darauf hingewiesen werden, daß dort bei der Ermittlung des Baumehrwerthes gerade die jüngeren Statuten dieser Regelung zuneigen. In den älteren Statuten wird dem Baugläubiger das Recht gegeben, sein Baupfand durch Verkauf des Gebäudes zu vollstrecken und das erworbene Gebäude zu beseitigen. Nach den jüngeren werden Grundstück und Gebäude zusammen verkauft und der Erlös wird verhältnißmäßig vertheilt. So heißt es in den Statuten von Jowa vom 2. Juli 1897:

> Findet das Gericht, daß das Gebäude nicht gesondert verkauft werden könne, so hat es die Sonderwerthe von Grundstück und Gebäude festzustellen, den Verkauf der ganzen unbeweglichen Sache anzuordnen und den Erlös derart zu vertheilen, daß die ältere dingliche Last den Vorrang am Grundstück und an das Mechanics' Lien den Vorrang am Gebäude erhält[18]).

Wird die Billigkeit dieser Vertheilung anerkannt, so bleibt allerdings die Frage, wie sich eine solche Vertheilung des Erlöses mit unserem Grundbuchsystem, das den nordamerikanischen Staaten fehlt, vereinen läßt. Wie soll man es ermöglichen, die voreingetragenen Hypo-

---

[17]) Verhandlungen, Bd. 4 S. 47.

[18]) Solmsen, S. 290.

thekengläubiger auf den Werth der Baustelle zu beschränken, der Bauhypothek eine gesicherte Stelle zu verschaffen, vor dieser wieder die Baugelderhypothek unterzubringen, den Erlös zwischen Hypothekengläubigern und Baugläubigern nach Billigkeit zu vertheilen und das alles, ohne die älteren Hypotheken in ihrer Rangfolge zu stören? Giebt es ein Mittel, das alles zu erreichen? Meine Antwort lautet ja, es giebt eins. Es ist kein kleines Mittel und es gehört vielleicht Mut dazu, es anzuwenden oder vorzuschlagen. Es beseitigt aber, wie es mir scheint, alle Schwierigkeiten: **Der Bauvermerk muß die Wirkung haben, daß für die Dauer seines Bestehens für das Gebäude ein besonderes Grundbuchblatt angelegt wird.**

Ich habe gesagt, daß dieses Mittel kein kleines ist. Wenn es aber richtig ist, daß die Behandlung des Bodens und des im Entstehen begriffenen Gebäudes als Einheit und die Bevorrechtung der Gläubiger des Bodens vor den Gläubigern der Superfizien die schlimmen Zustände im Baugewerbe hervorgerufen haben, so kann auch nur die volle Verneinung dieser Grundsätze dem Baugewerbe Gesundung bringen. Das von mir empfohlene Mittel muß dann als das einzige Heilmittel angesehen werden, das den wahren Sitz des Leidens trifft.

Die Grundbuchordnung von 1898 gestattet die Anlage besonderer Grundbuchblätter bei Eintragung, Veräußerung oder Belastung eines Erbbaurechtes. Es heißt dort im § 7:

> § 7. Ist auf dem Blatte eines Grundstücks ein Erbbaurecht eingetragen, so ist auf Antrag für dieses Recht ein besonderes Grundbuchblatt anzulegen. Die Anlegung erfolgt von Amtswegen, wenn das Recht veräußert oder belastet werden soll.
>
> Die Anlegung wird auf dem Blatte des Grundstücks vermerkt.

Auch die Entwürfe des Baupfandgesetzes kennen dieses Mittel, indem sie im § 35 auf die getrennten Grundbuchblätter für das Grundstück und das auf Erbbaurecht errichtete Gebäude hinweisen. Warum sollte das, was beim Erbbaurecht unter Umständen dauernd nothwendig ist, nicht für die Sicherung der Bauforderungen vorübergehend zulässig erscheinen?

Die Vortheile dieser Maßregel sehe ich darin, daß dann, wie mir scheint, jeder weitere Eingriff in das Grundbuchrecht unterbleiben kann. Es kann sogar von der Feststellung des Baustellenwerthes und von der Differenzkaution Abstand genommen werden. Der Bauplatz kann beliebig hoch hypothekarisch belastet sein: Während des Bestehens des Bauvermerkes können die voreingetragenen Hypotheken das Gebäude nicht ergreifen. Die Gläubiger der Baustelle behalten das Grundbuchblatt der Baustelle. Die Baugläubiger und der Baugeldgeber erhalten das Grundbuchblatt des Gebäudes. Der Baugeldgeber und die Baugläubiger finden dann ein reines Grundbuchblatt, und die Stellung der Baugelderhypothek zur Bauhypothek, auf deren Schwierigkeiten ich hingewiesen habe, wird sich viel leichter regeln lassen. Entweder durch Eintragung der Baugelderhypothek als Sicherungshypothek an erster Stelle oder nach den anderweit von mir gemachten Vorschlägen[19]). Kommt es zur Versteigerung, so wird der Werth von Baustelle und Gebäude festgestellt und der Erlös wird verhältnißmäßig vertheilt. Sind mehrere Hypotheken auf die Baustelle eingetragen, so werden sie aus dem Erlös der Baustelle nach ihrer Rangfolge befriedigt. Der Erlös des Gebäudes gehört dagegen dem Baugeldgeber und den Baugläubigern. Befinden sich unter den Baugläubigern solche, die auf Grund eines Dienstvertrages betheiligt sind und für die ich eine vorzugsweise Befriedigung vorgeschlagen habe, so dürfen diese nur als bevorrechtete Gläubiger des Gebäudes gelten.

Als besonderer Vortheil ist dabei anzusehen, daß die Abschätzung der Baustelle dann unbedenklich zu einem Theile der Zwangsvollstreckung gemacht werden kann. Für die Baugläubiger ist die Abschätzung vor Ertheilung der Bauerlaubniß in mancher Hinsicht vortheilhafter. Ich habe schon an anderer Stelle darauf hingewiesen[20]). Durch die vorherige Abschätzung wird aber die Ertheilung der Bauerlaubnisse in vielen Fällen um Monate verzögert. Jede weitere Verzögerung ist aber, wie schon Thinius in seinem Gutachten betont hat, schädlich. Wird die Abschätzung in die Zwangvollstreckung verlegt, so schwindet dieses große Bedenken. Eine dann durch die Abschätzungen der Baustelle und des Gebäudes eingetretene Verzögerung ist sogar im Sinne des Schutzgesetzes vortheilhaft, weil sie die Katastrophe hinausschiebt und Sanirungsversuche erleichtert. Vor allem bleiben aber dann Bauherren, die ihre Bauhandwerker befriedigt haben, von den Kosten und Umständen, die mit der Abschätzung verbunden sein werden, verschont. Wird von dem Eigenthümer oder den Beleihern zur Klarstellung aller Rechte eine frühere Abschätzung gewünscht, so kann diese auf Antrag der Betheiligten zugelassen werden.

Die Frage, ob es dann erforderlich sein wird, die Eintragung des Bauvermerkes von der Zustimmung der bereits eingetragenen Hypothekengläubiger abhängig zu machen, ist von Wilke bejaht worden[21]). Ich

---

19) D. Pfandrecht d. B., S. 197.
20) Archiv f. soz. Gesetzgeb. 1902, S. 180.
21) a. a. O. S. 48.

glaube, daß jedes Schutzgesetz die Wirkung haben wird, daß sich die Beleiher die Zustimmung zur Errichtung eines Gebäudes auf dem ihnen verpfändeten Boden vorbehalten werden. Meines Erachtens liegt dieser Vorbehalt auch in der Natur der Sache. In den meisten Fällen ist die Zustimmung schon heute erforderlich, weil sonst die zur Ausführung des Baues nöthigen Baugelder und Hypotheken nicht zu beschaffen sind.

4. Die Baugeldfrage.

Im Gesetzentwurf von 1897 war im § 16 vorgeschrieben worden, daß der Baustellenwerth, dem durch § 15 ein Vorrang vor den Bauforderungen eingeräumt wurde, sich um den Betrag derjenigen Zahlungen erhöhen sollte, die von dem Baugeldgeber in Anrechnung auf die Baugelder zum Zwecke der Tilgung einer Bauforderung geleistet sind. Auf meinen Vorschlag hat man im § 21 beider Entwürfe die letzte Bestimmung dahin erweitert, daß der Baugeldgeber auch für Zahlungen bevorrechtet sein soll, die in Höhe einer von dem Eigenthümer getilgten Bauforderung an diesen geleistet worden sind. Den Wortlaut des § 21 habe ich schon mitgetheilt. Es ist das immerhin eine Erleichterung für die Baugeldgeber. Das Bedenkliche ist nur, daß in beiden Fällen, die § 21 vorsieht, eine Prüfung der zu tilgenden oder getilgten Bauforderungen durch die Baugeldgeber unvermeidlich sein wird. Die Begründung giebt das mit den Worten zu, daß es eine Folge des Entwurfs sein wird, „daß die Baugeldgeber sich regelmäßig das Recht der unmittelbaren Zahlung an Baugläubiger ausbedingen werden“[22]. Ich fürchte, daß wenige von den bisherigen großen Geldgebern, den Hypothekenbanken geneigt sein werden, hierauf einzugehen und die Wahrscheinlichkeit, unter dieser Bedingung Baugeld zu erhalten, scheint mir nicht groß zu sein.

Um diese Wahrscheinlichkeit zu erhöhen, sind die Verfasser der Entwürfe auf einen schlimmen Ausweg gekommen. Der Bauherr soll die Personen sämmtlicher als Baugläubiger anzusehenden Unternehmer, den Betrag der ihnen zu zahlenden Vergütungen und die Fristen, in denen die Vergütung zu zahlen ist, dem Grundbuchamte vor Beginn des Baues in einer Erklärung anzeigen. Ebenso etwaige Abänderungen. Nicht nur solche, für die auch die Baupolizei Nachträge zu den Bauzeichnungen verlangt, sondern alle. Ueberträgt ein Unternehmer die Herstellung des Bauwerkes oder einzelner Theile an andere Unternehmer, so haben diese ebenfalls unverzüglich dem Grundbuchamte eine Erklärung einzureichen. Erfüllt der Eigenthümer diese Verpflichtungen nicht, so ist er zum

---

[22]) Entwürfe S. 40.

Schadenersatze verpflichtet. Das steht alles im § 7, den ich nachstehend folgen lasse. Im Entwurf B werden diese Vorschriften noch weiter ergänzt. Die Bestimmungen des Entwurfes B werden wieder durch Sperrdruck hervorgehoben:

§ 7. Der Eigenthümer hat vor dem Beginne des Baues dem Grundbuchamte eine Erklärung einzureichen, aus welcher ersichtlich sind:

1. die Personen der nach § 6 als Baugläubiger anzusehenden Unternehmer des Bauwerkes oder einzelner Theile des Bauwerkes;
2. der Betrag der jedem Unternehmer zu zahlenden Vergütung;
3. die Fristen, in denen die Vergütung zu zahlen ist.

Werden die Verträge mit den Unternehmern abgeändert oder erst später geschlossen, so hat der Eigenthümer unverzüglich dem Grundbuchamt eine Erklärung einzureichen, welche die im Abs. 1 vorgesehenen Angaben enthält oder berichtigt.

Die Erklärungen sind von dem Eigenthümer zu unterzeichnen.

Ist ein schriftlicher Vertrag geschlossen, so kann statt der Erklärung der Vertrag in Urschrift oder in einer von dem Eigenthümer unterzeichneten Abschrift eingereicht werden. Die Einsicht der Erklärungen und Verträge ist jedem gestattet.

Erfüllt der Eigenthümer die ihm nach Abs. 1 bis 4 obliegenden Verpflichtungen nicht, so ist er jedem Betheiligten zum Ersatze des daraus entstehenden Schadens verpflichtet.

Die sich auf den Eigenthümer beziehenden Vorschriften der Abs. 1 bis 5 finden auf diejenigen Unternehmer entsprechende Anwendung, welche die Herstellung des Bauwerkes oder einzelner Theile des Bauwerkes an andere Unternehmer weiter übertragen.

§ 7a. Soweit ein Nachmann nach § 7 Schadenersatz gegen den Eigenthümer beanspruchen kann, gilt seine Bauforderung als unmittelbare Bauforderung; die Vorschriften der §§ 6b, 6c finden keine Anwendung.

Soweit ein Nachmann nach § 7 Schadenersatz gegen einen Unternehmer beanspruchen kann, gilt der Unternehmer als unmittelbarer Vormann.

§ 7b. Wird an einen Vormann eine Zahlung auf Grund eines Vertrages geleistet, der nicht nach § 7 angezeigt worden ist, oder war die Zahlung nach Maßgabe der abgegebenen Erklärungen noch nicht fällig und kannte in diesem Falle der Zahlende die Absicht des Empfängers, seine Nachmänner zu benachtheiligen, so treten die Bauforderungen der Nachmänner bis zur Höhe der Zahlung an die Stelle der Bauforderung des Vormannes. Die Vorschriften des § 6d Abs. 1 Satz 2, 3 finden entsprechende Anwendnng.

Ist eine Erklärung nicht vor dem Beginne des Baues eingereicht, so ist sie nur zu berücksichtigen, wenn sie mindestens eine Woche vor der Zahlung durch Anschlag auf dem Bau bekannt gemacht ist.

15*

§ 7c. Jeder Unternehmer haftet dem Besteller dafür, daß von den Nachmännern des Unternehmers Bauforderugen nur bis zur Höhe des von dem Besteller an den Unternehmer oder dessen Rechtsnachfolger geschuldeten Betrages geltend gemacht werden.

Es wird nicht vieler Worte bedürfen, um nachzuweisen, daß diese Vorschriften mit Ausnahme des § 7c unannehmbar sind. Sie haben den Zweck, die Verhältnisse der Baugläubiger zum Eigenthümer und untereinander grundbuchlich im Voraus klarzustellen. Die Vorschriften, die dazu erforderlich gewesen sind, zeigen aber, daß dies ein unmögliches Beginnen ist. Wer eine Bauerlaubniß nachsucht, weiß gewöhnlich noch nicht, von wem er die Mauersteine beziehen wird und er soll schon wissen, wer die Fußboden anstreichen wird. Bestellt er an Stelle eines Kachelofens einen Majolikaofen oder an Stelle eines Klingelzuges eine elektrische Klingel, oder nimmt er an Stelle einer einfachen Thür eine Doppelthür, so muß er unverzüglich das Grundbuchamt benachrichtigen. Jede dieser Aenderungen erhöht den Betrag der den Unternehmern zu zahlenden Vergütungen. Hat er mit dem Tischler die Zahlung zum 1. Juli vereinbart und diese Vereinbarung muß geändert werden, weil die Anschläger in einen Streik eingetreten sind, so ist das Grundbuchamt zu benachrichtigen. (§ 7 Abs. 2.) Sonst haftet er für die jedem Betheiligten einschließlich der Unternehmer weiterer Grade daraus entstehenden Schaden (§ 7 Abs. 5). Das Gleiche gilt für alle Unternehmer, welche die Herstellung des Bauwerks oder einzelner Theile des Bauwerks an andere Unternehmer weiter übertragen (§ 7 Abs. 6). Jede Erklärung, die nicht vor dem Beginne des Baues eingereicht ist, ist nur zu berücksichtigen, wenn sie mindestens eine Woche vor der Zahlung durch Anschlag auf dem Baue bekannt gemacht ist (§ 7b Abs. 2).

Alle diese Vorschriften müssen eingehalten werden, nicht nur für den Fall, daß ein Baugelddarlehn aufgenommen ist, sondern auch, wenn der Bauherr darauf verzichtet und ganz aus eigenen Mitteln baut. Ich glaube, daß das alles unmögliche Dinge sind, die Niemand ausführen oder überwachen kann.

Die Verfasser der Entwürfe haben das wohl selbst eingesehen. Deshalb haben sie angeordnet, daß auf Antrag des Baugeldgebers zur Vermittlung der von ihm zu leistenden Zahlungen ein Treuhänder zu bestellen ist.

§ 22. Auf Antrag des Baugeldgebers ist zur Vermittlung der von ihm zu leistenden Zahlungen ein Treuhänder zu bestellen. In diesem Falle begründen alle nach Maßgabe der Anweisungen des Treuhänders geleisteten Zahlungen den Vorrang vor der Bauhypothek, sofern der Baugeldgeber durch

Anschlag auf dem Baue bekannt gemacht hat, daß er durch Vermittlung des Treuhänders Zahlung leisten werde. Der Treuhänder darf die Anweisung zur Zahlung nur ertheilen, soweit der Baugeldgeber nach Maßgabe des § 21 zur Zahlung mit Wirkung gegen die Baugläubiger berechtigt ist.

Dem Treuhänder ist der Widerspruch gegen die Auszahlung des fünften Theiles der Baugelder zuzustellen und die Bescheinigung des Grundbuchamtes vorzulegen.

Soweit die Leistung von Zahlungen durch Vermittlung des Treuhänders oder die nach § 21 Abs. 2 erfolgte Hinterlegung von dem Treuhänder in öffentlich beglaubigter Form bescheinigt wird, hat das Grundbuchamt den Vorrang der Baugelderhypothek vor der Bauhypothek in das Grundbuch einzutragen.

Auf den Treuhänder finden die für einen Pfleger geltenden Vorschriften des Bürgerlichen Gesetzbuchs, mit Ausnahme des § 1785, entsprechende Anwendung.

Der Treuhänder kann für die Führung seines Amtes eine angemessene Vergütung verlangen. Vor der Festsetzung der Vergütung soll der Baugeldgeber, soweit thunlich, gehört werden.

Durch Anordnung der Landesjustizverwaltung können die dem Vormundschaftsgericht in Ansehung des Treuhänders obliegenden Verrichtungen für mehrere Amtsgerichtsbezirke einem Amtsgericht übertragen werden.

Ein Urtheil über die Zweckmäßigkeit dieser Vorschriften kann nur mit Vorsicht abgegeben werden. Wir haben bis jetzt in Deutschland mit dem Treuhänder nur wenige Erfahrungen gemacht, und diese sind nicht immer gut gewesen. Aus den Vereinigten Staaten von Nordamerika berichtet Dr. Solmsen sogar, daß diese anscheinend für beide Theile günstige Methode in Wahrheit für den Unternehmer unvortheilhaft sei. Wenn der Treuhänder, wie dies oft der Fall sei, von dem Kapitalisten abhänge, folge er dessen Anweisungen. Auch müsse der Unternehmer in dem Treuhandvertrage auf alle Einreden aus dem Inhalt des Bau- und Darlehnvertrages verzichten.[23]) Da bei uns der Treuhänder gerichtlich bestellt wird, so haben wir diese Uebelstände nicht zu fürchten. Wir stehen aber immerhin einer ganz neuen Einrichtung im Bauwesen gegenüber.

Von vornherein läßt sich gegen das Treuhandsystem nichts einwenden. Wenn ein Bauherr nicht aus eigenen Mitteln bauen und Baugelder nur unter der Bedingung erlangen kann, daß er die Leistungen der Baugläubiger im Voraus dem Geldgeber verpfändet, so muß er sich Vorschriften gefallen lassen, die seine Verfügungsfreiheit einschränken. Dann soll man aber die Sache so einfach wie möglich machen und dem Treuhänder nicht unmögliche Dinge zumuthen. Das geschieht aber, wenn

---

[23]) a. a. O. S. 66.

man von ihm verlangt, daß er prüfen soll, ob die Eigenthümer, ihre Unternehmer und alle Drittunternehmer die in den §§ 7, 7a und 7b vorgeschriebenen „Erklärungen“, Nachträge und Berichtigungen beim Grundbuchamte eingereicht und vor Allem, ob sie das schwarze Brett in Ordnung gehalten haben.

Hinter dem Treuhänder wartet als letzter Ausweg noch die Behörde, die nach den Vorschlägen von Justizrath Neuling und Rechtsanwalt Hirsch die Baugelder vertheilen sollen:

> § 37. Durch Landesgesetze können die nach diesem Gesetze der Baupolizeibehörde obliegenden Verrichtungen einer anderen Behörde, die nach § 22 einem Treuhänder obliegenden Verrichtungen einer Behörde übertragen werden.

Diese Aussicht hat für mich wenig Verlockendes, und ich theile vollkommen die Bedenken, die Hilse[24]) und die Verfasser der Entwürfe von 1897 in der Begründung S. 62 gegen eine soweit gehende obrigkeitliche Bevormundung ausgesprochen haben.

Die Maßregel, die ich selbst in meinem Buche empfohlen habe[25]), griffen viel weniger in die bisherigen Verhältnisse ein. Die Eintragung der Baugelderhypothek sollte nur als Sicherungshypothek erfolgen. Bei der Bauhypothek ist das im § 15 beider Entwürfe vorgeschrieben, aber auffälligerweise nicht bei der Baugelderhypothek. Das Baugeld sollte dem Zugriffe anderer als Baugläubiger entzogen werden. Zessionen von Baugeldraten sollten dem Baupfand gegenüber unwirksam sein. Den Baugläubigern sollte das Recht gegeben werden, durch einstweilige Verfügung das Baugeld zu pfänden. Es sollte ihnen mithin nur ein Pfandrecht, nicht ein gesetzliches Anrecht auf das Baugeld gewährt werden. Von diesem Pfandrecht sollten die Lieferanten ausgeschlossen sein. Der von Herrn Staatsminister Dr. Schelling seinem Nachfolger im Justizministerium übergebenen Denkschrift über diese Frage lagen ähnliche Gesichtspunkte zu Grunde.[26])

Diese Vorschriften sollten den Bauschwindel einschränken, den soliden Unternehmer aber möglichst wenig behelligen. Ich muß aber zugeben, daß durch die Pfändung der Baugeldraten nicht verhindert wird, daß der Baugeldgeber durch willkürliche Abzüge, wie sie Thinius und Hilse schildern[27]) einen Theil des Baugeldes vorwegnimmt. Ebensowenig, daß der Bauunternehmer mit dem Baugelde ältere Verbindlichkeiten deckt oder

---

[24]) Archiv f. öffentl. Recht 1898 S. 337.

[25]) a. a. O. S. 197

[26]) Entwürfe, S. 155.

[27]) Verhandlungen 1898, Bd. 3 S. 96; Bd. 4 S. 51, 53.

daß die Rohbauinteressenten sich aus dem Baugelde bezahlt machen und den Ausbauhandwerkern das Nachsehen lassen.

Durch das in den Entwürfen im § 22 aufgestellte Treuhandsystem kann mehr erreicht werden. Es wird dadurch den Baugläubigern das volle Baugeld abzüglich der Gebühren des Treuhänders gesichert. Ich bin deshalb bereit, es damit zu versuchen. Dann gehe man aber noch einen entscheidenden Schritt weiter. Man schreibe vor, wie Herr Professor Dr. Oertmann schon in seiner Kritik der Entwürfe von 1897 im Archiv für Soziale Gesetzgebung und Statistik empfohlen hat,[28]) daß die Baugläubiger aus dem Baugelde nur in gewissen Verhältnissen berücksichtigt werden dürfen. Diese Vorschrift ist in Folge des Eintritts der Lieferanten als Baugläubiger unerläßlich. Eine ganz gleichmäßige Vertheilung der Baugelder läßt sich natürlich nicht durchführen. Es kann aber festgesetzt werden, daß kein Baugläubiger vor Ablauf der im § 21 Abs. 2 genannten Frist aus dem Baugeld über das im Baugeldvertrage festzusetzende Verhältniß der Beleihung hinaus befriedigt werden darf. Nur dann wird verhindert, daß einzelne Baugläubiger, und insbesondere die kapitalkräftigen Lieferanten, über diese Grenze hinaus gedeckt werden, und daß die Ausbauhandwerker nicht mehr befriedigt werden können. Justizrath Boyens hat schon auf diese Gefahr hingewiesen.[29])

Entschließt man sich dazu, eine verhältnißmäßige Berücksichtigung der Baugläubiger bei Vertheilung der Baugelder vorzuschreiben, so halte ich das Treuhandsystem für lebensfähig. Es bietet dann allen Betheiligten genügende Vortheile, um die damit verknüpften Umständlichkeiten zu rechtfertigen, und es ist wahrscheinlich die beste Lösung, die sich überhaupt finden läßt. Will man sich aber zu dieser Vorschrift nicht verstehen, so ist m. E. das Treuhandsystem und damit die in den Entwürfen vorgesehene Regelung der Baugeldzahlungen unhaltbar. Ich glaube, daß es dann besser ist, auf die beabsichtigte volle Sicherung der Baugelder zu verzichten und den Baugläubigern nur das Recht zu geben, das Baugeld in der vorhin von mir beschriebenen Weise zu pfänden. Mit diesem Systeme hat man in der nordamerikanischen Union gute Erfolge erzielt. Es erschwert die Baugeldgewährung wenig und der verminderten Sicherheit steht der große Vortheil gegenüber, daß die Baugläubiger mit ihren Pfändungen nicht erst bis zur Gebrauchabnahme zu warten haben. Die Ausbauhandwerker können dann den zeitlichen Vorsprung, den die großen kaufmännischen Lieferanten und die Baugewerkmeister vor ihnen haben,

---

[28]) Bd. 12 Heft 1 S. 66.
[29]) Verhandlungen 1891, Bd. 4 S. 62.

durch frühzeitiges Ausüben ihres Pfandrechtes ausgleichen. Dieses System der Sicherung verdient vor einem Treuhandsysteme, das keine verhältnißmäßige Berücksichtigung der Baugläubiger vorsieht, unbedingt den Vorzug.

Welche Entscheidung man in dieser wichtigen Frage treffen mag, auf jeden Fall lasse man die unglücklichen §§ 7, 7a, 7b fallen. Diese Vorschriften sind mit ihrer Schadenpflicht nur Fußangeln für jeden soliden Unternehmer und für den Treuhänder, aber kein Hinderniß für den Bauschwindler. Von diesem ist nichts für die Bauforderungen und noch weniger etwas für die Schadenansprüche zu holen. An die Stelle der §§ 7, 7a und 7b ist nur die Vorschrift zu setzen, daß, wenn die Herstellung des Bauwerkes oder eines überwiegenden Theiles einem Hauptunternehmer übertragen wird, die mit diesem geschlossenen Verträge in Urschrift oder Abschrift bei dem Grundbuchamt einzureichen sind. Diese Verträge sind nicht nur für die Vertragschließenden maßgebend. Es werden dadurch auch die Rechte einer großen Zahl von Nachmännern eingeschränkt und deshalb ist es zweckmäßig, daß diese Verträge mit allen Nachträgen von den übrigen Baugläubigern einzusehen sind[30]). Alles weitere ist m. E. überflüssig und schädlich. Der Baugeldgeber kann sich die Kenntniß aller Verträge im Baugeldvertrage ausbedingen. Der Treuhänder kann seine Auszahlungen von ihrer Vorlage abhängig machen. Beide können die Einreichung jederzeit erzwingen. Für alle übrigen Betheiligten liegt aber erst beim Zusammenbruch des Unternehmens eine Veranlassung vor, den Inhalt aller Verträge zu prüfen. Das Verlangen, wegen der dann zu erwartenden Auseinandersetzungen schon im Voraus alle Lieferungsverträge beim Grundbuchamt einzureichen, ist nach meiner Ansicht etwa so gerechtfertigt, wie es eine Vorschrift sein würde, wegen der später zu erwartenden Erbschaftprozesse im Voraus den Inhalt aller Testamente mit allen Nachträgen oder Abänderungen öffentlich bekannt zu geben.

Soll ich sagen, wie nach meiner Ansicht die Baugeldgewährung am zweckmäßigsten geregelt würde, so muß ich folgende Vorschriften empfehlen:

a) Das Baugelddarlehen muß, wenn nicht eine gegentheilige Verabredung getroffen wird, als Bauforderung gelten und mit den übrigen Bauforderungen gleichen Rang haben;
b) dem Baugelddarlehen darf bei der Eintragung ein Vorrang vor den später zum Grundbuche angemeldeten Bauforderungen im Baugeldvertrage eingeräumt werden;

---

30) D. Pfandrecht der B., S. 203.

c) hieran ist die Bedingung zu knüpfen, daß die Baugelder durch die Vermittelung eines Treuhänders an die übrigen Baugläubiger verhältnißmäßig zu vertheilen sind.

Es scheint mir, daß damit den von rechtskundigen und praktischen Beurtheilern dagegen erhobenen Bedenken Rechnung getragen würde, daß Jemand, der eine Zahlung zur Befriedigung eines Baugläubigers leistet, mehr Rechte erwerben soll, als der befriedigte Baugläubiger hatte[31]). Zugleich würde der Weg gezeigt, den der Gesetzgeber für die Zukunft empfehlen will. Der Baugeldgeber würde von der jetzt verlangten Sicherung durch ein unbilliges, die Leistungen der Baugläubiger im Voraus in Beschlag nehmendes Pfandrecht auf den besseren Weg des Personalkredits gewiesen. Daneben würden für die Bedürfnisse der Gegenwart die Bedingungen festgelegt, unter denen dem Baugeldgeber eine über die Rechte der übrigen Baugläubiger hinausgehende Sicherung gewährt werden darf.

Wie bei der vorhin empfohlenen Anlage besonderer Grundbuchblätter für die Gebäude mit der Befriedigung der gerechten Ansprüche der Bauhandwerker zugleich ein verheißungsvoller Schritt auf dem Wege der Trennung von Grundstück und Gebäude im bodenreformerischen Sinne unternommen würde, so würde auch hier mit der Umgestaltung des Baugeldvertrages eine Verbesserung des Kreditwesens angebahnt werden, die nicht nur dem Baugewerbe zu Gute kommen wird. Beide Maßregeln treffen die letzten Ursachen des Bauschwindels, den Bodenschacher und das mit ihm verbündete Geldgeberthum, ohne das solide Baugeschäft zu beeinträchtigen. Ich will hoffen, daß es gelingen wird, den Gesetzgeber für diese Maßregel zu gewinnen.

Bedauerlich ist es, daß das Baupfandgesetz, das alle übrigen Betheiligten, Baustellenverkäufer, Geldgeber, Baugläubiger und Drittunternehmer mit zahlreichen Vorschriften bedenkt, einen Hauptbetheiligten, den unsoliden **Bauunternehmer** ganz unbehelligt lassen will. Wenigstens wenn die §§ 7, 7a, 7b fallen. Die Verfügung über die Baugelder wird ihm durch die Entwürfe allerdings entzogen. Die damit verbundenen Erschwerungen treffen aber ebenso den soliden Unternehmer. Jeder andere Gewerbetreibende hat bei dem Zusammenbruche seines Unternehmens seinen Gläubigern und dem Gerichte Rechenschaft über sein Geschäftsgebahren zu geben. Nur der Bauunternehmer nicht. Er hat weder den Konkurs zu fürchten noch den Massenverwalter, der die Vor-

---

[31]) **Brunner** a. a. O. S. 14; **Oertmann** a. a. O. S. 64; **Hilse**, Archiv f. öffentl. Recht, 1898, S. 340; D. Pfandrecht d. B. S. 117, 324.

lage seiner Bücher und Verträge verlangen kann. Einfach weil außer den Baulichkeiten gewöhnlich keine Masse vorhanden ist und weil die Baulichkeiten den Realgläubigern gehören.

Es wäre zu wünschen, daß das Baupfandgesetz auch hierin Wandel schaffte. Der Schutzverein Berliner Bauinteressenten hat mehrfach beantragt, den Konkurs eines Bauunternehmers auch bei fehlender beweglicher Masse zu ermöglichen. Das wäre durch eine Vorschrift zu erzielen, daß mit der Zwangsversteigerung eines Gebäudes, auf dem der Bauvermerk ruht, stets die Eröffnung des Konkurses zu verbinden ist. Für eine derartige Vorschrift ist das Baupfandgesetz der rechte Ort und ich will der Hoffnung nicht entsagen, daß sie im Gesetz zur Sicherung der Bauforderungen Aufnahme findet.

Zum Schlusse muß ich mich noch gegen die neuerdings aufgetauchte Ansicht wenden, daß das Bedürfniß für ein Schutzgesetz jetzt nicht mehr in demselben Maße vorhanden sei, wie in den 90er Jahren. Auch Herr Justizminister Dr. Schönstedt hat im preußischen Abgeordnetenhause am 15. Februar d. J. auf diese Meinung hingewiesen. Ich muß demgegenüber darauf aufmerksam machen, daß solche Zustände, wie wir sie in den Jahren 1890 bis 1895 beklagt haben, bei der jetzigen Gesetzgebung jederzeit wieder eintreten können und daß wir Gesetze nicht für die Gegenwart, sondern auch für die Zukunft zu machen haben. Die unsicheren Grundlagen des Baugewerbes sind jetzt dieselben, wie vor einem Jahrzehnt. Die Leistungen der Bauhandwerker sind nach wie vor dem Pfandrechte der Baustellenverkäufer unterworfen. Das Baugeld wird nur gegen vorherige Verpfändung der Baulieferungen gewährt, ohne daß der mißbräuchlichen Verwendung des Baugeldes Schranken gezogen sind. Die kaufmännischen Lieferanten nehmen durch ihre Sicherungshypotheken den Rest des vorhandenen Bauwerthes in Anspruch und der Bauhandwerker muß seine Arbeiten schutzlos dem Pfandrecht aller Hypothekengläubiger unterwerfen. Eine solche Rechtslage muß nothgedrungen den Betrug herausfordern.

Die Thatsache, daß der Bauschwindel in den letzten Jahren in Berlin und in einigen anderen Städten zurückgegangen ist, giebt uns wohl die Muße, das Schutzgesetz in allen Einzelheiten sorgfältig zu prüfen, sie giebt uns aber keine Gewähr dafür, daß die früheren Zustände nicht wiederkehren werden. Wer als Gewerbetreibender nach einander die Baukrisen der Jahre 1865 bis 1866, 1873 bis 1877, 1890 bis 1895 miterlebt hat, weiß, wie wenig der Einwand bedeutet, daß augenblicklich die Zahl der Zwangsversteigerungen zurückgegangen ist und die Verluste bei Neubauten sich vermindert haben. Was heute nicht ist, kann morgen kommen und Niemand weiß, wie nahe wir einer Wiederholung der Ereignisse des Jahres 1894 stehen. Sollen erst wieder Schreckenthaten wie der Fall Seeger geschehen, um die Gesetzgebung zu vorbeugenden Maßregeln zu bewegen? Wie die Handwerker über jeden neuen Aufschub denken, weiß ich genau und ich glaube, daß wir eine schwere Verantwortung auf uns nehmen würden, wenn wir auch die jetzt gegebene, vielleicht kurze Frist verstreichen lassen, ohne daß aus den langjährigen Erwägungen ein brauchbares Schutzgesetz hervorgeht.

Meine Antwort auf die an dem Eingange dieses Gutachtens gestellte Frage, welchem der jetzt amtlich veröffentlichten Entwürfe eines Gesetzes zum Schutze der Bauforderungen der Vorzug zu geben ist, geht hiernach dahin:

1. Der Entwurf B ist vorzuziehen, weil er die mittelbaren Baugläubiger berücksichtigt und zweckmäßige Vorschriften für die Sicherung eines Theiles der Baugelder enthält.
2. Es wird empfohlen, die Abschätzung des Gebäudes und der Liegenschaften zu einem Theil des Zwangsvollstreckungsverfahrens zu machen und eine frühere Abschätzung nur auf Antrag der Betheiligten zuzulassen.
3. Bei der Eintragung des Bauvermerkes ist für das Gebäude ein besonderes Grundbuchblatt (vergl. § 7 der Grundbuchordnung) anzulegen. Erfolgt eine Zwangverwaltung oder Zwangversteigerung, so ist der Ertrag oder Erlös verhältnißmäßig auf die Baustelle und das Gebäude zu vertheilen. Die Gläubiger des Grundstücks werden aus dem Erlös des Grundstücks, die Gläubiger des Gebäudes aus dem Erlös des Gebäudes nach ihrer Rangfolge befriedigt.
4. Die vom Eigenthümer mit dem Uebernehmer über die Herstellung des Bauwerkes abgeschlossenen Verträge sind nur dann bei dem Grundbuchamte einzureichen, wenn dem Uebernehmer als Hauptunternehmer die Herstellung des ganzen Bauwerkes oder eines überwiegenden Theiles des Bauwerkes übertragen wird.
5. Das Gesetz ist auch auf Neubauten auszudehnen, die an Stelle von abgerissenen Gebäuden errichtet werden. Ebenso auf Umbauten und Reparaturen, durch die der Werth des Gebäudes um mehr als den fünften Theil erhöht wird. Soweit dabei Gebäude in Betracht kommen, die aus Versicherungssummen

wieder hergestellt werden, sind die Versicherungsgelder einem Treuhänder (§ 22 der Entwürfe) zu übergeben.

6. Die Bauforderungen der auf Grund eines Dienstvertrages an der Herstellung des Bauwerkes oder eines Theiles des Bauwerkes Betheiligten müssen, sofern die Dienstverträge von dem Eigenthümer der Baustelle oder für dessen Rechnung geschlossen sind, gleichzeitig mit den im § 10 Nr. 2 des Reichs-Zwangvollstreckunggesetzes aufgeführten Beträge zur Hebung kommen. Wird für das Gebäude ein besonderes Grundbuchblatt angelegt, so gelten sie nur als Gläubiger des Gebäudes.

7. Das Baugelddarlehen muß, wenn nicht eine gegentheilige Verabredung getroffen wird, als Bauforderung gelten. Wird ihm bei der Eintragung ein Vorrang vor den später eingetragenen Bauforderungen eingeräumt, so sind die Baugelder durch Vermittelung eines Treuhänders zu zahlen.

8. Es ist vorzuschreiben, daß kein Baugläubiger aus dem Baugelde vor Ablauf der im § 21 Abs. 2 genannten Frist über das im Baugeldvertrage festzusetzende Verhältniß der Beleihung hinaus befriedigt werden darf.

9. Es ist zweckmäßig, mit der Zwangversteigerung eines Grundstückes, auf das der Bauvermerk eingetragen ist, ein Konkursverfahren zu verbinden. Die Kosten dieses Verfahrens sind den Kosten des Zwangvollstreckungverfahrens anzurechnen.

XVI.

Gutachten des Herrn Prof. van Calker-Straßburg

über die Frage:

Nach welchen Grundsätzen ist die Revision des Strafgesetzbuches in Aussicht zu nehmen.

Vorbemerkung.

Die ständige Deputation des deutschen Juristentages hat auf die Tagesordnung der nächsten Sitzung die Frage gestellt, nach welchen Grundsätzen die Revision des St.G.B.'s in Aussicht zu nehmen sei. Sie hat damit die Frage, ob in nächster Zeit an die Revision des geltenden Rechts herangetreten werden solle, bereits mit „ja" beantwortet. Mit dieser Antwort steht sie auf dem Standpunkt, der heute in Theorie und Praxis ziemlich einheitlich eingenommen wird. Auch seitens des Reichsjustizamtes ist in letzter Zeit zu wiederholten Malen ausgeführt worden, daß die Reichsregierung die Revision des geltenden Rechts für nothwendig erachtet, ja, daß bereits einleitende Schritte getroffen worden sind, welche diesem Ziele zustreben. Von manchen Seiten sind nun ja allerdings Bedenken dagegen erhoben worden, daß jetzt an die Revision unseres Str.G.B. herangetreten werde. Diese Bedenken beruhen wohl zum größten Theile auf der Besorgniß, daß es schwierig, wenn nicht unmöglich sei, bei den gegenwärtigen parlamentarischen Verhältnissen im Reich die Revision einer Gesetzgebung vorzunehmen, bei welcher eine Reihe von schwierigen politischen Fragen behandelt und zum Austrag gebracht werden müssen. Allein die Frage ist ja heute nicht die, ob es sich unter den gegenwärtigen Verhältnissen empfehlen würde, den Entwurf eines Str.G.B. zur verfassungsmäßigen Beschlußnahme an den Reichstag zu bringen, die Frage geht vielmehr einstweilen nur dahin, ob es sich empfiehlt, jetzt an die Vorbereitung der Revision heranzutreten. Wie mir scheint, sind aber die Bedenken, die gegen die Inangriffnahme der

Revision erhoben worden sind, nicht dahin gerichtet, auch von der Vorbereitung einer Revision abzurathen. Die Frage, ob mit der Vorbereitung für die Reform des geltenden Strafrechts heute begonnen werden solle oder nicht, bedarf somit m. E. keiner weiteren Besprechung.

Darüber, daß der deutsche Juristentag sich bei der Vorbereitung der Revision zu betheiligen haben wird, besteht kein Zweifel. Je intensiver die Mitarbeit des Juristentages aber hierbei werden soll, desto nothwendiger ist es, eingehend zu erwägen, in welcher Weise der Juristentag sich bei jenen Arbeiten betheiligen will. Es erscheint sohin wünschenswerth, von vornherein einen Arbeitsplan aufzustellen. Fällt auch diese Aufgabe in erster Linie der ständigen Deputation zu, der wir ja alle zu so großem Danke verpflichtet sind für die Umsicht, mit welcher sie die Tagesordnungen unserer Zusammenkünfte festsetzt, so ist es doch nach der ganzen Lage der auf diesem Gebiete gegebenen Verhältnisse empfehlenswerth, daß die Versammlung selber sich zu der Frage, in welcher Weise der Juristentag sich an der Mitarbeit der Revision des Str.G.B. betheiligen soll, in eingehender Weise äußert. Es möge deshalb gestattet sein, daß auch das Gutachten, welches bestimmt ist, die Verhandlungen vorzubereiten, zunächst zu dieser Frage des Arbeitsplanes Stellung nimmt.

Bei der Aufstellung des Arbeitsplanes ist davon auszugehen, daß der Juristentag in doppelter Weise bei der Vorbereitung der Revision mitwirken kann und muß: erstens bei der Beischaffung des Materials, das bei der Aufstellung des Entwurfs zur Verwendung gebracht werden muß, und zweitens seiner Zeit bei der Kritik des aufgestellten Entwurfs. Von dieser zweiten Aufgabe hat hier noch nicht die Rede zu sein, lediglich die erste Aufgabe steht einstweilen zur Erörterung.

Die Aufgabe der Beischaffung und Vorbereitung des Materials für die Revision obliegt einerseits dem gesammten deutschen Juristenstande, sie obliegt andererseits aber auch — und in erster Linie — dem Reichsjustizamte. Es wird sich deshalb empfehlen, daß der deutsche Juristentag durch seine ständige Deputation mit dem Reichsjustizamt über die Ausführung des Arbeitsplanes Fühlung nimmt, um durch eine Organisirung der Arbeit die zur Verfügung stehenden Kräfte möglichst zweckmäßig zur Verwendung zu bringen.

Die Mitarbeit des Juristentages an der Vorbereitung der Revision hat zu geschehen durch die Anregung von Gutachten und durch Verhandlungen über die einzelnen Fragen. Die Gutachten und Verhandlungen werden jedenfalls sämmtliche Hauptfragen des allgemeinen Theiles zum Gegenstand haben müssen. Folgende Fragen erscheinen mir hierbei besonders in Betracht zu kommen: Das Strafensystem, die Frage der Zurechnungsfähigkeit und der verminderten Zurechnungsfähigkeit, die Frage der Behandlung der Jugendlichen, Theilnahme und Versuch, das internationale Strafrecht. Aber nicht nur Fragen des allgemeinen Theiles, auch Fragen des besonderen Theiles müssen meines Erachtens in den Verhandlungen des deutschen Juristentages zur Erörterung gebracht werden. Daß gewisse Bedenken gegen die Behandlung der einzelnen Deliktsthatbestände bestehen, ist ja von vornherein zuzugeben, allein ich bin der Ueberzeugung, daß es gerade ganz besonders wünschenswerth ist, daß sich der deutsche Juristentag als eine vollkommen unpolitische Versammlung mit diesen Fragen eingehend beschäftigt. Denn ein wichtiges Moment, welches es manchen bedenklich erscheinen läßt, an die Revision des Str.G.B. heranzutreten, liegt ja darin, daß gerade bei einer Reihe von Fragen des besonderen Theiles politische Anschauungen mit in Betracht kommen, und daß es deshalb, wie sich dies bei verschiedenen Gelegenheiten gezeigt hat, außerordentlich schwierig ist, diese Fragen im Parlament in gedeihlicher Weise zu erörtern und zur Entscheidung zu bringen. Je mehr man aber diese Fragen des politischen Charakters entkleiden kann, desto leichter werden die Interessen, deren Schutz die betreffende gesetzliche Vorschrift zu dienen bestimmt ist, klar gestellt und vorurtheilslos gewürdigt werden. Gerade aus dieser Erwägung empfiehlt es sich meines Erachtens, diejenigen Deliktsthatbestände, bei denen politische Momente in Betracht kommen, im deutschen Juristentage zur Erörterung zu bringen. Die Fragen, die hiernach aus dem Gebiete des besonderen Theiles jedenfalls auf die Tagesordnung des deutschen Juristentages gestellt werden sollten, sind m. E. die Frage der Majestätsbeleidigung, der Religionsdelikte und der Sittlichkeitsdelikte.

Die für unser Gutachten zur Erörterung gestellte Frage erfordert weiter insbesondere eine Stellungnahme in materieller Beziehung, sie erfordert eine Besprechung der Grundsätze, von welchen aus die Revision des Strafgesetzbuchs zur Durchführung gebracht werden soll.

Eine erschöpfende Beantwortung dieser Frage würde über die Aufgabe eines Gutachtens, das die Verhandlung des deutschen Juristentages zu einem Gegenstand einer Tagung vorzubereiten bestimmt ist, weit hinaus gehen, müßte sie doch eine prinzipielle Stellungnahme zu sämmtlichen Hauptfragen des Gesetzbuches enthalten. Das kann hier selbstverständlich nicht die Aufgabe sein. Immerhin ist die Anschauung und Absicht der ständigen Deputation bei der Stellung unseres Themas wohl die gewesen, daß bei der nächsten Tagung des deutschen Juristentages, bei welcher die Frage der Revision des Str.G.B. als solche zum ersten Male auf die Tagesordnung gesetzt wird, gleichsam eine Generaldebatte über die gesammte Materie stattfinden soll. Hat eine solche Generaldebatte auch immer das Bedenken gegen sich, daß durch die Aufwerfung und Erörterung zu vieler Fragen keine der Fragen genügend eingehend zur Erörterung gelangt und somit das praktische Resultat nicht selten ein verhältnißmäßig unbefriedigendes wird, so ist es meines Erachtens doch nicht zu umgehen, daß einmal die Grundfragen unseres Str.G.B. zur Besprechung gebracht werden. Und von Werth für die Lösung der Aufgabe wird diese Debatte sicher dann sein, wenn die Grundprobleme in ihrer praktischen Bedeutung, d. h. in ihrer Anwendung auf die konkrete Ausgestaltung des Strafgesetzes besprochen werden.

Die Methode, in welcher bei der Generaldebatte vorgegangen werden muß, wird aber nicht die sein dürfen, daß wir uns etwa über die verschiedenen heute zur Erörterung stehenden Strafrechtstheorien mit einander unterhalten und daß wir schließlich etwa darüber abstimmen, welche dieser Strafrechtstheorien bei der Revision des Str.G.B. zu Grunde gelegt werden soll; ich meine, es müßte vielmehr unser Vorgehen dies sein, daß wir uns zunächst die Frage vorlegen: Welches sind die bedeutsamsten Mängel unseres gegenwärtig geltenden Strafrechts, nach welchen Richtungen hin ist also eine Revision besonders nothwendig?

Bei der Betrachtung des gegenwärtigen Standes unserer Strafgesetzgebung können wir uns ja nicht verhehlen, daß schon seit geraumer Zeit, und in den letzten Jahren in verstärktem Maße Stimmen laut werden, welche die Resultate unserer Strafrechtspflege als unbefriedigende bezeichnen: manches Urtheil wird als in seinem Inhalt den Rechtsanschauungen unseres Volkes widerstreitend, den Rechtsbedürfnissen nicht entsprechend erachtet, ja es wird die Meinung vertreten, daß sich unsere Strafrechtspflege ihrer Aufgabe, der Bekämpfung des Verbrechens zu dienen, mehr und mehr als nicht gewachsen erweise. Und jeder Kundige muß zugeben, daß die Behauptung, die Ergebnisse unserer Strafrechtspflege seien, in soweit die Bekämpfung des Verbrechens in Betracht kommt, unbefriedigend, leider den thatsächlichen Verhältnissen entspricht. Die unheimlich anwachsenden Zahlen unserer Kriminalstatistik liefern ja für die Richtigkeit dieser Behauptung einen unwiderleglichen Beweis.

Die allgemeine Ueberzeugung derjenigen, welche diesen Erscheinungen ihre Aufmerksamkeit zuwenden, geht heute dahin, daß die unbefriedigenden Ergebnisse unserer Strafrechtspflege mit dem im geltenden Rechte gegebenen Strafensystem in ursächlichem Zusammenhange stehen. Die Ueberzeugung geht deshalb auch heute einheitlich dahin, daß eine Besserung jener Schäden eine gründliche und systematische Revision unseres Str.G.B. vor allem in der Richtung auf das **Strafensystem** und den **Strafvollzug** zur nothwendigen Voraussetzung habe. Das vorliegende Gutachten soll sich aus dieser Erwägung speziell mit der Frage der Gestaltung des Strafensystems de lege ferenda befassen und zu den Grundfragen nach den hiermit gegebenen Richtungen Stellung nehmen.

Dieser Stellungnahme möchte ich folgendes vorausschicken:

Der Wunsch, die Mängel des gegenwärtigen Rechtszustandes zu bessern, hat seit den letzten Jahrzehnten des vergangenen Jahrhunderts nicht nur in Deutschland, sondern auch im Auslande, wo sich solche Schäden in gleicher Weise gezeigt haben, zu mancherlei Reformvorschlägen geführt. Der Kampf gegen das geltende Recht ist hierbei lange Zeit mit großer Schärfe geführt worden: in der Ueberzeugnng, daß die hervorgetretenen schweren Schäden nur durch eine völlige Abkehr von den bisherigen **Grundlagen** unserer Strafgesetzgebung zu heilen seien, haben viele ihren Angriff unmittelbar gegen die **Grundmauern** unseres Rechts gerichtet. Heute hat sich jedoch — jedenfalls soweit die Verhältnisse in Deutschland in Betracht kommen — die Schärfe des Kampfes gemildert, die Möglichkeit eines Kompromisses wird auch vom schärfsten Gegner des geltenden Rechts selber ins Auge gefaßt, und der Wunsch nach einer Verständigung auf legislativem Gebiete wird ausdrücklich betont.

Mit diesem Wunsche nach Verständigung aber muß von allen Seiten an die Vorbereitung der Revision herangetreten werden!

I.

Theoretische Grundfragen.

Die Gegner des geltenden Rechts sind, soweit ihre Ansichten im Uebrigen auch auseinander gehen, darin einig, daß die Mängel des geltenden Rechts in erster Linie auf das unserm Str.G.B. zu Grunde liegende Prinzip, die **Idee der gerechten Vergeltung**, zurückzuführen seien. Dieses Prinzip verlange für die Gestaltung des Strafensystems eine ausschließliche Berücksichtigung der **objektiven Bedeutung** der strafbaren Handlung, des Erfolges, während die Person des Verbrechers, d. i. seine **Gefährlichkeit** für die Interessen der Gesellschaft, unter der Geltung jener Idee nicht zu entsprechender Würdigung kommen könne. Abgesehen davon, daß die Idee der gerechten Vergeltung wissenschaftlich nicht mehr haltbar sei, könne eine Besserung der Mängel des geltenden Rechts somit nur erhofft werden, wenn bei der Ausgestaltung des Strafensystems die gegenüber dem einzelnen Verbrecher zu erreichenden Zwecke als entscheidende Richtpunkte in Betracht gezogen würden. Die Ausgestaltung des Strafensystems müsse erfolgen nach den durch die Spezialprävention als maßgebendes Prinzip gestellten Forderungen.

Den hiermit ausgesprochenen Vorwürfen gegen das geltende Recht gegenüber ist Folgendes zu erwägen: Zunächst ist richtig und unbestritten, daß dem geltenden Recht die Idee der gerechten Vergeltung als entscheidendes Prinzip zu Grunde liegt, und weiter ist zuzugeben, daß das geltende Recht bei der Gestaltung des Strafensystems jedenfalls in erster Linie auf die Bedeutung des äußeren Erfolges, die objektive Schwere des Verbrechens Bezug nimmt, endlich aber ist m. E. nicht zu bestreiten, daß sich aus dieser Stellung des geltenden Rechts Konsequenzen ergeben, die die Wirksamkeit des Strafgesetzes auf manchen Gebieten erheblich zu hemmen geeignet scheinen. Es zeigt sich dies vor allem auf dem Gebiete des gewohnheits- und gewerbsmäßigen Verbrechens, auf welchem die Wirkungslosigkeit des geltenden Rechts heute in einer, die Interessen der Gesellschaft schwer schädigenden Weise hervortritt. Geben wir hiermit jene Vorwürfe, daß sich aus der Idee der gerechten Vergeltung in ihrer Durchführung im geltenden Recht erhebliche Mängel hinsichtlich der Wirksamkeit des Strafgesetzes ergeben haben, als berechtigt zu, so kann damit doch keineswegs gesagt sein, daß die Idee der gerechten Vergeltung als solche um deswillen aufgegeben werden müsse, weil sie ihrem Wesen nach eine größere Energie des Strafgesetzes ausschließe. Die Frage, ob die Idee der gerechten Vergeltung wissenschaftlich haltbar sei, kann dabei selbstverständlich nicht zur Erörterung stehen, es ist dies eine Frage der Weltanschauung, über welche an gegenwärtiger Stelle weder eine Debatte, noch eine Abstimmung erfolgen kann.

Die Frage, die hier zur Erörterung steht, ist folgende: Kann vom Standpunkt der Idee der gerechten Vergeltung aus eine derartige Gestaltung des Strafensystems getroffen werden, daß eine wirksamere Bekämpfung des Verbrechens möglich erscheint? Es wird nicht selten die Anschauung vertreten, daß ein Festhalten an dem Prinzip der gerechten Vergeltung eine wirksamere Bekämpfung des Verbrechens um deswillen von vornherein ausschließe, weil Vergeltungsidee und Zweckgedanken, oder Generalprävention und Spezialprävention, als Konsequenzen jener Prinzipien, in einem unüberbrückbaren Gegensatz zu einander stünden. Eine solche Anschauung verkennt den Inhalt der Vergeltungsidee. Die Vergeltungsidee fordert, daß die Größe des Strafübels der in der Strafthat gegebenen Größe der Schuld proportional sei; daß dieses Strafübel „zweckmäßig" gestaltet werde, verbietet jene Idee damit in keiner Weise. Im Gegentheil, von ihrem ersten Auftauchen im Bewußtsein der Völker, wie im Bewußtsein des Einzelnen schließt die Idee der Vergeltung die Zweckbeziehung in sich: Verhinderung des Wiedereintrittes der erduldeten Verletzung durch die Reaktion gegen den ersten Angriff. Und je höher die geistige Entwickelung der Völker, wie die des Einzelnen steigt, desto klarer und bestimmter macht sich diese Zweckbeziehung geltend. Die zweckmäßigere Gestaltung der Strafe bedeutet somit an sich nicht ein Aufgeben, sondern vielmehr ein tieferes und reineres Erfassen des Vergeltungsgedankens. Und nur die eine Forderung stellt die Vergeltungsidee: daß die in concreto zweckmäßige Strafe der Größe der Schuld proportional, daß sie gerecht sei. So wird der Gedanke der Spezialprävention durch die Idee der gerechten Vergeltung keineswegs ausgeschlossen, wohl aber regulirt, und zwar mit der Wirkung, daß zwischen den Zwecken, die gegenüber dem einzelnen Verbrecher zu erreichen sind, und denjenigen, welche durch die Strafe in Gesetz und Urtheil gegenüber der Gesammtheit angestrebt werden, ein bestimmtes Rangverhältniß begründet wird: den letzteren wird der Vorrang eingeräumt. Die Grundlage für diese Erscheinung ist aber darin gegeben, daß das Recht als Mittel zur Ermöglichung und Förderung des Gemeinschaftslebens seine Aufgabe nur dann erfüllen kann, wenn es in allen seinen Normen die für die Beziehungen der Gemeinschaftsglieder zu einander jeweils maßgebenden ethischen Werthanschauungen sorgfältig beobachtet; jede in dieser Richtung geschehende Verletzung schädigt das Gemeinschaftsleben, widerspricht dem Zwecke des Rechts und ist damit in diesem Sinne im höchsten Maße „unzweckmäßig".

Da aber nun jene für die Gestaltung des Gemeinschaftslebens maßgebenden Werthanschauungen ihren Ausdruck in der Idee der Gerechtigkeit als regulativem Prinzip alles Gemeinschaftslebens finden, wird hierdurch doch schließlich eine Versöhnung zwischen Vergeltungsidee und Zweckgedanken begründet: Vergeltungsidee und Zweckgedanken befinden sich dann und insoweit in voller Harmonie, als der Zweckgedanke von jenem über die Zweckmäßigkeit des Einzelfalles prinzipiell erhabenen Standpunkt aus betrachtet wird.

Ergiebt sich aus dieser Erwägung, daß ein Festhalten an dem Prinzipe der gerechten Vergeltung eine wirksamere Bekämpfung keineswegs ausschließt, so ist der Weg, der zu diesem Ziele führt, m. E. in folgendem Gedankengang zu finden:

Wie oben ausgeführt, berücksichtigt das geltende Recht bei der Bestimmung von Strafart und Strafmaß zweifellos in erster Linie die objektive Bedeutung des Verbrechens, die Größe des Erfolges. Immerhin kommen auch vom Standpunkt des geltenden Rechts aus hierbei subjektive Momente zur Berücksichtigung. Es zeigt sich dies z. B. bei der Unterscheidung von Vorsatz und Fahrlässigkeit, von Vollendung und Versuch, von Thäterschaft und Beihilfe bei der Bestrafung des Rückfalls, bei der nicht seltenen Bezugnahme auf das Motiv des Deliktes — besonders in § 20 des Str.G.B. — bei der Qualifizirung besonders raffinirter Begehungen u. s. w. Durchaus unzutreffend ist es hiernach, wenn die Auffassung vertreten wird, das geltende Recht ziehe für die Bestimmung der Strafart und des Strafmaßes ausschließlich die objektive Thatseite in Berücksichtigung, noch unzutreffender aber die Auffassung, daß vom Standpunkte der konsequent durchgeführten Vergeltungsidee nur diese objektive Thatseite, die Schwere des Erfolges, zur Würdigung kommen könne. Ich sehe in dem konkreten Verhalten unseres Gesetzes nur dieses: daß jene Entwickelung des Strafrechts, welche, ausgehend vom Standpunkte der reinen Erfolgshaftung und sich über diesen allmählich erhebend, zu einem ganz wesentlichen Theile gerade in einer Klärung der subjektiven Thatseite und ihrer entsprechend fortschreitenden Berücksichtigung besteht, im geltenden Rechte noch nicht auf der Stufe angelangt ist, die unsern heutigen ethischen Werthurtheilen und unsern modernen psychologischen Anschauungen entspricht. Es ist aber m. E. bis heute kein stichhaltiger Grund für die Anschauung vorgebracht worden, daß dem Prinzipe der gerechten Vergeltung eine Berücksichtigung der subjektiven Thatseite, eine Berücksichtigung der Schuldenergie, der durch die That dokumentirten Intensität der verbrecherischen Gesinnung widerspreche. Gerade der entgegengesetzte Standpunkt ist der zutreffende. Vom Standpunkte der Vergeltungsidee, wie diese in unserm geltenden Recht zur Durchführung gebracht ist, wird für die Bestimmung der Art wie der Höhe der Strafe maßgebend die Schwere der zur Aburtheilung stehenden Strafthat. Die Bewerthung der Schwere geschieht aber hierbei nach einem doppelten Gesichtspunkte, nach einem objektiven und nach einem subjektiven. Das objektive Moment liegt in dem Werthe des verletzten bezw. gefährdeten Rechtsgutes — „im Erfolge" —, das subjektive in der durch die konkrete That bezeugten Intensität der verbrecherischen Gesinnung.

Betrachten wir die beiden für die Beurtheilung in Betracht kommenden Gesichtspunkte etwas näher. Daß vom Standpunkte der Idee der gerechten Vergeltung aus das objektive Moment, die Schwere des Erfolges, zu berücksichtigen ist, steht außer Zweifel, und es würde der Verzicht auf die Berücksichtigung dieses Momentes den Verzicht auf die Idee der gerechten Vergeltung als maßgebendes Prinzip bedeuten. Die Berücksichtigung der objektiven Bedeutung der Verletzung ist mit der Idee der gerechten Vergeltung auf's Innigste verbunden, denn die Idee der gerechten Vergeltung beruht unmittelbar auf dem Gedanken, daß gegenüber einer Gefährdung oder Verletzung eine Reaktion zu erfolgen habe nach Maßgabe der Bedeutung des geschehenen Angriffs bezw. der Bedeutung des gefährdeten oder verletzten Objektes. Der Standpunkt ist dabei dieser, daß zwischen den einzelnen möglichen Verletzungsobjekten ein Werthunterschied bestehe, und daß sich die Energie der Reaktion zu richten habe nach der Größe des betreffenden Werthes. Die Anschauungen über die Werthverschiedenheit sind historisch erwachsen, sie entwickeln und verschieben sich von Volk zu Volk und von Zeit zu Zeit. In jenen Werthurtheilen dokumentirt sich somit die Ansicht eines Volkes und einer Zeit über die Bedeutung, welche ein konkretes Interesse für den jeweiligen Bestand und die Entwickelung der Lebensbedingungen dieses Volkes hat. Aus diesem Grunde ist die Reaktion nach Maßgabe der objektiven Bedeutung einer Verletzung für die Erhaltung und Entwickelung der Lebensbedingungen eines Volkes unbedingt erforderlich, und es würde ein Verzicht auf die Berücksichtigung des objektiven Momentes bei der durch die Strafe geschehenden Reaktion eine unmittelbare Gefahr für den Bestand und die Entwickelung der Lebensbedingungen mit sich bringen. Es würde ein solcher Verzicht eine Verwirrung über die Bedeutung der einzelnen Interessen für Gesellschaft und Staat und damit eine schwere Schädigung dieser Interessen zur nothwendigen Folge haben. Aus dieser Erwägung ergiebt sich m. E., daß die Berücksichtigung des objektiven Momentes nicht nur vom Standpunkte der gerechten Vergeltung aus unbedingt erforderlich ist, daß vielmehr ein Verzicht auf die Berücksichtigung dieses Momentes vom Standpunkt einer jeden Theorie, die überhaupt dem Str.G.B. die Aufgabe zuertheilt, die Lebensinteressen des Individuums und der Gesellschaft zu schützen, von vornherein als unberechtigt erscheinen muß.

Neben dem objektiven Momente kommt nun auch vom Standpunkte der gerechten Vergeltung, wie oben ausgeführt, für die Beurtheilung der Schwere eines Verbrechens in Betracht: die Intensität der durch die konkrete strafbare Handlung erwiesenen verbrecherischen Gesinnung. Auch dieses Moment bedarf einer näheren Untersuchung und Feststellung.

In der Gesinnung, aus welcher ein konkretes Verbrechen entspringt, stellt sich das Verhältniß des einzelnen Individuums zu der Rechtsordnung dar. Ein jedes Delikt enthält, als eine Uebertretung der staatlichen Norm, eine Verneinung des in der Norm zum Ausdruck kommenden Willens der Gemeinschaft und der für den Inhalt dieses Willens maßgebenden

Interessen. Die Intensität der in jedem Verbrechen zu Tage tretenden Verneinung der Interessen der Gemeinschaft ist aber eine verschiedenartige und es erscheint möglich, gewisse besonders bedeutsame Abstufungen der verbrecherischen Intensität theoretisch festzulegen. Nicht in dem Sinne, daß es angängig wäre, jeden Verbrecher von vornherein einer bestimmten Kategorie zuzuweisen und für die einzelnen Kategorien als solche Strafart und Strafmaß zu bestimmen, wohl aber zu dem Ziele, dem Gesetzgeber Anhaltspunkte dafür zu geben, daß gerade vom Standpunkte der Idee der gerechten Vergeltung aus verschiedene Intensitätsgrade der verbrecherischen Gesinnung unterschieden werden können — und müssen.

Die Intensität der verbrecherischen Gesinnung ist m. E. nach einem doppelten Gesichtspunkte zu bestimmen: einmal nach ihrer ethischen Qualität und zum andern nach dem Stärkeverhältnisse der für die Begehung des Verbrechens bestimmenden Motive zu den Motiven, welche für das Handeln des betreffenden Individuums regelmäßig maßgebend sind.

1. Verbrechen entspringen in der großen Mehrzahl aller Fälle aus einer Gesinnung, deren ethische Qualität nicht zweifelhaft ist: man bezeichnet dieselbe als verwerflich, gemein, wohl auch als ehrlos. Diese verschiedenen Bezeichnungen bedeuten inhaltlich völlig das Nämliche: sie konstatiren die ethische Mißbilligung; bei dem Begriff „ehrlos" tritt dabei eine besondere Beziehung auf die Person des Trägers jener Gesinnung in den Vordergrund, es wird zum Ausdrucke gebracht, daß das betreffende Individuum die Mißachtung der Rechtsgenossen verdiene, weil seine Gesinnung in Widerspruch stehe zu den Maximen, deren konstante Befolgung in der Anschauung der Gemeinschaft den „Ehrenmann" kennzeichnet. An den Begriff einer besonderen Standesehre — etwa der „Kavaliersehre" — wird hierbei in keiner Weise gedacht, es kommt hier vielmehr die Ehre nur in dem Sinne in Betracht, wie sie einem jeden Gliede der Rechtsgemeinschaft zukommt, das auf Grund eines den Normen des Rechts und der Sitte entsprechenden Verhaltens in der Gemeinschaft in Achtung steht.

Den Gegensatz zu der ehrlosen bildet die ehrenhafte oder achtungswerthe Gesinnung. Tritt der Ausnahmefall ein, daß ein Verbrechen aus einer ehrenhaften Gesinnung begangen wird, so spricht sich hierin insofern ein geringerer Intensitätsgrad der verbrecherischen Gesinnung aus, als sich der betreffende Thäter zwar zu den Vorschriften des Rechts in Widerspruch setzt, dabei aber gleichwohl seiner Gesinnung nach im Einklange bleibt mit den ethischen Anschauungen seiner Rechtsgenossen. Die an sich in jedem Verbrechen gegebene Auflehnung gegen die Bedingungen des Bestandes und der Vervollkommnung der Gemeinschaft erscheint aus diesem Grunde hier weniger intensiv, als wenn sich, wie dies regelmäßig der Fall, die Gesinnung ihrem Inhalte nach zu den Vorschriften der Ethik in Widerspruch befindet.

Daß der Richter heute bereits bei der Bemessung der Strafe die Qualität der Gesinnung in Rücksicht zu ziehen hat, bedarf keiner weiteren Ausführung. Besonders hinzuweisen ist aber bereits hier auf die Bestimmung des § 20 unseres Gesetzbuches, in welcher die Wahl der Strafart von diesem Gesichtspunkt abhängig gemacht ist. M. E. empfiehlt es sich, den hier gegebenen Gedanken zur prinzipiellen Durchführung zu bringen und in diesem Sinne, wie unten weiter anzuführen sein wird, die Strafart nach der ethischen Qualität der Gesinnung zu bestimmen.

2. Die Intensität der verbrecherischen Gesinnung bestimmt sich aber weiterhin, wie bemerkt, nach dem Stärkeverhältnisse der für die Begehung des Verbrechens bestimmenden Motive zu den Motiven, welche für das Handeln des betreffenden Individuums regelmäßig maßgebend sind. Es lassen sich m. E. in dieser Richtung folgende Stufen der Intensität — von einander natürlich nicht scharf geschieden, sondern durch mannigfache Uebergänge verbunden — ihrer typischen Bedeutung nach unterscheiden:

Ein verhältnißmäßig niederer Grad der Intensität ist dann gegeben, wenn das Verhältniß der für und gegen die Begehung der konkreten strafbaren Handlung gegebenen Motive ein solches ist, daß den gegen die Begehung von strafbaren Handlungen sprechenden Motiven regelmäßig der größere Gefühlswerth innewohnt, als den auf der entgegengesetzten Seite befindlichen, und daß es somit eines starken äußeren Reizes bedarf, um einen in der Richtung des Verbrechens liegenden Entschluß hervorzubringen. Es ist in solchem Falle die Begehung des Deliktes eine der Eigenart der betreffenden Person fremde Erscheinung, wir bezeichnen das Individuum, dessen psychischer Zustand bei der Begehung der strafbaren Handlung der eben gekennzeichnete ist, als „Gelegenheitsverbrecher". Ein höherer Intensitätsgrad der verbrecherischen Gesinnung ist dann gegeben, wenn sich jenes Verhältniß der für und gegen das Verbrechen vorhandenen Motive in der Weise verschiebt, daß konstante Hemmungsvorstellungen gegen die Ausführung von Verbrechen nicht oder nur in geringem Maße und mit geringem Gefühlswerthe vorhanden sind. Aus diesem Verhältniß ergiebt sich eine Gleichgültigkeit gegenüber den Normen des Strafgesetzes und aus dieser resultirt die Erscheinung, das ein geringer äußerer Anlaß das betreffende Individuum zum Verbrechen führt. Wir bezeichnen den Verbrecher, bei welchem in der eben gekennzeichneten Weise ein Widerstand gegen den Anreiz zum Verbrechen nicht oder nur in geringem Grade vorhanden ist und der in Folge hiervon schließlich bei jedem Anlasse, den ihm seine Lebensverhältnisse bieten, zum Verbrechen schreitet, als „Gewohnheitsverbrecher“. Eine weitere Steigerung der Intensität der verbrecherischen Gesinnung liegt dann vor, wenn der zum Verbrechen führende Reiz dadurch einen besonders hohen Gefühlswerth erhält, daß die Begehung des Verbrechens zu dem Zweck ins Auge gefaßt wird, aus dem Verbrechen eine Quelle dauernder Einnahmen zu machen, wenn somit die Begehung des Verbrechens gleichsam gewerbsmäßig geschieht; wir sprechen in solchem Falle von „gewerbsmäßigen Verbrechen“. Endlich der höchste Intensitätsgrad: dieser ist dann gegeben, wenn das Verhältniß der Motive so gestaltet ist, daß die Begehung von Verbrechen als solche dem Thäter eine Lustempfindung gewährt, wenn der Thäter Verbrechen begeht aus Lust am Verbrechen. In diesem Falle liegt in dem konkreten Verbrechen die intensivste Auflehnung gegen die Bedingungen des Bestandes der Gesellschaft, und wir müssen deshalb in jenem Verbrecher den gefährlichsten Feind der menschlichen Ordnung erblicken.

In welcher Weise nun m. E. eine Berücksichtigung des Intensitätsgrades der verbrecherischen Gesinnung in dieser Richtung bei der Bestimmung von Strafart und Strafmaß zu erfolgen hat, ist sogleich weiter auszuführen. Zur Präzisirung des hier vertretenen Standpunktes möchte ich folgendes nochmals hervorheben:

Einerseits: Eine Berücksichtigung des Intensitätsgrades der verbrecherischen Gesinnung bei Bestimmung von Strafart und Strafmaß widerspricht der Idee der gerechten Vergeltung nicht nur nicht, eine tiefere Erfassung und konsequente Durchführung der Vergeltungsidee fordert vielmehr eine stärkere Berücksichtigung dieses Momentes. Eine klare Erfassung und konsequente Durchführung dieses Gedankens bildet die nothwendige Voraussetzung für eine Reform des Strafgesetzes, welche auf der Grundlage der Idee der gerechten Vergeltung einen wirksameren Schutz der Gesellschaft durch das Strafgesetz herbeiführen will.

Andererseits: Ergiebt sich aus den angeführten Erwägungen die Forderung, daß das subjektive Moment bei dem Ausmaße der Strafe in höherem Maße, als dies im geltenden Rechte geschehen, zur Berücksichtigung gebracht werden muß, so ist es doch erforderlich, scharf und deutlich zu betonen, daß das subjektive Moment nur das eine Moment ist, welches für die Bestimmung der Strafe in Betracht zu kommen hat, daß das andere Moment, das objektive, jedoch keineswegs unberücksichtigt bleiben darf, daß dieses vielmehr für die Bestimmung der Strafe die **gleiche** Bedeutung zu beanspruchen hat. Aus welchen Gründen diese Berücksichtigung des objektiven Momentes gefordert werden muß, ist oben ausgeführt worden; hier ist aber noch Folgendes anzufügen: Dem objektiven Momente (dem Erfolge) wohnt eine doppelte Bedeutung bei, eine selbstständige und eine symptomatische. Von der selbstständigen Bedeutung ist oben gehandelt worden, hier ist kurz noch seiner symptomatischen Bedeutung zu gedenken: Auch derjenige, der das Prinzip der gerechten Vergeltung de lege ferenda verwirft und der für die Bestimmung der Strafe ausschließlich oder in erster Linie die Gesinnung des Thäters als ausschlaggebend betrachtet, wird niemals darauf verzichten können, die symptomatische Bedeutung des Erfolges in Rücksicht zu ziehen, denn zumeist steht ja für den Richter der psychische Vorgang, der zu der Begehung des Verbrechens geführt, vollkommen im Dunkeln, und bildet das äußere Geschehen den einzigen Anhaltspunkt, **aus welchem auf den psychischen Zustand des Verbrechers geschlossen werden kann.** Jedenfalls bietet in vielen Fällen die Art und Weise der Begehung des Deliktes, die Größe und Bedeutung der objektiven Verletzung die einzige einigermaßen sichere Unterlage für die Beurtheilung des Intensitätsgrades der verbrecherischen Gesinnung.

II.

Das Strafensystem.

Kommen wir auf Grund der bisherigen Erwägungen zu dem Resultate, daß de lege ferenda sowohl das objektive als das subjektive Moment für die Bestimmung von Strafart und Strafmaß in Betracht zu ziehen ist, so empfiehlt es sich, die Frage, **in welcher Weise** dies zu geschehen habe, in unmittelbaren Zusammenhange mit der konkreten Gestaltung des Strafensystems zu erwägen.

Aus der Thatsache, daß unser St.G.B. für die Bestimmung von Strafart und Strafmaß den beiden Momenten bereits Rechnung trägt, ergiebt sich, daß dem geltenden Rechte gegenüber nicht eine völlige Umgestaltung des Strafensystems, sondern nur eine schärfere Erfassung und klarere Durchführung der maßgebenden Prinzipien erforderlich ist.

Meine Anschauung geht dahin, daß es sich empfiehlt, die Hauptstrafen des geltenden Rechts, Todesstrafe, Zuchthausstrafe, Gefängnißstrafe, Festungshaft, Geldstrafe und Verweis, beizubehalten, auf die Haftstrafe aber zu verzichten.

Um zunächst kurz den Verzicht auf die Haftstrafe zu rechtfertigen, so ist hierfür folgendes vorzubringen: Die hiermit gegebene, sehr wünschenswerthe Vereinfachung des Strafensystems hat m. E. um deswillen keine Bedenken, weil das geltende Recht zwischen Gefängnißstrafe und Haftstrafe keine so wesentliche Verschiedenheit aufweist, daß es nicht durchaus angängig wäre, die Gefängnißstrafe so zu gestalten, daß sie auch an die Stelle der Haftstrafe treten kann. Der Verzicht auf die Haftstrafe wird insbesondere dann möglich sein, wenn, wie dies von vielen Seiten mit Recht befürwortet wird, die Polizeiübertretungen aus dem St.G.B. ausgeschieden werden.

Für die Anwendung der Strafarten haben nun m. E. folgende Gesichtspunkte in Betracht zu kommen:

1. Die Todesstrafe ist in den Anwendungsfällen des geltenden Rechts beizubehalten, die Unterscheidung von Mord und Totschlag ist jedoch nicht darauf abzustellen, ob der Thäter die Tötung mit Ueberlegung ausgeführt hat oder nicht, sondern es sind die Fälle im Gesetz besonders hervorzuheben, bei welchen nach dem Motiv oder der Art und Weise der Ausführung der That eine besonders intensive verbrecherische Gesinnung gegeben erscheint; diese Fälle sind als Mord mit dem Tode zu bedrohen. Als solche hätten m. E. insbesondere in Betracht zu kommen: wenn der Thäter die That aus Mordlust, aus Habgier, unter Verübung besonderer Grausamkeit, heimtückisch, oder mittels Gift oder unter Anwendung von Sprengstoffen begangen hat.

2. Die regelmäßige Strafe für schwere Delikte bleibt die Zuchthausstrafe, und zwar in der im geltenden Recht gegebenen Dauer von 1—15 Jahren, ev. lebenslänglich. Sie ist im Allgemeinen in den im geltenden Recht gegebenen Umfange beizubehalten. Es ist bei ihrer Verwendung jedoch der Gesichtspunkt, daß die Schwere des Verbrechens nicht nur durch die Größe des Erfolges, sondern auch durch die Intensität der verbrecherischen Gesinnung begründet wird, schärfer zur Berücksichtigung zu bringen. In diesem Sinne wird m. E. die Zuchthausstrafe in Zukunft in weiterem Umfang als dies im geltenden Recht geschieht, nämlich auch in den Fällen anzudrohen sein, in denen nach der Art der Begehung des Deliktes eine besonders intensive verbrecherische Gesinnung gegeben erscheint (z. B. bei der gefährlichen Körperverletzung), weiter in den Fällen, in denen das geltende Recht wegen der Verwerflichkeit der Gesinnung neben der Gefängnißstrafe die Aberkennung der bürgerlichen Ehrenrechte zuläßt, und endlich insbesondere beim Rückfall.

Es ist gelegentlich die Anschauung vertreten worden, daß vom Standpunkte der Vergeltungsidee die Rückfallsschärfung als inkonsequent erscheine, weil hier bei Bemessung der Strafe nicht nur die eben abzuurtheilende That, sondern auch ihre Vorgeschichte, nicht nur der äußere Erfolg, sondern auch in erster Linie die verbrecherische Gesinnung ins Gewicht falle. Ein solcher Vorwurf der Inkonsequenz ist jedenfalls nicht berechtigt, sobald man die Schwere des Verbrechens im Sinne der Vergeltungsidee nicht rein nach dem äußeren Erfolge bemißt. Vom Standpunkt der hier vertretenen Auffassung über den Inhalt der Vergeltungsidee ist die Rückfallschärfung nur konsequent, da ja die Intensität der verbrecherischen Gesinnung sicherlich nicht nur durch die Qualität der begangenen Handlung, sondern ebenso auch durch die Quantität der verübten Delikte zur Aeußerung gelangt, insbesondere natürlich dann, wenn zwischen der Begehung der einzelnen Handlungen die wirkungslos gebliebene Verbüßung der Freiheitsstrafen liegt. Deshalb kann und muß vom Standpunkte der Vergeltungsidee aus durch eine Entwicklung des geltenden Rechts in der Richtung auf eine prinzipielle und erhebliche Strafschärfung bei allen im Rückfalle begangenen Delikten der Gesellschaft gegen das Verbrecherthum ein wirksamerer Schutz gewährt werden, als er heute gegeben ist.

Die Frage der Rückfallschärfung bedarf der Berücksichtigung so vieler Momente, daß eine Stellungnahme zu allen hier gegebenen Fragen im gegenwärtigen Zusammenhange einen zu breiten Raum beanspruchen würde. Ich möchte deshalb hier nur einige Punkte, die m. E. für die Regelung der Rückfallschärfung in Betracht zu kommen haben, in Kürze und ohne weitere Begründung anführen: Die Rückfallschärfung muß bei allen Delikten eintreten und zwar sowohl dann, wenn dasselbe Delikt oder ein gleichartiges Delikt begangen worden ist, als auch, wenn die begangenen Delikte auf demselben Beweggrunde beruhen. Die Verjährungsfrist ist — etwa auf 5 Jahre — zu verkürzen. Die Strafschärfung hat in der Weise zu geschehen, daß bei den mit Zuchthaus bedrohten Delikten schon der erste Rückfall, bei allen übrigen der zweite Rückfall mit der Rückfallstrafe belegt wird. Bei den mit Zuchthaus bedrohten Delikten ist der erste Rückfall mit Zuchthaus nicht unter 2 Jahren, der wiederholte Rückfall mit Zuchthaus nicht unter 5 Jahren zu belegen. Als Höchstmaß der Rückfallstrafe ist, wenn das betreffende Delikt mit einer Zuchthausstrafe unter 15 Jahren bedroht ist, eine 15jährige Zuchthausstrafe, und wenn das Delikt im Maximum mit einer 15jährigen Zuchthausstrafe bedroht ist, lebenslängliche Zuchthausstrafe zuzulassen. Bei den mit Gefängniß oder Festungshaft bedrohten Delikten ist erst der zweite Rückfall als Strafschärfungsgrund zu normiren. Die Strafschärfung besteht in Folgendem: An Stelle der Gefängnißstrafe tritt Zuchthausstrafe (Minimum 1 Jahr, Maximum 15 Jahre), bei der Festungshaft ist das Minimum auf 1 Jahr festzusetzen.

3. Die regelmäßige Freiheitsstrafe für Vergehen ist die Gefängnißstrafe. Wird der Gedanke schärfer, als dies im geltenden Rechte geschehen, durchgeführt, daß als Vergehen nur Delikte mit verhältnißmäßig weniger bedeutsamem Erfolg und geringerem Grade verbrecherischer Intensität bezeichnet werden, so kann das Maximum der Gefängnißstrafe soweit herabgesetzt werden, daß es nur eben das Minimum der Zuchthausstrafe übersteigt, somit etwa auf 2 Jahre. Das Minimum von 1 Tag ist beizubehalten. So wenig die schweren Mängel der kurzzeitigen Freiheitsstrafen verkannt werden können, so ist doch die Möglichkeit einer nur auf Tage oder Wochen lautenden Freiheitsstrafe nicht zu entbehren. Die heute mit den kurzzeitigen Freiheitsstrafen verbundenen Mängel werden durch eine zweckmäßigere Gestaltung des Vollzugs, etwa durch die Anordnung, daß die Gefängnißstrafe bis zu einer Dauer von 6 Wochen in einer dem militärischen Mittelarrest entsprechenden Art und Weise, jedenfalls stets in Einzelhaft zu verbüßen ist, zum größten Theile vermieden und auf diese Weise auch die kurzzeitige Freiheitsstrafe zu einer wirksamen Strafe umgestaltet werden können.

Es bedarf keiner weiteren Ausführung, daß der Unterscheidung von Zuchthaus und Gefängniß im oben erörterten Sinne nur dann Bedeutung zukommt, wenn die Verschiedenheit der beiden Strafarten in der Art des Strafvollzugs zum entsprechenden Ausdruck gebracht wird. Wie die Verhältnisse heute liegen, begründet unser St.G.B. für sein Geltungsgebiet insofern noch kein einheitliches Strafrecht, als es die Arten der wichtigsten Strafmittel, die Freiheitsstrafen zwar formell bezeichnet, die materielle Bedeutung derselben aber, ihren Inhalt, in Unbestimmtheit läßt, indem es über den Vollzug nur spärliche Andeutungen giebt. So kommt es, daß die Richter in den verschiedenen Gebieten des Deutschen Reiches zwar auf ein und dieselbe Strafart erkennen, daß aber der Inhalt derselben Strafe ein ganz verschiedener ist, je nach der Strafanstalt, in welcher die Strafe verbüßt wird.

Es hieße nun die Schwierigkeiten, welche einer einheitlichen Regelung des Strafvollzugs entgegen stehen, sehr verkennen, wollten wir es nicht dankbar begrüßen, daß die Vereinheitlichung des Strafrechts durch die unter dem 28. Oktober 1897 vom Bundesrath genehmigten Grundsätze über den Vollzug gerichtlich erkannter Freiheitsstrafen einen bedeutsamen Schritt vorwärts gemacht hat, aber das Ziel, die Einheit des Strafrechts durch die Einheit des Vollzugs materiell zur Durchführung zu bringen, ist heute noch nicht erreicht und es harren auf diesem Gebiete noch bedeutsame und schwierige Fragen der Lösung. Der deutsche Juristentag wird auch diesen Fragen seine Aufmerksamkeit zuwenden müssen; vor allem aber wird bei den gesetzgeberischen Vorarbeiten auf diesem Gebiete den deutschen Strafanstaltsbeamten, deren treuer Mitarbeit in der Reformbewegung wir schon so viel zu danken haben, ein entscheidendes Wort zufallen.

4. Auf erhebliche Meinungsverschiedenheit wird die Frage stoßen, ob es sich empfiehlt, neben den ordentlichen Freiheitsstrafen, Zuchthaus und Gefängniß, eine außerordentliche, nämlich die Festungshaft als custodia honesta beizubehalten. M. E. ist diese Frage in dem schon angedeuteten Sinne zu bejahen. Die heute in unserem Volke herrschenden sittlichen und rechtlichen Anschauungen fordern, daß die ethische Qualität der Gesinnung, aus welcher die strafbare Handlung hervorgegangen ist, in der Strafart zum Ausdruck gelange. Es ist ein hochbedeutsamer Grundgedanke des deutschen Rechts, der hier Anerkennung begehrt: er ist darauf gerichtet, die ethischen Anschauungen in die Bestimmungen des Rechtes aufzunehmen und sie hier zu wirksamem Ausdruck zu bringen.

Im geltenden Rechte tritt der Gedanke, daß die Qualität der Gesinnung für die Wahl der Strafart in Betracht zu kommen habe, in verschiedenartiger Weise hervor; besonders deutlich dadurch, daß bei manchen Delikten, die regelmäßig aus einer nicht ehrlosen Gesinnung hervorgehen, ausschließlich Festungshaft als custodia „honesta“ angedroht ist, und dann vor allem durch die Bestimmung des § 20 des St.G.B., nach welcher, wo das Gesetz die Wahl zwischen Zuchthaus und Festungshaft gestattet, auf Zuchthaus nur dann erkannt werden darf, wenn die strafbare Handlung aus einer ehrlosen Gesinnung entsprungen ist. Das Anwendungsgebiet des § 20 ist bekanntlich ein eng begrenztes, es beschränkt sich auf eine Anzahl politischer Delikte. Diese Grenzen müssen erweitert werden. Denn wenn es auch selbstverständlich richtig ist, daß strafbare Handlungen regelmäßig aus einer ethisch nicht zu billigenden Gesinnung hervorgehen, so erscheint doch die Behauptung nicht zu gewagt, daß die große Mehrzahl aller Delikte gelegentlich auch einmal aus einer Gesinnung entspringen kann, die in der Rechtsgemeinschaft als eine durchaus ehrenhafte betrachtet wird. Aus diesem Grunde muß auch bei allen Delikten die Möglichkeit gegeben werden, auf eine Art der Freiheitsstrafe zu erkennen, die ausschließlich für diese Fälle vorbehalten ist.

Andererseits darf aber auch nicht verkannt werden, daß Delikte, bei denen das geltende Recht eine ehrenhafte Gesinnung präsumirt, gelegentlich einmal aus einer Gesinnung hervorgehen, die über der des gewöhnlichen Messerhelden nicht erhaben ist und die zweifellos als eine ehrlose bezeichnet werden muß. Daß das geltende Recht in solchen Fällen nur Festungshaft zuläßt, wird als ein schwerer Mangel empfunden. Gewiß tritt der Fall, daß ein solcher Widerspruch zwischen Strafart und Gesinnung, aus welcher die That hervorgegangen, nach der einen oder der anderen Richtung gegeben erscheint, nur verhältnißmäßig selten ein. Wie tief aber ein derartiger Widerspruch im Volk empfunden wird, zeigt sich dann jedesmal mit großer Deutlichkeit an der allgemeinen Aufregung, mit welcher der betreffende Fall in allen Kreisen des Volkes besprochen wird. Die Aufmerksamkeit der Rechtsgemeinschaft wendet sich eben naturgemäß jedem Ausnahmefall in viel höherem Maße zu als dem Normalfall und wenn in einem solchen besonderen Fall ein Widerspruch zwischen dem ethischen Empfinden und den Bestimmungen des Rechts gegeben erscheint, so wird hierdurch die Autorität der Rechtsordnung in nicht zu unterschätzender Weise gefährdet. Den oben gekennzeichneten Mängeln gegenüber muß deshalb das künftige Recht durch eine Durchführung des angeführten Grundgedankens entsprechend Abhülfe gewähren. Wird aber die Festungshaft in dem oben entwickelten Sinne beibehalten, so müssen auch über den Vollzug dieser Strafart allgemeine Normen aufgestellt werden, die eine gleichmäßige und einheitliche Vollstreckung — ohne Ansehen der Person des Häftlings — garantiren. Es wird hierbei mehr, als dies heute der Fall, zum Ausdrucke zu bringen sein, daß auch die mit Festungshaft belegte That ein von der Rechtsordnung mißbilligtes Verhalten enthält, das Strafe verdient und mit Strafe geahndet wird.

5. Neben den Freiheitsstrafen wird, wie im geltenden Recht, die Geldstrafe zu ausgiebiger Verwendung zu bringen sein und zwar grundsätzlich als Hauptstrafe bei solchen Fällen, in welchen ein geringer Erfolg und geringe Intensität der verbrecherischen Gesinnung gegeben, als Nebenstrafe aber dann, wenn die betreffende Handlung aus gewinnsüchtiger Absicht erfolgt ist. Die Bemessung der Geldstrafe wird nach den Gesichtspunkten, welche in früheren Beschlüssen des deutschen Juristentages bereits in eingehender Weise formulirt worden sind, zu geschehen haben.

6. Es empfiehlt sich m. E., auch den Verweis als Strafmittel beizubehalten und denselben in weiterem Umfang in Anwendung zu bringen, als dies im geltenden Recht geschieht. Wird der Verweis in würdiger Form ausgesprochen, so ist in demselben ein Strafmittel gegeben, daß die Mißbilligung eines rechtswidrigen Verhaltens durch die Gemeinschaft anschaulicher zum Ausdruck bringt und das auch von dem

Schuldigen in vielen Fällen mehr als Strafe empfunden wird, als dies bei Verhängung einer geringfügigen Geldstrafe der Fall ist. Der Verweis könnte m. E. deshalb auch gegenüber Erwachsenen bei leichteren Vergehen wahlweise statt oder neben Geldstrafe zur Verwendung gebracht werden. Außerdem aber wäre m. E. in allen den Fällen auch auf Verweis zu erkennen (und dieser nach Eintritt der Rechtskraft des Urtheils auszusprechen), in welchen die Aussetzung des Vollzugs der Freiheitsstrafe angeordnet wird.

7. Eine Erörterung der Nebenstrafen erübrigt sich an gegenwärtiger Stelle. Hervorzuheben ist jedoch hier, daß eine andersartige Gestaltung der Polizeiaufsicht dringend nothwendig erscheint; läßt sich doch nicht in Abrede stellen, daß heute nicht selten Fälle vorkommen, wo ein aus der Strafanstalt Entlassener und zur Arbeit Williger gerade dadurch wieder zum Verbrecher wird, daß er, auf allen Arbeitsstätten von der Aufsicht der Polizeiorgane verfolgt, schließlich verzweiflungsvoll zu der Ueberzeugung gelangt, den Makel des Verbrechens doch nicht mehr abschütteln zu können. Der Versuch, die Aufsicht über Entlassene Mitgliedern der Fürsorgevereine zu übertragen, scheint sich bisher durchaus bewährt zu haben. Es wird deshalb auf dem hiermit betretenen Wege weiter zu schreiten sein.

8. In gegenwärtigem Zusammenhang ist endlich noch der im Strafverfahren auszusprechenden zivilrechtlichen Maßregeln zu gedenken. M. E. empfiehlt es sich, die Buße als eine im Strafverfahren auszusprechende Genugthuung für den Verletzten beizubehalten und in weiterem Umfang zur Verwendung zu bringen. Daneben aber muß das zukünftige Recht klar zum Ausdruck bringen, daß der dem Verletzten durch ein Verbrechen zugefügte Schaden nach Möglichkeit durch den Thäter zu ersetzen ist. Die Regelung des Schadenersatzes hat im Strafurtheil zu erfolgen, und es wird hier auch festzusetzen sein, in wieweit gegenüber einem zu Freiheitsstrafe Verurtheilten bestimmte Antheile des Arbeitsverdienstes jeweils dem Geschädigten zu überweisen sind. Eine solche Anordnung wird sowohl der ausgleichenden Gerechtigkeit dienen, als auch für den Schuldigen die Bedeutung und Wirkung der Strafe erhöhen.

9. Innerhalb der Erörterung des Strafensystems sind nun noch zwei weitere Fragen zu erwägen, die für die Bemessung der Strafe eine prinzipielle Bedeutung haben, die Frage der Bestrafung der Jugendlichen und der gemindert Zurechnungsfähigen.

a) Das geltende Recht steht auf dem Standpunkt, daß gegen Jugendliche eine Strafe nur dann ausgesprochen werden soll, wenn in concreto festgestellt ist, daß der Thäter die zur Erkenntniß der Strafbarkeit erforderliche Einsicht besessen hat. Die allgemeine Anschauung geht heute dahin, daß durch die Aufstellung dieses Erfordernisses eine zu einseitige Betonung des intellektuellen Momentes gegeben und daß deshalb de lege ferenda ein Verzicht auf eine solche einseitige Prüfung zu empfehlen ist. Auch gegenüber Jugendlichen muß an dem allgemeinen Grundsatz festgehalten werden, daß auf Strafe dann, aber auch nur dann, zu erkennen ist, wenn die regelmäßigen Erfordernisse der Zurechnungsfähigkeit gegeben sind. Die Entscheidung der Frage, ob ein Hinaufrücken der unteren Altersstufe zu empfehlen ist, wird deshalb davon abhängig gemacht werden müssen, ob sich feststellen läßt, daß die normale Reife unter den gegenwärtigen Verhältnissen regelmäßig erst nach dem 12. Lebensjahre eintritt. So wenig verkannt werden kann, daß die Verbüßung von Freiheitsstrafen für Jugendliche schwere Gefahren und Nachtheile mit sich bringt, so wenig dürfen doch andererseits Bedenken unbeachtet bleiben, die gegen eine Heraufsetzung der unteren Altersgrenze sprechen: Der Ersatz der Freiheitsstrafe durch die Fürsorgeerziehung steht, jedenfalls sobald es sich um schwere Delikte handelt, wie sie ja leider auch von Jugendlichen unter 14 Jahren gar nicht so selten begangen werden, mit den Rechtsanschauungen, die in solchen Fällen eine Reaktion durch Strafe verlangen, in Widerspruch. Eine Ignorirung dieses Widerspruchs durch das Gesetz würde eine Verwirrung der rechtlichen und sittlichen Anschauungen und dadurch eine schwere Schädigung der Autorität der Rechtsordnung zur Folge haben. Die Nachtheile aber, die heute aus dem Vollzug der Freiheitsstrafen an Jugendlichen erwachsen, werden einerseits durch eine zweckmäßigere Gestaltung des Vollzugs — die Verbüßung kurzzeitiger Strafen in Einzelhaft nach Art des militärischen Mittelarrestes, die Verbüßung längerer Strafen unter intensiver Betonung pädagogischer Gesichtspunkte —, andererseits durch die Anordnung zu vermeiden sein, daß dem Richter anheimgegeben wird, neben der Verurtheilung zur Freiheitsstrafe stets die Einleitung der Fürsorgeerziehung zu verfügen. Hierdurch wird auch die Möglichkeit geboten, schulpflichtige Jugendliche, die nach Verbüßung einer Freiheitsstrafe für ihre bisherigen Genossen nicht selten eine Gefahr der Ansteckung aus der Strafanstalt mitbringen, von der allgemeinen Schule fern zu halten.

Ein Hinaufrücken der Grenze der vollen Strafmündigkeit über das vollendete 18. Lebensjahr kann vom Standpunkte der hier vertretenen Auffassung nicht empfohlen werden. Die Altersstufe vom 18. bis zum 20. Lebensjahr weist regelmäßig die höchste Kriminalitätsziffer auf, ein Hinaufrücken der Strafmündigkeit würde deshalb eine bedenkliche Schwächung des der Gesellschaft durch die Strafe zu gewährenden

Schutzes zur Folge haben. Gewiß thut nicht selten Verurtheilten dieser Altersstufe eine Ergänzung der Erziehung dringend noth und bietet auch diese Altersstufe für eine bessernde Einwirkung die größte Aussicht, aber es kommen doch für diese Einwirkung wesentlich andere Gesichtspunkte in Betracht als für die Erziehung Unerwachsener.

Der Vollzug der Freiheitsstrafen muß so gestaltet werden, daß er in höherem Maße als dies heute der Fall ist, eine Einwirkung auf die Häftlinge im Sinne einer Besserung ermöglicht; und je jünger der Häftling ist, desto größer wird die Aussicht sein, daß dies Ziel erreicht werden kann.

Bezüglich der gegen Jugendliche auszusprechenden Strafarten empfiehlt es sich, an den im geltenden Rechte gegebenen Standpunkt festzuhalten d. h. auf die Verhängung der Todesstrafe und der Zuchthausstrafe zu verzichten, und an die Stelle dieser beiden Strafen Gefängnißstrafe treten zu lassen. In Zusammenhang mit einer Aussetzung des Vollzugs erkannter Freiheitsstrafen wird aber insbesondere auch gegen Jugendliche in weiterem Umfang, als dies heute geschieht, der Verweis als Strafmittel zur Verwendung zu bringen sein.

b) Unser geltendes Recht hat für die Fälle der geminderten Zurechnungsfähigkeit keine besonderen Bestimmungen getroffen. Es ist hierdurch eine Lücke gegeben, welche bei der Revision ausgefüllt werden muß. Für die Bestrafung von Verbrechern, bei welchen der Richter „verminderte" Zurechnungsfähigkeit als gegeben erachtet, kommen ähnliche Gesichtspunkte wie bei der Bestrafung von Jugendlichen in Betracht: die Zurechnungsfähigkeit ist zwar gegeben, aber die Grenze der strafrechtlichen Verantwortlichkeit, welche durch diesen Begriff bezeichnet wird, ist nur wenig überschritten. Der Gesetzgeber muß bei Bemessung der Strafe diesem Umstande Rechnung tragen. Die Frage der Behandlung der vermindert Zurechnungsfähigen ist jedoch hiermit noch keineswegs erschöpfend erledigt, es wird vielmehr in anderem Zusammenhang noch zu erwägen sein, in welcher Weise gegenüber gemeingefährlichen gemindert Zurechnungsfähigen ein wirksamerer Schutz, als er durch die Strafe hier geboten werden kann, im zukünftigen Rechte begründet werden muß.

10. Auf einige ergänzende Maßregeln des Strafensystems möge in diesem Zusammenhange nur kurz hingewiesen werden. Die bereits dem geltenden Rechte angehörende Einrichtung der bedingten Begnadigung ist meines Erachtens im Sinne der früheren Beschlüsse des deutschen Juristentages umzugestalten und reichsrechtlich zu regeln.

Von besonderer Bedeutung erscheint mir die weitere Durchführung der im geltenden Recht bereits vorhandenen Maßregel der vorläufigen

Entlassung. Es ist zu wünschen, daß diese Maßregel sowohl bei kürzerer Freiheitsstrafe, als dies im geltenden Rechte geschieht, wie auch bei lebenslänglicher Freiheitsstrafe, hier etwa nach Ablauf von 15 Jahren, zugelassen wird.

III.

Schutzmaßregeln im Gebiete der Strafrechtspflege.

Wird das künftige Recht im Sinne der obigen Ausführungen an der Idee der gerechten Vergeltung als maßgebendes Prinzip festhalten, so wird auch in Zukunft einerseits der Begriff der Zurechnungsfähigkeit die Grenze des dem Strafrecht zugewiesenen Gebietes bezeichnen und andererseits die Bemessung der Strafe in erster Linie nach dem Gesichtspunkte der Generalprävention zu geschehen haben. Dies bedeutet aber, daß für mehrere wichtige Fragen, die allgemein als Fragen der Strafrechtspflege betrachtet werden, die Strafe als Schutzmittel gesellschaftlicher Interessen völlig ausgeschlossen ist, und daß die Wirksamkeit der Strafe nach der durch die Spezialprävention gebotenen Richtung hin in manchen Fällen gehemmt erscheint.

Drei Fragen, die oben bereits in anderm Zusammenhange erörtert worden sind, müssen aus diesem Gesichtspunkte hier nochmals besprochen werden.

1. Die Frage der Jugendlichen. Es ist nicht zu verkennen, daß gegenüber Thätern auf der Altersstufe zwischen dem 12. und dem 18. Lebensjahre in nicht wenigen Fällen die Strafe wegen Zurechnungsunfähigkeit des Thäters überhaupt nicht zur Verwendung gelangen kann. Daß dem Staate die Pflicht obliegt, gegenüber solchen Jugendlichen Maßregeln zu ergreifen, welche den Zweck verfolgen, durch eine staatlich überwachte Erziehung den Gefahren entgegen zu treten, welche sich aus dem Zustande dieser Personen ergeben, ist bereits im geltenden Rechte zum Ausdruck gelangt. Die Gesetzgebung der letzten Jahre hat auf diesem Gebiete große Fortschritte aufzuweisen, und es darf die Hoffnung ausgesprochen werden, daß die Durchführung der Fürsorgeerziehung auf der Grundlage der heute gegebenen Gesetzgebung, wenn sie mit entsprechender Energie und im richtigen Geiste erfolgt, in Bälde die aus der Kriminalität der Jugendlichen sich ergebenden schweren Gefahren erheblich herabmindern wird.

Die Fürsorgeerziehung wird aber m. E. nicht nur bei Zurechnungsunfähigen statt der Strafe, sondern auch bei Zurechnungsfähigen neben der Strafe anzuordnen sein. Die Gesichtspunkte, welche nach den Grundgedanken der modernen Gesetzgebung auf diesem Gebiete für die Einleitung der Fürsorgeerziehung überhaupt maßgebend sind, treffen für

Jugendliche dieser Kategorie in erhöhtem Maße zu, und die Gesellschaft hat ein besonderes Interesse daran, den hier gegebenen Gefahren nach Kräften entgegen zu treten.

2. Weiter ist in diesem Zusammenhange die Frage zu besprechen, in welcher Weise die Gesellschaft gegen solche gemeingefährliche Personen geschützt werden kann, die vom Standpunkte des geltenden Rechts aus wegen zur Zeit der That gegebener Zurechnungsunfähigkeit strafrechtlich überhaupt nicht verantwortlich gemacht, oder wegen Annahme verminderter Zurechnungsfähigkeit nur zu einer verhältnißmäßig kurzen Freiheitsstrafe verurtheilt werden können. Es wird heute in dieser Richtung allgemein die Forderung erhoben, daß das künftige Recht gegenüber solchen Personen, die schwere Rechtsverletzungen begangen haben und die voraussichtlich, sobald sie in die Freiheit entlassen werden, wiederum eine ständige Gefahr für Leben und Gesundheit der Gemeinschaftsglieder bedeuten, einen wirksameren Schutz bieten muß, als derselbe heute gegeben ist. Die zukünftige Gesetzgebung wird deshalb hier zwar einerseits an dem Prinzipe festhalten müssen, daß nur der Zurechnungsfähige bestraft werden kann und daß bei verminderter Zurechnungsfähigkeit auf eine mildere Strafe zu erkennen ist, sie wird aber anderseits den Standpunkt einzunehmen haben, daß, gegenüber der sich aus dem Zustand der betreffenden Personen ergebenden Gemeingefahr, entsprechende Schutzmaßregeln ergriffen werden müssen, die durch das Str.G.B. zu regeln und vom Strafrichter anzuordnen sind. Es empfiehlt sich m. E. im Gesetzbuch in dieser Richtung zu bestimmen, daß das Gericht gegenüber gemeingefährlichen Personen, die wegen Zurechnungsunfähigkeit freigesprochen oder wegen verminderter Zurechnungsfähigkeit zu einer milderen Strafe verurtheilt worden sind, die Ueberweisung an die Landespolizeibehörde zum Zwecke der Unterbringung in eine ausschließlich für solche Personen bestimmte Anstalt auszusprechen hat. Die Unterbringung muß sofort nach der Freisprechung bezw. nach der Verbüßung der Strafe erfolgen. Die Entlassung aus der Anstalt aber hat zu geschehen, sobald der Zustand, welcher die Unterbringung als nothwendig erscheinen ließ, nicht mehr besteht.

3. Die wichtigste und schwierigste Frage, welche in diesem Zusammenhange noch zu besprechen ist, ist die Frage der Behandlung der Gewohnheitsverbrecher. Daß diese Verbrechergruppe für die Gesellschaft heute die größte Gefahr bietet, ist allgemein bekannt; in welchem Maße das Gewohnheitsverbrechen an dem Anwachsen der Kriminalität betheiligt erscheint, ist neuerdings durch durch die Kriminalstatistik mit erschreckender Deutlichkeit festgestellt worden.

Es ist nicht nur offensichtlich, daß das geltende Recht gerade im Kampfe gegen diese Verbrecherkategorie versagt, es läßt sich m. E. auch nicht verkennen, daß die Unwirksamkeit des geltenden Rechts auf diesem Gebiete gerade mit dem für die Bestimmung von Strafart und Strafmaß heute maßgebenden Prinzip in gewissem Sinne zusammenhängt: denn wenn ein Thäter immer und immer wieder delinquirt, die einzelnen Handlungen aber in ihrem äußeren Erfolge verhältnißmäßig gering erscheinen, so kann dieser Thäter vom Standpunkte der Vergeltungsidee aus doch stets nur zu einer verhältnißmäßig kurzen Freiheitsstrafe verurtheilt werden. Hat er seine paar Monate oder Jahre abgebüßt, so muß er wieder in die Freiheit entlassen werden, auch wenn Richter und Strafvollzugsbeamte die feste Ueberzeugung haben, daß der Entlassene sofort wieder zum Verbrechen schreiten wird.

Durch eine Entwickelung des geltenden Rechts in der oben ausgeführten Richtung wird meiner Ueberzeugung nach insofern eine größere Wirksamkeit der Strafe erreicht werden, als eine stärkere Betonung und Berücksichtigung des Intensitätsgrades der verbrecherischen Gesinnung die Verhängung längerer Freiheitsstrafen gegenüber der genannten Verbrechergruppe ermöglicht und bedingt, allein man wird sich nicht verhehlen dürfen, daß auch unter entsprechender Berücksichtigung dieses Momentes doch durch die Strafe ein ausreichender Schutz gegenüber dieser Art des Verbrecherthums nicht zu erreichen ist, daß mithin auch hier das zukünftige Recht zu Schutzmaßregeln greifen muß, für deren Gestaltung die Gesichtspunkte der Spezialprävention als entscheidend in Betracht zu kommen haben. Der Gesetzgeber wird m. E. in dieser Richtung den Gedanken aufnehmen und zur konsequenten Durchführung bringen müssen, der für die Einrichtung des Arbeitshauses im geltenden Recht maßgebend war. Der psychische Zustand des gewerbsmäßigen Bettlers, des Landstreichers, des arbeitsscheuen Trunkenboldes und des Gewohnheitsverbrechers ist ja ein sehr ähnlicher und nicht selten weist die Geschichte des einzelnen Verbrechers nur eine konsequente Entwickelung von der einen zur andern Stufe auf. Es charakterisirt sich dieser psychische Zustand durch einen habituellen Mangel an sittlichen und rechtlichen Grundsätzen, deren Besitz die Voraussetzung eines den Normen der Rechtsordnung entsprechenden Verhaltens ist, und es ergiebt sich hieraus ein konstanter Hang zu einer Lebensführung, die jene Normen ignorirt und die gerade durch eine Verletzung fremder Interessen die eigenen Bedürfnisse zu befriedigen trachtet. Gewiß kann dieser Zustand in nicht wenigen Fällen insofern ein pathologischer genannt werden, als er häufig mit einer durch Trunksucht und Ausschweifung herbeigeführten Schwächung der körperlichen Widerstandskraft im Zusammenhange steht, das Verhältniß ist aber regelmäßig nicht dies, daß man mit Recht von einem Ausschluß oder auch nur von Verminderung der Zurechnungsfähigkeit im Sinne des geltenden Rechts sprechen könnte. Für den Gesetzgeber besteht die Aufgabe, diesen Personen gegenüber, die durch ihren kriminellen Zustand eine ständige Gefahr für die Gesellschaft bedeuten, Maßregeln zum Schutz der Interessen der Gemeinschaft zu ergreifen. In das Gesetz muß deshalb m. E. eine Bestimmung aufgenommen werden, die den Strafrichter ermächtigt, gegenüber Personen, welche durch wiederholten Rückfall einen derartigen Hang zur Begehung von Verbrechen bewiesen haben, daß sie nach Verbüßung der Strafe voraussichtlich wiederum zum Verbrechen schreiten werden, im Urtheile neben der Strafe die Ueberweisung an die Landespolizeibehörde zum Zwecke der Unterbringung in ein Arbeitshaus, und zwar auf die Dauer von 1—15 Jahren auszusprechen. Bei der Einrichtung und Durchführung dieser Schutzmaßregeln wird in's Auge zu fassen sein, daß wenn auch die Aussicht, gegenüber diesen im Arbeitshause untergebrachten Elementen noch eine Besserung zu erzielen, keine große genannt werden kann, die Hoffnung auf eine Besserung auch hier niemals ganz aufgegeben werden darf, und daß es durch eine individuelle Behandlung doch möglich sein wird, manchen zunächst als unverbesserlich Erscheinenden durch die Gewöhnung an ein den Forderungen der Rechtsordnung entsprechendes Leben noch zu einem brauchbaren Mitgliede der menschlichen Gesellschaft zu machen. Es wird zu diesem Zwecke m. E. hier auch die Verweisung der besseren und gebesserten Elemente in freier gestaltete Arbeiterkolonien in Betracht zu ziehen sein. Die Maßregel der bedingten Entlassung wäre hier analog zur Durchführung zu bringen, und im Zusammenhange hiermit könnte vielleicht auch eine staatlich überwachte Ansiedelung der Entlassenen in überseeischen Gebieten in's Auge gefaßt werden.

Schlußbemerkung.

Resümiren wir das bisher Ausgeführte, so ergiebt sich auf die Frage: Nach welchen Grundsätzen ist die Revision des Str.G.B in Aussicht zu nehmen? folgende Antwort: Bei der Revision des Str.G.B. sind die Grundlagen des bisherigen Rechts beizubehalten; auf der festen Grundlage des historisch Gewordenen muß weiter gebaut und hierdurch der Strafrechtspflege in höherem Maße, als dies im geltenden Recht der Fall, die Kraft gegeben werden, durch die Bekämpfung des Verbrechens den Bestand und die Vervollkommnung der Lebensbedingungen der Rechtsgemeinschaft zu sichern. Zu diesem Ziele muß einerseits die Idee der gerechten Vergeltung konsequent durchgedacht und durchgeführt werden, so daß auf der Grundlage einer eingehenderen Berücksichtigung des Intensitätsgrades der verbrecherischen Gesinnung durch das Mittel der Strafe sowohl eine gerechtere wie eine wirksamere Reaktion gegen das Verbrechen gegeben wird. Zu diesem Ziele muß der zukünftige Gesetzgeber aber andererseits den Gedanken zur Durchführung bringen, daß das Str.G.B. neben der Strafe Maßregeln zum Schutze gegen solche Personen zur Verfügung stellen muß, deren krimineller Zustand eine dauernde Gefahr für die Interessen der Gemeinschaft bedeutet.

Thesen.

1. Das Strafensystem des geltenden Rechts ist — unter Verzicht auf die Haftstrafe — beizubehalten.

2. Für die Bestimmung der Strafe nach Art und Maß ist in weiterem Umfang und in konsequenterer Durchführung, als dies im geltenden Recht geschieht, neben der Bedeutung des äußeren Erfolges der That der Intensitätsgrad der verbrecherischen Gesinnung in Rücksicht zu ziehen.

3. Die Intensität der verbrecherischen Gesinnung ist insbesondere in der Richtung in Betracht zu ziehen, daß auf eine besondere Art der Freiheitsstrafe, nämlich Festungshaft, dann zu erkennen ist, wenn das Verbrechen in concreto aus einer ehrenhaften Gesinnung entsprungen ist.

4. Das zukünftige Strafgesetzbuch muß neben der Strafe durch den Strafrichter auszusprechende Schutzmaßregeln gegen solche Personen zulassen, die durch ihren kriminellen Zustand eine dauernde Gefahr für die Gesellschaft bedeuten („gemeingefährliche Personen") und zwar:

a) Die Ueberweisung an die Landespolizeibehörde zum Zwecke der Unterbringung in einer besonderen Anstalt gegenüber gemeingefährlichen Personen, welche wegen Zurechnungsunfähigkeit freigesprochen oder wegen verminderter Zurechnungsfähigkeit zu milderer Strafe verurtheilt werden;

b) die Ueberweisung an die Landespolizeibehörde zum Zwecke der Unterbringung im Arbeitshaus gegenüber Personen, die durch wiederholten Rückfall einen derartigen Hang zur Begehung von Verbrechen bewiesen haben, daß sie nach Verbüßung der Strafe voraussichtlich wiederum zum Verbrechen schreiten werden.

XVII.

Gutachten des Herrn Professor Dr. Karl Hiller in Graz

über die Frage:

Sind für die Ausbildung der Juristen Zwischenprüfungen zweckmäßig?

I.

Der XXV. deutsche Juristentag zu Bamberg hat in der zweiten Plenarsitzung am 13. Sept. 1900 den Beschluß der ersten Abtheilung: „Die Frage der Zwischenprüfungen ist auf die Tagesordnung des nächsten Juristentages zu setzen und durch eingehende Gutachten vorzubereiten" in folgender erweiterten Fassung angenommen: „Der Juristentag hat schwere Bedenken gegen die Einführung von sogenannten Zwischenprüfungen, beschließt indessen, den Gegenstand nochmals auf die Tagesordnung des nächsten Juristentages zu setzen und durch eingehende Gutachten vorzubereiten."

Thatsächlich war schon in den Debatten der Abtheilung und des Plenums die Stimmung gegen die Zwischenprüfungen stark hervorgetreten, so daß ich mit meinem Eintreten für dieselben in den Verhandlungen der Abtheilung völlig allein stand. Aber schon vom Referenten Geh. Rat Prof. Kahl wie von anderen Rednern wurde anerkannt, daß diese Frage doch noch nicht spruchreif, weil noch nicht genügend vorbereitet sei. Dieser Anschauung wurde auch mit dem auf meinen Antrag einstimmig von der ersten Abtheilung gefaßten Beschluß Ausdruck gegeben, wobei Seitens des Referenten in entgegenkommender Weise mein Vorschlag in den von ihm formulirten Antrag aufgenommen wurde. Der Abtheilungsbeschluß wurde dann vom Plenum in der angeführten erweiterten Fassung mit allen gegen fünf Stimmen gleichfalls angenommen.

In der Folge erhielt ich vom Schriftführeramte der ständigen Deputation den Auftrag, über die Zweckmäßigkeit der Einführung von

Zwischenprüfungen ein Gutachten für den XXVI. Juristentag abzugeben; aber binnen Jahresfrist, seit ich diesen ehrenvollen Auftrag erhielt, hat sich die Situation zu Ungunsten der Zwischenprüfungen noch weiter verschoben, namentlich die Zahl ihrer Bekämpfer gerade in den akademischen Kreisen sichtlich vermehrt, ja die preußische Regierung selbst, sowohl das Justizministerium wie die Unterrichtsverwaltung, haben sich offen und entschieden als deren Gegner erklärt.

Angesichts dieser Sachlage erscheint es wohl als ein fast aussichtsloses Unternehmen, für die Einführung von Zwischenprüfungen an den deutschen Universitäten eine Lanze zu brechen, und ich war wirklich schon nahe daran, von der Erstattung dieses Gutachtens zurückzutreten; denn die Erkenntniß, für eine allem Anscheine nach verlorene Sache zu kämpfen, wirkt eben nicht sehr begeisternd und ermunternd. Wenn mich jedoch unter anderem noch etwas vorwiegend bestimmt, meine Stimme wieder zu erheben in dieser Frage, so ist es das jüngste Projekt der Zwangsübungen und Zwischenzeugnisse, das eine so energische Bekämpfung, vor allem Seitens der akademischen Kreise, fand, daß gerade daran die Hoffnung geknüpft werden kann, es würde vielleicht doch in diesem Kampfe die Zwischenprüfung als das kleinere Uebel erscheinen und ihre Einführung weniger „schweren Bedenken" unterliegen, als die in Preußen eingeführten und nun definitiv zu ordnenden Zwangsübungen und Zwischenzeugnisse.

Die Frage der Zwischenprüfung ist bekanntlich nur ein Theil des größeren Komplexes der die gesammten juristischen Studien betreffenden Reformfragen und kann allerdings nur im Zusammenhange mit denselben gelöst werden. Die Reformbedürftigkeit an sich ist längst anerkannt und in den Fachkreisen vielfach diskutirt. Sie besitzt heute eine eigene umfangreiche Litteratur, über die der Referent des Juristentages in Bamberg Geh. Rath Prof. Kahl im Eingange seines Vortrages eine orientirende Uebersicht gegeben hat (Vhdlgn. d. XXV. deutschen Juristentages, 3. Bd., S. 75—76)[1]).

---

[1]) Vgl. hierzu von der älteren und neueren Litteratur: Dernburg, Die Reform der jurist. Studienordnung, 1886; Ortloff, Die Reform des Studiums der Rechts- u. Staatswissenschaften, 1887; Goldschmidt, Rechtsstudium u. Prüfungsordnung 1887; v. Gneist, Aphorismen zur Reform des Rechtsunterrichts, 1887; insbesondere noch: F. Kleinwächter, Die rechts- und staatswiss. Fakultäten in Oesterreich, 1876 und die von ihm zit. Schriften von Raumer, Nasse, Jolly u. Georg Mayer, sowie die oben im Texte weiter zit. Abhandlungen und Aufsätze, davon namentlich neuestens: Ortloff, Zwischenprüfung oder Zwangszeugniß im Rechtsstudium, 1902.

Uebrigens beschäftigte sich auch der XIV. deutsche Juristentag (1878) schon mit diesem Gegenstande in eingehender Weise, wobei — sehr im Gegensatze zu heute — eine den Zwischenprüfungen durchwegs günstige Stimmung zu Tage trat. Die angesehensten Vertreter der Rechtswissenschaft, wie v. Gneist, der das Korreferat an Stelle Brunner's führte und nicht nur in dessen sondern auch in eigenem Namen die Einführung der Zwischenprüfungen empfahl, hervorragende Praktiker, wie v. Schwarze, der als Referent die Einführung derselben beantragte, ebenso Präsident Dr. Kühne, befürworteten dieselben. Der damalige Beschluß lautete:

„. . . es empfiehlt sich die Vorschrift, daß in der Mitte des akademischen Studiums die Studirenden ein Tentamen zu bestehen haben, nach welchem sie mindestens noch zwei Semester lang ihre Studien auf der Universität fortzusetzen haben, bevor sie zur ersten juristischen Prüfung zugelassen werden können."

Eine Ausdehnung des dreijährigen Universitätsstudiums vorzuschreiben wurde damals vom Juristentage als nicht erforderlich erkannt.

Die Vortheile, ja die Nothwendigkeit der Zwischenprüfung wurden damals rückhaltslos anerkannt und zwar zu einer Zeit, wo es noch kein deutsches bürgerliches G.B. gab und dessen Einführung noch nicht unmittelbar bevorstand, wo also die Frage der Studienreform überhaupt und speziell der der Zwischenprüfungen noch nicht so brennend und derart zur Entscheidung drängend war, wie jetzt.

Kurz vor dem letzten Juristentag in Bamberg fiel noch ein gewichtiges Votum zu Gunsten der Zwischenprüfungen, nämlich der Beschluß der VII. Versammlung der deutschen Landesgruppe der Internationalen kriminalistischen Vereinigung zu Straßburg im Juni 1900: „Es empfiehlt sich, die Dauer des Universitätsstudiums in den Bundesstaaten allgemein auf mindestens $3^1/_2$ Jahre festzusetzen und eine Zwischenprüfung einzuführen. Diese Prüfung ist vor einer Kommission, welche unter einem von der Centralbehörde ernannten Vorsitzenden aus Rechtslehrern einer Universität gebildet ist, frühestens nach drei Semestern abzulegen und hat sich vornehmlich auf die römische Rechtsgeschichte und das System des römischen Privatrechts sowie auf die deutsche Rechtsgeschichte und die Grundzüge des deutschen Privatrechts zu erstrecken. Zur ersten juristischen Prüfung ist nur zuzulassen, wer nach dem Bestehen der Zwischenprüfungen noch mindestens drei Semester dem Studium der Rechtswissenschaft gewidmet hat". (Mittheilungen d. J.K.V. Bd. IX, H. 1, S. 104.)

In der diesem Beschlusse vorangehenden Diskussion waren es namentlich Praktiker, die für die Zwischenprüfungen eintraten, so in erster

Linie der Referent Ministerialrath Stadler und Unterstaatssekretär Dr. Petri, während von den anwesenden Rechtslehrern v. Liszt als Korreferent schon dadurch, daß er sich mit der Begründung und den Anträgen des Referenten einverstanden erklärte, implicite auch für die Zwischenprüfungen sich aussprach und im weiteren Verlaufe der Debatte ausdrücklich betonte, daß er, falls gewisse Kautelen gegeben seien, vor der Einführung des Zwischenexamens nicht zurückscheuen möchte. Außerdem erklärte sich noch Oberlandesgerichtsrath Prof. Harburger für, Prof. v. Lilienthal aber entschieden gegen jede Zwischenprüfung, der hiermit als einziger Gegner derselben in dieser Debatte hervortritt, denn auch Prof. Frank bemerkte am Schlusse seiner Ausführungen, daß er, vor die Wahl gestellt, ob Zwischenprüfung oder praktische Zwangsübungen, sich doch noch eher für die Zwischenprüfungen entscheiden würde. (Mitthlg. d. J.K.V., a. a. O. S. 54 ff.)

Wir stehen also vor der Thatsache, daß im Juni 1900 die deutsche Landesversammlung der J.K.V. sich für eine Einrichtung aussprach, welche wenige Monate später in den Verhandlungen des Juristentages auf entschiedenen Widerstand stieß, während zwei Decennien zuvor, im J. 1878, der deutsche Juristentag einen derselben günstigen Beschluß faßte und die aus jener und der folgenden Zeit stammende Litteratur sich vorwiegend zu Gunsten der Zwischenprüfung aussprach. (Siehe die Schriften von Dernburg, Ortloff, v. Gneist und früher noch F. Kleinwächter, v. Raumer, Nasse, Jolly, Georg Meyer u. A. m.)

Heute aber sehen wir die Antipathie gegen dieses Examen seit dem letzten Juristentag, also seit zwei Jahren, in ständigem Wachsthume begriffen, die Zahl der Gegner vermehrt sich und gerade die akademischen Kreise der deutschen Universitäten sind es, aus welchen immer neue Widersacher entstehen. Zu diesen tritt nun auch, wie schon erwähnt, die preußische Regierung selbst mit ihrem dem Abgeordnetenhause am 21. Januar 1902 vorgelegten „Entwurfe eines Gesetzes über die juristischen Studien und die Vorbereitung zum höheren Justizdienst". Der Inhalt dieser Vorlage hat allerdings den Kampf nach einer anderen Richtung abgelenkt. Bedeutungsvoll für unsere Frage ist der Entwurf jedoch durch jene Stelle seiner Begründung, in der gegen die Zwischenprüfung Stellung genommen wird. Zum besseren Verständnisse muß der ganze einschlägige Passus hier angeführt werden.

„Die Gründe, welche in den Jahren 1875—1877 gegen eine solche Maßregel (d. i. die obligatorische Verlängerung des Rechtsstudiums) geltend gemacht wurden, bewegten sich in drei Richtungen. Zunächst erachtete man einen längeren als dreijährigen Zeitraum für die Aneignung des Studienstoffes nicht für erforderlich; sodann befürchtete man, daß eine weitere Ausdehnung der Universitätszeit ohne eine Kontrole der Zwischenprüfungen nur zu einer Vermehrung der thatsächlich gar nicht oder nicht ausreichend von den Studenten ausgenutzten Semester führen werde; endlich glaubte man, an der vierjährigen praktischen Vorbereitungszeit festhalten zu müssen, und besorgte, daß eine mehr als siebenjährige Gesammtzeit zur Vorbereitung auf den höheren Justizdienst die Anzahl der Bewerber für diesen auf ein dem Bedürfnisse nicht mehr genügendes Maß einschränken werde. Daß der erste dieser Gründe wenigstens heute nicht mehr zutrifft, ist im Vorstehenden eingehend dargelegt. Die Berechtigung des zweiten Grundes, der Gefahr unzureichender Benutzung der neu hinzuzufügenden Studienzeit ist dagegen auch jetzt noch anzuerkennen. Es fragt sich nur, ob sich dieser Gefahr nicht durch geeignete Mittel vorbeugen läßt. Die Staatsregierung glaubt diese Frage bejahen zu sollen. Zwar wird man als derartiges Mittel nicht die Einführung einer förmlichen Zwischenprüfung nach dem Vorbilde Bayerns und Oesterreichs, etwa am Schlusse des dritten oder vierten Halbjahres, in Aussicht nehmen können; denn auch wenn man die gegen die reichsgesetzliche Zulässigkeit der Einrichtung erhobenen Bedenken nicht theilt, so ist doch jede Vermehrung der Prüfungen ein thunlichst zu vermeidender Uebelstand. Die Zwischenprüfung beengt den Studirenden in seinem Studiengange, sein natürlicher Wunsch, gerade von seinen Lehrern geprüft zu werden, würde die unter allen Umständen zu wahrende Freizügigkeit für die ersten Semester, wo sie besondere Bedeutung hat, auf das schwerste beeinträchtigen; der Stoff der Zwischenprüfung, also gerade die geschichtlichen Disziplinen des römischen und des deutschen Rechts, würden als mit der Prüfung abgethan gelten und dadurch eines der Ziele verfehlt werden, um deren willen die Verlängerung des Studiums oben als nothwendig bezeichnet wurde: die Durchdringung des ganzen Rechtsstudiums mit der Methode des römischen Rechts. Aus diesen Erwägungen hat auch der XXV. deutsche Juristentag mit allen gegen fünf Stimmen „schwere Bedenken gegen die Einführung von sogenannten Zwischenprüfungen ausgesprochen".

Dieser letztere Satz muß jedoch der Genauigkeit wegen und, um allfällige Mißverständnisse auszuschließen, nach dem im Eingange dieses Gutachtens mitgetheilten Wortlaute des Beschlusses dahin richtig gestellt werden, daß der deutsche Juristentag seine schweren Bedenken gegen die sogenannten Zwischenprüfungen allerdings nicht verhehlen wollte — dieser den Beschluß einleitende Satz kam erst auf besonders geäußerten

Wunsch in der Plenarsitzung zum Abtheilungsbeschlusse, der ihn nicht enthielt, hinzu — indeß aber beschloß, den Gegenstand nochmals auf die Tagesordnung des nächsten Juristentages zu setzen und durch eingehende Gutachten vorzubereiten. Durch den folgenden Satz aber, der die erst zu schaffende Rechtseinheit betreffend die Zwischenprüfungen durch eventuelle Vereinbarung mit den Regierungen betrifft, wird denn doch der künftigen Möglichkeit der Einführung selbst soweit Rechnung getragen, daß daraus, wenigstens was den Juristentag angeht, nicht ein derart ungünstiges Bild geschaffen werde, wie man aus dem mit Hinweglassung des Uebrigen sich ergebenden Zitate der „schweren Bedenken“ zu folgern gezwungen wäre.

Das Merkwürdigste an dieser Regierungsvorlage ist, daß nicht der gesetzliche Tenor des Entwurfes, sondern die Motive es sind, gegen die ein, wie es scheint, kaum geahnter Widerspruch erhoben, ja ein recht intensiver und von maßgebendster Seite geführter Kampf entbrannt ist. Die Paragraphen des Entwurfes selbst enthalten nämlich nichts als die vom heutigen Standpunkte schon nicht mehr bestrittene, ja selbstverständlich gewordene Erfüllung der wichtigsten Postulate: Verlängerung der Studienzeit auf mindestens sieben Halbjahre, Festsetzung der Gegenstände der ersten Staatsprüfung am Ende dieser sieben Semester und für Preußen, Elsaß-Lothringen und einige kleinere Staaten die Einschränkung der bisher vorgeschriebenen praktischen Vorbereitungszeit von vier auf dreieinhalb Jahre, endlich einige Uebergangsbestimmungen. Dagegen ist ein wichtiger Punkt, den sich die preußische Regierung offenbar für alle Zeiten der Regelung im Verordnungswege vorbehalten will und hierzu schon durch eine Art provisorischer Einführung im J. 1897 den Anfang gemacht hat, lediglich in den Motiven des Entwurfes (S. 8) eingehender behandelt, nämlich die Zwangsübungen und die daraus resultirenden Zwischenzeugnisse. Bezüglich dieser selbst, welche nicht unmittelbarer Gegenstand dieses Gutachtens sind, muß auf die betreffenden Verordnungen, insbesondere aber auf die umfassende Polemik gegen diese Institution und gegen die definitive Weiterbelassung und Ausgestaltung derselben, welche in den Motiven des Entwurfes näher begründet und befürwortet wird, verwiesen werden. Geführt wird jene Polemik von den angesehensten Rechtslehrern der deutschen Universitäten mit Nachdruck und nicht ohne die nöthige Schärfe. Der Vorwurf mangelnder Objektivität, wie ihn die „Hochschulnachrichten“ (Aprilheft 1902, S. 7) gegen gewisse Organe der Tagespresse erheben, trifft diese rein sachlichen, in vornehm wissenschaftlichem Tone gehaltenen Aeußerungen jedenfalls nicht, nicht einmal den „Rechtslehrer“, dessen (den „Münchener Neuesten Nachrichten", Nr. 111 vom 7. März d. J.) entnommene und in den „Hochschulnachrichten" (Märzheft 1902, S. 53) wörtlich mitgetheilte Darstellung als „den Eindruck einer gewissen Gehässigkeit machend" stigmatisirt wird.

An der Spitze dieses Kampfes gegen Zwangsübungen und Zwischenzeugnisse stehen v. Liszt, Laband, Felix Dahn, Rosin, Lenel; und die Juristenfakultät in Kiel hat mit einer an das Abgeordnetenhaus gerichteten Petition sich mit aller Entschiedenheit gleichfalls auf den Standpunkt der Gegner gestellt. (Deutsche Juristenzeitung VII, 1902, Nr. 4, 6, 8.) Als einer der wenigen Vertheitiger der Zwangszeugnisse und Zwischenprüfung erscheint Prof. Seckel-Berlin („Deut. Jur.-Zeitg." VII, 1902, Nr. 3). Hiermit soll natürlich keineswegs eine vollständige Aufzählung aller Stimmen kontra und pro, sondern lediglich eine kurze Uebersicht über den derzeitigen Stand dieser die Zwischenprüfungen selbst nur mittelbar berührenden Frage gegeben werden.

Eines scheint aber schon heute festzustehen: ganz ignoriren kann und wird man an maßgebender Stelle diese gewaltige Opposition denn doch nicht! Der Entwurf sollte nach § 4 am 1. April 1902 Gesetzeskraft erlangen. Dazu ist es nun freilich nicht gekommen!

Inzwischen wurde bekannt, daß wie die „Berliner Neuesten Nachrichten" vom 18. April d. J., Nr. 179 (zit. bei Ortloff: „Zwischenprüfung oder Zwischenzeugniß im Rechtsstudium?" 1902, S. 7) berichten, die Kommission des preußischen Abgeordnetenhauses in einer Sitzung am 15. April d. J. das Zwischenzeugniß mit Entschiedenheit ablehnte, woraufhin die Regierung das Projekt der aus Ministerialräthen zusammenzusetzenden Centralkommission, der die betreffende Zeugnißausstellung zukäme, fallengelassen und dafür akademische Lokalkommissionen unter Vorsitz des „Staatskommissars" in Aussicht genommen habe, welchen bei Einsicht der Fleißzeugnisse über die Zwangsübungen eine Art Kolloquium mit den Studirenden abzuhalten obliegen soll. Diese „freie Besprechung" soll lediglich den bisherigen Studiengang der Zeugnißwerber, nicht eine Erforschung ihrer etwa erlangten Rechtskenntnisse zum Gegenstande haben und nicht letztere, sondern nur die Orientirung über den Studiengang Gegenstand dieses Kolloquiums bleiben, dasselbe also „nicht in eine Zwischenprüfung ausarten" (!); darüber sollten vor allem die jene Kommissionen leitenden Staatskommissare wachen.

Hierzu bemerkt v. Liszt (Juristenzeitung VII, 1902, Nr. 6, S. 133) sehr treffend: „Man sollte meinen, daß, wenn schon eine Kontrolle nothwendig ist, es darauf ankommen müßte, gerade ‚das Maß des verlangten Wissens' festzustellen und daß es eine Frage von völlig untergeordneter

Bedeutung wäre, **auf welchem Wege** der Studirende sich dieses Wissen angeeignet hat. Und nichts ist bezeichnender für den bureaukratischen Geist, von dem die Vorlage getragen ist, als daß es eben gar nicht auf dieses Wissen, sondern nur darauf ankommen soll, ob das Reglement beobachtet worden ist, ob der Studirende die vorgeschriebenen Vorlesungen gehört, das vorgeschriebene Zeugniß erhalten und — ob der Dozent die Uebungen in der vorgeschriebenen Weise gehalten hat." Damit ist implizite der **Zwischenprüfung** als einzig möglicher Kontrollmaßregel das Wort geredet und ihre wahre Bedeutung klar gemacht, jener Zwischenprüfung also, vor der v. **Liszt**, wie er in den Vhdlg. d. J.K.V. zu Straßburg sagte, wenn die nöthigen und die erforderlichen Kautelen gegeben sind, nicht zurückscheuen möchte".

Uebrigens sollen nach einer (auch von **Ortloff**, S. 63, zitirten) Mittheilung der „Magdeburger Zeitung" in letzter Zeit die Aussichten für die Neuordnung der Rechtsstudien in Preußen sehr gering geworden sein, da die Kommission des Abgeordnetenhauses noch zu keinem Entschlusse gekommen sei, und zwar aus dem Grunde, weil es an Vorschlägen über die Vorbildung zum höheren Verwaltungsdienste fehle; nun ist aber in jüngster Zeit von dem preußischen Ministerium des Inneren und der Finanzen auch ein Gesetzentwurf über die Vorbereitung zum höheren Verwaltungsdienst eingebracht worden, dieser von der Kommission des Abgeordnetenhauses angeblich geltend gemachte Grund wäre demnach weggefallen. Die Stimmung gegen den Entwurf vom Januar 1902, bezw. gegen die in dessen Motiven vorausgesetzten und für die Zukunft zu belassenden Zwischenzeugnisse scheint aber nichtsdestoweniger, dank ihrer energischen Bekämpfung, eine so intensive zu sein, daß es allen Anschein hat, die preußische Volksvertretung werde die Vorlage wenigstens in dieser Fassung, so lange die Regierung die Zwischenzeugnisse aufrecht erhält, also jedenfalls das ganze Linsengericht nicht so heiß schlucken, wie es Seitens der Regierung gekocht wurde.

II.

So steht denn heute die Sache so: Hie Zwischenprüfung! Hie Zwischenzeugniß! Jedenfalls also eine „Cäsur im Rechtsstudium", bestehend in einem Akte, von dessen Erfolg der weitere Fortgang der juristischen Studien abhängen soll. Eine Prüfungskommission ist in **beiden** Fällen nothwendig, im ersten Falle für die mündliche Prüfung, im zweiten die obenerwähnte Lokalkommission, welche die Ergebnisse der Zwangsübungen und die sie bestätigenden Zeugnisse zu überprüfen und daraufhin das Zwischenzeugniß abzugeben hat. Als Hauptzweck für beide Maßregeln erscheint die Feststellung, daß die bisher den Studirenden gebotenen juristisch pädagogischen und rechtshistorischen Fächer von ihnen genügend erfaßt und verarbeitet worden sind, daß also die erforderliche Basis der Vorbildung für die rechts- und staatswissenschaftlichen Hauptfächer der folgenden Semester und damit für die am Schlusse der juristischen Studien abzulegende erste Staatsprüfung vorhanden und zugleich die nicht zu unterschätzende Probe jener so oft (auch auf dem XXV. Juristentage) und mit Recht citirten soliden Selbstüberwindung und Charakterfestigung des jungen Juristen geliefert ist. Es fragt sich nur weiter, ob all das mit der Zwischenprüfung nicht einfacher, sicherer und zuverlässiger, mit minder unsympathischen Eingriffen in die bisherige Gestaltung des Rechtsunterrichts, jedenfalls aber ohne das (in der Ueberprüfung der Uebungszeugnisse und dem ganzen Apparate der Lokalkommission mit dem Staatskommissar an der Spitze) bethätigte Mißtrauen gegen die akademischen Lehrer zu erreichen ist! Ist doch das dem Zwischenzeugnisse vorangehende Verfahren, das eigenthümliche, angesichts der vorliegenden schriflichen und amtlichen Testate ganz überflüssige Skrutinium über den Bildungsgang des Studirenden, mit der angeordneten Kontrole, daß dieses ja nicht auf positive Kenntnisse sich ausdehne, selbst schon eine Art Zwischenprüfung, jedenfalls auch an sich eine starke Belastung für die Rechtslehrer, in der bereits bestehenden und weiter beabsichtigten Organisation immer dazu neigend, die offiziell gesteckten Grenzen zu überschreiten, zu vielfachen Reibungen mit dem Staatskommissar Anlaß zu geben und trotzdem immerhin noch von vielen Zufälligkeiten im Resultate und dessen Bemessung abhängig! Dies und noch vieles andere ist in der sehr entschiedenen Polemik der oben genannten hervorragenden Rechtslehrer v. Liszt, Laband, Dahn, Rosin, Lenel u. a. m. betont und eingehend gewürdigt, ebenso in der Petition der Kieler Juristenfakultät geltend gemacht. Man kann also wohl ohne Widerspruch behaupten, daß in der Verurtheilung der Zwischenzeugnisse alle zunächst interessirten Kreise einig sind.

Ist demgegenüber die Zwischenprüfung nicht denn doch, wie schon eingangs gesagt, das kleinere Uebel, zu welchem, wenn schon die Wahl bleibt, ob Zwischenzeugniß oder Zwischenprüfung, wie bereits dargethan, auch ursprüngliche Gegner der letzteren sich eher und lieber entschließen wollen, als zu dem allgemein bekämpften und verworfenen Institute der Zwischenzeugnisse?

„Es wird sich bald zeigen (bemerkt Ortloff a. a. O. S. 45 sehr richtig und treffend), wie viel beschwerlicher, besonders an den größeren

Universitäten, die Durchführung derartiger Einrichtungen den Herrn Rechtslehrern sein wird, als eine Zwischenprüfung in der vorgeschlagenen Weise . . . ., wobei die Befähigung zur Fortsetzung der Studien sich um so besser ergeben wird, wenn freiwillig Zeugnisse über erfolgreichen Besuch der Vorlesungen und etwaige Uebungen vorgelegt werden können."

Daß aber eine Umformung der juristischen Studien heute in Deutschland nicht mehr von der Hand gewiesen, geschweige denn aufgeschoben werden darf, darüber herrscht nirgends mehr ein Zweifel. Ist nun die Verwerflichkeit der Zwischenzeugnisse und ihrer Grundlage, der Zwangsübungen, ebenso allgemein anerkannt, so bleibt nur noch die weitere Wahl: Zwischenprüfung oder Umgestaltung und Verschärfung der ersten Staatsprüfung am Schlusse der juristischen Studien! Letztere wird allerdings von vielen Gegnern der Zwischenprüfung, zuletzt nachdrücklich von Rosin („Juristenzeitung" 1902, Nr. 4 S. 82—84) vertreten, der eine Dreitheilung der ersten mit Klausurarbeiten verbundenen Staatsprüfung in eine rechtshistorische, privatrechtliche und öffentlichrechtliche (staatswissenschaftliche) fordert, wobei jedem dieser Theile eine genügende Beachtung, insbesondere zu Gunsten der rechtshistorischen Studien, zu sichern sei. Hierbei schwebt jedenfalls der Gedanke einer einheitlichen Ablegung dieser drei Prüfungen wohl in Einem Termine, am Ende der Studienzeit vor, während der verwandte Vorschlag Gierke's (im Jahrbuch f. Gesetzg., Verw. u. Volkswirthsch. I 1877 und in seinem Gutachten zum XIV. Juristentage 1878) von einer „Zerlegung des Examens" in drei Abtheilungen nach bestimmten in sich zusammenhängenden Gruppen von Fächern, die sich aber mit der Theilung Rosin's nicht ganz decken, spricht und noch manche andere Wege für denkbar hält, ohne sich darüber auszusprechen, ob nicht die erste Gruppe in ein früheres Stadium der Studienzeit zu rücken sei; deshalb hielt ich mich auch für berechtigt, Gierke nach seinem damaligen Standpunkte zu den jenen Zwischenprüfungen günstigen Stimmen zu zählen.

Gegen Rosin's Trichotomie möchte ich jedoch das nicht wohl zu beseitigende Bedenken geltend machen, daß damit die Prüfungslast am Ende der Studienzeit, und zwar für Prüfende wie für Geprüfte quantitativ und qualitativ in einer unverhältnißmäßigen Weise erhöht wird und in der Durchführung die Frage offen bleibt, in welcher Spanne Zeit, in einem wie bemessenen oder abgegrenzten Termine dann am Ende der Studien diese dreifache Prüfungsleistung abgethan werden soll, ob nicht wieder ein eigenes ganzes Semester darauf verwendet werden soll oder doch faktisch damit vergeht. Vielleicht giebt das gleichzeitig mit diesem zu erwartende Gutachten Rosin's darüber nähere Auskunft. Vorläufig aber, angesichts dieses Vorschlags selbst bleibt es nahezu undenkbar, wie die kaum zu leistende Masse der rechtshistorischen Fächer, natürlich mit römischem und deutschem Privatrecht, dann die Gruppe des heutigen deutschen Zivilrechts mit Handels- und Wechselrecht, Zivilprozeß, Strafprozeß und Strafrecht, endlich die staatswissenschaftliche Gruppe mit Staatsrecht, Verwaltungslehre und Verwaltungsrecht und doch wohl auch Kirchenrecht und Völkerrecht, dann Nationalökonomie und Finanzwissenschaft, dazu etwa noch Statistik, in einer oder einigen Wochen in drei selbständigen Prüfungen erledigt und wie dieser gewaltige Prüfungsstoff auf einmal zum Ende der Studienzeit vorbereitet werden soll; daß auch im Detail einzelne Fächer darunter leiden müssen, namentlich solche, die die Prüflinge als minder wichtig oder minderwerthig herausfinden, sei nur nebenbei berührt, sicher aber würde bei diesem System das römische Recht in seiner grundlegenden und juristisch-erziehlichen Bedeutung zurückgedrängt, ja selbst die nothwendig dominirende Stellung des deutschen bürgerlichen Rechts bedroht sein, und da letztere Stellung unbedingt gehalten werden müßte, käme wieder der Effekt zu Ungunsten der rechtshistorisch-propädeutischen Fächer heraus. Ein Dilemma also, ja ein circulus virtuosus, über den ich wenigstens angesichts jenes Vorschlags auch bei eingehender Erwägung desselben nicht hinauskomme! Eines aber ist sicher: eine derartige Erschwerung und Prüfungshäufung würde nur häufigere Reprobationen und dazu eine unverhältnißmäßig große Anzahl von schlechten Prüfungsnoten zur Folge haben, das aber, was doch hauptsächlich und in erster Linie Zweck und Hauptrichtung der Reform sein soll, den Fleiß und Ernst der jungen Juristen von Anfang an anzuregen und nachhaltig zu entfachen, ihr Interesse am Gegenstand und damit vor allem am Kollegienbesuch warm zu halten, das ist mit einer solchen, die Examina auf ein und dieselbe Periode zusammenrückenden Einrichtung nie zu erreichen. Dabei werden übrigens auch die Prüfungskommissäre vor eine physisch kaum zu bewältigende Aufgabe gestellt, wenn sie in wenigen Wochen das dreifache Prüfungswerk ableisten sollen und dabei, was absolut nicht zu vermeiden ist, dieselben Prüfer bei mehreren dieser Gruppen, sei es aber auch nur abwechselnd, immer wieder persönlich prüfen müssen. (Siehe auch Ortloff, S. 45—46, und Petri in den Verhdlgn. d. J.K.V., a. a. O. S. 94.)

III.

Die von allen Seiten gegen die Zwischenprüfung geltend gemachten Gründe lassen sich nun in solche formaler und materieller Natur zusammenfassen. Zu den ersteren ist die Frage der einheitlichen Regelung im Deutschen Reiche und das Verhältniß zum § 2 des G.V.G. zu zählen, ebenso die Frage der Freizügigkeit. Die materiellen Gründe beziehen sich dann lediglich auf die Bekämpfuug der Zwischenprüfung selbst und auf ihren inneren Werth für die Reform der juristischen Studien.

Ueber die ersteren, die formalen Gegengründe, wie ich sie nenne, ist nicht mehr viel zu sagen, sie sind ausgiebig in den Gutachten zum XXV. Juristentage und in den Verhandlungen desselben dargestellt und ausgeführt, ja zum Theile schon widerlegt worden. Ueber die unabweisliche Forderung einheitlicher Regelung des gesammten Studien- und Prüfungswesens im ganzen Reiche, einschließlich der gegenseitigen Anerkennung der Prüfungen, herrscht völlige Uebereinstimmung; ohne diese Einheitlichkeit wäre allerdings nicht nur die Freizügigkeit der Studirenden, sondern auch die ganze Institution selbst in ihrer durchgreifenden Einrichtung und Fortbildung wie in ihren Wirkungen bedroht. Wenn reichsgesetzliche Ordnung nicht opportun und nicht zu erreichen ist, so genügt Vereinbarung der gemeinsamen Grundsätze seitens der Regierungen, und zwar im Wege der Entwerfung einheitlicher Vorschläge durch Delegirte, unter denen sich natürlich auch Vertreter der deutschen Rechtsfakultäten befinden müssen. Die Befürchtung von Wach u. A., daß einer solchen Zwischenprüfung der § 2 des G.V.G. entgegenstehe, trifft nicht zu. Auch über dieses Verhältniß ist seit dem letzten Juristentage eine Klärung der Meinungen eingetreten. Bedenkt man, daß das im G.V.G. § 2 Abs. 2 verlangte „dreijährige Studium der Rechtswissenschaft auf einer Universität“ doch offenbar als Mindestmaß gedacht ist für das Rechtsstudium, daß selbst mit den beiden Prüfungen, die das Gesetz im Auge hat, nichts anderes, als die den Abschluß der Studienzeit einerseits, des Vorbereitungsdienstes anderseits bildende Prüfung gemeint ist und damit der inneren Einrichtung der ersteren auch mit einer Zwischenprüfung in keiner Weise präjudizirt sein kann, so ist eben (wie auch Ortloff S. 36 richtig hervorhebt) die Einführung einer solchen Zwischenprüfung und jenes Mindestmaß des Studiums nicht ausgeschlossen, sei es mit reichsgesetzlicher Ordnung oder mit Regierungsvereinbarung der Einzelstaaten. Es handelt sich hier eben um eine ins Gebiet des Unterrichtswesens fallende pädagogische und disziplinäre Maßregel, die den § 2 G.V.G. gar nicht berührt. Dies wurde auch insbesondere gegen Wach in den Gutachten und Verhandlungen zum XXV. Juristentage schon mit Recht geltend gemacht und namentlich betont, daß § 2 G.V.G. ja nur die staatsrechtlichen Voraussetzungen für die Erlangung des Richteramtes u. s. w. enthalte, während die Frage über die

Zwischenprüfung selbst damals schon in der Reichstagskommission der Zukunft vorbehalten worden war (Ueber die Geschichte dieser Einheitsbestrebungen überhaupt siehe Ortloff, S. 65—67, insbesondere S. 69 gegen Wach, und betreffend die heutigen Postulate: S. 77; auch Rosin, D. Juristenztg., VII, 1902, Nr. 4, S. 84.).

Rosin hat übrigens auch in den Verhandlungen des Bamberger Juristentages ausdrücklich betont, er glaube nicht, daß das G.V.G. den Schutz der Studirenden gegen eine dritte Prüfung, bezw. gegen die erste Zwischenprüfung im Auge gehabt hat.

Was die Frage der Freizügigkeit betrifft, so ist gerade diese, wie in den Ausführungen von v. Liszt, Rosin u. A. nachgewiesen, durch die Zwischenzeugnisse zweifellos in viel höherem Grade bedroht, als durch die Zwischenprüfungen. Es hieße Allbekanntes wiederholen, wollte man diese schon mehrfach in den bisherigen Erörterungen herangezogenen Aeußerungen hierüber nochmals anführen. Es genügt, auf dieselben auch in diesem Punkte zu verweisen, insbesondere aber noch auf den von den „Hochschul-Nachrichten“ (wenn auch unter Protest, ja mit dem unverdienten Vorwurfe der „Gehässigkeit“) aus den „Münchener Neuesten Nachrichten“ vom 7. März d. J., Nr. 111 (Märzheft 1902) abgedruckten Artikel eines „Rechtslehrers“, worin einfach nur Thatsachen ins Feld geführt und aus diesen Schlüsse gezogen sind auf den künftigen Zustand der Freizügigkeit zwischen preußischen und nichtpreußischen Universitäten mit sehr interessanten Ausblicken auf die daraus für Preußen sich ergebenden vortheilhaften finanziellen Folgen, welche bei weiterer Belassung und Ausgestaltung der Zwangsübungen wie der Zwangszeugnisse im Sinne des Entwurfes von Januar 1902 hervortreten würden.

Namentlich aber sind die Einwände, die gegen den Fortbestand der speziell in Bayern eingeführten Zwischenprüfung vom Standpunkte der akademischen Freizügigkeit erhoben wurden, durch die nothwendige Forderung der Vereinheitlichung der betreffenden Grundsätze, unter welchen natürlich in erster Linie die gegenseitige Anerkennung des Zwischenexamens gehört, gegenstandslos geworden. Immerhin kann jedoch hier — was ich auch schon in der Abtheilungsdebatte des Bamberger Juristentages gethan habe — daran erinnert werden, daß der Student jedenfalls vor der Prüfung gerne diejenigen Professoren hört, bei denen er die Prüfung machen will; daß aber kein Hindernis vorhanden sei, daß der Jurist vor der Zwischenprüfung sich bei denjenigen Professoren inskribirt, bei denen er die Prüfung zu machen beabsichtigt, dann aber nach diesem Examen die Universität wechselt und vor der akademischen Schlußprüfung weiter die Vorlesungen jener Professoren belegt, die er jetzt hören will; daß also hierin wohl keineswegs ein Hinderniß der Freizügigkeit erblickt werden könne. Eine Freizügigkeit übrigens, ein Wechsel der zu besuchenden Hochschule, ist auch bei den österreichischen Juristen, welche eine solche Zwischenprüfung abzulegen haben, immerhin zu beobachten, wenn auch nicht in dem Maße, wie im Deutschen Reiche. Diejenigen Juristen, die es finanziell können, thun das Möglichste, auch an anderen Rechtsfakultäten als denjenigen, bei welchen sie ihre Studien begonnen haben, sich zu inskribiren und zu hören; namentlich ist der Zug an die Wiener Universität immer ein relativ starker. Ich habe gerade in letzter Zeit häufig Meldungsbücher — Indizes heißt man sie in Oesterreich — in der Hand gehabt, deren Inhaber in Prag und Wien, in Innsbruck, ja selbst in Czernowitz, ohne hierzu etwa durch Familien- oder andere Rücksichten gezwungen zu sein, ein oder mehrere Semester verweilten, um schließlich in Graz ihre Studien zu vollenden und die akademischen Schlußprüfungen zu machen, also ein Beweis dafür, daß die Zwischenprüfung, wie sie bei uns in Oesterreich längst besteht, kein absolutes Hinderniß der Freizügigkeit ist! Freilich einer solch bummeligen Freizügigkeit das Wort zu reden, wie sie manche vermögende junge Herren, die sich's leisten können, im Deutschen Reiche praktiziren, um von Semester zu Semester an angenehm situirten Universitäten sich zu inskribiren, im Winter in Berlin, Leipzig, München, im Sommer im schönen Heidelberg oder Bonn oder sonst, wo es gleich amüsant ist, entweder wegen der Naturlage der Universitätsstadt oder wegen des Eintrittes in eine Kartellverbindung, die mit jener, welcher der junge Herr schon angehört, befreundet ist — für eine solche Freizügigkeit wegen der Zwischenprüfungen zu fürchten, das wird Niemandem ernstlich in den Sinn kommen, den sachlichen Gegnern der Zwischenprüfung gewiß am wenigsten! Das ist jedenfalls nicht „die Luft der Freiheit, in der Männer erzogen werden", diese Freizügigkeit dient auch weder nationalen, noch sonst welchen kulturellen Zwecken, wie der „Annäherung von Nord und Süd" u. s. w.

Endlich muß auch dem status quo gegenüber, wie er durch die Einführung der bayrischen Zwischenprüfung dermalen besteht, darauf aufmerksam gemacht werden, daß eben auch die bayrischen Rechtshörer nur in dem der Zwischenprüfung vorangehenden Semester gezwungen sind, in Bayern sich zu inskribiren, daß bayrische Juristen thatsächlich in den ersten Semestern an den übrigen reichsdeutschen Universitäten ebenso zu finden sind, wie die anderen deutschen Stammesgenossen, wenn auch vielleicht in einem geringeren Prozentsatze als norddeutsche, was aber nicht in den Zwischenprüfungen, sondern theils in materiellen, theils vielleicht sogar möglicherweise (wie Ortloff S. 74 meint, was Letzteres ich aber vorerst bezweifle) in partikularistisch-konfessionellen Rücksichten seinen Grund haben mag. Ueberdies haben die bayrischen Studenten auch jetzt im Besuche anderer deutscher Universitäten nach der Zwischenprüfung bis zum letzten Semester, in welches die akademische Schlußprüfung fällt, wieder vollständig freie Hand. Daß aber die nord- und süddeutschen Juristen außer den geborenen Bayern in den Zwischenprüfungen kein Hinderniß erblicken, wie bisher, so auch weiter nach München in großer Anzahl, nach Würzburg und selbst Erlangen in einer der Juristenfrequenz letzterer Hochschulen entsprechend geringerer Zahl zu kommen, weil sie an diesen bayrischen Rechtsfakultäten dieselben juristischen Kollegien hören können wie anderwärts, ist eine Thatsache, die beweist, daß die nunmehr in Bayern zu Recht bestehenden Zwischenprüfungen den Besuch bayrischer Rechtsfakultäten seitens der übrigen deutschen Studenten selbst heute jedenfalls nicht ausschließen. Ob die von Gierke und Rosin in den Verhandlungen des Bamberger Juristentages ausgesprochenen Befürchtungen, daß in dieser Beziehung eine Abnahme der Frequenz bayrischer Studenten in Berlin und außerbayrischer Studenten in München in Folge der Zwischenprüfungen eintreten würde bezw. schon eingetreten sei, thatsächlich heute als begründet erscheinen, darüber fehlen mir aus jüngster Zeit genauere Nachweise. Die Frequenz der juristischen Fakultät in München hat aber, wie die statistischen Ausweise der letzten 4 Semester darthun, darunter jedenfalls nicht gelitten, sie bewegt sich konstant zwischen 1600—1700 Studirenden.

Im Uebrigen glaube ich diese Erörterung über die Freizügigkeit nicht besser schließen zu können als mit den Worten Petri's in den Verhandlungen der deutschen Landesgruppe der J.K.V. (a. a. O. S. 95): „Das Bedenken, daß durch Zwischenprüfung die Lernfreiheit über Gebühr eingeschränkt würde, dürfte wohl nicht gerechtfertigt erscheinen. Es pflegt auch jetzt schon ein bestimmter Studienplan empfohlen und befolgt zu werden, Aenderungen von prinzipieller Bedeutung wären in Folge der Zwischenprüfungen nicht daran vorzunehmen. Es liegt übrigens im Interesse der Studirenden selbst, daß sie unter Wahrung ihrer Individualität ihr Studium methodisch betreiben."

Ein Haupteinwand gegen die Zwischenprüfung besteht darin, es sei nicht zu billigen, daß die in derselben geprüften Gegenstände bei der Schlußprüfung am Ende der Studienzeit ausfielen. „Das wäre der Tod des römisch-rechtlichen Wissens und der Quellenkunde", ruft

Kahl auf dem Bamberger Juristentage aus, und Prof. Hellwig (Erlangen), der einzige bayerische Rechtslehrer, der in dieser Debatte das Wort ergriff, sekundirt ihm mit der Eröffnung, daß „da in dem Hauptexamen römisches Recht und deutsche Rechtsgeschichte nicht mehr zu prüfen sind, selbst diejenigen, die vor anderthalb Jahren ein glänzendes Zwischenexamen gemacht hatten (soweit man es damals verlangen konnte) in der Hauptprüfung die einfachsten Begriffe des römischen Rechts nicht mehr beherrschen und daß in der deutschen Rechtsgeschichte eine ebensolche Leere entstanden war". Man müsse demnach, um dies zu vermeiden, die Fächer, die in der Zwischenprüfung geprüft werden, für die Hauptprüfung nochmals verlangen und dann würde ja zweimal dasselbe geprüft und der ganze Zweck des Zwischenexamens läge also darin, nicht strebsame Studenten durch Aufwendung vieler Zeit und Mühe dazu anzuhalten, etwas früher anzufangen. (XXV. Juristentag, Vhdlgn. III, S. 132 bis 133.) Man sollte freilich meinen, das müßte (wie Ortloff auch ganz richtig schließt, S. 75) allerdings ein recht oberflächliches Studium gewesen sein, wenn die in der Zwischenprüfung bezeugten Kenntnisse schon bis zur ersten Staatsprüfung „verschwitzt" worden wären. Es ist aber doch ein Unterschied, ob dieselben Fächer wirklich zweimal geprüft oder bei gewissen Fächern des Hauptexamens am Schlusse der Studienzeit durch gelegentliche Fragen dem Kandidaten auf den Zahn gefühlt wird, wie es mit seinen in der Zwischenprüfung gezeigten rechtshistorischen und anderen Kenntnissen im Zusammenhange mit der Materie des jetzt zu prüfenden geltenden Rechts stehe, und ob wirklich schon alles vergessen und verloren sei. Dies befürwortet auch Petri (Vhdlgn. d. deut. Landesgr. d. JK.V. S. 94), indem er hervorhebt, daß in der Zwischenprüfung das römische Recht und die Rechtsgeschichte zu Hauptfächern erhoben würden, während das deutsche bürgerliche Recht der ersten juristischen Prüfung (Schlußprüfung) als Hauptfach vorbehalten bliebe, es dürfte aber nicht ausgeschlossen werden, daß auch bei dieser letzteren Hauptprüfung noch Fragen aus den propädeutischen Fächern gelegentlich gestellt würden, da es unerwünscht wäre, daß die Kandidaten sich nach Ablegung der Zwischenprüfung von diesen Fächern gänzlich abwendeten. Auch andere Redner, so vor allem der Referent, Ministerialrath Stadler, dem sich der Korreferent v. Liszt ausdrücklich anschloß, ebenso Landgerichtsrath Aron, äußerten sich bei diesem Anlaß in gleichem Sinne, nämlich, daß die Zwischenprüfung den Charakter einer Theilprüfung haben müsse und dadurch keineswegs ausgeschlossen sei und sich auch gar nicht ausschließen lasse, daß bei der Prüfung des bürgerlichen Rechts hin und wieder auch einmal eine Frage des römischen Rechts oder der deutschen Rechtsgeschichte berührt würde, kurz also ein gelegentliches Zurückgreifen auf diese Materie zulässig sei.

In vortrefflicher Weise tritt endlich Kipp (D. Jur.-Ztg. VI, 1901, S. 106) dieser Frage näher, indem er jenen Bedenken gegenüber ausführt: „Und daran ist nun einmal, man mag es beklagen oder nicht, nichts zu ändern, daß das römische Recht in Zukunft mit einer wesentlich beschränkteren Stellung als früher zufrieden sein muß. Unter Beibehaltung der Zwischenprüfung, diese Gegenstände auch in das Hauptexamen einzuschieben, würde ein aussichtsloser Vorschlag sein, und ein doppeltes Examiniren und Sichexaminirenlassen in den historischen Fächern wäre in der That unter allen Möglichkeiten die wenigst empfehlenswerthe. . . . . Dem Recht der Vergangenheit würde in dem Hauptexamen der Zukunft nach den Erfahrungen, die über die frühere Stellung der römischen Rechtsgeschichte und der Institution im Gegensatze zu den Pandekten in jenem Examen vorliegen, nur eine untergeordnete Bedeutung zufallen; ein Kandidat, der in den modernen Fächern tüchtige Kenntnisse zeigt, würde an der Unwissenheit in den historischen Fächern nur sehr selten scheitern."

Es sind übrigens nicht alle Gegner der Zwischenprüfung von solcher Abneigung gegen sie erfüllt, daß sie dieselbe unter allen Umständen und sozusagen a limine abweisen wollten. So ist immerhin anzuerkennen, daß Rosin in der Debatte des letzten Juristentages, obwohl er sich als Gegner der Zwischenprüfung erklärt, doch genug Objektivität besaß, unter Voraussetzung der einheitlichen Regelung des Prüfungswesens und der gegenseitigen Anerkennung der Prüfungen die Gründe für die Einführung der Zwischenprüfung den Widersachern gegenüber einer entsprechenden Würdigung zu empfehlen und ausdrücklich zuzugeben, daß man auch etwas dafür sagen könne (a. a. O. S. 111—112).

Zu den bedingten Gegnern gehört auch Prof. Frank, der, wie schon erwähnt, in den Verhandlungen der d. Landesgruppe der J.K.V. (IX, H. 1, S. 92) sagte: „Habe ich aber die Wahl zwischen Zwischenprüfung und praktischen Zwangsübungen, dann würde ich mich noch eher für die Zwischenprüfung entscheiden. Denn die Uebungen sind doch nur eine offizielle Form des Demoralisirens."

Gewissermaßen eine Zusammenfassung der hauptsächlichsten Einwände und Gründe gegen die Zwischenprüfung enthält die oben mitgetheilte Stelle der Motive zum preußischen Entwurfe vom 21. Januar 1902 und die Erklärung des preußischen Justizministers im Abgeordnetenhause, welch letztere ich nach der Mittheilung der „Hochschulnachrichten" (Märzheft 1902, S. 53) zitire, wonach derselbe etwa Folgendes gesagt haben soll:

„Wir haben den Weg einer Zwischenprüfung, wie sie in Oesterreich und Bayern besteht, nicht gewählt. Prüfungen haben wir schon genug in Preußen. Auch Bismarck sah in der großen Zahl der Prüfungen einen Mangel. Unser Zeitalter ist schon nervös genug, und diese Nervosität könnte durch neue Prüfungen nur vermehrt werden. Auch die Freizügigkeit der Studirenden wird dadurch beschränkt. In Oesterreich kennt man eine solche Freizügigkeit kaum. Wir wollen es den Studirenden überlassen, die geeigneten Lehrer zu wählen, andere Gegenden Deutschlands kennen zu lernen; so wird Nord und Süd einander näher geführt. Die Professoren würden bei einer solchen Zwischenprüfung ihre Vorlesungen etwas früher abbrechen müssen, damit sie und die Studierenden sich vorbereiten könnten. Das wollen wir vermeiden. Von der Einführung der Zwischenzeugnisse erwarten wir mehr. Auf die Einzelheiten gehe ich hier nicht ein. In der Kommission wird sich Gelegenheit hierzu bieten."

Was den in den Motiven wie in der Ministerrede gleich zu Anfang erwähnten Umstand betrifft, daß die Vermehrung der Prüfungen ein thunlichst zu vermeidender Uebelstand sei, da hierdurch die schon vorhandene Nervosität unseres Zeitalters nur noch gesteigert werde, so ist derselbe leicht widerlegt bezw. auf ihr richtiges Maß zurückgeführt. Ich beschränke mich darauf, gegen dieses Argument lediglich zwei angesehene Praktiker sprechen zu lassen und führe vor allem das an, was Appellationsgerichts-Präsident Dr. Kühne seiner Zeit auf dem XIV. Juristentage gerade in dieser Beziehung mit Entschiedenheit betont hat, indem er sagte: „Ich bin an sich kein Freund der chinesischen Methode vieler Prüfungen; ich bin der Meinung, daß dadurch ein Zwang ins Studium hineingetragen wird, welcher die Wissenschaftlichkeit desselben schädigt; darum habe ich mich früher gegen ein weiteres Examen erklärt. Ich habe mich aber später dennoch überzeugt, daß es keinen anderen Weg giebt, den bisherigen Uebelständen abzuhelfen, als den, daß man die jungen Leute durch ein Mittelexamen zwingt, auf der Universität nicht lange unthätig zu sein, sondern von vornherein etwas zu thun. Ich schage deshalb vor, daß in der Mitte des Universitätsstudiums — — ein Tentamen eingeführt werde, so daß die jungen Juristen die zweite Hälfte des juristischen Studiums in der Weise verwenden können, wie sie es verwenden sollen . . . ."

Und in den Verhandlungen der J.K.V. 1900 (a. a. O. S. 95) spricht sich Unterstaatssekretär Dr. Petri folgendermaßen aus: „Die Examina, sagt man, sind an sich ein Uebel und dürfen nicht noch vermehrt werden; wenn sie vom rein theoretischen Standpunkt als ein Uebel bezeichnet werden mögen, so sind sie jedenfalls ein nothwendiges Uebel, so lange wir nicht mit lauter idealen Studenten und idealen Rechtskandidaten zu thun haben werden; wir können eben die Examina in der Gestaltung und der Zahl nicht entbehren, die nothwendig sind, um uns zu vergewissern, daß die Rechtsbeflissenen den Aufgaben gewachsen sind, die später an sie herantreten werden."

Die weiterhin in den Motiven und vom preußischen Justizminister berührte Frage der Freizügigkeit bezw. „Beengung des Studirenden in seinem Studiengange" ist schon oben ausführlich behandelt und nach verschiedenen Richtungen, auch was Oesterreich betrifft, klargestellt worden, so daß hier zur Widerlegung nichts weiter zu sagen ist.

Auffallend finde ich es nur, daß Se. Exzellenz gegenüber der Frage der Freizügigkeit in Oesterreich so absprechend sich verhält und die wirklichen Verhältnisse nicht ganz richtig zu beurtheilen scheint. Denn die betreffende Freizügigkeit in Oesterreich ist nicht „kaum", sondern, wie oben begründet wurde, immerhin thatsächlich vorhanden, wenn auch nicht so ausgedehnt, wie zwischen den reichsdeutschen Universitäten unter sich. Warum aber die Professoren wegen der Zwischenprüfungen ihre Vorlesungen früher abbrechen müßten, „damit sie und die Studirenden sich vorbereiten können", — das ist schwer einzusehen. Die Studenten werden doch wohl mit der Vorbereitung etwas früher beginnen müssen, als mit Schluß des betreffenden Semesters, und daß Fachprofessoren sich auf die Prüfungen in ihren eigenen Disziplinen eigens noch vorbereiten müssen, ist wohl eine ganz merkwürdige Insinuation und wenigstens uns österreichischen Rechtslehrern etwas ganz Neues und kaum Erklärliches! Daß aber endlich Se. Exzellenz von der Einführung der Zwischenzeugnisse „mehr" erwartet, wird sich heute schon als arge Täuschung herausstellen angesichts der starken und wohlbegründeten Opposition gegen diese und des bereits vollständig gelungenen Beweises, in wie enormem Maße gerade diese Einrichtung die Freizügigkeit bedroht und schädigt und in Zukunft nur noch mehr schädigen wird.

IV.

Es sollen nun schließlich nach versuchter Widerlegung der gangbarsten Einwände gegen das Institut der Zwischenprüfungen die Gründe für die Zweckmäßigkeit, soweit sie nicht schon in den bisherigen Erörterungen einbezogen und ausgeführt wurden, dargestellt werden. Alle betheiligten Kreise, die Vertreter der Wissenschaft wie der Praxis, scheinen heute darin eiuig, daß in der Organisation und Durchführung des Rechtsstudiums an den meisten deutschen Universitäten Wandel geschaffen werden muß, daß ebenso wie das dreijährige akademische Studium, so auch namentlich das stark überlebte System des preußischen Prüfungswesens, wie es trotz der Einführung des bürgerlichen Gesetzbuches, trotz der längst erkannten Bedeutung der Staatswissenschaften dermalen noch in den alten Formen zu Recht besteht, unhaltbar geworden und seine Reform unaufschiebbar sei. Nur über das Wie derselben gehen noch die Meinungen auseinander, und in den bisherigen Ausführungen wurde gezeigt, daß im Punkte der Reform des Rechtsstudiums der Kampf zwischen den von der preußischen Regierung eingeführten und in Zukunft (wie der Entwurf vom Januar 1902 voraussetzt und die Motive ausführen) noch weiter auszubauenden Zwangsübungen und Zwischenzeugnissen einerseits und den in Rede stehenden Zwischenprüfungen andererseits soweit geführt ist, daß wohl anzunehmen ist, es werde das Votum des XXVI. Juristentages immerhin bedeutungsvoll nach der einen oder anderen Seite ins Gewicht fallen. Es ist bereits nachdrücklich darzuthun versucht worden und bei der gegen die Zwischenzeugnisse allgemein herrschenden Stimmung auch in der That einigermaßen begründete Aussicht vorhanden, es werde in diesem Kampfe die Zwischenprüfung auch von ihren zahlreichen Gegnern jedenfalls als das kleinere Uebel erkannt und mit Hinzutreten ihrer wirklichen Freunde, deren Zahl doch wohl größer sein wird, als sich bisher herausstellt, für die Zukunft gesichert werden.

Daß die ganze überlieferte Art der Betreibung des akademischen Rechtsstudiums trotz der schon seit längerer Zeit bestehenden praktischen Uebungen, trotz des jüngsten Experimentes, diesen letzteren einen Zwangscharakter aufzuprägen und das darauf gebaute Zwischenzeugniß die längst als nothwendig erkannte Cäsur im Rechtsstudium vertreten zu lassen, den gewünschten Erfolg bisher nicht im erwarteten Maße zeigte, sondern höchstens den Effekt, die von den Gegnern der Zwischenzeugnisse behaupteten Mißstände ins grelle Licht zu setzen — das bedarf keines besonderen Nachweises. Was aber die verfehlte Institution der Zwischenzeugnisse bewirken soll, wird, wie ebenfalls schon oben ausgeführt, durch die Zwischenprüfungen ebenso, nur einfacher und mit weniger komplizirtem Apparate, mit jedenfalls minderer Belastung der Rechtslehrer und im Erfolge selbst sicherer erreicht. Handelt es sich doch in beiden Fällen, bei Zwischenprüfung und Zwischenzeugniß, darum, daß „die Erziehung zur Selbsterkenntniß und Willensstärkung, die Charakterbildung nach hervorragenden Beispielen idealer Größe auf der Universität und im Vorbereitungsdienste fortgesetzt werden und das Streben nach Auszeichnung zu einem ernstlichen Selbststudium antreiben soll. Wo aber die freie Entschließung dazu fehlt, bedarf es einer Nachhülfe, die abweichend vom Schulzwang der früheren Lehranstalten, entsprechend dem reiferen Jugendalter und der vergönnten Freiheit der Bewegung im äußeren und inneren Leben, nur eine mittelbar anregende, immerhin aber pädagogische bezw. disziplinäre Maßregel sein soll ..... gegen den Unfleiß der Studirenden, sowie zur Abwendung von Gefahren für den künftigen Beruf im öffentlichen Dienste der Justiz und Verwaltung, welche die Organisation der Universitäten als wissenschaftliche Freistaaten in der vorwiegend materiellen Zeitrichtung nicht zu ermöglichen vermag, was ja hoffentlich sich wieder einmal ändern kann" (so Ortloff, a. a. O. S. 9 und 57). Aber nicht nur diese präventive und negative Wirkung der Zwischenprüfung fällt ins Gewicht, es kommt ihr vielmehr auch eine im hohen Grade positive, fördernde zu, insofern als auch für den normalen und fleißigen Rechtshörer damit die Herstellung einer gesicherten Grundlage des weiteren Rechtsstudiums ermöglicht, er schon von Anfang an an ein stetiges, systematisches Arbeiten gewöhnt wird, gerade hierin liegt, wie selbst einer der Hauptgegner der Zwischenprüfung, Geh. Rath Kahl, in seinem Referat auf dem Bamberger Juristentage zugestehen muß, eine für den Bildungserfolg selbst bestimmende pädagogische Seite des hierdurch weit über den Gesichtspunkt einer Kontrollmaßregel hinausgehobenen Zwischenexamens, welches deshalb auch den Fleißigen und die akademische Freiheit richtig verstehenden Charakterstarken unter den Studirenden „nicht als eine Belastung, sondern als eine Maßregel und Gelegenheit erscheinen wird, durch die sie ihr Wissen und Können für die Zukunft zu beweisen vermögen, in Folge dessen sie sich entlastet und gestärkt fühlen in ihrem Selbstvertrauen, in ihrer Zuversicht zu einer erfolgreichen Fortsetzung des alsdann größere Schwierigkeiten bietenden und starke Anstrengung erfordernden Studiums" (Ortloff, a. a. O. S. 10). Diese Vortheile der Zwischenprüfung verkennt auch Dernburg nicht, der in seiner oben zitirten Schrift („Die Reform der juristischen Studienordnung" 1886) nicht für die Zwischenprüfungen selbst, sondern, wie Rosin und Gierke, für getheilte erste juristische Prüfung am Ende der Studienzeit eintritt. Dernburg erkennt mit Recht an, daß die Zwischenprüfung den Studirenden wenigstens im vierten Semester zwingt, sich mit seiner Wissenschaft intensiver zu beschäftigen, und er sich dadurch doch an einen ernsten Betrieb seines Studiums für die Zukunft gewöhnt, sie erscheine also gewissermaßen als „treibender Beweggrund zum besseren Studium von Anfang an", als „Nothbehelf" vom pädagogischen Gesichtspunkt aus gegenüber der nicht geringen Anzahl von Studirenden, namentlich vieler den Verbindungen angehörender, welche in falscher Auffassung der akademischen Freiheit vergessen, weshalb sie zur Universität gehen, und nicht erkennen mögen, welche Pflichten sie gegen sich selbst, ihre Angehörigen und in der Zukunft in ihrem Berufe zu erfüllen haben. Darin liegt also ihr Hauptwerth als Erziehnngsmittel für einen großen Theil, „der in Selbsterkenntniß und Selbstüberwindung Schwachen". Alle diese günstigen Wirkungen müssen die immerhin für die Professoren durch die Zwischenprüfung verursachte größere Belastung aufwiegen. In dieser liegt auch wohl der Hauptgrund der Abneigung der Rechtslehrer gegen die ganze Institution, wobei, wie schon oben erwähnt, aber doch bedacht werden könnte, um wieviel größer die durch die Zwangsübungen und das dem Zwischenzeugniß vorangehende Verfahren herbeigeführte amtliche Ueberbürdung ist, während gerade die Zwischenprüfung als ein „treffliches Mittel engerer geistiger Verbindung mit der Zuhörerschaft und der Selbstprüfung ihrer Leistungsfähigkeit und erzieherischen Thätigkeit anerkannt werden muß" (Ortloff, S. 46).

Wie man sieht, ziehe ich es vor, hier im Wesentlichen die Aussprüche von Fachmännern zu Gunsten der Zwischenprüfung anzuführen und auf diese mich zu stützen, statt immerfort meine eigenen Deduktionen, die sich doch auch in demselben Kreise bewegen müßten, zu bringen, weil ich überzeugt bin, mit solchen, vielfach von Autoritäten der theoretischen und praktischen Jurisprudenz angewendeten Argumenten mehr und eindringlicher auf die Gegner zu wirken, als es mir persönlich auch bei wärmster Vertretung meines Standpunktes gelingen könnte.

Ich habe eingangs schon hervorgehoben, daß noch vor ca. zwanzig Jahren die Stimmung eine den Zwischenprüfungen durchwegs günstigere war als heute, wo die juristischen Disziplinen durch das neue bürgerliche Recht des Deutschen Reiches gewaltig vermehrt, eine große Menge sozialpolitischer und Verwaltungsgesetze auch das Gebiet der staatswissenschaftlichen Studien ins Ungemessene erweitert haben. Auf den ersten Blick erklärlich erscheint dieser Umschwung nicht. Es scheint, daß das Experiment mit den Zwischenzeugnissen den Standpunkt zu Ungunsten der Zwischenprüfung vorerst verschob, daß aber die Erkenntniß der Unzukömmlichkeit ersterer die Anschauung betreffs des Zwischenexamens wieder in integrum restituiren und zu jener richtigen Auffassung zurückführen wird, wie sie beispielsweise auf dem XIV. Juristentag (1878) und in der ganzen Literatur der Siebziger und Achtziger Jahre des verflossenen Jahrhunderts hervortritt. Konnte doch damals während der Verhandlungen in Jena Dr. Pann (Wien) mit Genugthuung hervorheben, daß „viele der Herren Fachmänner, welche sich über diese schon seit mehreren

Jahren brennend gewordene Frage ausgesprochen haben, sich in sehr freundlicher Weise über die Einrichtungen des österreichischen Universitätsstudiums geäußert haben" und: „daß wir in dieser Richtung so manches in Oesterreich haben, was in den heutigen Vorschlägen als frommer Wunsch für die künftige Gestaltung des deutschen Prüfungs- und Studienwesens vorgebracht wird". Heute scheint diese Werthschätzung österreichischer Einrichtungen im Rechtsstudium allerdings bei den reichsdeutschen Juristen um ein Bedeutendes geschwunden zu sein! Nachdem Dr. Pann die Organisation der Rechtsstudien und Prüfungen in Oesterreich kurz skizzirt, schließt er mit folgenden Worten: „Sie sehen hier, daß wir durch diese vierjährige Studienzeit mit der Bestimmung, daß schon nach zwei Jahren eine Prüfung abgelegt werden muß, eine Nöthigung in den Studenten hineingelegt haben, schon während der Universitätszeit seinen Studien obzuliegen, und daß wir damit die Gefahr beseitigt haben, daß er bei länger gebotener Universitätszeit auch länger — um den Ausdruck wieder zu gebrauchen — bummeln kann." Schon an anderer Stelle wurden die trefflichen Ausführungen Kühne's in derselben Sitzung angeführt, der, obwohl Gegner der Zwischenprüfung, doch sich überzeugt hat, daß die Einführung eines Mittelexamens unerläßlich ist; an Kühne schließt sich Prof. Enneccerus rückhaltlos an, indem er der Ansicht Ausdruck giebt, daß „ein Tentamen nach einer gewissen Reihe von Semestern wünschenswerth ist, aber nur ein mündliches" und darin ausdrücklich seine Uebereinstimmung mit Kühne konstatirt. Mit Wärme und Entschiedenheit trat aber ein in Wissenschaft und Praxis wie nicht minder in den Kreisen des Juristentages hochangesehener Mann, Generalstaatsanwalt Dr. v. Schwarze für diese Frage ein: „Es ist namentlich von Gierke in der von mir citirten Abhandlung und im Anschlusse hieran von der Mehrzahl der Schriftsteller nicht nur in Deutschland, sondern namentlich auch in der außerordentlich lehrreichen Schrift von Kleinwächter in Oesterreich auseinandergesetzt worden, ob es nicht zweckmäßig sei, die erste Prüfung in zwei Prüfungen zu zerlegen, und zwar dergestalt, daß die Stoffe, welche den Gegenstand dieser in zwei Theile zerlegten Prüfung bilden sollen, nach Maßgabe der Studienordnung und nach Maßgabe der inneren Kohärenz in die eine oder die andere Abtheilung dieser Prüfung vertheilt wird. Ich werde auf diese Frage hier nicht eingehen. Ich hatte nach meinen langjährigen Erfahrungen — ich bin über zwanzig Jahre Mitglied der Prüfungskommission meines engeren Vaterlandes und länger als zwölf Jahre Regierungskommissar bei den Prüfungen an der juristischen Fakultät zu Leipzig — mich in der Ueberzeugung bestärkt, daß die Zerlegung des ersten Examens in zwei Abtheilungen die einzige Möglichkeit ist, eine gute Reform sowohl für das Universitätsstudium, als für das Examen selbst zu erzielen. Ich hatte in dieser Beziehung auch einen Antrag formulirt und in ihm proponirt, daß es sich empfehle, dieses erste Examen in zwei Abtheilungen zu zerlegen." Zum Vorschlage Kühne's betreffend das Zwischenexamen übergehend, bemerkt v. Schwarze, daß dieses Tentamen dienen soll zur vorläufigen Prüfung der Studirenden, um nach den Ergebnissen dieser Prüfung bemessen zu können, ob und inwieweit der Student zu den weiteren Studien übergehen könne. Dieser Antrag Kühne's fand, wie Redner weiter feststellt, vielseitige Zustimmung und hat Anlaß gegeben, daß einer der Herren Professoren darauf aufmerksam machte, wie möglicherweise durch dieses Zwischenschieben einer vorläufigen Prüfung die Nothwendigkeit gegeben sein würde, eine längere Studienzeit vorzuschreiben als drei Jahre (Vhdlgn. des XVI. Juristentages II, S. 221, 232, 283—284). Zu diesen namhaften Vertretern des Zwischenexamens tritt aber last not least v. Gneist hinzu, der als Korreferent in der Abtheilungssitzung (wie schon eingangs bei der Darstellung der Entwickelungsgeschichte unserer Frage kurz erwähnt wurde) folgende Schlußanträge stellte: 1. Verlängerung des akademischen Trienniums um soviel, als der Vorbereitungsdienst eine Verkürzung gestattet, wobei ein Zwischenexamen wohl überwiegende Gründe für sich hat; 2. gleichmäßige Prüfungsordnung für das wissenschaftliche Examen u. s. w. Der betreffende Beschluß der Abtheilung, der durch v. Schwarze dem Plenum nur zur Kenntniß gebracht wurde, ist gleichfalls oben schon mitgetheilt.

In der Versammlung der deutschen Landesgruppe der J.K.V. zu Straßburg im Jahre 1900 herrschte bekanntlich eine der Zwischenprüfung durchwegs geneigte Stimmung. Aus den Reden des Referenten und anderer wurden bereits markante Stellen bisher gelegentlich angeführt. Die Ausführungen des Referenten Ministerialrat Stadler bewegen sich im Rahmen der auch sonst für die Zwischenprüfung geltend gemachten Gründe, sind aber doch wegen ihres Nachdruckes und ihrer Entschiedenheit, mit welcher für die Sache eingetreten wird, bemerkenswerth; sie lauten: „Wird aber die Zeit des Universitätsstudiums verlängert, so möchte ich die Einführung einer Zwischenprüfung für geboten erachten. Ich weiß wohl, daß gerade in den Kreisen der Rechtslehrer keine große Neigung für diese Zwischenprüfung besteht und ich verkenne auch nicht, daß sich mancherlei Gründe dagegen geltend machen lassen. Auf der anderen Seite ist bei so lange dauernder Studienzeit die Gefahr nicht von der Hand zu weisen, daß manche Studenten ohne Zwischenprüfung sich in der ersten Zeit des Universitätsstudiums mehr als nöthig und gut ist, den Freuden des akademischen Lebens hingeben und sich auf diese Weise eines ernsten Studiums überhaupt zu sehr entwöhnen. Durch die Zwischenprüfung wird ein wohlthätiger Zwang ausgeübt, daß die Studenten auch in den ersten Semestern das Studium nicht zu sehr vernachlässigen. Auch läßt sich bei der mehr propädeutischen Stellung, welche in der Folgezeit das römische Recht, römische und deutsche Rechtsgeschichte einnehmen werden, die Zwischenprüfung wohl in der Weise einrichten, daß damit ein gewisser Abschluß dieser Rechtsmaterien erreicht wird. Ich halte daher unter der gedachten Voraussetzung die Einführung einer Zwischenprüfung für angezeigt." Die Ausführungen Petri's, eines entschiedenen Vertreters der Zwischenprüfung, wurden schon im Zusammenhange mit besonderen Fragen oben registrirt. Ebenso v. Liszt's und Frank's Standpunkt, von denen ersterer, wenn gewisse Kautelen gegeben sind, letzterer vor die Wahl gestellt, ob Zwischenzeugniß oder Zwischenprüfung, der Einführung der Zwischenprüfung zustimmt. Harburger spricht sich rückhaltlos für letztere aus und betont hauptsächlich, die Einrichtung des Zwischenexamens bringe auch keineswegs einen wirklichen Eingriff in die Lernfreiheit, sondern wenn die unerläßlichen propädeutischen Fächer seinen Gegenstand bilden, das mit sich, daß die Studenten von vornherein auf einer gesunden Grundlage zu arbeiten beginnen und ihr Studium nicht unsystematisch einrichten.

Aus der dem XIV. Juristentag (1878) unmittelbar vorangehenden Zeit ist ferner eine ziemlich lebhafte literarische Bewegung zu Gunsten der Studienreform überhaupt und der Zwischenprüfung insbesondere zu verzeichnen, aus welcher wir, da sie auch in den Verhandlungen des XIV. Juristentages mehrfach angezogen wurde, einige der markantesten Stellen hervorheben. Hierher gehört vor Allem die bekannte verdienstvolle Schrift von F. Kleinwächter („Die rechts- und staatswissenschaftlichen Fakultäten in Oesterreich" 1876), der nicht nur selbst für die Zwischenprüfung („rechtshistorische Prüfung"), wie sie durch die von Leo Thun erlassene Studienordnung vom 2. Oktober 1855 eingeführt worden ist, eintritt und für sie eine Reihe zustimmender Autoren aus dem Deutschen Reiche anführt, sondern auch konstatirt, daß gerade diese Einrichtung heute in Deutschland aufs Wärmste befürwortet wird (das war 1876!). Unter den auch von Kleinwächter eingeführten zustimmenden Aussprüchen aus jener Zeit sei hier hervorgehoben Karl v. Raumer („Die deutschen Universitäten" 2. Auflage, S. 212), der sich am entschiedensten für Prüfungen während der Studienzeit ausspricht und zwar mit den Worten: „Giebt es nicht Fälle, da Examina durchaus unentbehrlich sind?" Wir antworten: Ja, solche Fälle giebt es, Stipendiatenexamina mögen als Beispiel dienen. . . . Was nun vom Examen der Stipendiaten gesagt ist, das gilt für alle Fälle, da gewissenhafte akademische Zeugnisse verlangt werden; über die unbedingte Nothwendigkeit dieser Examina dürfte unter redlichen Männern kaum ein Zweifel sein. Und Nasse („Ueber Universitäten und Staatsprüfungen u. s. w.", S. 34) findet unter der Voraussetzung, daß die Studienzeit auf vier Jahre verlängert wird, die Frage einer reiflichen Erwägung würdig, ob nicht die Einrichtung „einer Art von Vorprüfung nach anderthalb- oder zweijähriger Studienzeit rathsam wäre, wie sie für das medizinische Studium in dem tentamen physicum besteht. Ihr Zweck würde sein, die Studirenden zu einer verständigen Ordnung des Studienganges zu nöthigen und an einer Vergeudung der ersten Semester zu hindern. Je länger die Studienzeit ist, desto größer ist die Gefahr, daß dem eben aus dem Zwange der Schule kommenden Studirenden die erste Staatsprüfung unendlich fern erscheint, und daß er zum Studium weiterer Theile der Wissenschaft fortschreitet, ohne die dazu nöthigen Vorkenntnisse erworben zu haben. Das Tentamen hätte sich deshalb vor Allem auf römisches Recht, dann aber auch auf die Elemente der Volkswirthschaftslehre und auf deutsches Privatrecht zu erstrecken. Jolly (Tübinger Zeitschrift Bd. 31, S. 422) findet gleichfalls die wohlthätige Wirkung solcher Prüfungen darin, daß sie „erfahrungsmäßig nur während der unmittelbar vorhergehenden Zeit zu ausdauerndem Fleiß, zur Aufbietung aller Kräfte anspornt. Durch Verlegung eines Theiles der jetzt am Ende der Studienzeit stattfindenden Prüfungen auf einen früheren Termin würde eine vollständige Ausnützung auch der ersten Jahre erzielt und so die Gesammtleistung erhöht." Jolly gesteht auch zu, daß er wisse, „wie mißgünstig von Vielen eine solche Einrichtung beurtheilt wird, ... er habe aber keine Gründe, hier näher auf die berührte Frage einzugehen. . . . ." Auch Georg Meyer („Studium des öffentlichen Rechtes" u. s. w., S. 27) erblickt unter Voraussetzung der Verlängerung der Studienzeit auf vier Jahre den Hauptwerth eines etwa im vierten Semester eintretenden Vorexamens darin, daß die Studirenden genöthigt werden, diese längere Studienzeit von vornherein in gewissenhafter Weise zu benützen.

Durch die mit Gesetz vom 20. April 1893 und Ministerial-Verordnung vom 24. Dezember 1893 reformirte österreichische Studienordnung wurde übrigens bezüglich der rechtshistorischen Staatsprüfung wieder manchen Reformwünschen der Fakultäten, welche hierüber von der Unterrichtsverwaltung eigens zu gutachtlicher Aeußerung aufgefordert wurden, Rechnung getragen. Indessen erheben sich auch heute noch manche Stimmen aus den Fachkreisen, welche die Reform dieser Prüfung in Oesterreich noch nicht für abgeschlossen und auf der als richtig erkannten Basis der im ganzen wohlbewährten Einrichtung diese in mancher Richtung noch für weiter verbesserungsfähig erachten.

Der Einwand, daß man über das Zwischenexamen noch keine Erfahrungen habe, ist von mir schon auf dem letzten Juristentage in Bamberg widerlegt worden mit dem Hinweise auf die nun bald 50jährigen Erfahrungen in Oesterreich, welche sich durchweg als günstige gezeigt haben.

Schon Kleinwächter konstatirt in seiner 1876 erschienenen Schrift, daß über die Einrichtung der rechtshistorischen Vorprüfung während ihres (bis dahin) 20jährigen Bestandes nie eine Klage laut geworden sei, ja daß sie vielmehr in jener Zeit eine Ausdehnung auf die medizinischen Fakultäten erfahren habe, und zwar durch die Bestimmung der medizinischen Rigorosen-Ordnung vom Jahre 1872, wonach die Studirenden dieser Fakultät nach Ablegung der drei sogenannten „naturhistorischen Vorprüfungen" (aus Botanik, Zoologie und Mineralogie) gestattet ist, bereits am Schlusse des vierten Semesters (nach Belieben auch später) sich dem ersten Tentamen rigorosum (aus Physik, Chemie, Anatomie und Physiologie) zu unterziehen. Die Ablegung dieses Rigorosum in der ersten Studienhälfte (einschließlich jener Vorprüfung) wurde durch die neue medizinische Rigorosen-Ordnung von 1901 den Studirenden zur Pflicht gemacht, ohne daß gegen diese Bestimmung sich eine Opposition erhoben hätte.

Es wäre mir leicht, noch statistische Belege für die günstigen Erfolge der rechtshistorischen Staatsprüfung in Oesterreich zu erbringen. Aber ich will hier nicht mit Zahlen lästig fallen, noch mit Tabellen, die meist doch Niemand durchsieht, das Gutachten dehnen und verlängern. Das Material ist in den amtlichen Publikationen der österreichischen statistischen Centralkommission zu finden. Darüber soll jedoch jedenfalls hier kein Zweifel gelassen werden, daß der relativ hohe Prozentsatz der Reprobirten, sowie der von der Prüfung Zurücktretenden der beste und untrüglichste Beweis ist für all' das, was zu Gunsten der Zwischenprüfung als vorzüglichen und wohlthätigen Regulator der juristischen Studien bisher geltend gemacht wurde. Die freilich kurzen Erfahrungen mit den bayerischen Zwischenprüfungen können erst allmählich zur Würdigung gelangen. Indessen besitzen wir bereits eine werthvolle Aeußerung über dieselben aus der Feder eines bayerischen Rechtslehrers, nämlich des im Jahre 1901 noch in Erlangen, heute in Berlin lehrenden Professor Dr.

Kipp („Deutsche Juristenzeitung“ VI, 1902, Nr. 3, S. 103—106), der nach genauer Darstellung der ganzen Organisation auf Grund der bayerischen Verordnung vom 4. Juli 1899 und Ministerial-Bekanntmachung vom 6. Juli 1899, sowie des in letzterer offiziell ausgesprochenen Zweckes der Zwischenprüfung Nachstehendes ausführt:

„Als Zwecke der so geordneten Zwischenprüfung stellt die Ministerial-Bekanntmachung (§ 10) hin: die erste Prüfung von einem Theile des Prüfungsstoffes zu entlasten, der durch die Neugestaltung des gesammten bürgerlichen Rechts einen großen Zuwachs erhalten hat, die Kandidaten zu einem systematischen Studiengange, sowie dazu anzuhalten, daß sie schon beim Beginn der Studienzeit sich den fleißigen Besuch der Vorlesungen und das gründliche Studium des Gehörten angelegen sein lassen, endlich dahin zu wirken, daß die dem juristischen Studium nicht gewachsenen Kandidaten schon in einem möglichst frühen Zeitpunkte zu der Einsicht vou der Nothwendigkeit gebracht werden, einen anderen Beruf zu wählen. — Ob die Zwischenprüfung geeignet ist (meint nun Kipp weiter), den letzteren Zweck zu erreichen, darüber liegen noch keine Erfahrungen vor. Wer aber weiß, wie ausnahmslos die Kandidaten, welche in der Abschlußprüfung nach fünf- oder sechsjährigem Studium zum zweiten Mal nicht bestanden haben und regelrecht nicht wieder zugelassen werden können, bei dem Ministerium um die dritte Zulassung im Dispenswege nachsuchen und sich erst durch dritten, nunmehr endgiltigen Mißerfolg vom juristischen Studium abdrängen lassen, der muß es sehr bezweifeln, ob sich Kandidaten finden werden, die freiwillig nach mehreren Unglücksfällen in der Zwischenprüfung von dem erwählten Studium ablassen. Helfen kann in der von den Ministerien verfolgten Richtung nur eine Bestimmung des Inhalts, daß die Zwischenprüfung nicht mehr als dreimal versucht werden darf. Daß man vor einer solchen Bestimmung zurückgeschreckt ist, ist freilich auch wieder verständlich; denn es ist gewiß nicht ohne Bedenken, einen jungen Mann von dem erwählten Berufe endgiltig auszuschließen, ehe man ihm erlaubt hat, die ganze dazu gehörige Vorbildung durchzumachen und sich der Schlußprüfung zu unterziehen.“

„Aber die in Rede stehende — wenn der Ausdruck erlaubt — repressive Wirkung der Zwischenprüfung ist auch ohne Zweifel nicht diejenige, auf die es ankommt; es kommt vielmehr auf die präventive Wirkung an, die Studirenden vor dem ‚Verbummeln‘ der ersten Semester und vor einem verworrenen Studium zu bewahren. In diesen Richtungen übt sie unzweifelhaft guten Einfluß aus. Sie nöthigt die Kandidaten, die historische Vorschule zuerst durchzumachen, und zwar mit

Ernst. Die Zahlen derer, welche die Vorlesungen über die Gegenstände der Zwischenprüfung belegen, sind freilich kein Beweis dafür. — — — Bedeutungsvoller ist, daß die Theilnahme an den für Anfänger veranstalteten Uebungen unter dem Drucke der Zwischenprüfung entschieden gestiegen ist, und daß in diesen Uebungen fleißiger als früher mitgearbeitet wird. Auch die Erfolge der Zwischenprüfung selbst zeigen, daß der Fleiß der ersten Semester gehoben ist; man stößt in der Zwischenprüfung durchschnittlich auf Kenntnisse, welche im Verhältniß zu der gegebenen Vorbereitungszeit ganz achtbare genannt werden können."[2])

Weiter verbreitet sich dann Kipp über die schon früher erörterte Frage des wiederholten Prüfens der Fächer in der Zwischenprüfung und der Schlußprüfung und des damit zusammenhängenden Bedenkens wegen der geringen „Haltbarkeit" der für die Zwischenprüfung erworbenen Kenntnisse. Hierüber ist schon oben an der betreffenden Stelle gesprochen und Kipp's Standpunkt angeführt worden. Die sehr bedeutungsvolle, eingehende, entschieden und lichtvoll gehaltene Darstellung des genannten Rechtslehrers schließt mit den nicht genug zu beherzigenden Worten:

„Fragt man aber, was ceteris paribus aus dem römischen Recht werden würde, wenn man die Zwischenprüfung wieder aufhöbe und die historischen Fächer ganz dem Hauptexamen vorbehielte, so muß ich sagen, daß ich dieser Eventualität die Zwischenprüfung wesentlich vorziehe. . . . . . . Angesichts dessen wird gerade der Freund der historischen Bildung des Juristen es als den besseren Zustand ansehen müssen, wenn in der Mitte der Studienzeit von dem Rechtsbeflissenen in einer selbstständigen Prüfung der Nachweis einer wenn auch kurzen, so doch ernsthaften Beschäftigung mit den historischen Fächern verlangt wird."

Die Frage der inneren Organisation kann hier außer Betracht bleiben. Ist erst einmal die Zweckmäßigkeit derselben anerkannt und ihre Einführung im Prinzip nicht nur vom Juristentage, sondern auch von der staatlichen Unterrichtsverwaltung allenthalben angenommen, so wird man sich über die zu vereinbarenden gemeinsamen Grundsätze leicht einigen. Nur etwas möchte ich in dieser Hinsicht bemerken. Man ist an den deutschen Universitäten gewöhnt, einen „Staatskommissar" an der Spitze der juristischen Prüfungen zu sehen, was den Anschein erweckt,

[2]) Auch Felix Dahn sagt in seiner kurzen aber vortrefflichen und mit schlagenden Gründen geführten Abwehr gegen die Zwischenzeugnisse und Zwangsübungen (Berliner Tägl. Rundschau No 132 Abendbl. v. 19. März 1902): „Dieser Zweck (Nöthigung zur Arbeit schon in den ersten Halbjahren) würde aber auch durch die vorgeschlagene Theilung der ersten Prüfung erreicht werden, die sich in Bayern und Oesterreich bewährt hat."

als wenn man die deutschen Professoren, obwohl diese doch überall, in allen deutschen Staaten, den Rang und Charakter von königlichen oder großherzoglichen Beamten haben müssen, in dieser Beziehung nicht als vollwerthig oder richtiger vollkommen vertrauenswürdig ansähe. Dafür spricht auch die geplante bezw. schon bestehende Einflußnahme des Staatskommissars bei der Feststellung der Zwischenzeugnisse. Anders in Oesterreich! Die in der strammsten Reaktionszeit unter dem Ministerium Bach 1855 von dem liberaler Anwandlungen gewiß nicht verdächtigen Unterrichtsminister Leo Thun eingeführte, im übrigen allgemein als gut und entsprechend anerkannte Studienordnung kennt keinen „Staatskommissar" bei den Prüfungen. Präses der judiziellen und staatswissenschaftlichen Prüfungskommission kann ebensogut ein Professor (der allerdings in Oesterreich k. k. Staatsbeamter mit allen pragmatischen Rechten desselben im Rang eines Oberlandesgerichtsraths bezw. Statthaltereiraths ist) wie ein höherer Justiz- oder Verwaltungsbeamter sein, Präses und Vicepräses der Zwischenprüfung aber, der rechtshistorischen Staatsprüfung sind stets Professoren der juristischen Fakultät. Das Institut einer Kontrole der Hochschule durch Kuratoren oder Kanzler ist in Oesterreich unbekannt. Kurz man „traut" den Professoren in dem — wenigstens was die Macht der Bureaukratie betrifft — hinter Preußen gewiß nicht rückständigen Oesterreich offenbar doch in einem erfreulich höheren Grade als in Preußen und den übrigen deutschen Staaten. So viel nur nebenbei! Ueber die Frage der Organisation der Zwischenprüfungen selbst habe ich mich, wie gesagt, nicht zu äußern. (Vgl. hierüber Ortloff a. a. O. S. 18—19, insbesondere betreffend die Vorschläge Dernburg's; ferner das. S. 30—31, sowie S. 34 und 35; Stadler: Vhdlgn. d. deutschen Landesgr. d. J.K.V. a. a. O. S. 68 und die gesammte bisher zitirte Litteratur. Ueber die organisatorischen Bestimmungen in Bayern vgl. deren Uebersicht bei Kipp: „Deutsche Juristenzeitung" a. a. O. S. 103—104; in Oesterreich: „Vorschriften für die rechts- u. staatsw. Studien und Staatsprüfungen an den österr. Universitäten, Manz'sche Gesetzesausgabe, Nr. 63. Wien 1900.)

Bei den Wortführern pro und kontra und allen, die sich für die Sache selbst näher interessiren, ist die Kenntniß dieser Bestimmungen vorauszusetzen, allen übrigen, die in die Diskussion nutzbringend eingreifen wollen, ist die Durchsicht dieser Vorschriften, aber auch das Studium der vorhandenen nicht unbeträchtlichen Litteratur, die ich mich bestrebt habe, wenigstens in ihren hauptsächlichsten Vertretern bisher zu zitiren, dringend zu empfehlen, damit auch in der Debatte nur sachlich wohlinformirte Herren auftreten.

Ich komme zum Schlusse! Es würde mich und wohl alle, die es mit den deutschen Rechtsschülern ernstlich gut meinen, wahrhaft freuen, wenn die Zwischenprüfung in Erwägung all' der für ihre Zweckmäßigkeit angeführten Gründe vorerst auf dem Juristentage siegen würde. Freilich zu sanguinischen Hoffnungen haben die Freunde derselben vorläufig gar keinen Anlaß, aber zum Pessimismus, mit dem ich selbst ursprünglich an die Ausarbeitung dieses Gutachtens geschritten bin, auch keineswegs! Videant consules, und mögen sie es an der Hand der in den Verhandlungen zu erstattenden Referate, von denen doch hoffentlich mindestens Eines der Zwischenprüfung gerecht werden wird, einsehen, wie unbegreiflich es ist, die weiten und beschwerlichen Umwege der Zwangsübungen und Zwischenzeugnisse zu wandeln, um zum erwünschten Ziele zu gelangen, das mit der Zwischenprüfung so einfach, ruhig und sicher erreicht wird, — wie unnöthig es ist, sich und andere, Prüfende und Geprüfte mit den sonderbarsten Surrogaten derselben zu plagen, deren Komplizirtheit, Umständlichkeit und höchst fragwürdige Zweckmäßigkeit doch zu gänzlichem Versagen im praktischen Erfolge führt, wie dies die Bekämpfer der Zwischenzeugnisse und der ihnen vorhergehenden Zwangsübungen so klar und deutlich ad oculos demonstriren und beweisen! Etwas muß geschehen, um den Fleiß und Ernst der lässigen unter den angehenden Juristen anzuspornen, den fleißigen und gewissenhaften aber und Allen überhaupt, die richtige Bildungsgrundlage für die folgende Studienzeit zu geben; darüber herrscht nur Eine Meinung und in diesem Punkte wird das preußische Justizministerium und die Unterrichtsverwaltung ebenso wie die der übrigen deutschen Staaten nicht zurückweichen. Vor die Alternative gestellt, ob Zwischenzeugniß oder Zwischenprüfung, wird man sich aber wohl oder übel rebus sic stantibus für letztere entscheiden müssen.

Aus diesen sowie den übrigen ausgeführten Gründen und gestützt auf deren autoritative Vertreter halte ich für die Ausbildung der Juristen die Zweckmäßigkeit der Einführung von Zwischenprüfungen aufrecht!

XVIII.

Gutachten, erstattet von Herrn Dr. Julius Landesberger, Universitätsdozent und Advokat in Wien,

über die Frage:

Welche Maßregeln empfehlen sich für die rechtliche Behandlung der Industrie-Kartelle?

I.

Niemand, der sich mit Volkswirthschaftspolitik als Forscher oder Staatsmann beschäftigt, kann seine Augen der täglich wachsenden Bedeutung des Kartellproblems verschließen. Es ist nicht zu kühn, die Prognose zu stellen, daß die trotz der großen Zahl und Macht der Kartelle noch immer in aufsteigender Linie sich vollziehende Kartellbewegung in den nächsten Jahrzehnten auf die Entwicklung der Industrie, auf die Organisation des inneren und ausländischen Marktes, auf die Handels- und Steuerpolitik des Staates von großem Einflusse sein wird, daß daher das Problem, wie sich seinerseits der Staat durch Gesetzgebung und Verwaltung auf die Unternehmerverbände Einfluß sichern kann und soll, die ökonomische Theorie und Praxis in den Industriestaaten immer intensiver beschäftigen wird. In den Untersuchungen über die Ursachen der letzten deutschen Industrie-Krise, z. B., welche der Verein für Sozialpolitik für seine nächste Generalversammlung unternimmt, dürften die Beziehungen der Geschäftspolitik der großen deutschen Rohstoff- und Halbfabrikatkartelle zur Entwicklung der industriellen Hochkonjunktur und deren jähem Uebergange in die Krise keinen geringen Raum einnehmen; wir beobachten ferner, wie die als „Trusts" bekannten Unternehmerverbände in Amerika in ihrer jüngsten Ausgestaltung dazu bestimmt — vielleicht auch geeignet — erscheinen, auf die internationale Güterversorgung zu Gunsten Amerikas einschneidend einzuwirken. Ein nicht gering zu schätzender Einfluß auf den Verlauf der Konjunktur; eine einflußreiche Rolle bei der

Gestaltung der internationalen Handels- und Verkehrsbeziehungen; im Verhältnisse zu Arbeitern und Beamten das Auftreten und die Ausbildung eines Systems, das man nicht mit Unrecht als modernen „industriellen Feudalismus" bezeichnet; im Verhältnisse zu den Konsumenten die Bethätigung einer wirthschaftlichen Macht, welche bei Kartellen, die sich auf Artikel des allgemeinen Bedarfes beziehen, z. B. beim Zuckerkartell, in ihrer Leistungsfähigkeit der Steuerhoheit des Staates ebenbürtig an die Seite tritt[1]): das sind Merkmale, die wir schon heute den Unternehmerverbänden zusprechen müssen, Organisationen, von denen Kleinwächter, vor kaum zwei Jahrzehnten noch, in seiner grundlegenden Monographie[2]) sagen durfte, sie seien „in der bisherigen volkswirthschaftlichen Literatur eine terra incognita" und deren wissenschaftliche Behandlung, wie er glaubte, einer besonderen Rechtfertigung bedurfte.

Kleinwächter hat dazumal gemeint, daß „die künftige Organisation der Industrie in der Richtung der staatlich anerkannten und regulirten Kartelle zu suchen sein dürfte". Ein Theil dieser Prognose hat sich in umfassendster Weise verwirklicht; aber zu staatlicher Anerkennung und Regulirung haben es die Unternehmerverbände noch nirgends gebracht. Nordamerika versucht sich seit Langem in einer ebenso hartnäckigen als erfolglosen Antitrustgesetzgebung; in Europa ist Oesterreich der einzige Staat, welcher bisher den Anlauf zu einer gesetzlichen Regelung der Kartelle genommen hat, ohne jedoch ans Ziel zu gelangen. Die Existenz dieser mächtigen und wichtigen Verbände beruht vielmehr in einer ganzen Reihe von Staaten auf einem „tolerari posse" der Staatsverwaltung und auf dem Grundsatze: Wo kein Kläger, da kein Richter. Dieser Zustand kann prima facie ebensowenig die Volkswirthe wie die Juristen befriedigen; und es ist leicht verständlich, daß, nachdem der Verein für Sozialpolitik schon um die Mitte des verflossenen Jahrzehntes die Kartelle und ihre Rechtsordnung auf seine Tagesordnung gesetzt hatte[3]), nunmehr auch

[1]) Vgl. Motivenbericht zum österr. Kartellgesetzentwurfe Nr. 180 der Beil. z. d. stenogr. Prot. des österr. Abg.-Hauses XIII. Session 1897: „Die Regierung hielt es für ihre ernste Pflicht, dafür zu sorgen, daß nicht über die nothwendige Last der Steuergesetze hinaus die Leistungsfähigkeit der Bevölkerung durch private Vereinbarungen in Anspruch genommen werde, die thatsächlich die Belegung der Konsumtion mit Zwangsleistungen nach Art der indirekten Steuern zum Gegenstande haben."

[2]) Die Kartelle. Ein Beitrag zur Organisation der Volkswirthschaft. Innsbruck 1883.

[3]) „Ueber wirthschaftliche Kartelle in Deutschland und im Auslande. Fünfzehn Schilderungen nebst Statuten und Beilagen." Schriften des Vereins für Sozial-

der deutsche Juristentag sich damit beschäftigt, zu untersuchen, welche Maßregeln sich für die rechtliche Behandlung der Industrie-Kartelle empfehlen.

Indem ich daran gehe, hierüber dem deutschen Juristentage ein Gutachten zu erstatten, kann ich nicht umhin, die Vorfrage aufzuwerfen: Eignet sich die Materie heute schon für eine Regelung durch die Gesetzgebung? Was wissen wir von den Kartellen? Welches sind ihre Formen? Worauf sind ihre Bestrebungen gerichtet, und welches sind ihre wirthschaftlichen und sozialen Wirkungen? Liegen die letzteren bloß im Bereiche der konkreten privatwirthschaftlichen Bestrebungen der Kartelle, oder ist auch in Betracht zu ziehen das prinzipielle Verhältniß der Kartelle zu unserer Wirthschaftsverfassung, die ja auf der freien Verfügung des Individuums über die Produktionsmittel und auf der Regelung der Güterversorgung durch freie gleichberechtigte Konkurrenz der Produzenten — wenigstens der inländischen — beruht? Wie verhalten sich die Kartelle zu den dieser Wirthschaftsverfassung innewohnenden Entwicklungstendenzen? Von der Erkenntniß, die wir auf diesem Wege gewonnen haben, wird es abhängen, ob wir dem Gesetzgeber das Ziel bloß dahin zu stellen haben, die Kartelle, die ja zweifellos Produkte einer, neuartige Zwecke verfolgenden und mit neuartigen Mitteln operirenden associativen Gestaltungstendenz sind, als neue Associationsformen rechtlich zu organisiren, d. i. in die Rechtsordnung, in das System der rechtlich anerkannten Associationsformen einzufügen; oder aber, ob wir der Gesetzgebung die Unterwerfung der Kartelle unter staatliche Kontrole oder endlich die Repression der Kartelle als Ziel abstecken sollen. Daran schließe sich eine kurze Kritik der bisherigen legislativen Versuche und Erfolge auf diesem Gebiete, ehe wir der uns gestellten engeren Aufgabe, der Erstattung positiver Vorschläge gerecht zu werden versuchen.

II.

Die Verbände, die wir in Europa als Kartelle bezeichnen, charakterisiren sich dadurch, daß mehrere selbständige Unternehmer der gleichen oder verwandter Branchen sich vermittelst Vertrages dazu vereinigen, um gemeinschaftlich, aber ohne Preisgebung ihrer formalen, rechtlichen Selbständigkeit, durch Beschränkung oder Beseitigung des unter ihnen bestehenden freien Wettbewerbs, die Marktverhältnisse zu ihrem Vortheile,

---

politik Band LX, Leipzig 1894. Verhandlungen der Generalversammlung von 1894. Ibidem Bd. LXI, enthaltend auch die Referate von Stieda, „Die Kartelle“ und insbesondere Menzel, „Die wirthschaftlichen Kartelle und die Rechtsordnung“.

womöglich bis zur Erzielung einer faktischen Monopolstellung, zu beeinflussen[4]). Schon diese umfängliche Begriffsbestimmung, welche ebenso zahlreiche als — absichtlich — blaß und skizzenhaft gehaltene Merkmale umfaßt, läßt vermuthen, daß es sich bei den Kartellen nicht um ein in typischer Form auftretendes, scharf abzugrenzendes wirthschaftliches Gebilde handelt, sondern um eine große Fülle von Einzelerscheinungen,

[4]) Ich nähere mich in meiner Definition der von Pohle in seiner scharfsinnigen und gründlichen Studie: „Die Kartelle der gewerblichen Unternehmer", Leipzig 1898, S. 11, gegebenen. Nach Pohle würden aber auch die Gewerkvereine der Arbeiter zu den Kartellen zählen (S. 12), was ich in Uebereinstimmung mit Menzel (a. a. O. S. 22) ausschließe. Pohle's Definition wird ferner seinem eigenen Postulat nicht gerecht, „daß die einem Kartelle angehörenden Wirthschaftssubjekte immer noch einen gewissen Grad von Freiheit und Selbständigkeit besitzen müssen, wenn von einem Kartell soll gesprochen werden dürfen. „Die . . . Fusion mehrerer Unternehmungen desselben Geschäftszweiges hat mit dem Begriffe der Kartellirung nichts zu thun." . . . Endlich ist es keineswegs ein Merkmal der Kartelle, daß sie „den größtmöglichen Vortheil" für ihre Mitglieder zu erzielen suchen. Alle Kartelle wollen womöglich eine Monopolstellung erringen, aber die Politik einer großen Zahl europäischer Kartelle — namentlich solcher, die nicht den Konsumenten von genußreifen Produkten, sondern selbst wieder Produzenten als Abnehmern gegenüberstehen, ist eine konservativere und opfert den größtmöglichen Vortheil dem dauernden. Pohle hebt dies selbst hervor (S. 94), beachtet es aber nicht genügend in seiner Definition. Kleinwächter (Hdwb. der Staatsw. Bd. VI S. 346f.) definirt die Kartelle als Vereinigungen von Unternehmern derselben Branche, deren Zweck dahin geht, durch solidarisches Vorgehen der Genossen die wirthschaftliche Lage der betreffenden Unternehmer günstiger zu gestalten. Menzel in seinem grundlegenden Referate (a. a. O. S. 22ff., ich citire nach dem als Ms. gedruckten Referatshefte) bezeichnet als Merkmale der Kartelle: 1. Die Vereinigung selbständiger Unternehmer. 2. Die Selbständigkeit der verbundenen Unternehmungen darf nicht vollkommen beseitigt erscheinen. 3. Die Vereinigung verfolgt den Zweck der Einschränkung des Wettbewerbes. 4. Ihr weiterer Zweck kann sein die Fortexistenz eines Erwerbszweiges zu sichern (Schutzkartelle) oder höheren Gewinn zu erzielen, die Abnehmer auszubeuten (Monopolisirungskartelle). Liefmann („Die Unternehmerverbände [Konventionen, Kartelle]"), in der Volksw. Abh. der bad. Hochsch., Freiburg 1897, definirt die Unternehmerverbände als „eine solche Vereinigung von Unternehmern, welche die wirthschaftliche Thätigkeit ihrer Mitglieder, die im übrigen selbständig bleiben, in einem bestimmten Punkte regelt und durch eine gegenseitige Verpflichtung aller Betheiligten, den gemeinsamen Abmachungen gemäß zu handeln, zu Stande kommt (S. 17). Als den Zweck der Kartelle bezeichnet er, den Mitgliedern im Zustande der Konkurrenz, trotz des Bestehens derselben, die Vortheile von Monopolisten zu gewähren (S. 35).

Die österreichische Regierungsvorlage eines Kartellgesetzes von 1897/98 (in drei Sessionen vorgelegt und späterhin im Kontexte hier abgek. als „öst. Regierungsentwurf" bezeichnet) definirt die Kartelle, deren Regelung sie beabsichtigt, wie folgt: „Verbinden sich selbständige Unternehmer zu dem Zwecke, um durch solida-

deren Grenzlinien ineinander verfließen. Der Nationalökonomie kommt es zu, diese Erscheinungen morphologisch zu charakterisiren, die Jurisprudenz und insbesondere der Gesetzgeber braucht aber eine scharfe Definition, einen präzisen Thatbestand, und so erklärt es sich, daß die Begriffsbestimmungen der österreichischen Entwürfe eine geringere Zahl von Merkmalen, aber dafür schärfer herausgearbeitet, aufweisen. Für die wirthschaftliche Betrachtung ist, um eine Vereinigung als Kartell anzusprechen, von Wesenheit, daß sich mehrere Unternehmer vereinigen, um den freien Wettbewerb untereinander einzuschränken oder zu beseitigen. Will man hierfür ein dialektisches Wortspiel anwenden, so kann man das Kartell bezeichnen als jene Erscheinung, in der die freie Konkurrenz sich freiwillig selbst aufhebt. Eine Unternehmung, die von vorneherein auf ein rechtliches oder faktisches Monopol, z. B. auf ein Patent oder die Verfügung über die einzige Lagerstätte eines Minerals, aufgebaut ist, fällt daher nicht unter den Kartellbegriff. Die Vereinigung mehrerer Unternehmer zur Förderung gemeinsamer Interessen, z. B. um die Regierung oder die öffentliche Meinung ihren Wünschen durch gemeinschaftlich betriebene Agitation günstiger zu stimmen (Fachvereine, Verbände)[5], gehört gleichfalls nicht zu den Kartellen, wofern der wirthschaftliche Wettbewerb der koalirten Unternehmer weder direkt noch indirekt durch die Satzungen und Aufgaben des Fachverbandes berührt erscheint. Auch dort, wo der freie Wettbewerb durch das Gesetz ausgeschlossen, oder wenigstens der Einwirkung auf Preise, Unternehmergewinn, Absatzmenge beraubt ist, wie z. B. bei Objekten der Finanzregalien, kann von Kartellbildung keine Rede sein. Wenn endlich mehrere Unternehmer, die miteinander nicht konkurriren, deren Betriebe sich vielmehr wirthschaftlich ergänzen, z. B. ein Kohlen-, ein Eisen- und ein Transportunternehmen, mit einander in Verbindung treten, um die Produktionskosten des Gesammtunternehmens

---

risches Vorgehen, insbesondere durch einverständliche Beschränkung oder Beseitigung des freien Wettbewerbes auf die Produktions-, Preis- oder Absatzverhältnisse (von) Verbrauchsgegenständen bestimmend einzuwirken . . ., so sind solche Unternehmerverbände (Kartelle) der Staatsaufsicht nach diesem Gesetze unterwerfen."

Der Referentenentwurf eines Kartellgesetzes, den der österr. Industrie- und Landwirthschaftsrath 1901 vorgelegt hat (verfaßt von Julius Reich, weiterhin im Kontext abgek. als „öst. Referentenentwurf" bezeichnet), definirt die Kartelle als „Vereinigungen oder Verbände selbständiger Unternehmer zu dem Zwecke, um durch gemeinsames Vorgehen, insbesondere durch einverständliche Beschränkung oder Beseitigung des freien Wettbewerbes auf die Produktions-, Preis-, Bezugs- oder Absatzverhältnisse von Waaren bestimmend einzuwirken . . . . Weitere Definitionen s. bei Pohle, a. a. O. S. 5.

[5]) Vgl. Liefmann, a. a. O. S. 17.

herabzusetzen (s. g. Kombinationen),[6]) so liegt kein Kartell vor, wenngleich Kartelle (insbesondere in ihrer amerikanischen Ausgestaltung zu Trusts) sich öfter mit Kombinationen paaren. Die Aufhebung bezw. Einschränkung des Wettbewerbes unter Unternehmern, die thatsächlich konkurrirten oder konkurriren können, in welcher Form immer, stellt also das Essentielle des Kartells dar. Unter diesen weiteren Begriff fallen auch die Ringe einerseits, die Trusts und Fusionen andererseits — Gebilde, die allerdings einer Abgrenzung bedürfen gegen jenen engeren Kreis von Vereinigungen, die wir nach der Eingangs bezeichneten Charakteristik in Europa als Kartelle im eigentlichen Sinne bezeichnen und für die in Nordamerika der Ausdruck „Pools“ [7]) gebräuchlich ist.

Was zunächst die Ringe betrifft, so erfolgt die Abgrenzung derselben gegenüber den Kartellen im engeren Sinne, in der Praxis mit ebenso sicherem Takte, als sie in der Theorie schwierig und unsicher ist. Einen Anhaltspunkt bietet der Sprachgebrauch, die Ringe mit „corner“ zu identifiziren. Das ist unrichtig, denn „corner“ bedeutet „Schwänze“; eine „Schwänze“ aber kann auch von einem einzigen leistungsfähigen Hause unternommen werden; andererseits aber ist ein „corner“ sehr häufig der Zweck der „Ring“bildung. Die Praxis nun gebraucht die Bezeichnung „Ring“ regelmäßig für eine solche Vereinigung von Unternehmern, die einen Monopolsgewinn aus Kauf und Verkauf von Gütern ohne deren weitere Verarbeitung, also wirthschaftlich gesprochen im Distributionsprozesse, zu erzielen sucht und zu diesem Zwecke spekulative Manöver, insbesondere die Anschaffung der Güter womöglich in einem solchen Umfang unternimmt, wie er nicht etwa dem voraussichtlichen Bedarfe, sondern dem aktuellen Angebote von Gütern dieser Art entspricht. Der Ring will vor Allem das Angebot neutralisiren, er richtet daher seine Geschäftspolitik nach dem thatsächlichen Angebote, nicht nach dem voraussichtlichen Bedarfe[8]).

Diese Kriterien genügen der Praxis, um die „Ringe“ nicht bloß von den Industriekartellen, welch' letztere ja als Produzenten Monopol-

---

[6]) Die Bezeichnung stammt von Sinzheimer, „Ueber die Grenzen der Weiterbildung des fabrikmäßigen Großbetriebs in Deutschland“. Münch. volksw. Studien, 3. St.

[7]) Vgl. Jenks, „The Trust Problem“, New-York 1900, Die beste neuere Darstellung über die amerikanischen Trusts. Ch. VII, Methods of Organisation and Management, S. 108 ff.

[8]) Es giebt auch Baissekonsortien, die, praktisch allerdings von geringerer Bedeutung als die Hausseringe, die umgekehrte Geschäftspolitik verfolgen, indem sie die Nachfrage zu neutralisiren, oft auch abzuschrecken suchen.

gewinn anstreben, zu unterscheiden, sondern auch mit fast untrüglicher Sicherheit von den eigentlichen Händlerkartellen, welche Differenzirung natürlich viel schwieriger und wichtiger ist. In der Theorie dagegen leidet die letztere an Unklarheit und Unsicherheit. Der österr. Regierungsentwurf sieht das entscheidende Merkmal in der Fälschung der Konjunktur durch die Ringe, indem die daran betheiligten Spekulanten durch völlige oder theilweise Sperrung der Zuflüsse die Preise der Waaren über ihre normale Höhe zu steigern oder durch Blancoabgaben unter dieselbe zu drücken versuchen (Motivenbericht S. 12). Allein es ist fraglich, ob der geschäftliche Dolus ein Merkmal ist, das eine genügende Abgrenzung gestattet. Dagegen ist dem Motivenberichte zuzustimmen, wenn er bemerkt, daß die gesetzliche Regelung „beide Erscheinungsformen der Kartellirung, die Ringe und die Kartelle umfassen müsse." Damit ist dem theoretischen Probleme seine praktische Spitze abgebrochen und es kommt wesentlich darauf an, die gesetzliche Definition des Kartellbegriffs so auszugestalten, daß sie auch die Ringe einschließt. Auch Menzel a. a. O. S. 23) sieht in den Ringen nur eine Abart der von ihm sog. „Monopolisirungs-Kartelle", welche „von vornhinein nur auf kurze Dauer berechnet" sei; eine präzise Unterscheidung von den Kartellen sei bei manchen Varietäten nicht möglich. Liefmann gebührt das Verdienst, auf den Unterschied zwischen „Ring" und „corner" hingewiesen zu haben (a. a. O. S. 125 f.); aber seine Abgrenzung zwischen „Ring" und „Kartell" kann weder nach der formal-juristischen noch nach der wirthschaftlichen Seite hin befriedigen. Er erblickt den „fundamentalen wirthschaftlichen Unterschied" zwischen Kartellen und Ringen darin, daß die letzteren, um ihren Zweck zu erreichen, den Produzenten ihre ganze Produktion abkaufen und daher die Produzenten verpflichten müssen, nur an sie zu verkaufen. Das letztere Merkmal, auf das Liefmann den entscheidenden Werth legt, ist nun aber augenscheinlich unzutreffend: denn Ringe bilden sich am häufigsten in landwirthschaftlichen Produkten, wo doch keine Rede davon sein kann, daß der „Ring", wie Liefmann meint, auf der Grundlage einer mit den Produzenten getroffenen Vereinbarung des Inhaltes beruht, daß letztere ihre Waaren nur an den Ring verkaufen dürfen.

Die Abgrenzung der Kartelle gegen die als „Fusionen" und „Trusts" bekannten Unternehmervereinigungen unterliegt bedeutend geringeren Schwierigkeiten, da sie an äußerlich in Erscheinung tretende Thatsachen juristischer Natur als Merkmale anknüpfen kann. Bevor ich jedoch an die Begriffsbestimmung dieser höchsten Kategorien monopolistischer Vergesellschaftung schreite, deren weltwirthschaftliche Bedeutung sie an die Spitze des ökonomischen Kartellproblems stellt, für deren Entwicklung jedoch in Deutschland und Oesterreich die juristischen Voraussetzungen entweder fehlen oder doch nicht so günstig liegen, wie in den Ländern des angelsächsischen Rechts, möchte ich hinweisen auf eine Form wirthschaftlicher Zusammenfassung mehrerer Unternehmungen in einen Machtbereich, die der Natur der Sache nach einen Konkurrenzkampf zwischen denselben ausschließt, sich aber von den Kartellen, welcher Art immer durch den gänzlichen Mangel jeglicher vorläufigen Vereinbarung über den Ausschluß oder die Beschränkung der Konkurrenz unterscheidet.

Vielmehr beruht der Zusammenschluß und die Beseitigung bezw. Zurückdrängung des Wettbewerbs in diesen Fällen bloß auf dauernden thatsächlichen Verhältnissen, welche ein thatsächliches Herrschafts- oder Gemeinschaftsverhältniß begründen und aufrecht halten. Ihr Vorkommen ist wesentlich bedingt dadurch, daß sich die Rechtsformen der reinen Kapitalsassociation, also vor Allem jene der Aktiengesellschaft für die Großbetriebe des Bank- und Transportwesens sowie der Industrie einbürgern. Die konkrete Gestaltung des Gesellschafts- insbesondere des Aktienrechts in den einzelnen Ländern ist daher für die Entwicklung dieser thatsächlichen Gemeinschaften von Wichtigkeit. Der Kitt, welcher die Gemeinschaft zusammenhält, ist kein Vertrag, sondern die Macht, welche ein Unternehmen über andere dank seines Besitzes an Aktien der letzteren oder seiner Fähigkeit sich jeder Zeit die Verfügung über dieselben zu sichern, innehat und ausübt: Die Großaktionärschaft.

Ich möchte für thatsächliche Gemeinschaften dieser Art die deutsche Bezeichnung „Gruppe" oder mit Entlehnung eines im internationalen Finanzverkehre üblichen Wortes, den schärferen, englischen Terminus „Concern"[9]) vorschlagen. Die Erscheinung, daß sich mehrere Unternehmungen der gleichen Branche in einem solchern Concern oder Gruppe befinden, ist keineswegs selten und die dadurch begründete Gemeinschaft oft dauernder und fester gefügt, als das feinstorganisirte Kartell. Aus der österreichischen Praxis führe ich bloß zwei Fälle an, von voller Notorietät, und die zugleich die beiden typischen Formen repräsentiren, in denen sich solche Gemeinschaften bilden. Ich werde mich dabei der Kürze halber des Ausdrucks bedienen, der in Amerika für die Ausübung thatsächlicher Macht in einem fremden Unternehmen vermöge starken Aktienbesitzes üblich ist: ein Unternehmen „kontroliren".

---

[9]) Der Zusammenschluß in einen „Trust" wird auch als „Konsolidation", der lockere Verband vor der Trustbildung als „Concern" bezeichnet.

Fall und Typus I: Ein großes Bankinstitut kontrolirt vermöge seines eigenen Aktienbesitzes und jenes seiner Klientel zwei der größten österreichischen Bahnen, die österr. Nordwestbahn und die Staatseisenbahngesellschaft. Der leitende Direktor der Bank nimmt zugleich in den beiden Bahngesellschaften die einflußreichste Stellung ein. Daß ein wirksamer Konkurrenzkampf zwischen den beiden Bahnen, welche zum Theile gleiche Relationen haben, ausgeschlossen ist, liegt auf der Hand. Fall und Typus II: Die Prager Eisenindustrie-Gesellschaft, die bedeutendste montanistische Unternehmung Böhmens, hat ihren Reservefonds in Aktien des wichtigsten alpenländischen Konkurrenzunternehmens angelegt: sie besitzt bilanzmäßig den zehnten Theil des Aktienkapitals der Alpinen Montangesellschaft. Erfahrungsgemäß genügt ein solcher Aktienbesitz, der in kritischen Zeiten durch börsenmäßig oder im engeren Kreise der Interessenten des kontrolirenden Unternehmens aufgebrachte Aktien verstärkt werden kann, um die Generalversammlungen zu beherrschen, das Unternehmen zu kontroliren. In der That sind die leitenden Stellungen der Alpinen Montangesellschaft aus dem Kreise ehemaliger Funktionäre der Prager Eisenindustrie-Gesellschaft besetzt worden. Diese beiden größten montanistischen Unternehmungen Oesterreichs (nebst einigen kleineren, die ich nicht namentlich anführe) befinden sich notorisch in einer „Gruppe“ in einem „Concern“; sie stehen außerdem in einem formellen Kartellverhältniß. Aber auch zu einer Zeit, da das Eisenkartell vorübergehend aufgelöst war, dauerte jene thatsächliche Gemeinschaft fort und übte ihre Wirkung.

Bei Type I kontrolirt daher ein Unternehmen (in der Regel, weil der Natur der Sache entsprechend, eine Bank) mehrere andere unter sich gleichartige, aber von dem ersteren verschiedene Unternehmungen; bei Type II kontrolirt ein Unternehmen andere der gleichen oder verwandten Branche. Bei beiden Typen kann aber wohl von einem wirksamen Konkurrenzkampf zwischen den Mitgliedern des „Concern“ kaum die Rede sein.

Ich zweifle nicht, daß Gruppenbildungen der beiden Typen auch im deutschen Reiche bestehen, mögen auch die gegen das Strohmännerunwesen in den Generalversammlungen gerichteten und den Schutz der Minoritäten bezweckenden Bestimmungen des deutschen Aktienrechts manche in Oesterreich wuchernden Mißbräuche mehr oder minder wirksam niederhalten; denn oft wird ja die Zugehörigkeit zu einem Concern ebenso wie die zu einem Kartell im Interesse des Unternehmens selbst liegen und daher die Billigung auch der unabhängigen Aktionäre erhalten.

Typus I des „Concern" hat eine gewisse Verwandschaft mit jener Form des „Trusts", welche ursprünglich üblich war, bevor die Antitrustgesetzgebung die Trustbildung zu ihrer höchsten Entwicklung brachte, in der sie nur noch wirthschaftlich als „Trust", juristisch aber bereits als „Fusion" angesprochen werden muß. Für die ältere amerikanische Trustform bietet aber unser heimisches Recht nicht die nöthigen Voraussetzungen dar; die „Fusion" ist andererseits ein Schritt, der nicht zurückgethan werden kann und eine beträchtlich wirksamere Beherrschung des Effektenmarktes voraussetzt, als der Zusammenschluß zu einem Concern, — von den großen Risiken jeder Fusion abgesehen.

Ich hebe dies hervor, weil ich der Ansicht bin, daß eine unzweckmäßige Kartellgesetzgebung die Form der „Gruppe" oder des „Concern" und speziell Type I desselben zur Zufluchtsstätte für die gesprengten Unternehmerverbände gestalten würde. Die thatsächliche Gleichartigkeit der Machtverhältnisse, die dadurch geschaffen werden würde, daß sich die Unternehmungen unter die gemeinsame „Kontrole" z. B. eines großen Bankinstitutes begeben würden, könnte kaum durch irgend ein Gesetz wirksam getroffen werden. Ich habe aber dieser Form der Vergemeinschaftung auch deshalb besondere Aufmerksamkeit gewidmet, weil sie in der Litteratur m. W. nicht eingehend behandelt wird, wenn ich von Menzel (a. a. O. S. 28) und einer kurzen Andeutung absehe, die ich selbst in der Kartelldebatte des Vereins für Sozialpolitik gemacht habe (a. a. O. Bd. 61).

Die höchste Stufe der Vergesellschaftung zum Zwecke der Beseitigung des Wettbewerbes wird durch die „Fusion" repräsentirt, über deren Wesen ich glaube, mich an dieser Stelle nicht des Weiteren verbreiten zu müssen. Die wichtigste Frage, die für uns in Betracht kommt, geht dahin, ob eine eingreifende Kartellgesetzgebung auch in unserem Rechtsgebiete die Ausgestaltung der Kartellverbände zu einheitlichen, durch Fusion entstandenen Riesenunternehmungen bewirken würde, d. h. ob wir in die letzte Entwicklungsphase der amerikanischen Trustbewegung einzutreten Gefahr laufen würden. Denn auch die amerikanische Kartellbewegung hat unter dem Einflusse der Antitrustgesetzgebung drei Entwicklungsstadien bis zum heutigen Trustsystem durchlaufen. In der ersten herrschen die Kartelle im europäischen Sinne vor, das ist durch vertragsmäßige Vereinigung rechtlich selbständig bleibender Unternehmer entstandene Verbände zur Einschränkung der Konkurrenz, technisch „Pools" genannt. Diese Pools umfassen bereits alle Formen der Kartelle: Preis-Absatz-Produktions-Vertriebs-Kartelle u. s. w. Die Pools waren jedoch nicht von Bestand und den darauf bezüglichen Vereinbarungen wurde häufig der Rechtsschutz versagt[10]). Jenks nennt als solche Pools, die der Trustbildung vorangingen, ein Produktions- und ein Betheiligungskartell der Whisky-Brennereien, das von der Addiston Pipe & Steel Co. gegründete Submissionskartell, verschiedene Kohlenhändlerkartelle u. s. w. Pooling by railroads war es zumeist, was die Aufmerksamkeit und den Widerstand der öffentlichen Meinung herausforderte. Den Uebergang zur zweiten Phase bezeichnet die Gründung des Standard Oil Trusts im Jahre 1882, welcher sodann die Bildung des sogenannten Whisky-Trust (The Distillers' & Cattle Feeders' Trust) und des Sugar-Trust folgte. Diese Trusts, sagt Jenks, waren im Wesentlichen, wie folgt, organisirt: Die Aktionäre jeder der verschiedenen Gesellschaften übertrugen ihren Aktienbesitz an eine bestimmte Zahl von Treuhändern (Trustees) — sieben oder neun an Zahl — und ertheilten ihnen auf diese Weise eine unentziehbare Vollmacht (power of attorney), das Stimmrecht mit diesen Aktien so auszuüben, wie sie es für gut befinden würden. Die Treuhänder emittirten an Stelle des auf sie übergegangenen Aktienbesitzes „Trust-Certifikate" an die Aktionäre, auf Grund deren die Gewinne vertheilt wurden. Die im Trust vereinigten Unternehmungen behielten ihre formale Selbständigkeit, aber ihre Reinerträge wurden in einen gemeinsamen Fonds gelegt, so daß die Schließung oder die Betriebsergebnisse eines einzelnen Etablissements den Inhabern der Certifikate gleichgiltig sein konnten. Die Trustees beherrschten kraft des in ihren Händen vereinten Aktienbesitzes die einzelnen Unternehmungen und besetzten nach ihrem durch die Interessen des Trusts bestimmten Ermessen die leitenden Stellungen in denselben.

Die gegen den Zucker-Trust gerichtete Entscheidung des New-Yorker Appellgerichtshofes und die bekannte Antitrustgesetzgebung (insbesondere

---

[10]) Ausgezeichnete Orientirung über die amerikanische Trustentwicklung gewährt in wirthschaftlicher Hinsicht das bereits genannte Werk von Jeremiah W. Jenks, „The Trust Problem"; die ausführlichste Darstellung des amerikanischen Kartellrechtes findet sich in Charles Fisk Beach: „A Treatise on the law of Monopolies and Industrial Trusts", St. Louis 1898, SS. LXX und 760. — Vgl. hierzu auch die im Auftrage der Industrial-Kommission herausgegebene Sammlung: „Trusts and industrial Combinations" Statutes and decisions of federal, State and Territorial law. Washington 1900. — Vgl. ferner über deutsche und amerikanische Trustliteratur die Zusammenstellung bei Liefmann a. a. O. S. 9, ferner aus jüngster Zeit: Waentig, „Industriekartelle und Trusts und das Problem ihrer rechtlichen Regelung", in Schmoller's Jahrbuch f. Gesetzgbg. u. s. w., 1901, 4. Heft, und insbesondere die Abhandlung von Steinbach: „Government Control of Trusts" in der bekannten amerikanischen Zeitschrift „The International Monthly", April 1902.

das oft citirte Bundes-Gesetz vom 2. Juli 1890: An act to protect trade and commerce against unlawful restraints and monopolies) haben die älteren Trusts zu den seltsamsten Wandlungen und Windungen gezwungen, um sich den harten Sanktionen dieser von berechtigten populären Strömungen getragenen, jedoch zweckwidrigen Gesetzgebung zu entziehen; zweckwidrig, da sie die vorhandenen monopolistischen Tendenzen gerade in die durchgreifendste Rechtsform hineindrängte. Der Whisky-Trust und der Zucker-Trust gingen auf der Bahn der Umwandlung des Trusts in ein Fusions-Unternehmen voran, der Standard Oil Trust suchte zunächst durch Zerfall in äußerlich unabhängige Gesellschaften, die sich jedoch in einem von mir oben als „Concern" bezeichneten faktischen Zusammenschlusse befanden, an dem Gesetze vorüber zu kommen, es entstanden zahlreiche mitunter kurzlebige Mischformen.

Nach der Auflösung der alten Trusts ward jedoch allmählich[11]) die Form des Zusammenschlusses in eine große Gesellschaft, der die einzelnen Unternehmungen angehörten, der gewöhnliche Vorgang. Hierbei veräußerten die einzelnen Gesellschaften ihre Unternehmungen zur Gänze an eine neue Gesellschaft und lösten sich sodann auf. Es blieb nach der Fusion nur eine einheitliche große Gesellschaft zurück, die sich im Besitze aller, den in ihr aufgegangenen Aktiengesellschaften oder Privatfirmen früher gehörigen Unternehmungen befand und sich juristisch in keiner Weise von einer der Aktiengesellschaften unterschied, die in ihr aufgegangen waren. Bekannte Trusts dieser Gattung sind die American Tin Plate Company, die National Steel-Company und die bekannten in aller Munde befindlichen Morgan'schen Trustgründungen.

Da sich die ältere Trustform in unserem Rechtsgebiete nicht einbürgern kann, so ist nur zu untersuchen, ob die neuere daselbst in großem Stile Platz greifen kann und dadurch jeder Kartellgesetzgebung von vornherein unübersteigbare Schranken gesetzt sind. Diese Frage findet jedoch ihre Lösung auf aktien- und börsenrechtlichem Gebiete. Das Trustproblem in Nord-Amerika ist weder wirthschaftlich noch juristisch identisch mit unserem Kartellproblem, es umfaßt vielmehr auch Probleme der Aktien- und Börsengesetzbung. Die Bildung von Unternehmerverbänden ist bei uns eine industrielle Operation, mag sie auch naturgemäß auf die börsenmäßige Bewerthung der betreffenden Industriepapiere zurückwirken;

---

[11]) Vgl. Jenks a. a. O. S. 117; Beach a. a. O. S. 505 unterscheidet drei Kategorien von Trusts. Nr. 1 deckt sich mit der im Text geschilderten älteren, Nr. 3 mit der modernen Trustform, Nr. 2 ist dadurch charakterisirt, daß eine Gesellschaft die „Kontrole" über eine Reihe anderer erwirbt, indem sie die Majorität der Aktien erwirbt: Concern, Type Nr. II.

die Trustbildung in den Vereinigten Staaten ist aber in der Regel auch eine Finanz- und Börsenoperation, die mit Agiotage in den betreffenden Effekten in engem Zusammenhange steht. Diese Erscheinung tritt schon bei der älteren Trustform hervor; vom Zucker-Trust z. B. weiß der Bericht des Komitees der Staatslegislative von New-York (abgedruckt bei Beach a. a. O. S. 31 Anm. 1) Folgendes zu sagen: „Es bestand eine enorme Spekulation in den Trust-Certifikaten. . . . Es war zweifellos einer der wichtigsten Zwecke dieser Trustbildung, diese Certifikate zu emittiren und dadurch Gelegenheit für eine Agiotage in großem Stile zu bieten. . . . . Die Ausgabe von $ 50 000 000 Certifikaten war vollkommen ausreichend für eine Spekulation im Umfange von vielen hundert Millionen Dollars. Es frägt sich sehr, ob der Trust nicht eher zum Zwecke ungeheuerer Spekulationen gegründet wurde, als um der Vortheile willen, die durch eine Vereinigung der Raffinerien zum Zwecke vortheilhafterer Raffinirung des Zuckers erzielt werden sollten; daß das Hauptziel der Trustbildung auf Agiotage hinauslief, beweist in deutlicher Weise der künstlich erhöhte Werth (the inflated value), der den Aktiven der vereinigten Gesellschaften, auf Grund deren die Emission von Certifikaten erfolgte, beigelegt wurde.“ . . . . Diese Verhältnisse sind auch bei den Trustbildungen der letzten Phase unverändert geblieben. So kommt es, daß Jenks in seiner vortrefflichen Monographie zwei Kapitel[12]) der Besprechung von Problemen widmet, die, wie Gründergewinn, übermäßige Anrechnung von Sacheinlagen, „Wässern“ des Aktienkapitals, spekulative Manöver bei der Gründung und den Aktienemissionen, bei uns gar nicht in den Rahmen des Kartellproblems gehören. Nicht der Industrielle, sondern der Finanzmann stehen bei der Trustbildung in Nord-Amerika Gevatter und ungeheure Gründungs- und „Wässerungs-“Gewinne fließen ihm zu. Nach den Erhebungen der „United States Industrial Commission“ wurden bei der Bildung der „Standard Distilling and Distributing Company“ für je $ 100 000 effektiven Geld- oder Sachwerth, der in die Gesellschaft eingebracht wurde, ausgegeben: $ 150 000 in Stammaktien an den Gründer (promoter), je $ 100 000 in Vorzugs- und Stammaktien an den Sacheinleger und $ 100 000 Vorzugs- und $ 150 000 Stammaktien an den Financier, der die Subskription garantirte (underwriter): in Summa $ 200 000 in Vorzugs- und $ 400 000 in Stammaktien für je $ 100 000 effektiver Aktiva (cash and tangible property)! Judge William H. Moore, der die American Tin Plate

[12]) Ch. V. Promoter and Financier; Ch. VI. The Basis of Capitalization S. 77 ff.

Company mit einem Kapitale von $ 50 000 000 organisirte, erhielt an Vergütung der Gründungsspesen und Gründungsgewinn 10 Millionen Dollars in Stammaktien. Die Kritik dieser Vorgänge und die Beleuchtung ihres Einflusses auf die Politik der amerikanischen Trusts fällt nicht in den Bereich dieser Untersuchung: von Wichtigkeit ist für uns jedoch, zu erkennen, daß diese Erscheinungen nicht allein Auswüchse spekulativen Beutejägerthums sind, sondern darauf hindeuten, was auch theoretische Argumentation erkennen läßt: daß nämlich die Gründung von Riesenunternehmungen vermittelst Fusion nicht durchführbar ist, ohne die Entfachung und Ausnützung der spekulativen Tendenzen und Kräfte der Börse durch die Mittel der Uebergründung und Agiotage. Denn die Risiken, die mit der auch nur zeitweiligen Lockerung und Deklassirung der in die Fusion einzubeziehenden Aktiven und Effekten, sowie jene, die mit der finanziellen Garantie des Gründungserfolges (dem underwriting) verbunden sind, sind bei derlei gigantischen Operationen zu groß, um anders gedeckt werden zu können, als aus den ungeheuren Gewinnen, welche den genannten Manipulationen entströmen, und die letzteren sind nur vermittelst der Spannkraft eines durch Agiotage überreizten Effektenmarktes realisirbar. Die blendenden Machtproben, welche die amerikanische Trustbewegung in ihrer jüngsten Phase vor unserer Aller Augen ablegt, sind daher nicht so sehr ein Beleg für die industrielle Lebensfähigkeit dieser Organisationen als für die Höhe der Dampfspannung auf den amerikanischen Effektenmärkten. Diese Erkenntniß zeigt uns aber auch, daß wir durch Ausbildung des Aktien- und Börsenrechtes die Gefahr, durch die Kartellgesetzgebung eine Fusionsepoche in größtem Stile einzuleiten, außerordentlich abschwächen, wenn nicht schon durch die bestehende Gesetzgebung für beseitigt halten können. Die seltsamen Ergebnisse der amerikanischen Antitrustgesetzgebung müssen also keineswegs abschreckend auf uns wirken; der kritische Grenzpunkt, welchen jede Kartellgesetzgebung im Auge behalten muß, wird vielmehr jener sein, bei dessen Ueberschreitung die juristisch immerhin faßbare, weil an äußere, rechtlich relevante Merkmale gebundene Form des heutigen Unternehmerverbandes übergehen würde in den Zusammenschluß zu einem auf rein thatsächlichen Machtverhältnissen beruhenden Verbande, dem formlosen „Concern“.

III.

Menzel (a. a. O. S. 24) hat bereits hervorgehoben, daß man bei der Gruppirung der einzelnen Kartellformen einen doppelten Gesichtpunkt zur Geltung bringen müsse, einen materiellen und einen formellen. Es ergäbe sich nämlich eine Gruppirung der Kartelle zunächst nach den Richtungen, in denen und den ökonomischen Mitteln, durch die der freie Wettbewerb eingeschränkt werde. Der zweite, formale Gesichtspunkt aber betrifft die Organisation der Kartelle in juristisch-technischer Hinsicht, die Mittel also, welche zur Bindung des prinzipiell freien Unternehmer- und Konkurrenzwillens angewendet werden. Menzel unterscheidet vom ersterwähnten Standpunkt aus vier große Kategorien von Kartellen, für die er die Bezeichnung Preiskartelle, Produktionskartelle, Absatzkartelle und Betheiligungskartelle vorschlägt.

Zur Differenzirung der einzelnen Kartellformen war damit ein wichtiger Schritt erfolgt und dieses Klassifizirungsschema behauptet sich noch heute in der volkswirthschaftlichen Litteratur[13]), ist aber dank dem außerordentlich reichen Material, welches die Zunahme der Unternehmerverbände und die Veröffentlichung ihrer Statuten in der zweiten Hälfte des vorigen Jahrzehnts der wissenschaftlichen Forschung bot, nach manchen Richtungen hin ergänzt und erweitert worden. Liefmann insbesondere, welchem unter den deutschen Schriftstellern das größte Material an Kartellstatuten vorgelegen ist, hat eine außerordentlich durchgebildete Klassifikation der Kartelle nach ihren wirthschaftlichen Mitteln und Zwecken geschaffen.

Er unterscheidet zunächst (a. a. O. S. 41 ff.) Verbände, welche die Unternehmer als Abnehmer schließen, und solche, die sie als Anbieter eingehen. Als Abnehmer stehen die Unternehmer zwei Arten von Wirthschaftssubjekten gegenüber, nämlich den Produzenten der Roh- und Hülfsstoffe bezw. der Halbfabrikate, und den Arbeitern. Die sogenannten Händlerkartelle sind zum Theil gleichfalls Abnehmerverbände. Bei den Verbänden der Unternehmer als Anbieter unterscheidet Liefmann zwei Hauptmethoden zur Erreichung des obersten Zwecks, nämlich der monopolistischen Ausschließung bezw. Einschränkung des freien Wettbewerbs. Nach der einen Methode, durch welche die von ihm sogenannten „beschränkenden Kartelle" oder „Kartelle niederer Ordnung" zu Stande kommen, geht die Kartellvereinbarung von dem einzelnen Mitgliede aus und schränkt dessen wirthschaftliche Handlungsfreiheit in einem bestimmten Punkte z. B. in der Preisfestsetzung ein. Nach der anderen Methode, durch welche sogenannte „vertheilende Kartelle" oder „Kontingentirungen" zu Stande kommen, die Liefmann wegen ihrer festeren und ausgebildeteren Organisation auch „Kartelle höherer

---

[13]) Vrgl. hierzu auch Philippovich, Grundriß der politischen Oekonomie, I. Band Volkswirthschaftslehre, 4. Auflage, § 77, und Volkswirthschaftspolitik. 1. u. 2. Auflage, § 39.

Ordnung" nennt, richtet sich die Kartellvereinbarung auf das Gesammtangebot, die Gesammtnachfrage oder den Gesammtgewinn des Kartellverbandes und vertheilt dieselben nach einem bestimmten Schlüssel auf die Kartellmitglieder. Indem Liefmann dann weiter als Eintheilungsgrund für die Klassifizirung dieser Hauptformen der Kartellgestaltung die konkreten Einrichtungen wählt, in denen die Beschränkung der freien Unternehmerthätigkeit und des Konkurrenzstrebens zum Ausdruck kommt, gelangt er zu folgendem Schema:

I. Verbände der Unternehmer als Abnehmer.

1. Gegen die Arbeiter zum Zwecke gemeinsamer Preis- und Nachfragepolitik.
2. Gegen die Rohstoffproduzenten u. s. w. zum Zwecke gemeinsamer Preis- und Nachfragepolitik.

II. Verbände der Unternehmer als Anbieter, Kartelle.

A. Niederer Ordnung, beschränkende Kartelle:

1. Zum Zwecke gemeinsamer Angebotspolitik: Angebots- oder Produktionskartelle.
2. Zum Zwecke gemeinsamer Monopolisirungspolitik: Gebietskartelle.
3. Zum Zwecke gemeinsamer Preispolitik: Preiskartelle.

B. Kartelle höherer Ordnung, vertheilende Kartelle, Kontingentirungen:

1. Zum Zwecke gemeinsamer Angebotspolitik: Angebotskontingentirungen.
2. Zum Zwecke gemeinsamer Monopolisirungspolitik: Nachfragekontingentirungen.
3. Zum Zwecke gemeinsamer Preispolitik: Gewinnkontingentirungen.

Ich kann nicht umhin, mit Pohle (a. a. O. S. 15), dem wir nächst Liefmann die feinst ausgebildete Morphologie der deutschen Kartelle verdanken, gegen die oben wiedergegebene Klassifikation Liefmanns das Bedenken auszusprechen, daß sie in höherem Maße dem ästhetischen Bedürfnisse nach Symmetrie entgegenkommt, als in allen Punkten sachlich gerechtfertigt ist. Es ist Pohle insbesondere beizustimmen, wenn er gegenüber der Liefmann'schen Klassifikation hervorhebt, daß nach derselben Kartelle, die mit gleichen wirthschaftlichen Mitteln arbeiten, in verschiedene Gruppen einzureihen wären, daß es ferner nicht thunlich sei, bei den einzelnen Kartellen scharf zu unterscheiden, ob sie von einer Beschränkung der einzelnen Mitglieder oder von der Vertheilung der Gesammtproduktion ausgingen, und daß es endlich wissenschaftlich nicht so sehr darauf ankomme, eine Uebersicht sämmtlicher Kartellformen zu geben, als eine Klassifizirung der verschiedenen Mittel der Kartellirung. Denn jedes einzelne konkrete Kartell könne nicht bloß ein Kartellirungsmittel, sondern auch mehrere anwenden, und bei der Uebersicht sämmtlicher Kartellformen müßten daher auch solche Kartelle ihren Platz zugewiesen erhalten, die aus der Verbindung mehrerer, im Liefmann'schen Schema enthaltener Kartellformen hervorgingen. Gerade diese kombinirten Kartelle seien praktisch die wichtigsten. Pohle selbst klassifizirt daher nach den wichtigsten Kartellirungsmitteln und unterscheidet:

1. die Preisvereinbarung, 2. die Vertheilung der Absatzgebiete bezw. der Kundschaft, 3. die Produktionskartellirung, 4. die Gewinnausgleichung, 5. die Vertriebskartellirung. Der Pohle'sche Gedanke zeichnet sich zweifellos theoretisch durch größere Klarheit und Einfachheit aus.

Allein ich halte es für angemessen, das Liefmann'sche Schema hier zu reproduziren, um an der Hand desselben in dieser, wesentlich praktischer Gesetzgebungspolitik dienenden Untersuchung eine Uebersicht der ungeheueren Fülle von Kartellformen zu geben, welche Liefmann vorgelegen sind. Denn jeder legislative Versuch auf diesem Gebiete wird mit dem Proteus-artigen Charakter der Unternehmerverbände zu rechnen und in diesem Momente zum Theile den Inhalt, vor allem aber die Schranken seiner Wirksamkeit zu suchen haben. Liefmann sind abgesehen von rein lokalen Kartellen und von Verbänden der Handelsunternehmer 345 Industrie-Kartelle bekannt geworden, und er nimmt an, daß davon im Jahre 1897 230—250 noch existirten.

Auf die einzelnen Industriezweige vertheilen sich die Liefmann bekannt gewordenen Kartelle folgendermaßen. Es entfielen auf die

Chemische Industrie	82	Kartelle
Eisenindustrie	80	"
Industrie der Steine und Erden . . .	59	"
Textilindustrie	38	"
Papierindustrie	19	"
Holzindustrie	18	"
Kohlenindustrie	17	"
Metallurgische Industrie (außer Eisen) . .	15	"
Nahrungsmittelindustrie	12	"
Lederindustrie	5	"
Im Ganzen	345	Kartelle,

zu denen noch 6 Kartelle von Transportanstalten hinzukommen. Hiervon bestanden vor dem Jahre 1890 219, vor dem Jahre 1896 260 Kartelle.

Bezüglich der kartellirten Artikel sei auf die Zusammenstellung bei Liefmann S. 144 verwiesen, welche über 300 Art. umfaßt.

Ein mir vorliegendes Verzeichniß österreichischer Kartelle weist im Ganzen 68 Kartelle auf. Davon entfallen auf die

Eisenindustrie	12	Kartelle
Bergbauindustrie	2	"
Zuckerindustrie	2	"
Papier- u. Druckindustrie	8	"
Bierbrauerei u. Mälzerei	3	"
Petroleumindustrie	1	"
Textilindustrie	6	"
Maschinen- u. Metallindustrie	4	"
Glasindustrie	4	"
Industrie der Steine u. Erden	8	"
Diverse Industrien (größtentheils chemische)	18	"
Zusammen	68	Kartelle.

Die wichtigsten kartellirten Artikel sind: Eisen, Draht und Drahtstifte, Achsen, Gabeln, Sicheln, Absatzeisen, Schuhnägel, Schrauben und Niethen, Hufnägel, Walzeisen, Walzdraht, Eisenerz, raffinirter und Rohzucker, Rüben, (Abnehmerkartell) Cellulose und Packpapier, Strohpapier, Pergamentpapier, Chromo-, Glacé- und Buntpapier, Holzpapier, Papierhülsen, Bier, Malz, Petroleum, Juteerzeugnisse, Tuch, Streichgarn, Hanf, Feze, Bindfaden und Spagat, Messingwaren, Kupferdraht, Kupferbleche, Zinnprodukte, Blech, Emailgeschirr, Krystallglas, Glasflakon, Spiegel- und Tafelglas, Ziegel, Granitstein, Steinmetzwaren, Sandstein, Portland-Cement, Falzziegeln, Soda, Essigsäure, Syrup, Sodawasser, Zinkweiß, Leim, Paraffin, Glühlampen, Federweiß, Kunstdünger, Regen- und Sonnenschirme, Holzdeckel, Kaolin, u. s. w. u. s. w. Diese Zusammenstellung, welche durchaus nicht erschöpfend ist und naturgemäß nicht erschöpfend sein kann, da die österr. Kartelle mit ihren Mittheilungen wegen der ihren Rechtsbestand verneinenden Judikatur zurückhaltender sind als die deutschen, beweist wohl, daß auch in Oesterreich die Kartellbewegung bereits einen sehr hohen Stand erreicht, wie sie denn auch die mannigfachsten Formen der Verbände hervorgebracht hat.

Verhältnißmäßig am geringfügigsten ist unter den bekannt gewordenen Kartellen die Zahl der gegen die Arbeiter gerichteten Verbände der Unternehmer, die oft auch nur einer augenblicklichen Konjunktur des Arbeitsmarktes entspringen und dann von kurzer Dauer sind. Die Unternehmer verabreden gemeinsam entweder eine bestimmte Höhe der Löhne, über die nicht hinauszugehen sie sich verpflichten, oder verpflichten sich gegenseitig, strikende Arbeiter überhaupt nicht wieder oder doch für eine bestimmte Zeit nicht anzustellen, oder strikende Arbeiter eines der Kontrahenten nicht zu beschäftigen u. dgl. mehr. Wie Liefmann, der dieses Material zumeist aus der „Sozialen Praxis" geschöpft hat, bemerkt, kommen beide Arten von Vereinbarungen zusammen vor. Gegenüber drohenden Strikebewegungen findet sich manchmal die Vereinbarung, alle konkurrirenden Werke einer bestimmten Gegend zu schließen, sobald die Arbeiter auch nur in einem einzelnen derselben striken würden. (Lockout.)

Die Verbände der Abnehmer gegen ihre Vorgänger im Produktionsprozesse, also gegen ihre Lieferanten, zeichnen sich bereits durch eine große Mannigfaltigkeit der angewendeten Methoden aus. Wir finden die Form des einfachen Preiskartells, bei welchem die Unternehmer sich gegenseitig verpflichten, ihren Lieferanten keinen höheren, als einen vereinbarten Maximalpreis zu bezahlen, ferner das Gebietskartell, bei dem jedem der kartellirten Unternehmer ein bestimmtes Gebiet zugewiesen wird, innerhalb dessen er seinen Bedarf ausschließlich zu decken berechtigt ist. Diese auch „Rayonnirungskartelle" genannten Verbände spielten in Oesterreich im Verhältniß der Rohzuckerfabrikanten zu den Rübenbauern eine bedeutsame Rolle und waren und sind Gegenstand der heftigsten Angriffe seitens der letzteren. Es können sich Unternehmer ferner auch vereinigen, um durch Einstellung des Bezuges (Boykottirung) von ihren Lieferanten eine günstigere Preispolitik zu erzwingen. Ein solcher Verband wird als Kampfverband in der Regel nur von kurzer Dauer sein und entweder mit einem Vergleiche schließen, wie z. B. beim Preiskampfe der Landwirthe gegen das Kartell der Thomasphosphatmehlfabrikanten, oder aber in eine festere und dauernde Organisation z. B. zu dem Zwecke übergehen, um sich von den Lieferanten durch Eigenproduktion vollständig unabhängig zu machen. Liefmann erwähnt u. a. ein Kartell der französischen und belgischen Glasfabrikanten zu dem Zwecke der Errichtung einer eigenen Fabrik phosphorsaurer Salze als Kampfmittel gegen das Kartell der vereinigten deutschen, englischen, belgischen und französischen Produzenten dieses Artikels.

Hierher gehört endlich auch die Erscheinung, daß Industrielle, in deren Betrieb Kohlen einen besonders wichtigen Hilfsstoff ausmachen, sich einzeln oder gemeinschaftlich die Verfügung über Kohlenzechen sichern, um sich gegenüber den großen Verbänden der Kohlenproduzenten Unabhängigkeit zu sichern. Dieser Vorgang führt zur Bildung von sogenannten „Kombinationen" (siehe oben).

Was die Verbände der Produzenten als **Anbieter** betrifft, so führt **Liefmann** unter den **Produktionskartellen** niederer Ordnung Vereinbarungen an, welche sich beziehen 1. lediglich auf die Untersagung von Vergrößerungen des Betriebes; 2. Vereinbarungen zur Durchführung von Betriebseinschränkungen oder Betriebseinstellungen von kürzerer oder längerer Dauer. Die Betriebseinstellung kann sich auf alle im Verbande stehenden Werke beziehen, und ist in diesem Falle selbstverständlich eine zeitlich beschränkte (in der Regel durch Einschränkung der Schichtdauer oder durch Einreihung von Ruheschichten bewirkte), oder sie beschränkt sich auf einzelne unter besonders ungünstigen Bedingungen produzirende Werke, in welchem Falle die Betriebseinstellung gegen Entschädigung erfolgt und auch dauernder Natur sein kann. Die vollständige Betriebseinstellung einzelner Werke führt in der Regel zum Ankaufe derselben durch die wirthschaftlich günstiger produzirenden Verbandsmitglieder. 3. Die Einschränkung der Produktion kann sich weiter auch auf das Produktionsquantum beziehen und entweder absoluter Natur sein, indem eine Höchstziffer der Produktion für jedes einzelne Werk festgesetzt wird, oder aber indirekt erzielt werden, indem die billiger produzirenden Werke den theurer produzirenden für die Minderproduktion Prämien bezahlen. Diese Formen der Produktionseinschränkung kommen wiederum in den mannigfaltigsten Kombinationen vor und sind eine ziemlich rückständige und wenig wirkungsvolle Form der Kartellirung, da die Kontrole außerordentlich schwierig ist und die Verschiedenheit der technischen Produktionsbedingungen der einzelnen Verbandsmitglieder zahlreiche Ausnahmebestimmungen bedingt. Die wichtigsten Beispiele für derartige Produktionsbeschränkungen boten die früher zahlreichen sogenannten „Förderungskonventionen" der Rheinisch-Westfälischen Kohlenzechen.

Die reinen **Gebietskartelle** sind als Kartelle der **Anbieter** von verhältnißmäßig geringer Wichtigkeit. Bei dieser Kartellform wird jedem der Theilnehmer ein eigenes Absatzgebiet zugewiesen, in welchem er daher — vorausgesetzt, daß alle Konkurrenten im Verbande sind — ein vollkommenes Monopol besitzt. Diese Kartelle sind nur dann durchführbar, wenn die Zahl der Unternehmer eine geringe ist, und nur dann praktisch, wenn hierdurch zugleich auch erhebliche Frachtersparungen erzielt werden. Dagegen kommt es häufig vor, daß mehrere Kartelle niederer Kategorie sich gegenseitig die Wirksamkeit dadurch sichern, daß sie ein Gebietskartell schließen, welches sodann einen Verband zwischen mehreren Kartellen darstellt. Solche Gebietskartelle höherer Ordnung, wobei jedes Kartell wiederum innerhalb seines Gebietes eine selbständige Kartellpolitik verfolgen kann, finden sich namentlich als Organisationsformen internationaler

Kartelle. Liefmann nennt als solche internationale Kartelle das 1884 zwischen Deutschland, England, Belgien und Oesterreich abgeschlossene Schienenkartell und insbesondere das Gebietskartell der Dynamitfabriken, welches die durch den Dynamittrust repräsentirte deutsch-englische Gruppe mit der französischen Gruppe der Société Centrale de la Dynamite im Juni 1886 abschloß.

Die eigentlichen Preiskartelle verfolgen einen doppelten Zweck: 1. Die Festsetzung von Minimalpreisen, welche einen Gewinn aus der Produktion sichern, und 2. die allmähliche Erhöhung derselben, bezw. des Unternehmergewinnes. Diese Vereinbarungen sind in der Regel verbunden mit Vereinbarungen über die Konditionen, unter welchen der Verkauf und die Preisfeststellung erfolgt, z. B. über die Höhe des Rabatts, über die Kreditgewährung, Zahlungsfristen u. s. w., da nämlich durch Begünstigungen in den Konditionen die Wirkung von Minimalpreisfestsetzungen leicht seitens eines einzelnen Konkurrenten illusorisch gemacht werden kann. Die meisten Preiskartelle sind demnach auch zugleich sogenannte Konditionen-Kartelle.

Die über die Verkaufspreise geschlossenen Vereinbarungen gelten entweder für alle von den Verbandsmitgliedern abgesetzten Produkte oder nur für solche, welche innerhalb des Verbandsgebietes verkauft werden. Im letzteren Falle können also die Mitglieder außerhalb des Verbandsgebietes billiger verkaufen. In der Regel gelten die höheren Verbandspreise für das Inland, niedrigere Verbandspreise für das Ausland; sehr häufig sind auch die Exportpreise in das Ausland gänzlich freigegeben. Aber auch für die Grenzbezirke, in welche z. B. wegen besonders günstiger Transportverhältnisse ausländische Konkurrenzware eindringen kann, werden häufig billigere Preise und günstigere Konditionen frei gelassen. Weiter stellen die Preiskartelle häufig auch Ausnahmebestimmungen für den Fall auf, daß es gilt, ein dem Verbande nicht angehöriges Unternehmen in seinem engeren Absatzgebiete zu konkurrenziren. Bekannt ist, daß speziell die großen Unterschiede zwischen den Inlands- und Auslandspreisen häufig den Anstoß zu den heftigsten Angriffen gegen die Kartelle geboten haben. Reine Preiskartelle sind jedoch eine ziemlich lockere und in Folge dessen auch eine ziemlich seltene Organisationsform der Unternehmerverbände. Sie werden in der Regel nur als vorläufige Abwehrmaßregeln geschlossen, um einen durch Ueberproduktion und heftigen Konkurrenzkampf unter die Produktionskosten herabgedrückten Preisstand vorerst auf die Höhe der letzteren zu bringen, haben aber selbstverständlich die Tendenz, auf eine stete weitere Erhöhung des Preisniveaus hinzuwirken. Die Schwierigkeit der Kontrolle wirkt reinen Preiskartellen ebenso entgegen, wie den reinen Produktionskartellen.

Was die von Liefmann sogenannten „Kartelle höherer Ordnung" betrifft, das sind diejenigen Kartelle, bei denen das Gesammt-Angebot, die Gesammt-Nachfrage oder der Gesammt-Gewinn des Verbandes nach einem bestimmten Schlüssel unter die einzelnen Mitglieder vertheilt wird; so gehören zunächst hierher jene Kartelle, welche den Absatz aller betheiligten Unternehmer nach einem bestimmten Schlüssel, in der Regel nach der Leistungsfähigkeit oder dem bisherigen Absatze, unter die Verbandsmitglieder austheilen.

Es ist bei denselben prinzipiell Sache und Aufgabe des einzelnen Kartellmitgliedes, die ihm gebotene Absatzmöglichkeit voll auszunützen. Mitunter wird aber auch durch das Kartell für die Ausgleichung von Differenzen, die sich bei der Ausnützung der Absatzmöglichkeit einstellen, in der Weise vorgesorgt, daß entweder jedes Werk um dasjenige, was es in der einen Periode zu viel verkaufte, in der nächsten weniger verkaufen darf, während der im Absatz zurückgebliebene Kartelltheilnehmer die Differenz dem Absatzquantum der nächsten Periode hinzufügen darf, — oder aber derjenige Produzent, der zu viel geliefert hat, muß dem im Absatze zurückgebliebenen Verbandsmitgliede das Differenzquantum abnehmen und zwar zu dem Durchschnittsverkaufspreise des zurückgebliebenen Mitgliedes. Die Differenz kann weiter auch dadurch ausgeglichen werden, daß das im Absatze voran eilende Mitglied dem zurückbleibenden Aufträge überweist oder endlich, es kann eine Ausgleichung in Geld stattfinden.

Bei denjenigen Industrien, in denen es üblich ist, die Produkte im Submissionswege abzusetzen, hat der Kartellverband in der Regel den Zweck, die Betheiligung bei den Submissionen zu reguliren. Hierbei vereinigen sich die Unternehmer entweder, um bei Submissionen gemeinsam ihre Offerten einzureichen und, wenn sie den Auftrag erhalten, ihn nach einem bestimmten Verhältnisse zu vertheilen, oder aber es wird bei jeder einzelnen Submissionsausschreibung im vorhinein festgesetzt, welches der kartellirten Werke bei der Submission den Sieg davontragen soll. In diesem Falle offerirt dann nur das zur Ausführung bestimmte Werk zu einem den wirthschaftlichen Verhältnissen entsprechenden Preise, während die übrigen Werke nur zum Scheine mitbieten und höhere Preise festsetzen.

Das wichtigste Beispiel für derartige Kartellverbände, die bis in die sechziger Jahre zurückreichen, bieten die Kartelle für Eisenbahnbedarfsartikel, welch' letztere in der Regel im Wege der Submission vergeben werden, insbesondere die Schienenkartelle.

In denjenigen Industrien, in denen die Vergebung von Lieferungen nicht im Wege von Submissionen erfolgt, kann gleichwohl eine Vertheilung der eingehenden Bestellungen und Aufträge auf die einzelnen Mitglieder des Verbandes in der Weise erfolgen, daß der Verband hierzu ein eigenes Organ bestellt: Verkaufsstelle oder Verkaufssyndikat, das dem Zwecke dient, von dem Abnehmer die Bestellungen entgegen zu nehmen und deren Ausführung unter die Verbandsmitglieder zu vertheilen. Diese Art der Absatzkontingentirung gewährt, wie Liefmann bemerkt, dem einzelnen Verbandsmitgliede eine eigenthümliche Art von Monopol, so zu sagen „ein Monopol für den einzelnen Fall". „Der Unternehmer ist in der Stellung eines Monopolisten nur demjenigen Konsumenten gegenüber, dessen Aufträge gerade ihm zur Ausführung zugetheilt worden sind." Das wichtigste Beispiel eines solchen Kartelles ist das bekannte Rheinisch-Westphälische Kohlen-Syndikat. Dieses Syndikat hat sein Organ in der Rheinisch-Westphälischen Kohlen-Syndikats-Aktien-Gesellschaft, welche als Verkaufsstelle die bei ihr einlaufenden Aufträge an die Verbandsmitglieder nach ihren festgesetzten Betheiligungsquoten vertheilt. Bei Kartellen dieser Art findet die Vertheilung der Aufträge nach verschiedenen Gesichtspunkten statt. Es kommt hierbei in Betracht: 1. Das Maß, in welchem jedes Mitglied von der Erreichung des ihm zugebilligten Absatzquantums entfernt ist. 2. Die Rücksicht auf Frachtersparniß, so daß dasjenige Werk die Lieferung erhält, welches dem Wohnsitze des Abnehmers am nächsten liegt. 3. Sind die Bestände an fertigen Produkten in den Werken der einzelnen Verbandsmitglieder nach Möglichkeit zu berücksichtigen. 4. Wird auch thunlichst auf die Sonderwünsche der einzelnen Konsumenten Bedacht genommen.

Eine außerordentliche Mannigfaltigkeit besteht in den Beziehungen eines derartigen Organes, Verkaufsstelle, zu den Konsumenten (Auftraggebern) einerseits und zu den Verbandsmitgliedern anderseits. Es ergeben sich hierbei folgende Varianten der rechtlichen Beziehungen zwischen den Verbandsmitgliedern, der Verkaufsstelle und den Konsumenten.

a) Die Verkaufsstelle ist bloßer Vermittler, jedes Verbandsmitglied tritt in ein direktes Rechtsverhältniß zu dem Abnehmer und wird allein berechtigt und verpflichtet; b) die Verkaufsstelle ist Stellvertreter des Verbandes, so daß dem Abnehmer gegenüber der Verband aus dem einzelnen Geschäfte berechtigt und verpflichtet erscheint. Der Verband trägt also auch dem einzelnen Verbandsmitgliede gegenüber das Delcredere und es muß die Thätigkeit der Verkaufsstelle durch den Verband überwacht werden; c) die Verkaufsstelle wird allein berechtigt und verpflichtet. In diesem Falle muß selbstverständlich die Verkaufsstelle kreditfähig sein;

es wird in der Regel ein Bankhaus hierzu bestellt. Die Nothwendigkeit einer Ueberwachung der geschäftlichen Thätigkeit der Verkaufsstelle entfällt bei dieser Form, es ist aber der Erfolg der wirthschaftlichen Thätigkeit des Verbandes im hohem Maße abhängig von der Kreditpolitik der Verkaufsstelle. Endlich d) die Verkaufsstelle ist Kommissionär, sie schließt im eigenen Namen ab, aber für Rechnung entweder des Verbandes oder des einzelnen Verbandsmitgliedes, sie trägt in diesem Falle gewöhnlich das Delcredere. Diese Rechtsstellung ist zugewiesen z. B. dem Rheinisch-Westphälischen Kohlen-Syndikat. Je nachdem die Rechtsstellung der Verkaufsstellen in der einen oder anderen Weise bestimmt ist, wird selbstverständlich das Verhältniß des Verbandsmitgliedes zu dem Konsumenten ein verschiedenartiges sein. Es kommt vor, daß das Verbandsmitglied dem Konsumenten direkt fakturirt, oder daß dies von Seiten der Verkaufsstelle oder des Verbandes geschieht. Je nachdem sind auch die Kontrollmaßregeln, welche zur Sicherung der Einhaltung der Kartellvereinbarungen seitens der einzelnen Mitglieder bestehen, äußerst verschiedenartiger Natur.

Was die Organisation der Verkaufsstelle betrifft, so kann als Verkaufsstelle entweder ein einzelnes Verbandsmitglied oder ein außerhalb des Verbandes stehendes Bankhaus oder ein vom Verbande bestelltes Bureau oder endlich eine selbständige zu diesem Zwecke gebildete Gesellschaft (Aktien-Gesellschaft, Kommandit-Gesellschaft, Gesellschaft mit beschränkter Haftung oder Erwerbs- und Wirthschafts-Genossenschaft) fungiren.

Liefmann bezeichnet endlich als eine noch höhere Stufe der Kartelle höherer Ordnung oder Kontingentirungsverbände die „Gewinnkontingentirungen“, welche im Wesentlichen darin bestehen, daß der Verband nicht bloß den Absatz unter seine einzelnen Mitglieder auftheilt, sondern auch innerhalb gewisser Grenzen für eine proportionale Auftheilung des durch den Absatz zu erzielenden Unternehmergewinnes selbst Sorge trägt. Bei der Gewinnkontingentirung ist zu unterscheiden, ob die Verbandsmitglieder den Eigenverkauf ihrer Produkte selbst behalten oder ob eine durch den Verband geschaffene Organisation, ein Syndikat, ihnen die Produktion abkauft und dieselbe dann auf Rechnung des Verbandes weiter veräußert. In dem ersteren Falle werden die Mitglieder in der Regel verpflichtet sein, ihren Gewinn in eine gemeinsame Kasse einzuzahlen, an der jedes Verbandsmitglied mit einem bestimmten Antheile partizipirt. Es werden hierbei Minimalpreise festgesetzt, unter welchen die Mitglieder nicht verkaufen dürfen. Für jedes abgesetzte Quantum hat das betreffende Mitglied einen bestimmten Betrag an die Syndikatskasse zu bezahlen, der in der Differenz zwischen dem Minimalpreise und einem angenommenen Grundpreise besteht. Der Grundpreis muß natürlich niedriger sein, als der Minimalverkaufspreis und mit den durchschnittlichen Produktionskosten der Verbandsmitglieder mehr oder minder zusammenfallen. Was die Unternehmer über den Minimalverkaufspreis an Gewinn erzielen, wird in der Regel nicht in die Syndikatskasse eingezahlt, so daß jedes Verbandsmitglied auch einen separaten Unternehmergewinn erzielen kann. Die Vertheilung des in die Syndikatskasse eingezahlten Fonds findet natürlich nicht statt nach der Höhe des effektiven Absatzes eines jeden Mitgliedes und der sich danach bestimmenden Höhe der Einzahlungen — da sonst der Wettbewerb nicht aufhören würde —, sondern nach einem bestimmten im vorhinein festgesetzten Schlüssel. Dieses System unterliegt natürlich wieder einer Reihe von Varianten. Es führt dahin, daß auch bei minderer Produktion des einzelnen Verbandsmitgliedes von demselben auf Kosten der anderen ein Unternehmergewinn erzielt werden kann und kommt daher größtentheils nur im Zusammenhange mit anderen den Absatz regelnden Vereinbarungen vor. Aber es hat den großen Vorzug, daß der Bestand des Kartells nach außen vollständig unsichtbar bleibt, während selbstverständlich der Antrieb zur Konkurrenzirung durch dieses System auf ein Mindestmaß herabgesetzt erscheint.

Die zweite vollkommenere Form der Gewinnkontingentirung besteht darin, daß das Syndikat dem Unternehmer bis zu einem festgesetzten Quantum seine Produktion abkauft und den durch weiteren Verkauf derselben erzielten Gewinn nach einem bestimmten, im vorhinein festgesetzten Schlüssel, der sich in diesem Falle allerdings nach dem Verhältnisse der einzelnen abgekauften Quanten richten kann, an die Mitglieder wieder vertheilt. Diese Form der Gewinnkontingentirung erfordert aber selbstverständlich einen großen Kapitalsbesitz zur Verfügung der gemeinsamen Verkaufsstelle, kommt daher nicht häufig vor. Ihre höchste Ausbildung sollte sie erreichen durch die Gründung sogenannter **Kartellbanken**, die in der Weise projektirt waren, daß die Unternehmer einer Branche den Hauptkapitalsantheil für das zu gründende Institut aufbringen, aber auch das Publikum im bescheidenen Maßstabe zur Betheiligung an demselben zugelassen werden soll. Die Kartellbanken hätten die Aufgabe gehabt, allen betheiligten Unternehmungen die Produktion zu bestimmten Preisen abzukaufen und den Verkauf derselben durchzuführen. Der erzielte Gewinn, der durch die Centralisation des Angebots- und eigene Geschäfte der die Marktlage beherrschenden Bank außerordentlich gesteigert werden sollte, wäre zunächst nach einem bestimmten Schlüssel an die Verbandsmitglieder abzuführen, der Rest sollte den Aktionären der

Kartellbank zufallen, unter denen natürlich wieder die Verbandsmitglieder mit dem größten Theile des Aktienkapitals sich befanden. Sehr ernste Verbände haben Projekte derartiger Kartellbanken ausgearbeitet, dieselben sind jedoch bisher nicht zu Stande gekommen.

Wenn die bisherige Darstellung, bei der ich mich im Wesentlichen an jene Liefmann's anlehnte, den Zweck verfolgte, die außerordentliche Mannigfaltigkeit der reinen und gemischten Kartellformen ersichtlich zu machen und damit die Schwierigkeiten aufzuzeigen, welche jeder Gesetzgebung erwachsen würden, die es versuchen wollte, sich auf bestimmten Kartellformen aufzubauen oder die Kartellformen für ihre Zwecke nach einem Schema zu gliedern, so zeigt uns andererseits eine Untersuchung der wichtigsten Kartellirungsmethoden, daß die ökonomischen Funktionen dieser so verschiedenartigen Gebilde sich zurückführen lassen auf drei Hauptkategorien: 1. Beseitigung der Einschränkung der Wirkungen des Wettbewerbes, während der Wettbewerb selbst bestehen bleibt; 2. Beseitigung oder Einschränkung der Motive zum Wettbewerb, so daß hierdurch der Wettbewerb selbst, jedoch indirekt — beseitigt oder eingeschränkt wird; 3. direkte Beseitigung oder Beschränkung des Wettbewerbes. Pohle unterscheidet, wie erwähnt, als Methoden der Kartellirung die Preisvereinbarung, die Vertheilung der Absatzgebiete bezw. der Kundschaft, weiter die Produktionskartellirung, die Gewinnausgleichung und endlich die Vertriebskartellirung.

Die Kartellirung durch Preisvereinbarung und die Produktionskartellirung haben nun gemeinsam die Eigenschaft, daß zwar die Konkurrenz der Unternehmer bestehen bleibt, aber die ökonomischen Wirkungen derselben nicht eintreten können. Daß die nächste Wirkung jedes Wettbewerbs — ich habe hier der Einfachheit der Darstellung halber lediglich Angebotskartelle im Auge — nämlich jene, die Preise unter ein bestimmtes Niveau zu drücken, nicht eintreten kann, wenn Preisvereinbarungen bestehen und so lange sie eingehalten werden, liegt wohl auf der Hand, und daher ist die Methode der Preiskartellirung die einfachste, um die gefürchteten Wirkungen des Wettbewerbs auszuschließen und deshalb auch, wie schon Menzel bemerkte, wahrscheinlich die älteste. In gleicher Weise wirkt aber auch die Produktionskartellirung. Bei dieser Methode ist der Wettbewerb zwischen den einzelnen Produzenten gleichfalls nicht ausgeschlossen; da jedoch nach dem bekannten ökonomischen Gesetze die Höhe der Produktionskosten im umgekehrten Verhältnisse steht zum Wachsthum des Produktionsumfanges, eine Einschränkung der Produktion daher nothwendiger Weise dahin führt, daß auch die Produktionskosten unter ein bestimmtes Niveau nicht sinken können, so hat jede durchgreifende Produktionskartellirung auch indirekt die Wirkung einer Preiskartellirung; das heißt sie schließt die Wirkungen des Wettbewerbs auf den Preis aus oder schränkt dieselben ein. Am deutlichsten tritt diese Wirkung der Produktionskartellirung dann in Erscheinung, wenn, wie dies in der Praxis häufig der Fall gewesen ist, Kartelle nach sogenannten Ueberproduktionskrisen geschlossen werden. Die Ueberproduktion führt infolge des mangelnden Absatzes der produzirten Waren zunächst einen Preisfall herbei, gegen dessen Wirkungen sich die wirthschaftlich am besten gestellten Produzenten im Anfange dadurch zu schützen suchen, daß sie die Produktion ausdehnen, um dadurch die Produktionskosten in Einklang mit dem niederen Preisniveau zu bringen. Da jedoch diese Methode bei unbeschränktem Konkurrenzkampf unfehlbar dazu führen muß, die Ueberproduktion selbst und in weiterer Folge ihre Wirkungen auf die Preislage des betreffenden Produktes zu verstärken, so durchläuft die Krise einen fehlerhaften Cirkel, in dessen Verlauf sie sich so lange verschärft, bis die schwächeren Unternehmungen den Betrieb einstellen müssen. Diese Phase ist es nun, in der regelmäßig der Gedanke der Produktionskartellirung sich den Produzenten aufdrängt, und der Versuch gemacht wird, durch die Einschränkung der Produktion auch die Preislage der betreffenden Artikel zu saniren. Namentlich in Oesterreich, wo die Kartelle zum großen Theile weniger eine agressive, auf die größtmögliche Ausbeutung der Konsumenten, als vielmehr eine konservative, auf die Erhaltung einer bestimmten Unternehmerrente gerichtete Politik verfolgen, hat der geschilderte Prozeß die Kartellbildung in sehr häufigen Fällen veranlaßt.

Die Methode der **Gewinnausgleichung** dagegen verfolgt den Zweck, die Motive des Wettbewerbes abzuschwächen oder einzuschränken und damit den Wettbewerb selbst und dessen Wirkungen auf ein möglichst geringes Maß herabzusetzen. Da in der heutigen Wirthschaftsordnung für das ökonomische Gedeihen des einzelnen Wirthschaftssubjektes nicht die Produktivität sondern die Rentabilität seines Betriebes maßgebend ist, daher die Höhe des zu erzielenden Unternehmergewinnes, nicht aber der größtmöglichen Produktion auf die Unternehmerpolitik bestimmend einwirkt, so muß diese Kartellirungsmethode dahin führen, daß der einzelne Unternehmer nicht mehr produzirt als erforderlich ist, um bei der Theilung des gesammten Gewinnes oder im Wege der Ausgleichung die größtmögliche Gewinnquote zu erzielen. Da aber bei der Methode der Gewinnausgleichung der gemeinsame zur Vertheilung unter die Verbandsmitglieder bestimmte Gewinnfonds gebildet wird aus der Differenz zwischen einem bestimmten Herstellungspreise (Grundpreis) und einem durch die Kartellvereinbarung festgesetzten Minimalabsatzpreise, so bleiben für den kartellirten Produzenten als, seine Politik bestimmende wirthschaftliche Motive nur noch einerseits das Bestreben übrig, den Herstellungspreis in seinem Etablissement gegenüber dem festen Grundpreise möglichst zu erniedrigen und andererseits den Absatzpreis für seine Produkte gegenüber dem fixirten Minimalverkaufspreise möglichst zu erhöhen. Diese Form der Kartellirung hat daher einen günstigen Einfluß auf die Ausbildung der Produktionstechnik in den kartellirten Etablissements, aber sehr oft die unerwünschte Nebenwirkung, daß die Produktionsmenge in den einzelnen Werken herabgesetzt oder doch kein Werth darauf gelegt wird, mit der Produktionsmenge dem Marktbedürfnisse Rechnung zu tragen. Denn die Vertheilung des gemeinsamen Gewinnfonds bezw. die Ausgleichung der Gewinne findet nicht statt proportional dem wirklichen Absatze der einzelnen Verbandsmitglieder — in welchem Falle ja die Motive zur Konkurrenz nicht beseitigt wären und daher das Kartell seine Wirkung verfehlen würde — sondern nach einem im vorhinein festgestellten Schlüssel. Es ergiebt sich bei Kartellen dieser Art infolgedessen die Nothwendigkeit, entweder den Schlüssel in kurzen Zeitperioden einer Nachprüfung zu unterziehen oder besondere Kautelen gegen die Produktionsverminderung der einzelnen Verbandsmitglieder zu schaffen. Eine natürliche Kautel liegt aber in aller Regel darin, daß die Verminderung der Produktion zu einer Erhöhung der Produktionskosten über jenes Niveau führt, welches als Grundpreis in der Kartellvereinbarung festgestellt ist.

Der direkte Ausschluß der Konkurrenz findet endlich statt bei den Absatz- (Gebiets-, Rayonirungs-) Kartellen und der Vertriebskartellirung. In dem ersten Falle steht auf einem engen, sei es territorialen, sei es durch einen Vertheilungsschlüssel abgegrenzten Gebiete der Produzent dem einzelnen Konsumenten im konkreten Fall, als Monopolist gegenüber. Der Konsument ist gar nicht in der Lage, sich mit Erfolg an die Konkurrenten des Produzenten zu wenden; die Konkurrenz ist daher im konkreten Fall ausgeschlossen. Bei der Vertriebskartellirung findet die Ausschließung der Konkurrenz ganz generell und nach außen hin sichtbar dadurch statt, daß sich die Konsumenten an ein bestimmtes Kartellorgan, das Verkaufsbureau, Syndikat, Vertriebsstelle und wie sonst die Bezeichnung für diese Kartellorgane lauten mag, wenden müssen, um ihren Bedarf zu befriedigen. Die Vertheilung der Nachfrage auf die einzelnen Verbandsmitglieder erfolgt Seitens des Kartellorganes selbstverständlich nicht nach den Grundsätzen, die den ökonomischen Wettbewerb beherrschen, sondern nach dem durch den Kartellvertrag festgesetzten Vertheilungsschlüssel.

Es lassen demnach, wie vorstehend gezeigt wurde, die schon von Menzel und Pohle aus der unendlichen Fülle der Einzelerscheinungen abstrahirten und auf wenige typische Kategorien reduzirten Methoden der Kartellirung noch eine weitere Abstraktion zu, indem man das Verhältniß dieser Kartellirungsmethoden zu dem obersten Zwecke jeder Kartellbildung: Erlangung einer möglichst monopolistischen Stellung auf dem Markte durch Beseitigung oder Einschränkung des Wettbewerbs — in Beziehung bringt.

Jeder Versuch einer Gesetzgebung wird daher wohl auf dieser Abstraktion fußen und den Kartellbegriff derart zu definiren haben, daß dieser oberste Zweck der Kartellbildung im Legalbegriffe des Kartells das wesentliche Merkmal ausmacht, dagegen die konkreten und möglichen Formen der Kartellbildung als irrelevant zurücktreten.

Zu dem gleichen Resultate führt auch eine Betrachtung der Vielfältigkeit der juristisch-technischen Formen, welche die Kartelle annehmen, und der Mannigfaltigkeit der Mittel und Garantien, durch welche der Wille der Verbandsmitglieder gebunden und die Verletzung des Kartellzwecks hintangehalten werden soll. Da Untersuchungen über Kartelle bisher vorwiegend nur von Volkswirthen angestellt worden sind, so ist die Behandlung dieser Seite des Problems, welche Menzel als die Frage der „äußeren Formen und rechtlichen Garantien des Unternehmerverbandes“ bezeichnet (a. a. O. S. 26 f.) bisher außer von ihm selbst kaum in erschöpfender Weise behandelt worden. Menzel unterscheidet: 1. die Form des reinen Vertrages ohne Schaffung irgend welcher Organisation, wobei der Vertrag in der Regel schriftlich geschlossen und seine Durchführung durch Konventionalstrafen und weiter durch Kautionen gesichert wird; 2. als eine höhere Stufe der Kartellvereinbarung die organisirten Kartelle, welche sich zwar noch auf dem Boden des Vertragsrechtes bewegen, so daß es noch nicht zur Bildung einer eigenen Korporation kommt, bei denen jedoch zur Durchführung der gemeinsamen Zwecke, zur Vertretung nach außen, zur Kontrolle über die Einhaltung der Verpflichtungen und zum Zwecke der gegenseitigen Verrechnung besondere Organe geschaffen werden. Von besonderer Wichtigkeit erscheinen hier jene organisirten Kartelle, die eine gemeinschaftliche Verkaufsstelle besitzen; 3. als die höchste Form führt Menzel an jene Kartelle, bei denen der Uebergang aus dem bloßen Vertragsrechte in das Körperschaftsrecht vollzogen ist, wobei das Kartell, um eine körperschaftliche Grundlage zu erhalten, die gegenseitigen Rechte und Pflichten entweder in die Form eines Vereinsstatuts bringt oder sich der durch das Handelsrecht gegebenen Körperschaftsformen bedient, um sich juristisch zu organisiren. Darüber hinaus liegt nicht mehr ein Kartell vor, sondern der Zusammenschluß zu einer einheitlichen juristischen Person, in welcher alle einzelnen Unternehmungen vollständig aufgehen.

Die von Menzel aufgeführten Haupt-Kategorien der juristischen Gestalt der Kartelle, bezüglich deren Detailausführung ich auf seine Schrift (S. 26) verweise, haben im Wesentlichen die juristischen Typen gebildet, nach denen sich auch die seither entstandenen Kartelle organisirt haben.

In den mir vorliegenden Statuten österreichischer Kartelle z. B. finde ich zunächst Kartelle, deren gesammte juristische Struktur auf einem Innominatkontrakte beruht, dessen Dispositionen die wechselseitigen Rechte und Pflichten der Mitglieder begründen, und bei denen sich schon theilweise rudimentäre Organe einer Gesellschaft vorfinden, ohne daß man den Vertrag für einen Gesellschaftsvertrag erklären könnte. Sodann finde ich Kartellverbände, welche in die Form einer der handelsrechtlich anerkannten Gesellschaft-Kategorien gekleidet sind, z. B. ein Kartell, welches in der Form einer offenen Handelsgesellschaft errichtet ist; ferner Kartelle, die in der Rechtsform der Erwerbs- und Wirthschafts-Genossenschaft gegründet sind, wobei die Aufnahme neuer Mitglieder in die Erwerbs- und Wirthschafts-Genossenschaft von dem Ermessen des leitenden Organes des Kartellverbandes, das mit dem Vorstande der Genossenschaft identisch ist, abhängt, so daß die Mitglieder der Genossenschaft mit den Mitgliedern des Kartellverbandes zusammenfallen müssen; oder das Kartell ist angeschlossen an einen Fachverein, dergestalt, daß die Organe des Vereins zugleich auch als Organe des Kartellverbandes gelten, obwohl der Verein als solcher nach seinem Statute Erwerbszwecke nicht verfolgt, bezw. dem Kartellzwecke fern steht. Auch in diesem Falle ist durch geeignete Bestimmungen in den Statuten des Vereins dafür gesorgt, daß die Kartellmitglieder und Vereinsmitglieder zusammenfallen. Es finden sich daneben aber auch hoch ausgebildete Organisationen mit Ausführungs- und Kontrollorganen, die mit weitgehenden Eingriffs- und Aufsichtsrechten betreffend die geschäftliche Gebahrung der einzelnen Verbandstheilnehmer ausgestattet sind, Organisationen, die ihrer Struktur nach weder den Bestimmungen des Vereinsrechtes noch denen des kommerziellen Gesellschaftsrechtes entsprechen und die man auch nur schwer als Gesellschaften des gemeinen Rechtes ansprechen kann. Diese Sachlage aber erscheint mir geeignet — und darauf ist bisher meines Erachtens nicht genügend scharf hingewiesen worden —, das Problem der legislativen Regelung der Kartelle in einer gewissen Hinsicht außerordentlich zu erschweren. Ein Kartellgesetz wird kaum bestimmte Rechtsformen für die Kartelle als Norm aufstellen können, da es ja keineswegs im volkswirthschaftlichen oder rechtspolitischen Interesse liegt, die organisirende Triebkraft, welche heute dem Kartellbedürfnisse innewohnt, einzuschränken oder zu beengen. Alle Sanktionen aber, die ein Kartellgesetz aussprechen mag, z. B. Untersagung oder Auflösung eines Kartells, können sich der Natur der Sache nach nur auf den Kartellverband als solchen beziehen. Wie nun aber, wenn der Kartellverband sich anlehnt an eine Organisation, die ihrer rechtlichen Natur nach anderen gesetzlichen Normen unterliegt, weil sie einen über den Kartellzweck hinausgehenden allgemeinen Charakter trägt? Wenn z. B. das Kartellgesetz die Auflösung eines Kartells in einem bestimmten Falle aussprechen würde, würde damit gleichzeitig auch die Auflösung des Vereins ausgesprochen sein, an welchen sich das Kartell anlehnt, oder die Auflösung der offenen Handelsgesellschaft oder Erwerbs- und Wirthschafts-Genossenschaft, in deren Rechtsform das Kartell die juristischen Mittel zur Erreichung des Kartellzweckes gefunden hat? Es liegt auf der Hand, daß hierdurch in das Vereins- und Gesellschaftsrecht eine große Unsicherheit getragen werden würde. Bei der Erstattung meiner positiven Vorschläge werde ich auf diesen Punkt noch zu sprechen kommen.

Auch noch ein anderes in diesem Zusammenhange zu besprechendes Moment erscheint mir von Bedeutung. Manche österreichische Kartellverbände[14]), deren Statuten mir vorliegen, haben zur Durchsetzung des Kartellzweckes Kontrollmaßregeln von solcher Schärfe und Sanktionen (Konventionalstrafen, Ordnungsstrafen) von solcher Härte festgesetzt, daß die wirthschaftliche Freiheit des einzelnen Kartelltheilnehmers durch dieselben eine außerordentliche Einschränkung erfährt. Am weitesten geht hierbei das Statut eines der Industrie der Steine und Erden angehörigen Kartelles. Die Kontrolle ist im Sinne des Kartellstatutes eine so außerordentlich scharfe, die Befugnisse des leitenden Kartellorganes so groß, die Befolgung der Kartellbestimmungen durch ein solches System von Ordnungsstrafen gesichert, die Verletzung des Kartellzweckes unter so hohe Sanktionen gestellt, daß hier eigentlich von einem zivilrechtlichen Verhältnisse unter den Kartellmitgliedern nur im Hinblick auf den Akt

---

[14]) Da ich die Einsicht in die Statuten bloß gegen Zusicherung der weitestgehenden Diskretion erhielt, ist es mir unmöglich, die Kartelle, von denen im Texte die Rede ist, näher zu bezeichnen.

der Rechtsbegründung die Rede sein kann. Das Verhältniß erscheint vielmehr seinem Inhalt nach als eine Art Herrschaftsverhältniß mit freiwilliger Unterwerfung der Kartellmitglieder unter ein Kartellimperium und die Kartellorgane erscheinen als Kartellbehörden, die Funktion derselben als verwaltungsrechtlich organisirte Herrschaft.

Die Unterordnung der einzelnen Kartellmitglieder unter das Kartell, insbesondere aber die Regelung der Anzeigepflicht, der Kontrolrechte, der Ordnungsstrafen und der Strafen für die Verletzung des Kartellzwecks nähern sich in ihrer Disposition außerordentlich dem Systeme der Ordnungsstrafen und Deliktsstrafen moderner Steuergesetze.

Trotz der großen Bedeutung nun, welche die Kartelle wirthschaftlich für den einzelnen Unternehmer haben mögen, drängt sich doch angesichts solcher Kartellverträge die Frage auf, welche Motive wohl ausreichend gewesen sein mögen, um große Unternehmer zu veranlassen, sich in ein so streng ausgebildetes Abhängigkeitsverhältniß zu begeben. Und ich glaube meine Meinung dahin äußern zu müssen, daß derartige sozusagen herrschaftlich organisirte Kartelle wohl nur im Bereiche solcher Rechtsgebiete vorfindlich sind, in denen, wie in Oesterreich, die Kartellverträge aller rechtlichen Wirkung entbehren, so daß jeder Unternehmer, der sich in dieses Gebundenheitsverhältniß begibt, es mit dem Hintergedanken thun darf, sich von der Gebundenheit befreien und das Kartellverhältniß sprengen zu können, sobald ihm dasselbe unbequem wird. Es ist psychologisch unwahrscheinlich, daß wirthschaftlich kräftige und selbstbewußte Unternehmer sich andernfalls freiwillig in ein so strenges Abhängigkeitsverhältniß begeben würden, und ich ziehe daher aus der verhältnißmäßig großen Zahl österreichischer Kartelle, welche nach diesem Schema geregelt sind, den Schluß, wie verfehlt eine Gesetzgebung ist, die einem wirthschaftlichen Phänomen von der Bedeutung des Kartellwesens mit einem bloßen Verbote entgegentritt. Denn ich bin überzeugt, daß auf dem Boden einer Gesetzgebung, die den Kartellvertrag als giltig anerkennt, kaum Raum sein dürfte für derartige, die wirthschaftliche Freiheit der Verbandsmitglieder in so einschneidender Weise beschränkende Vereinbarungen.

IV.

Die ökonomische Beurtheilung der Kartelle war durch geraume Zeit beherrscht von Erörterungen vorwiegend prinzipieller Natur, in denen das Verhältniß dieser Erscheinung zur Doktrin, insbesondere zu den Lehren des ökonomischen Liberalismus und der Kritik, welche die ethische Richtung und der Sozialismus an den letzteren übte, eine Hauptrolle spielte[15]). Dem individualistischen Standpunkte des Liberalismus, der in der möglichst schrankenlosen und nur durch das wirthschaftliche Prinzip bestimmten Bethätigung des einzelnen Wirthschaftssubjektes jenen natürlichen Zustand erblickte, der auch das dauernde Gedeihen der Volkswirthschaft verbürge; der in der Freiheit das Heilmittel sah für die Wunden, welche die Freiheit vorübergehend schlage; der in dem Ausleseprozesse, wie er sich unter dem Einflusse der freien Konkurrenz intensiv vollzieht und nur die jeweils stärksten, widerstandsfähigsten und rücksichtslosesten Unternehmer bestehen läßt, die Gewähr fand für die Erstarkung der gesammten Volkswirthschaft: dieser Richtung mußten die Kartelle, in denen die Konkurrenten freiwillig auf die Vortheile verzichten, die der freie Wettbewerb den Stärksten unter ihnen bietet und die wirthschaftliche Freiheit sich also freiwillig Schranken setzt, nothwendigerweise unsympathisch sein und als der Ausfluß einer Verirrung des öffentlichen Geistes erscheinen; nur erklärlich daraus, daß der kurz vorher erfolgte Uebergang vom Freihandel zum Schutzzollsysteme die richtige Erkenntniß der gesunden Prinzipien des Wirthschaftslebens verdunkelt habe. Die ethische Richtung, welche dem atomisirenden Liberalismus das Postulat der Organisation, der Vergesellschaftung und des genossenschaftlichen Zusammenwirkens gegenübergestellt hatte, begrüßte dagegen die Kartelle als eine Erscheinung, die dieses Postulat auch in der Sphäre des Kapitalismus und Großbetriebs zur Geltung brachte, in jener Sphäre also, aus deren praktischen Bedürfnissen die Lehren der individualistischen Oekonomie entsprungen waren und wo sie so lange einen fruchtbaren Nährboden gefunden hatten. Der Sozialismus endlich, dessen Kritik der herrschenden Wirthschaftsordnung die Anarchie in der Produktion hervorhebt, sah in den Kartellen Gebilde, welche als Vorläufer für die vom wissenschaftlichen Sozialismus postulirte und an das Ziel der wirtschaftlichen Entwicklung gestellte planmäßige Regelung der Produktion gelten konnten, wogegen die Antikritik des Sozialismus die Kartelle als Beleg dafür zu produziren in der Lage war, daß auch die heutige Wirthschaftsverfassung nicht nothwendigerweise zur Expropriation der kleineren Unternehmer durch die größeren führe.

So kam es, daß die Kritik der Kartellbewegung, dieses so widerspruchsvollen Phänomens, in dem die freie Konkurrenz sich vermittelst der Vertragsfreiheit selbst aufzuheben begann; bei dem in einem engeren

[15]) Vgl. hierzu meine Abhandlung: „Der österreichische Kartellgesetzentwurf“ in Grünhut's Zeitschrift für Privat- und öffentliches Recht der Gegenwart, XXIV. Bd.; ferner Pohle a. a. O. S. 2 ff.

Kreise die Wirkungen des freien Wettbewerbs ausgeschlossen werden, um nach außen, den Outsiders gegenüber, um so schärfer und rücksichtsloser zur Geltung gebracht zu werden; welches der Reaktion gegen die Rückwirkung des Kapitalismus auf die Unternehmer entspringt, aber die ökonomische Funktion von kapitalistischen Riesenbetrieben den Arbeitern und Konsumenten gegenüber mit um so stärkerer Wucht zur Geltung zu bringen droht — lange Zeit vor allem durch das Gefühl beherrscht war. Man liebte in den Kartellen oder sah mit Abneigung das, was sie sind, nämlich Produkte organisirenden, vergesellschaftenden Schaffens, antiindividualistischer Bestrebungen, einer gegen die Atomisirung des Wirthschaftslebens sich richtenden Reaktion. In diesen Schöpfungen der freien Konkurrenz gefiel man sich, entweder liebevoll die Rehabilitirung der freien Konkurrenz zu sehen, oder man bekämpfte sie, weil die wirthschaftliche Freiheit sich in ihnen selbst aufhob. Diese Art der Betrachtung wurde lange Zeit dadurch begünstigt, daß man von den Kartellen, ihrer Organisation, ihren konkreten Wirkungen sehr wenig wußte. Erst als das Dunkel gelichtet war, und als zugleich die einzelnen Kreise und Schichten des Volkes durch die immer wachsende Verbreitung der Kartelle genöthigt waren, zu denselben von ihrem Interessenstandpunkte aus Stellung zu nehmen, da begann die verstandesmäßige Untersuchung und Kritik der Wirkungen der Kartelle in den Vordergrund zu treten: nicht mehr das Verhältniß des Phänomens als solchen zu einer bestimmten Wirthschaftsdoktrin, sondern die Rückwirkung des Bestehens und der Politik der einzelnen Kartelle auf die einzelnen Interessenkreise wurde der Gegenstand von Untersuchungen, die von der Wissenschaft, der Presse, den Interessenvertretungen von Arbeitern, Konsumenten und Produzenten mit großem Eifer und nicht ohne Erfolg angestellt wurden.

Für diese Untersuchungen kamen vor allem in Betracht drei große Probleme, in denen sich die praktische Bedeutung der Kartelle für das Wirthschaftsleben ausdrückt. Welchen Einfluß üben die Kartelle auf das unter der Herrschaft des freien Wettbewerbs durch den steten Stachel des wirthschaftlichen Kampfes so sehr geschärfte Streben der Produzenten nach Vervollkommnung der Produktionstechnik? Welchen Einfluß übt die monopolähnliche Stellung und die daraus entspringende wirthschaftliche Macht der Kartelle auf das Verhältniß der Produzenten zu den Konsumenten? Und welchen endlich auf die Lage der Arbeiter aus? Wir verfügen heute über eine erhebliche Zahl positiver Resultate solch' konkreter Untersuchungen, aber sie haben den Kartellen den eigenthümlich widerspruchsvollen Charakter nicht benehmen können, welcher die Kritik dieser Erscheinung so unbefriedigend gestaltet. Nicht die banale Wahrheit, daß alles was ins Leben tritt, Licht und Schatten aufzuweisen hat, soll damit auf die Kartelle angewendet werden; aber es ist bemerkenswerth, daß im Hinblick auf jedes der drei oben aufgestellten Probleme, sowohl die theoretische, mit den Mitteln der Deduktion operirende Betrachtung, als auch die induktive, auf Beobachtung der thatsächlichen Verhältnisse beruhende Forschung zu ganz entgegengesetzten und gleich gut begründeten, gleich breit in der Praxis verwirklichten Resultaten gelangt ist. Man kann das kurze und treffende Urtheil, das Jenks über die amerikanischen Trusts gefällt hat: „Es ist wahrscheinlich, daß wenig Trusts vollkommen von Uebel sind und daß gar keine Trusts ausschließlich günstig wirken", unbedenklich auch auf die europäischen Kartelle anwenden.

Verhältnißmäßig am günstigsten gestaltet sich das Ergebniß der Kritik hinsichtlich des Einflusses der Kartelle auf die Entwicklung der Produktionstechnik. A priori freilich erscheint der freie Wettbewerb als ein unersetzlicher Ansporn für das Streben nach technischem Fortschritte. Je mehr durch die Entwicklung und Politik der modernen Transportanstalten die Vortheile verwischt werden, welche die Lage der Produktionsstätte dem Unternehmer im Konkurrenzkampfe zu bieten vermag — die Erweiterung des Absatzmarktes, welche die Unternehmer stets anstreben, ist ja regelmäßig auch gleichbedeutend mit der Erweiterung des Gebietes, auf welchem sie von der Konkurrenz bedroht werden —, je mehr, nicht bloß bei der Produktion von Rohstoffen und Halbfabrikaten, sondern auch von genußreifen Finalprodukten, eine gewisse Gleichförmigkett und Schablonenmäßigkeit zur Regel wird, weil das Publikum, vor allem in den Großstädten, bei seiner Bedürfnisbefriedigung immer mehr der Schablone sich anpaßt, desto gleichgiltiger wird für die Stellung der Waare im Konkurrenzkampfe das Moment der Provenienz, und die Verbilligung der Produktionskosten rückt immer stärker in den Vordergrund als das einzige Mittel, sich zu behaupten. Allein nicht immer schlägt im Zustande uneingeschränkten Wettbewerbs die Produktion den volkswirthschaftlich rationellen Weg ein, durch Verbesserung der Produktionstechnik die Kosten herabzusetzen. Es wird vielmehr oft getrachtet, durch Schleichwege dieses Ziel zu erreichen oder vielmehr dem Publikum vorzuspiegeln, daß dasselbe erreicht sei. Die Verbilligung erfolgt oft auf Kosten der Qualität der Waare und der Ehrlichkeit der im Verkehre beobachteten Usancen. Die Waare wird unmerklich verschlechtert, die zugesicherten Maaße werden nicht eingehalten, faule Kreditgeschäfte abgeschlossen. Solchen Ausschreitungen, die der Kampf um die Existenz vor dem Gewissen der Produzenten beschönigt, steht das Publikum in der Regel machtlos gegenüber; es kommt erst dann zur Gesundung, wenn die Produzenten selbst erkennen, daß die eingeschlagene Bahn sie in den Abgrund führe, und der Heilungsprozeß wird dann oft durch den Abschluß eines Kartells eingeleitet. Jenks erzählt von einem Kohlenhändlerkartelle in einer amerikanischen Stadt, welches seine Entstehung der Entdeckung verdankte, daß der geschäftliche Quantitäts- und Qualitätsbetrug im außerordentlichen Umfang eingerissen sei, und eine Denkschrift der Prager Handelskammer[16]) weiß eine ähnliche Erscheinung von der österreichischen Drahtstift-Industrie zu berichten, wo es im Laufe eines scharfen Konkurrenzkampfes dahin kam, daß die Fabrikanten in Packete, welche die Inhaltsbezeichnung „Tausend“ trugen, immer weniger, schließlich nur siebenhundert Stück einfüllten. Symptomen dieser Art, welche in zwei nach Anlage und Erziehung der Bevölkerung so durchaus verschiedenen Wirthschaftsgebieten, wie Nordamerika und Oesterreich, gleichartig auftreten, darf wohl typische Bedeutung beigelegt werden. Bedroht die Qualitäts- und Quantitätsverschlechterung zunächst das Publikum, so ist sie doch auch in zweiter Linie für die technische Entwicklung der Industrie höchst abträglich; das Einreißen unsolider Konditionen, leichtsinniger Kreditgewährung, langer Zahlungsfristen u. s. w. aber bedroht die Existenz des betreffenden Industriezweiges selbst. Sehr häufig sind daher Kartelle geschlossen worden, um den in den Konditionen eingerissenen Mißbräuchen zu steuern; regelmäßig, schon im eigenen Interesse der Verbandstheilnehmer selbst, wird dann auch die Qualitäts- und Quantitätsmäßigkeit der Waare unter die Garantie des Verbandes gestellt. In solchen Fällen wird daher erst *nach* Gründung des Kartells die Verbesserung der Produktionstechnik für den Kartelltheilnehmer zum einzigen Mittel, durch welches er über die Vortheile des Kartellverbandes hinaus seinen Unternehmergewinn noch zu erhöhen vermag. Wir haben gesehen, daß die meisten Kartellformen ihren Theilnehmern diese Marge offen lassen, indem sie von einem Durchschnitte der Gestehungskosten ausgehen. Das Kartellverhältnis, welches eine bestimmte Gleichmäßigkeit der Konjunktur für einen gewissen Zeitraum verbürgt, läßt es anderseits dem Produzenten auch rathsam erscheinen, in seinem Betriebe größere Verbesserungen einzuführen, bezw. Kapital im größeren Umfange zu immobilisiren; er findet leichter Kredit, er kann sein Rentabilitätskalkül auf eine längere Periode hinaus aufstellen, die Amortisation der Investitionen auf eine größere Zahl von Jahren vertheilen. Das sind Momente, welche dahin führen, daß kartellirte Industrien sich thatsächlich mit rege-

---

[16]) Denkschrift der Handels- und Gewerbekammer in Prag, gerichtet an das k. k. Handelsministerium in Betreff der staatlichen Regelung des Kartellwesens. Prag 1896.

rem Eifer und größerem Erfolge der Verbesserung ihrer Technik widmen, als solche, die im freien Wettbewerb stehen. Ist es doch interessant, daß die chemische Industrie in Deutschland, deren Streben nach technischen Fortschritten mustergiltig ist, auch zugleich die größte Zahl von Kartellen aufweist.

Dort, wo durch die Organisation der Kartelle ein ganz enger Zusammenschluß der Verbandsmitglieder geschaffen wird, wo das separatistische Interesse des Verbandstheilnehmers gegenüber dem Verbandsinteresse vollkommen zurücktritt, da vollzieht sich auch der wirthschaftliche Ausleseprozeß, der die technisch ungünstiger gestellten Betriebe zum Stillstande bringt, im Rahmen des Kartells selbst, aber unblutig, gegen angemessene Entschädigung, so zu sagen im Wege regelrechter Expropriation. Die Kraft der amerikanischen Trusts beruht darauf, daß sie unzweckmäßig eingerichtete oder gelegene Etablissements zum Stillstande bringen; auch in Oesterreich macht sich diese Erscheinung geltend bei Unternehmungen, die aus der Fusion mehrerer Einzelbetriebe hervorgegangen sind, und giebt selbst zu Klagen Anlaß, die sich aus der Rückwirkung solcher Betriebseinstellungen auf die wirthschaftliche Lage der betreffenden Gegend ergeben. Aber auch im lockereren Verbande des Kartells im engeren Sinne kommt es vor, daß technisch günstiger gestellte Betriebe gegen Vergütung in Geld das Produktionsquantum schwacher Konkurrenten an sich ziehen (Ankauf von Zechen zum Zweck der Erwerbung ihres Förderquantums) und den Betrieb auf den letzteren einstellen.

Eine gewisse Garantie dafür, daß die Kartellirung den Antrieb zur Ausgestaltung der technischen Betriebseinrichtungen nicht vollständig beseitigt, liegt aber auch in der steten Gefahr der Sprengung des Kartells durch die mächtigsten Verbandstheilnehmer und in der zeitlichen Begrenzung der Kartelle. Kartelle sind Institutionen, welche dem schwächeren Theile zum Vortheile gereichen, weil und so lange auch der Stärkere davon überwiegenden Vortheil zieht. Darin liegt ihre Stärke — auch gegenüber Eingriffen der Gesetzgebung — aber diese Harmonie der Interessen trägt den Keim zu ihrer Vernichtung in sich selbst. Denn der Kartellverband enthüllt sonst sorgfältig gehütete Betriebsgeheimnisse, und jede Kartellerneuerung trägt den Charakter einer Kraftprobe. Der kartellirte Unternehmer weiß daher sehr wohl, daß die Behauptung seiner Stellung im Kartelle und nach Ablauf der Kartellperiode in erhöhtem Maße davon abhängig ist, ob er die verhältnißmäßig reicheren Erträge der Kartelljahre zu Abschreibungen und Investitionen verwendet, da er auch seinem rührigen Konkurrenten während dieses Zeitraumes freies Spiel lassen muß, den künftigen Konkurrenzkampf vorzubereiten.

Allerdings ist Pohle und Anderen darin beizustimmen, daß die Verbesserung der Produktionstechnik volkswirthschaftlich und sozialpolitisch beträchtlich an Werth verliert, wenn ihre Resultate durch das Kartellsystem dem Konsumenten entzogen werden und bloß dem Unternehmergewinne zu Gute kommen. Allein das ist denn doch mehr eine Verzögerung denn eine Verhinderung des natürlichen Prozesses.

Die Etappen werden länger, aber man nähert sich doch dem Ziele. Wir dürfen ja nicht außer Acht lassen, daß die ganze Entwicklung verhältnißmäßig jung ist, daß es nicht viel mehr als ein Jahrzehnt währt, seitdem die Aufmerksamkeit der Presse, der Wissenschaft, der Politiker sich ihr in intensiverem Maße zuwendet. Zum ersten Male, seitdem die Kartelle in lebhafter Weise die öffentliche Meinung in Anspruch nehmen, findet jetzt eine Erneuerung der Handelsverträge statt, und wenn ich auch zugestehen muß, daß in unserer Handelspolitik derzeit noch kein Luftzug weht, der den Kartellen Schaden bringen könnte, so wird doch bei genauerer Kenntniß und Kontrolle der Gebahrung und Resultate der Kartelle es diesen letzteren selbst als ein vernünftiges Interesse erscheinen, einen erheblichen Theil der durch die Kartellirung erzielten Produktionskostenersparniß den Konsumenten zukommen zu lassen, um nicht die handelspolitische Basis ihrer Existenz zu untergraben. Die Kartelle müssen mit dieser Möglichkeit rechnen, und die unerwartete und gründliche Vernichtung des so fest gefügten österr. und deutschen Zuckerkartells durch den Einfluß eines auswärtigen Staates läßt die Annahme gerechtfertigt erscheinen, daß gegen eine allzu rücksichtslose Kartellpolitik sich Widerstände erheben werden, welchen selbst die Macht internationaler Kartelle nicht gewachsen sein wird. Die deutschen und österr. Raffinerien zum Beispiel werden die großen technischen Verbesserungen, die sie in den letzten Jahren aus ihren Riesengewinnen in ihren Betrieben durchführen konnten, nun auch den Konsumenten ihrer Heimathsländer zu Gute kommen zu lassen, Gelegenheit haben.

Das eben Gesagte gilt auch zum großen Theile von der Preispolitik der Kartelle den Konsumenten gegenüber. Wir betreten hier dasjenige Gebiet auf welchem die Politik der Kartelle den weitesten Interessenkreis berührt und am tiefsten einschneidet. Da es unleugbar das charakteristische Merkmal aller Kartelle ist, ein Monopol anzustreben, und da der Preisbildungsprozeß eines monopolisirten Gutes a priori zu Ungunsten der Abnehmer verläuft, so ist man darauf gefaßt, in dieser Richtung wenigstens, einem einmüthigen Urtheile gegen die Kartelle zu begegnen. Allein die Antinomien, welche die ökonomische Kritik des Kartellwesens durchziehen, finden sich auch hier. Ja man könnte sogar darauf hinweisen, daß von sozialdemokratischer Seite, also aus der Mitte jener Partei, welche die breitesten Schichten der Konsumenten und insbesondere der Konsumenten von Massengütern repräsentirt, das in dieser Richtung gefällte Urtheil eher zu Gunsten der Kartelle lautete, wenn nicht die betreffende Aeußerung Schippels auf dem Frankfurter Parteitage 1894, auch für die Stellung seiner Partei selbst zum Kartellproblem heute nur noch ein antiquarisches Interesse besäße.

Am lehrreichsten dürften für diese Seite des Problems die Ergebnisse der in Nordamerika angestellten Untersuchungen sein. Denn: ungünstigen Einfluß auf die Produktionstechnik oder gar das Bestreben, den Unternehmergewinn in eine Rente zu verwandeln, ihn zu „petrifiziren", wird man den amerikanischen Trusts kaum vorwerfen können, die ja in der Schließung rückständiger Betriebe, in der Erfüllung der wirthschaftlichen Unternehmerfunktion auf technischem und kommerziellen Gebiete, im Aufsspielsetzen bereits erzielten Unternehmergewinnes um erhöhten Gewinnes willen, bekanntlich eher des Guten zu viel leisten. In Nordamerika ist wirklich das Kartellproblem als solches gleichbedeutend mit der Frage nach Ausbeutung der Konsumenten und Feudalisirung des Arbeitsvertrages.

In Amerika hat die Konkurrenz am schonungslosesten gewüthet; nun, sehen wir, ob sich die Konsumenten dabei wohl gefühlt haben? Jenks, der über das größte Material verfügt, verhält sich in dieser Hinsicht auffällig skeptisch. Er widmet ein besonderes, sehr interessantes Kapitel seines Buches den „Kosten des Wettbewerbes" oder, um einen sehr bezeichnenden aber im Deutschen nicht wiedergebbaren Ausdruck anzuwenden, den faux frais[17]) der Konkurrenz (The Wastes of Competition Ch. II). Es ist richtig, der freie Wettbewerb hat die Tendenz, die Preise auf das Niveau der Produktionskosten herabzudrücken, den Profit zu beschneiden; aber er erhöht andererseits die Produktionskosten, er ist selbst ein Kostenelement. Jenks setzt an die Sitze seiner Untersuchung den Satz: „Entgegen der populären Ansicht sind die Konkurrenzpreise häufig, wenn nicht regelmäßig, höhere Preise" (S. 21). Zu den Produktionskosten fügt nämlich der Wettbewerb die Kosten des Absatzes hinzu. Der Absatz gestaltet aber sich um so schwieriger und kostspieliger, je ungezügelter der Wettbewerb herrscht. Der kommerzielle Theil des Betriebes verschlingt dann häufig einen großen Theil dessen, was im industriellen Theile durch den größten Aufwand an technischem und organisatorischen Können erspart werden kann. Als solche Kosten des Wettbewerbs kommen

---

17) Vgl. auch Pohle a. a. O. S. 126.

zunächst in Betracht bei Industrien, welche genußreife Produkte anfertigen, sich also direkt an das Publikum wenden, die Reklamespesen, über deren Bedeutung wohl kein Wort zu verlieren ist; bei Industrien, die selbst wieder an Produzenten oder Händler absetzen, die Spesen des Vertriebs durch Reisende. Als die American Steel and Wire Company gegründet wurde, konnte man nahezu 200 Reisende, hoch bezahlte und mit Provision und Tantième ausgestattete Beamte entlassen. Ein neu gegründeter Whisky-Trust konnte deren Zahl sogar um 300 reduziren. Auch ihre Gehälter können herabgesetzt und insbesondere die Häufigkeit der Reisen, die weniger dem Bedürfniß, als der Nothwendigkeit dienen, den Kunden stets warm zu erhalten, eingedämmt werden. Es handelt sich hierbei um außerordentlich hohe Summen. Vor der United States Industrial Commission wurden von fachmännischer Seite die faux frais, welche die Ware im Distributionsprozeß vertheuern, für die Industrie der geistigen Getränke allein auf jährlich 40 Millionen Dollars beziffert. Die Kartellirung gestattet ferner eine weitgehende Spezialisirung in den einzelnen Betrieben; sie erlaubt ihnen daher stets den gleichen Artikel zu produziren und sichert ihnen ein bestimmtes Beschäftigungsminimum, sie gestattet ohne allzu großes Risiko größere Lagerbestände zu halten — Momente, welche die Fabrikation verbilligen, aber auch die Befriedigung des Bedarfes für den Abnehmer sicherer, rascher und wohlfeiler gestalten. Von großem Belang ist ferner die Verschwendung an Frachten, welche im Zustande des freien Wettbewerbes Platz greift. Die einzelnen konkurrirenden Betriebe liefern nicht dorthin, wohin sie die günstigsten Frachtrelationen haben, sondern wo sie eben einen Abnehmer gefunden haben, und solche Transportspesen bilden einen effektiven Verlustsaldo in der Bilanz der Volkswirthschaft. Die American Steel and Wire Company erklärt, aus diesem Titel allein gegenwärtig jährlich 500 000 $ zu ersparen; von solchen Summen ist bei uns nicht die Rede, aber auch die österr. Kartelle erklären, erhebliche Frachtbeträge durch Zutheilung der Konsumenten an die nächst gelegenen Fabriken erspart zu haben. Gerade die Frachtverschwendung hat auch bei uns als starkes Motiv zu Gunsten der Kartellirung gewirkt. Andere, die Produktionskosten herabsetzenden Vortheile der Verbandsbildung, wie die bessere Ausnutzung des leitenden Beamtenpersonals je nach der technischen oder kommerziellen Begabung oder die Möglichkeit Nebenprodukte der Produktion besser zu verwerthen, lassen sich wohl von den Fusionen (Trusts), aber nicht von den Kartellen im europäischen Sinn aussagen.

Allein andererseits steht bei den Trusts ein wichtiger Faktor, der bei den europäischen Kartellen wegfällt, dem im Wege, daß die durch die

Vereinigung erzielten Resultate auch für die Konsumenten nutzbar gemacht werden: nämlich die Uebergründung, das Stock Watering, jene Finanzoperationen, welche die Bildung von Trusts begleiten und ohne die sie nach meiner Ueberzeugung auch nicht in solchem Umfange zu Stande kommen könnten. Für dieses im Inflationswege erzeugte Anlagekapital muß eine Verzinsung erzielt werden, und die aus der Trustbildung resultirende Ersparniß an Produktionskosten kommt diesem Zwecke zu Gute, ist wohl auch schon im Gründungsplane für denselben appropriirt. Der unglückliche, überflüssig gewordene Reisende wird also nicht dem Konsumenten, sondern dem „Promoter & Financier" geopfert. Es erklärt sich freilich daraus zum Theile, warum die Trustbildungen so frühzeitig und so intensive Gegenströmungen erweckt haben. Bei den europäischen Kartellen fällt diese aus dem Gründungsprozesse resultirende Belastung weg, insofern nicht manchmal Entschädigungen bezahlt werden müssen.

Unsere Kartelle wären also in der Lage, ohne ungebührliche Opfer eine auch für den Konsumenten nicht ungünstige Preispolitik zu treiben. Ihre quasimonopolistische Stellung begründet entgegengesetzte Antriebe und Möglichkeiten. Welches ist ihre wirkliche Preispolitik? Es ist nun vor allem hervorzuheben, daß die letztere ihre natürlichen Schranken hat. Pohle hat das mit Recht hervorgehoben. Die Kartelle haben nicht nur das Aufkommen neuer Konkurrenzbetriebe zu vermeiden und selbstverständlich die Grenzen zu respektiren, wo der Zollschutz aufhört wirksam zu sein, sondern auch die Gefahr des Ueberganges der Konsumtion zur Verwendung von Surrogaten im Auge zu behalten; sie müssen endlich den Grundsatz jeder richtigen Steuerpolitik im Auge behalten, daß der Maximalerfolg nicht durch eine Maximalbelastung erzielt wird, sondern eine Funktion zweier Größen darstellt: des Absatzes und der Gewinnrate. Ueber eine gewisse Grenze hinaus vermindert letztere den Absatz und damit den Gesammtgewinn.

Allein diese Grenze ist weit genug gezogen und es ist dem Konsumenten und der Volkswirthschaft wenig mit einer Preispolitik gedient, deren Grundsätze an eine — wenn auch richtige — Steuerpolitik anklingen. Auch geht die erstere in der Regel nicht so weit. Allein um richtig zu urtheilen, muß man die Preispolitik folgender zwei Kategorien von Industrien aus einander halten: solcher, die genußreife Produkte herstellen und es daher bloß noch mit dem Publikum oder Zwischenhändlern als Abnehmern zu thun haben, — und solcher, die Rohstoffe und Halbfabrikate erzeugen und daher wieder Industriellen als Abnehmern gegenüber stehen. Die Tendenz, die Grenzen der Wirksamkeit, die volkswirthschaftlichen Wirkungen der Kartellpreispolitik sind in beiden Fällen verschieden.

Es ist eine bekannte Erscheinung, welche bei den von Volkswirthen öfter angestellten Untersuchungen über das Verhältniß der Groß- zu den Kleinhandelspreisen auch statistisch beleuchtet wurde, daß im Preiskampfe die Machtvertheilung außerordentlich verschieden ist, je nachdem sich Produzent und Produzent oder Produzent und Konsument (in diesem Zusammenhange als letzter Konsument oder Konsument genußreifer Produkte verstanden) gegenüber stehen. Die Zahl der Konsumenten ist eine ungeheuer große; eine Organisation derselben (von Konsumvereinen abgesehen) besteht überhaupt nicht oder sie ist eine sehr lockere; ihre Fähigkeit, Widerstand zu leisten, ist daher sehr gering und auch ihr Wille hierzu in der Regel kein sehr reger. Denn dem Konsumenten treten Preisaufschläge, welche für den Produzenten außerordentlich ins Gewicht fallen, oft in Gestalt unbedeutender Preiserhöhungen gegenüber; ihm fehlt ferner die Fähigkeit und oft die Möglichkeit, sich über das Verhältniß der Preise zu den Produktionskosten zu unterrichten. Die große Zahl der Konsumenten ist hierfür im Wesentlichen auf die öffentliche Presse angewiesen, und wenn dieselbe, aus welchem Grunde immer, ihre Funktion, die öffentliche Meinung zu unterrichten, nicht oder nicht im genügenden Maß erfüllt, so steht einer überspannten Preispolitik der Kartelle kaum irgend ein unübersteigliches Hinderniß im Wege.

Kartelle dieser Kategorie müssen allerdings mitunter auf Händlerinteressen Rücksicht nehmen. Sie können den Bogen dann nicht zu straff spannen, wenn die Ueberwälzung des Kartellaufschlages auf die Konsumenten nicht stattfinden kann, so daß den Händlern ihr Zwischengewinn ganz oder zum Theile entzogen werden würde. Es sind daher in der Geschichte der deutschen und österreichischen Kartellbewegung Fälle zu verzeichnen, in denen die Zwischenhändler der Preispolitik der Kartelle, zum Theil mit Erfolg, entgegengetreten sind. Wo aber auch diese Schranke versagt, da ist das Ergebniß der Untersuchung ein für die Preispolitik solcher Kartelle überwiegend ungünstiges. Die Möglichkeit fast schrankenloser Ausnützung der Monopolstellung verführt Kartelle dieser Art zu einer Haltung, die schwere und soziale Uebelstände zeitigt.

Seitdem die Organisation und Politik des deutschen und österreichischen Zuckerkartells durch die Katastrophe, welche England über diese Verbände herbeiführte, in ihren feinsten Fäden der öffentlichen Meinung erkennbar geworden ist: muß meines Erachtens die abwägende Subtilität und Zurückhaltung, mit der die Nationalökonomie sich über das Wirken der Kartelle auszusprechen gewöhnt war, dem rückhaltlosen Urtheile weichen, daß die schrankenlose Freiheit der Kartellbildung und Kartellgebahrung bei solchen Industriezweigen, die ihre Produkte unmittelbar an das Publikum absetzen, gegen das öffentliche Wohl streitet. Bekanntlich war das deutsche und österreichische Zuckerkartell auf folgender Grundlage aufgebaut. Es waren zwei gesonderte Gruppen vertreten. die Gruppe der Rohzuckerfabrikanten und jene der Raffineure. Die Rohzuckerfabrikanten verpflichteten sich, den Rohzucker für den inländischen Gebrauch bloß an die kartellirten Raffineure zu liefern, wogegen die Raffineure den ersteren den für den inländischen Bedarf erforderlichen Rohzucker zu einem bestimmten Preise abzunehmen hatten, welcher erheblich höher war als der Weltmarktpreis. Dieser Preis wurde gefunden, indem ein bestimmter Weltmarktpreis als Grundpreis angenommen und den Rohzuckerfabrikanten nebst einem Maximalzuschlage vergütet wurde. Stieg der Weltmarktpreis über den Grundpreis, so verminderte sich der Zuschlag; sank jedoch der Weltmarktpreis unter den Grundpreis, so fiel die Differenz den Rohzuckerfabrikanten zur Last, so daß das Kartellrisiko, das die Raffineure durch die eben erwähnte Vereinbarung eingingen, limitirt war auf den Zuschlag zum Grundpreise. Ferner wurde die Gesammtsumme der Exportprämien, welche der Staat der Industrie vergütete, zwischen den Gruppen der Rohzuckerfabrikanten und der Raffineure nach einem bestimmten Schlüssel getheilt. Es ist nun bekannt, daß dieses kombinirte Kartell in der Ausnutzung seines Monopols in beiden Ländern bis hart an die Grenze gegangen ist, welche durch den Zollschutz, die sogenannte Surtaxe auf ausländischen Zucker gezogen war. Es ist bekannt, daß während der inländische Zucker außerordentlich hoch im Preise stand, und in Folge dessen die Konsumtion dieses wichtigsten aller Genußmittel künstlich zurückgedämmt war, der Weltmarktpreis für Zucker immer tiefer sank, indem der inländische Konsument dem englischen aus dem Fonds der aus Steuergeldern gezahlten Exportprämien und aus dem durch den Kartellaufschlag gezogenen Unternehmergewinn einen immer größeren Theil der effektiven Produktionskosten des Zuckers vergüten mußte, damit der englische Konsument sich in die angenehme Lage versetzt sehe, leichter und mehr Zucker zu genießen.

Da es hier nicht meine Aufgabe ist, das Zuckerkartell einer Spezialkritik zu unterziehen, so unterlasse ich die detaillirte Anführung der enormen Gewinnste, welche das österreichische und deutsche Zuckerkartell bezogen haben und die den Betrag der dem Staate nach Abzug der Exportprämien zufließenden Konsumsteuern beträchtlich übersteigen. Diese Ziffern waren ja Gegenstand einer lebhaften Diskussion in der öffentlichen

Presse. Was mir jedoch für die prinzipielle Kritik des uns beschäftigenden Problems in der Organisation und Gebahrung des Zuckerkartells als das wichtigste und zugleich als dasjenige Moment auffällt, welches unser Urtheil im ungünstigen Sinne bestimmen muß, das ist der Umstand, daß in Folge der Organisation des Zuckerkartells der Löwenantheil des durch die Kartellpreispolitik erzielten Gewinnes den Raffineuren zufloß. Jene Gruppe also zog aus diesen Verhältnissen den größten Vortheil, welche volkswirthschaftlich die geringste Leistung aufzuweisen hatte. Die Landwirthschaft, deren Interessen man so lange als Hebel benutzt hat, um in der öffentlichen Meinung Stimmung für die Zuckerindustrie, die Exportprämien und den Schutzzoll zu machen, war in der That am ungünstigsten bestellt. Durch das Rayonnirungskartell, dessen Härten jetzt allgemach in der Oeffentlichkeit bekannt werden, war der Antheil der Landwirthschaft an den Ergebnissen der außerordentlich günstigen Kartellkonjunktur an eine niedrige Grenze gebunden. Die Rohzuckerfabrikanten, deren Betrieb den technisch wichtigsten Theil des Produktionsprozesses ausmacht und deren Risiko trotz des ihnen zugebilligten Zuschlages virtuell ein unbegrenztes war, da sie das Fallen des Weltmarktpreises unter den Grundpreis allein zu tragen gehabt hätten, bezogen eine erhebliche Quote des Kartellgewinnes, die jedoch in keinem Verhältnisse stand zu dem übergroßen Antheile, den die Raffineure einsackten, deren Risiko ein streng begrenztes, deren Zahl eine geringe ist und deren Betrieb im Produktionsprozesse technisch die zweite Rolle spielt. Es dürfte kaum eine gut geleitete Raffinerie in Deutschland oder Oesterreich geben, die nicht in der Lage gewesen wäre, aus den Kartellgewinnen der letzten Jahre ihre Anlagen zum allergrößten Theile zu amortisiren. Wieso kam es aber, daß dieser Kategorie von Industriellen im Kartellverbande eine so außerordentlich bevorzugte Stellung eingeräumt wurde und selbstverständlich eingeräumt werden mußte? Dies erklärt sich einfach daraus, daß die Raffineure, weil sie das Finalprodukt herstellten und daher unmittelbar mit dem Konsumenten in Verbindung traten, sozusagen die Rolle des Steuereinnehmers für den gesammten Kartellverband spielten und daher bei der Vertheilung der Kartellerrungenschaften die Vorhand hatten. Ohne das Mitthun der Raffineure hätte die Ausbeutung der Konsumenten zu Kartellzwecken niemals auch nur annähernd in gleichem Umfange stattfinden können, und darum mußte man sich damit zufrieden geben, daß dieser Kategorie der Verbandsmitglieder der größte Gewinnantheil in den Schooß fiel, obwohl, wie erwähnt, die volkswirthschaftlichen Leistungen der Raffineurgruppe im

Rahmen der drei Produktionsstadien des Rübenzuckers im umgekehrten Verhältnisse zur Größe ihres Gewinnantheiles standen.

Diese Betrachtung allein müßte genügen, um das Urtheil zu begründen, daß — wenigstens im Rahmen einer der praktischen Gesetzgebungsarbeit gewidmeten Untersuchung — gegenüber Kartellen, die direkt für'den Konsum bestimmte, genußreife Produkte herstellen, die Methode subtiler Abwägung der Vor- und Nachtheile, der Schranken und Antriebe der von den Kartellen geübten Preispolitik zurücktreten müsse hinter der Feststellung der Thatsache, daß die Konsumenten einem selbst als Beutepolitik zu qualifizirenden Vorgehen dieser Kategorie von Kartellen nahezu machtlos gegenüber stehen und daher Einrichtungen öffentlicher Art erforderlich sind, um zu einer rechtzeitigen Erkenntniß solcher Uebelstände und auf dem Wege der öffentlichen Kritik möglicherweise! zu ihrer Remedur zu gelangen.

Immerhin anders liegen die Verhältnisse bei jenen Industrien, welche Rohstoffe und Halbfabrikate erzeugen und daher wiederum Produzenten als Abnehmern gegenüber stehen. Hier würde eine Preispolitik, welche das Monopol voll auszunützen bestrebt wäre, von den Abnehmern einerseits vermöge ihrer wirthschaftlichen Bildung, anderseits deshalb, weil für sie als Produzenten bereits kleinere Preisunterschiede merkbar werden und ins Gewicht fallen, rascheſtens erkannt und könnte unter Umständen auch wirksam bekämpft werden. Es können sich Gegenkartelle der Abnehmer bilden, es können insbesondere aus den Mitteln der Abnehmerverbände Konkurrenzunternehmungen errichtet werden, es steht mitunter in der Hand selbst einzelner größerer Abnehmer, sich von dem Kartelle vollständig unabhängig zu machen, indem sie zur Deckung des eigenen Bedarfes an den kartellirten Artikeln selbständige Betriebe errichten oder erwerben. Der Gegenorganisation der Abnehmer gelingt es mitunter, das Kartell ihrer Vorgänger im Produktionsprozesse zu sprengen, indem einer oder mehrere derselben durch die Zusicherung, daß man ihnen die Lieferungen übertragen werde, veranlaßt werden, aus dem Kartelle auszuscheiden. Den durch die Preispolitik eines Kartells bedrohten Produzenten steht ferner ihre genauere Kenntniß der Bezugsverhältnisse, der Marktlage, der Zoll- und Frachttarife zu Gebote, um einer übertriebenen Preispolitik, sofern es nur irgend möglich ist, durch Import aus dem Auslande wirksam zu begegnen. Sie sind in der Lage, Surrogate in Anwendung zu bringen, oder auch ihren Betrieb zeitweise mit erhöhter Intensität solchen Artikeln zuzuwenden, welche durch die übertriebene Preispolitik des Kartells nicht bedroht werden, und dadurch das Kartell zeitweilig lahm zu legen. Alle diese Methoden der Abwehr sind von Produzenten, die durch Produzentenkartelle über Gebühr bedrückt wurden, thatsächlich und theilweise mit Erfolg angewendet worden: das Moment der Wehrlosigkeit, welches das Postulat staatlicher Kontrole bei der oben behandelten Art von Kartellen rechtfertigt, würde daher hier nicht ausreichen, um eine praktische Schlußfolgerung gleicher Art zu begründen.

Allein bei dieser Art von Industrien muß ein anderes Moment in Betracht gezogen werden, dessen Bedeutung uns vielleicht zur gleichen Schlußfolgerung gelangen läßt. Die Wirkung, welche von einer volkswirthschaftlich ungesunden Kartellpolitik solcher Industrien ausgeht, ist nämlich nicht beschränkt darauf, daß der Gewinn der Abnehmerindustrien reduzirt wird, diese Wirkung ist vielmehr eine beträchtlich weitergehende und zwar mitunter solcher Art, daß wichtige volkswirthschaftliche und nationale Interessen berührt werden. Wenn eine ungesunde Preispolitik von Kartellen, die genußreife Produkte herstellen, die Konsumtionsfähigkeit der Bevölkerung beeinträchtigt, so führt anderseits eine ungesunde Preispolitik von Kartellen, welche Rohstoffe oder Halbfabrikate erzeugen, zu einem vielleicht noch weiter gehenden Uebel: zur Beeinträchtigung der Produktionsfähigkeit des Landes. Wenn daher die österreichischen Maschinenfabriken klagen, daß sie mit ihren Produkten, die in Bezug auf technische Leistungsfähigkeit und Qualität sich auf dem Weltmarkte neben den Produkten der ausländischen Konkurrenz würdig behaupten könnten, im Auslande nicht konkurriren können, weil ihnen durch die Politik des österreichischen Eisenkartells das Rohmaterial vertheuert werde; wenn durch die Verschiedenheit der Preise, die mächtige deutsche Rohstoff-Kartelle für Inlands- und Auslandswaare forderten, gleiche Rückwirkungen auch auf wichtige deutsche Industrien konstatirt werden konnten; ja, wenn der ausländische Fabrikant im Stande ist, den inländischen Produzenten auf dem Weltmarkte so zu sagen mit unfreiwilligen Subsidien des letzteren wirksam zu bekämpfen, indem ein Theil des im Inlande für Rohstoffe festgesetzten Kartellaufschlages ihm in der Form billigerer Preise zugewendet wird — so sind diese Einflüsse des Kartellwesens auf die Dauer als noch verderblicher für die Volkswirthschaft zu qualifiziren, denn selbst die Auswüchse der Preispolitik der für die Konsumtion produzirenden Unternehmerverbände. Es mag ja richtig sein, daß dort, wo durch anderweitige Momente, zum Theil auch politischer Natur, die industrielle Entwicklung in den letzten Jahrzehnten einen so gewaltigen Aufschwung nahm wie in Deutschland, diese auch dort konstatirten und beklagten Rückwirkungen der Kartellpolitik der Rohstoff- und Halbfabrikatkartelle an Bedeutung zurücktraten hinter den die Entwicklung der Industrie günstig beeinflussenden Faktoren. In Oesterreich jedoch ist zweifellos die schwierige Lage und das Zurückbleiben wichtiger Industrien auf eine solche Kartellpolitik zurückzuführen, die nicht, wie in Deutschland, durch außerordentliche fördernde Umstände allgemeiner Natur paralysirt wurde. Unter allen Umständen ist es ein paradoxes Verhältniß, das zum Nachdenken und zur Kritik auffordert: daß, während die Kartelle sich entwickeln und häufig nur entwickeln können unter der Flagge einer Schutzzollpolitik, die als Rechtfertigung den List'schen Satz anruft, daß die Entwicklung der produktiven Kräfte der Nation die Opfer aufwiege, welche der Konsumtion durch den Schutzzoll auferlegt werden: gerade die Politik der Kartelle selbst in ihrer eben geschilderten Gestalt darauf hinausläuft und thatsächlich die Wirkung hat, die Entwicklung der Produktivkräfte der nationalen Volkswirthschaft zu verhindern oder einzudämmen. Freilich muß eine solche Kartellpolitik, wie sich dies beispielsweise jetzt in Oesterreich bei den Berathungen der industriellen Körperschaften über die Erneuerung der Handelsverträge zeigt, wo vielfache und berechtigte Klagen über eine solche Preispolitik der Rohstoffkartelle laut werden, mit der Zeit dahin führen, daß die Kartelle den Zweig abschneiden, auf dem ihre Industrien sitzen. Aber damit hat es vorläufig noch seine guten Wege, und speziell in Ländern von geringerem Unternehmungsgeiste, mit härterem Steuerdrucke, wie z. B. in Oesterreich, können die Schäden dieser Politik der Rohstoffkartelle kaum hoch genug angeschlagen werden.

Als ein anderes bedenkliches Moment, daß die Preispolitik der Rohstoff- und Halbfabrikatkartelle in ein ungünstiges Licht rückt, will mir hre Einwirkung auf den Verlauf industrieller Konjunkturen erscheinen. In dieser Hinsicht werden uns, wie bereits erwähnt, die vom Vereine für Sozialpolitik angestellten Untersuchungen über die Ursachen der letzten deutschen Krise hoffentlich werthvolles Material liefern. So viel aber erhellt schon aus den über diese Frage in der deutschen Presse abgeführten Diskussionen, daß die großen deutschen Rohstoffkartelle durch periodisch von ihnen vollzogene Preiserhöhungen ihre Abnehmer veranlaßten, große Abschlüsse zu machen und sich für längere Zeit mit beträchtlichen Quanten von Roh- und Hilfsmaterial zu versehen, um der Gefahr dieser stetig wiederkehrenden Preiserhöhung, die ihren Kalkulationen den Boden entzog, entrückt zu sein. Es ist kein Zweifel, daß hierdurch eine starke Festlegung der flüssigen Mittel der deutschen Industriellen und eine Ueberspannung des Betriebskredites veranlaßt wurde, und daß diese Illiquidität den Ausbruch der Krise beschleunigt und deren Ausbreitung und Verlauf ungünstig beeinflußt hat. Der Verlauf der einmal ausgebrochenen

Krise wurde dann noch weiter verschärft dadurch, daß die Kartelle ihre Abnehmer von den übergroßen Uebernahmsverpflichtungen zu entbinden, sich vielfach weigerten, sowie, daß ihre Politik dahin ging, angesichts der starken Einschränkung des Bedarfes nicht etwa durch Herabsetzung der Preise den Absatz zu beleben, wodurch die Krise eine Milderung erfahren hätte, sondern vielmehr die Produktion einzuschränken und ihre Preise auf einem möglichst hohen Niveau zu halten. Der Vorzug, der den Kartellen oft nachgerühmt wird, daß sie die Preise stabilisiren und hierdurch auch den Abnehmer in den Stand setzen, seine Produktionskostenberechnung für einen längeren Zeitraum in zutreffender Weise anzustellen, war sicherlich nicht der Preispolitik der großen deutschen Rohstoffverbände während der aufsteigenden Konjunktur zuzubilligen; wohl kam aber dieses Stabilitätsbestreben zur Geltung, als die Hochkonjunktur von einer Krise abgelöst war, so daß man auf diese Entwicklung den Satz anwenden kann, der eine sehr herbe Kritik der Kartelle überhaupt enthält, daß sie nämlich nur bei ungünstigen Konjunkturen eine gewisse Preisstabilität eintreten lassen, die Gewinnmöglichkeiten günstiger Konjunkturen jedoch voll und ganz in ihrem Interesse ausnützen.

Ich stehe jedoch nicht an, zu erklären, daß mir als das für die ökonomische Kritik der Kartelle entscheidende Moment die Einwirkung der Kartellbewegung auf die Lage der arbeitenden Klassen, insbesondere der industriellen Arbeiterschaft, erscheint. Das Kartellwesen und die Kartellpolitik berühren die Arbeiterschaft sowohl in der Sphäre der Konsumtion, als auch in jener der Produktion am intensivsten, da diese Klasse der Bevölkerung einerseits den Hauptstock von Abnehmern der Produkte der auf die Massenerzeugung gerichteten Industrien darstellt und andererseits sowohl in ihrem Einkommen als auch in ihrer sozialen Bewegungsfreiheit von der Politik der Kartelle abhängt. Daß in der Klasse der Lohnarbeiter die Landarbeiterschaft, die zu einem erheblichen Theile Naturallöhnung bezieht und deren Arbeitgeber, von landwirthschaftlichen Nebenindustrien abgesehen, kaum zu einem Kartellverbande zusammentreten können, in Hinsicht auf das Kartellproblem an Bedeutung hinter die industrielle Arbeiterschaft außerordentlich zurücktritt, bedarf wohl keines Nachweises. Mit dem industriellen Arbeiter ist wohl auch die breite Schicht der auf ein mittleres oder kleines fixes Geldeinkommen angewiesenen Beamtenschaft in ihrer Lebenshaltung von der Preispolitik der, genußreife Produkte herstellenden Industriekartelle in hohem Maße abhängig. Bei der industriellen Arbeiterschaft tritt aber noch hinzu, daß auch die Größe und Entwicklungsfähigkeit ihres Einkommens und endlich ihre soziale Freiheit von der Politik der Kartelle mitbestimmt wird. Es darf also wohl gesagt werden, daß eine fortschreitende Prüfung und Erkenntniß dieser Seite des Problems in Zukunft immer größeren Einfluß auf die Auffassung und Beurtheilung der ganzen Frage üben wird.

Den Kartellen gegenüber darf es als das berechtigte Interesse der arbeitenden Klassen bezeichnet werden, daß ihnen in Gestalt erhöhter Löhne ein Theil des Kartellnutzens zufalle und die Kartellpolitik auf eine relative Stabilität der Konjunktur hinwirke, die auch ihnen in der Form dauernder Beschäftigung zu Gute kommen könne. Die Arbeiter müssen endlich vor der Gefahr geschützt werden, daß der enge Zusammenschluß der Unternehmer zu Produktionszwecken nicht auch den Charakter eines geschlossenen Herrschaftsverbandes gegenüber den Arbeitern annehme. Von diesen drei Postulaten ist die Erfüllung des zweiten durchaus bedingt von der Rückwirkung des Kartellverbandes auf die Lage der betreffenden Industrie selbst; die Interessen der kartellirten Unternehmer sind in dieser Hinsicht wenigstens den Interessen der in ihren Betrieben beschäftigten Lohnarbeiter nicht entgegengesetzt. Was hingegen das erste und das dritte Postulat betrifft, so ist die Erreichbarkeit des ersten im Wesentlichen abhängig von der Verwirklichung des dritten, da die Arbeiter nur dann auf einen Antheil am Kartellgewinne in Form erhöhter Löhne werden rechnen können, wenn ihre Unabhängigkeit durch den Kartellverband der Unternehmer nicht wirksam beeinträchtigt werden kann. Es reduzirt sich als praktisch das Problem im Wesentlichen auf die Frage, ob einerseits durch den Zusammenschluß der Unternehmer zum Kartelle die Koalitionsfreiheit der Arbeiter eine Einschränkung erfahre, und ob die Kartellpolitik anderseits dahin führe, daß die Zahl der in die industrielle Reservearmee hinausgestoßenen Arbeiter sich erhöhe und etwa dadurch die Wirkung der Koalitionsfreiheit der Lohnarbeiter praktisch aufgehoben werde.

Die Form der Kartellirung wird zunächst nach beiden Richtungen von Bedeutung sein. Je enger der Zusammenschluß der Unternehmer ist, desto stärker ist ihre Fähigkeit und damit allerdings gewöhnlich auch ihre Tendenz, die Koalitionsfreiheit der Arbeiter einzuschränken, desto größer ist aber auch die Gefahr, daß die Erreichung des Kartellzwecks durch Auflassung einzelner minder gutgelegener oder technisch schlechter ausgerüsteten Betriebe angestrebt und die Zahl der Arbeitslosen vermehrt werde. Vereinigungen so enger Art, wie sie durch Fusionen im Allgemeinen und insbesondere durch die amerikanischen Trusts dargestellt werden, involviren daher nach beiden Richtungen hin eine keineswegs zu unterschätzende Gefährdung der Arbeiterinteressen. Verwirklicht haben sich in Amerika diese Befürchtungen allerdings im Wesentlichen nur insoweit, als es sich um die Koalitionsfreiheit der Arbeiter handelt. Die Leiter mancher amerikanischen Trusts, z. B. der American Steel and Wire Company, haben unumwunden erklärt, daß sie die Organisationen der Arbeiter nicht anerkennen, und mit den Arbeitern nur als Individuen verkehren. Ich brauche wohl auch nur auf den noch in Erinnerung stehenden großen Stahlarbeiterausstand des vorigen Jahres zu verweisen, der auf Grund ähnlicher Streitfragen ausgebrochen ist und mit einer Niederlage der Arbeiter endigte. Andere amerikanische Trusts, wie z. B. die American Tin Plate Company, die American Steel Hoop Company, haben jedoch das Koalitionsrecht der Arbeiter und die Legitimation ihrer Verbände, im Namen der Arbeiter auf die Feststellung der Bedingungen des Arbeitsvertrages Einfluß zu nehmen, anerkannt. Ja, es ist sogar von manchen Führern der Trade unions, wie z. B. von Samuel Gompers, dem Präsidenten der amerikanischen Federation of Labor, der Ansicht Ausdruck gegeben worden, daß es möglich sein werde, die Organisationen der Arbeiter derart zu verbessern und auszugestalten, daß sie mit den Verbänden des Kapitals rivalisiren und mit denselben in nicht zu ferner Zukunft von Macht zu Macht würden verhandeln können. Allerdings haben diese Streitfragen bis auf den erwähnten großen Ausstand bisher aus dem Grunde noch nicht zu großen und entscheidenden Kämpfen geführt, weil die Lohnpolitik der neueren amerikanischen Trusts eine für den Arbeiter im Ganzen günstige ist, einerseits dank der, nur durch vorübergehende Rückschläge unterbrochenen, überwiegend günstigen Konjunktur, anderseits aber auch aus dem Grunde, weil die Leiter der amerikanischen Trusts der Ansicht huldigen, daß es leichter sei und geringere Widerstände hervorrufe, den Unternehmergewinn auf Kosten der Konsumenten als auf Kosten der Lohnarbeiter zu erhöhen. Freilich sind in Folge der Schließung von rückständigen Betrieben Arbeiterentlassungen in höherem Maße vorgekommen; und wenn dieselben bisher nicht zu einer starken Gegenströmung in den Arbeiterkreisen gegen die Trusts geführt haben, so liegt das daran, daß die überflüssig gewordenen Arbeiter dank der günstigen Konjunktur in anderen Zweigen Beschäftigung finden konnten[18]).

In Mitteleuropa, speziell in Deutschland und Oesterreich liegt das Problem einigermaßen anders. Die Kartellbewegung hat bisher nur zu Verbänden geführt, welche ungleich lockerer sind, als die amerikanischen Trusts. Eine Schließung von Betrieben wegen technischer Rückständigkeit ist in größerem Umfange wohl nur in der Montanindustrie zu verzeichnen

[18]) Vgl. hierzu Jenks, Ch. 9, „The Trusts and Wages“.

gewesen, und zwar bei solchen Zechen, die auch ohne den Zusammenschluß zu Kartellen hätten über kurz oder lang aufgelassen werden müssen und von dem Kartellverbande nur unter günstigeren Bedingungen für den Unternehmer außer Betrieb gesetzt wurden. Was die Koalitionsfreiheit der Arbeiter betrifft, so fällt hier ins Gewicht, daß die Kartellbewegung in ihr extensives und fruchtbarstes Stadium eigentlich erst zu Beginn des vorigen Jahrzehntes getreten ist, also in einer Zeit, in der das soziale Bewußtsein in Deutschland bereits erstarkt war und die politische Macht der Arbeiterschaft eine solche Höhe erreicht hatte, daß die Bethätigung etwaiger Unternehmertendenzen nach dieser Richtung außerordentlich starke Gegenströmungen der öffentlichen Meinung provozirt hätte. In Oesterreich ist es allerdings um diese Verhältnisse nicht so günstig bestellt. Alles in allem muß man jedoch sein Urtheil dahin abgeben, daß die Kartellbewegung in Deutschland und auch in Oesterreich bisher es eher vermieden hat, der Koalitionsfreiheit der Arbeiter entgegenzutreten, und daß Auswüchse, wie die Anlegung schwarzer Listen oder Aussperrungen, um Arbeiterverbände zu sprengen, nicht gerade zu den häufigen und charakteristischen Erscheinungen der Entwicklung des Kartellwesens gehören. Nichts destoweniger jedoch repräsentirt das Wachsthum der Kartellbewegung in dieser Richtung eine Gefahr für die Arbeiterschaft, welche zumindest das Postulat rechtfertigt, daß die Gesetzgebung und Verwaltung das Koalitionsrecht und die Koalitionsfreiheit der Lohnarbeiter rückhaltslos und in vollstem Maß anerkennen.

Denn unter allen Umständen gestaltet sich ja der Lohnkampf der Arbeiter kartellirten Unternehmern gegenüber erheblich schwieriger, als konkurrirenden. Namentlich dort, wo der Kartellverband in der Weise organisirt ist, daß eine Einschränkung des Produktionsumfanges nicht gleichbedeutend wird mit einer Verringerung des Unternehmergewinnes oder doch nicht der letzteren proportional ist, wie dies bei manchen Kontingentirungsformen der Fall, versagt in der Regel ein wichtiges, den Arbeitern im Lohnkampfe zur Seite stehendes Motiv des Unternehmers, nämlich die Befürchtung, daß der konkurrirende Unternehmer den Streik benutzen werde, um durch Einstellung von Arbeitern seine Produktion zu erhöhen, seine Produktionskosten zu verringern [10]) und einen Theil des Absatzes seines Konkurrenten an sich zu ziehen.

Auch bei solchen Kartellen, denen die Vereinbarung zu Grunde liegt, daß ein Zurückbleiben der Produktion oder des Absatzes hinter der kartellmäßig zugebilligten Quote in einer späteren Produktionsperiode

---

[10]) Vgl. Pohle a. a. O. S. 114.

nachgeholt werden könne, ist die Stellung der Arbeiter im Lohnkampfe eine ungünstige, sofern nicht die gesammte einer kartellirten Industrie angehörige Arbeiterschaft gleichzeitig in den Streik eintritt. Ganz machtlos aber steht die Arbeiterschaft in der Regel den von kartellwegen verfügten zeitweiligen Betriebseinschränkungen durch Einlegung von Ruheschichten, Stillstellung von Webstühlen u. s. w. gegenüber. Wenn derartige Restriktionen ihren Grund darin finden, daß es gilt, eine krisenhafte Ueberproduktion zu beseitigen, so ist ja dieser Weg der partiellen Einschränkung der Produktion ein für die gesammte Arbeiterschaft in der Regel günstigerer, als eine Politik, die auf dem Wege steter Steigerung der Produktion zur Verschärfung der Krisis und zur dauernden Entlassung einer großen Zahl von Arbeitern führen würde. Nicht so steht es aber, wenn die partielle Einschränkung des Betriebes zu dem Zwecke verfügt wird, um die Preise und damit den Gewinn zu erhöhen, nicht aber um den Ausbruch einer Krise zu verhindern. In diesem Falle bewirkt die Kartellpolitik eine in den wirthschaftlichen Verhältnissen nicht gerechtfertigte Herabsetzung der Löhne, wogegen die Arbeiter wehrlos sind, da sie durch einen Streik, der ihnen einen Antheil am erhöhten Gewinne der Unternehmer sichern soll, nur das Bestreben der Unternehmer unterstützen, aber ihre Ziele nicht erreichen könnten.

Alles in allem ist jedoch die Kartellbewegung bisher von den Vertretern und Wortführern der Arbeiterschaft, sowie von angesehenen Sozialpolitikern, insbesondere Brentano, als den Interessen der Arbeiter nicht abträglich beurtheilt worden. Bei den Arbeitern in Deutschland spielt wohl hierbei das den deutschen Organisationen innewohnende Kraftbewußtsein mit, um die Schattenseiten der Kartellbewegung in ihrem Bewußtsein zurücktreten zu lassen. Gewisse Ausschreitungen der, genußreife Produkte herstellenden Industriekartelle, namentlich des Zuckerkartells, haben jedoch in der jüngsten Zeit einen gewissen Umschwung in der Stimmung herbeigeführt, ebenso wie die durch die Arbeiterentlassungen seit dem Ausbruch der letzten deutschen Krise vermittelte Erkenntnis, daß die Stabilität der Beschäftigung, welche durch das Kartellwesen verbürgt werden soll, in den Zeiten niedergehender Konjunkturen sich als eine Chimäre erweist. Wenn nun aber die Kartelle auf die materielle Lage der Arbeiterschaft nicht den erwarteten günstigen Einfluß ausüben, so muß um so mehr das Ziel im Auge behalten werden, daß die erst durch die Organisation der Arbeiter zu erzielende wirkliche Freiheit des Arbeitsvertrages, die Gleichberechtigung von Unternehmern und Lohnarbeitern bei der Festsetzung der Arbeitsbedingungen, nicht durch eine Feudalisirung des Arbeitsverhältnisses beeinträchtigt werde. Dieselbe bereits als eine ins Leben getretene Erscheinung anzusprechen, würde allerdings für Deutschland ebenso wenig den Verhältnissen entsprechen, wie andererseits die in den Kartellen liegende latente Gefahr einer Beeinträchtigung der Freiheit des Arbeiters abgeleugnet werden kann; letzteres hieße, sich die Augen davor verschließen, daß der Arbeiter, der heute in einer eng kartellirten Industrie durch Differenzen mit seinen Arbeitsgebern veranlaßt wird, sein Arbeitsverhältniß aufzugeben, in beträchtlich höherem Maß als sonst der Gefahr ausgesetzt ist, in seinem Berufszweig überhaupt keine Beschäftigung mehr zu finden, — einer Gefahr, die für den Arbeiter umso schwerer ins Gewicht fällt, je höher qualifizirt seine Arbeit ist, je höhere Vorbildung sie bedingt, je werthvoller also seine Arbeitskraft für die Volkswirthschaft ist.

Das Ergebnis der ökonomischen Kritik des Kartellwesens, die ich in ihren Hauptzügen zu unternehmen versuchte, läßt sich wohl dahin zusammenfassen, daß wir es mit einer das wirthschaftliche Leben überaus tief beeinflussenden Erscheinung zu thun haben, deren Wirkungen jedoch weder in dem Maße erforscht, noch so einheitlicher Natur sind, daß man zu dem Schlusse gelangen könnte, die Kartelle forderten eine bestimmte positive Einwirkung, z. B. eine direkte Repression Seitens der Staatsgewalt heraus. Wohl aber rechtfertigt diese Erkenntniß die Forderung, daß der Staatsgewalt die Möglichkeit gegeben werde, das Auftreten, die Gebahrung und die Wirkungen der Unternehmerverbände einer genauen und zuverlässigeren Kontrolle zu unterwerfen, als dies der wissenschaftlichen Forschung und der öffentlichen Presse, die sich bisher mit diesem Probleme fast ausschließlich beschäftigt haben, möglich ist. Das Gewicht der gegen eine Repression gerichteten Argumentation wird in ansehnlichem Maße dadurch verstärkt, daß die Erscheinungen, die wir, weil sie bei den Kartellen am häufigsten und am intensivsten auftreten, als Wirkungen der Kartelle anzusprechen gewöhnt sind, zum großen Theile nichts anderes sind, als Wirkungen von Entwicklungstendenzen, die durch unsere Wirthschaftsordnung und -Verfassung ohnehin gegeben sind, namentlich der Tendenz des Kapitals, sich zu akkumuliren, auf seine Konzentration in immer größeren Betrieben hinzuwirken. Ich habe bereits vor einigen Jahren bei Besprechung der österr. Kartellgesetzentwurfes hervorgehoben, daß durch diesen engen Zusammenhang der Wirkungen und Tendenzen der Kartellentwicklung mit den, der kapitalistischen Wirthschaftsverfassung und Produktionsordnung überhaupt eigenthümlichen Merkmalen, für eine Kartellgesetzgebung, wenn sie mit Grundsätzen unserer Wirthschafsordnung nicht in Konflikt gerathen will, an und für sich eine unübersteigliche Schranke gezogen sei. Es sei mir gestattet, meine damaligen Ausführungen[20]) hier in abgekürzter Form wiederzugeben, da sich auch mein Korreferent, Herr Prof. Waentig, in seinem Gutachten dem, diesen Ausführungen zu Grunde liegenden Hauptgedanken angeschlossen hat. Die Konzentrationstendenz des Kapitals gehört vor allem hierher; sie ist bekanntlich eines jener Momente, welches die Evolution unserer Volkswirthschaft am stärksten beeinflussen. Es hat äußerlich den Anschein, als ob diese Tendenz durch die Kartellbewegung abgeschwächt werden würde, indem bei den Kartellen wohl die Interessen mehrerer Unternehmer in einem Komplex zusammenrinnen aber die formale, wirthschaftliche und juristische Selbstständigkeit der einzelnen Unternehmer aufrecht bleibt, während sonst die Konzentrationstendenz zum vollständigen Aufgehen mehrerer Betriebe in einem Unternehmen führt.

Ist jedoch in der Wirkungsweise der wirthschaftlichen Kraftcentren der einen und der anderen Art ein wesentlicher Unterschied zu finden? So lange sie bestehen, meines Erachtens nicht. Ein Trust mag seine Aufgabe darin sehen, die „Outsiders" rücksichtslos niederzuschlagen und die Konsumenten auszubeuten; er handelt wie ein übermächtiger, von rein ökonomischen Erwägungen geleiteter Einzelunternehmer. Oder das Kartell mag in seinen Theilnehmern das Streben nach technischer Vervollkommnung und ökonomischem Fortschritt ersticken, den Unternehmergewinn zu einer „Unternehmerrente versteinern": es verfolgt die bekannte Politik mächtig und lässig gewordener, gesättigter oder „patrizischer" Großbetriebe. Wesentlich ist bloß, daß das Kartell jene wirthschaftliche Machtfülle, von deren Höhe aus solch unsoziales und unwirthschaftliches Verhalten durchführbar ist, rascher und nach Ueberwindung geringerer Widerstände erreicht als das Einzelunternehmen. Das Wachsthum des Riesenunternehmens ist ein organisches, die Bildung des Riesenkartells ein Elementarereigniß. Indem die freie Konkurrenz der Unternehmer sich im Kartelle selbst aufhebt, beschleunigt sie somit die sozialen und wirthschaftlichen Wirkungen des Konzentrationsprozesses des Kapitals: freilich nicht des Kapitals als Quelle arbeitslosen Einkommens, denn in dieser Funktion bleibt es im Kartelle vertheilt, wohl aber des Kapitals als wirthschaftlichen Machtfaktors. Wenn man den Kartellen den Vorzug nachrühmt, daß sie die Planmäßigkeit der Produktion befördern und Absatzkrisen hintanhalten oder abschwächen: würde nicht auch das Einzelunternehmen, welchem es gelungen wäre, das faktische Monopol an sich zu reißen, aufs Planmäßigste produziren und der Sphinx Konjunktur einige ihrer schwierigsten Räthsel entwunden haben? Im Verlaufe, in

---

20) Meine Abhandlung in Grünhut's Zeitschrift XXIV. Bd. S. 576 ff.

der Dauer, in der Intensität des Prozesses sind die entscheidenden Momente der Differenzirung gegeben; nicht in dem Produkte des einen und anderen Prozesses. Es ist in der Logik der Thatsachen begründet, daß ein Einzelunternehmen, welches ein faktisches Monopol erlangt hat, um so viel schwerer und langsamer überwunden, ein Kartell dagegen um so viel leichter und rascher gesprengt werden kann, als eben das eine und das andere gewachsen, bezw. entstanden ist. Sollte ein differenzirendes Moment in der Thatsache mehrerer gleichberechtigter Unternehmerwillen im Kartell gegeben sein, welche sich nur in einer beschränkten Sphäre ihres Selbstbestimmungsrechtes entäußert hätten? Levy v. Halle in seiner Schilderung der nordamerikanischen Unternehmerverbände berichtet[21]), daß als einer der mächtigsten dieser Verbände durch die Antitrustgesetzgebung genöthigt worden war, sich in eine Korporation umzuwandeln, dieser formal so wichtige Schritt den Betheiligten kaum zu Bewußtsein gekommen sei; sonder Zweifel ebensowenig der Konkurrenz und den Konsumenten. Daß in Kartellen, abweichend von dem Einzelunternehmen, mehrere Unternehmerwillen zusammenwirken, ohne potentiell ihre Selbständigkeit aufzugeben, ist gewiß an sich eine soziale Thatsache von der größten Bedeutung; sie verschlägt jedoch wenig für die spezifische Wirkung des Kartells. Nur so lange ein einheitlicher Wille den Kapitalkomplex beherrscht, besteht das Einzelunternehmen, besteht eben auch das Kartell und äußern beide ihre Wirkungen.

Ebensowenig fällt auf die Frage, wie einzelne Kartelle oder Kategorien von Kartellen wirken, Licht aus der Thatsache der genossenschaftlichen Natur der Kartelle, sondern vielmehr bloß aus der durch nationale Verschiedenheit, Tradition oder technische Verhältnisse bedingten Eigenart der betreffenden Unternehmergruppen. Das nordamerikanische Unternehmerthum ist charakterisirt durch höchst energische Ausnutzung aller technischen Fortschritte, rücksichtslose Bekämpfung der Konkurrenten und Ausbeutung der Konsumenten; im Vergleich damit erscheint der österreichische Unternehmer konservativer in der Produktionstechnik, zurückhaltender im wirthschaftlichen Kampfe. Dem entsprechend trifft von zwei Haupteinwänden, welche gegen die Kartelle erhoben werden: sie ermöglichten eine schrankenlose Ausbeutung der Konsumenten und sie führten zur Erstarrung der Produktionstechnik und Verwandlung des Unternehmergewinns in eine Unternehmerrente, der erste für die amerikanischen, der letztere in weit höherem Maße für die österreichischen Kartelle zu.

---

[21]) Schriften des Vereins für Sozialpolitik, Bd. LX, S. 174.

Die Wirkung der Kartelle kritisiren ist daher in einem gewissen Maße gleichbedeutend damit, unsere Gesellschaftsordnung und Produktionsweise zur Kritik zu stellen, welche ermöglicht, ja bewirkt, daß ein einheitlicher Unternehmerwille sich eine virtuell unbegrenzte Fülle von Produktionsmitteln unterwerfe. Eine Gesetzgebung, welche sich zur Aufgabe stellen würde, die Wirkungen der Kartelle auf dem Rechtsgebiete unmittelbar durch Repression zu bekämpfen, würde daher erfolglos sein; sie würde entweder, übers Ziel hinausschießend, mit dem durch diese Gesellschaftsordnung bestimmten allgemeinen Rechtsbewußtsein nicht im Einklange bleiben oder aber der Macht der Thatsachen nicht gewachsen sein. Dies gilt nicht bloß von dem „starren" Apparat der Civil- und Strafgesetzgebung, sondern auch von einer Verwaltungsgesetzgebung, die auf Repression gerichtet wäre. Die Aufgabe und das Problem der Gesetzgebung liegen in einer anderen Richtung. Hierfür kommt allerdings in Betracht, daß die Kartelle Produkte organisatorischen Schaffens sind. Als solche, als Produkte einer neuartige Zwecke verfolgenden, mit neuartigen Mitteln operirenden associativen Gestaltungstendenz, die sich wesentlich, in Zweck und Mitteln, von den bisherigen Associationsformen unterscheiden, haben sie Anspruch darauf, die rechtsetzende Funktion des Staates auszulösen, welcher die Norm dafür aufzustellen haben wird, ob und unter welchen Voraussetzungen er diesen Organisationsformen Rechtsexistenz zuerkenne oder verweigere. Der Inhalt dieser Gesetzgebung wird durch die Erkenntniß bestimmt sein müssen, daß die Kartelle in der oben dargestellten Weise die Reibungswiderstände beseitigen oder abschwächen, welche der Tendenz des Kapitals, sich unter einem einheitlichen Unternehmerwillen zu wirthschaftlichen Kraftcentren zu akkumuliren, entgegenwirken. Die Kartellgesetzgebung muß dem Staate die Möglichkeit bieten, diesen Entwicklungsprozeß in allen seinen Stadien und Aeußerungen mit zulänglichen Mitteln zu erkennen und festzustellen, damit er demselben in zweckmäßiger und zielbewußter Weise seine Wirthschaftspolitik anpassen könne. Das Aufsichtsrecht des Staates wirksam festzustellen, stellt sich mir als die Aufgabe *κατ' ἐξοχήν* der Kartellgesetzgebung dar. Daran schließe sich die Kartellpolitik des Staates, welche zusammenfallen wird mit all jenen Aeußerungen seiner Finanz- und Wirthschaftspolitik, welche gegen die Akkumulirungstendenz des Kapitals überhaupt gerichtet sind: eine gerechte Steuerpolitik, eine Handelspolitik, welche das Produktionsinteresse nicht einseitig begünstigt, eine die Unternehmerthätigkeit nicht an leblose Formen bindende Gewerbepolitik, eine Civilrechtspolitik, welche das wirthschaftliche Associationswesen zweckmäßig fördert; als

Schlußstein einer Sozialpolitik, welche die Konsumtionskraft der arbeitenden Klassen zu steigern den aufrichtigen Willen und die Macht besitzt."

V.

Der Rechtszustand, der hinsichtlich des Kartellwesens in Europa besteht, ist als unbefriedigend zu bezeichnen. Wie bereits hervorgehoben, gründet es sich in einer Reihe von Ländern auf ein tolerari posse der Gesetzgebung und Staatsverwaltung, oder es steht der faktische Bestand der Kartelle sogar im Widerspruche mit dem geltenden Rechte — wie in Oesterreich — und die Kartelle fristen nicht bloß ihr Dasein, sondern erreichen sogar eine ansehnliche Blüthe bloß unter der Aegide des Satzes „wo kein Kläger, da kein Richter". Menzel in seinem öfter zitirten Referate (S. 33 ff.) hat eine Uebersicht über diesen Rechtszustand gegeben, die im Wesentlichen noch heute zutreffend ist. Im Deutschen Reiche steht der Anerkennung der Rechtsverbindlichkeit des Kartellvertrages allerdings keine Rechtsnorm im Wege. Das Reichsstrafgesetz enthält keine auf die Koalitionen von Unternehmern oder Arbeitern bezüglichen Bestimmungen. Die von der deutschen Gewerbeordnung hinsichtlich von Verabredungen betreffend den Arbeitsvertrag aufgestellten Rechtsnormen lassen sich nicht analog auf solche Kartelle anwenden, welche nicht unter die Kategorie der gegen die Arbeiter gerichteten Verbände fallen. Das bürgerliche Gesetzbuch für das Deutsche Reich erklärt zwar im § 138 ein Rechtsgeschäft, das gegen die guten Sitten verstößt, für nichtig, und eine gegen die guten Sitten verstoßende Handlung, wenn durch diese einem Anderen vorsätzlich Schaden zugefügt wird, als ein Delikt (§ 826). Wie aber schon Menzel mit Recht bemerkt, ist, da die im ersten Entwurfe des B.G.B. enthaltene, gegen Verträge, welche wider die öffentliche Ordnung verstoßen, gerichtete Rechtsnorm beseitigt wurde, die Anwendbarkeit der Bestimmungen des B.G.B. auf Kartellverträge, Kartellbeschlüsse und Handlungen, die in Ausführung von Kartellbeschlüssen erfolgen, sehr fraglich. Für gänzlich unanwendbar halte ich sie trotzdem nicht. Kartellvereinbarungen und Kartellbeschlüsse von direkt wucherischem Charakter oder Handlungen, welche in Ausführung von Kartellbeschlüssen erfolgen, die in der nachweislichen Absicht gefaßt wurden, einen outsider zu Grunde zu richten, wären wohl auch als gegen die guten Sitten verstoßend zu qualifiziren. Ich habe hierbei das bekannte Urtheil des Reichsgerichtes vom 4. Februar 1897 in Angelegenheit des Kartells sächsischer Holzstofffabrikanten im Auge, das allerdings vor der Wirksamkeit des B.G.B. gefällt wurde und in dessen Begründung es heißt[22]): „Verträge der in Rede stehenden Art können somit vom Standpunkte des durch die Gewerbefreiheit geschützten allgemeinen Interesses nur dann beanstandet werden, wenn sich im einzelnen Fall aus besonderen Umständen Bedenken ergeben, namentlich, wenn es ersichtlich auf die Herbeiführung des thatsächlichen Monopols und wucherischer Ausbeutung der Konsumenten abgesehen ist, oder diese Folgen doch durch die getroffenen Vereinbarungen und Einrichtungen herbeigeführt werden." Diese Argumentation, die sich allerdings auf dem Prinzipe der Gewerbefreiheit aufbaut, könnte fraglos auch, insoweit es sich „um wucherische Ausbeutung von Konsumenten" handelt, aus dem Gesichtspunkte der Wahrung der guten Sitten geführt werden[22a]). Allein das Anwendungsgebiet dieses Rechtssatzes ist unter allen Umständen ein sehr enges. Der Begriff der guten Sitten deckt sich mit allgemeinen sozialen und ethischen Anschauungen eines bestimmten Zeitalters, die im Wesentlichen von den herrschenden Gesellschaftsschichten bestimmt werden. Ein, wenn auch einmüthiges Urtheil dagegen, das die Wissenschaft, also ein engerer oder weiterer Kreis von Fachmännern, über den nachtheiligen Einfluß eines bestimmten ökonomischen Phänomens auf das öffentliche Wohl oder auf die Entwicklung der Volkswirthschaft fällen würde, könnte — trotz der hohen, der Wissenschaft zuerkannten Stellung — dennoch heute noch keineswegs als ohne Weiteres die allgemeinen sozialen und ethischen Anschauungen bestimmend angesehen werden. Die zit. Bestimmungen des B.G.B. könnten also höchstens den Gerichten die Möglichkeit bieten, gegen Kartellausschreitungen allerstärkster Art ein Warnungszeichen aufzurichten. Daß aber damit das Problem, das uns beschäftigt, seiner Lösung nicht näher gerückt wäre, steht wohl außer Frage. Aus einer Erklärung des Ministers Brefeld ging hervor, daß im preußischen Handelsministerium ein Kartellgesetz in Vorbereitung stand; es ist mir nicht bekannt, ob diese Intention von seinem Amtsnachfolger getheilt wird.

Oesterreich ist, wie schon Menzel (a. a. O. S. 35) hervorgehoben hat, „der einzige (europäische) Staat, der eine ausdrückliche unzweideutige Rechtsnorm über die civilrechtliche Wirkung von Kartellvereinbarungen" erlassen hat. Dieselbe findet sich im Gesetze vom 7. April 1870 Nr. 43 R.G.Bl., dem sog. Koalitionsgesetze.

Durch § 1 dieses kurzen Gesetzes wurden die Bestimmungen des allgemeinen Strafgesetzes vom 27. Mai 1852, das u. A. Verabredungen

[22]) Vgl. die vom Bureau des österr. Industrie- und Landwirthschaftsrathes (Vorstand Herr k. k. Sek.-R. Dr. Karminski) verfaßten „Einleitenden Bemerkungen zur Beurtheilung der in der Kartellfrage in Betracht kommenden Gesichtspunkte" k. k. Hof- u. Staatsdruckerei.

[22a]) Vgl. 138 Abs. 2 B.G.B.

von Gewerbsleuten, um den Preis einer Waare zum Nachtheile des Publikums zu erhöhen oder um Mangel zu verursachen, als Uebertretungen bestrafte, aufgehoben. Dagegen bestimmt dieses Gesetz im § 4, daß Verabredungen von Gewerbsleuten zu dem Zweck, um den Preis einer Waare zum Nachtheile des Publikums zu erhöhen, keine rechtliche Wirkung haben. — Die übrigen Bestimmungen dieses Gesetzes, die sich auf Koalitionen zum Zwecke der Festsetzung günstigerer Bedingungen des Arbeitsvertrages für Arbeitgeber oder Arbeitnehmer beziehen, können hier außer Betracht bleiben.

Menzel hatte in seinem Referate die zitirte Bestimmung des österr. Koalitionsgesetzes dahin ausgelegt, daß alle Kartellverabredungen durch dasselbe getroffen werden. Solche Verabredungen hätten demnach keine rechtliche Geltung. Es sei nicht bloß das Klagerecht aus derartigen Verträgen versagt, sondern der Richter habe die genannten Verträge als null und nichtig zu behandeln, wann immer er in die Lage komme, sich mit ihnen kraft seines Amtes zu beschäftigen (a. a. O. S. 37). Die zum Zwecke der Garantie erfolgten Verabredungen von Konventionalstrafen seien nichtig; die bestellten Sicherheiten könnten zurückgefordert werden. Menzel hat den Wortlaut des Gesetzes nach jeder Richtung hin extensiv interpretirt: unter Gewerbsleuten seien nach der Absicht des Gesetzgebers alle Unternehmer zu verstehen; alle Arten von Kartellvereinbarungen, ob sie nun direkt oder indirekt oder auch äußerlich gar nicht auf die Festsetzung der Preise Bezug nähmen, seien als Vereinbarungen zu dem Zwecke, um den Preis einer Ware zum Nachtheile des Publikums zu erhöhen, anzusehen. Endlich seien auch die Worte des Gesetzes „zum Nachtheile des Publikums" anwendbar bei jenen Kartellen, die nicht direkt genußreife Schlußprodukte, sondern Rohstoffe und Halbfabrikate erzeugen. — Diese extensive Interpretation des Koalitionsgesetzes ist von der österr. Judikatur in den seither zu ihrer Kognition gelangten Fällen acceptirt worden. Es sind im ganzen drei Entscheidungen höherer Instanzen bekannt geworden, von denen zwei vom Obersten Gerichtshofe herrühren, während die dritte vom Oberlandesgerichte Wien gefällt und mangels Einlegung einer Revision rechtskräftig geworden ist. Es sind dies die Entscheidungen vom 20. Januar 1898 Z. 242, abgedruckt im Just.-Min.-Ver.-Bl. 1898 Nr. 1427 und in der Sammlung von Entscheidungen zum Handels-Gesetzbuch von Adler und Friedländer unter Nr. 1987; ferner die Entscheidung vom 6. April 1899, abgedruckt im Just.-Min.-Ver.-Bl. Nr. 130, bei Adler und Friedländer unter Nr. 2073; und die Entscheidung des Wiener Oberlandesgerichtes vom 2. Juni 1900. Die erste Entscheidung bezieht sich auf ein Kartell der Oleumproduzenten, die zweite auf ein Federweißkartell, die Entscheidung des Oberlandesgerichtes auf das Kartell österr. Blech-Emailgeschirr-Fabrikanten. Das erste Kartell wäre als ein Gebiets- und Absatzkontingentirungskartell, das zweite als ein Produktionskartell mit Vertriebskartellirung durch ein gemeinsames Verkaufsbureau, das dritte als ein Absatz- und Gewinnkontingentirungskartell unter Uebertragung des Verkaufes an eine Bank als Kommissionärin zu qualifiziren. Es sei mir gestattet, die wichtigsten Rechtssätze, welche diese Judikate feststellen, in Kurzem vorzuführen. Alle diese Kartelle wurden als ungültig erklärt. Hierbei wurde ausgesprochen, daß solch' eine ungültige Kartellverbindung nicht nur dem Publikum gegenüber, sondern auch zwischen den Mitgliedern des Unternehmerverbandes ohne rechtliche Wirkung sei. Zur Geltendmachung der Unwirksamkeit einer solchen Verabredung sei der Beweis nicht erforderlich, daß sich in Folge derselben die Preise der betreffenden Waare wirklich erhöht hätten. Das im § 4 des Koalitionsgesetzes gebrauchte Wort „Gewerbsleute" umfasse auch jene gewerbsmäßigen Produzenten, welche über den Rahmen eines handwerksmäßigen Betriebes hinaus fabriksmäßig Waaren erzeugen. Von allgemeinem Interesse sind ferner folgende in den Entscheidungsgründen ausgesprochene, die Rechtsanschauung der österr. Obergerichte kennzeichnenden Sätze: Es sei gleichgültig, ob die Verabredung ausdrücklich darauf gerichtet sei, die Preise der Waren zu erhöhen, oder nicht. Vielmehr müsse ohne Rücksicht auf die im Vertrage ausgedrückte Absicht geprüft werden, ob aus den von den Mitgliedern der Vereinigung übernommenen gegenseitigen Verpflichtungen und aus den vorangegangenen Verabredungen und Besprechungen die Absicht, den Preis der Waare zum Nachtheile des Publikums zu erhöhen, indirekt zu erschließen sei. Es genüge, daß die Preiserhöhung als letztes Ziel in Aussicht genommen werde, und dies sei zu supponiren, wenn die Absicht, durch Vereinigungen aller oder möglichst vieler Industriellen den Konkurrenzkampf zu beseitigen oder zu beschränken und den ganzen Betrieb zu monopolisiren, erweislich sei. Für die Anwendung des Gesetzes sei es gleichgültig, ob die betreffende Waare ein Bedarfsartikel des täglichen Lebens ist, oder nicht; es genüge vielmehr, daß es sich um Waaren handle, deren Preiserhöhung dem Publikum fühlbar werden kann, also um Güter, die als Hülfstoffe, oder als fertige Produkte, von dem Publikum gebraucht werden. Auch die Vertheuerung eines Hülfstoffes könne eine Preiserhöhung zum Nachtheile des Publikums herbeiführen, indem dieselbe wieder die Preise der Waare erhöhe, zu deren Erzeugung der Hülfstoff gehört. Eine Vertheuerung der Waare sei stets von der Folge begleitet, daß der Käufer, das Publikum, die Kosten dieser Vertheuerung tragen müsse, also dadurch benachtheiligt erscheine. Der Begriff der Benachtheiligung könne daher nicht darauf eingeschränkt werden, daß eine Gefährdung im Bezuge der Waaren oder eine empfindliche Bedrückung resultiren müsse. Wenn hervorgeht, daß der letzte Zweck eines solchen Uebereinkommens auf eine Preiserhöhung gerichtet sei, die das kaufende Publikum zu tragen habe, so seien jene Voraussetzungen gegeben, unter denen nach dem Koalitionsgesetze einer Verabredung die rechtliche Wirkung entzogen sei. (Entscheidung Nr. 2073.)

Auch die Entscheidung Nr. 1987 erklärt es als unentscheidend, ob ein Kartell thatsächlich die Wirkung habe, daß der Preis der Waare für das Publikum erhöht worden ist; denn das Gesetz fordere dies nicht, um eine solche Verabredung als rechtlich unwirksam hinzustellen. Es reiche vielmehr die Möglichkeit aus, daß in Folge eines solchen Kartells die Preise sich für das Publikum ungünstig gestalten können.

Endlich erklärt die zit. Entsch. des Oberlandesgerichtes Wien als nichtig auch das mit der Vertriebsstelle eines Kartells abgeschlossene Uebereinkommen, selbst wenn die Vertriebsstelle hierdurch formell den Charakter eines Kommissionärs erhalte, sofern sie jedoch nach dem Inhalte der Vereinbarung jene Maßnahmen durchzuführen habe, die zur intendirten Preiserhöhung und zur Ausschließung des freien Wettbewerbs dienen sollen. Ein solcher Vertrag sei dann eben nicht als ein Kommissionsvertrag zu qualifiziren, wenn die kartellirten Fabrikanten die Festsetzung der Verkaufspreise und der Verkaufsbedingungen der Verkaufsstelle überlassen, so daß dieselbe die Stellung eines Leiters des Kartellverbandes erhalte.

Abgewiesen wurde demnach mit der Entsch. Nr. 1987 der Klageanspruch auf Leistung einer im Kartellvertrage stipulirten Gewinnentschädigung; mit dem Urtheile Nr. 2073 der Feststellungsanspruch, daß der Kartellvertrag zu Recht bestehe, während mit dem zitirten Erkenntniß des Oberlandesgerichtes dem Feststellungsanspruche, daß die Kartellvereinbarungen nicht zu Recht bestehen und unverbindlich seien, stattgegeben wurde.

Die österr. Judikatur interpretirt demnach das Koalitionsgesetz in einer Weise, die den österr. Kartellen den Rechtsboden vollständig entzieht. Da nun die österr. Civilprozeß-Ordnung vom 1. August 1895 R.G.Bl. 113 § 595 einen Schiedsspruch für wirkungslos erklärt, wenn er gegen zwingende Rechtsvorschriften verstößt, und gemäß § 598 auf die Anwendung dieser Bestimmung von den Parteien nicht verzichtet werden kann, so können die oesterreichischen Unternehmer ihren Kartellverträgen auch dadurch nicht rechtliche Wirkung verleihen, daß sie bezüglich der Streitigkeiten aus denselben auf die Entscheidung durch ein Schiedsgericht kompromitiren; was allerdings trotzdem ganz regelmäßig der Fall ist. Zu erwähnen ist endlich noch die Bestimmung des Einführungsgesetzes zur Civilprozeß-Ordnung, Gesetz vom 1. August 1895 R.G.Bl. 112 Art. 23, welche einen auf ein Börsenschiedsgericht kompromitirenden Schiedsvertrag für mittelst Nichtigkeitsbeschwerde anfechtbar und ungültig erklärt, wenn der Beschwerdeführer den Schiedsvertrag mit Rücksicht auf die von Mitgliedern eines Unternehmerverbandes (Kartell) getroffene Verabredung eingegangen ist, wonach die für seine gewerbliche Produktion erforderlichen Stoffe, Werkzeuge und sonstige Hülfsmittel im inländischen Verkehre nur unter der Bedingung veräußert werden sollen, daß sich der Käufer in Ansehung der aus dem Geschäfte entspringenden Streitigkeiten einem Börsenschiedsgericht unterwerfe; auf die Geltendmachung dieser Ungültigkeit kann vor Beginn der schiedsgerichtlichen Verhandlung nicht wirksam verzichtet werden. — Trotz dieser strengen Bestimmungen des österr. Rechtes existirt aber in Oesterreich, wie erwähnt, eine große Zahl von Kartellen, deren Organisation und Wirksamkeit in keiner Weise jener der deutschen Kartelle nachsteht. Ja, es könnte sogar den Eindruck machen, als ob so außerordentlich strenge Bestimmungen, wie sie manche österr. Kartellverträge enthalten, zumindest von manchen Mitgliedern des Verbandes eben nur mit der reservatio mentalis eingegangen werden, daß sie an dieselben im äußersten Falle rechtlich nicht gebunden seien. Die Kartelle erhalten sich theils dadurch, daß sie den Verbandsmitgliedern Vortheile gewähren, theils durch den großen Einfluß, den die kaufmännische Ehre und die eingewurzelte Gewohnheit, am gegebenen Worte festzuhalten, auf die Verbandstheilnehmer übt; mitunter aber nur insolange, als nicht Existenzinteressen ins Spiel kommen. Bestimmungen, wie die des österr. Rechtes könnten daher nur dann wirksam werden, wenn sie im Wege einer Popularklage auch von outsiders angerufen werden könnten, und auch dann wäre ihre Wirkung bloß darauf beschränkt, daß der Kartellverband in solenner Weise als nichtig erklärt wird; was jedoch keineswegs in sich schließt, daß er sich auch thatsächlich auflöst.

Auch die Bestimmungen des französischen Rechtes haben die Entstehung und Wirksamkeit von Kartellen nicht zu verhindern vermocht. Es kommen hier in Betracht die bekannten Artikel 419 Code pénal und Art. 1131 und 1133 des Code civil. Art. 419 des Code pénal bedroht mit Gefängniß von einem Monat bis zu einem Jahre und Geldstrafe von 500 bis 10,000 Frcs. diejenigen, welche ...... durch Verabredung oder Vereinbarung zwischen den hauptsächlichen Innehabern derselben Waaren oder Lebensmittel zu dem Zwecke, sie nicht oder nur zu einem bestimmten Preise zu verkaufen, eine Steigerung des Preises von Lebensmitteln oder Waaren herbeigeführt haben. Art. 1133 des Code civil erklärt eine Vereinbarung für ob turpem causam abgeschlossen, wenn sie den guten Sitten oder der öffentlichen Ordnung zuwiderläuft. Art. 1131 entzieht solchen Verabredungen jede rechtliche Wirkung. — Obwohl diese Bestimmungen des französischen Rechtes, falls sie in ähnlicher Weise von den Gerichten ausdehnend interpretirt würden, wie die des österreichischen Koalitionsgesetzes, genügen würden, um auch den Rechtsbestand der französischen Kartelle in Frage zu stellen, so haben sie doch keine praktische Bedeutung, da, wie Menzel hervorhebt, durch Bestellung von Kautionen und Unterstellung des Kartells unter die handelsrechtlichen Gesellschaften dem Kartellvertrage trotz dieser Rechtsnormen die praktische Geltung verschafft werden kann. Das Gesetz vom 21. März 1884 betreffend die gewerblichen Berufsgenossenschaften (syndicats professionels) bildet übrigens eine rechtliche Grundlage für die Kartelle, die sich in Form solcher Syndikate konstituiren.[23]) Was das englische Recht betrifft, so beginnt der Kampf der Juristen gegen Monopole und Beschränkungen der Handelsfreiheit (restraint of trade) bereits zu Beginn des 17. Jahrhunderts; im Jahre 1602 wurden durch eine gerichtliche Entscheidung königl. Patente, die unter Elisabeth in großer Zahl ergangen waren und Individuen und Gesellschaften als Belohnungen für geleistete Dienste Monopolrechte verliehen, für nichtig erklärt. Ein Gesetz vom Jahre 1623 (20, James I. Ch. 2) bestimmte, daß alle Monopole, die eine allgemeine Beschränkung der Handelsfreiheit begründen, mögen sie nun auf Verleihung oder Vereinbarung beruhen, den Gesetzen des Königreiches widerstreiten, nichtig und ohne Rechtswirkung und in keiner Weise zur Ausführung zu bringen seien. Ein Gesetz Georgs III. (28 Georg III. Ch. 53) bestimmte, daß eine Vereinigung von fünf oder mehr Personen für den An- und Verkauf von Kohle ungesetzlich und strafbar sein solle. Die Gerichte hielten daran fest, daß die Begründung eines Monopols gegen das gemeine Recht verstoße, u. z. wurde erklärt, daß, um ein Monopol im gesetzlichen Sinne zu begründen, es nicht nothwendig sei, sich die Verfügung über die Gesammtmenge des betreffenden Produktes oder auch nur über den größeren Theil derselben zu sichern. Es genüge, „daß sich die Vereinbarungen auf eine solche Quote erstreckten, daß es den Besitzern möglich sei, den Preis zu einer bestimmten Zeit und an einem bestimmten Ort nach ihren Bedürfnissen

---

[23]) Vgl. hierzu auch die „Einleitenden Bemerkungen" des österr. Industrierathes.

zu erhöhen". Noch im Jahre 1800 wurde diese Doktrin von Lord Kenyon einer als leading case angesehenen Entscheidung zu Grunde gelegt. Im Laufe des 19. Jahrhunderts wurden aber die gegen Vereinigungen von Unternehmern und Kaufleuten gerichteten Grundsätze des Statute Law beseitigt durch ein Gesetz von 1845 (7 & 8, Victoria. Ch. 24). Was die Rechtsprechung der Gerichte betrifft, so beschränkten sie sich in der zweiten Hälfte des 19. Jahrhunderts darauf, nur solche Vereinbarungen als nichtig zu erklären, welche auf einen general restraint of trade abzielen, das heißt, die Konkurrenz völlig ausschließen und ein, an keine bestimmte örtliche Grenze gebundenes, also allgemeines Monopol begründen.[24])

Die Anti-Trust-Gesetzgebung von Nordamerika endlich zeichnet sich bekanntlich durch den Reichthum an zivilrechtlichen Verboten und die Schärfe der strafrechtlichen Sanktionen aus, mit denen sie gegen Trusts, Monopole und restraint of trade zu Felde zieht. Seit der „Interstate Commerce Act" vom 4. Februar 1887, die sich hauptsächlich gegen das „Pooling of freights" (Frachtkartelle) der Eisenbahnen kehrte, und dem generell gegen Kartelle und Trusts gerichteten, als Anti-Trusts-Akte bekannten Bundesgesetz vom 2. Juli 1890 (An Act to protect trade and commerce against unlawful restraints and monopolies), das ergänzt wurde durch Bestimmungen des Bundesgesetzes vom 15. August 1894 (An Act to reduce taxation etc. § 73 ff.), worin insbesondere Kartelle und kartellartige Vereinbarungen zwischen Importeuren von Gütern nach Nordamerika zivilrechtlich als nichtig und strafrechtlich als „misdemeanour" erklärt wurden: haben 27 Staaten und Territorien besondere Anti-Trusts-Gesetze erlassen; 15 Staaten besitzen Bestimmungen in ihrer Verfassung, welche das gleiche Ziel verfolgen, von diesen haben vier keine Spezialbestimmungen erlassen.[25]) Was nun den Effekt dieser hypertrophischen Gesetzgebung betrifft, die sich allerdings aus der eigenartigen Kompetenzabgrenzung zwischen Bund und Einzel-Staaten erklärt, so muß, wenn man von der schon erwähnten Erscheinung absieht, daß die früheren eigentlichen Trusts sich seither zu einheitlichen Riesen-Aktien-Gesellschaften umgebildet haben, die folgende Aeußerung Beachs (a. a. O.

---

[24]) Siehe die Darstellung der englischen Gesetzgebung und Judikatur über Monopole und restraint of trade bei Beach a. a. O. S. 9 ff. Vgl. ferner Steinbach a. a. O. S. 480. Der „leading case" der modernen engl. Judikatur in solchen Fragen ist Mogul Steamship Company v. Mc. Gregor Gow & Co., 1892. Appeal Cases, 25 (Lord Halsbury).

[25]) Vgl. Einleitung zu der bereits zitirten Zusammenstellung der U. S. Industrial Commission.

S. 600) wohl einigermaßen skeptisch stimmen. „In einigen Staaten", sagt er, „sind Gesetze erlassen worden, die alle Vereinigungen, welche die Begründung eines Monopoles oder die Erhöhung oder Aufrechterhaltung von Preisen durch Beseitigung des Wettbewerbs zum Gegenstande haben, in wirksamer Weise unterdrücken, während in anderen Staaten die Anti-Trust-Gesetzgebung eine Komödie war (has been of the nature of a farce). Der Zweck war hier, das Drängen des Volkes zu stillen, ohne jedoch die Praktiken der Trusts wirklich zu behindern. Aber alle Anzeichen sprechen dafür, daß die Zeit herankommt, wo die Entrüstung des Volkes über solche Verbände eine so laute Sprache finden wird, daß auch feile und käufliche Gesetzgeber es nicht gerathen finden werden, sie zu überhören." Zu den Gesetzen, die Beach als „farce" bezeichnet, gehören wohl auch diejenigen, deren Bestimmungen soweit gehen und so scharf sind, daß man sie nicht anwenden kann, ohne überhaupt allem Handel und aller Sicherheit in Bezug auf Verträge ein Ende zu machen. Nicht alle Einzel-Staatsgesetze sind übrigens generelle Anti-Trust-Gesetze. Das Gesetz von Alabama z. B. bezieht sich bloß auf Frachten- und Versicherungskartelle; Colorado's Verfassung verbietet bloß Eisenbahnverbände; Kansas dagegen nennt unter den verbotenen Kartellvereinbarungen sogar auch solche, die auf eine Erhöhung der Advokaten- und Aerzte-Honorare abzielen; Nord-Carolina verbietet unter anderem — sehr zweckmäßiger Weise! — auch die Herabsetzung der Preise unter die Produktionskosten, in der Absicht, die Konkurrenz zu vernichten. Nicht unter das gesetzliche Verbot fallen: a) Kartelle betreffend landwirthschaftliche Produkte und Vieh, solange sie in den Händen der Züchter und Produzenten sind: in Georgia, Illinois, Indiana, Louisiana, Michigan, Mississipi, Montana, Nord-Carolina, Tennessee und Texas; b) Vereinigungen von Arbeitern zur Erzielung besserer Arbeitsbedingungen: in Illinois, Louisiana, Michigan, Mississipi, Montana, Nebraska, Süd-Dakota, Texas und Wisconsin; c) Versicherungskartelle in großen Städten (über 100000 Einwohner) in Missouri; d) Kartelle in einer Reihe der wichtigsten Industrien (!) in Nord-Carolina. Uebertretungen dieser Gesetze werden strafgesetzlich erklärt als misdemeanour, Conspiracy against trade oder Conspiracy to defraud; die Strafdrohungen sind von einer oft ganz sinnlosen Härte: Gefängniß bis zu 10 Jahren (!) event. nebst Geldstrafe wird z. B. angedroht von Arkansas, Indiana, Nord-Carolina, Süd-Carolina, Nord-Dakota, Tennessee und Texas; Minnesota setzt als Mindeststrafe drei Jahre fest. Solche Strafdrohungen müssen natürlich, da die Schuldigen gewöhnlich zu den wohlhabenden und einflußreichen Klassen gehören, schon vermöge ihrer Härte alle Wirksamkeit einbüßen. Interessant sind die Bestimmungen, welche einige dieser Gesetze über „Affidavits“ enthalten, eidesstättige Erklärungen, welche die leitenden Organe von Aktien-Gesellschaften, in deren Namen, sei es regelmäßig, sei es auf Verlangen des staatlichen Funktionärs (in der Regel des Attorney-General oder Staatssekretärs) ausstellen müssen, des Inhalts, daß die betreffende Korporation in keiner Beziehung zu den Trusts stehe. Solche Affidavits verlangen die Gesetze von Arkansas, Illinois, Maine, Missouri, Süd-Carolina, Wisconsin. Die Weigerung, das Affidavit auszustellen, zieht für die betreffende Gesellschaft in der Regel den Verlust der Korporations-Rechte (der charter) nach sich. Der Inhalt dieser eidesstättigen Erklärung ist vom Gesetze vorgeschrieben und in der Regel so umfassend und weit, daß ihn kaum jemals der Direktor einer größeren Gesellschaft mit gutem Gewissen unterschreiben kann. Diese Bestimmungen sind aber deshalb von Interesse, weil sie prinzipiell das Recht des Staates aussprechen, die Zugehörigkeit zu einem Kartellverband unter seine Kontrolle zu stellen; in praxi dürften sie allerdings wohl zu jenen gehören, die Beach als „farce“ bezeichnet. Es braucht wohl nicht betont zu werden, daß all diese Gesetze die Kartell-Vereinbarungen und Beschlüsse auch als nichtig (illegal and void) erklären, wobei sie im Stile englischer Gesetzgebungstechnik mitunter in eine Detailschilderung der Kartellformen ausarten, die gerade deshalb der Findigkeit amerikanischer Unternehmer und der Mannigfaltigkeit der Lebensverhältnisse gegenüber ihre Wirkung versagen muß. Nebst diesen Gesetzen, welche das Statute law in Bezug auf Kartelle repräsentiren, stehen aber dem amerikanischen Volke auch mächtige Waffen des Common law gegen die Trusts zur Verfügung. Es sind dies der Writ of quo Warranto und die Injunction. Mit dem Writ of quo Warranto kann allerdings nur der Staat operiren; Injunctions können auch auf Betreiben von Privaten bewilligt werden. Der Writ of quo Warranto ist ein Rechtsmittel, durch welches die Rechtsbeständigkeit eines Privilegiums, einer Charter, einer franchise, angefochten werden kann. Da die Rechtspersönlichkeit von Korporationen nach englischer Anschauung Ausfluß einer speziell gewährten Charter oder allgemein durch das Gesetz zugebilligten franchise ist, so kann durch einen im Namen des Commonwealth mittelst Writ of quo Warranto eingeleiteten Prozeß die juristische Persönlichkeit einer Korporation, deren Gebahren über die Grenzen ihrer gesetzlich oder statutarisch festgesetzten Handlungsfähigkeit hinausgeht, „ultra vires“ ist, oder gegen das öffentliche Wohl, die public policy, verstößt, in Frage gestellt werden. Der Writ of quo Warranto ist daher, wie sich ein amerikanischer Jurist ausdrückt, eine tödtliche Waffe, denn er vernichtet, wenn ihm stattgegeben wird, die juristische Existenz der betreffenden Korporation. Mittelst eines solchen Verfahrens ist seinerzeit der Zucker-Trust vernichtet worden. Ein minderes Rechtsmittel stellt die Injunction dar. Sie ist gegen bestimmte Handlungen eines Verbandes gerichtet und begründet, wenn ihr stattgegeben wird, das Verbot solcher Handlungen. Eine Uebertretung dieser Injunction zieht aber nicht die Vernichtung der betreffenden Korporation, sondern lediglich jene Sanktionen nach sich, welche das englische Recht auf Handlungen setzt, die einem Contempt of the Court begründen.

Auch die wohlwollende Beurtheilung der amerikanischen Trust-Gesetzgebung beschränkt sich in der Regel darauf, als wohlthätige Wirkung derselben hervorzuheben, daß sie die Trusts aus unkontrollirbaren Verbandsformen in die Form von zur öffentlichen Rechnungslegung verpflichteten einheitlichen Aktiengesellschaften hinübergeführt haben; ich bringe freilich diesem Urtheil eine gewisse Skepsis entgegen, die sich gründet auf die bereits gekennzeichneten Begleiterscheinungen der neuesten amerikanischen Trusts: die ungeheure Ueberkapitalisirung, die Agiotage, und die vollständige Niederdrückung jeder Widerstandskraft durch die Macht des Riesenkapitals, das in diesen Vereinigungen arbeitet. Von diesen zweifelhaften Effekten abgesehen, hat aber, wie allgemein bekannt, die amerikanische Gesetzgebung trotz des reichen Arsenals von Waffen keine praktische Wirkung geübt; und das scheint mir ein entscheidender Beweis dafür zu sein, daß, wie schon Menzel in seinem Referate aus überzeugenden Gründen nachgewiesen hat, durch die Mittel der Zivil- und Strafgesetzgebung dem Kartellprobleme nicht beizukommen sei. Menzel hat damals die Forderung verwaltungsrechtlicher Regelung der Unternehmerverbände aufgestellt und begründet, und die beiden gesetzgeberischen Versuche, welche seither in Europa gemacht wurden, sind ihm auf diesem Wege gefolgt: nämlich der österreichische Regierungsentwurf von 1897/98 und der Referentenentwurf des österreichischen Industrierathes.

VI.

Wenn wir den Gründen, aus denen die Unwirksamkeit bloß civil- und strafrechtlicher Regelung dieser Materie gefolgert wird[20]) und die, geprüft an der obigen Darstellung des heutigen rechtlichen und faktischen Zustandes, sich auch praktisch als beweiskräftig erweisen, selbst wieder auf den

---

[20]) Vgl. z. B. Menzel S. 41 ff.: Unwirksamkeit der Verweigerung des Privatrechtsschutzes dort, wo die Betheiligten freiwillig erfüllen; Rücksicht auf die kaufmännische Ehre und den gesellschaftlichen Ruf; Unanwendbarkeit von Strafbestim-

Grund gehen, so ergiebt sich als letzte und tiefste Ursache des Versagens dieses sonst wirksamen Apparates jene Wesenseigenthümlichkeit der Kartelle, die ich als das Endresultat meiner ökonomischen Kritik dieser Erscheinung aufgezeigt habe. Die Kartelle sind nämlich nichts, was den Grundlagen oder Entwickelungstendenzen unserer Rechts-, Wirthschafts- oder Gesellschaftsordnung widerspräche; sie sind aus derselben ganz organisch unter dem Drucke eines eisernen ökonomischen Prozesses herausgewachsen; sie stellen die Anpassung einer auf Vertragsfreiheit und kapitalistischer Verfügung des einzelnen Unternehmers über die Produktionsmittel beruhenden Massenproduktion an einen Zustand dar, wo aus Gründen, die hier zu erörtern nicht Raum ist, die Steigerung der Produktivität zur Verringerung der Rentabilität und selbst zu Absatzkrisen führt; wo immer mehr Völker in die Phase industriell hoch entwickelter Staaten eintreten, die Weltproduktion daher immer größer, der neutrale Weltmarkt, das allen gemeinsame Absatzgebiet, aber immer enger wird. Kartelle, Kolonialpolitik, Imperialismus, der Kampf um die Herrschaft zur See sind verschiedene Seiten desselben Entwicklungsprozesses, selbstverständlich auch der immer weiter vordringende Protektionismus; und den Kartellen daher etwa durch temporäre oder partielle Rückkehr zum Freihandel den Boden abgraben wollen, würde bedeuten, in einer bestimmten, historisch bedingten und abgegrenzten Phase der wirthschaftlichen Entwickelung Mittel zur Anwendung zu bringen, die einer anderen Phase angehören, es wäre ein, im Bereiche der praktischen Politik stets aussichtsloser Versuch, auf einen geschichtlich gegebenen Zustand einzuwirken, indem man sich außerhalb desselben stellt. Ist das Schutzzollsystem irgendwo überlebt, bedarf die Volkswirthschaft seiner nicht mehr, so müßte es ohne Rücksicht auf die Kartellbildung dem Freihandel Platz machen; ist dem nicht so, so ist es eine Illusion, daß man um der Kartelle willen den Protektionismus vollständig oder partiell beseitigen könnte: es sind ja Blüthen von demselben Stamme.

Wenn auf dem Boden dieser höchst realen und einheitlichen Entwicklung der Unternehmer, der sie zwar in ihrer gegenseitigen Bedingtheit keineswegs übersieht, aber fühlt oder berechnet, daß er bei Geltendmachung seiner Individualfreiheit im Wettbewerbe zu Grunde ginge oder schlechter führe, auf diese letztere freiwillig Verzicht leistet und sich damit, wenn auch unbewußt, einem Prozeß anpaßt, der sich mit ihm oder gegen ihn,

---

mungen: denn sind sie zu weit, d. i. gegen jede Unternehmerkoalition gerichtet, so sind sie ungerecht und praktisch unanwendbar; sind sie bloß gegen Kartelle gerichtet, die auf Ausbeutung des Publikums oder Monopolisirung eines Erwerbszweiges ausgehen, dann unterstellen sie das wirthschaftliche Leben der Kognition des Richters.

über seine Existenz hinweg oder — wenn er der Stärkste ist — vielleicht zu seinen Gunsten durchsetzen würde; wenn er in der Einsicht handelt, daß er nur in der Vereinigung mit anderen jene Macht repräsentirt oder an einer solchen Machtorganisation theilnimmt, die das genügende Maß von Kraftwirkung ausüben kann, um nach dem Stande der volkswirthschaftlichen Entwicklung seines Landes und der Welt in dem betreffenden Zeitpunkte und in dem betreffendem Produktionszweige sich zur Geltung zu bringen: so erkennen wir sofort, daß wir bis zu diesem Punkte an den Entschluß des Unternehmers nicht jenes Richtmaß sittlicher Erwägungen anlegen können, welches die Voraussetzung für eine Strafsanktion bilden könnte: denn dasjenige was ist, weil und insoferne es geschichtlich nothwendig ist, läßt sich nicht mit Aussicht auf Erfolg dem Strafrecht unterstellen.

Aber nicht einmal mit jenem Maßstabe öffentlichen, allgemeinen Interesses, das den Erlaß einer zwingenden Rechtsnorm — z. B. unbedingter civilrechtlicher Unverbindlichkeit — rechtfertigt, können wir an diese Erscheinung herantreten, die aus eben denselben Wurzeln entspringt, aus denen sich die ökonomische Struktur unseres modernen Gemeinwesens überhaupt entwickelt hat. Ein Zeitalter, in dem ein Einzel-Unternehmer von der ökonomischen Macht eines Krupp oder eine Industrie-Gesellschaft von der Größe beispielsweise der Allgemeinen Elektrizitäts-Gesellschaft als der Höhepunkt und das Ergebniß einer normalen, weder gegen die herrschenden Anschauungen von Sittlichkeit, noch gegen das allgemeine, im Privatrechte sich verkörpernde Interesse, verstoßenden Entwicklung erscheint: das kann auch in der Vereinigung mehrerer Unternehmer, die zusammen jene Macht besitzen, um sich einer solchen Einzelmacht gegenüber vielleicht eben nur behaupten zu können, und die gemeinsam natürlich dieselbe Wirthschaftspolitik verfolgen, wie der Riesenunternehmer allein, prinzipiell weder etwas Unsittliches, noch gegen das allgemeine Interesse Verstoßendes erblicken, das die Unterstellung unter eine Strafsanktion oder ein unbedingtes civilrechtliches Verbot rechtfertigen würde: vorausgesetzt, daß wir vom Standpunkte der herrschenden Gesellschafts- und Wirthschaftsordnung, nicht aber von jenem ihrer grundsätzlichen Kritiker ausgehen.

Freilich, das hindert nicht, daß wir die Ausschreitungen der Kartelle — siehe z. B. Zuckerkartell — als unsittlich bekämpfen. Allein, und das ist symptomatisch: daß wir eben die Ausschreitungen der Kartelle als unsittlich, als gegen das öffentliche Interesse verstoßend, empfinden, gestattet schon den Rückschluß, daß wir die Existenz und Funktion der Kartelle an sich und allein nicht mehr in dieser Weise beurtheilen können, wie dies z. B. ein früheres Zeitalter that, das aus seiner wirthschaftlichen

Struktur und Erfahrung heraus schon die Thatsache der Vereinigung mehrerer Unternehmer zum Zwecke gemeinsamer Preisbildung als ein gegen die Sittlichkeit und gegen das öffentliche Interesse verstoßendes Unternehmen erachten konnte und sich dagegen durch Strafsanktionen und Dispositionen zwingenden Rechts schützte.

Damit ist die Unanwendbarkeit unbedingter civil- und strafrechtlicher Repression auf die Kartelle als solche, als wirthschaftliche Institution, gegeben.

Aber wie läßt sich das positive Postulat verwaltungsrechtlicher Regelung der Kartelle, ihrer Unterstellung unter die Aufsicht und, wie auch gefordert wird, unter die Ingerenz der Staatsverwaltung in Bezug auf ihre Geschäftspolitik, begründen?

Steinbach hat in seiner jüngst veröffentlichten geistvollen Abhandlung „Government Control of Trusts“ eine vielfach Neues bringende Uebersicht über die Aeußerungen, mit denen das Rechtsgefühl und Rechtsbewußtsein zu allen Zeiten auf monopolistische Bestrebungen reagirte, gegeben. Die Frage speziell monopolistischer Preispolitik sei kaum jemals eindringlicher geprüft worden, als im Rahmen der kanonistischen Lehre vom justum pretium. Steinbach citirt einen bemerkenswerten Satz des Kardinals Joannes de Lugo in seinen „Disputationes de justitia et de jure 1642, des Inhalts, daß, wann immer der Staat dem Handelsmanne ein Monopol gewährt, ein mäßiger Verkaufspreis für die betreffende Waare festgestellt werden müsse, „damit die Verkäufer einen mäßigen Gewinn ohne Beeinträchtigung des gemeinen Besten ziehen könnten“. .Steinbach schließt daraus, daß die Befürchtungen vor monopolistischen Gelüsten und das Verlangen nach staatlicher Remedur nichts unserem Jahrhundert Eigenthümliches sind, sondern weit zurückgreifen. Aber er selbst lenkt die Aufmerksamkeit auf die tiefgehende Verschiedenheit der ökonomischen, sozialen und nationalen Lebensverhältnisse unserer Zeit.

In der That, warum und in wie weit vermag der monopolistische Charakter der Verbände staatliche Eingriffe, in welcher Form immer — also auch in jener verwaltungsrechtlicher Regelung — zu rechtfertigen, in einer Wirthschaftsordnung, wo auch der einzelne Privatunternehmer eine Monopolstellung zu erringen vermag; wo die Riesen-Aktienunternehmung zur öffentlichen Rechnungslegung nur insofern verpflichtet ist, als sie im Interesse ihrer Gläubiger und Aktionäre eine ordnungsmäßige Geschäftsgebahrung ausweisen muß, aber keineswegs verpflichtet ist, nachzuweisen, daß sie auch den öffentlichen Interessen Rechnung trägt.

Man kann die Tarifhoheit des Staates über die Eisenbahnen, das oft gebrauchte Argument, nicht als entscheidend ansehen, denn sie beruht auf der Thatsache des den Eisenbahnen bei ihrer Gründung verliehenen, theils rechtlichen Monopols, theils anderer Rechte und Befugnisse (Konzession, Expropriationsrechte). Auf den öffentlichen Gewässern, insbesondere internationalen Strömen, kann sich gleichfalls ein thatsächliches Verkehrsmonopol entwickeln, ohne daß dem Staate, obwohl ebenso wichtige volkswirthschaftliche Interessen in Frage kommen mögen, das Recht der Tarifhoheit zustände.

Es ist nun allerdings ein heute allgemein anerkannter Grundsatz, daß der Staat die wirthschaftliche Freiheit dann und dort einschränken und einer besonderen Regelung unterwerfen kann, wo der Einzelne seine Interessen, die mit allgemeinen Interessen zusammenfallen, gegen wirthschaftlich kräftigere Interessenten vermittelst der Vertragsfreiheit nicht genügend wahren kann. Auf diesem Grundsatze beruht die staatliche Regelung des Arbeitsvertrages, die Aufsicht über den Fabrikbetrieb u. s. w.

Allerdings die Anwendung dieses Grundsatzes müßte zu einer Ingerenz des Staates auf die Geschäftspolitik nicht bloß der Kartelle, sondern vielmehr auch jener Einzelunternehmungen führen, die eine solche wirthschaftliche Macht besitzen, daß ihre Preis- und Geschäftspolitik den Markt beherrscht. Diese weitergehende Forderung ist von mehreren Seiten gestellt worden. Wittelshöfer in seiner Kritik des österr. Regierungsentwurfes (Archiv für soziale Gesetzgebung und Statistik XIII S. 144) verlangt die Schaffung eines Monopol- und Kartellamtes, welches „von Amtswegen oder auf Antrag irgend eines Interessenten verpflichtet wäre, zu untersuchen, ob eine Unternehmung als faktisches Monopol betrieben wird". „Alle Vereinigungen oder sonstigen vom Amte als monopolistisch erkannten Betriebe wären der Ingerenz des Amtes unterworfen."[27]) In dieser Forderung ist der Einheitlichkeit des wirthschaftlichen Thatbestandes Rechnung getragen. Aber andererseits schränkt Wittelshöfer den Umfang der Ingerenz, die das Kartellamt üben soll, auf die Kontrole der geschäftlichen Thätigkeit der monopolistischen Unternehmung ein. Eine repressive Thätigkeit des Amtes, „ein direktes Eingreifen desselben in die geschäftliche Thätigkeit der seiner Kontrole unterworfenen Unternehmungen wäre wenigstens vorläufig nicht in Aus-

---

[27]) Schon Pohle a. a. O. S. 138 hatte diese Forderung gestellt. Eine besondere Behörde hätte festzustellen (z. B. auf Grund von Gutachten der Handelskammern), ob in dem Falle einer Fusion, Verschmelzung u. s. w. die Gefahr der Monopolisirung der betreffenden Waarengattung vorliegt. Bejahendenfalls wäre die Einzelunternehmung in gleicher Weise dem staatlichen Aufsichtsrechte zu unterwerfen, wie die Kartelle. Vgl. auch den österr. Referentenentwurf w. u.

sicht zu nehmen" (S. 146). Wittelshöfer wollte ein Gesetz gegen Monopole, nicht ein Gesetz gegen Kartelle. Dieser viel zu früh verstorbene Schriftsteller stand als Forscher und Kritiker der heutigen wirthschaftlichen und sozialen Zustände weit auf der linken Seite. Darin nun, daß selbst er seine Forderung auf die staatliche Kontrole monopolistischer Unternehmungen beschränkte und „vorläufig" von einer Repressionspolitik absah, sprach sich bei ihm, dem aus der Praxis des Wirthschaftlebens hervorgegangenen Sozialpolitiker, die Ueberzeugung aus, daß er mit seiner Forderung, wenn er die letzten Konsequenzen daraus zöge, sich vom Boden der herrschenden Wirthschaftsordnung, also von der Realisirbarkeit allzuweit entfernen würde. Denn, da die heutige Wirthschaftsentwickelung dahin geht, monopolistische Betriebe und Vereinigungen zu schaffen, so ergiebt sich, wenn dieselben einer positiven obersten Ingerenz des Staates unterstellt werden sollen, als nothwendige Konsequenz, daß über kurz oder lang der Staat die Preis- und damit auch die ganze Geschäftspolitik der auf die Erzeugung von Massengütern eingerichteten Produktionen beherrschen würde. Das wäre aber ein Zwischenzustand, dessen Uebelstände alsbald zur Vergesellschaftung der Produktionsmittel, zur Verstaatlichung der Produktion führen müßten. Auch diese Forderung wird, z. B. betreffs der Kohlenproduktion bereits erhoben. Ich glaube jedoch, daß wir nur dann Aussicht haben, zu einer wirksamen rechtlichen Regelung des Kartellwesens zu gelangen, wenn schrittweise vorgegangen wird. Allzuweit gesteckte Ziele führen zu Gesetzentwürfen, die bei aller Vortrefflichkeit im Einzelnen dazu bestimmt sind, die Archive der Parlamente als werthvolles Material zu füllen oder aber selbst zu Gesetzen herangereift auf das wirthschaftliche Leben keinen erheblichen Einfluß nehmen würden. Allerdings wird man die Frage aufwerfen müssen, warum gerade die Unternehmerverbände, wenn nicht auch die Einzelunternehmungen einer verwaltungsrechtlichen Regelung zu unterwerfen seien. Die Schlußfolgerungen, zu denen ich in meiner ökonomischen Kritik gelangt bin, geben auf diese Frage eine formale und eine materielle Antwort. Die formale Rechtfertigung eines solchen staatlichen Eingriffes bezw. seiner Beschränkung auf Unternehmerverbände wäre darin zu finden, daß wir es hier mit neuartigen Associationen zu thun haben, welche andere Zwecke verfolgen, als die bisherigen Gesellschaftsformen, und sich theilweise auch anderer Mittel zur Erreichung ihrer Zwecke bedienen. Wenn der Staat ihnen seine rechtliche Anerkennung gewährt, so kann er anderseits auch gewisse Befugnisse ihnen gegenüber in Anspruch nehmen. Die materielle Grundlage aber für eine solche Einschränkung wäre darin zu finden, daß, wie gleichfalls a. a. O. auseinandergesetzt, die Konzentration des Kapitals, als wirthschaftlichen Machtfaktors im Produktionsprozesse, in den Unternehmerverbänden rascher vor sich geht. als in dem Einzelunternehmen. Das Einzelunternehmen muß organisch wachsen, der Kartellverband ist eine Thatsache, die über Nacht geschaffen werden kann. Das ist auch wohl der Grund, warum gerade die Kartelle den Anstoß gegeben haben, sie einer Untersuchung zu unterwerfen, ob ihre monopolistischen Tendenzen nicht einer staatlichen Regelung oder Repression bedürften. Das ist auch der Grund, weshalb die monopolistischen Bestrebungen der Kartelle das Wirthschaftsleben heute stärker zu beeinflussen vermögen, als jene der verhältnißmäßig wenig zahlreichen riesenhaften Einzelunternehmungen. Aber ich betone, daß wir uns sehr wohl bewußt sein müssen, nur den ersten Schritt zu thun, da gerade durch eine Kartellgesetzgebung, wie Amerika zeigt, diese Erscheinung sich in ihr Gegentheil umändern kann. Die vorgeschlagene Einschränkung mag unbefriedigend sein, da nur eine theilweise Lösung des Problems der staatlichen Reaktion auf die drohende monopolistische Beherrschung der Volkswirtschaft stattfindet. Aber ich glaube nur die Einschränkung auf eine theoretisch unbefriedigende Lösung vermag die praktische Lösung unter den heutigen Verhältnissen zu ermöglichen.

Von den beiden in Oesterreich thatsächlich gemachten Versuchen steht der erste, der Regierungsentwurf, auf dem Boden einer sachlich noch weit stärker beschränkten Anwendbarkeit. Dieser Entwurf schränkte nämlich seine Geltung ein auf „Kartelle in Beziehung auf Verbrauchsgegenstände, die einer mit der industriellen Produktion in enger Verbindung stehenden indirekten Abgabe unterliegen", also insbesondere Zucker, Branntwein, Bier, Mineralöl, Salz (§ 1).[28])

Diese Einschränkung, der Entschluß, „aus dem großen Gebiete des Kartellwesens förmlich ein Segment abzustecken und auf diesem die gesetzliche Regelung der Kartelle zu erproben", war motivirt durch den Einfluß dieser Verbände auf die Konsumtionskraft der Bevölkerung, durch

---

[28]) Unter den Kritiken dieses Entwurfes sind hervorzuheben: Wittelshöfer a. a. O. (daselbst ist auch der Entwurf in seiner zweiten Fassung — mit dem Kartellregister — abgedruckt); Grünberg in „Schmoller's Jahrbuch" XXI. H. 4; meine Abhandlung in Grünhut's „Zeitschrift für Privat- und öffentliches Recht der Gegenwart" XXIV. Bd.; den Ergebnissen meiner Kritik hat Pohle a. a. O. S. 133 ff. sich im Wesentlichen angeschlossen; Ofner im Centr.-Bl. f. d. jur. Prax. 1897 S. 634 f.; Rosenberg in der „Zeitschrift für Staats- und Volkswirthschaft" VIII. Bd.; Loew in der „Sozialen Praxis" VI. Jahrg. und im „Handelsmuseum" XII. Bd.; Singer „Die Kartellgesetzvorlage" in der Wiener Wochenschrift „Die Zeit" vom 19. Juni 1897; Strauß in den Wiener „Juristischen Blättern" vom 13. und 20. Juni 1897; Winter in der „Neuen Zeit" XV. Jahrg. Nr. 44.

die in der Art der Organisation und Preisfestsetzung dem Steuermonopol sich nähernde Form der Ausnützung ihrer Leistungsfähigkeit, welche das Eingreifen der Regierung als ein „unabweisliches Gebot der Staatsnothwendigkeit erscheinen lasse."

Hierbei wurde insbesondere auf das Zuckerkartell — das gleichwohl sein Ende erst jetzt durch das Eingreifen der englischen Regierung finden wird — hingewiesen. Die unter der Regierung Badeni entstandenen parlamentarischen Wirren haben die Berathung dieses in drei Sessionen vorgelegten Entwurfes gehindert. Der Entwurf zog freilich die Grenzen seiner Geltung in der That noch enger, als seine Bezeichnung annehmen läßt. Denn auch die einer indirekten Konsumsteuer unterliegenden Verbrauchsgegenstände sollten bloß auf jener Produktionsstufe unter das Kartellgesetz fallen, wo sie formell als Gegenstand der indirekten Steuer erscheinen. Rohstoffkartelle und Hilfsstoffkartelle dieser Produkte wären demnach nicht darunter gefallen, obwohl sie das besteuerte Produkt naturgemäß ebenso vertheuern können. Die Kritik hat übrigens die sachliche Einschränkung, die der Entwurf für seine Geltung festsetzte, einmüthig abgelehnt. Die Ungleichheit des Rechtszustandes, die daraus resultirt hätte, daß diese Kartelle wohl zivilrechtlich gültig, aber der Staatsaufsicht unterworfen, die anderen gänzlich frei, aber zivilrechtlich unverbindlich gewesen wären, hätte den wirthschaftlichen und juristischen Grundgedanken der gesetzlichen Regelung dieser Materie in der Praxis verfälscht, ja ad absurdum geführt. Der Entwurf zeichnete sich im Uebrigen durch große Selbstständigkeit und scharfsinnige Motivirung aus.

Als Kartell im Sinne dieses Gesetzentwurfes war nun jede Vereinigung mehrerer Unternehmer anzusehen, auf welche die folgenden Merkmale zutreffen:

a) Selbstständigkeit der Kartellanten,

b) solidarisches Vorgehen, insbesondere einverständliche Beschränkung oder Beseitigung des freien Wettbewerbes als Mittel,

c) als Zweck, die Einwirkung auf die Produktions-, Preis- oder Absatzverhältnisse der geschützten Verbrauchsartikel.

Alle Vereinbarungen und Verbände, auf welche die obige Definition Anwendung findet, unterlagen dem staatlichen Aufsichtsrecht, dessen Korrelat die Anzeigepflicht der Betheiligten war; in Handhabung dieses Aufsichtsrechtes sollte der Staat den Kartellen nicht positiv genehmigend, sondern nur passiv duldend oder verbietend gegenübertreten; diese Einwirkung des Staates auf die Kartelle stand unter der Sanktion zivilrechtlicher Ungültigkeit und strafrechtlicher Verantwortlichkeit; die Handhabung des Aufsichtsrechtes erfolgte in den Formen der freien Verwaltung durch die Organe der letzteren (speziell der Finanzverwaltung), denen fachmännische Berather zur Seite gestellt waren. Die strafrechtliche Judikatur (von bloßen Ordnungsstrafen abgesehen) sollte durch die ordentlichen Gerichte ausgeübt werden. Dies in den knappsten Zügen das System des Gesetzentwurfes.

Um für die Handhabung des Aufsichtsrechtes ein geeignetes Substrat zu gewinnen, mußte der Entwurf die Errichtung und den Inhalt der Kartellvereinbarung an gewisse die Publizität und Authentizität dieser Akte sichernde Formen knüpfen. Das Kartellstatut bedarf der Notariatsform; ein Kartell kann, bei sonstiger zivilrechtlicher Ungültigkeit, verbunden mit strafrechtlicher Verantwortlichkeit der Betheiligten nicht ohne ein solches Statut, dessen Essentialia der Entwurf aufzählt, abgeschlossen werden. Das Kartellstatut (Sanktion: Ordnungsstrafe, strafrechtliche Verantwortlichkeit), sowie seine Abänderung — namentlich der Eintritt oder das Ausscheiden einzelner Mitglieder — und seine Auflösung unterlagen der Anzeigepflicht. (Sanktion: Ordnungsstrafe und strafrechtliche Verantwortlichkeit.)

Ebenso wie das Kartellstatut unterlagen ferner der Anzeigepflicht *Kartellbeschlüsse*, welche eine Festsetzung der Preise der Produktionsmengen, der Einkaufs- oder Absatzverhältnisse zum Zwecke (nicht bloß zum Gegenstande!) hätten.

Subjekt des der Anzeigepflicht entsprechenden Rechtes war das Finanzministerium.

Das staatliche Aufsichtsrecht beschränkte sich jedoch nicht auf die Anzeigepflicht. Das Finanzministerium war berechtigt, Einsicht in jene Bücher des Kartells und der kartellirten Betriebe zu nehmen, welche auf das Kartell sich beziehen, und besaß ein ganz unbeschränktes Recht, Auskünfte zu verlangen, soweit es sich nicht um die *Technik* des Betriebes betreffende Geschäftsgeheimnisse handelte.

Das staatliche Aufsichtsrecht war die Grundlage des staatlichen *Interventions*rechtes.

Mit einem gewissen Anklange an das österreichische Vereinsrecht war dieses Interventionsrecht derart konstruirt, daß keine positiv genehmigende Aktion der Staatsverwaltung ausgelöst werden kann und ausgelöst zu werden braucht; der Staat tritt den Kartellen bloß duldend oder hindernd gegenüber; Kartelle und Kartellbeschlüsse treten in Wirksamkeit, beziehungsweise können in Wirksamkeit treten, wenn sie nicht untersagt werden.

Zu diesem Behufe war zunächst das Verhältniß der Kartellvereinbarungen zum sogen. Koalitionsgesetz (Ges. v. 7. April 1870, R.G.B. Nr. 43) neu geregelt worden.

§ 4 dieses Gesetzes erklärt (s. oben) Verabredungen von Gewerbsleuten, welche auf die Hinaufsetzung der Waarenpreise zum Nachtheile des Publikums gerichtet sind, als zivilrechtlich unverbindlich. Es ist nun klar, daß diese allgemein gehaltene Bestimmung, welche eine große, und zwar die wichtigste Gruppe von Kartellvereinbarungen und Kartellbeschlüssen generell jeder rechtlichen Wirkung beraubt, nicht vereinbar war mit dem durch den Entwurf verwirklichten Grundsatze, die Kartelle und -Beschlüsse der Staatsaufsicht und somit von Fall zu Fall dem staatlichen Einspruchsrechte zu unterwerfen. § 3 des Entwurfes setzte daher „für die unter dieses Gesetz fallenden Kartelle" diese Bestimmung des Koalitionsgesetzes außer Wirksamkeit. Es waren also die unter den Entwurf fallenden Kartelle ausschließlich nach dem Entwurfe zu beurtheilen; nur jene Bestimmungen des Koalitionsgesetzes, welche sich auf Kartelle der Unternehmer zur Beeinflussung der Arbeitsbedingungen und Löhne beziehen, blieben aufrecht und werden in einer noch zu erörternden Weise verschärft.

Das rite geschlossene Kartell und vereinbarte oder abgeänderte Statut, sowie der rite gefaßte Kartellbeschluß, welcher eine Festsetzung der Preise, der Produktionsmengen, der Einkaufs- oder Absatzverhältnisse zum Zwecke hat, sollten sofort gültig, aber noch nicht wirksam sein. Hierzu war vielmehr erforderlich:

1. Die Erstattung der Anzeige an das Finanzministerium, welche bei Gründung von Kartellen, Festsetzung oder Abänderung von Kartellstatuten innerhalb 8 Tagen, bei den bezeichneten Kartellbeschlüssen innerhalb 24 Stunden durch die Kartellanten, deren besonders bevollmächtigte Vertreter und ersteren Falles auch durch den zugezogenen Notar zu erfolgen hatte;

2. bei der Errichtung von Kartellen oder Abänderung von Kartellstatuten der Ablauf einer Frist von 14 Tagen nach Einlangen der Anzeige (§ 4, al. 4);

3. bei der Errichtung von Kartellen, der Abänderung von Kartellstatuten und der Fassung von Kartellbeschlüssen der oben bezeichneten Art, die Nichtausübung des dem Finanzministerium zustehenden Untersagungsrechtes (welches in dem besonderen Falle, da die Kartelle zum Nachtheile der Arbeiter errichtet werden würden, zugleich eine Untersagungspflicht war).

Die wichtigsten Normen des Entwurfes waren natürlich diejenigen, welche die Voraussetzungen für die Ausübung des staatlichen Untersagungsrechtes feststellten.

Die Ausführung von Kartellbeschlüssen, welche eine Festsetzung von Preisen, der Produktionsmengen, der Einkaufs- und Absatzverhältnisse zum Zwecke haben, konnte untersagt werden beim Zusammentreffen folgender Voraussetzungen:

a) wenn dieselben geeignet sind, die Preise von Waaren und Leistungen zum Nachtheile der Konsumenten zu erhöhen oder der dritten Erzeuger herabzusetzen;

b) wenn hierdurch das Erträgniß der indirekten Abgaben oder die Steuer- und Konsumtionskraft der Bevölkerung offenbar geschädigt werden würde;

c) es wäre denn, daß sie durch die objektive wirthschaftliche Sachlage (die Konjunktur) des betreffenden Industriezweiges gerechtfertigt wären.

Verfolgt ein Kartell oder die Abänderung eines Kartellstatutes einen analogen Zweck, so können sie gleichfalls untersagt werden.

Ein Kartell mußte untersagt werden, wenn es den Zweck verfolgte, die Arbeitslöhne oder -Bedingungen zum Nachtheile der Arbeiter zu ändern oder auch nur einen dahingehenden Beschluß faßte.

Die Ausübung des Untersagungsrechtes stand dem Finanzministerium zu.

In demselben sollte eine Kommission von 12 Mitgliedern, wovon die Hälfte nicht Beamte sein müssen, sondern dem Kreise der Fachmänner (Männer der Wissenschaft und Interessenten) zu entnehmen sind, gebildet werden, welche die Staatsaufsicht unmittelbar oder durch Kommissäre auszuüben berufen und eidlich zur Verschwiegenheit verpflichtet war. Die Untersagung auszusprechen stand dem Finanzministerium allein zu.

Die Ausübung des Untersagungsrechtes setzte ein Verfahren voraus, dessen wesentliche Theile

a) die Anhörung der Kartellleiter, eventuell der Kartellanten,

b) die Einholung eines von der Kartellkommission zu erstattenden Gutachtens

bildeten; die Beurtheilung, ob die Voraussetzungen für die Untersagung gegeben sind, fiel im Uebrigen in das freie Ermessen des Finanzministeriums.

Wir gelangen nunmehr zu dem System polizeilicher und strafrechtlicher Sanktionen, durch welche das Aufsichtsrecht der Staatsverwaltung gesichert ward. Der Entwurf unterschied a) einfache Ordnungswidrigkeiten, welche mit Ordnungsstrafen und b) Vergehen gegen das Kartellgesetz, die mit Geld- und Arreststrafen kumulativ geahndet wurden. Für die Ordnungs- und kriminellen Geldstrafen haftet eine Kaution, deren Höhe das Finanzministerium bis zum Maximalbetrage von 200 000 fl. bestimmt und die es im Wege der politischen Exekution einbringlich machen kann. Als bloße Ordnungswidrigkeiten galten:

a) Die Unterlassung der vorgeschriebenen Anzeigen seitens der Betheiligten und des Notars;

b) die Verweigerung der von der Staatsverwaltung verlangten Auskünfte (nicht: der Büchereinsicht); dieselbe konnte im Wiederholungsfalle mit der Untersagung des Kartells geahndet werden;

c) Verletzung der Pflicht zur Verschwiegenheit seitens der nicht beamteten Mitglieder der Kartellkommission (§ 16).

Die Verhängung der Ordnungsstrafen stand der politischen Landesbehörde zu, der Rechtszug ging an das Finanzministerium und den Verwaltungsgerichtshof.

Wichtiger waren die durch dieses Gesetz formulirten Kartellvergehen.

Eines Vergehens machte sich schuldig, wer wissentlich oder in grober Fahrlässigkeit

A. die Pflicht zur Wahrheit und — in Bezug auf relevante Momente — jene zur Vollständigkeit bei der Erfüllung der Anzeige- und Auskunftspflicht verletzte;

B. sich gegen das Untersagungsrecht der Staatsverwaltung verging; der Entwurf formulirte folgende Einzeldelikte:

a) die Betheiligung an der Wirksamkeit eines Kartells vor Ablauf der Wartefrist oder entgegen dem staatlichen Verbote;

b) die Ausführung eines staatlich untersagten Kartellbeschlusses;

c) die Betheiligung an einem Kartelle, das in Wirksamkeit getreten war auf Grund eines nicht zur Anzeige gebrachten Statutes, ohne die Bestimmungen des Statutes zu beachten, mit anderen als den im Statut enthaltenen Kartellvereinbarungen, ohne jedes Statut.

Endlich sollte eines Vergehens schuldig sein, wer das Verbot, sich an einer gegen die Arbeitsbedingungen der Arbeiter gerichteten Kartellvereinbarung zu betheiligen, übertrat.

Die Bestrafung der Kartellvergehen steht den ordentlichen Gerichten zu. Geld- und Arreststrafen sind immer kumulativ zu verhängen. Für die Ordnungs- und Geldstrafen haftet regelmäßig auch der Unternehmer, mag er auch die Leitung des kartellirten Betriebes nicht geführt haben.

Neben den Geld- und Arreststrafen statuirte endlich § 19 für die schwersten Kartellvergehen — Betheiligung an einem verbotenen Kartell, Ausführung eines untersagten Kartellbeschlusses — kumulativ eine ins

Arbitrium des Finanzministeriums gesetzte, stets gegen das Unternehmen selbst gerichtete Strafe, nämlich den gänzlichen oder theilweisen Verlust der Kartellkaution. Diese administrative Strafe konnte unter Umständen empfindlicher sein, als die gerichtliche. —

In meiner Kritik des Entwurfes in seiner ersten Gestalt hatte ich sowohl aus juristischen, als auch aus wirthschaftlichen Gründen auf die Nothwendigkeit und Zweckmäßigkeit eines Kartellregisters hingewiesen, welches den Kartellen, ihren Statuten, sowie jenen Thatsachen, von denen ihr Rechtsbestand abhängt, wie z. B. der erfolgten Anmeldung, dem Ablaufe der 14tägigen Frist u. s. f. eine hinreichende Publizität und Notorität geben und dem Handelsregister nachgebildet sein sollte. Wenn schon der Entwurf das Kartellamt nicht als bloße Publizitätsstelle gestalten wollte, so sollte diese Behörde doch auch als Publizitätsstelle organisirt sein. Ich verwies darauf, daß auch für dritte Personen, die mit dem Kartell in Verbindung treten, ein Zustand der größten Rechtsunsicherheit resultiren würde, wenn ihnen aus der Thatsache des mangelnden Rechtsbestandes des Kartells oder Kartellbeschlusses Einwendungen entgegengesetzt werden könnten, obwohl sie zur Zeit des Geschäftsabschlusses die hierfür relevanten Thatsachen (z. B. Untersagung oder Nichtablauf der Wartefrist) weder kannten noch kennen mußten u. s. w. Daher müsse für die Publizität dieser Thatsachen durch ein Kartellregister Sorge getragen werden (vgl. meine Abhandlung S. 592 f.). Auch sei, wenn man das aus vielen Gründen (die ich in anderem Zusammenhange noch auseinandersetzen werde) unhaltbare System der staatlichen Repression der Kartelle durch ein solches der staatlichen und öffentlichen Kontrole derselben ersetzen wolle, welches letztere den im Wirthschaftsleben selbst stets vorhandenen Keimen zu einer Reaktion gegen das Wirken der Kartelle das Gedeihen sichere, indem es über die Natur, die Zwecke, die wirthschaftliche Notwendigkeit und Berechtigung ihrer Geschäftspolitik Licht verbreite, — hierzu ein Kartellregister das geeignete Mittel. Die Theilnahme an einem nicht publizirten Kartelle, die Ausführung nicht publizirter Kartellbeschlüsse mögen unter Strafsanktionen gestellt werden, nicht die Theilnahme an einem untersagten Kartelle oder die Ausführung untersagter Kartellbeschlüsse.

Dieser meiner Anregung folgend (vgl. Wittelshöfer a. a. O. S. 125 Anm. 1; Pohle a. a. O. S. 136) hat der österr. Regierungsentwurf in seiner zweiten Fassung, die dem Reichsrathe nach seinem Wiederzusammentritte vorgelegt wurde, das Institut des Kartellregisters aufgenommen, ohne jedoch das System der Repression aufzugeben. § 5 bestimmte: „Von dem Kartellstatute oder dessen Abänderung, von der Auflösungsanzeige, sowie von den Kartellbeschlüssen, die eine Festsetzung der Preise, der Produktionsmenge, der Einkaufsverhältnisse oder die Zuweisung von inländischen Absatzgebieten zum Zwecke haben, ist gleichzeitig mit der nach § 4 zu erstattenden Anzeige eine vollständige, beglaubigte Abschrift zur Hinterlegung in dem beim Finanzministerium zu führenden besonderen Kartellregister beizubringen. Das Kartellregister ist öffentlich. Jedermann kann in das Kartellregister Einsicht nehmen und von dessen Inhalt beglaubigte Abschriften gegen Erlegung der Kosten erheben. Jede im Kartellregister hinterlegte Abschrift ist ohne Verzug in zehn öffentlichen Blättern bekannt zu machen."

Dieser Entwurf ist niemals in parlamentarische Berathung gezogen worden. Seiner Einbringung folgte die Periode der heftigen Stürme, die unser Staatsleben erschütterten und das Parlament auf Jahre hinaus arbeitsunfähig machten. Aber es gingen von diesem Entwurfe starke Anregungen aus. Die Kritik zollte der Entschiedenheit, mit der er sich an das Problem heranwagte, der Selbständigkeit der eingeschlagenen Wege, der auf der Höhe wissenschaftlicher Erkenntniß stehenden Motivirung des Entwurfes volle Anerkennung; allein es fehlte auch nicht an erheblichen Einwendungen, unter denen ich die folgenden hervorhebe:

1. Die Einschränkung des sachlichen Geltungsgebietes des Gesetzes sei nicht gerechtfertigt.

2. Gegen das vom Entwurfe vorgesehene System der Repression durch Untersagung von Kartellbeschlüssen wurden schwere Bedenken geltend gemacht. Einerseits würden diese Maßregeln gewöhnlich zu spät kommen. Kartellbeschlüsse könnten sofort zur Ausführung gebracht werden, ohne daß das Kartell durch eine bestimmte Zeit hindurch abwarten müßte, ob die Regierung sie untersagen werde oder nicht. Dies lasse sich auch nicht ändern, da es bei geschäftlichen Operationen in der Natur der Sache begründet sei. Anderseits würde die vom Gesetze vorgesehene Prüfung der Kartellbeschlüsse unter Einholnng des Gutachtens der Kartellkommmission u. s. f. geraume Zeit in Anspruch nehmen. Die sodann etwa erfolgende Untersagung der Kartellbeschlüsse würde gewöhnlich aller praktischen Bedeutung entbehren. Es ginge auch nicht an, ihr rückwirkende Kraft zu verleihen, wenn man nicht in das Verhältniß der kartellirten Industrien zu ihren Abnehmern ein Moment höchster Rechtsunsicherheit tragen wolle.

Selbst wenn es aber einmal gelingen sollte, einen Kartellbeschluß rechtzeitig zu untersagen, so könnte man doch nur unter den größten Schwierigkeiten feststellen, daß bestimmte Geschäfte und Rechtshandlungen gerade in Ausführung des Kartellbeschlusses erfolgt seien, da ja jeder einzelne Betheiligte als ein jus merae facultatis das Recht habe zu verkaufen wie, wann und an wen er wolle. Man würde also dahin gelangen, die innere Motivation von an sich legalen Handlungen einer richterlichen Prüfung zu unterstellen.

Dazu gesellen sich noch die unendlichen Schwierigkeiten, welche der thatsächlichen Feststellung der Voraussetzungen für eine Untersagung von Kartellbeschlüssen gewöhnlich im Wege stehen würden. Könne denn überhaupt die Saatsverwaltung Entscheidungen der bezeichneten Art treffen? Sei sie im Stande, zu einer hinreichenden Erkenntniß der schwierigsten wirthschaftlichen Probleme (Beschaffenheit der Konjunktur, Angemessenheit des Unternehmergewinnes, Ueberwälzung des Preisaufschlages auf den Konsumenten, Bedeutung des letzteren für die Steuer- und Konsumtionskraft der Bevölkerung) in jedem einzelnen Falle vorzudringen? Die Beurtheilung der Konjunktur würde immer einen der schwierigsten Punkte des Problems bilden. Es gebe keine Kartellkommission, die der Aufgabe gewachsen wäre, selbständig und durch eigenes Urtheil die Angemessenheit von Preisen auf Grund der jeweiligen Konjunktur in allen kartellirten Branchen zu beurtheilen.

3. Eine ungeheure Machtfülle wäre in die Hand der Behörden gelegt, denen die Beurtheilung der Kartellbeschlüsse zustände. Der betreffende Minister könnte mit souveräner Gewalt in das wirthschaftliche Getriebe der kartellirten Industrien eingreifen. Er wäre ein Mann von übermenschlicher Macht im Staate, ein Mann, dessen faktische Macht hart an die rechtliche des Monarchen grenzen würde.

4. Pohle, der sich diesen meinen Einwendungen in seiner Kritik vollkommen anschließt[29]), weist ferner darauf hin, welche Gefahr es für die politische Sittlichkeit bedeuten würde, wenn so ungeheuere Vermögensinteressen von der Entscheidung administrativer Instanzen und einer noch so sorgfältig ausgewählten Kartellkommission abhingen, sowie auf die Gefahr, es könnte die gesammte von den Kartellen bezüglich der Preise, der Produktions- und der Absatzverhältnisse befolgte Politik, insoweit sie nicht im einzelnen Falle der staatlichen Untersagung verfiele, von der öffentlichen Meinung als vom Staate geprüft und gebilligt betrachtet werden. Aus diesen Gründen gelangte die Kritik überwiegend zu einer Ablehnung desjenigen Theiles des österr. Regierungsentwurfes, welcher auf die Repression der Kartellpolitik Bezug hat.

---

[29]) Vgl. hierzu meine Abhandlung a. a. O. S. 604 ff.; Pohle a. a. O. S. 140 ff., ferner Ofner a. a. O.

Der österr. Referentenentwurf[30]) schließt sich in seiner Definition der Kartelle im Wesentlichen jener des Regierungsentwurfes an (vgl. oben Anm. 4). Er behält das Kartellregister bei und erklärt die Anmeldung und Eintragung zum Kartellregister prinzipiell für fakultativ. Das Kartell bedarf (§ 2) zu seiner Rechtsgiltigkeit der Errichtung eines notariell beurkundeten Statutes, aus dem der Inhalt der Kartellvereinbarung genau zu ersehen sein muß, so namentlich: 1. Zweck und Mittel des Kartells; 2. der Erwerbszweig und die Zahl der kartellirten Betriebe; Name, Firma und Betriebsumfang eines jeden; 3. die Rechte und Pflichten der Mitglieder, die Vereinbarungen, Konventionalstrafen und die sonstigen von den Mitgliedern zu bietenden Bürgschaften; 4. Sitz des Kartells. Hat es seinen Sitz im Auslande, so ist der Sitz der zu bestellenden inländischen Geschäftsleitung oder Vertretung anzugeben; 5. die Geschäftsführung und Leitung in ihren wesentlichen Grundzügen; 6. Vertretung nach außen; 7. die Zeitdauer, auf die das Kartell geschlossen ist; 8. etwaige Verabredung über die Austragung der aus dem Kartell entstehenden Streitigkeiten.

Dieser Paragraph ist identisch mit dem § 2 des Regierungsentwurfes.

Für Kartelle, welche die nach diesem Gesetzentwurf zu ihrer Rechtsverbindlichkeit erforderlichen Anzeigen an das Handelsministerium und zum Kartellregister ordnungsgemäß erstatten, treten jene Bestimmungen des österreichischen Koalitionsgesetzes außer Kraft, welche, wie erwähnt, Verabredungen von Gewerbsleuten zum Zwecke der Erhöhung der Preise von Waaren zum Nachtheile des Publikums, für rechtsunverbindlich erklären. Der Referentenentwurf erblickt daher die Triebfeder, welche die Kartelle veranlassen würde, von der fakultativen Anzeige an das Handelsministerium und Eintragung in das Kartellregister Gebrauch zu machen, in dem Bedürfnisse, den Kartellvereinbarungen zivilrechtliche Giltigkeit zu leihen.

Da jedoch der Entwurf voraussieht, daß diese Triebfeder vielleicht nicht in allen Fällen stark genug wirken würde, da er weiters auch Einzelunternehmungen, welche — abgesehen von einem Patent- oder Muster- und Markenschutze — thatsächlich als monopolistische Unternehmungen anzusehen sind, der Staatsaufsicht zu unterstellen wünscht, so

---

[30]) Vgl. hierzu das stenographische Protokoll des Kartellkomités des Industrierathes vom 17. 4. 1901; ferner Wäntig in Schmollers Jahrbuch 1901 a. a. O. 4. Heft, und Wäntig im I. Bande dieser Verhandlungen S. 67 ff.; endlich die Polemik des Verfassers des Entwurfes, Kommerzialrathes Julius Reich mit Wäntig in Schmollers Jahrbuch 1902 S. 385 ff.

räumt er im § 7 dem Handelsminister das Recht ein, auf Antrag des Kartellraths im Verordnungswege Kartelle bestimmter Waaren anzuweisen, daß sie die sonst fakultativ ihnen zustehenden Anzeigen erstatten. Die fakultative Eintragung wird also durch eine obligatorische ergänzt.

Ebenso wie das ursprüngliche Statut unterliegen Abänderungen desselben, endlich die Auflösung des Kartells der fakultativen Anzeige bei sonstiger Rechtsunverbindlichkeit.

Kartellstatuten oder deren Abänderungen dürfen nicht mit den Gesetzen (abgesehen von der citirten Bestimmung des Koalitionsgesetzes) im Widerspruche stehen, da sie sonst auch durch die Eintragung in das Kartellregister nicht rechtsverbindlich werden. Ob dies der Fall sei, entscheidet das Handelsministerium unter Freilassung des Rechtszuges an den Verwaltungsgerichtshof.

Das Kartellregister ist öffentlich. Jedermann kann in dasselbe Einsicht nehmen und von dem Inhalt beglaubigte Abschriften erheben. Das Kartellstatut, dessen Abänderung und die Auflösungsanzeige sind im Kartellregister zu hinterlegen (§ 5). Der Handelsminister kann ferner auf Antrag des Kartellraths, Kartelle bestimmter Waaren verpflichten, alle Kartellbeschlüsse die eine Festsetzung der Preise, Produktionsmengen, der Verkaufs- oder Absatzverhältnisse zum Zwecke haben, binnen 24 Stunden nach der Fassung des Beschlusses zur Anzeige zu bringen, welche Anzeigen jedoch nicht in das öffentliche Kartellregister einzutragen, *sondern bloß zur Kenntniß des Kartellraths zu bringen sind.* Die Befolgung dieser Verfügungen sowie die Wahrheit und Vollständigkeit der Anzeigen ist unter die Sanktion von Ordnungsstrafen gestellt (§ 7a).

Der Entwurf sieht weiter die Errichtung einer besonderen Behörde, des sogenannten *Kartellraths*, vor. Derselbe hat seinen Sitz in Wien und besteht aus einem Vorsitzenden und dessen Stellvertreter, die vom Handelsminister ernannt werden und Staatsbeamte sind, ferner aus vier Vertretern der Ministerien und acht vom Industrierathe, vier vom Landwirthschaftsrathe und vier von der Wiener Handelskammer gewählten Mitgliedern resp. Ersatzmännern. Der Kartellrath bildet aus seiner Mitte einen *Einigungssenat* (§ 8).

Wer sich beim Bezuge, Absatz oder der Herstellung von Waaren durch Kartelle oder durch Unternehmer, welche im Sinne des Referentenentwurfs, als faktisch ein Monopol ausübend, gleichfalls der Staatsaufsicht unterstellt werden, in seinem Vermögen oder Erwerbe geschädigt fühlt, kann gegen diese Schädigung Beschwerde führen. Die Beschwerde muß darthun, daß die Schädigung eine beträchtliche, die wirthschaftliche Lage oder Leistungsfähigkeit des Beschwerdeführers erheblich beeinträchtigende ist (§ 9). Eine solche Beschwerde wird zunächst an den Einigungssenat geleitet. Derselbe ladet beide Theile vor und hat darauf hinzuwirken, daß zwischen dem Beschwerdeführer und dem Kartelle resp. dem monopolistischen Unternehmer eine Einigung herbeigeführt werde (§ 10). Gelingt der Einigungsversuch nicht, so wird die Beschwerde an den Kartellrath geleitet, welcher die Sachlage zu untersuchen hat und dem zu diesem Zwecke das Recht der Vernehmung von Parteien, Sachverständigen und Auskunftspersonen zusteht, die ihre Depositionen unter Handschlag abzugeben haben und deren Wahrheitspflicht unter der Sanktion von Geld- und Arreststrafen steht. Die Beantwortung von Fragen, welche die Geheimhaltung technischer Einrichtungen und Verfahrungsweisen, den erzielten Jahresgewinn oder dessen Vertheilung unter die Kartellmitglieder betreffen, kann verweigert werden. Auch kann die Verhandlung als nicht öffentlich erklärt werden, und sind endlich Personen, die im Dienstverhältnisse zu einer der Parteien stehen, zur Auskunftsertheilung nicht verpflichtet (§ 11). Der Kartellrath entscheidet sodann über die Beschwerde. Verweigert ein Unternehmer, gegen welchen Beschwerde geführt wurde, seine Unterwerfung unter diese Entscheidung, so hat der Kartellrath dies dem Handelsministerium zu berichten und Anträge zu stellen, welche geeignet sind, die in der Verhandlung offenbar gewordenen Kartellmißbräuche zu beseitigen. Das Handelsministerium darf nur aus wichtigen Gründen, welchen dem Kartellrathe bekanntzugeben sind, die Anträge desselben ablehnen; es kann aber auch andere Mittel als die vom Kartellrathe vorgeschlagenen ergreifen (§§ 13 u. 14).

Von großer Wichtigkeit ist § 15. Er bezeichnet die Mittel, welche dem Handelsministerium zu Gebote stehen, um die nachgewiesene Schädigung von Wirthschaftssubjekten durch eine, nach der Ansicht des Kartellrathes den wirthschaftlichen Verhältnissen nicht entsprechende, Ausnützung des faktischen Monopols der Kartelle oder Einzelunternehmungen zu beseitigen oder zu mildern. Zu diesem Zwecke ist dem Handelsministerium das Recht eingeräumt: a) Einfuhrzölle auf kartellirte Waaren vorübergehend aufzuheben oder zu ermäßigen; b) für derartige Waaren Ausfuhrzölle einzuheben oder Ausfuhrverbote zu erlassen; c) durch Gewährung billigerer Tarife für die Einfuhr oder Erstellung höherer Tarife für die Ausfuhr die Konkurrenz in den kartellirten Waaren zu begünstigen; d) Unternehmern der betreffenden Branche Begünstigungen zu gewähren, um die Konkurrenz zu befördern. Diese Begünstigungen können in der Gewährung von Steuerbefreiungen, zollfreiem Bezug von Maschinen, billigeren Tarifen für Rohmaterialien und Fertigprodukten, billigeren Abgaben von Rohstoffen und endlich direkten Subventionen in Geld bestehen; e) dem Handelsministerium wird nahe gelegt, in einem solchen Falle Organisationen von Konsumenten gegen die kartellirten Produzenten zu begünstigen, und endlich f) das Zollrestutitionsverfahren bezüglich kartellirter Waaren „in liberalster Weise“ zu regeln (§ 15).

Der Handelsminister kann aber auch, wenn ein Kartell oder ein, ein faktisches Monopol ausübendes Einzelunternehmen in offenbar rechtswidriger oder wucherischer Weise ihre Stellung ausnützen und hierdurch eine schwere wirthschaftliche Schädigung der Abnehmer verursacht wird, dem betreffenden Kartelle oder Unternehmer über Antrag des Kartellraths den Auftrag ertheilen, diese Ausnützung oder Schädigung binnen einer bestimmten Frist zu beseitigen. Die Befolgung solcher Verfügungen ist unter die Sanktion von Ordnungsstrafen im Ausmaße von 200 bis 20 000 Kronen gestellt.

Dem Kartellrathe ist endlich auch das Recht eingeräumt, durch spontane Untersuchungen, Enquêten u. s. w. den Bestand, die Zusammensetzung und Wirkungsweise von Kartellen und monopolistischen Betrieben zu erheben (§ 16).

Auf das Verhältniß zwischen Arbeitgeber und Arbeitnehmer finden die Bestimmungen des Entwurfs keine Anwendung (§ 20).

Der vorliegende Entwurf ist jedenfalls als ein ernster und zielbewußter gesetzgeberischer Versuch zu kennzeichnen, und ich glaube nicht, daß Wäntig darin beizustimmen ist, wenn er ihn als „eine jener Atrappen“ abthut, „an denen die Entwicklung des österreichischen Gewerberechts so reich sei.“ Allein dieses mein Urteil soll keineswegs als Zustimmung zu dem System und den Einzelheiten des Entwurfs gedeutet werden. Vielmehr scheint es mir, daß, wenn man die beiden Haupttheile des legislativen Kartellproblems, nämlich die Regelung des staatlichen Aufsichtsrechts und der Kontrole der Kartelle einerseits und die Begründung und Regelung einer staatlichen Repressionsgewalt gegen die Kartelle und ihre Politik andererseits, gesondert betrachtet, dieser Entwurf gerade den stärksten Beweis dafür erbringt, daß der zweite Haupttheil des Problems unter den heutigen Verhältnissen auch auf verwaltungsrechtlichem Wege unlösbar ist. Denn es kann bei näherer Betrachtung keinem Zweifel unterliegen, daß das vom Entwurfe vorgeschlagene Repressionssystem theils praktisch undurchführbar, theils praktisch werthlos ist, und, da der Entwurf von einem mitten im kaufmännischen Leben und Wirken stehenden Großindustriellen verfaßt wurde, so ist das Versagen des von ihm vorgeschlagenen Systems um so lehrreicher, weil es nicht darauf zurückgeführt werden kann, daß der Verfasser durch theoretische oder bureaukratische Schrullen beirrt gewesen sei.

Ich will es mir versagen, alle jene Einwände neu anzuführen, welche schon gegen die Zusammensetzung der obersten Behörde, des Kartellrathes, vorgebracht werden könnten und die im Wesentlichen zusammenfallen mit den Bedenken, die ich vor fünf Jahren gegen die „Kartellkommission" des österr. Regierungsentwurfes geltend machte. Ist es wirklich denkbar, daß eine Behörde, deren Majorität gebildet wird von Unternehmern speziell aus der Sphäre der Industrie und des Großhandels, sich in einem Zeitalter, in dem die Industrie unter dem Drucke einer gewaltigen ökonomischen Entwickelung Heil und Zuflucht im Zusammenschlusse zu Kartellverbänden sucht, zu jener idealen Unabhängigkeit erheben werde, um über die Kartelle vollständig unbefangen zu Gericht zu sitzen, um die Kartelle und ihre Politik lediglich aus dem Gesichtswinkel allgemeiner, volkswirthschaftlicher Interessen zu beurteilen? Wird da nicht die Befürchtung „heute mir, morgen dir" eine erhebliche Rolle spielen? Ist das noch Realpolitik, anzunehmen, daß die Vertreter der großen Interessengruppen, Industrie, Landwirthschaft, Handel, deren wirthschaftspolitische Gegensätze die eigentliche Triebfeder der großen parlamentarischen Kämpfe unseres Zeitalters bilden, in dem Augenblicke, in welchem sie die Toga eines Mitgliedes des k. k. Kartellrathes anlegen, an diese Gegensätze, an die Resolutionen, die sie in den Fachvereinen beschlossen, an die Wünsche, die sie dem Parlamente unterbreitet, vergessen und sich einträchtiglich zusammenthun werden, um zu beurtheilen, ob die Politik, welche z. B. die kartellirten Erzeuger landwirthschaftlicher Bedarfsartikel verfolgen, angemessen sei, oder ob der Preis eines Rohstoffes, den eine landwirthschaftliche Nebenindustrie erzeugt und der ein wichtiges Material für die Industrie bildet, nicht zu hoch ist? Im politischen Leben, im Parlamente wird diesen Gegensätzen schließlich durch ein Kompromiß ein Ziel gesetzt. Aber eine quasi-richterliche Entscheidung kann selbstverständlich nicht der Ausfluß des Kompromisses entgegengesetzter Interessen sein!

Gesetzt jedoch, es läge einmal dem Handelsminister eine ganz unanfechtbare Entscheidung des Kartellrathes vor. Das Handelsministerium wird sich sodann zu entschließen haben, eines der ihm an die Hand gegebenen Mittel anzuwenden. Die wichtigsten Mittel sind selbstverständlich die Maßregeln zoll- und handelspolitischer Natur — das „kanadische" System der Kartellrepression. Ich sehe nun davon ab — weil das bloß für unser Vaterland gilt —, daß die eine Reichshälfte ohne die andere in Zollangelegenheiten nicht selbstständig vorgehen kann, und daß daher manche dieser Waffen anwendbar oder unanwendbar sein werden, je nachdem der betreffende Produktionszweig in Oesterreich allein oder auch in Ungarn vertreten ist oder nicht, bezw. je nach dem Interessenstandpunkte des ungarischen Theiles der Industrie.

Allein solche Maßregeln vorschlagen, heißt überdies vollständig verkennen, daß eine der werthvollsten Eigenschaften jedes handels- und zollpolitischen Zustandes eben seine Stabilität, Gleichförmigkeit und Dauer ist, und daß, wenn man Unterbrechungen dieses Zustandes durch singuläre Verfügungen und zu singulären Zwecken zuließe, hierdurch die wirtschaftliche Schädigung anderer Individuen oder Verbände in einer ganz unberechenbaren Weise bewirkt werden könnte. Schon der Motivenbericht des österr. Regierungsentwurfes, der zollpolitische Maßregeln unbedingt ablehnte, wies darauf hin, daß durch dieselben nicht bloß der kartellirte Unternehmer, sondern gerade auch sein schuldloser und eventuell in hartem Kampfe begriffener Konkurrent getroffen werden würde. Allein dazu kommt noch, daß in einer großen Reihe von Fällen gerade die Abnehmer der kartellirten Industrie, also die Opfer des Kartells auch die Opfer seiner zollpolitischen Remedur werden könnten. Setzen wir den praktisch wichtigen Fall, daß das Eisenkartell den ihm zugebilligten Zollschutz in einer excessiven Weise ausnützt, welche schließlich einen Abnehmer veranlassen würde, beim Kartellrathe Beschwerde zu erheben. Der Kartellrath hält die Beschwerde für begründet und überweist sie dem Handelsministerium. Das Handelsministerium macht von dem Rechte der Zollermäßigung für die betreffende Kategorie von Eisen Gebrauch. Was kann und was wird die Folge davon sein? Allerdings, der beschwerdeführende Abnehmer, z. B. ein Maschinenfabrikant, wird seine wirthschaftliche Lage erheblich verbessert sehen; allein gerade seine Konkurrenten — die anderen Maschinenfabrikanten —, die beispielsweise bereits größere Vorräthe von Eisen zum höheren Preise, zum alten Kartellpreise, auf Lager haben oder größere Abschlüsse zum Kartellpreise gemacht hatten, oder aber ein Lager von Fertigwaaren besitzen, bei deren Produktion der höhere Eisenpreis in's Kalkül gezogen wurde, gerathen nunmehr in Gefahr, der Konkurrenz des im Beschwerdewege durchgedrungenen Abnehmers zu unterliegen. Unter allen Umständen werden diese Abnehmer den gegenwärtigen niedrigeren Preis in Rechnung zu stellen haben, und es könnte dahin kommen, daß in einer geschäftlichen Konjunktur, welche das Halten größerer Mengen von Rohmaterial oder Fertigwaarenbeständen bedingt, nicht die zu bestrafende Kartellindustrie, sondern irgend eine Abnehmerbranche durch eine derartige Maßregel an den Rand des Bankrotts gebracht würde. Man müßte also, um die Durchführung einer solchen zollpolitischen Maßregel gefahrlos zu gestalten, auch gesetzlich bestimmen, daß alle früheren zum

Kartellpreise abgeschlossenen Geschäfte als stornirt oder auf den neuen Preis reduzirt zu betrachten seien. Mit einem Worte: zu den Faktoren, welche heute die wirthschaftliche Konjunktur bedingen, würde sodann unter Umständen die Beschwerde eines Abnehmers, die Entscheidung des Kartellrathes und die darauf fußende Verfügung des Handelsministeriums hinzutreten.

Ganz dasselbe, was hier an einem besonders krassen Beispiele ausgeführt wurde, gilt von den anderen vorgesehenen zollpolitischen Maßregeln als: Erlassung von Ausfuhrverboten, Einhebung von Ausfuhrzöllen, Aenderungen im Zollrestitutionsverfahren u. s. f. Es gilt aber auch von den tarifarischen Maßregeln, durch die der Staat der Kartellpolitik begegnen soll. Abgesehen davon, daß die tarifpolitischen Mittel dem Staate nur dann wirksam zur Verfügung stehen, wenn er alle wichtigen Eisenbahnlinien in seiner Hand vereinigt — was gerade in Oesterreich noch nicht der Fall ist — muß sowohl gegen diese Maßregel, wie auch gegen diejenigen Mittel, die darauf abzielen, durch Gewährung von Steuerbefreiungen, Subventionen, billigere Tarife und Preise für Roh- und Hilfsstoffe die Entstehung von Konkurrenzunternehmungen zu begünstigen, der Einwand erhoben werden, daß öffentliche Gelder, welche durch Steuern und Zwangsabgaben für Zwecke der öffentlichen Verwaltung aufgebracht werden, prinzipiell nicht dazu verwendet werden dürfen, um zu Gunsten einzelner Unternehmer oder einzelner konkreter Kategorien von Unternehmern in den Preisbildungsprozeß einzugreifen und daß dies Mißbräuchen Thür und Thor öffnen würde. Aber ganz abgesehen davon, wer bürgt denn dem Staate, daß solche von ihm künstlich gezüchteten Konkurrenzunternehmer nicht ihrerseits, mögen sie sich auch verpflichtet haben, keinem Kartell beizutreten, sich, sobald sie erstarkt sind, freiwillig in ihren Preisen und Absatzbedingungen an die Kartellpolitik der andern Unternehmer anschließen werden? Man müßte also, um dieser Gefahr vorzubeugen, aus öffentlichen Mitteln sozusagen Staatsindustrielle besolden, die aber wiederum der Gefahr ausgesetzt wären, daß das Kartell, um sie zu vernichten, die Preise herabsetzt, um das neugegründete, unter den Auspizien des Staates stehende Unternehmen zu Grunde zu richten, oder möglichst billig aufzukaufen.

Ich brauche ferner nicht zu betonen, daß es nicht gerade eines Kartellgesetzes bedarf, um dem Staate die wichtige Forderung der Wirthschaftspolitik ins Gedächtniß zu rufen, Organisationen von Konsumenten wohlwollend zu behandeln, daß aber dieses Mittel, wenn es nicht spontan durch die Interessenten selbst angewendet wird, in der Regel seine Wirkung versagt. Die Drohung aber, welche der Entwurf den allerhartnäckigsten Kartellen gegenüber als ultima ratio vorhält, nämlich die Befugniß des Handelsministeriums, kartellirten Unternehmern aufzutragen, die Ausnützung und Schädigung ihrer Abnehmer bei Ordnungsstrafe von Kr. 200—20 000 zu unterlassen, kann zweifellos nur mit dem Lichtenberg'schen Messer ohne Stil und Klinge verglichen werden. Denn so lange unser Rechtszustand nicht gestattet, daß einem Produzenten von Staatswegen der Auftrag ertheilt werde, an einen bestimmten Abnehmer überhaupt zu verkaufen, so lange kann man ihm wohl auch nicht den Preis und die Bedingungen diktiren, zu denen er dem Abnehmer zu verkaufen hat. Auch wird es einem Handelsminister äußerst schwer fallen, jemals gegen ein Kartell den Vorwurf zu begründen, daß es die Zwangslage seiner Abnehmer wucherisch ausnütze. In der Regel wird ja ein Kartell in seiner Preisfeststellung nicht höher gehen können, als ihm dies durch den Zollschutz ermöglicht ist. Internationale Kartelle sind doch noch eine Rarität. Soll nun dasselbe Handelsministerium, welches beim Abschluß der Handelsverträge diesen Zollsatz unter seiner Verantwortlichkeit dem Parlamente zur Annahme vorgeschlagen hat, etwa sechs Monate später auf die Beschwerde eines Abnehmers hin das Erkenntniß fällen, die Ausnützung dieses Zollsatzes sei offenbar rechtswidrig oder konstituire eine wucherische Ausnützung der Zwangslage der Abnehmer? Hat doch selbst das österr. und deutsche Zuckerkartell, dem man wahrhaftig nicht eine allzu milde Handhabung des Kartellmonopols vorwerfen konnte, nicht den gesammten Zollschutz ausgenützt, der ihm durch die Surtaxe auf Zucker seitens des Staates eingeräumt war!

Meine Kritik, so scharf sie Einzelheiten des Entwurfes angreift, richtet sich nicht speziell gegen den Entwurf in concreto. Sie soll vielmehr den Nachweis erbringen, daß auf dem Boden der heutigen Wirthschaftsordnung das Eingreifen des Staates in die Produktions- und Absatzverhältnisse von Privatindustrien wohl erfolgen kann im Rahmen und durch Mittel seiner allgemeinen Wirthschaftspolitik, seiner Handelspolitik, Steuerpolitik u. s. w., aber nicht durch einzelne Verfügungen, die in das ungeheuer komplizirte wirthschaftliche Getriebe des Preisbildungsprozesses und Marktverkehres eingreifen, um hier und da etwa ein Rädchen zu lockern oder zu befestigen oder zu verschieben; bei sonstiger Gefahr, daß hiedurch Wirkungen ausgelöst werden würden, die vollständig inkommensurabel sind mit demjenigen, was der Staat durch sein Eingreifen bewirken wollte. Die Aufgabe des Staates ist es nicht, den tertius bonus vir zu spielen bei den Kämpfen und Kompromissen, aus denen die Preisbildung auf dem heutigen Markte hervorgeht; und wenn er sich hierzu herbeiläßt, diese Funktion zu übernehmen, so wird voraussichtlich als das einzige Resultat dieses Eingreifens übrig bleiben die unerwünschte Deckung der Resultate dieses Preis- und Absatzkampfes durch die staatliche Autorität.

Dem Eingreifen des Staates in den Preisbildungsprozeß bietet sich jedoch ein anderes weites und fruchtbares, aber bis jetzt noch wenig angebautes Feld. Der moderne Staat ist ja selbst einer der größten Konsumenten, der wichtigste Abnehmer für eine Reihe von Industrien, auf manchen Gebieten heute beinahe der einzige Abnehmer. Wenn der Staat in dieser seiner Eigenschaft der Preis- und Geschäftspolitik von Kartellen wirksam entgegenträte, indem er z. B. bei Scheinsubmissionen, die von kartellirten Unternehmern beschickt werden, auch das Ausland zur Konkurrenz heranzöge, so könnte der Erfolg seines Eingreifens weit über die unmittelbare Wirkung hinaus durch die Autorität und das Beispiel, die seinem Vorgehen innewohnen, mitunter ein bedeutender sein. Der Staat wird in einem solchen Falle gleichzeitig auch seine finanzpolitischen Interessen wahrnehmen, den Beutel der Steuerzahler zu schützen vermögen. Wenn nun gleichwohl, trotzdem dieser Gedanke in der Literatur und öffentlichen Presse wiederholt aufgetaucht ist, der Staat dennoch in äußerst seltenen Fällen diesen Weg eingeschlagen hat und eben nach dem Stande der politischen Machtverhältnisse einschlagen konnte, ist es nicht als Illusion zu qualifiziren, wenn man annimmt, derselbe Staat werde unter dem Drucke der gleichen politischen Machtverhältnisse eine wirksame Repressionspolitik gegen die Kartelle üben, und zwar eventuell mit Aufwendung von Mitteln, die seine finanzpolitischen Interessen schädigen und die Lasten seiner Steuerträger erhöhen?

VII.

Es bedarf nach den bisherigen Erörterungen wohl keiner längeren Ausführung, um meine These zu begründen: **daß es im wirthschafts- und sozialpolitischen Interesse liegt, die Kartelle, ihre konkrete Gestaltung, ihre Gebahrung und Politik der öffentlichen Kontrole, der Staatsaufsicht zu unterstellen, sie aus dem Dunkel zu führen, welches heute nur durch wissenschaftliche Forschung erlichtet wird, und ihnen hiergegen die ihnen etwa noch fehlende Sicherheit rechtlichen Bestandes und rechtlicher Wirksamkeit zu verleihen, soweit nicht ihre Vereinbarungen oder ihre Thätigkeit gegen zwingende allgemeine Normen der Rechtsordnung verstoßen; daß aber unter den heutigen Verhältnissen die rechtliche Regelung des Kartell-**

problems auf diese Aufgabe und ihre möglichst zweckmäßige Lösung beschränkt bleiben muß.

Die letztere wird sich allerdings meines Erachtens in den Bahnen zu bewegen haben, welche durch die beiden österr. Entwürfe, den Regierungs- und den Referenten-Entwurf vorgezeichnet sind. Von meinem subjektiven Standpunkte aus sei es mir gestattet, dem (jüngeren) Referenten-Entwurfe in dieser Beziehung gewisse Vorzüge vor dem (älteren) Regierungs-Entwurfe zuzubilligen: sei es auch nur deshalb, weil der Referenten-Entwurf von den beiden wichtigsten Anregungen, die ich in meiner Kritik des ersten österr. Regierungs-Entwurfes gegeben habe, die eine Anregung, nämlich die Einführung eines öffentlichen Kartellregisters, die schon in der zweiten Fassung des österr. Regierungs-Entwurfes verwirklicht wurde, aus dieser übernommen, überdies aber auch, wenngleich nicht ganz durchgreifend, jene Anregung verwirklicht hat, die ich in der Richtung versuchte, daß nämlich das Moment der Publizität der Kartelle zugleich die Grundlage für ihren Rechtsbestand zu bilden habe:[31])

Diese Grundsätze bedürften jedoch einer Ausgestaltung im Einzelnen.

1. Es wäre im Gesetze der Grundsatz aufzustellen, daß alle Kartelle der Staatsaufsicht unterstehen. Die von den österr. Entwürfen gegebene Definition der Kartelle könnte beibehalten werden.

2. Vereinbarungen, welche die Begründung eines Kartells bezwecken (Kartellstatuten), sowie ihre Abänderung und Auflösung bedürften zu

---

[31]) Vgl. meine Abhandlung a. a. O. S. 609: „Die Strafbestimmungen für die Theilnahme an einem Kartelle oder für die Nichtbeachtung der Statuten wären entsprechend anwendbar zu machen auf die Theilnahme an einem geheimen Kartelle oder auf die Abweichung von den publizirten Statuten.

Kartellbeschlüsse bedürften zu ihrer Giltigkeit der notariellen Beurkundung (abweichend vom Entwurf), unterlägen der Anzeigepflicht und wären zu publiziren. Sie dürfen vor der Publikation nicht ausgeführt werden. Die Ausführung eines nicht publizirten Kartellbeschlusses unterliege der Strafsanktion, welche heute die Ausführung eines untersagten Kartellbeschlusses bedroht.

Diese Bestimmung mag hart erscheinen, sonder Zweifel ist sie ungemein wirksam. Wie viele Kartellbeschlüsse, die man der im geheimen tagenden Kommission plausibel zu machen hoffte, würden das Licht des Tages nicht erblicken! Aber sie ist in der That nicht allzuhart: denn wirkliche Geschäfts- und Betriebsgeheimnisse werden in Kartellbeschlüssen, die ja von Konkurrenten in potentia gefaßt werden, nicht zu Tage treten. Diese Publizität erst würde der öffentlichen Meinung ein gerechtes und begründetes Urtheil über Zwecke, Mittel und Richtungen der Politik der Kartelle gewähren; sie würde die Angriffe auf ein gerechteres Maß zurückführen, hingegen Ausschreitungen im Keime ersticken."

ihrer Gültigkeit der Beurkundung durch einen Notar und unterlägen der Anzeigepflicht.

3. Es wird eine Kartellbehörde errichtet, welche zunächst als Publizitätsstelle zu dienen hat; bei dieser Behörde wird ein öffentliches Kartellregister geführt. Die Einrichtung des Kartellregisters kann im Sinne der beiden österr. Entwürfe gestaltet werden.

4. Es erscheint mir nicht zweckmäßig, daß die Form der Kartellvereinbarungen (Kartellstatuten) durch das Gesetz vorgeschrieben oder auch nur ein bestimmter Rahmen vorgezeichnet werde, in welchem sich die Kartellvereinbarungen zu halten hätten. Vielmehr wäre der großen Triebkraft und organisirenden Potenz, welche das wirthschaftliche Leben bisher in dieser Richtung entfaltet hat, keine Schranke zu setzen. Es bleibe also beim heutigen Zustande, der die mannigfaltigsten technisch-juristischen Formen kennt, in denen der Kartellzweck und der Kartellwille sich juristisch verkörpern. Wohl aber könnte das Gesetz entsprechend dem § 2 des österr. Regierungs- und Referenten-Entwurfes ein Minimalerforderniß von Daten festsetzen, die jede Kartellvereinbarung enthalten muß, und es wäre insbesondere darauf Werth zu legen, daß auch jene Bestimmungen, welche die konkrete Kartellirungsmethode verkörpern, zum Kartellregister angemeldet werden müssen.

5. Ebenso wie die Kartellstatuten, ihre Abänderung und die Auflösung des Kartells wären auch die Kartellbeschlüsse, die eine Festsetzung der Preise, der Produktionsmenge, der Einkaufs- oder Absatzverhältnisse zum Gegenstande haben, der Kartellbehörde anzuzeigen und eine Ausfertigung derselben beim Kartellregister zur öffentlichen Kenntnißnahme zu hinterlegen.

6. Die Kartellbehörde wäre nicht als Administrativbehörde, sondern als Gerichtsbehörde zu organisiren. Ich gebe in dieser Richtung dem bekanntlich von Dr. Emil Steinbach herrührenden Vorschlage eines Kartellgerichtshofes[32]) vor jenem eines als Verwaltungsbehörde organisirten Kartellamtes aus leicht begreiflichen Gründen unbedingt den Vorzug. Alle Einwendungen, welche gegen die Errichtung eines Kartellgerichtshofes erhoben werden könnten, sind ohne Belang, wenn der Thätigkeit der Kartellbehörde nicht die Ausübung einer Repressionsgewalt vom Gesichtspunkte der öffentlichen Wohlfahrt und Verwaltung aus zum Ziele gesetzt wird, sondern nur die Aufgabe, für die Wahrheit, Voll-

[32]) Rechtsgeschäfte der wirthsch. Organisation, Wien 1897. Ofner (a. a. O.) schlug vor, die Behörde nach Art des Patentamtes zu organisiren, ein Gedanke, der neuerdings von Urban in einem Referate an den österr. Industrierath wieder aufgenommen wurde.

ständigkeit und Gesetzmäßigkeit der Anzeigen zum Kartellregister in der weiter unten angedeuteten Weise Sorge zu tragen.

7. Die Kartellbehörde hat alle bei ihr einlangenden Anzeigen darauf zu prüfen, ob sie den formalen Erfordernissen des Gesetzes entsprechen, im Sinne desselben vollständig sind und nicht Bestimmungen enthalten, welche zwingenden Rechtsnormen zuwiderlaufen. Nach dem Ergebnisse ihrer Prüfung hat die Kartellbehörde die Registriruug zu bewilligen oder zu verweigern.

8. Der Kartellbehörde wird das Recht eingeräumt, durch angemessene, erhebliche Ordnungsstrafen, die, wie das im englischen Aktienrecht gebräuchlich, für jeden Tag des Ungehorsams zu bemessen wären, nicht registrirte Kartelle dazu zu verhalten, ihre Vereinbarungen anzuzeigen und im Kartellregister zu publiziren. Jedermann, der eine bestimmte vom Gesetze festzustellende Kaution leistet, kann die diesbezügliche Kognition der Kartellbehörde provoziren. Die Kartellbehörde entscheidet nach Anhörung von Sachverständigen darüber, ob ein Verband unter die gesetzliche Definition eines Kartelles falle oder nicht.

9. Das Kartellgesetz hätte als Grundsatz das Publizitätsprinzip der Kartelle aufzustellen. Alle Kartellvereinbarungen, Abänderungen derselben und Kartellbeschlüsse, welche und insoweit sie ordnungsmäßig zur Anzeige gebracht und publizirt worden sind (was ja voraussetzt, daß sie zwingenden Rechtsgrundsätzen nicht zuwiderlaufen), sind für die Betheiligten rechtsverbindlich. Alle Vereinbarungen und Beschlüsse hingegen, welche nach der Definition des Gesetzes als Kartellvereinbarungen und Kartellbeschlüsse zu qualifiziren sind, jedoch nicht angezeigt und publizirt wurden, entbehren insofern, als diese Anzeige und Publizirung unterblieb. jeder Rechtsgültigkeit.

10. Für die Wahrheit und Vollständigkeit der Anzeigen zum Kartellregister wäre durch folgende Maßregeln Sorge zu tragen:

a) Durch angemessene Ordnungsstrafen für den Fall, als sei es auch durch eine in Folge der Beschwerde eines Dritten eingeleitete Untersuchung festgestellt werden würde, daß die zum Kartellregister erstatteten Anzeigen unwahr oder unvollständig gewesen seien;

b) der Kartellbehörde soll das Recht zustehen, falls sie erkennt, daß die Anzeigen zum Kartellregister in wesentlichen Punkten unwahr oder unvollständig seien, die Streichung des betreffenden Kartells aus dem Kartellregister zu verfügen mit der Rechtswirkung, daß hierdurch das betreffende Kartellstatut oder der betreffende Kartellbeschluß seine Rechtsverbindlichkeit verliert. Die Kartellbehörde hätte zugleich einen angemessenen Zeitraum festzustellen, vor dessen Ablauf ein Kartellstatut oder ein Kartellbeschluß, an welchem Kontrahenten des gestrichenen Kartellstatuts oder Beschlusses betheiligt sind, nicht wieder in das Kartellregister eingetragen werden kann;

c) da zweifellos, insbesondere in Oesterreich, die Anzeige der Kartellstatuten nur unter der Voraussetzung wird verlangt und durchgesetzt werden können, daß denselben gesetzlich eine Gebührenermäßigung eingeräumt wird, so könnte als die Rechtsfolge der Streichung eines Kartellstatuts oder Kartellbeschlusses auch die Bestimmung festgesetzt werden können, daß das betreffende Kartell des ihm gesetzlich gewährten Gebührennachlasses verlustig geht und zur Zahlung der Differenz zwischen den normalen und ermäßigten Gebühren verpflichtet wird;

d) als eine weitere Maßregel, welche die Wahrheit und Vollständigkeit der Kartellanzeigen verbürgen könnte, wäre eine Bestimmung des Inhalts ins Auge zu fassen, daß bei Rechtsstreitigkeiten, welche die Geltendmachung von Kartellvereinbarungen oder Kartellbeschlüssen betreffen, zu Gunsten des Rechtsbestandes des Kartells oder des Kartellbeschlusses anzeigepflichtige Thatsachen, die nicht angezeigt worden sind, nicht geltend gemacht werden können, während gegen den Rechtsbestand eines Kartellstatuts oder Kartellbeschlusses auch solche Thatsachen vorgebracht und bewiesen werden könnten, welche nicht zur Anzeige gelangt sind.

Diese Maßregeln umfassen meines Erachtens im Wesentlichen alles, was heute vorgekehrt werden könnte als ein erster Schritt zur staatlichen Regelung des Kartellwesens und was sich als gleichzeitig durchführbar und zweckmäßig ansprechen ließe. Es wird dieses Resultat manchem als allzu mager erscheinen; es wird insbesondere der Einwand erhoben werden können, daß, da, wie ich selbst zugegeben und ausgeführt habe, die Bekämpfung von Kartellen durch das Mittel zivilrechtlicher Ungiltigkeit sich bisher nicht als wirksam erwiesen hat, auch die Begünstigung, welche den Kartellen durch ein solches Gesetz bei Erfüllung ihrer Anzeigepflicht zu theil werden würde, eine sehr prekäre wäre; mit einem Worte, daß die Verleihung zivilrechtlicher Giltigkeit eine allzu schwache Triebfeder bilden würde, um die Publizität der Kartelle und Kartellbeschlüsse zu sichern. Ich glaube gleichwohl, daß zwischen die Wahl vor Publizität oder Rechtsunverbindlichkeit gestellt, die meisten Kartelle sich — ganz abgesehen von der Erzwingung der Eintragung durch Ordnungsstrafen — freiwillig für die erstere entscheiden würden, mögen sie auch in Staaten wie Oesterreich, wo sie kein Mittel haben, sich vor der zivilrechtlichen Ungiltigkeit der Vereinbaruungen zu schützen, sich damit begnügen, ein clandestines Leben außerhalb des Gesetzes zu führen.

Man darf ja nicht übersehen, daß wir es hier mit dem ersten Schritte auf ein überaus dorniges Gebiet zu thun haben. Der Einwand, daß die Kartellvereinbarungen und Beschlüsse derart gestaltet werden könnten, daß das Material, welches die Oeffentlichkeit aus ihnen gewänne, ein überaus dürftiges wäre, indem insbesondere die Resultate und die Details der geschäftlichen Gebahrung der kartellirten Unternehmen außerhalb des Bereiches von Kartellvereinbarungen und Kartellbeschlüssen bleiben würden, ist sicherlich gerechtfertigt. Aber es muß unseres Erachtens einer späteren Ausgestaltung der Kartellgesetzgebung vorbehalten bleiben, dafür Sorge zu tragen, daß durch ein der Kartellbehörde anzugliederndes besonderes Amt auch ein staatliches Auskunfts- und Büchereinsichtsrecht hinsichtlich der kartellirten Betriebe geschaffen werde, das von diesem Amte unter Wahrung des Geschäftsgeheimnisses zum Zwecke einer richtigen Produktions-, Preis- und Absatzstatistik zu verwerthen wäre, um durch Erstattung fortlaufender objektiver Berichte über die Gebahrung und die Resultate der kartellirten Produktionen Licht zu verbreiten.

Wir müssen uns heute damit begnügen, den Kartellen innerhalb nothwendiger Schranken eine gesicherte Rechtsbasis zu schaffen, die Kartellvereinbarungen und Kartellbeschlüsse möglichst wahr und vollständig ans Licht der Oeffentlichkeit zu ziehen, auf diese Weise wenigstens einen wichtigen Theil des Kartellwesens und der Kartellpolitik der öffentlichen Kontrolle zu unterwerfen und insbesondere in authentischer Weise das Material zu ergänzen, welches auf diesem Gebiete für die Handels-, Finanz- und Sozialpolitik des Staates dem letzteren selbst und der öffentlichen Meinung zu Gebote steht. Man darf nicht übersehen, daß durch jede, wenn auch nur beschränkte und theilweise Oeffentlichkeit der Kartelle der wichtigsten und natürlichen Heilungspotenz der Zutritt eröffnet wird, nämlich der stets wachsamen Konkurrenz. Produktionszweige, welche auf die Kartellirung nicht verzichten zu können glauben, sind ohne Zweifel der Allgemeinheit schuldig, den Bestand und die Wirksamkeit ihres Verbandes ins Licht zu stellen. Es kann dies geschehen ohne Verletzung der Selbständigkeit der Unternehmer und der Geheimnisse ihrer Betriebe durch die Pflicht der Oeffentlichkeit in jenem beschränkten Maße, wie ich es eben vorschlage. Aus einer solchen Publizität wird der Unternehmungsgeist der Konkurrenz kräftige Anregungen schöpfen; die öffentliche Meinung wird Ausschreitungen wirksamer begegnen können, als es heute der Fall ist; vor allem aber kann erst auf diesem Boden die Handelspolitik des Staates sich fruchtbar und zielbewußt entwickeln.

XIX
Kurze Bemerkungen

zur Frage der Aufhebung oder Aenderung des § 313 des Bürgerlichen Gesetzbuchs

von Herrn Rechtsanwalt und Notar Karl Haenschke

zu Berlin.

Meines Erachtens empfiehlt sich eine Aufhebung oder Aenderung des § 313 Bürgerliches Gesetzbuch nicht.

Die Uebelstände, die aus dieser Vorschrift resultiren, sind auf einer Seite die Unbequemlichkeit und Mehrkosten, die für die Betheiligten durch den formgültigen Abschluß gegenüber der Formlosigkeit erwachsen, und auf der anderen Seite die Schädigung, die bei formlosen Abschluß für denjenigen entstehen kann, der darauf vertraute, der andere Theil werde den ungültigen Vertrag erfüllen.

Die Uebelstände treten gegenüber den Vortheilen der Gesetzesbestimmung zurück. Bei Grundstückskaufverträgen war es hierorts bereits vor Inkrafttreten des Bürgerlichen Gesetzbuchs überwiegend üblich, obgleich die bloße Schriftform zur Klagbarkeit ausreichte, den Abschluß notariell vorzunehmen. Notariatskosten fallen bei den sonstigen hohen Kosten (1 % Vertrags- beziehungsweise Auflassungsstempel, 1/2 oder 1 % Gemeindeumsatzsteuer, wozu noch in der Regel 1 % Provision für den Vermittler tritt) hierorts nicht erheblich ins Gewicht. Der Mißstand, daß derjenige, der den wegen Formmangels ungültigen Vertrag abschließt, daraus keine Rechte erwirbt und Schaden erleidet, wenn er im Vertrauen auf die Gültigkeit oder darauf, daß der Gegen-Kontrahent ohne rechtliche Verpflichtung den Vertrag erfüllen werde, sein Vermögen berührende weitere Maßregeln vornimmt, findet sich bei allen einer besonderen Form bedürfenden Verträgen. Geht man davon aus, daß es gewisse Rechtshandlungen giebt, für die sich die Vorschrift einer Form zur Gültigkeit empfiehlt, so wird man Verträge über Ueberlassung von Grundstücken unter diese zu rechnen haben. Regelmäßig sind solche für Veräußerer und Erwerber von besonderer Wichtigkeit und Uebereilung dabei von besonders schwerwiegenden Folgen. Von den beiden Uebeln, daß eine formgültig verabredete Grundstücksübertragung unterbleibt, weil einem der Betheiligten dieselbe leid wird, und dem andern, daß solche formlos gültig vereinbarte Uebertragung stattfinden muß, obwohl sie einem der Betheiligten leid wird, ist das erstere das kleinere. Auch der andere Grund, der für die Form geltend gemacht wird, nämlich auf sachgemäße Fassung hinzuwirken und rechtliche Schwierigkeiten zu beseitigen, ist von erheblicher Bedeutung. Je länger die Grundbuchblätter bestehen, desto unübersichtlicher werden sie, desto schwieriger wird es für den Laien, dieselben richtig zu lesen, und desto umständlicher wird die Beseitigung materiell gegenstandslos gewordener älterer Belastungen.

Bei bloß mündlichem Abschlusse bietet eine auf Grund von Parteieiden oder Zeugenaussagen getroffene Feststellung des Streits, ob bloße Vorverhandlungen oder ein Vertragsabschluß stattgefunden und welches der Inhalt der Abreden war, nicht die Gewähr der objektiven Richtigkeit. Aber auch die Parteischriftform verursacht Uebelstände, die bei öffentlicher Beurkundung vermieden werden. Es ist mir wiederholt vorgekommen, daß Parteien mit einer ihrer Meinung nach erschöpfenden Punktation zur sofortigen Beurkundung eines Grundstückskaufvertrages zu mir kamen und daß sich dann bei der Besprechung herausstellte, daß beide über den Inhalt des Grundbuchs im Unklaren waren, dessen Einsicht überhaupt nicht für nothwendig angesehen hatten, der Vertragsabschluß mit Rücksicht hierauf aufgeschoben wurde und die von mir vorgenommene Einsicht des Grundbuchs das Vorhandensein von Eintragungen ergab, die eine Berücksichtigung und Klarstellung der gegenseitigen Rechte und Verbindlichkeiten in dem demnächst abgeschlossenen Vertrag erforderlich machte. Auch in solchen Fällen halte ich es für das kleinere Uebel, daß der Vertragsabschluß aufgehoben wird und, eventuell mit Rücksicht auf die Anstände, die sich aus dem Grundbuch ergeben, unterbleibt, als wenn der Ueberlassungsvertrag ohne genügende Berücksichtigung der Rechtslage des Grundstücks abgeschlossen wird und sich dann erst bei der Erfüllung Schwierigkeiten ergeben und daraus Prozesse entstehen, und für den einen oder anderen der Vertragschließenden oder auch für beide sich ein ganz anderes wirthschaftliches Resultat ergiebt, als das von ihm durch den Vertragsschluß bezweckte.

Nicht zu verkennen ist, daß die Gründe, die für einen gerichtlichen oder notariellen Abschluß sprechen, bei anderen Verträgen, als Kauf- und Tausch, nicht in gleichem Maße vorliegen. Indeß ist hier meines Erachtens zu berücksichtigen, daß die Grenzbestimmung schwer zu ziehen ist und im Interesse der Rechtssicherheit es vorzuziehen ist, die Formvorschrift, wie geschehen, auf alle Verträge, die eine Verpflichtung zur Uebertragung des Eigenthums an einem Grundstücke enthalten, zu beziehen, als nur auf bestimmte Verträge. Letzterenfalls würde oft Streit entstehen, ob ein Vertrag rechtlich ein Kauf oder Tausch einerseits oder ein anderer Vertrag anderseits ist, und es für den Laien unverständlich sei, weshalb bei den, gleichen wirthschaftlichen Zwecken dienenden Verträgen, je nach der gewählten rechtlichen Konstruktion bald ein mündliches Abkommen bindend, bald öffentliche Beurkundung zur Gültigkeit nothwendig ist. Fälle in denen die Vorschrift des § 313 Bürgerlichen Gesetzbuches zu Unträglichkeiten geführt hat, sind mir nicht bekannt geworden. Auch die von Dorst in den Verhandlungen des 26. Juristentages S. 18 ff. angeführten Fälle kann ich nicht zu solchen rechnen, die eine Abänderung des § 313 Bürgerlichen Gesetzbuches erforderlich machen. Es sind das nicht besondere Gründe, die speziell für Grundstücksübertragungsverträge zutreffen, sondern solche, die bei allen Rechtsakten zutreffen, bei denen die vom Gesetz zur Gültigkeit erforderte Form nicht innegehalten ist. Wer im Vertrauen auf die Erfüllung eines mündlichen Schenkungsversprechens oder eines mündlichen Erbvertrages Ausgaben macht, wer auf Grund eines mündlichen Bürgschaftsversprechens seitens eines Zahlungsfähigen einem Kreditunwürdigen Kredit gewährt, erleidet Schaden, wenn die Erfüllung der unverbindlichen Zusage verweigert wird.

Die Konsequenz der Dorst'schen Ansicht müßte dahin führen, alle Formvorschriften abzuschaffen. Die meisten Fälle, die Dorst anführt, ergeben doch nur, daß dem einen der Vertragschließenden das mündliche Abkommen später leid wurde, er also übereilt gehandelt hatte. Diese Fälle lassen sich daher mit demselben Rechte für die Bestimmungen des § 313 Bürgerliches Gesetzbuch, als gegen dieselbe verwerthen.

In der Zeit meiner Beschäftigung im Vorbereitungsdienste beim Kammergericht im Jahre 1883 ist mir ein Fall aufgefallen und in Erinnerung geblieben, der vor dem 4. Civilsenat des Kammergerichts schwebte, in welchem sich die Nachtheile der Gültigkeit von Privatverträgen über Grundstücke besonders fühlbar machten. Ein Restaurateur hatte sein mehrere hunderttausend Mark werthes Grundstück an einen vermögenslosen Agenten durch einen in seinem Restaurationslokale unterschriebenen privat-schriftlichen Vertrag zu einem den Werth nicht erreichenden Preise verkauft und in dem Kaufvertrage mehrjährige Stundung des durch Uebernahme von Hypotheken nicht gedeckten Theils des Kaufpreises gewährt, ohne daß dieses Restkaufgeld als Hypothek eingetragen werden sollte. Durch Erfüllung dieses Vertrages wäre der

Verkäufer ruinirt worden. Er wendete im Prozeß, der gegen ihn auf Erfüllung des Vertrages angestellt war, ein, daß er bei der Unterschrift durch den Genuß geistiger Getränke so animirt gewesen sei, daß er sich habe übertölpeln lassen, und erst, nachdem er vollständig nüchtern geworden sei, ihm klar geworden sei, welch unsinnigen Vertrag er abgeschlossen habe. Beweis für einen die Anfechtung begründenden Grad der Trunkenheit konnte er nicht erbringen. Die Mitglieder des Senats waren einer Meinung, daß es bedauerlich sei, daß einfache Schriftform bei solchen Verträgen nach dem Gesetze genüge.

Soweit ich Juristen und solche Laien, die Erfahrungen im Grundstückverkehr haben, gefragt habe, habe ich überwiegend die Ansicht gefunden, daß der Nutzen, den § 313 Bügerliches Gesetzbuch stifte, größer sei, als die Nachtheile, die aus demselben entspringen können, und sich deshalb die Beibehaltung empfehle.

Es wird kein Gesetzbuch geben, das in allen seinen Bestimmungen jedem recht ist. Die Möglichkeit eines einheitlichen Rechtes für das Deutsche Reich war nur dann gegeben, wenn zwischen den größtentheils einander direkt entgegengesetzten Anforderungen an die Gestaltung desselben ein Compromiß geschlossen würde. Dies ist bei grundlegenden Fragen, zum Beispiel im Eheschließungs-, Ehescheidungsrechte, im ehelichen Güterrechte, im Vereinsrechte, beim Dienstvertrag u. s. w., wo religiöse, politische und soziale Meinungsverschiedenheiten vorlagen, gelungen. Auch bei der Einzelbestimmung des § 313 Bürgerliches Gesetzbuch sind die Gründe, die jetzt für und gegen dieselbe geltend gemacht werden, bereits bei den Vorarbeiten und Berathungen erörtert. Jetzt, nachdem das Gesetzbuch kurze Zeit in Kraft ist, einzelne Bestimmungen wieder zu beseitigen, ist unerwünscht. Nur wenn sich aus einer Bestimmung unvorhergesehene, allgemein als solche anerkannte Unzuträglichkeiten ergeben würden, würde einer alsbaldigen Beseitigung und Abänderung nicht zu widersprechen sein. Diese Voraussetzungen liegen aber meines Erachtens bei § 313 des Bürgerlichen Gesetzbuchs nicht vor.

Druck von Leonhard Simion in Berlin SW.

FSC
www.fsc.org
MIX
Papier | Fördert gute Waldnutzung
FSC® C083411

Kolibri 360 GmbH
Ferdinand-Jühlke-Straße 7
99095 Erfurt, Deutschland
produktsicherheit@kolibri360.de